KB200259

이 책은 陳來의 『宋明理學』(遼寧出版社, 1992)을 완역한 것입니다.

성리총서5

송명 성리학

지은이   陳 來
옮긴이   안재호
펴낸이   오정혜
펴낸곳   예문서원

교 열   황호식
편 집   김경희·이명선
인 쇄   ㈜ 상지사 P&B
제 책   ㈜ 상지사 P&B

초판1쇄   1997년 12월 20일
초판7쇄   2011년 8월 30일

주   소   서울시 성북구 안암동 4가 41-10 건양빌딩 4층
출판등록   1993. 1. 7 제6-0130호
전화번호   925-5913~4 / 팩시밀리 929-2285
Homepage http://www.yemoon.com
E-mail   yemoonsw@empas.com

ISBN   89-7646-060-X   93150

YEMOONSEOWON #4 Gun-yang B.D. 41-10 Anamdong 4-Ga, Seongbuk-Gu Seoul KOREA 136-074
Tel) 02-925-5913~4, Fax) 02-929-2285

값 18,000원

송명성리학

성리총서 5

송명성리학

陳來 지음 안재호 옮김

한국어판 서문

이 책에서는 11세기 이후 동아시아 문명권에서 발전을 이룬 하나의 사상 체계에 관해 서술하고 있다. 그 사상 체계는 일반적으로 '신유학新儒學'(Neo-Confucianism)이라 불린다. 그 사상의 대부분은 중국에서 발전했으며, 중국에서는 습관적으로 '송명리학宋明理學'이라 부른다. 나는 '국학총서國學叢書' 중의 '송명리학' 부분을 집필해 달라는 요청을 받고, 주저 없이 승낙하였다. 처음에 '리학'은 '도학道學'으로 불렸다. 펑우란馮友蘭 선생은 『중국철학사신편中國哲學史新編』에서 여전히 '도학'이란 명칭을 견지하면서, '리학'으로 부르기를 꺼려하였다. 왜냐하면 '도학'이라는 명칭이 역사적으로도 '리학'이라는 명칭보다 훨씬 앞설 뿐만 아니라 '도학'이라는 명칭은 '심학파心學派'와 '리학파' 모두를 포괄할 수도 있고, 그것들을 구별해 낼 수도 있기 때문이다. 한국과 일본의 학계에서는 오랫동안 '성리학性理學'이라는 명칭을 사용하였다. 그러나 중국에서는 명대 후기 이래로 '리학'이라는 명칭을 많이 사용했기 때문에, 근대적인 학문 체계가 확립되어 가면서도 습관적으로 '송명리학'이라 칭했다. 사용하는 맥락에 분명한 경계를 둔다면, '도학'이든 '리학'이든 '성리학'이든 어떠한 명칭을 사용해도 문제될 게 없다. 게다가 명칭을 억지로 일치시킬 필요도 없다. 저자로서 내 입장을 말하자면, 비록 '국학총서' 편집자의 요구에 따라 '송명리학'을 이 책의 중국어판 제목으로 삼았지만, 이 책에서 내가 중시한 점은 이른바 '신유학'이 인식과 담론(discourse)의 체계였다는 점이다. 나는 이 사상 체계가 발생하고 성장했던 특정 사회와 역사적 성격에 중점을 두지 않았다. 불교(선종과 화엄종, 천태종을 포함하는)가 동아시아의 종교·사상 체계와 훌륭하게 조화를 이뤘던 것과 마찬가지로, 리학을 포함한 동아시아의 유학은 역사적으로 의심할 여지 없이 동아시아 지역에서 공통으로 향유된 정신 문명이었으며, 오늘날의 동아시아 각국이 반드시 대면해야 하는 사상 전통이다. 서로 다른 국가와 시대적 환경에 적응·발전해 나가는 과정에서, 리학은 어떤 특정한 문제나 방향을 특별히 돌출시키기도 하였다. 하지만 전체적인 면에서 리학의 사상 체계는 특수한 사회(明王朝나 李朝 또는 德川幕府)의 반영이나 표현으로 국한될 수 없다. 리학은 동아시아의 구체적인 사회와 역사에서 상대적으로 독립한 보편적 사유 형태였다. 나는 질타당할 우려가 있는 보편주의 입장을 두둔하려는 게 아니다. 그렇지만 16~17세기에 한韓·중中·일日의 학자들은 '필담'의 방식을 통해 '리학'의 문제들에 대해서 아주 세밀하게 토론하며 각자의 견해를 교류할 수 있었다. 이러한 실례는 헤아릴 수 없이 많았다. 문화라는 폭넓은 시각에서 살펴볼 때, 이같은 사실은 유가 사상과 리학이 중국 문화에만 국한되었던 사상 현상이 아니었음을 표명해 준다. 리학은 11세기 이후 중국 사상의 주체였을 뿐만 아니라, 16세기 이후 한국과 일본에서도 주도적이거나 중요한 지위를 차지했던 사상 운동이었다. 리학은 역사적으로 동아시아 지식인들의 공통 담론이었으며, 이러한 담론 체계의 건립과 발전·완성은 동아시아 지식인들이 동참하여 일궈 낸 창조적 활동의 결실이었다. 따라서 이 체계의 중심이 언제나 중국에만 있었던 것은 아니다. 원래 주자학과 양명학은 모두 중국에서 발생하였지만, 주자학의 중심은 조선 시대에 한국으로 옮겨졌으며, 양명학의 중심은 덕천德川 시대에 일본으로 옮겨졌다. 동아시아의 문화 관점에서 말하자면, 이 같은 사실은 조금도 기이한 일이 아니다. 이처럼 문화적 시각에서 볼 때, 리학은 결코 중국과 한국, 일본과 베트남이라는 특정한 역사와 문화적 시기에만 한정된 것이 아니며, 동아시아 전체의 근세 문명을 체현한 것이자 동아시아 각국의 사상가들이 성취해 낸 성과와 공헌이 응집된 것이다.

근세 동아시아의 문화를 살펴볼 때, 유가 사상은 당시 동아시아 사회의 가치 관념에 엄청난 영향을 끼쳤을 뿐만 아니라(이 점은 이 책에서 다루려는 과제가 아니다), 유가의 리학은 전근대 동아시아의 지식인들이 근거했던 전반적인 사상 형식을 제공하기도 하였다. 잘 알다시피, 사상 활동은 반드시 어떤 개념 형식에 근거해야 하며, 깊이 있는 사상 활동이 근거로 삼는 범주와 개념은 반드시 우주와 사회, 인심人心과 인생 등에 관한 일련의 체계를 갖춰야 한다. 리학은 10세기 이후 동아시아 지식인들의 이론적 사유가 근거하고 발전시킨 공통의 개념 체계이자 관념 체계이며, 당시 동아시아인들의 이론적 사유와 정신 활동의 주요한 형식이었다. 바로 이러한 점들에 리학의 의의가 있다.

리학의 체계는 도덕 의식에 대한 관심과 탐구를 표명했을 뿐만 아니라 실천에 기반하면서 사람의 의식 현상과 내심의 경험 상태를 면밀하게 구분하고 구획지었다. 또한 리학은 의식 활동을 다루기 위한 전체적인 방법틀을 갖춘 바탕 위에서 사람의 정신 상태와 그것이 발전하면서 도달할 각각의 단계와 최고의 정신 경지에 대해 아주 세밀하게 논구하였다. 리학은 우주의 존재와 운동 그리고 그 변화 과정에 대해서도 치밀하게 분석하고 해석하였으며, 인성에 대해서도 정연한 이론을 갖춰 설명하였다. 리학의 개념 체계는 확실히 서양철학의 개념 체계와 다르며, 리학에서 다룬 문제의 중점도 서양철학의 그것과 다르다. 그렇다고 해서 결코 리학을 철학이 아니라고는 말할 수 없으며, 리학이 철학적 내용을 포함하고 있지 않다고도 말할 수 없다. 오히려 철학이란 서로 다른 문화 속에서 발전한 상이한 개념 형식과 문제 의식을 드러내 주는 것이며, 이러한 개념 형식과 문제 의식 역시 '문화' 체계와 밀접한 연관을 지닌다. 한국 역사의 한 시기에 펼쳐졌던 '사단칠정론'(四七理氣之辯) 같은 저명한 논변은, 그 이론적 깊이와 분석의 치밀함을 감안할 때 '철학'이라는 학술 용어 말고는 달리 표현할 길이 없다.

　리학의 체계를 동아시아 근세 문명의 공통적인 담론 체계라고 할 때, 중국의 리학사를 연구하는 학자라면 모름지기 한국과 일본의 역사에서 전개된 리학에 대해서도 올바른 이해를 지녀야만 진정으로 리학의 논리 체계를 완전히 파악할 수 있을 것이다. 이와 마찬가지로, 한국과 일본의 리학사를 연구하는 학자 역시 중국에서 발생하고 발전한 리학의 내용을 제대로 파악할 때에만 연관된 문제의 유래에 대해 깊이 있는 이해를 지닐 수 있을 것이다. 유감스럽게도 이 책은 중국 리학의 발전과 그 내부에서 진행된 토론 내용에 대한 소개를 위주로 하면서 고작 이황의 사상을 간략하게 논하는 데 그쳤다. 이렇게 유감스러운 점을 감수할 수밖에 없었던 까닭은, 이 책의 원저가 '국학총서' 시리즈 가운데 하나라는 출판상의 제약을 받은 탓이기도 하며, 지금의 내가 지니고 있는 한국과 일본의 리학 연구에 대한 한계 때문이기도 하다.

　안재호 군은 몇년 째 나의 지도를 받고 있다. 금년 초에 갑자기 이 책을 거의 다 번역했다면서 서문을 부탁해 왔다. 나는 깜짝 놀랐다. 안 군이 나를 따른 지 이미 오래된데다가 늘 만나면서도 그가 이 책을 번역하고 있던 사실조차도 몰랐다니, 살피지 못함이 너무 심했구나! 그 얼마 후, 나는 하버드 대학에 왔다. 마침 봄 방학으로 짬을 낼 수 있어서 위와 같은 군더더기 말들을 짧게 서술하여 서문으로 삼고자 한다.

1997. 7 하버드대학에서

陳來 書

옮긴이의 말

此拙譯, 謹獻於恩重如山之雙親.
竊以表感恩之心, 竝以記念其六十壽.

　송명리학, 특히 북송오자와 주희의 학문은 우리의 정신문화 전통과 매우 밀접한 관계를 갖고 있다. 주지하다시피 조선 시대의 학문과 문화는 성리학이라 일컬어지는 주자학의 발전에 그 토대를 두고 있었으며, 또 서양 문명이 지배적인 영향력을 행사하는 오늘날에도 우리의 생활, 특히 가치에 관한 측면은 아직도 그 전통의 영향을 받고 있다. 그러므로 그 근원인 송명리학을 이해하는 것은 우리의 과거와 현재의 가치 체계를 성찰할 수 있을 뿐만 아니라, 좀더 원선圓善한 미래의 가치체계를 이룩하는 데에도 도움이 될 수 있을 것이다.

　그러나 불행하게도 옮긴이가 알고 있는 한, 송명리학을 체계있게 소개한 저작은 아직까지 국내에 선보이지 않았다. 이 책이 비록 송명리학을 대단히 심도 있게 연구한 저작이라고는 말할 수 없지만, 저자인 진래陳來 선생께서 언급하셨듯이, 초학자들을 위해 입문서의 형식으로 혹은 교재로 저술된 것이기 때문에, 송명리학에 대한 전체적인 이해와 체계적인 연구의 기초를 제공하기에는 충분하다고 생각된다. 그러므로 번역 과정에서 다소 어려워졌을 수도 있겠지만, 대학에서 문文·사史·철哲을 학습·연구하는 고학년 학생과 대학원생들은 이 책을 어렵지 않게 독파讀破할 수 있을 것으로 생각한다.

　이 책에서 제대로 표현되었다고 장담할 수는 없으나, 옮긴이가 원서를 읽으며 느낀, 『송명리학』에 대한 분석과 그 특징은 다음과 같다. 첫째, 송명리학의 역사 발전은 도덕 실천의 근거와 창발성에 관한 이론적 발전 과정이다. 즉 우주론적 기학氣學에서 도덕본체론적 리학으로, 리학에서 다시 인간의 도덕적 자율성과 창조 능력을 강조하는 심학心學으로 발전하였다. 둘째, 따라서 전체 송명리학은 크게 두 체계로 나뉜다. 그 하나는 리학·주자학이라는 체계로서, 중당中唐과 북송北宋의 유학이 주희라는 집대성자에 의해 완정한 체계를 이룬다. 주희 이전의 학자들에게서는 주희에게 어떠한 영향을 끼쳤는지, 주희 이후의 학자들에게서는 주자학 체계의 모순을 어떻게 극복하려 했는지에 대해 다루고 있다. 다른 하나는 명초부터 주자학 체계의 모순이 토론되면서, 특히 리기理氣 문제와 도덕적 능동성에 관한 논의들이 성숙하여 탄생한 양명학이라는 심학 체계이다. 왕수인 이후에는 그 후학들의 분파와 학설 들이 서술되고, 그것을 극복하려는 즙산학蕺山學으로 송명리학 전체를 가름한다. 요약하여 말하자면 송대는 리학·주자학을 중심으로, 명대는 심학·양명학을 중심으로 서술된다. (퇴계학은 예외이다) 사실 이 책의 이러한 특징은 중국철학계에서 공인되는 정론 定論이기도 하다.

　　마지막으로 옮긴이가 독자들에게 환기시키고 부탁하고 싶은 것은, 위에서 밝힌 리학과 심학이라는 체계들이 성립해가는 과정과 극복되는 과정인 변화·발전의 역사적 유행에 관심을 가져 달라는 것이다. 그래야만 비로소 송명리학이 진정으로 추구했던 최고의 이상 즉 입인극立人極의 의미가 확연히 밝혀지기 때문이다.

　　옮긴이는 중국철학에 뜻을 두고 학습·연구한 지 근 십 년이 된다. 그간 기회 있을 때마다 소논문들을 번역한 경험도 있고, 또 부모님의 환갑을 기념하기 위하여 자신있게 번역을 시작하였다. 그러나 막상 작업을 시작하면서 번역이 자신이 이해한 것을 바탕으로 다른 이들을 이해시키는 작업이라는 의미와 그 작업이 얼마나 어려운 일인지를 비로소 깨닫게 되었다. 이 책을 번역하는 데 도움을 주신 선생님·동학同學·도반道伴 들이 있다. 그분들이 아니었다면 번역에 더많은 오류가 생기거나 혹은 시간이 배 이상 소비되었을 것이다. 많은 분량의 초고를 읽고 여러 가지 잘못을 지적해 주신 은사이신 중앙대학교 철학과 이명한李明漢 선생님, 북경대학 철학계 박사연구생인 중국 지기知己 주진周晉, 동학인 지준호池俊鎬·강진석姜眞碩·조삼근曺三根 제형諸兄들, 중앙대학교 철학과의 연재흠延在欽 학형 그리고 이 어설픈 번역의 교열을 맡아 수개월 간 수고를 아끼지 않은 황호식黃鎬植 선생에게 심심한 사의를 표한다.

졸역에 분명 잘못이 있을 것이다. 선배 학자들과 동학들의 지정指正을 진심으로 바라며, 또 독자 제현의 가름침도 진심으로 부탁드린다.

1997. 7. 北京 審生齋에서

安 載 晧 謹記

4. 명대 전기 리학의 발전　315

이끄는 말

1. 송명리학에 대한 올바른 이해

적어도 신해혁명 이후 유가 사상은 긴박한 사회 변화 때문에 급속히 몰락하였다. 최근 백여 년 동안 수차례의 사회 변혁을 겪으면서도 유학과 유학의 가치에 대한 선구적 지식인들의 비판은 여전히 지속되었고, 그 가운데서도 특히 송명 시기의 '리학理學'은 첫 번째 비판 대상이었다.

역사의 근대화나 현대화 과정에 상응하는 문화 비판이 건전한 합리성을 지닌다는 사실은 의심의 여지가 없다. 그러나 모든 구체적 비판들이 필연적으로 문화와 역사에 대한 연구라는 의미에서의 이성과 객관성을 지닌다고 말할 수는 없다. 더욱이 비판 대상과의 거리가 중화민국 초기나 '5·4 운동' 때보다 더 멀어진 오늘날의 상황에서도, 오늘날의 비판가들이 이미 비판된 것을 그대로 다시 비판하거나 한층 더 깊이 이해하려고 하지 않는 경우가 특히 심하다. 물론 비판하는 사람의 공정하지 못한 심리 태도와 편협한 생각이 비판 자체에 끼칠 폐해는 말할 필요도 없다.

낭만적 격정이 넘쳐 흘렀던 윤리 혁명인 '5·4 운동'에서부터 터무니없고 가혹했던 정치 비판인 '문화 대혁명'에 이르는 동안, "이치라는 것으로 사람을 죽인다"(以理殺人)는 대진戴震의 말은, 송명리학을 경멸하고 물리치려 할 때마다 지식인이든 일반인이든 모두가 내뱉던 구호였다. 감성적 충동과 정욕적 사랑이 넘쳐 흐르는 문학가들이 볼 때, '천리를 보존하고 인욕을 제거하라'(存天理, 去人欲)는 송명리학의 명제는 대역大逆의 논리임에 틀림없었다.

어느 영향력 있는 작가가 유학儒學의 전통을 중시하는, 하버드대학의 중국 철학 전공 교수에게 단도직입적으로 "오늘날에도 우리는 천리를 보존하고 인욕을 제거해야만 할까요?"라고 물은 적이 있었다. 이 사례는 '5·4 운동' 때부터 고양된 지식인의 비판 열정이 역사와 철학에 대한 소양 결여와 한데 뒤엉켜 뗄래야 뗄 수 없는 지경에 이르렀음을 충분히 보여 준다. 리학이 포함하고 있는 인문 정신의 여러 과제에 대해서는 전혀 언급하지도 않은 채, 그저 이치와 욕망의 분별에 대해서만 이야기하는 꼴이다.

'천리를 보존하고 인욕을 제거하라'는 송명리학의 명제가 원래 무슨 의미였는지조차 이해하지 못한다면, 더욱이 칸트로 대표되는 이성 주체의 의무를 강조하는 윤리학에 대해서 아무것도 모른다면, 문화적 계몽과 비판이란 한낱 선전 차원에 지나지 않을 것이다. 이 때 문화적 계몽과 비판은 어떠한 이론적·역사적 시련도 감당해 내지 못할 것이요, 한층 드높은 수준의 인문적 반성으로 나아갈 수도 없을 것이다.

칸트는『실천이성비판』의 서두에서 "어떠한 원칙으로 의지의 동기를 결정할 것인가"라는 문제를 제기한다. 다시 말해서 '어떠한 원칙이 사회의 보편 도덕 법칙이 될 수 있고, 우리의 모든 행위를 이끄는 동기로 성립될 수 있는가'를 묻는 것이다. 칸트는 감성적인 경험과 욕망을 이러한 원칙으로 삼을 수 없다고 단정했다. 왜냐하면 감성적 욕망에 기초한 원칙이란 단지 쾌락주의를 낳을 뿐이기 때문이다. 만일 우리의 행위를 결정하는 데 사용하는 원칙이 쾌락이나 고통과 같은 감수성에 기초한다면, 이 원칙을 자신의 인생 원칙으로 삼을 수 있을지는 몰라도 결코 사회의 보편 도덕 법칙으로 삼을 수는 없을 것이다.

칸트는 이 점을 다음과 같은 예로 설명한다. 어떤 사람이 자기의 사사로운 욕심을 만족시키기 위해 다른 사람한테 돈을 빌렸던 사실을 부인한다면, 이는 '돈을 빌리되 갚지 않는다'는 자신의 준칙에 합당할지는 몰라도 하나의 보편 법칙이 될 수는 없다. 왜냐하면 그 준칙이 보편 법칙으로 된다면 다시는 어떤 사람도 남에게 돈을 빌려 주지 않을 것이기 때문이다. 이런 까닭에 칸트는 욕망의 관능적 쾌락 여부로 도덕 법칙의 동기를 결정하는 것은 영원히 보편 도덕 법칙이 될 수 없을 것이라고 생각했다. 인간의 의지적 동기를 결정하는 것은 이성 법칙일 뿐, 감성 법칙일 수는 없다. 칸트는 진정한 도덕 행위란 반드시 이성의 명령에 복종해야 하며, 그 사이에 어떠한 감성적 충동이나 이기적 호오지심好惡之心이 끼어들 수 없다고 강조했다. 칸트 윤리학의 기조는 이성으로 감성을 억제하는 것이다.

공자의 '극기克己', 맹자의 '취의取義'에서 송명리학의 '천리'와 '인욕'의 구별에 이르기까지 그 핵심 주장은 칸트의 기본 입장과 분명히 일치한다. 송명 유학자들이 말하는 '천리를 보존하고 인욕을 제거하라'는 명제에서 '천리'는 사회의 보편 도덕 법칙을 의미한다. 그렇지만 '인욕'은 결코 모든 감성적 욕망을 의미하는 게 아니다. '인욕'은 도덕 법칙에 위배되는 감성적 욕망을 의미한다. 칸트의 개념을 빌려 말하면 '천리'는 바로 이성 법칙이요 '인욕'은 바로 감성 법칙이다.

리학에서 제거하려는 '인욕'이 현대 문학가들이 과민 반응하는 것처럼 성욕을 가리키는 것도 아니고, 더욱이 인간이 타고난 모든 생리적 욕망을 의미하는 것도 아니다. 따라서 리학을 '금욕주의'로 부르는 것은 전적으로 부당하다. 리학의 입장에서 볼 때, 부부 사이의 성관계는 인류의 정상적인 표현일 뿐만 아니라 나아가 '천지합덕天地合德'이라는 본체론적 함의까지도 지니는 행위이다. 그러나 자기의 사사로운 욕망을 만족시키기 위해 남의 배우자를 유혹하여 남의 가정을 파괴하는 것은 인욕이다. 이와 같은 구별은 군이 말하지 않아도 알 수 있는 일이다.

사사로운 욕망을 제거하려는 이러한 주장을 왜곡하여 모든 욕망을 억누르는 주장이라고 말하는 태도는, 제대로 이해하지도 못하면서 글자만 가지고 뜻을 확대 해석하는 어리석음의 표출이거나 자기의 우월성만을 드러내려는 허영심의 표출일 뿐이다. 실제로 극단적 도덕주의 경향을 띤 '문화 대혁명' 동안에도 정당한 성관계는 '개인의 사생활 문제'로 간주되었으며, '사私를 격파하여 공公을 세워야 한다'(破私立公)고 말할 때의 '사사로운 마음'에 해당되지 않았다.

칸트의 윤리학이 커다란 영향력을 지녔음은 분명하지만, 결코 절대적 진리는 아니다. 공公과 사私의 긴장 관계에서 사의 범위를 어느 정도로 규정하여 인간의 생명 활동을 위한 필요 조건과 사회 발전을 위한 활력으로서 긍정해야 할지는 계속 연구되어야 한다. 그러나 도덕의 본질은 감성 충동을 제한하는 것이다. 그 제한의 구체적인 범위와 정도는 사회의 변천 양상에 따라 달라지겠지만, 윤리학에서 이성과 감성의 장력張力은 항구적이다. 또 이것은 인간이 동물보다 뛰어난 점이자 만물의 영장이 되는 근거이다.

'5·4 운동' 이래 리학에 대한 또 다른 강력한 비판은 북송北宋의 리학자 정이程頤에게 집중되었다. 바로 "굶어 죽는 것은 사소한 일이지만, 절개를 잃는 것은 중대한 일이다"(餓死事小、失節事大)라는 한 마디 때문이다. 근대 이후 사회의 도덕 규범에서 전통적인 정절 관념은 근본적으로 달라졌다. 부녀자가 이혼하거나 배우자를 잃었을 때 재혼하는 일은 관념적으로나 실천적으로 모두 합리적인 것으로 되었으며, 이는 부녀자의 해방에 중대한 의의를 갖는다.

그러나 역사적인 입장과 윤리학의 관점에서 보자면 이 문제는 통상적으로 이해되는 것처럼 그렇게 단순하지 않다. 사회의 발전이 전통 도덕 규범의 속박을 파기하도록 요구할 때, 전통 도덕 규범에 대한 맹렬한 비판은 틀림없이 사회의 변혁과 발전을 힘차게 촉진시킨다. 그러나 역사적 관점에서 말하자면 이러한 요구는 단지 기존의 규범과 당면한 사회 발전이 어울리지 못하는 현실을 나타낼 뿐이지, 결코 종래의 규범들이 처음부터 출현하지 말았어야 했다는 점을 뜻하지는 않는다.

일정한 시기의 사회 규범은 당시의 사회 구조와 발전 수준에 상응하는 것이다. 이 사실을 저버린 채 고대 사회에서 통용되던 도덕 원칙을 옹호하려 했던 그 때의 사람에 대해서, 그저 오늘날의 관점에서 비평하기만 할 뿐 전혀 아무런 분석도 하지 않는 태도는 역사주의 관점이 아니다. 우리가 잘 알고 있듯이, 만년에 마르크스는 원시 시대의 성도덕을 조소하고 비난한 바그너[1]에 대해 '가장 엄격한 어조로' 비평하면서 원시 시대에는 그러한 성도덕이 도덕적이었음을 지적하였다.[2] 따라서 20세기의 '5·4 운동'이 구시대의 정절관을 마땅히 비판해야 했는지의 문제와 11세기의 정이가 당시의 정절관을 마땅히 긍정해야 했는지의 문제는 다른 문제이다. 그들 사이에는 10세기 가량의 시간적 거리가 존재한다.

윤리학의 관점에서 소박하게 말하자면, 정이가 주장한 위의 명제는 유가 윤리의 기본 원칙을 좇아서 당시에 있던 어떤 규범을 강력히 긍정한 것이다. 공자는 "뜻이 굳센 선비(志士)와 어진 사람(仁人)은, 살기 위해서 인仁을 해치지 않고 죽는 한이 있더라도 인을 이루고자 한다"[3]고 하였다. 맹자는 "사람이 도리를 지키기 위해 희생해야지, 도리가 사람을 위해 희생된다는 말은 들어본 적이 없다"[4]고 했다. 또 맹자는 "물고기도 내가 원하는 것이고, 곰 발바닥도 내가 원하는 것이다. 둘 다 얻을 수 없다면 물고기를 버리고 곰 발바닥을 갖겠다. 생명도 내가 원하는 것이고, 의로움도 내가 원하는 것이다. 둘 다 얻을 수 없다면 생명을 버리고 의로움을 택하겠다. 생명도 내가 원하는 것이지만 생명보다 더 원하는 것이 있으므로, 구차하게 생명을 부지할 수 없는 것이다. 죽음도 내가 싫어하는 것이지만 죽음보다 더 싫어하는 것이 있으므로, 죽음을 회피해서는 안 될

---

1) Richard Wagner(1813~1883)는 독일의 음악가이자 시인이었다——옮긴이 주.
2) 『마르크스·엥겔스 선집』 제4권 (人民出版社, 1972), 32쪽 注 1).
3) 『論語』, 「衛靈公」, "志士仁人無求生以害仁, 有殺身以成仁."
4) 『孟子』, 「盡心上」, "以身殉道, 未聞以道殉乎人者也."

때가 있는 것이다. 사람들이 생명을 가장 소중한 것으로 여긴다면, 살 수만 있다면야 무슨 짓인들 하지 않겠는가? 사람들이 죽음을 가장 싫어한다면, 그러한 환난을 피할 수만 있다면야 무슨 짓인들 하지 않겠는가?"[5]라고 말했다.

이러한 공맹의 주장은 유가 윤리의 기본 원칙을 그대로 드러낸 것이며, 인생에서 생명 또는 생존보다 더욱더 귀중한 것이 있다는 사상을 담고 있다. 그것은 바로 도덕 이상이다. 인간은 단지 생존하기 위해 도덕 이상과 도덕 원칙을 희생시켜서는 안 된다는 것이다. 도덕 이상의 원칙이 생명과 충돌할 때, 도덕 이상의 원칙을 지키기 위해서 용감하게 자신을 희생해야 한다. 도덕 원칙만이 행위의 궁극적 원리인 것이다. 이러한 '사생취의舍生取義'의 원칙은 문천상文天祥[6]으로 대표되는 지사 선열들의 정신적 바탕을 이루었고, 대단히 감동적인 업적들을 무수히 성취시켰다. 이리하여 사람들은 적어도 이론적으로나마 '사생취의'를 당연한 이치로 여기게 되었다.

한 걸음 더 나아가 살펴볼 때 '절개'란 본래 불굴의 기개나 의로운 지조, 즉 도덕적 성품을 가리킨다. 따라서 절개를 단순히 정절로 한정하지 않고 도덕적 성품으로 이해한다면, "굶어 죽는 것은 사소한 일이지만, 절개를 잃는 것은 중대한 일이다"라는 정이의 주장은 바로 맹자가 주장한 '사생취의'의 또 다른 설명 방식일 따름이다.

특히 정절이라는 의미에서도 정이의 주장은 유가의 '사생취의'라는 일반 원리에서 이끌어진 것이다. 하린賀麟은 일찍이 항일 전쟁 시기에 이렇게 지적했다. "정이가 '굶어 죽는 것은 사소한 일이지만, 절개를 잃는 것은 중대한 일이다'라고 제기한 주장은, 보편성을 갖는 원칙이지 결코 정절의 의미에서만 국한된 말은 아니다. 윤리 원칙론의 입장에서만 보자면, 아마도 그것은 세계 어디에서나

---

5) 같은 책, 「告子上」, "魚我所欲也, 熊掌亦我所欲也, 二者不可得兼, 舍魚而取熊掌者也. 生亦我所欲也, 義亦我所欲也, 二者不可得兼, 舍生而取義者也. 生亦我所欲, 所欲有甚於生者, 故不可苟得也. 死亦我所惡, 所惡有甚於死者, 故有所不避也. 如使人之所欲莫甚於生, 則凡可以得生者, 何不用也? 使人之所惡莫甚於死者, 則凡可以避患者, 何不爲也?"
6) 文天祥(1236~1283)은 南宋 시기의 문학가이자 정치가였다──옮긴이 주.

통용될 수 있고, 백 세대가 지나서도 흔들리지 않을 원칙일 것이다. 우리는 여전히 그것을 근본적으로 부정할 수는 없을 것 같다. 왜냐하면 모든 사람들은 각자 나름대로 세상을 살아가면서 빼앗길 수 없는 굳은 절개를 지니고 있는데, 그 절개가 꺾일 때 그 사람의 인격은 땅에 떨어지고 말 것이기 때문이다." "오늘날 많은 애국지사들은 굶어 죽거나 심지어 적에게 죽임을 당할지언정 애국의 절개를 잃지 않으려고 하고, 많은 교수들은 가난과 병에 시달려 죽을지언정 교육과 학술에 충실하려는 절개를 버리려 하지 않는다. 이는 모두 의식적으로든 무의식적으로든 '굶어 죽는 것은 사소한 일이지만, 절개를 잃는 것은 중대한 일이다'라는 이천伊川(정이)의 가르침을 따르는 행위들이다." 또 하린은 "이천의 잘못이란 '굶어 죽는 것은 사소한 일이지만, 절개를 잃는 것은 중대한 일이다'라는 개괄적인 윤리 원칙에 있는 게 아니라, 부녀자가 남편이 죽은 후 재혼하는 일을 절개를 잃는 행위로 오해한 데 있다. 그러나 이천의 말이 당시에 어느 정도의 역향을 끼쳤든지 간에, 송대 이후의 풍속과 예교禮敎를 형성시킬 수는 없었다"[7]고 지적했다.

　　이러한 하린의 분석은 어떤 문제를 분석하는 철학자의 철저한 태도를 충분히 보여 준다. 물론 '의로움'과 '절개'에는 층차가 있을 수 있고, 그것들이 대표하는 준칙의 체계에도 높낮이뿐만 아니라 주된 것과 부차적인 것의 구별이 있을 수 있다. 따라서 생명의 욕구와 도덕 준칙이 상충할 때, 사람들에게 항상 도덕 준칙을 선택하도록 요구할 수는 없다. 그러나 유가 윤리의 입장에서 도덕 철학은 '사생취의'와 같은 법칙의 순수 형식을 강조할 수밖에 없다. 만일 준칙 자체의 높낮이를 구분하여 어떤 경우에는 생명을 희생해야 마땅하지만, 어떤 경우에는 그렇지 않을 수도 있다고 주장한다면, 이는 결국 사람들로 하여금 도덕적 의무를 이행하지 않아도 될 핑계거리를 찾도록 격려하는 셈이 되고 말 것이다. "불쌍하게 여기며 건네는 음식은 먹지 않는다"[8]는 옛말에서도 알 수 있듯이 인간

---

7) 『文化與人生』(商務印書館, 1988), 「宋儒的新評價」, 192쪽.

사회에서는 비록 국가를 위한 대의는 아닐지라도, 자신의 어떤 신념을 견지하기 위해서라면 생명을 희생하는 일까지도 주저하지 않는 행위를 선양할 필요가 있다. 인격적 모욕을 당하지 않기 위해서라면 차라리 굶어 죽을지언정 불쌍히 여기며 건네는 음식도 먹지 않고, 발로 걷어차며 주는 죽도 먹지 않는다. 그러므로 유가의 입장에서 볼 때, 사회에서 공인되는 모든 도덕 준칙에는 '사생취의'의 선택 방식을 적용할 수 있다.

도덕 관념의 출현과 발전이라는 역사적 관점에서 볼 때도, 정이든 다른 리학 사상가들이든 결코 '수절守節' 규범을 만들어 낸 적은 없다. 정이 본인도 제자가 '지킴'(守)과 '굶주림'(餓) 사이의 선택 문제를 제기했을 때, '사생취의'라는 보편 원리의 입장에서 기존의 수절 규범을 윤리학적으로 강하게 긍정했을 뿐이다. 주희朱熹와 같은 많은 리학자들은 결코 과부의 재혼을 절대로 반대하지 않았다.

유학 또는 리학이 지닌 문제점이라면 기껏해야 윤리학 원리의 일반적 순수성을 지켜 낼 수 있을 뿐이지 '의로움'으로 대표되는 준칙 체계에서 어떤 규범들을 변화시켜 사회 발전에 적응케 할 것인지를 판정 내릴 방도가 없으며, 이 때문에 규범 자체가 경직될 수 있다는 점이다. 다른 한편으로, 유가 윤리는 불쌍히 여기며 건네는 음식을 먹지 않는 의사義士나 스스로 수절하려는 열녀를 반드시 찬양해야만 한다. 그러나 이와 같은 숭상에는 위험이 도사리고 있다. 끊임없는 숭상은 결국 도덕의 최고 기준을 최저 기준으로 여기게끔 만들어, 사람들에게 커다란 도덕적 심리 부담만 안겨 줄 수 있기 때문이다.

지나친 숭상에는 이성의 평형을 잃을 위험이 뒤따를 뿐만 아니라 상대적으로 의무를 중시하는 준칙 체계에서는 통치자들이 이 점을 이용함으로써, 원래는 정상적이던 도덕 규범을 상대방의 의무만을 강조하는 강압 수단으로 변화시킬 가능성도 있다. 이 때에야 비로소 통치자들을 향해 '이치라는 것으로 사람을 죽인다'고 말할 수 있는 것이지, 결코 '리理'를 주장하는 사상가들을 '이치라는

---

8) 『禮記』, 「壇弓」, "不食嗟來之食."

것으로 사람을 죽이는' 흉악범으로 치부할 수 없는 것이다.

근대 이래로 사람들이 계속해서 인용해 온 "잔혹한 벼슬아치는 법으로 사람을 죽이고, 후대 유학자들은 이치라는 것으로 사람을 죽인다"거나 "사람이 법에 의해 죽임을 당하면 오히려 불쌍히 여기겠지만, 이치에 의해 죽임을 당한다면 그 누가 불쌍히 여기겠나"9)라는 대진의 언명도 분석이 필요하다. '사람이 법에 의해 죽임을 당하면 오히려 불쌍히 여기겠지만, 이치에 의해 죽임을 당한다면 그 누가 불쌍히 여기겠나'라는 말은 실제로 전반적인 사회 현상을 묘사한 것이며, 어떤 사람이 저지른 과실과 도덕적 여론의 정도 차이를 언급한 것이다. 만일 어떤 사람이 어머니를 살해한 원수를 갚기 위해 살인한다면 어느 정도는 여론의 질책을 피할 수 있을 것이다. 그러나 나라를 팔면서까지 부귀 영화를 추구하려는 소인배라면, 설령 법률의 제재는 피할 수 있을지 몰라도 민중들의 비난은 모면하지 못할 것이다.

그러므로 도덕적 여론에 의해 용서받지 못할 사람도 연민을 받아야 하는가는 문제되지 않는다. 오히려 문제는 도덕적 여론이 평가의 원칙으로 삼고 있는 '이치'(理)가 사회의 발전에 걸맞은 정도로 변화했느냐는 하는 점에 놓여 있다. 그리고 도덕 평가의 원칙 자체는 합리적일지라도 실천의 측면에서 '이치'와 합리적인 욕망이 대립될 때, 특히 통치자가 '이치'의 화신임을 사칭하면서 피통치자에게 의무만을 강조하고 권리를 말살시킬 때 그 결과는 분명히 보편적 도덕 압제로 나타날 것이라는 문제이다. 사실상 대진의 규탄은 바로 통치자를 향한 것이었다. 대진이 볼 때, '오늘날의 통치자'는 이치와 욕망을 완전히 대립시켜 놓은 채 윗사람과 존귀한 사람이라는 지위를 이용하여 아랫사람과 비천한 사람의 정당한 요구를 억압한다. 대진은 '이치'를 제대로 말하는지를 문제 삼을 게 아니라 윗사람과 존귀한 사람이 자기들의 '의견'을 이치로 강요하는 점을 문제

---

9)『戴震集』,「孟子字義疏證上」(上海, 古籍出版社, 1980), 275쪽, "酷吏以法殺人, 後儒以理殺人", "人死於法猶有怜之, 死於理, 其誰怜之"

삼아야 한다고 명쾌하게 지적했다.

　대진이 제기한 문제의 본질은 전통 준칙 체계에서 계급 제도를 옹호하는 관점을 반대한 것이지, 송명 이래의 모든 도덕 체계를 송두리째 반대한 것은 아니다. 그래서 그의『문집』중에는 절개를 지킨 열녀를 위해 지은 전기문도 있고, 마을의 부녀자들에게 "혼란한 시기에는 추위와 배고픔도 달게 여겨야 하며, 천수를 누리기 어려울 때에는 오직 자신을 희생하여 인仁을 이룰 뿐이다"10)라고 절조를 선양하는 글도 실려 있다. 이러한 대진의 주장은 정신적으로 정이의 원칙과 일치한다. 그러므로 대진은 모든 신유학의 가치 체계를 전면적으로 반대하지 않고, 다만 통치자가 도덕 준칙 체계에서 자신에게 유리한 측면만을 단편적으로 차용함으로써, 그 준칙의 상호 제약성을 말살한 채 피통치자를 압제하는 점에 대해서 특별히 비판했던 것이다.

　나는 여기에서 현대 사회의 이치와 욕망 문제를 거론하지 않을 것이다. 다만 우리가 '리욕지변理欲之辯'을 토론할 때, 먼저 옛 사람들의 논지를 정확히 이해해야만 리학을 비교적 공정하게 이해할 수 있다는 점을 강조하고자 할 뿐이다. 현대 사회의 문제에 대해서 나는 한 가지만 지적하고 싶다. 어떤 사회에서 올바른 원칙으로 인정받는 윤리 · 가치 체계를 살펴볼 때, '이치'는 어떠한 경우에도 '욕망'에 대해 우선성을 지니며, 감성 법칙을 고취하는 주장은 절대로 위대한 민족의 정신 전통으로 자리잡을 수 없다는 사실이다.

2. 송명리학의 내용

1. 송명리학의 명칭

　어떤 이는 송명리학을 '송명도학'으로 부르기도 한다.11) 사실 도학이라는 명

---

10)『戴震集』, 「戴節婦家傳」, 257~258쪽, "處顚覆, 甘凍餓, 儻不獲終, 直身死成仁而已."

칭은 리학이라는 명칭보다 일찍 출현했다. 그렇지만 상대적으로 도학의 범위는 리학의 범위보다 좁다. 북송의 리학은 당시에 도학이라 불렸지만, 남송 때 이루어진 리학의 분화로 도학이라는 명칭은 남송 리학의 한 학파에만 사용하게 되었다. 명대에 이르러 도학이라는 명칭은 그다지 사용되지 않았다. 전체적으로 말하자면 도학은 리학이 발원하던 시기의 명칭으로서, 송대를 통틀어 볼 때 그 것은 리학의 주류파를 특별히 지칭할 따름이지 리학 전부를 포괄할 수 있는 명칭은 아니다. 명청 시기 이래, 특히 현대의 학술 분류법에 따라 우리는 이 책에서도 '송명리학'이라는 이름을 그대로 사용할 것이다.

남송 시기의 한 학자는 "도학이라는 명칭은 원우元祐[12] 연간에 시작되어 순희淳熙[13] 연간에 흥성하였다.…… 도학자들이 읽은 글들은 단지 사서四書, 『근사록近思錄』, 『통서通書』, 『태극도太極圖』, 『동서명東西銘』, 어록 등이었다"[14]고 설명하였다. 이 설명은 그저 대략적으로 말했을 뿐이지 상세한 고증을 거친 역사적 판단이 아니다. 실제로 원우 연간 이전에도 장재張載는 "조정에서 도학과 정치술을 별개의 일로 여기는데, 이는 참으로 오랜 걱정거리다"[15]라고 말한 적이 있다. 정이도 "세상 사람들은 내 형(정호)의 학술과 덕행을 중시한다.…… 하지만 그 훌륭한 업적이 지금 베풀어지지 못한다면, 도학은 전승되지 않을 것이다"[16]라고 말했다. 여기에서 장재나 정이는 비록 '도학'이라는 두 글자를 붙여 쓰고 있지만, 사실은 '도'와 '학'을 따로따로 가리키고 있는 것이지 어떤 학술 체계나 학파를 특별히 지칭하는 것은 아니다. 다시 말해서 원우 연간을 전후하

---

11) 馮友蘭, 『中國哲學史新編』 제5권 (人民出版社, 1987).
12) 북송 哲宗의 연호로, 1086년부터 1094년까지를 말한다──옮긴이 주.
13) 남송 孝宗의 연호로, 1174년부터 1190년까지를 말한다──옮긴이 주.
14) 周必大, 『癸未雜識續集下』, "道學之名, 起於元祐, 盛於淳熙…… 其所讀者止四書, 近思錄, 通書, 太極圖, 東西銘, 語錄之類"
15) 『張載集』, 『答范巽之書』 (中華書局, 1978), 349쪽, "朝廷以道學, 政術爲二事, 此正自古之可憂者."
16) 『二程集』, 『上孫叔曼侍郎書』 (中華書局, 1979), 603쪽, "家兄學術才行爲世所重…… 其功業不得施於時, 道學不及傳之書."

여 사용된 도학이라는 명칭은, 아직 어떤 학술 체계를 특별히 지칭하는 명칭으로 쓰이지 않았다. 이러한 용법은 이정二程의 제자들에게 널리 사용되었다.

그러나 정이의 후기 주장을 보면, 그가 점차 도학에다가 비교적 확정적인 의미를 부여하고 있음을 알 수 있다. 정이는 "우리 형제가 도학을 제창하자 세상 사람들은 비로소 놀라며 의아해하였다"(自予兄弟倡明道學, 世方驚疑)고 말했다. 이 말에서 도학이라는 개념은 이미 '성인의 도를 전하는 학문'의 의미를 지닌다. 이리하여 이정이 죽은 후에 도학은 이정이 창도한 학문을 가리키는 명칭이 되었다.

북송 후기부터 남송 전기에 이르는 동안에, 이정의 학문은 집정자들의 압제를 받아 영향을 크게 발휘할 수 없었다. 그러다가 남송 건도乾道[17]와 원우 연간에 이르러 주희朱熹 등이 힘써 제창한 덕분에 이정의 학문은 비로소 성행하기 시작했다. 주희는 건도 연간에 지은 「정씨유서후서程氏遺書後序」에서 "공맹이 죽고 천 년이나 도학이 전해지지 못했는데, 두 선생이 도학을 제창하고 밝혔으니 장하다고 할 만하다"[18]고 평가했다. 주희에게 도학은 이미 확정된 함의를 지닌 개념이었고, 특정한 학술 체계를 지칭하는 용어였다.

주희가 사용한 도학에는 광의와 협의의 두 의미가 담겨 있다. 광의의 도학은 자신이 이해하고 있는, 공자가 개창한 유가 전통을 뜻한다. 예를 들면 주희는 "자사子思는 도학이 전해지지 않을까 걱정스러워 『중용中庸』을 지었다"[19]고 했는데, 이 때의 도학은 곧 공맹의 정신 전통을 가리킨 말이다. 협의의 도학은 공맹의 도통을 계승한, 낙학洛學을 위주로 한 사상 체계를 가리킨다. 낙학은 바로 이정의 학문이다. 이정의 스승은 주돈이周敦頤이고, 그들의 외삼촌이자 학우였던 장재도 낙학파와 밀접한 관계를 맺고 있었다. 따라서 주희가 말하는 도

---

17) 남송 孝宗의 연호로, 1163년부터 1174년까지를 말한다——옮긴이 주.
18) 『朱文公文集』 권75, 「程氏遺書後序」, 四部叢刊初編縮本 (商務印書館), 1387쪽, "二先生倡明道學於孔孟旣沒千載不傳之後, 可謂盛矣."
19) 『四書章句集注』, 「中庸章句序」 (中華書局, 1983), 14쪽, "子思憂道學之失傳而作也."

학이란 주로 주돈이·장재·이정의 학문을 가리키며, 주희는 이들이 유학 도통의 새로운 발전 단계를 대표한다고 생각하였다.

도학은 이정의 학문이 진정으로 공맹의 도통을 계승했다고 강조함으로써, 암암리에 배타성을 띠게 되었다. 이러한 도학은 당시에 다른 사상 체계를 지닌 유학자들이 받아들이기 어려운 것이었다. 이와 동시에 도학이 지닌 배타성은 복잡한 사회·정치·인사 문제에서 갈등이 빚어질 때마다 상대방의 격렬한 비판을 불러일으키곤 하였다. 주희는 일생 동안 세 차례나 도학의 위기에 직면했다. 순희 10년(1183년)에 정병鄭丙은 도학을 공격하는 상소를 올려 "요즈음 사대부 중에 도학자라는 무리가 있는데, 이들은 세상 사람들을 속이고 이름을 도둑질한다"[20]고 말했다. 진기陳賈도 "요즘 사대부 중에는 도학자란 무리가 있는데, 그들의 학설은 홀로 있을 때도 삼가는 태도를 훌륭한 것으로 여기고, 실천하는 것을 높이 사며, 마음을 바로잡고 뜻을 정성스럽게 하며 극기복례하는 일에 힘쓴다"[21]고 하였다. 순희 15년(1188년)에 임율林栗은 상소를 올려 "본래 아무런 학술도 없으면서 기껏 장재와 정이가 남긴 학설을 도둑질하여 도학이라 부르며, 제멋대로 숭상한다"[22]고 주희를 몰아세웠다.

이러한 사례들은 모두 당시의 도학이 장재와 정이의 학설을 위주로 하였고, 마음을 바로잡고 뜻을 정성스럽게 하는 일 등의 수양을 중시하는 학파였음을 밝혀 준다. 후대 사람들이 『송사宋史』를 지을 때 특별히 「도학전道學傳」을 만들어 주돈이·정호·정이·장재·주희를 위주로 한 점을 감안하면, 그 착안점도 정주程朱학파에 있었던 것이다. 이제 우리는 송대의 도학이라는 명칭은 이락伊洛의 전통만을 가리키는 말이요, 심학心學이나 다른 학파의 유학자들을 포괄하는 말이 아니라는 사실을 알 수 있다.

---

20) 『宋史紀事本末』 권81, 「道學崇黜」, "近世士大夫有所謂道學者, 欺世盜名."
21) 같은 책 권81, 「道學崇黜」, "近世士大夫有所謂道學者, 其說以謹獨爲能, 以踐履爲高, 以正心誠意, 克己復禮爲事."
22) 『朱子年譜』 권3 하, 叢書集成初編 (商務印書館), 143쪽, "本無學術, 徒竊張載程頤之緖餘, 謂之道學, 私自推尊."

리학이라는 명칭은 남송 때에 처음 사용되었다. 주희는 일찍이 "리학이 가장 어렵다"[23]고 말했고, 육구연陸九淵도 "우리 시대의 리학은 한나라와 당나라의 학문을 크게 넘어선다"[24]고 했으며, 황진黃震은 "우리 시대에 이르러서야 리학을 분명히 설명했으며, 비로소 훈고에서 벗어났다"[25]고 말했다. 그러나 이러한 언급에서 리학은 사장辭章 · 고증(考據) · 훈고와 대립하는 '의리지학義理之學'을 가리키는 말이다. 명대에 와서야 리학은 송대 이래로 형성된 학술 체계를 가리키는 개념이 되었고, 주돈이 · 이정 · 장재 · 주희의 도학과 육구연 등의 심학을 포괄하게 되었다. 명말의 황종희黃宗羲는 "훌륭한 문장과 사공事功은 모두 앞 시대에 미치지 못하지만, 리학만은 앞 시대가 미치지 못한다"(有明文章事功皆不及前代, 獨於理學, 前代之所不及也)고 평했다. 이 경우의 리학은 바로 정주학파의 '리학'과 육왕陸王학파의 '심학'을 모두 포괄하는 말이다. 이러한 리학의 의미는 오늘날까지 이어져 왔다.

이제 우리는 다음과 같은 결론을 이끌 수 있다. 오늘날 우리가 리학이라고 부르는 것은 송명 시대에(원과 청 시대를 포함하여) 주도적 지위를 차지했던 학술 체계이다. 전통적인 분류에 따르자면 리학의 체계에는 크게 두 학파가 있다. 한 학파는 송대에 통치적 지위를 누린 도학이다. 이 도학은 낙학을 위주로 하였고, 남송 시기에 이르러 최고의 발전을 이루었다. 또 명대에도 여전히 커다란 영향을 끼치면서 정통의 지위를 유지하였다. 주요 대표자가 이정과 주희였기에 정주학파로 불린다. 그리고 이정과 주희는 모두 '리理'를 최고 범주로 삼았기 때문에, 나중에는 습관적으로 '리학'이란 이름으로 그들의 사상 체계를 지칭하게 되었다. 다른 학파는 송대에 형성되었으나 명대 중기 이후에야 주도적인 지위를 차지했던 학파로서, '마음'(心)을 최고 범주로 삼는 사상 체계이다. 대표적 인물은 육구연과 왕수인王守仁이다. 따라서 육왕학파 또는 육왕 '심학'으로 불

---

23) 『朱子語類』 권62 (中華書局, 1986), 1485쪽, "理學最難."
24) 『陸九淵集』, 「與李省幹」 (中華書局, 1979), 14쪽, "惟本朝理學, 遠過漢唐."
25) 『黃氏日鈔』, 「讀論語」, "自本朝講明理學, 脫出訓詁."

리운다. 그러므로 광의의 리학은 도학과 심학을 모두 포괄한다. 이 책에서 작은 따옴표가 없는 리학은 광의의 리학이고, 작은 따옴표가 있는 '리학'은 협의의 리학으로서 특히 정주학파를 가리켜 말한다.

2. 송명리학의 학파와 대표 인물

『송사宋史』「도학전道學傳」에는 다음과 같은 내용이 있다.

옛날에는 '도학'이란 명칭이 없었다. 삼대三代의 흥성기에 천자는 이 도를 정치와 교육의 근본으로 삼았고, 백관 대신과 관리들은 이 도를 펼치는 일을 직업으로 삼았고, 당黨·상庠·술術·서序의 학교에서 선생과 학생들은 이 도를 강습하였으며, 모든 백성들은 일상적으로 이 도에 따라 살면서도 이 도가 있음을 의식하지 못했다. 그러므로 하늘과 땅 사이에 있는 어떤 사람이나 사물도 이 도의 은혜를 입지 않은 게 없었고, 이 도의 본성에 따르지 않은 게 없었다. 이러한 상황에서 도학이란 명칭이 어떻게 성립하겠는가?
문왕文王과 주공周公이 죽은 후, 공자는 덕을 지녔으나 지위를 차지하지 못했기에 이 도를 세상에 펼칠 수 없었다. 이에 세상에서 물러나 제자들과 함께 예악을 정비하고 헌장을 밝혔으며, 『시경』을 산정刪定하는 한편 『춘추』를 바로잡았다. 또 『역경』과 상象을 찬양하고, 분墳(고대의 典籍)과 전典(제도와 법규)을 토론하였다. 이러한 일을 통해 성인들의 도가 무궁히 빛나기를 기대하였다. 이런 까닭에 "공자는 요순堯舜보다 훨씬 현명하다"고 말한다. 공자가 죽자 증자曾子만이 그 전통을 이어받아 자사에게 전하였고, 맹자에게까지 이르렀다. 그러나 맹자가 죽자 그 전통은 끊기고 말았다. 양한兩漢 시대 이후로 유학자들이 도를 논하는 내용을 보면, 도를 살피기는 하되 정밀하지 못했고, 도에 관해 말은 하지만 상세하지 못했다. 따라서 이단의 학설과 사악한 학설이 흥기하여 그 틈을 파고들었으며, 이에 도는 심하게 어그러지고 말았다.
천여 년 후 송대 중엽에 이르러서야 용릉舂陵에서 주돈이가 출현하였다. 주돈이는 그 동안 전해지지 못하던 성현의 학문을 얻어『태극도설太極圖說』과『통서通書』를 지었는데, 음양오행의 이치를 미루어 명命은 천天에서 나오고 성性은 사람에게 주어진다는 사실이 마치 손바닥을 가리키듯이 명료하였다. 장재는『서명西銘』을 지었는데, '리일분수理一分殊'의 뜻을 훌륭하게 설명했다. 그러자 도의 근원이 천天에 있었다는 사실이 분명해졌고, 의심이 사라지게 되었다. 인종仁宗의 명도明道 초년에 정호와 동생 정이가 태어났다. 그들은 성장하면서 주돈이에게 수업을 받아 견문을 넓혔고,『대학』과『중용』두 편을 표창하여『논어』·『맹자』와 함께 받들었다. 그리하여 위로는 제왕이 마음을 전하는 오묘한 이치에서 아래로는 초학자가 덕德에 들어가는 방법에 이르기까지 융합·관통하게 되었으므로, 더 문제될 게 없었다.

송나라가 남쪽으로 쫓겨 내려온 후, 신안新安의 주희가 이정의 올바른 전통을 이어받았으며, 이에 그 학문은 더욱 훌륭해졌다. 그는 격물格物과 치지致知를 우선적인 것으로 삼았고, 선善을 밝히고 자신을 정성스럽게 하는 공부를 요체로 삼았다. 이리하여 진秦나라의 분서갱유로 흐트러지고, 한나라의 유학자들 때문에 지리支離해졌으며, 위진魏晉과 육조六朝 시기에 암울해졌던『시경』·『서경』·육예六藝의 공부와 공맹의 가르침이 모두 확연하게 밝혀지고 정연하게 제자리를 찾게 되었다. 이 점이 바로 송나라 유학자들의 학문이 다른 시대의 학자들을 뛰어넘어 직접 맹자 다음으로 이어지는 까닭이다.[26]

---

26)『宋史』권427 (中華書局), 12710쪽, “道學之名, 古無是也. 三代盛時, 天子以是道爲政敎, 大臣百官有司以是道爲職業, 黨庠術序師弟子以是道爲講習, 四方百姓日用是道而不知. 是故盈覆載之間, 無一民一物不被是道之澤, 以遂其性. 於斯時也, 道學之名何自而立哉. 文王周公旣沒, 孔子有德無位. 旣不能使是道之用漸被斯世, 退而與其徒定禮樂, 明憲章, 刪詩, 修春秋, 讚易象, 討論墳典, 期使五三聖人之道昭明於無窮. 故曰: “夫子賢於堯舜遠矣.” 孔子沒, 曾子獨得其傳, 傳之子思, 以及孟子, 孟子沒而無傳. 兩漢而下, 儒者之論大道, 察焉而弗精, 語焉而弗詳, 異端邪說起而乘之, 幾至大壞. 千有餘載, 至宋中葉, 周敦頤出於舂陵, 乃得聖賢不傳之學, 作太極圖兌通書, 推明陰陽五行之理, 命於天而性於人者, 暸若指掌. 張載作西銘, 又極言理一分殊之旨, 然後道之大原出於天者, 灼然而無疑焉. 仁宗明道初年, 程顥及弟顥寬生, 及長, 受業周氏, 已乃擴大其所聞, 表章大學中庸二篇, 與語孟竝行, 於是上自帝王傳心之奧, 下至初學入德之門, 融會貫通, 無復餘蘊. 迄宋南渡, 新安朱熹得程氏正傳, 其學加親切焉. 大抵以格物致知爲先, 明善誠身爲要, 凡詩書六藝之文, 與夫孔孟之遺言, 顚錯於秦火, 支離於漢儒, 幽沈於魏晉六朝者, 至是皆煥然而大明, 秩然而各得其所. 此宋儒之學所以度越諸子而上接孟氏者歟.”

송명리학의 유파에 대한 전통적인 설명은 합리성을 갖추고 있다. 예를 들어 송대 리학을 지역에 따라 염濂(주돈이), 낙洛(이정), 관關(장재), 민閩(주희)으로 나누는 것은 기본적으로 송대 리학 주류의 발전 상황을 반영한다. 또 리학 전체를 '리학'과 '심학'으로 나누는 것도 송명리학 내부의 주요한 대립과 충돌 상황에 부합하는 분류이다.

그러나 오늘날의 입장에서 볼 때, 전통적인 학술 분류는 여전히 송명리학 내부에 있는 각종 유파의 분화 정도를 충분히 반영하지 못한다. 예를 들면 송대에서 도학이라는 말은 주로 이정과 장재를 가리키지만, 장재의 사상은 이정의 사상과 매우 다르다. 장재는 거의 '리理'를 언급하지 않았으며 '리'를 최고 범주로 여기지도 않았으니, 그의 학설을 '리학'에 귀속시킬 수 없음이 분명하다.

그러므로 현대 학술계의 통상적인 방법에 따라 우리는 송명리학의 체계를 네 학파로 나눌 수 있다. 이 네 학파는 장재를 대표로 하는 기학氣學, 소옹邵雍을 대표로 하는 수학數學, 정이와 주희를 대표로 하는 '리학', 그리고 육구연과 왕수인을 대표로 하는 심학이다. 기학·수학·'리학'·심학의 관계는 송명리학이 점차 깊이 있게 발전하는 과정을 역사적이면서 논리적으로 드러내 준다.

기학은 수당隋唐 시대에 성행했던, 공空과 허虛를 숭상하는 불교와 도교의 학설을 겨냥한 것이다. 공과 허는 바로 기氣이고 기는 우주의 궁극 실재임을 지적하면서, 불교와 노장의 학설을 근본적으로 공격하였으며 유가 학설을 위해 일종의 우주론적 논증을 건립하였다.

수학은 좀더 나아가 실재의 우주적 과정과 역사적 과정의 규율성을 연구하였다. 따라서 기학보다 진일보하였다. 하지만 변화·발전하는 우주와 사회의 규율을 애써 찾으려 했던 수학의 노력은 여전히 상수학象數學의 신비로운 색채를 벗어나지 못했다. '수數'는 기껏해야 우주와 역사의 변화 속에서 나타나는 흥망의 주기를 반영할 수 있었을 뿐이지 진정한 세계의 규율성을 드러낼 수는 없었다. 기학과 수학이 지닌 또 다른 문제는, 우주 실체와 우주 규율에 관한 그들의 학설이 모두 유가의 핵심 윤리 원칙과 긴밀히 결합될 수 없다는 점이다.

'리학'은 바로 유가의 윤리 원칙을 우주 본체와 보편 규율로까지 승화시켰으며, 게다가 기학과 수학의 중요한 요소들을 흡수·결합하여 유가 사상이 더욱 견실한 본체론적 기초를 갖도록 해 주었다. 이처럼 '리학'은 윤리 원칙을 우주 본체와 보편 규율로까지 드높임으로써 고전 유가에다가 강력한 본체론적 기초를 확립하였지만, 도덕 실천의 방면에서는 윤리 원칙의 대부분을 외재적 권위에 의존케 함으로써 도덕 실천의 주체인 사람의 능동성을 소홀히 하였다. 이런 까닭으로 심학은 리학의 실천론에 반대하였다. 심학자들은 도덕 주체가 되는 사람의 본심 자체가 바로 도덕 법칙을 결정한다고 생각하였다. 그래서 도덕 실천의 방면에서 주체성 원칙을 극명하게 드러냈다.

송대에 이루어진 기학·수학·'리학'·심학의 역사적 전개는 리학의 내재적 발전 논리를 밝혀 준다. 원대와 명대에서도 네 학파는 여전히 독자적인 발전과 상호 투쟁, 상호 융합을 이루었다. 이런 가운데서도 '리학'과 '심학'이 주도적인 지위를 누렸음은 물론이다.

송명리학의 대표 인물로는 북송 시대에 주돈이·장재·정호·정이·소옹이 있으며, 전통적으로 이들을 '북송오자北宋五子'로 부른다. 남송 때의 주요 인물로는 주희·육구연이 있고, 명대에 가장 영향력이 있던 인물은 왕수인이다. '리학'과 심학이 송명리학의 주도적인 사조였기 때문에, 많은 사람들은 습관적으로 리학의 대표 인물을 '정주육왕程朱陸王'으로 개괄한다.

3. 송명리학의 특징

송명리학은 이론과 실천의 측면에서 서로 다른 몇 학파로 구분된다. 하지만 다른 학파의 학자들을 통틀어서 송명 리학자라고 부르는 까닭은, 그들이 일정한 성질과 특징을 공유했으며, 공통적으로 그 시대의 민족 정신을 담당하고 체현했기 때문이다. 이러한 특징에는 다음과 같은 내용들이 포괄된다.

(1) 선진先秦 시기에 발원한 유가 사상을 위하여 서로 다른 방식으로 우주론적·본체론적 논증을 제공했다.

(2) 유가의 성인을 이상적 인간상으로 생각하고, 성인의 정신 경지 실현을 인생의 궁극적 목표로 삼았다.

(3) 유가의 인仁·의義·예禮·지智·신信을 도덕의 근본 원리로 여기고, 서로 다른 방식으로 유가의 도덕 원리가 내재적 기초를 지니고 있음을 논증하며, '천리'를 보존하고 '인욕'을 제거하는 일을 도덕 실천의 기본 원칙으로 삼았다.

(4) 인간 정신의 전면적인 발전을 실현하기 위해서 각종의 '공부법'(爲學工夫), 즉 구체적인 수양 방법을 제시하고 실천하였다. 이러한 공부법의 조목들은 주로 사서四書와 초기 도학의 토론 가운데서 제시되었으며, 특히 심성心性 공부에 집중되었다.

4. 송명리학의 주요 문제와 개념 범주

리학에서 다루어진 문제는 시대와 학파에 따라 달랐다. 리학이 당唐대 이전의 유학과 크게 달라진 점은 사서, 곧 『논어』·『맹자』·『대학』·『중용』이 주요 경전으로 존숭받고 신뢰받게 되었을 뿐만 아니라 리학의 가치 체계와 공부 체계의 주요한 근거로 구실하였으며, 토론거리도 언제나 이 경전들과 관계되었다는 사실이다.

대체로 리학에서 다룬 주요 문제는 리기理氣, 심성心性, 격물格物, 치지致知, 주경主敬, 주정主靜, 함양涵養, 지행知行, 이발已發·미발未發, 도심道心·인심人心, 천리天理·인욕人欲, 천명지성天命之性과 기질지성氣質之性 등이다. 이러한 주요 문제들에서 다른 여러 문제가 파생될 수도 있다. 예를 들어 리기 문제는 리기의 선후, 리기의 동정動靜, 리기의 동이同異, 리기의 강약 등의 문제를 파생시킬 수 있다.

앞의 주요 문제들을 보면, 격물·치지는 『대학』에서 출현했고, 지행은 『논어』에서, 심성은 『맹자』에서, 인심 · 도심은 『상서尙書』에서, 천리 · 인욕은 『예기』에서, 이발 · 미발은 『중용』에서 유래했다. 이처럼 경전에 실려 있던 문제들은 새롭고 상이한 해석을 통해서 새로운 의의를 획득하게 되었다. 리학에서 도덕 실천에 관한 각종의 수양 공부로 제시되는, 본심을 보존하고 의기義氣를 기르는 것(存心養氣), 경계하고 조심하며 두려워하는 태도(戒愼恐懼), 반드시 힘써야 할 일이 있다는 점(必有事焉), 잊지도 말고 조장하지도 말아야 할 것(勿忘勿助) 등은 각기 상이한 경전에서 출발했다. 이러한 문제들 외에도 리학 안의 어떤 문제들은 북송 이래의 도학 전통 자체에서 직접 제기되기도 하였다. 주정, 주경, 주일主一, 천명과 기질 등이 그러하다.

리학에서 토론하는 문제는 개념 범주로 표현된다. 예를 들어 '리기' 문제는 '리理'와 '기氣'에 대한 토론으로 표현된다. 따라서 앞서 서술했던 주요 문제들을 구성하는 개념 범주들이 바로 송명리학의 주요 범주들이다. 송명리학에서 가장 중요하면서도 이해하는 데 종종 혼란을 겪는 개념은 리理 · 기氣 · 심心 · 성性이다. 이러한 혼란이 빚어지는 이유는, 사상가들마다 개념들의 쓰임새가 다를 뿐만 아니라 동일한 사상가에게서도 같은 개념을 종종 다른 의미로 사용하기 때문이다. 그러므로 리학의 개념들은 모두 다양한 의미를 포함하고 있다.

예를 들면 일반적으로 '리'는 법칙을, '기'는 물질 재료를, '심'은 의식을, '성'은 본질을 가리킨다고 말할 수 있다. 그러나 세밀히 분석하면 복잡해진다. 리학자가 말하는 '성'은, 어느 때 어느 곳에서는 '본연의 성'을 가리키기도 하지만, 다른 때 다른 곳에서는 '기질의 성'을 가리키기도 한다. '심'은 의식 주체를 가리키기도 하고, 의식 활동을 가리키기도 한다. 게다가 심학에서는 '심'을 선험적 도덕 이성으로 생각한다. '기'는 대체로 연속성을 지닌 물질 재료를 의미하지만, '호연지기'처럼 어떤 생리 상태나 심리 상태를 의미하는 데 쓰이기도 한다.

'리'의 의미는 더욱 복잡하여 다섯 종류로 분석할 수 있다. 먼저 우주의 보편 법칙으로서, '천리天理'라고 부를 수 있다. 둘째는 인간의 본성이 되는 '리'로서,

'성리性理'라고 부를 수 있다. 셋째는 윤리와 도덕 규범이 되는 '리'로서, '윤리'라고 부를 수 있다. 넷째는 사물의 본질과 규율이 되는 '리'로서, '물리物理'라고 부를 수 있다. 마지막으로는 이성이 되는 '리'로서, 리학에서 '리'와 '기'의 상승相勝 문제로 표현될 때의 '리'는 '이성'이라고 부를 수 있다. 리학자들은 '리'와 같은 개념들을 사용할 때, 그들이 사용하는 특정한 의미를 미리 밝히지는 않는다. 그렇지만 리학의 범주 구조 안에서 '리'의 다섯 가지 의미는, 일정한 방식으로 통일성을 지닐 수 있다. 그러나 구체적인 토론에서는 상이한 의미를 지닌 '리'를 제멋대로 대체할 수 없다. 따라서 우리는 구체적인 토론을 할 때 사용되는 '리' 개념에 대해서는, 반드시 위아래 문장의 문맥 속에서 그 의미를 구체적으로 이해해야 한다. 다른 개념들도 마찬가지다.

3. 송명리학에 대한 정당한 평가

송명리학은 송대와 명대에 발전하고 유행한 학술 사상 체계이지만, 그것의 기본 경향들은 당대 중기에 이미 표현되었다. 당대의 문화와 송대의 문화 사이의 관계는 사람들의 주목을 충분히 끄는 문화 현상이다. 사회사의 관점에서 볼 때, 당대의 귀족 장원제와 송대의 평민 지주제는 근본적으로 다르다. 정치사의 관점에서 볼 때, 당대의 번진할거와 송대의 중앙 집권에도 커다란 차이가 있다. 그러나 당대 중엽 이후의 문화는 오히려 북송의 문화와 밀접한 관계를 맺고 있다.

중국 문화 전체의 발전과 학술 조류의 변천이라는 입장에서 보자면, 당대 중엽의 중국 문화에는 세 가지 커다란 사건이 발생했다. 바로 새로운 선종禪宗의 성행과 신문학新文學 운동(古文 운동)의 전개 그리고 신유가의 흥기이다. 종교적·문학적·사상적 차원에서 이루어진 새로운 운동의 출현은 다 함께 중국 문화의 새로운 발전을 추동시켰다. 이 세 형태의 발전은 북송 시대에 이르기까지 계속되었고, 송대 이후의 문화를 주도할 중요한 형태를 이루었다. 이는 또 당시 지식인들의 정신을 표현한 것이었다.

어떤 학자들은 당나라 때 중국은 이미 '근대화'에 진입했다고 생각한다. 이러한 견해는 근대화의 경제적 기초로 이해되는 공업 자본주의가 아직 출현하지 않은 상태였기 때문에 정확성을 잃은 주장이다. 그렇지만 문화적인 측면에서 볼 때, 이 견해는 당송 교체기에 진행된 역사적 변화와 발전의 심각성에 대해 나름대로 식견을 갖춘 것이다. 위진 시대 이래의 귀족 사회와 비교할 때, 당대 중엽 이후의 총체적인 추세는 평민 사회를 향한 발전이었다. 당대 중엽 이후의 '문화적 전환'은 바로 이러한 '사회의 변천'과 표리를 이룬다.

확실히 선종, 고문 운동, 신유가로 대표되는 종교개혁, 고문의 부흥, 고전 사상의 새로운 건설은 새로운 시대에 부합하는 문화 운동이었음에 틀림없으며, 여러 측면에서 서구의 종교개혁이나 문예부흥과 유사한 특징을 지녔다. 비록 공업 문명과 근대 과학을 기초로 하는 근대화의 체현은 아닐지라도, 서양에서 중세의 정신을 벗어난 것과 비슷한 진보의 하나로 생각할 수 있을 것이다. 우리는 이 문화적 전환을 '근세화'로 부를 수 있다.

어떤 학자는 '아근대亞近代'로 부르기도 한다. "10세기부터 11세기 후반까지의 북송의 흥성기는 근대형의 고속 경제 성장과 합리 정신이 충만했던 '동양의 문예부흥'이며, 심지어는 '아근대'를 초월한다."[27] 이러한 학자들은 북송의 정부 조직과 군대 그리고 신유가의 합리 정신을 근대의 전형 가운데 하나로 특별히 강조한다.

당대 중엽에 시작하여 북송 때 안정되고 확립된 문화적 전환은, 바로 이러한 '근세화' 과정의 일부분이었다. 이러한 근세화의 문화 형태는 중세의 정신과 근대 공업 문명의 중간 형태로 생각할 수 있을 것이며, 그 기본 정신은 두드러진

---

27) 堺屋太一, 『知識價値革命』(三聯書店, 1987), 151쪽, "十世紀到十一世紀後半葉北宋鼎盛時期是近代型高速經濟增長與合理精神充溢的'東洋文藝復興', 甚至是超越它的'亞近代.'"

세속성·합리성·평민성이다. 송명리학 전체에 대한 평가는 마땅히 이러한 배경 아래서 새롭게 진행되어야 한다. 이러한 의미에서 리학을 봉건 사회 후기의 몰락하는 의식 형태나 봉건 사회가 퇴락할 때의 관념을 체현한 것으로 평가해서는 안 된다. 리학은 중세의 정신을 벗어 버린 아근대의 문화 표현이며, 사회 변천으로서의 근세화에 적응·조화하면서 탄생한 문화적 전환의 일부분이므로, 마땅히 '근세화'라는 범주 안에서 적극적으로 긍정되고 이해되어야 한다. 이와 같은 지위를 부여한 뒤에야 우리는 비로소 리학에 대한 실질적인 이해를 터득할 수 있을 것이다.

물론 정신 문화의 발전은 내재적 논리와 과제를 지닌다. 고전 유가의 부흥은 합리화라는 근세화의 전 과정에 적응하였다. 그러나 어떤 형태와 특징을 갖는 신유학을 건립하느냐의 문제는, 사상의 내부 연원과 외부 도전을 벗어날 수 없다. 기본적으로 신유가에서 기울인 노력은, 한편으로는 사회에서 필요로 하는 가치 체계를 강화시키는 것과 아울러 그것을 추상화하여 '천리天理'로 만드는 일이었으며, 동시에 그것을 인간 본성의 내함內涵으로 규정하여 극명한 가치 이성의 형태를 체현하는 일이었다. 다른 한편으로는 불교와 도가의 출세간주의를 배척하고자 노력하는 동시에, 불교와 도교가 정신 생활을 발전시킨 풍부한 경험을 충분히 흡수하고 정신의 수양·발전·완선完善 등 여러 과제와 경지를 탐구하여, 인문주의에 기초하면서도 종교성도 함께 지닌 '정신성'을 건립하는 일이었다.

마지막으로 이 책이 다룰 범위에 관해 약간의 설명을 덧붙이고자 한다. 엄격하게 말하자면, 리학은 청대에도 여전히 계속되었다. 그러나 청대 초기에 업적을 남긴 리학자들은 대부분 명대의 유민이었고, 강희康熙 이후의 리학자들은 창조적 발전을 이루어내지 못했다. 게다가 고증학이 청대의 주도적 지위를 차지하는 학술 형태가 되었기 때문에 리학사를 저술하는 사람들은 모두 습관적으로 '송명리학'이라는 주장을 받아들이며, 강희 이후의 리학자들에 대해서는 언급하지 않는다.

명청 교체기의 학술 사조와 사상가들, 바로 황종희·왕부지王夫之·육세의 陸世儀 등은 모두 명말·청초에 리학을 총결한 사상가들이다. 이 사상가들이 각기 심학과 기학 그리고 리학이라는 서로 다른 입장에서 11세기 이래의 리학에 대해 비판적인 반성과 총결 작업을 수행해 냈다는 점은 주목할 만하다. 이들과 함께 이 시기 학술 사상의 영역에서 활발하게 활약했으며 중요한 영향을 끼쳤던 손기봉孫奇逢·고염무顧炎武·이옹李顒 등은 중국의 학술사상사에서 하나의 특정한 단계를 이루었다. 그러나 '국학총서國學叢書'에 명청 교체기의 학술 사조에 관한 전문서가 따로 있기 때문에, 이 책에서는 이러한 사상가들에 관해서는 다루지 않을 것이며, 유종주劉宗周에서 종결할 것이다. 이러한 방식은 충분히 합리적인 방법이라고 할 수는 없겠지만, 전통적으로는 여전히 성립할 수 있는 방법이다. 명대 리학사의 경전이라 할 수 있는『명유학안明儒學案』도 마지막을 유종주에서 마무리하였으니, 이 본보기는 이 책이 다룰 내용의 하한선을 설정하는 데 의지할 만한 근거를 제공해 준다.

독자들이 자료를 찾아보는 데 편리하도록, 이 책에서 인용하는 리학 사상가들의 자료는 될 수 있는 대로 방점 표시가 있는 '리학총서理學叢書' 판본에서 선택하였다. 그리고 개별 사상가의 자료가 아직 '리학총서'에 수록되지 않았거나 출판되지 않은 경우에는, 될 수 있는 대로 방점 표시가 있는『송원학안宋元學案』과『명유학안』의 자료 들을 인용하였다. 이 밖에도 이 책의 어떤 부분은, 저자가 이미 출판한 주희와 왕수인王守仁에 관한 저작이나 장대년張岱年 선생이 편집한『중화의 지혜』(中華的智慧) 중에서 저자가 지은 부분의 내용과 설명을 인용하기도 하였다. 하지만 이러한 인용문들에 대해서는 일일이 주를 달아 밝히지는 않겠다.

이 책의 어떤 부분에서는 종래의 학술계에서 어떤 사상가를 일컫던 호칭, 가령 주희를 주자로 부르거나 왕수인을 왕양명으로 부르는 등의 호칭을 그대로 사용하기도 했지만, 모든 리학자들에 대해서 전통적인 호칭을 사용하지는 않았다. 그 이유는 단지 습관에 따른 것이지, 어떤 사상가에 대해 특별한 존중을 표하는 것은 아니다.

나는 이 책을 아내 양영楊穎에게 헌사하여, 그녀가 오랫동안 내 학술 활동에 보여 준 관심과 지지에 감사를 표하고자 한다.

1.
송명리학의 선구

리학은 북송 중기에 진정으로 탄생했다. 하지만 리학으로 대표되는 유학의 부흥 운동이나 그것에서 발전해 나온 기본 사상들의 방향은, 당 중기의 신유학 운동과 송 초기의 사조가 변화·발전되어 간 동향 속에서 직접적인 연원을 찾을 수 있다. 당 중기의 한유韓愈와 이고李翶 그리고 송 초기의 세 선생(胡瑗·孫復·石介)은 리학의 선구자로 인정받는다. 그러나 송 초기 리학의 발생에 직접적인 영향을 끼친 사람들은 이 세 선생에 그치지 않는다. 범중엄范仲淹과 구양수歐陽修의 영향이 오히려 더욱 중요할지 모른다. 범중엄과 구양수는 기질적으로도 한유와 더 가깝다. 문화적인 '근세화' 과정을 살펴볼 때, 당 중기부터 북송 전기까지의 학술 관계는 마치 역사를 초월하여 연결된 것 같아서 대단히 사람들의 주목을 끈다. 고문 운동에서 '당송 팔대가'를 주장하는 방식은 북송 전기와 당 중기 사이의 문화 연계를 가장 잘 설명하는 방식이다. 신유가 운동도 마찬가지였다. 한유와 그의 제자 이고가 제기한 유가 부흥이라는 기본 구호와 발전 방향은, 확실히 북송 경력 시기에 사상 운동의 선도적 역할을 하였다. 그리고 경력 시기의 사상 운동은 또 도학의 탄생을 위한 기초를 마련해 주었다.

1. 당 중기의 유학 부흥 운동

1. 한유

어떤 사람은 "송학을 연구하려면 반드시 당대에서 시작해야 하고, 창려昌黎 한씨를 우두머리로 삼아야 한다"[1]고 말했다. 한유韓愈(768~824)는 자字가 퇴지退之이고, 창려 사람이다. 그는 가난하고 비천한 집안 출신이었으며, 세 살 때 양친을 잃고 큰형의 집에서 형수 정鄭씨의 보살핌 속에 양육되었다. 얼마 후 형마저 죽었고, 과부인 형수가 그를 성인이 될 때까지 돌봐 주었다. "스스로 말하기 어려울 정도로 집안이 가난하였기"(家貧不足以自話) 때문에, 그는 어려서부터 매우 고달프게 유학을 공부하였다. 한유 스스로도 일찍이 "성품은 본래 문학을 좋아했으나 곤궁하고 처량한 처지를 하소연할 길 없어, 경經·전傳·역사서·백가百家의 학설을 궁구하였다. 그 의미를 살피는 데 침잠하였고, 구절구절마다 반복해 읽으면서 학문을 연마하였으며, 문장을 짓는 일에 힘썼다"[2]고 말한 적이 있다. 한유의 출신과 사상 역정은 전형적인 평민 지식인의 역정이다. 그는 고문 운동의 영수였으며, 그의 시문詩文은 후세에 지대한 영향을 끼쳤다. 그의 대표작 '오원五原'(「原性」, 「原道」, 「原毁」, 「原仁」, 「原鬼」)에는 그의 사상이 잘 드러나 있다.

1. 도통道統을 선양하다

한유는 유가에 하나의 핵심 전통이 있으며, 그 전통을 대표하는 정신과 가치(道)는 성현들 간의 전승 과정(傳)을 통해서만 하나의 전통(統)으로 성립할 수 있다고 생각했다. 이 때 정신 전통의 지속성과 작용은, 주고받는 사람들 간에

---

1) 錢穆, 『中國近三百年學術史』(中華書局, 1987), 1쪽, "治宋學必始於唐, 而以昌黎韓氏爲之率"
2) 『昌黎先生集』 권15, 「上兵部李侍郎書」, "性本好文學, 因困厄悲愁, 無所告語, 遂得窮究於經傳史記百家之說, 沈潛乎訓義, 反復乎句讀, 韞磨乎事業, 而奮發乎文章"

직접 구두로 전해 주고 전달받는 과정과 체계에 상당 부분 의존한다. 일반적으로 한유의 이러한 견해는 불교의 가르침을 전승하는 계통과 사대부의 족보에서 영향 받은 것으로 여겨진다.

한유는 유가의 도道가 전해지는 과정을 다음과 같이 생각하였다.

> 요堯는 도를 순舜에게 전했고, 순은 이것을 우禹에게 전했으며, 우는 이것을 탕湯에게 전했고, 탕은 이것을 문文·무武·주공周公에게 전했으며, 문·무·주공은 이것을 공자에게 전했고, 공자는 이것을 맹가孟軻에게 전했다. 맹가가 죽은 후에는 도가 전해지지 않았다.[3]

한유의 설명에 따르자면, 성인의 도를 전하는 방법에는 두 가지가 있다. 하나는 요와 순 그리고 우처럼 직접 구두로 전해 주는 방법이고, 다른 하나는 주공이 공자에게, 공자가 맹자에게 전했던 것처럼 정신적으로 전승하는 방법이다. 그런데 맹자 뒤에는 직접 구두로 전해 주는 체계가 이미 중단되었을 뿐만 아니라, 정신적인 이해를 기초로 계승한 사람도 출현하지 못했다. 그리하여 맹자에게까지 전해졌던 유학의 도통은 맹자 뒤의 사상가들에게 이어지지 못했다. 이러한 한유의 생각 속에는 자신의 소망이 분명히 드러나 있다. 중단된 지 천여 년이나 되는 도통을 자기가 발양시키고 이어가려는 소망이었다.

한유가 이해한 '도'는 단순히 정신적 가치만은 아니고, 하나의 완정한 원칙을 포함하는 것이다. 도는 인의仁義로 대표되는 도덕 원칙, 『시』·『서』·『역』·『춘추』로 대표되는 경전 체계, 예禮·악樂·형정刑政으로 대표되는 정치 제도, 그리고 유가가 확정한 분업 구조(士·農·工·商), 윤리 질서(君臣·父子·夫婦), 사회 풍속(의·식·주)과 종교적 예의(제사) 등을 모두 포괄한다. 실제로 도는 한유가 이해한 유가의 문화이자 사회 질서로서, 불교와 구분하면서 동시에 불

---

3) 『昌黎先生集』 권11, 「原道」, "堯以是傳之舜, 舜以是傳之禹, 禹以是傳之湯, 湯以是傳之文武周公, 文武周公傳之孔子, 孔子傳之孟軻. 軻之死, 不得其傳焉."

교도에게 압력을 행사하기 위해서 사용되었다.

한유는 "두루 사랑하는 것을 인仁이라 부르고, 실행함이 마땅한 것을 의義라 부르며, 여기에서 저리로 가는 것을 도道라 부르고, 자신만으로 충분하여 밖의 어떤 것을 기다리지 않는 것을 덕德이라 부른다. 인과 의는 확정적인 이름이고, 도와 덕은 텅 빈 자리일 뿐이다"[4]라고 말했다. 한유가 '두루 사랑하는 것'으로 '인仁'의 의미를 규정한 것은, 유가의 인학仁學을 이해하는 대표적인 견해 가운데 하나가 되었다. '인'에 대한 이러한 이해는 여전히 외부 환경(개인 또는 집단)에 대해 사랑을 베푸는 인간의 행위에 중점을 두고 있을 뿐이지, 정신의 내재적 성품에 중점을 두고 있지 않다. 그는 어떤 행위가 일정한 상황에 들어맞는 준칙을 '의義'로 생각하였다. 그는 또한 '인'과 '의'는 확정적인 윤리적 내함內涵을 지니지만 '도'와 '덕'은 상이한 사상 체계에서 공유하면서 각기 다양한 의미를 부여하는 개념이므로, 이 두 개념은 '인'과 '의'의 개념처럼 확정적인 윤리적 내함을 갖지 못한다고 생각했다. 한유는 고대 성인들이 서로 전승했던 '도'를 유가 문화의 체계로 이해하였다. 그래서 그는 "여기에서 내가 말하는 도란 전에 말하던 도가와 불교의 도가 아니다"[5]라고 말했던 것이다. 이제 '도'는 도가와 불교에 대한 반대를 위해 분명히 해야 할 개념일 뿐만 아니라, "문장으로 도를 싣는다"(文以載道)고 말할 때의 그 실려야 할 '도'이기도 하다.

한유의 유학 도통론은 나중에 북송의 도학에서 계승되었고, 맹자 뒤에 끊긴 성인의 도를 이어받는 일은 지식인들을 몰입시키는 이상이 되었다. "학문은 도를 실천하기 위한 것이다"(學所以爲道)라는 한유의 말도, 적어도 어떤 의미에서는 '도학'의 관념을 어렴풋이나마 담고 있는 말이었다.

---

4) 같은 책 권11, 같은 곳, "博愛之謂仁, 行而宜之之謂義, 由是而之焉之謂道, 足乎己無待於外之謂德. 仁與義爲定名, 道與德爲虛位."
5) 같은 책 권11, 같은 곳, "斯吾所謂道也, 非向所謂老與佛之道也."

2. 맹자를 존숭尊崇하다

당대 이전까지 맹자의 지위는 제자諸子들과 높낮이의 구별이 없었으며, 순자荀子·양웅揚雄·동중서董仲舒 등과 동등하였다. 그런데 한유는 도통의 전승 내력을 설명하면서 맹자를 공자의 계승자로 삼았고, 성인의 도가 맹자 뒤에서 끊겼다고 했다. 따라서 한유는 도통 관계에서 맹자에게 공자와 대등한 지위를 부여함으로써, 맹자의 지위를 높이 끌어올렸다.

한유가 맹자를 존숭한 이유는, 뒷날 리학이 정신 수양의 방면에서 맹자의 사상을 흡수한 것과는 달리 주로 도가나 불교와 투쟁하기 위해서 필요했기 때문이다. 한유에게 도가와 불교는 당시에 유가가 주로 맞선 이단으로 파악되었다. 이단과 투쟁하자니, 전국 시대에 유가가 이단으로 간주했던 양楊·묵墨과 결연히 싸운 맹자야말로 유가에서 이단의 학문과 투쟁하는 전형이었다. 한유는 "양·묵이 성행하면 올바른 도가 폐기되고 말 터이다."(楊墨行, 正道廢.) 그런데 진나라 이후 대도大道가 밝혀지지 않았다. 이는 바로 "그 재앙이 양·묵의 방자한 행동에서 생겨났는데도, 이를 금지시키지 않았기 때문이다"(其禍出於楊墨肆行而莫之禁故也)라고 말했으며, "내가 일찍이 맹자를 존숭한 이유는, 맹자의 공적이 우임금에 못지않다고 생각해서였다"(故愈嘗推尊孟氏, 以爲功不在禹下者, 爲此也)고 말했다. 한유는 맹자를 모범으로 삼아 도가와 불교를 격렬히 배척하는 일에 힘썼다. 그는 "도가와 불교의 폐해는 양·묵보다 심하고, 나의 지혜는 맹자에 미치지 못한다"(釋老之害, 過於楊墨, 韓愈之賢, 不及孟子)고 말했다. 그러나 이단과 끝까지 투쟁하려 한 그의 결심은 "죽더라도 결코 여한이 없을"(雖滅死而萬無恨) 정도였다.

3. 불교를 배척하다

당나라 때 한유는 배불론排佛論으로 명성이 높았다. 당 헌종憲宗 때에 부처의 유골을 궁궐 안에 모시려고 하면서 한바탕 종교적 열광에 휩싸였다. 왕공들은 앞을 다투어 시주하였고, 백성들은 살림을 거덜내면서까지 공양하였다. 그런데 한유만은 용감히 나서 불교를 격렬하게 배척하는『논불골표論佛骨表』를 지었다.

한유는 두 측면에서 불교를 반대하였다. 첫째는 문화적인 면이었다. 그는 다음과 같이 말했다.

> 부처는 오랑캐 사람으로 중국인과 말도 통하지 않고 의복도 다르다. 입으론 선왕先王의 모범적인 말씀을 말하지 않고, 몸에는 선왕의 모범적인 의복을 입지 않으며, 군신 간의 외리와 부자 간의 정리도 모른다.6)

한유가 볼 때, 불교는 이민족의 문화이고, 그 교의 또한 중국 사회의 윤리 질서와 충돌한다. 이처럼 중국의 고유한 문화 체계와 충돌하는 종교는 마땅히 배척해야지 육성해서는 안 된다고 생각하였다. 따라서 그는 황제에게 부처의 유골을 "물과 불 속에 던져 버려서, 영원히 그 근본을 없애 버리라"(投諸水火, 永絶根本)고 요구한 것이다.

당대의 통치자들은 개국 초기부터 불교의 발전을 크게 장려하였다. 불교는 자비를 위주로 삼는 종교이므로 사람들에게 선善을 쌓도록 이끌 것이요, 난동을 부리도록 이끌지는 않으리라는 생각 때문이었다. 이러한 후원 속에서 사원 경제는 유례 없는 발전을 이루었다. 사원은 대량의 토지와 노동력을 갖게 되었을 뿐만 아니라 면역과 면세의 특권까지도 누리게 됨으로써, 돈 많은 집안 사람들이나 건장한 청년들이 요역을 회피하는 합법적 특별 구역이 되었다. 게다가 번진의 지방 세력이 강성해지자 중앙의 재정 수입은 감소하였다. 이에 따라 세속의 평민과 지주에게 돌아오는 부담은 날로 가중되었다. 이 모든 정황들은 선비 계층에게 국가의 경제적 이익이라는 관점에서 불교를 배척하고 억제하는 주장을 제기하도록 요구하였다. 한유가 불교를 비판하는 두 번째 관점도 역시 경제

---

6) 같은 책 권39,「論佛骨表」, "大佛本夷狄之人, 與中國語言不通, 衣服殊制, 口不言先王之法言, 身不服先王之法服, 不知君臣之義父子之情."

적인 측면에서 입론하였다. 그는 "옛날에 인민은 네 부류였는데, 지금에 와서 인민은 여섯 부류이다. 옛날에 교육자는 맨 처음 부류에 속했는데, 지금에 와서 교육자는 세 번째 부류에 속한다. 농사 짓는 집은 한 집인데도, 곡식을 먹는 집은 여섯 집이나 된다. 공업에 종사하는 집은 한 집인데도, 기물을 사용하는 집은 여섯 집이나 된다. 장사하는 집은 한 집인데도, 그것에 의지하는 집은 여섯 집이나 된다. 그러니 어떻게 인민들이 곤궁해지지 않을 것이며, 도적질하지 않겠는가"[7]라고 주장하였다. 한유는 불교의 발전이 원래의 분업 구조를 파괴하였고, 생산에 종사하지 않는 사람들을 지나치게 많아지게 하여 계급 간의 충돌 문제를 격화시켰다고 공격하였다.

문화적인 측면과 경제적인 측면에서 불교를 공격한 다음, 그는 조정에다가 "불교인을 인민으로 삼고, 불교 서적을 불살라 버리며, 불교인의 거처를 초라하게 만들라"(人其人, 火其書, 廬其居)고 요구하였다. 승려들을 강제로 환속시키고 불교 경전을 불태워 버리며, 사원의 재산을 몰수하라는 요구였으니, 대단히 과격한 주장이었다.

4. 『대학』의 도리를 밝혀 드높이다

『대학』은 본래 『예기』 중의 한 편이었을 뿐 한당漢唐 시대에는 유학자들이 그다지 중시하지 않았다. 송대 이후에야 『대학』은 사서四書 가운데 하나로 존숭되었고, 유가의 중요 경전으로 자리매김되었다. 그런데 『대학』의 도리를 밝혀 드높인 일은 이미 한유에서 시작되었다. 그는 『대학』의 주요 논점을 「원도原道」에 인용하였다.

『대학』에서는 이렇게 말한다. "옛날에 훌륭한 덕을 천하에 밝히려는 자는 먼저 나라

---

7) 같은 책 권11, 「原道」, "古之爲民者四, 今之爲民者六. 古之敎者處其一, 今之敎者處其三. 農之家一, 而食粟之家六; 工之家一, 而用器之家者六; 賈之家一, 而資焉之家六; 奈之何民不窮且盜也?"

를 잘 다스리고, 나라를 잘 다스리려는 자는 먼저 집안을 가지런히 하며, 집안을 가지런히 하려는 자는 먼저 자신을 잘 수양하고, 자신을 수양하려는 자는 먼저 마음을 바르게 하며, 마음을 바르게 하려는 자는 먼저 뜻을 정성스럽게 하여야 한다." 따라서 옛날에 '마음을 바르게 하고, 뜻을 정성스럽게 하는 일'을 말했던 이유는, 그렇게 함으로써 세상일을 돌보기 위함이었다. 그런데 오늘날에는 마음만 다스리려 하고 천하와 국가의 일은 도외시하며, 본래의 규범을 없애 버린다. 그리하여 자식은 부모를 부모로 모시지 않고, 신하는 임금을 임금으로 섬기지 않으며, 인민들은 자신들의 일을 열심히 하지 않는다.[8]

한유가 『대학』을 중시한 까닭은 주로 『대학』을 정치와 윤리 철학으로 생각했기 때문이다. 『대학』은 사회의 종법 질서와 윤리 규범을 유지하기 위해서 '제가齊家·치국治國·평천하平天下'의 사회적 의무를 강조한다. 따라서 이는 중국 사회에 발을 들여 놓고자 하는 어떠한 출세간주의 체계에 대해서도 실질적인 압력을 힘차게 행사하고야 마는 사상이다. 한유는 불교를 배척하기 위해서 『대학』의 이러한 특징을 유력한 무기로 활용하였다.

한유가 주목한 점은 사회·정치적인 문제였기 때문에, 그는 『대학』의 조목을 끌어다 쓰면서도 '격물'과 '치지'는 거론하지 않았다. 그런데 이 '격물'과 '치지'는 바로 송명리학에서 『대학』을 해석할 때 가장 주의를 기울인 관념이다. 확실히 유학의 부흥 운동 시기에 직면했던 주된 임무는 정치·윤리적인 측면에서 불교를 공격하여 사회·정치적인 구조 속에 유학의 지위를 회복시키는 데 있었기 때문에, 유가 내부의 정신 과제를 어떻게 발전시킬 것인가라는 문제에까지 깊숙히 다가갈 수는 없었다. 이런 점에서 한유의 제자 이고와 송명 리학자들은 유학 부흥기에 펼쳐진 정신 발전 방면의 연구를 보충하고 계승하였다.

---

8) 같은 책 권11, 같은 곳, "傳曰: "古之欲明明德於天下者, 先治其國; 欲治其國者, 先齊其家; 欲齊其家者, 先修其身; 欲修其身者, 先正其心; 欲正其心者, 先誠其意." 然則古之所謂正心而誠意者, 將以有爲也. 今也欲治其心而外天下國家, 滅其天常; 子焉而不父其父, 臣焉而不君其君, 民焉而不事其事."

5. 성性과 정情의 바탕을 논하다

'성性'과 '정情'의 품격에 대한 한유의 견해는 중국의 인성 학설사에서 특색 있는 관점 중의 하나이다. 그는 우선 "성性이란 태어남과 동시에 생기는 것이다. 정情이란 사물과 접촉하고서야 생기는 것이다"[9]라고 생각했다. '성'은 선천적으로 본유하는 것이고, '정'은 후천적으로 사물과 접촉한 다음에야 비로소 발생하는 것이다.

한유는 '성'에 세 품격이 있는 것으로 생각하고, 이렇게 말했다.

성의 품격에는 상上·중中·하下 세 가지가 있다. 상품上品은 오로지 선할 따름이다. 중품中品은 이끌기에 따라 상품이나 하품下品이 되게끔 할 수 있다. 하품은 오로지 악할 따름이다. 성을 이루는 바탕에는 다섯 가지가 있으니, 이름하여 인仁·예禮·신信·의義·지智이다. 이 다섯 가지 가운데서, 상품은 하나에만 집중하면서도 나머지 넷도 행한다. 중품은 그 중 하나가 지나치게 많거나 지나치게 적으며, 나머지 넷도 뒤섞여 순수하지 못하다. 하품은 그 중 하나에 거슬리고, 나머지 넷에도 어그러진다.[10]

한유의 '성삼품설性三品說'은 양한 이래 동중서 등의 삼품설과 본질적으로 다르지 않다. 그는 상품의 인성은 선하기만 하여 악함이 없고, 하품의 인성은 악하기만 하여 선함이 없으며, 중품의 인성은 선·악의 정도가 환경과 교육의 영향을 받는다고 생각했다. 이러한 생각에 따르면 모든 사람은 태어나면서 일정한 품격에 속하게 되고, 이 품격은 변화될 수 없는 것이다. 따라서 하품의 사람은 단지 형법의 위엄으로 선을 행하도록 이끌거나 악을 행하지 못하도록

---

9) 같은 책 권11, 「原性」, "性也者, 與生俱生也. 情也者, 接於物而生也."
10) 같은 책 권11, 같은 곳, "性之品有上中下三: 上焉者, 善焉而已矣. 中焉者, 可導而上下也. 下焉者, 惡焉而已矣. 其所以爲性者五; 曰仁, 曰禮, 曰信, 曰義, 曰智. 上焉者之於五也, 主於一而行於四; 中焉者之於五也, 一不少有焉, 則少反焉, 其於四也混; 下焉者之於五也, 反於一而悖於四."

제어할 수 있을 뿐이지, 본래의 성품은 바꿀 수 없다.

한유 인성론에서 주의할 만한 점은 '성을 이루는 바탕이 다섯 가지'(所以爲性者五)라는 설명이다. 그는 '성을 이루는 바탕' 즉 인성의 등급을 판정하는 참조 기준을 '인·의·예·지·신'으로 생각했다. 이러한 기준으로 인성을 볼 때, 상품의 인성은 그 중 하나의 덕을 위주로 하지만 나머지 네 덕도 함께 지닌다. 중품의 인성은 그 중 하나의 덕을 약간 지녀서 충분치 못하거나 위배되는 부분이 있어서 엄중하지 못하고, 나머지 네 덕도 모두 뒤섞여 순수하지 못하다. 인·의·예·지·신의 기준으로 하품의 인성을 보면, 일반적으로 하나의 덕을 두드러지게 위반하고, 나머지 네 덕에 대해서도 모두 거슬린다. 나중에 송명리학에서는 '성을 이루는 바탕이 다섯 가지'라는 견해를 이어받아 '성이 곧 리이다'(性卽理)라는 학설로 발전시켰다. 송명 리학자들은 모든 사람이 마음 안에 인·의·예·지·신의 오덕五德을 갖추고 있으며, 이 오덕을 모든 인성이 인성일 수 있는 근거로 생각하였는데, 한유의 원래 설명과는 다른 점이 있다.

한유는 같은 방식으로 '정情'의 문제를 다루었다.

정의 품격에는 상·중·하 세 가지가 있고, 그것들이 정이 되는 근거는 일곱이니, 이름하여 희喜·노怒·애哀·구懼·애愛·오惡·욕欲이다. 이 일곱에 대해서 상上의 품격은 움직이면서도 그 '중中'에 처한다. 중中의 품격은 심한 것도 있고 결여한 것도 있지만, 그 '중'에 합하려 한다. 하下의 품격은 결여한 것과 심한 것을 모두 직접적으로 드러낸다. 정은 성에서 이미 그 품격을 나타낸다.[11]

이는 상품의 인성은 곧 상품의 '정'을 지니므로, 칠정의 발현이 기율에 맞지(中節) 않는 때가 없다는 말이다. 중품의 인성은 곧 중품의 '정'으로 드러나, 칠정

---

11) 같은 책 권11, 같은 곳, "情之品有上中下三, 其所以爲情者七: 曰喜, 曰怒, 曰哀, 曰懼, 曰愛, 曰惡, 曰欲. 上焉者之於七也, 動而處其中. 中焉者之於七也, 有所甚, 有所亡, 然而求合其中者也. 下焉者之於七也, 亡與甚, 直情而行者也. 情之於性視其品."

중에 어떤 것은 지나치고 어떤 것은 결핍되어 있지만, 그것이 중도中道에 맞도록 할 수 있다. 하품의 인성은 곧 하품의 '정'으로 드러나, 칠정이 모두 과도하거나 결핍되어 있다. 따라서 하품의 인간들은 편벽되고 결핍된 감정에 따라 방종하므로, 중도에 맞도록 이끌 수 없다.

한유는 이와 같은 견해에서 출발하여 맹자와 순자 그리고 양웅의 성선설性善說·성악설性惡說·성선악혼설性善惡混說을 비판하였고, 또 사람의 선악을 완전히 외재적인 환경과 교육으로 돌리는 관점에도 반대하였다. 한유의 성정론性情論은 주로 불교의 인성론을 반대하면서 한당 시대의 인성론을 결산하기 위해 제시된 주장이었다. 그의 견해는 나중에 송명리학에서 지양(揚棄)됨과 동시에 수많은 리학가들이 인성을 토론하는 출발점이 됨으로써 일정한 영향력을 지니게 되었다.

송대 리학자들은 모두 한유가 실제로 '도'에 관한 나름의 식견을 지녔던 것으로 여기면서도, 단지 재능이 높아 도달한 식견일 뿐 실천 공부는 하지 않았고, 여전히 시간과 정력을 시문과 음주에 소모하는 문인의 습벽을 버리지 못했다고 생각하였다. 그러면서도 그들은 여전히 한유와 그의 「원도」·「원성」에 대해서는 비교적 높은 평가를 내리고 있었다. 한유에 대한 송대 리학자들의 평가에서 알 수 있듯이, '실천 공부'가 있는지 없는지의 여부는 전통적인 유림문사儒林文士와 리학 사상가를 구분하는 중요한 기준이 된다.

2. 이고

한유의 제자 이고李翱는 당대 유학의 또 다른 중요 인물이다.

이고(772~841)의 자字는 습지習之이다. 역사서에서 "이고는 처음에 창려의 한유에게서 문장을 배웠고, 당시에 이름이 드높았다"(翱始從昌黎韓愈爲文章, 以見推當時)고 평했다. 그는 한유의 문하생이었고, 한유가 제창하고 주도한 유학 부흥과 고문 운동에 적극 가담하기도 하였다. 이고는 정원貞元[12] 14년(798년)에 진사에 급제하였고, 관직은 산남동도절도사山南東道節渡使에까지 이르렀다. 산문散文 방면에서 이룬 업적은 한유에게 크게 미치지 못했지만 유학 사상, 특히 심성心性의 학설에서는 한유의 학설을 보충해 주고 발전시켰다. 그래서 후대 사람들은 종종 한유와 이고를 함께 이야기한다. 이고의 주요 저작은 『복성서復性書』이다. 이 저작은 당대에서 유가 사상이 발전하여 이룬 대표작 중의 하나이자 당 중기에서 북송에 이르는 신유학 운동의 중요한 연결 고리이기도 하다.

1. 성性과 정情에 관한 학설

이고는 상당히 깊이 있게 '성情'과 '정性'의 관계 문제를 다루었다. 그는 이렇게 생각했다.

성과 정은 서로 앞서지 않는다. 그렇지만 성이 없다면 정은 생겨날 데가 없다. 정은 성에서 생겨나는 것이니, 정은 스스로 정일 수 없으며, 성에 의지하여 정이 된다. 또 성도 스스로 성일 수 없으며, 정으로 말미암아 드러난다.[13)]

그가 볼 때 '성'은 '정'의 근거이고 '정'은 '성'의 표현이며, 양자 사이를 비록 선후 관계로 묘사할 수는 없지만, '성'이 근본이 되는 것만은 분명하다. '성'이 없다면 '정'은 근본적으로 생겨날 수 없는 것이다.

이고는 한 걸음 더 나아가 윤리학의 선악 문제에서, '성'은 선의 근원이며 '정'은 악의 근원이라고 생각했다. 그는 이렇게 생각하였다.

사람이 성인이 되는 근거는 성이다. 인성이 미혹되는 까닭은 정 때문이다. 희·노·애·구·애·오·욕 일곱 가지는 모두 정의 소행이다. 정이 이미 어지럽기 때문에

---

12) 德宗의 연호이다──옮긴이 주.
13) 『李文公集』 권2, 『復性書』 上, "性與情不相先也. 雖然, 無性則情無所生矣, 是情由性而生, 情不自情, 因性自情; 性不自性, 由情以明."

성도 감추어지는 것이다.14)

　이고의 이러한 견해는 한유와 다른 것이다. 이고가 볼 때, 인성이란 차별 없이 모두 선하다. 이는 모든 사람이 성인이 될 수 있는 내재적 근거이다. 그리고 사람에게 악이 생길 수도 있고 선하지 않은 것에 빠질 수도 있는 까닭은, '정'이 '성'의 발현을 미혹시키기 때문이다. 그는 다음과 같은 비유 하나를 든다. '성'은 원래 물처럼 맑고 투명한 것이다. 그러나 '정'은 모래와 같다. 모래는 물을 혼탁하게 만들고, 물의 맑고 투명한 상태를 그대로 드러낼 수 없게 한다.

　이고는 이러한 입장에 근거하여 "성은 선하지 않은 것이 없고"(性無不善), "모든 사람의 성은 성인의 성과 같은"(人之性猶聖人之性)데, 선하지 않은 것은 '정'이 그렇게 만든 것이다. 따라서 "정은 망령되고 사악한 것이다."(情者妄也, 邪也) 그러므로 "망령된 정을 없애 버린다면, 본성은 맑고 투명해질 것이다"(妄情滅息, 本性淸明)라고 생각하였다. 마치 모래를 깨끗이 하면 물이 본래의 맑고 투명함을 회복하듯이, 사람들에게서 사악하고 망령된 '정'을 없애 버린다면 본성은 회복될 것이다. 이것이 바로 '복성復性'이다.

　이고의 성정론은 한유보다 정밀하고 상세하지만, 그래도 여전히 분명하게 설명하지 못한 부분이 있다. 예를 들어 '정'은 어떻게 생기는 것일까? 만일 '정'에 선한 것도 있고 선하지 않은 것도 있다면 선하지 않은 것은 제거하고 선한 것은 보존해야 할 텐데, 이고는 여러 차례 모호한 방식으로 '정'을 모두 사악하고 망령된 것으로만 이야기하였다. 이러한 모순은 해결할 방법이 없다. 또 '정'을 본성의 움직임으로 말한다면, 본성의 표현이 되는 정이 어떻게 사악하고 망령될 수 있는지 등의 문제들은 이고가 모두 일일이 해결할 수 없었던 문제들이었다.

---

14) 같은 책 권2, 『復性書』上, "人之所以爲聖人者, 性也. 人之所以惑其性者, 情也. 喜怒哀懼愛惡欲七者, 皆情之所爲也. 情旣昏, 性斯匿矣."

2. '정情'은 있는 것인가 없는 것인가

이고는 이렇게 말하였다.

성인이라고 어찌 정情이 없겠는가? 성인은 고요한 상태로 움직이지 않지만, 가지 않으면서도 도달하고, 말하지 않으면서도 신묘하며, 빛나지 않으면서도 밝다. 제도를 만들어 하늘과 땅의 공능에 참여하고, 그 변화는 음양에 들어맞는다. 그러므로 비록 정이 있다 하더라도 일찍이 정을 지닌 적이 없는 것이다.15)

이 말에 따르자면 성의 움직임이 곧 '정'이기 때문에, 성인에게도 '정'은 있다. 그러나 성인의 경지는 "고요한 상태로 움직이지 않고, 넓고 크며 맑고 투명하기"(寂然不動, 廣大淸明) 때문에, 비록 '정'이 있더라도 마치 없는 것과 같다. 이고가 성인은 "비록 정을 지니더라도 일찍이 정을 지닌 적이 없었다"(雖有情而未嘗有情)고 말한 것은, 일종의 '부동심不動心'의 정신 경지를 가리키는 것이다. 『역전易傳』의 말로 표현하자면, "고요한 상태로 움직이지 않는다"(寂然不動)는 경지이다. 따라서 이고는 이 점에 근거하여 한유와 다른 도통설을 제기하였다. 그는 성인의 도가 안자顔子·증자曾子·자사子思에게 전해졌고, 맹자에게까지도 전해졌으나, 진한秦漢 이후 "이 때에는 성인의 도가 폐기되어 결핍되었다"(於是此道廢缺)고 생각했다. 한유가 "두루 사랑하는 것을 인이라 한다"(博愛之謂仁)는 것을 도통의 주요 내용으로 삼은 점과는 달리, 이고는 공자의 고요한 상태로 움직이지 않는 모습에서부터 안회顔回의 가난을 즐기는 태도(屢空), 자로子路의 끝까지 예의를 지키는 태도(結纓而死), 증자의 올바름을 지키며 죽는 태도(得正而斃), 『중용』의 서둘지 않으나 빠름(不疾而速), 그리고 맹자의 '부동심'에 이르기까지, 도통이 전승되는 핵심을 모두 "비록 정이 있다 하더라도 일찍이 정을

---

15) 같은 책 권2, 『復性書』上, "聖人者豈其無情邪? 聖人者, 寂然不動, 不往而到, 不言而神, 不耀而光, 制作參乎天地, 變化合乎陰陽, 雖有情也, 未嘗有情也."

지닌 적이 없는 것이다"는 점에 두었다. 이고가 표현한 사상은 뒷날 정호가 "정이 만물에 순응하니 정이 없다"(情順萬物而無情)고 한 설명만큼 분명하진 못하지만, 그가 부동심을 도통의 전통으로 삼은 점은 주목할 만하다.

3. 복성復性의 방법

이고가 고요한 상태로 움직이지 않는 부동심의 경지를 추앙한 것은, 그가 도가와 불교의 정신 생활을 흡수한 것과 관련이 있다. 이러한 측면은 그가 한유에 비해 인간의 정신 수양 문제에 더욱 관심을 가졌음을 나타내 준다. 그는 한 걸음 더 나아가 복성復性과 고요한 상태로 움직이지 않는 경지에 이르는 공부에 대해 논하였다.

어떤 이가 물었다. "사람들이 혼미해진 지 오래되었으니, 그 본성을 회복하려면 반드시 점차적으로 해야 할 것입니다. 감히 그 방법을 묻고자 합니다." 이에 이렇게 대답하였다. "염려하지 않고 생각하지 않는다면 정이 생겨나지 않을 것이다. 정이 생기지 않으면 생각이 바르게 된다. 바른 생각이란 염려가 없고 생각이 없는 상태이다.…… 막 고요해졌을 때, 마음에 본래 생각이 없음을 아는 것이 재계齋戒이다. 본래 생각함이 없음을 안다면, 움직임과 고요함을 모두 떠나게 된다. 고요한 상태로 움직이지 않는다는 것은 곧 지극히 정성스러운 상태이다."[16]

이고는 수양 공부를 '생각하지 않고 염려하지 않는 것'으로 귀결하고, 이 원칙으로 움직임과 고요함이라는 상이한 상태를 두루 관통할 것을 요구하였다. 그는 고요한 상태에서 생각하지 않고 염려하지 않는 것을 마음을 재계하는 것으로 말하고, 움직일 때 생각하지 않고 염려하지 않는 것을 지극히 정성스럽고

---

16) 같은 책 권2, 『復性書』中, "或問曰: 人之昏也久矣, 將復其性者, 必有漸也, 敢問其方? 曰: 弗慮弗思, 情則不生, 情旣不生, 乃爲正思. 正思者, 無慮無思也…… 方靜之時, 知心本無思者, 是齋戒也. 知本無有思, 動靜皆離, 寂然不動者, 是至誠也"

아무런 행위도 하지 않는 것으로 불렀다. 그러나 그는 염려가 없고 생각이 없는 상태가 바른 생각인지, 아니면 정당한 사려는 단지 필요 없는 생각을 하지 않는 상태를 가리키는지에 대해서는 분명히 말하지 않았다. 그의 이러한 설명은 본래 동기가 어떻든지 간에, 불교의 사상 가운데서 '정情을 없애라'는 사상과 '선과 악을 생각하지 않는다'는 사상의 영향을 지나치게 받은 점만은 분명하다.

이고는 또 사람이 외부 사물과 접촉하지 않을 수 없기 때문에, 외부 사물에 대해 반응하지 않을 수 없다는 점을 지적하였다. 따라서 "본래 생각함이 없으니, 움직임과 고요함을 모두 띠닌다"고 한 말은, 결코 모든 감관과 지각을 없애 버리는 상태를 가리키는 것이 아니다. 그리고 그는 "보지 않고 듣지 않는다면 사람도 아니다. 보고 들음이 분명하지만, 보고 듣는 것에서 말미암지 않으면 되는 것이다"[17]라고도 말했다. 그는 '보고 듣는 것에서 말미암지 않는 것'을 기본적인 수양 방법으로 삼았다. 다시 말해서 사람은 비록 외부 사물에 대해 보고 듣는 게 있지만, 심령이 외부 사물에 이끌리지 않는다면 외부 사물의 영향을 받지 않으리라는 것이다. 그는 또 한유가 소홀히 한 '격물치지格物致知'의 문제를 제기했다.

"감히 묻겠습니다만, '치지는 격물에 있다'고 함은 무슨 말입니까?" 이렇게 답변하였다. "물物이란 만물이다. 격格이란 오는 것, 이르는 것이다. 사물이 이를 때, 그 마음이 명확히 변별해 내고 사물에 응하지 않는다면, 이것이 바로 '치지'이고 앎의 지극함이다."[18]

이고는 '격물'과 '치지'를, 외부 사물이 다가올 때 마음이 그 사물에 응하지 않는 상태로 해석하였다. 이는 바로 '생각함도 없고 염려함도 없으니, 움직임과

---

17) 같은 책 권2, 『復性書』中, "不睹不聞, 是非人也, 視聽昭昭, 而不起於見聞者, 斯可矣."
18) 같은 책 권2, 『復性書』中, "敢問 '致知在格物' 何謂也? 曰: 物者萬物也, 格者來也, 至也, 物至之時, 其心昭然昭然明辨焉, 而不應於物者, 是致知也, 是知之至也"

고요함을 모두 떠난다'는 그의 종지宗旨에 기초한 해석이다. '마음이 사물에 응하지 않는다'는 말은 지각 반응이 없음을 가리키는 것이 아니다. 오히려 지각이 활동하고 의식은 분석과 변별을 행하면서도, 심령이 외부 사물에 집착하거나 오염되지 않음을 강조한 것이다. 그는 이러한 경지에 도달한 상태가 바로 '지성至誠'에 도달한 상태이며, 이것을 최고의 지혜로 생각하였다.

한유는 도통에서 맹자의 지위를 끌어올렸고, 여기에다가 이고는 공자와 맹자 사이에 특별히 자사를 끼워 넣었다. 자사가 성인들이 전승한 성명性命의 도를 『중용』에 담아서 맹자에게 전했다고 생각했기 때문이다. 이처럼 이고는 『복성서』에서 『중용』의 지위를 높임과 아울러 『중용』에 비교적 많은 주의를 기울였다. 후대의 리학자들은 한유와 이고의 견해를 모두 받아들여 도통에서 자사와 맹자의 지위를 인정하였고, 동시에 『대학』과 『중용』, 『논어』와 『맹자』를 나란히 사서로 만들었다.

이고의 『복성서』에서는 후대의 리학자들이 관심을 갖고 주목한 수많은 심성론의 문제를 제기하였다. 한유와 마찬가지로, 이고는 도통의 전승에 대해 아주 높은 포부와 사명감을 지니고 있었다. 그는 맹자 뒤에 "이 성인의 도가 폐기되고 결핍되었다"고 생각했으며, "나는 내가 아는 바를 전하고자 책을 집필하였고, 이 책에 정성스럽고 밝은 근원을 밝혀서 끊기고 폐기되어 드러나지 않았던 도를 지금에야 거의 전할 수 있게 되었다"[19]고 말하기도 했다. 그러나 나중에 송명 리학자들은 이들의 도통설을 받아들이기는 했지만 도통에서 이들의 지위를 시종 인정하지 않았다. 특히 이고는 불교의 영향을 비교적 많이 받았고 학술 이론에도 성숙되지 않은 점이 많았기 때문에, 후대의 비판을 더욱 많이 받았다. 그러나 이고가 표현해 낸 사상의 날카로움과 깊이는, 후대의 리학자들에 비해 조금도 손색이 없었다.

---

19) 같은 책 권2, 『復性書』中, "我以吾之所知而傳焉, 遂書於書, 以開誠明之源, 而缺絶廢棄不揚之道, 幾可以傳於時."

2. 북송 전기의 사회 사조

개국 후 오십 년 동안 정돈기를 거친 북송 전기에는 정치 국면도 날로 평정되어 갔고, 사회 생활도 점차 안정되어 갔다. 그러나 얼마 지나지 않아 새로운 위기가 나타났고, 사회 사상은 새로운 변화를 배태하게 되었다. 남송의 리학자들은 리학이 탄생한 근원을 거슬러 올라가 인종 경력 시기의 호원胡瑗·손복孫復·석개石介를 추앙하였고, 이들을 함께 '세 선생'으로 불렀다. 이 세 선생이 먼저 사상적 기풍을 열었고, 후대 리학의 창립을 위한 사상적 기초를 정립한 것으로 생각해서였다.

호원은 리학의 창시자인 정이의 스승이고, 손복은 호원과 십여 년을 함께 공부했으며, 석개는 손복의 제자였다. 따라서 세 선생을 추앙하는 전통적 견해는 아마도 사승師承 관계를 중시하는 태도와 관련되어 있을 것이다. 실제로 좀 더 넓은 시각에서 북송 전기의 사조 발전을 들여다보면, 세 선생뿐 아니라 범중엄范仲淹과 구양수歐陽修를 선구로 하는 경력 시기의 지식인들과 그 사상 동향들도 모두 중시할 만하다.

범중엄과 구양수는 기질적으로 한유와 가깝지만, 그들의 올바름과 떳떳함은 한유를 넘어선다. 역사적 사실을 보자면, 호원은 범중엄의 추천 덕분에 평민 신분으로서 황제와 문답하였고 비서랑秘書郎이라는 관직을 부여받았다. 손복도 범중엄의 추천으로 국자감國子監에 들어가 직강直講[20]에 취임하였다. 장재도 청년 시절에 범중엄의 권고를 받고 유학에 뜻을 두었으며, 나중에 북송 도학의 주요 대표자 가운데 한 사람이 되었다. 구양수는 당시의 고문 운동과 불교 배척 활동에 커다란 영향을 끼쳤다. 이러한 활동은 한유의 시대적 작업과 직접 연계되는 것으로 볼 수 있다. 이상의 여러 사람들에 대해서는 지면의 제한 때문에 따로 논술하지 않고, 그들 모두를 함께 다루면서 당시 사회 사조의 일반적인

---

20) 송 초기의 관명으로, 국자감의 선생이다——옮긴이 주.

추세와 면모를 드러내 보이도록
하겠다.

1. 곤궁한 처지에서 열심히
공부하다

당 중기 이후에 문벌사족門閥士
族은 심각한 타격을 입었다. 사회
의 경제 구조가 귀족 장원제에서
중소지주와 자작농이 주도하는 경
제로 전환되었기 때문이다. 중소지
주와 자작농 계층 출신의 지식인
들은 과거 시험을 통해서 국가 정

范仲淹

권에 진입하여 관리의 주체가 되었는데, 이들이 바로 중국 사회의 '사대부'이다.
북송 전기의 사상가들은 대다수가 가난하고 미천한 집안 출신으로서, 곤궁한
처지에서 열심히 공부한 경력들을 지니고 있다.

범중엄의 자字는 희문希文이다. 그는 두 살 때 부친을 여의었고, 모친이 주朱
씨에게 개가하여 성이 주朱로 바뀌었다. 청년 시절에는 밤낮으로 열심히 공부하
였다. "겨울철에 피로가 심해지면 찬물로 세수했고, 먹을 것이 없어 거친 죽으
로 끼니를 때웠다."[21] 구양수의 자字는 영숙永叔이다. 그는 네 살 때 부친을
여의었고, 모친 정鄭씨가 수절하며 손수 그를 가르쳤지만, "집안이 가난하여
억새로 땅에 써가며 글을 배웠다."[22]

호원은 자字가 익지翼之이고, 태주泰州 여고如皐 사람이다. "집안이 가난하여

---

21) 『宋史』 권314 (中華書局), 10267쪽, "冬月憊甚, 以水沃面, 食不給, 至以糜粥繼之."
22) 같은 책 권319, 10375쪽, "家貧, 以荻畫地學書."

자급조차 할 수 없었다. 태산에 가서 손복·석개와 함께 공부하였다. 공부는 열심히 하면서도 먹는 것은 보잘것 없었다. 밤새도록 잠자지 않았고, 한 번 눌러 앉자 십 년 동안이나 집에 돌아오지 않았다. 집에서 보내온 편지를 받았는데, 거기에 '평안平安'이라는 두 글자가 씌여 있는 것을 보고는 곧장 물 속에 던져 버리고 다시는 펴보지 않았다. 마음을 어지럽힐까 걱정했기 때문이다."23) 손복은 두 번 범중엄을 만났는데, 범중엄은 두 번 다 그에게 돈을 주었다. 또 손복이 늙은 모친을 제대로 공양하지 못하여 학업을 포기하려는데, 범중엄은 그에게 부업 사리(學職)을 마련해 주어 한 달에 삼천 원을 빌 수 있도록 배려해 주었다. 이리하여 손복은 학문을 이루었다.24) 석개는 자字가 수도守道이다. 그는 청년 시절에 "곤궁한 처지에서 열심히 공부는 모습이 세상 누구와도 비교할 수 없었다."25)

송 초기의 여러 유학자들이 곤궁한 처지에서도 열심히 공부했다는 사실은, 진실로 사회 변천의 한 모습을 보여 준다. 청빈한 집안 출신의 평민 지식인과 육조六朝·수당의 사족士族 지식인은 그들의 생활 역정과 배경에서 크나큰 차이가 있다. 바로 이러한 차이들은 평민 지식인들이 정치 태도, 윤리 주장, 문화 태도 그리고 일반적인 사상 경향에서 사족 지식인들과 크게 다른 모습을 갖게 하였다.

2. 도를 숭상하고 문장을 억누르다

육조 이래의 사륙변려문四六駢儷文은 네 자·여섯 자의 대구로서, 원래 문체의 규범이면서도 소리내어 읽는 데 편리하다는 특징을 갖고 있다. 그런데 육조에서 수당에 이르기까지 발전하면 발전할수록 더욱더 형식주의로 흘러가면서

---

23) 『宋元學案』 권1, 「安定學案」 (中華書局), 24쪽, "家貧無以自給, 往泰山, 與孫明復石守道同學, 攻苦食淡, 終夜不寢. 一坐十年不歸, 得家書, 見上有平安二字, 卽投之澗中不復展, 恐擾心也."
24) 같은 책 권2, 「泰山學案」, 附錄, 101쪽.
25) 같은 책 권2, 「泰山學案」, 附錄, 110쪽, "困窮苦學, 世無比者."

일상 생활에서 벗어난 귀족들의 문자 유희가 되고 말았다. 따라서 심오한 사상을 표현하거나 사회와 문화를 배려(關懷)하는 수단이 될 수 없었다. 아름다움에만 치우친 사부辭賦는 그저 문학 형식상의 화려함만을 추구하면서 사회 생활을 완전히 떠나 버렸기에, 사상과 문학의 발전을 속박하였고 그 생명력을 잃고 말았다. 이러한 상황 속에서 당대의 문화적인 근세화 운동은 시작 단계부터 뗄래야 뗄 수 없는 '문文'과 '도道'의 긴장 관계를 맺게 되었다.

평민 지식인은 유가의 '수제치평修齊治平'이라는 이상을 회복하도록 요구하였고, 문학이 사회에 봉사하도록 요구하였다. 이러한 경향은 이미 당나라 전성기에 그 발단이 시작되었다. 그 후 몇몇 지식인들은 질박하고 화려하지 않은 육경六經의 학풍을 숭상하고, 단편적으로 문장의 화려함만을 추구하는 형식주의 풍조를 반대하면서, 문장의 사회적 교화 기능을 강조하였다. 또 문장을 시대의 사회 풍속을 반영하고 정치 상태를 표현하는 것으로 생각하면서, 문장으로 도를 밝힐 것과 문장과 도를 함께 중시해야 한다는 주장을 제기하였다.

한유는 고문 운동의 가장 대표적인 인물이다. 그는 "옛날의 훌륭한 문화에 뜻을 둔 사람이라면, 그 글귀의 훌륭함만을 추구하지 않고 그 도를 좋아할 따름이다"26)라는 말로 고문을 제창하고 변려문을 반대하였다. 그는 고문을 제창하는 것이 "본래 옛 도에 뜻을 두는 것"(本志乎古道者也)임을 분명히 밝혔다. 이것은 고문 운동이 문학 혁명일 뿐만 아니라 시작할 때부터 확정적인 사상적 지향, 곧 공맹의 '도'를 부흥시키려는 운동에 부합하는 지향이 있었음을 설명한다.

그들이 경박하고 형식적인 문장과 아름답기만 한 글귀를 비판하기 위해서 사용한 이론 근거는 유가의 도였으며, '문'이 봉사해야 할 대상도 유가의 '도'였다. 바로 이 점이 고문 운동을 일으킬 수 있었고, 동시에 '도'의 문제를 두드러지게 함으로써 어느 정도는 '도학' 흥기의 과제를 제시해 주었다. 그리고 도학은 예외 없이 문학 방면에서 일어난 고문 운동의 정신에 찬동하였고, 그 찬동의

---

26) 『昌黎先生集』 권16, 「答李秀才書」, "所志於古者, 不惟其辭之好, 好其道焉爾."

외침은 고문 운동을 뛰어넘으면 넘었지 못 미칠 정도는 아니었다. 도학의 창시자 주돈이가 한유 이래의 고문 운동을 개괄하여 "문장으로 도를 싣는다"고 말했던 것은 우연이 아니며, 두 운동 사이의 연관을 내재적인 측면에서 밝힌 말이었다.

수당과 오대五代 이래의 사치스럽고 퇴폐적인 형식주의 문학 풍조가 북송 초기에는 서곤체西崑體에 집중적으로 체현되었다. 송 인종 때에는 내우와 외환이 가중되어 사회에 위기감이 조성되었고, 국가의 세력은 허약해졌으며, 변방에는 우환이 끊이지 않았다. 게다가 도가와 불교가 성행하였고 경박하고 형식적인 문장이 풍미하였으므로, 당시의 양식 있는 선비치고 개혁을 요구하지 않는 이가 없었다. 이러한 배경 속에서 경력 연간에는 정치 개혁과 문학 혁신이 일어남과 동시에 리학의 급속한 흥기를 맞이하게 되었다.

구양수는 한유의 영향을 많이 받았다. 그는 "학자는 한유가 아니면 배우지 않는다"[27]고 하였다. 그리고 '도가 우세'해야지 '문이 우세'해서는 안 된다고 주장하였으며, "도가 우세하면 문은 어렵지 않게 저절로 이르게 된다"[28]고 생각하였다. 구양수보다 먼저 석개는 서곤체를 비판했고, '한유를 존숭할 것'을 제창하였으며, "삼강三綱은 문의 상징이고, 오상五常은 문의 바탕이다"[29]라고 말했다. 범중엄도 "문장의 경박함은 군자의 걱정거리다"(文章之薄, 則爲君子之憂)라고 하면서 고문 운동을 지지하였다. 호원도 "나라에서 계속 선비를 선발하는 데에 체용을 근본으로 삼지 않고, 성조가 맞고 형식적으로 아름다운 글귀만을 숭상하기 때문에 풍속이 경박해졌다"[30]고 생각하였다. 그의 제자가 지적한 대로, 호원이 제기하고 도학가들이 추앙한 "본체를 밝히고 그 작용에 도달하는 학문"(明體達用之學)이란 바로 수식만 화려하고 경박한 풍조에 대항하기 위한

---

27) 『歐陽文忠公文集』 권73, 「記舊本韓文後」, "學者非韓不學"
28) 같은 책 권47, 「答吳充秀才書」, "道勝者, 文不難而自至也."
29) 『徂徠石先生文集』, 「上蔡副樞書」 (中華書局, 1984), 143~144쪽, "三綱, 文之象也; 五常, 文之質也."
30) 『宋元學案』 권1, 「安定學案」, 25쪽, "國家累朝取士, 不以體用爲本, 而尙聲律浮華之詞, 是以風俗偸薄."

것이었다.

　호원은 성인의 '도'가 체體·문文·용用 세 가지를 모두 포함한다고 생각했다. 그 중에서 '체'는 가치 원칙을 가리키고, '문'은 경전 체계이며, '용'은 체와 문을 사회에서 실천할 때 발생하는 효용을 가리킨다. 호원이 말하는 '본체를 밝히고 그 작용에 도달하는 학문'이 바로 도학은 아니다. 하지만 그는 '인仁·의義·예禮·악樂'을 도의 '체'로 삼았기 때문에, 본체를 밝히는 일은 실제로 도를 밝히는 일이었다. 이것은 후대 도학자들이 '도를 밝히는 일'을 주요한 사명으로 삼은 점과 일맥상통한다. 나중에 정호는 '명도明道'라는 시호로 불렸는데, 천사백 년 동안이나 드러나지 않던 성인의 도를 분명하게 드러낸 공적을 기리는 시호였다.

　호원이 태학을 주재할 때, 한번은 '안연이 좋아한 것은 어떤 학문인가'라는 제목으로 학생들에게 시험치도록 한 일이 있었다. 옛날에 출제자의 시험 제목은 주로 그 사람의 사상적 특징을 대표한다. 호원이 정한 이 제목은 여전히 "공자와 안연의 즐거움을 찾는다"(尋孔顏樂處)는 주돈이의 말에 미치지 못한다. 하지만 그는 분명히 안연의 학문을 사장辭章의 학문과 대립되는 것으로 생각하였고, 그것을 제창하고 이끌었다. 정이의 답안이 호원의 칭찬을 받은 까닭은, 정이가 "배워서 성인이 된다"(學作聖人)는 새로운 정신 방향을 명확히 지적했기 때문이다.

　석개는 일찍이 「괴설怪說」을 지어 문장과 불교 그리고 도교를 세 가지 괴상한 것으로 불렀다. 이 셋 중에서 문장을 우두머리로 삼아 공연히 화려하기만 하고 경박하며 과장된 문학 풍조를 강력히 비판하였으며, 유가의 도를 숭상할 것과 무용한 문장을 폐기할 것을 요구하였다. 그는 오직 도통만을 인정했고, 도통 이외의 문통文統을 인정하지 않았다. 그는 도통의 도는 오직 "요·순·우·탕·문·무·주공·공자의 도로서, 영원토록 항상 실행되는 도이며 바꿀 수 없는 도이다"31)라고 생각했다.

사마광司馬光도 변려문을 짓지 않을 것을 공개적으로 선언하였으며, "군자의 학문은 도를 실천하는 것인가, 아니면 문장을 짓는 것인가? 아마도 군자는 문이 우세하여 도가 이르지 않는 것을 증오할 것이다"[32]라고 말했다. 경력 시기의 고문 운동과 '본체를 밝히고 그 작용에 도달하는 학문'은 의심의 여지없이 뒤따라온 '도학'의 기초를 정립하였다.

3. 경전을 존숭하다

당대의 고문 운동이 문장을 억누르고 육경을 숭상하는 경향을 띤 점과 마찬가지로, '문文'과 '도道'의 긴장 관계 속에서 도에 대한 강조는 사상적인 면과 문자적인 면, 즉 내용과 형식 모두를 경전에 귀속시키는 태도를 필연적으로 요구한다. 범중엄은 "육경에 두루 통하였고 특히 『역경』에 뛰어났다."[33] 구양수도 『역동자문易童子問』을 저술하였다. 호원은 『시경』과 『서경』을 문장으로 삼았고, 『논어』와 『춘추』의 학문에 뛰어났으며, 특히 『역경』에 정통하였다. 손복은 『춘추』의 저명한 경사經師였고, 경전을 연구하는 데 호원보다 더 정통하였다. 석개는 서곤체의 문장을 반대하고 유가의 경전을 숭상하여, "오늘날 세상 사람들은 양억楊億[34]을 칭찬하고 마구 떠들어대면서 그가 한 마디하면 모두들 화답하는데, 나는 오로지 우리 성인의 경전을 확실하게 지킬 따름이다"[35]라고 말했다.

육경에 대한 숭상은 반드시 경전 해석의 문제를 야기한다. 한당 시대의 경학은 문자·명물名物·훈고의 방면에서 많은 업적을 쌓았다. 그러나 시대적 요구

---

31) 『徂徠石先生集』, 「怪說」下, 63쪽, "堯舜禹湯文武周孔之道, 萬世常行, 不可易之道也."
32) 『宋元學案』권7, 「涑水學案」, 281쪽, "君子之學, 爲道乎? 爲文乎? 夫唯恐文勝而道不至者, 君子惡諸."
33) 같은 책 권3, 「高平學案」, 137쪽, "泛通六經, 尤長於易."
34) 楊億(974~1020)은 북송 때의 문인이다——옮긴이 주.
35) 『徂徠石先生集』, 「答歐陽永叔書」, 175쪽, "今天下爲楊億, 其衆嚻嚻乎口, 一唱爲和, 僕獨確然自守吾聖人之經."

에 부합하는 새로운 해석이라는 사상적 측면에서는 그다지 좋은 성과를 내지 못했기 때문에, 번잡한 장구와 형식적인 아름다움만 추구하던 문학 풍조와 마찬가지로 경력 시기의 개혁가들에게서 천대받고 버려졌다.

'경전의 의미'에 대한 중시는 필연적으로 명물과 훈고를 벗어나 새로운 이해를 찾도록 이끈다. 경력 시기는 경학사經學史에서 볼 때 중대한 변화가 발생했던 시기다. 학자들은 용감하게 전통적인 경전 해석을 의심하였고, 새로운 해석과 이해를 제시하였으며, 자신의 생각으로 경전을 새롭게 해석하는 활동을 대단히 활발하게 펼쳤다. 앞 시대 사람은 경학이 "경력 시기에 이르러 크게 변하기 시작했고", 그 기풍은 새로운 것을 표방하고 상이한 해석들을 입론하는 일이 마치 "한대 유학자들의 학문을 꼭두각시처럼 보았다"[36]고 설명했다. 이는 사상의 해방과 새로운 사상의 진로를 찾는 추세를 나타내 준다.

이 시기에 경전을 의심하던 사조는 후대 도학의 방향과 표면적으로는 다른 점이 있지만(예를 들어 구양수가 「繫辭傳」을 배척한 것이나, 이구와 사마광이 『맹자』를 의심한 것), 전체적인 사회 사조라는 측면에서 볼 때 일치하는 점도 있다. 바로 이 시기에 '문장'에 대한 중시에서 '경전'에 대한 숭상으로 전환했기 때문에, 비로소 후대의 도학에 이르러 "경전은 도를 싣고 있는 것이다"(經所以載道)라는 견해나 "경전에서 이치를 궁구한다"(由經窮理)는 정이의 견해로 발전했던 것이다.

경전은 오직 시대에 걸맞는 설명과 해석을 통해서만 작용을 발휘한다. 그리고 경전 속의 '도'에 대한 설명과 해석의 형식은 경전의 주석에만 국한되지 않는다. 이러한 설명과 해석은 본문과는 달리 비교적 독립적일 수 있다. 불교에서 학설의 종지를 이해하고 설명·해석하며 전승하기 위한 방편이었던 어록체語錄體는, 아주 자연스럽게 신유학에서 유가의 의리를 발전시키기 위한 방편 형식으로 채택되었다. 그리고 도학 창시자의 어록은 또다시 후학들이 근거로 삼고 받들 새로운 경전 형식이 되었다.

---

36) 皮錫瑞, 『經學歷史』(中華書局, 1981), 220쪽, "至慶歷始一大變也", "視漢儒之學若土梗"

4. 불교를 배척하다

송대 유학의 부흥 운동은 주로 두 가지와 대적하였다. 하나는 도가와 불교로, 그 중에서 주로 불교 문화의 도전이었다. 다른 하나는 형식적인 아름다움만을 추구하는 문장이었다. 한유가 유가의 지위를 부흥시키려고 행한 활동 역시 불교를 배척하는 생각과 떨어질 수 없는 것이었다. 석개와 구양수는 북송 전기의 불교를 배척한 주요 인물이었다.

석개는 불교를 배척한 한유의 격렬한 태도를 이어받아 정치와 윤리 측면에서 불교를 비판하는 데 주력하였다. 그는 불교가 군신과 부자 사이의 '상도常道'를 파괴하고, 승려는 "선비도 아니고 농민도 아니며, 장인도 아니고 상인도 아니다"(不士不農, 不工不商)라고 생각하였으며, 불교는 '허황되고 방만한 가르침'(汗滿不經之教)이며 '요상스럽고 미혹된 주장'(妖誕幻惑之說)이라고 생각하였다. 그가 볼 때, 도가와 불교의 가장 큰 폐해는 "우리 성인의 도를 망가뜨리고 부수는"[37] 것이다. 그는 한유보다 '요순과 주공 그리고 공자의 도'를 수호할 것을 더욱 강조하였다.

구양수는 "오늘날 불교의 교리는 거짓되고 부당하다고 말할 만하다"(今佛之法可謂奸且邪矣)면서 불교를 공격하였다. 그러나 그는 결코 한유처럼 "불교 경전을 불사르고", "사원을 초라하게 하는" 방법까지는 주장하지 않았다. 그는 불교 교리가 걱정거리가 된 지 이미 천여 년이 되었으므로, 이 걱정거리를 없애기 위해서는 "자신의 근본을 닦아 그것을 압도하는 일만한 게 없다"(莫若修其本以勝之)고 생각하였다. 그리하여 구양수는 이렇게 말했다. "옛날 전국 시대에 양주와 묵자가 세상을 어지럽혔다. 맹자는 이를 걱정하면서 인의仁義만을 주장하였다. 이에 인의의 주장이 우세해지고 양주와 묵자의 학문은 버려지게 되었다. 한나라 때에는 백가의 학설이 동시에 흥성하였다. 동중서가 이를 걱정하여 물

---

37) 『徂徠石先生集』, 「怪說」 下, 63쪽, "壞亂破碎我聖人之道"

러나와 공자의 학문을 닦자, 공자의 도가 드러나고 백가의 학설은 끊어지게 되었다. 이것이 이른바 자신의 근본을 닦아서 그것을 압도한다는 것의 효과이다."[38] 그러므로 근본적인 방법은 공맹의 학설인 예의禮義의 도를 설명하고 드러냄으로써 왕도 정치를 일으키는 것이다.

손복도 "문장은 도의 작용이고, 도는 가르침의 근본이다"(文者道之用也, 道者敎之本也)라고 강조하는 동시에, 도가와 불교의 무리들을 공격하여 "생사와 화복 그리고 허무와 응보를 일삼고", "군신의 예를 버리고, 부자의 관계를 끊으며, 부부의 의리를 없앤다"[39]고 하였다. 여기에서도 알 수 있듯이, 송 초기 도가와 불교에 대한 비판은 동시에 주공과 공자의 도를 분명히 밝히자고 부르짖는 학문이었다.

경력 시기 지식인들의 정신 면모는 범중엄에게서 그 일단을 볼 수 있다. 범중엄은 "스스로 '천하의 걱정거리를 먼저 걱정하고, 천하의 즐거움을 나중에 즐긴다'고 자신의 뜻을 밝혔으며, 나라의 일을 논하면서 눈물까지 흘리곤 하였다. 한때 사대부들이 잘못을 고치고자 부지런히 힘쓰며 절개를 숭상한 것은 선생에게서 제창된 것이다"[40]라고 하였다. 이러한 태도는 분명히 위진과 수당, 오대 때와는 크게 다른 시대적 기풍이었다.

북송 때에는 주현州縣의 학교와 서원이 흥기하여 강학講學 활동이 보편화되었는데, 이 점도 리학이 배태되고 형성되는 하나의 조건이었다. 또 이것은 호원이 호주湖州에서 교학을 실천한 시범 활동과 분리할 수 없는 일이다. 구양수는 일찍이 이렇게 말한 적이 있다. "경력과 명도 연간 이래 학자들의 스승으로는 오직 호원 선생과 태산의 손복·석개 세 사람뿐이었고, 그 중에 호원 선생의

---

38) 『歐陽文忠公文集』 권17, 「本論」 上, "昔戰國之時楊墨交亂, 孟子患之, 而專言仁義, 故仁義之說勝, 則楊墨之學廢. 漢之時, 百家竝興, 董生患之, 而退修孔氏, 故孔氏之道明而百家息. 此所謂修其本以勝之之效也."

39) 『睢陽子集補』, "以死生禍福虛無報應爲事", "去君臣之禮, 絶父子之戚, 滅夫婦之義"

40) 『宋元學案』 권3, 「高平學案」, 137쪽, "自誦其志: '先天下之憂而憂, 後天下之樂而樂', 感論國事, 時至泣下, 一時士大夫矯厲尚風節, 自先生倡之"

학생이 가장 많았다.…… 교학 방법이 가장 완벽하여 몇 년을 실행하자, 동남 지방의 선비 가운데 인·의·예·악을 학문으로 삼지 않는 이가 없었다. 경력 4년(1045년)에 천자께서 천장각天章閣을 열어 대신들과 천하의 일을 논하면서 비로소 모든 주현에 학교를 세울 것을 명하였다. 그래서 수도에 태학을 건립하고, 관리들을 호주 지방에 내려 보내 호원 선생의 방법을 익히게 하여 태학의 교수법으로 삼았다."41) 호원이 실천한 유학 교육은 제도화와 보편화 과정을 통해 유학 사상을 진작시키는 데 중요한 기여를 하였고, 또 신유가의 흥기를 위한 인재 교육의 기초를 마련하였다.

---

41) 『歐陽文忠公文集』 권25, 「胡先生墓表」, "自景祐明道以來, 學者有師惟先生暨泰山孫明復石守道三人, 而先生之徒最盛…… 其敎學之法最備, 行之數年, 東南之士莫不以仁義禮樂爲學. 慶歷四年天子開天章閣, 與大臣講天下事, 始慨然詔州縣皆立學, 於是建太學於京師, 而有司請下湖州取先生之法以爲太學法."

2.
북송 리학의 건립과 발전

1. 주돈이

주돈이周敦頤는 자字가 무숙茂叔이고 북송 진종眞宗 천희天禧 원년(1017년)에 태어났으며, 북송 신종神宗 희녕熙寧 원년(1073년)에 죽었다. 그의 고향은 호남성 도주道州의 영도營道(지금의 湖南省 道縣)이다. 그는 젊었을 때 홍주洪州 분녕현分寧縣의 주부主簿를 역임했고, 현령을 몇 차례 역임했다. 나중에는 남안군南安軍의 사리참군司理參軍을 지냈으며, 만년에는 광동성의 전운판관轉運判官, 제형提刑 그리고 지남강군知南康軍을 역임하였다. 주돈이는 사법부의 일을 담당했을 때 법에 따라서만 일을 처리하였고, 권세를 좇아 법을 어그러뜨리는 일에 반대하였다. 그의 태도는 매우 꼼꼼하고 엄격하였기에 역대로 칭송받았다.

주돈이는 오랫동안 주현의 미천한 관리를 지냈지만 그것을 조금도 부끄럽게 여기지 않았고, 처세하는 데 초연하였으며 여유로웠다. 그는 명리名利를 하찮게 여겼고, 산림 속 생활을 즐겼으며, 대단히 높은 정신 경지를 지니고 있었다. 그는 어느 시詩에서 "어느 산이 높다고 하면 곧장 달려가 찾고, 속세 밖으로 나가 소나무 그늘로 들어가니, 비록 동굴 속의 경지는 아닐지라도 인간세의 명리심과는 다르지 않은가"(聞有山巖卽去尋, 亦躋方外入松陰, 雖然未是洞中境, 且異人間名

周敦頤

利心)라고 읊었다. 전하는 일화에 따르면, 그는 자신이 거처하는 집의 창 앞에 잡초가 무성했는데도 뽑아 내지 않았다. 이에 다른 사람이 그 이유를 묻자, 그는 "내 뜻과 같은 것일세"(與自家意思一般)라고 대답했다 한다. 이는 끊임없이 생성하는 대자연과 융합하여 일체가 되려는 인생 포부를 그대로 드러낸 말이다.

그의 인격 경지는 세속을 정화하였고 당시의 사람들에게 대단한 감화를 끼쳤다. 정호는 청년 시절에 주돈이에게서 학문을 배우고 나서, "혼연히 구도하려는 뜻을 갖게 되었고"(慨然有求道之志), "마침내 과거 공부를 혐오하게 되었다"(遂厭科擧之業)고 말했다. 주돈이는 일찍이 "나는 특히 진흙에서 피어나면서도 오염되지 않는 연꽃을 사랑한다"(予獨愛蓮之出於淤泥而不染)는 『애련설愛蓮說』을 지었다. 이 한 편의 격조 높고 우아한 산문은 뭇사람들의 입에 오르내리게 되었으니, 빼어나다고 할 만하다. 그는 "국화는 꽃 중의 은일한 것이고"(菊, 花之隱逸者也), "모란은 꽃 중의 부귀한 것이며"(牧丹, 花之富貴者也), "연꽃은 꽃 중의 군자이다"(蓮, 花之君子者也)라고 말했다.

역대로 주돈이는 인격적으로나 사상적으로 도가와 비교적 깊은 관계를 맺었던 사상가로 여겨졌다. 그러나 『애련설』에서 알 수 있듯이, 도가의 은일이나 세속의 부귀 등은 그의 인생 이상이 아니었다. 그가 칭송했던 연꽃의 중정中正하며 맑고 곧은 '군자'적 기품이란, 그의 유가적 인격 이상이 담겨 있는 표현이었다.

그의 고향 영도현에는 염계濂溪라는 개천이 있었다. 그리고 주돈이는 만년에 여산廬山에서 살았는데, 산자락에 연화봉蓮花峰에서 시작하는 작은 개천이 있었다. 그는 이 개천을 염계로 이름 지었고, 개천가에 서재를 지어 염계 서당으로 불렸다. 그래서 학자들은 습관적으로 그를 '염계 선생'이라 불렀다. 그의 주요 저작으로는 『태극도설太極圖說』과 『통서通書』가 있는데, 중화서국에서 『주돈이집周敦頤集』으로 새로이 출간하였다. 리학의 창시자인 정호와 정이가 일찍이 그에게 학문을 배웠기 때문에, 주돈이는 후대 학자들에게 도학의 시조로 여겨졌으며, 『송사』「도학전」에는 도학의 창시자로 자리매김되어 있다.

1. 공자와 안연이 즐거워한 것

주돈이가 남안南安 지방에 있을 때에는 사람들에게 알려지지 않은 평범한 관리에 불과했다. 오직 이정二程의 아버지 정상程珦만이 혜안을 지녀서 주돈이의 재주와 학문을 추앙하였고, 당시 열넷·다섯 살된 이정을 주돈이에게 배우도록 인도하였다. 나중에 이정이 창립한 리학은 북송에서 남송으로 점차 발전해 가면서 학술 사상의 주류가 되었고, 이에 따라 주돈이의 지위도 높아지게 되었다.

그러나 주돈이가 후대 사람들에게 리학의 종사宗師로 받들어졌던 까닭은, 그가 단지 이정의 선생이기 때문만은 아니었다. 리학의 발전 측면에서 보자면 그는 분명히 중대한 영향을 끼친 몇몇 사상을 제기했다. 『논어』에는 다음과 같은 기록이 있다. 공자의 제자인 안연은 생활이 극도로 빈곤했지만, 그 가난조차도 '도를 배운다'는 마음의 즐거움에 어떤 영향도 미치지 못했다. 그래서 공자는 안연의 이러한 태도를 대단히 칭찬하였다. 정호는 어릴 적에 배웠던 주돈이의 가르침을 회고하며, 이렇게 말했다.

옛날 주돈이 선생에게 수업을 들을 때, 매번 안연과 공자의 즐거움을 찾아보고 무엇

을 즐겼는지 알아보라고 말씀하셨다.[1]

그 뒤 '공자와 안연이 즐거워한 것을 찾는 일'은 송명리학의 중대한 과제가 되었다. 이는 주돈이가 제기한 탐구, 즉 '안연은 어떻게 빈곤한데도 즐거울 수 있었는가'라는 문제를 이해하는 일이 이정과 모든 송명 리학자들에게 엄청난 영향을 끼쳤다는 사실을 말해 주는 것이다.

'공자와 안연이 즐거워한 것'은 인생의 이상인 동시에 이상적 경지의 문제이다. 유가 학설에서는 원래 공자를 성인으로 여기며 이상적인 인격 모델로 삼는다. 그리하여 한유 이후로 성인이 되고 현자가 되는 일은 점차 유가에서 선비의 이상으로 자리잡게 되었다. 주돈이도 "성인은 하늘을 희구하고, 현자는 성인을 희구하며, 선비는 현자를 희구한다"[2]고 말하면서, '선비'라면 마땅히 성인이 되고 현자가 되는 일을 평생토록 도달해야 할 이상으로 삼아야 한다고 생각했다.

구체적으로 말하자면 "이윤伊尹이 지향한 바를 지향하고, 안연이 배운 것을 배우는 것"[3]이다. 이윤은 유가에서 '임금에게 충성하고, 백성에게 은혜를 베푼다'는 모범을 보였고, 안연은 유가에서 자아 수양의 전형을 대표했다. '이윤이 지향한 바를 지향한다'는 말은 이윤을 본받아야 할 모범으로 삼아서 국가의 안녕과 인민의 행복을 위해 최선을 다해야 한다는 뜻이다. '안연이 배운 것을 배운다'는 말은 안연처럼 성인의 정신 경지를 추구해야 함을 가리킨다. 전자는 외왕外王이고 후자는 내성內聖이다. 이러한 견해는 정신적인 측면에서 '본체를 밝혀 작용에 도달한다'는 당시의 말과 일치한다.

이와 동시에 '본체를 밝힌다'는 측면에서는 정신 수양의 중요성을 더욱 강조한다. 나중에 장재가 제시한 '네 가지 위해야 할 것'(四爲)은 '이윤이 지향한 바를

---

1) 『二程集』, 『程氏遺書』 권2 상 (中華書局, 1981), 16쪽, "昔受學於周茂叔, 每令尋顔子仲尼樂處, 所樂何事."
2) 『周敦頤集』, 『通書』, 「志學」 제10 (中華書局, 1990), 21쪽, "聖希天, 賢希聖, 士希賢."
3) 같은 책, 『通書』, 「志學」 제10, 22쪽, "志伊尹之所志, 學顔子之所學."

80　송명성리학

지향한다'는 커다란 포부를 발전시킨 것이다. 그리고 이정은 '안연이 배운 바를 배운다'는 측면을 한 걸음 더 나아가 설명해 내고 발휘하였다.

주돈이는 다음과 같이 지적하였다.

> 안연은 "한 그릇의 밥을 먹고, 한 표주박의 물을 마시며, 누추한 마을에서 살았다. 다른 사람들은 그 어려운 처지를 견뎌 낼 수 없었지만, 그 즐거움을 바꾸지 않았다." 부귀는 사람들이 모두 좋아하는 것이다. 그런데 안연은 부귀를 좋아하지도 않았고 얻으려 하지도 않았으며, 오히려 가난한데도 즐거워했으니, 도대체 어떤 마음을 지녔기 때문인가? 하늘과 땅 사이에 지극히 존귀하고 지극히 부유하며, 좋아할 만하고 추구할 만한 것으로서 저것과는 다른 것이 있다. 그 중대한 것을 알았기 때문에 그 사소한 것을 잊었을 따름이다. 그 중대한 것을 알면 마음이 편안해지고, 마음이 편안하면 부족함이 없는 것이다.4)

유가에서는 인생에는 개체 생명보다 더욱 중요한 가치가 존재한다고 줄곧 생각해 왔다. 그리하여 사람들에게 마땅히 도덕 가치와 이상에 대한 신념을 이루어 물질적 욕망을 초탈하는 사상적 경지를 지니라고 요구했다.

주돈이는 특히 이러한 신념과 부귀가 상충함을 드러내고자 하였다. 그가 볼 때 부귀란 보통 사람들이 공통적으로 추구하는 대상이지만, 부귀를 인생의 목적으로 삼는 태도는 한낱 속인들의 생활 태도일 뿐이다. 군자는 반드시 부귀에 대한 추구를 초탈하여야 한다. 군자에게는 세상에서 부귀보다 더욱 존귀하고 더욱 사랑스러운 게 있기 때문이다. 이처럼 지극히 존귀하고 부유하며, 좋아할 만하고 추구할 만한 대상은 '중대한 것'이고, 상대적으로 부귀와 영달은 '사소한 것'일 따름이다. 사람이 진실로 '중대한 것'을 안다면 '사소한 것'을 잊을

---

4) 같은 책, 『通書』, 「顔子」 제23, 31쪽, "顔子 '一簞食, 一瓢飲, 在陋巷, 人不堪其憂, 而不改其樂'. 夫富貴, 人所愛也, 顔子不愛不求, 而樂於貧者, 獨何心哉? 天地間有至貴至富可愛可求而異乎彼者, 見其大而忘其小焉爾. 見其大則心泰, 心泰則無不足."

수 있을 뿐만 아니라, 마음속으로 상당한 정도의 충족감과 평정심 그리고 즐거움까지도 만끽할 수 있을 것이다.

주돈이의 이러한 설명에 따르자면, 안연의 즐거움은 근본적으로 빈천 자체에 '즐길 만한' 어떤 것이 있기 때문이 아니라 안연이 이미 부귀를 초탈한 인생 경지에 올라 있었기 때문이다. 이러한 경지에 오른 사람이라면, 설령 일반 사람들이 감당하지 못할 빈천일지라도 그가 누리는 즐거움에 어떤 영향도 끼치지 못한다. 이러한 즐거움은 그의 정신적 경지가 그에게 가져다 준 것으로서 어떤 감성적 대상이 불러일으킨 감성적 유쾌함이 아니라 일종의 고급스런 정신적 향유이고, 인생의 이해利害 관계를 초월하여 도달하게 된 내재적 행복이자 유쾌함이다. 인생에서 마땅히 추구해야 할 최고의 경지가 바로 이 경지이다. 정이와 그의 제자들은 이 점에 대하여 이렇게 말하였다.

선우신鮮于侁이 "안연은 어떻게 그 즐거움을 바꾸지 않을 수 있었습니까"라고 정이에게 물었다. 그러자 정이는 "안연이 즐거워한 것은 어떤 일이냐"고 되물었다. 선우신이 "도를 즐겼을 뿐입니다"라고 대답하자, 정이는 "안연이 도를 즐겼다면 안연일 수 없을 것이다"라고 말했다.[5]

이 말 역시 '도'란 결코 즐거움의 대상이 아니라는 점을 말해 준다. 그리고 즐거움이란 사람이 도와 하나 되는 경지에 이르러 자연스럽게 향유하는 정신적 화락의 상태임을 말해 준다.

도를 즐거움의 대상으로 삼는 태도는 도학의 정신 경지를 일반적인 심미적 활동 수준으로 끌어내리는 태도이다. 북송의 저명한 문학가였던 황정견黃庭堅은 주돈이를 "인품이 대단히 높고 마음속에 구속되는 바가 없어서, 마치 비갠 뒤의 시원한 바람과 밝은 달 같았다"[6]고 칭찬하였다. 이는 그의 정신 경지가

---

5) 『二程集』, 『程氏外書』 권7, 395쪽, "鮮于侁問伊川曰: '顔子何以能不改其樂?' 正叔曰: '顔子所樂者何事?' 侁對曰: '樂道而已.' 伊川曰: '使顔子而樂道, 不爲顔子矣.'"

용속함을 뛰어넘고 사물에 얽매이지 않아, 마치 시원한 바람과 밝은 달처럼 풍취(韻致)가 고원하고 담백했으며 초탈하기까지 했다는 점을 찬미한 말이다. 이렇게 볼 때 그가 제창한 경지는 자기 스스로 맨 처음 도달한 경지였다. 이 경지는 결코 어떤 도덕적인 경지가 아니었고, 도덕적 경지와는 다른 일종의 초도덕적인 정신 경지였다.

'즐거움'은 '중대함을 아는 것'에서 나온다. '중대함을 아는 것'은 바로 '도를 아는 것'이나 '도를 체득하는 것'이다. 주돈이는 『통서』에서 이렇게 말하였다.

> 군자는 도가 충족되는 것을 귀하게 여기고, 자신이 편안한 상태를 부유한 것으로 생각한다. 그러므로 언제나 편안하고 부족함이 없기에, 높은 지위도 하찮게 여기고 값비싼 것도 티끌처럼 바라보니, 그 중요함이 더할 나위 없다.[7]

위의 인용문은 앞에서 인용한 「안자顔子」장과 상통하는 것으로서, 사람이 진심으로 '도'를 철저히 터득한다면 자연히 공명과 부귀라는 용속한 욕구와 이해타산을 뛰어넘어 드높은 경지에서 지속적인 정신적 즐거움을 얻을 수 있으리라는 점을 지적해 준다.

정호가 청년 시절에 주돈이의 가르침에 힘입어 "흔연히 구도의 뜻을 지니게 되었다"고 말한 사실은, 주돈이가 성인의 도를 추구하는 학문 방향을 제시해 주었다는 점을 말해 주며, 또 '도학'의 주제를 포함하고 있는 말이기도 하다. 부귀와 영달을 초탈하였으며 게다가 은일과도 달랐던 주돈이의 인격 기품은, 지극히 고명하면서도 중용적인 기품이었고, 당시에 새로운 기풍을 열었다. 이러한 경지에 도달하기 위해서는 속세를 떠나 수행할 필요도 없고, 산림 속에서 은둔할 필요도 없다. 오히려 이러한 경지는 윤리 관계 속에서 사회적 의무를

---

6) 朱熹, 「周敦頤事狀」, 『周敦頤集』, 91쪽, "人品甚高, 胸中灑落, 如光風霽月."
7) 『周敦頤集』, 『通書』, 「富貴」 제33, 38쪽, "君子以道充爲貴, 身安爲富, 故常泰無不足, 而銖視軒冕, 塵視金玉, 其重無加焉爾."

성실히 이행할 때 실현되는 경지였기 때문에, 도가와 불교 사상에 대한 비판과 개조 역할을 한다. '공자와 안연의 즐거움을 찾으라'는 그의 사상은, 널리 베풀어 민중을 구제하는 일과 '극기복례'를 내용으로 하는 고대 유가의 인학仁學에다가 인격미와 정신 경지를 첨가함으로써, 후대 리학이 인생에서 추구하려는 목표에 심원한 영향을 끼쳤다.

당시의 시대 상황을 감안할 때, 주돈이가 "안연이 배운 것을 배운다"고 한 주장은 호원이 제시했던 "안연이 좋아한 것은 어떤 학문인가"라는 주장과 마찬가지 논지를 지닌 밀로서, 사실상 사장詞章의 학문과 도가·불교의 학문을 겨냥한 말이었고 또 일반 지식인을 위해 제기한 정신 발전의 새로운 방향이었다. 이 새로운 학문의 방향이란 성인이 되는 길이었으며, 또한 도학의 길이기도 하였다. 지식인에 대해 말하자면 이러한 구도의 방향은 근본적으로 세속의 부귀와 공리에 대한 욕구를 초탈할 것을 요구했을 뿐만 아니라, 당시의 지식 계층이 빠져 있던 문장 위주의 학문에도 대립하는 정신 방향이었다. 주돈이는 이렇게 생각하였다.

문장이란 도를 싣는 도구이다. 수레바퀴와 끌채를 장식해도 사람들이 쳐다보지 않는다면 쓸데없이 장식한 것이다. 더구나 공허한 수레라면 문사는 기예이고 도덕은 실제적인 것이다.…… 도덕에 힘쓸 줄 모르고 오직 문사文辭에만 능하게 하는 것은 기예일 뿐이다. 아, 그 병폐가 오래 되었구나!8)

성인의 도는 귀로 들어와 마음에 보존되는 것으로서, 그것을 품으면 덕행이 되고 그것을 실천하면 유익한 일이 된다. 저 문사만을 일삼는 것은 비루할 뿐이다.9)

---

8) 같은 책, 『通書』, 「文辭」 제28, 34쪽, "文, 所以載道也. 輪轅飾而人弗庸, 徒飾也, 況虛車乎? 文辭, 藝也; 道德, 實也…… 不知務道德而第以文辭爲能者, 藝焉而已. 噫, 弊也久矣."
9) 같은 책, 『通書』, 「富貴」 제33, 39쪽, "聖人之道, 入乎耳, 存乎心, 蘊之爲德行, 行之爲事業. 彼以文辭而已者, 陋矣."

이처럼 주돈이는 북송 전기의 문화 운동에서 펼쳐진 '문'과 '도'의 긴장 관계를 이론적으로 총결하였다. 다시 말해서 고문 운동의 '문도지변文道之辨'은 '도'를 주요 내용으로 하는 학문 즉 도학을 필연적으로 요구하였다. 이러한 사상에 따르자면, 수당 이래로 유학자들이 능사로 여겼던 '문사의 학문'은 결코 성인의 학문이 아니며, 문사란 기껏 '도'가 자신을 표현하는 수단일 뿐이다. '문'은 '도'에 봉사하기 위한 것이다. 따라서 도는 내용이며 문은 형식이다. 내용을 떠나 단편적으로 형식적인 완성미만을 추구하는 태도는 받아들이기 어렵다.

'문장으로 도를 싣는다'고 말할 때, '도'는 좁은 의미에서 성인의 도이고 "성인의 도는 인의와 중정일 따름이다."[10] 주돈이는 유가의 '도'를 극대화시켰고 신유가(도학)의 기본 입장과 요구를 강렬하게 표현했다. 가치를 우선시하거나 도덕을 중심으로 삼는 관점은 유가의 일관된 전통이다. "문장으로 도를 싣는다"는 주돈이의 주장은, 유가의 문과 도에 관한 이론을 전형적으로 표현하였다. 그러나 이러한 사상이 단편적으로만 발전된다면 가치 원칙으로 문예 창작을 억제하고 헐뜯는 폐단이 출현하고 말 것이다.

2. 태극의 동정動靜

주돈이는 인생의 이상 추구라는 측면에서 신유가의 기풍을 열었다. 그리고 전통 유학과 비교해 볼 때 그의 또 다른 특색은, 유가의 경전인 『주역』에 근거하여 우주론 체계를 건립했다는 점에 있다. 「태극도」와 이를 해설한 『태극도설』은 우주론 체계의 기본 내용을 간단하면서도 핵심적으로 반영하였다.

남송 초기의 어떤 사람은 주돈이의 「태극도」가 원래 북송 초기의 도사道士 진단陳摶에게서 유래한 것으로 보았다. 명청 이래로 「태극도」가 도교 계통의 「무극도無極圖」나 「태극선천도太極先天圖」에 근거한 것으로 고증하고 확정 짓

---

10) 같은 책, 『通書』, 「道」 제6, 18쪽, "聖人之道, 仁義中正而已矣."

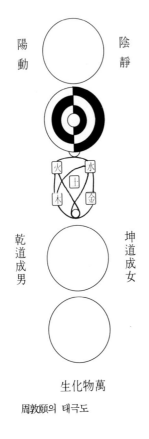

周敦頤의 태극도

는 학자들이 상당히 많았다. 이러한 문제는 여전히 진일보한 탐구와 토론이 가능하겠지만,11) 여기서 자세하게 따질 수는 없다. 그러나 지적해야 할 점은, 하나의 도식이란 어떤 이론의 표현 방식에 불과하다는 점이다. 선인들의 사상 자료를 이용할 때 도식은 범주와 마찬가지로 도식에 대한 해석에서 그 의의가 결정된다. 동일한 도식도 상이한 해석과 개조를 통해 다른 사상 체계에 봉사할 수 있는 것이다. 「태극도」를 해설한 『태극도설』은 사실 『주역』의 몇몇 관념들이 발전해 나온 일종의 우주론 모식模式이다. 송 초기에는 『주역』에 대한 해석이 보편적으로 중시되었으므로, 많은 학자들은 그들 나름의 역학에 관한 저작을 가지고 있었다. 『태극도설』은 본래 『태극도역설太極圖易說』로 이름하였는데, 이 점은 그 기본 사상이 『주역』에서 나왔음을 표명해 준다. 『태극도설』의 기본 사상은 "역에는 태극이 있고, 이것이 양의兩儀(陰陽)를 낳는다"(易有太極, 是生兩儀)는 「계사전繫辭傳」의 내용을 변화·발전시킨 것으로서, '태극'을 최고 범주로 삼는 우주론 체계이다.

『태극도설』에서는 이렇게 말한다.

---

11) 지난날의 학자들은 「태극도」가 『道藏』의 「眞元品」·「眞元圖」에서 나온 것으로 생각하였다. 그러나 근자에 어떤 학자는 도교사 연구의 성과를 인용하여, 「진원도」가 북송 이후에 만들어진 것임을 증명하여, 「태극도」가 당나라 때의 도교 경전에서 나온 것이라는 견해를 부정하였다.(李申, 「太極圖淵源辨」, 『周易研究』, 1991년 1호 참조)

무극이면서 태극이다. 태극이 움직여 양을 낳고, 움직임이 다하면 고요해지고, 고요하여 음을 낳고, 고요함이 다하면 다시 움직인다. 한번 움직이고 한번 고요하니, 서로 근원이 되고, 음과 양으로 나뉘어 양의가 있게 된다. 양이 변화하고 음이 합하여, 수·화·목·금·토를 낳는다. 오행이 차례로 베풀어져 사계절이 운행된다. 오행은 음양일 뿐이고, 음양은 태극일 뿐이며, 태극은 본래 무극이다. 오행이 낳은 것은 각각 그 본성을 지닌다. 무극의 참됨과 음양 오행의 정수가 오묘하게 합하여 응축되며, 강건한 건도는 남성적인 것을 이루고, 유순한 곤도는 여성적인 것을 이룬다. 이러한 두 기운이 교감하여 만물을 낳는다. 만물이 끊임없이 생겨나니, 그 변화가 무궁하다.12)

『주역』「계사전」에서는 "역에는 태극이 있고, 이는 양의를 낳으며, 이 양의는 사상四象을 낳고, 이 사상은 팔괘八卦를 낳는다"(易有太極, 是生兩儀, 兩儀生四象, 四象生八卦)고 말하였다. 그러나 『주역』에서 '태극'의 의미는 명확하지 못하다. 한당 시대의 철학에서 예를 들어 『한서漢書』「율력지律曆志」에서 "태극은 원기인데, 셋을 함유하여 하나가 된다"(太極元氣, 函三爲一)고 한 것처럼, '태극'은 대부분 원기가 아직 분화하지 않은 상태를 의미하였다. 당나라 사람 공영달孔穎達은 『주역정의周易正義』를 지어 진나라 사람들이 '무無'를 태극으로 삼는 견해에 반대하면서 "태극은 천지가 분화하기 전의 원기를 말하는 것으로, 뒤섞인 상태로 하나인 것이다"(太極謂天地未分前之元氣, 混而爲一)라고 주장하였다. 송 초기의 역학은 이러한 해석을 계승하였다. 예를 들어 유목劉牧은 "태극이란 하나의 기인데, 천지가 분화하기 전의 원기가 뒤섞여서 하나인 것이다"(太極者一氣也, 天地未分之前, 元氣混而爲一)라고 주장하였으며, 호원胡瑗과 이구李覯도 마찬가지였다.13)

---

12) 『周敦頤集』, 『太極圖說』, 3~5쪽, "無極而太極, 太極動而生陽, 動極而靜, 靜而生陰, 靜極復動. 一動一靜, 互爲其根, 分陰分陽, 兩儀立焉. 陽變陰合而生水火木金土. 五氣順布, 四時行焉. 五行一陰陽也, 陰陽一太極也, 太極本無極. 五行之生也, 各一其性. 無極之眞, 二五之精, 妙合而凝. 乾道成男, 坤道成女. 二氣交感, 化生萬物, 萬物生生, 而變化無窮焉."

『태극도설』에서 "오행은 음양일 뿐이고, 음양은 태극일 뿐이며, 태극은 본래 무극이다"라고 제기했는데, 『통서通書』에서는 이러한 설명을 계승하여 "오행은 음양이고 음양은 태극이다. 이로써 사계절이 운행하며, 만물이 생기고 없어진다"[14]고 말했다. 이것은 금·목·수·화·토의 오행이 음양 두 기에 통일되고, 음양 두 기는 태극에 근원하는 것으로 생각한 말이다. '음과 양으로 나뉜다'는 말은, 아직 분화되지 않은 상태의 태극에서 두 기가 분화되어 나온 것임을 표명한다. 그러므로 태극은 아직 분화되지 않은 혼돈 상태의 근원 물질을 가리키고, 무극은 혼돈의 무한을 가리킨다. 근원 물질 자체로서 태극은 형체가 없고, 무한하다. 이것이 바로 이른바 "무극이면서 태극이다"는 말의 의미이다.

주돈이의 우주 발전 도식은 '태극―음양―오행―만물'이다. 우주의 원초적 실체는 태극 원기이고, 태극 원기가 분화하여 음양의 두 기가 되며, 음양의 두 기는 변화·교합交合하여 오행을 형성하고, 각기 특수한 성질을 지닌 오행은 한 걸음 더 나아가 화합化合하고 응취凝聚하여 만물을 생성한다.

「태극도」에서 첫 번째 원은 아직 분화되지 않은 상태의 태극을 표시한다.(어떤 그림에서는 이 원 위에 '무극이면서 태극'이라는 제목을 달고 있다.) 두 번째 원은 좌우의 반원으로 구분되어 『주역』의 이괘離卦(火☲)와 감괘坎卦(水☵)를 상징한다. 이것은 음양이 이미 분화된 상태임을 나타내 준다. 그리고 『통서』에서는 '하나'(一)와 '많음'(萬)의 범주를 사용하여 이러한 우주 모식을 묘사했다. 주돈이는 이렇게 말했다.

두 기와 오행은 만물을 낳는다. 다섯은 각기 다르고 둘은 실재적이지만, 이 둘은 본래 하나이다. 이처럼 많은 것이 하나이고, 하나의 실재적인 것이 만 가지로 나뉜다. 많음과 하나가 각기 올바르니, 크고 작음이 정해진다.[15]

---

13) 유목의 주장은 『易數鉤隱圖』에서 보이고, 호원의 주장은 『周易口義』 「繫辭上傳注」에서 보이며, 이구의 주장은 『易論』에서 드러난다.(朱伯崑, 『易學哲學史』, 北京大學 出版社, 1988 참조)
14) 『周敦頤集』, 『通書』, 「動靜」 제16, 27쪽, "五行陰陽, 陰陽太極, 四時運行, 萬物終始."

그는 우주 만물이 끊임없이 생겨나는데, 본질적으로는 모두 하나의 기가 변화한 것으로 생각했다. 이것이 바로 "많은 것이 하나다"라는 말이다. 태극 원기가 변화하여 두 기와 오행이 생겨나고, 하나의 기가 각각 상이한 만물로 표현된다. 이것이 바로 "하나의 실재적인 것이 만 가지로 나뉜다"는 말이다. 금・목・수・화・토는 각기 일정한 성질을 지니는데, 『태극도설』에서는 이 점을 "각각 그 본성을 지닌다"고 말했고, 『통서』에서는 그것을 "많음과 하나가 각기 올바르다"고 말했다. 하나와 많음 사이의 이와 같은 관계는 우주의 다양성은 통일성을 포함하며, 통일성은 차별성의 표현이라는 생각을 밝혀 준다. 주돈이는 태극 원기를 자연 현상의 무한한 다양성에 대한 통일적 기초로 삼았다. 그러므로 그의 우주론은 일종의 '기일원론氣一元論'이다.

『태극도설』의 우주발생 학설은, 주돈이가 세계를 본질적으로 혼돈 중에서 생성돼 나온 어떤 것이자 발전하는 어떤 것, 그리고 시간 과정에서 점차로 생성되는 어떤 것으로 파악했다는 사실을 보여 준다. 이러한 기초 위에서 그는 한 걸음 더 나아가 변증법적 의미를 지닌 몇몇 관점들을 제기하였다.

태극은 아직 분화되지 않은 근원 실체이고, 그것의 운동은 음양 생성의 근원이다. 태극의 현저한 운동은 양기를 낳고, 태극의 상대적인 정지는 음기를 낳는다. "움직여 양을 낳는다"와 "고요하여 음을 낳는다"는 말은 우주적 과정에 대한 운동의 의미를 특별히 밝힌 말이며, 또 우주가 본질적으로 운동하는 것임을 표명한 말이다.

운동의 과정은 '동動'과 '정靜'이라는 두 대립면이 교차하고 전화轉化하는 것이다. "움직임이 다하면 고요해지고", "고요함이 다하면 다시 움직인다"는 말은, '동'의 상태가 극점까지 발전하면 곧바로 반대 방향인 '정'의 상태로 전환하는 것과 마찬가지로, '정'의 상태가 극점까지 발전하면 전화하여 '동'이 된다는 생

---

15) 같은 책, 『通書』, 「理性命」 제22, 31쪽, "二氣五行, 化生萬物, 五殊二實, 二本則一. 是萬爲一, 一實萬分, 萬一各正, 大小有定."

각이다. 전체 우주적 과정에서 어떤 특정한 운동 상태도 불변의 상태일 수는 없다.

종적인 측면, 즉 우주의 운동 과정에서 말하면 "움직이고 고요하니, 서로 근원이 된다." 곧 운동과 정지가 부단히 교차하고 순환하는 과정이다. 횡적인 측면, 즉 우주의 구성에서 말하면 "음과 양으로 나뉘어 양의兩儀가 있게 된다." 곧 우주의 구성은 음양 두 기의 대립과 통일이다.

우주의 구성은 본질적으로 음기와 양기의 상호 작용과 상호 교합이다. "양이 변화하고 음이 합하여 수·화·목·금·토를 낳는다"거나 "두 기운이 교감하여 만물을 낳는다"는 말은, 음양의 상호 작용과 결합이 다섯 가지의 물질 원소를 낳고 나아가 만물을 형성한다는 설명이다. 음양의 상호 작용에서 보자면, 변화하는 양은 주도적인 것이고 합하는 음은 추종하는 것으로서, 모순의 대립면에도 주종 관계가 있다.

'동'과 '정'의 순환에 극한이 없는 것과 마찬가지로, "만물이 끊임없이 생겨나니 그 변화가 무궁하다." 곧 우주 안의 모든 사물의 변화는 무궁한 것이다. 그리고 "사계절의 운행과 만물의 시작과 끝은 뒤섞이고 열리며 무궁하다." 곧 우주는 쉼과 그침이 없는 영원한 생성과 변화의 운동중에 있는 것이다.

주돈이는 『통서』에서 '동정'의 문제에 관해 한 걸음 더 나아가 논하였다.

> 움직이니 고요함이 없고, 고요하니 움직임이 없는 것은 물物이다. 움직이나 움직임이 없고, 고요하나 고요함이 없는 것은 신神이다. 움직이나 움직임이 없고, 고요하나 고요함이 없는 것은, 움직이지 않거나 고요하지 않은 것이 아니다. 물은 서로 통하지 않지만, 신은 만물에 오묘하게 작용한다.[16)]

『역전易傳』에는 본래 "신이란 만물에 오묘하게 작용하는 것을 말하는 것이

---

16) 같은 책, 『通書』, 「理性命」 제22, 26쪽, "動而無靜, 靜而無動, 物也. 動而無動, 靜而無靜, 神也. 動而無動, 靜而無靜, 非不動不靜也. 物則不通, 神妙萬物."

다"(神也者, 妙萬物而爲言者也)라는 설명이 있다. 주돈이도 이 사상을 계승하였다. "만물에 오묘하게 작용한다"는 말은, '신'이 우주 만물의 운동에 내재하는 본성이자 끊임없이 변화하는 미묘한 공능功能임을 나타낸다. 일반적인 사물에 대해 말하자면, 운동과 정지는 서로 배척하는 것이므로, 운동할 때에는 정지함이 없고 정지할 때에는 운동함이 없다. 그러나 '신'에 대해 말하자면, 정지하는 중에도 운동하고 운동하는 중에도 정지한다. 주돈이는 이러한 사상을 상세히 설명하지는 않았다. 그러나 우리는 그가 운동의 내부 근원 문제를 중시했음을 알 수 있다.

그의 입장에서 볼 때 '신'이 사물 운동의 내재적 동인이라면 설령 사물이 정지한 상태에 있을지라도 '신'은 여전히 존재한다. '신'은 끊임없이 생겨나는 동인이기 때문에 정지한 것으로 말할 수 없다. 만일 '신'을 정지한 것으로 여긴다면, 정지에서 운동으로 나아가기 위해서는 또 다른 동인이 필요하게 된다. 사물이 정지해 있을 때에도 운동의 활력은 그치지 않는다. 그래서 "고요하나 고요함이 없다"고 말하는 것이다. 사물이 운동할 때 '신'은 단지 운동의 내재적 활력만을 제공할 뿐, 그 자신은 결코 눈에 보이는 형체적 운동을 하지 않는다. 그래서 "움직이나 움직임이 없다"고 말하는 것이다.

주돈이의 이러한 사상이 운동과 정지에 관한 현대 철학의 변증법적 이해라고 말할 수는 없다. 그러나 추상적인 의미에서 볼 때, 적어도 '움직임'과 '고요함'이라는 두 개념은 서로 의지하고 전화하는 것일 뿐만 아니라 어떤 의미에서는 서로 포함하고 삼투滲透하는 것이기도 하다. 그러므로 후대의 리학가들은 "고요하나 고요함이 없고, 움직이나 움직임이 없다"는 주돈이의 말을 일종의 사상 모식으로 삼아, 본체론과 심성론은 물론 수양론의 '동정' 문제를 처리하는 데에도 광범위하게 사용하였다.

철학 사상의 발전을 살펴볼 때, 주돈이의 우주론에서 '신神' 사상은 운동의 내재적 근원을 제공해 주었다. 그러나 이 '신'을 파악할 수 없는 신비한 것으로 상정한다면, 이러한 이론은 우주를 설명해 줄 수 있을지는 몰라도 인간의 인식을 촉진시키지는 못할 것이다. 따라서 나중에 이정이 '리理'라는 개념을 제기하여 우주 운동의 '소이연所以然'으로 삼게 된 점은 이론의 발전에서 필연적인 일이었다.

3. 주정主靜과 무욕無欲

『태극도설』에는 인도人道에 관한 견해를 다음과 같이 밝히고 있다.

> 오직 사람만이 그 (기의) 빼어남을 얻어 가장 영특하므로, 형체가 생겨 지각 활동을 하고, 다섯 감관이 움직여서 선과 악이 나뉘며, 많은 일들이 일어난다. 성인은 그것을 중정中正과 인의仁義로 매듭 지었고, 고요함을 위주로 하여(욕심이 없기 때문에 고요하다) 사람의 기준을 세웠다.[17]

이 말은 사람이란 우주에서 가장 빼어나고 영특한 기로 구성되었고, 이러한 기가 구성한 형체는 자연히 지각 능력과 사유 능력을 가지며, 여기에서 선과 악이 생기게 되었다는 설명이다. 성인은 '인의'와 '중정'을 도덕 원칙으로 삼고, 또한 '주정主靜'의 방법으로 수양을 진행한다.

『통서』에서는 한 걸음 더 나아가 이렇게 지적한다.

> 조용하면서 움직이지 않는 것은 성誠이고, 느껴서 형통하는 것은 신神이다. 움직이나 아직 형체가 없어 유有와 무無 사이인 것은 기幾이다. 성은 정교하기에 밝고, 신은 응하기에 오묘하며, 기는 희미하기에 분명하지 않다. 성과 신 그리고 기를 성인다움이라고 한다.[18]

---

17) 같은 책, 『太極圖說』, 5~6쪽, "惟人也, 得其秀而最靈, 形卽生矣, 神發知矣, 五性感動而善惡分, 萬事出矣. 聖人定之以中正仁義而主靜(自注: 無欲故靜), 立人極焉."
18) 같은 책, 『通書』, 「聖」 제4, 16~17쪽, "寂然不動者, 誠也; 感而遂通者, 神也. 動而未形, 有無之間

이것은 '성誠'이란 인간의 본성을 가리키고, '신神'이란 인간의 사유 능력을 가리키는 것으로 생각한 말이다. 본성은 성誠이고 지극히 선한 것이며, 조용하면서 움직이지 않는 것이다. 다시 말해서 본성은 활동하지도 않고 사유하지도 않는다. 사람이 외부 사물과 접촉할 때, 본성은 사유 활동이 일어나도록 결정한다. 본성은 고요하지만, 발현하여 정신과 지각이 되는 것은 움직임이다. 정신 활동이 막 발현되어 아직 분명하게 드러나지 않은 상태를 '기幾'로 이름한다. 주돈이는 이렇게 설명했다.

사유하지 않는 것이 근본이고, 사유가 통하는 것은 그 작용이다. 기幾가 저기에서 움직이면, 성誠은 여기에서 움직인다.[19]

성誠은 행위함이 없으나, 기幾에는 선악이 있다.[20]

정성스럽고 지극히 선한 본성은 사유하지도 행위하지도 않으며, 조용하면서 움직이지도 않는다. 본성에게 바깥 사물이 다가오는 것은 일종의 '감화하여 움직이는' 것이다. 본성은 사유 활동을 통해 반응하는데, 이것이 바로 '느껴서 형통한다'는 말이다. '기幾'는 '다섯 감관의 움직임'에서 '지각 작용이 발생하기'까지의 중간 매듭이다. 본성에는 본래 악이 없다. 그러나 '기'의 상태에 이르면 선과 악이 모두 생길 수 있다. 주돈이는 사람은 반드시 욕심이 막 일어나려 할 때, 신중하게 그것을 검토해야 한다고 했다.

'성誠'은 사람의 본성일 뿐 아니라 최고의 도덕 원리이기도 하다. 주돈이는 『통서』에서 특히 '성'을 중시하여, '성'을 '순수하고 지극히 선한 것'으로 생각하였다. 또 "성誠은 성인의 근본이다"[21]라고도 지적했으며, "성聖은 성誠일 뿐

者, 幾也. 誠精故明, 神應故妙, 幾微故幽. 誠神幾, 曰聖人."
19) 같은 책, 『通書』, 「思」 제9, 21쪽, "無思, 本也; 思通, 用也. 幾動於彼, 誠動於此"
20) 같은 책, 『通書』, 「誠幾德」 제3, 15쪽, "誠無爲, 幾善惡"
21) 같은 책, 『通書』, 「誠上」 제1, 12쪽, "誠者聖人之本"

이며, 성誠은 오상五常의 근본이자 백행百行의 근원이다"22)고도 말하였다. '성'
은 최고의 도덕 원리이고 성인이 되는 경지이며, 성인이 되는 주요한 방법이다.
성인이 되는 방법으로서 '성'은 '극기복례'할 것을 요구한다. "군자는 열심히
성에 이르려고 하지만 분노를 참고, 욕망을 억누르며, 개과천선한 뒤에야 성에
이를 수 있다."23) "성심誠心은 그 선하지 않은 움직임을 돌이키려는 것일 따름
이다."24) '성誠'을 성인의 경지로 삼는다는 것은 순수하고 지극히 선한 상태를
나타내고, '성'을 공부로 삼는다는 것은 모든 선하지 못한 행위를 고쳐서 선하게
한다는 말이다.

주돈이는 또한 '전일專一'(一)과 '무욕無欲'의 수양을 매우 강조하였다. 그는
이렇게 말했다.

성인은 배워서 될 수 있는가? 그럴 수 있다. 요점이 있는가? 있다. 그것은 어떤 것인
가? 전일한 상태(一)가 요점이다. 전일한 상태란 욕심이 없는 상태이다. 욕심이 없으
면 고요하면서 텅 비고, 움직이면서 곧다. 고요하면서 텅 비면 밝게 되고, 밝으면
통한다. 움직이면서 곧으면 공평하게 되고, 공평하면 넓어진다. 밝고 통하며 공평하
고 넓다면 성인에 가까울 것이다.25)

배워서 성인이 되려면, 우선 '전일한 상태'를 이뤄야 한다. 그 '전일한 상태'
란 바로 어떠한 잡념도 없는 상태이다. '전일한 상태'를 이루면 마음속은 곧
'허虛'의 경지에 도달하게 된다. '허'는 어떠한 선입견도 없는 상태이다. 이렇게
하여 사람은 명확하고 투철하게 사물을 인식하고 그 사상이 트이게 되며, 포부

---

22) 같은 책, 『通書』, 「誠下」 제2, 14쪽, "聖, 誠而已矣. 誠, 五常之本, 百行之源也."
23) 같은 책, 『通書』, 「乾損益動」 제31, 36쪽, "君子乾乾不息於誠. 然必懲忿窒欲遷善改過而後至."
24) 같은 책, 『通書』, 「家人睽復無妄」 제32, 38쪽, "誠心, 復其不善之動而已矣."
25) 같은 책, 『通書』, 「聖學」 제20, 29~30쪽, "聖可學乎? 曰: 可. 曰: 有要乎? 曰: 有. 請問焉. 曰:
一爲要. 一者, 無欲也. 無欲則靜虛動直. 靜虛則明, 明則通; 動直則公, 公則溥. 明通公溥, 庶矣
乎?"

가 통달될 수 있는 것이다. 이러한 사람의 행위는 반드시 정직하게 되고, 정직은 공평하고 편벽되지 않는 것의 기초가 된다.

'전일'은 인식 주체의 수양이라는 의미만을 지니는 것이 아니다. 주돈이의 입장에서 이것은 마음을 기르기(養心) 위한 주요 방법이기도 하다. 마음을 기르는 것이란 적당한 수양 방법을 통해서 건강하고 충실하며 안정적인 심리 상태를 배양·획득하는 것이다. 마음을 기르기 위한 것으로서 '전일'은 다양한 욕망을 최대한 배제하도록 요구한다. 그러므로 '무욕無欲'은 사람들에게 모든 감성적 욕망을 끊어 버리도록 요구하는 것이 아니라, 마치 기공氣功 훈련에서 요구하는 것처럼 특정한 수양 과정 중에서 의식이 고요하고 텅 빈 상태에 도달하기 위한 필요 조건을 가리키는 말이다. 그래서 『태극도설』에서는 "욕망이 없기 때문에 고요하다"고 말했다.

맹자는 일찍이 "마음을 기르는 데 과욕보다 좋은 것이 없다"[26]고 말했다. 주돈이도 "줄여 나가 없는 상태에 이른다. 없으면 정성스러움이 확립되고, 밝음이 통하게 된다. 정성스러움이 확립되면 현인이고, 밝음이 통하면 성인이다. 성인과 현인은 그 본성을 타고나는 것이 아니라 반드시 마음을 길러서 그렇게 되는 것이다"[27]라고 생각했다. 이는 과욕寡欲이 사람의 마음을 기르고 보호할 수 있음을 강조한 것이다.

'전일'의 수양과 동시에 '사려'(思) 공부도 필요하다. "사려 공부가 없으면 미묘한 것에까지 통달할 수 없고, 슬기롭지 못하면 통하지 못하는 것이 있게 된다. 그러므로 통하지 못하는 게 없는 상태는 미묘한 것에까지 통달하는 것에서 생기고, 미묘한 것에까지 통달하는 상태는 '사려'에서 생긴다. 따라서 '사려'는 성인이 되는 공부의 근본이며, 길흉으로 나뉘는 기미이다."[28] '사려'는 선악을

---

26) 『孟子』, 「盡心下」, "養心莫善於寡欲."
27) 『周敦頤集』, 「養心亭說」, 50쪽, "蓋寡焉以至於無, 無則誠立明通. 誠立, 賢也; 明通, 聖也. 是聖賢非性生, 必養心而至之."
28) 같은 책, 『通書』, 「思」 제9, 21쪽, "不思則不能通微, 不睿則不能無不通. 是則無不通生於通微, 通微生於思. 故思者, 聖功之本而吉凶之幾也."

살피고 구별하는 수양 방법이자, '궁신지화窮神知化'[29]의 인식 방법이기도 하다. 미묘한 것에까지 통달하는 것이란 '궁리窮理'를 가리키며, 우주 만물의 도리를 연구하는 것이다. 기미(幾)란 사람의 마음이 막 움직이려고 하는 상태로서, '사려' 공부는 그러한 기미의 선악을 살펴서 알아 낼 수 있게 해 준다.

주돈이는 '인성'의 문제에도 주의하였다.

> 인성이란 강건하기도 하고 유약하기도 하며, 선하기도 하고 악하기도 하니, 중中해야 할 따름이다. 강선剛善은 의롭고 정직하며, 결단력 있고 엄격하며, 책임을 다한다. 강악剛惡은 사납고 도량이 좁으며, 횡포하다. 유선柔善은 자애롭고 순박하며, 순종한다. 유악柔惡은 나약하고 결단력이 없으며, 간사하다. 오직 중中의 상태라야만 조화롭고 기율에 알맞으니, 천하의 달도達道요, 성인의 일이다. 그러므로 성인이 가르침을 세움에, 사람들로 하여금 스스로 그 악을 고치도록 하였고, 중中에 이르러 그치게 하였다.[30]

> 강선과 강악처럼 유선과 유악도 중中에 이르러 그칠 것이다.[31]

그는 '강·유·선·악'을 인성의 몇 가지 주된 규정으로 삼았고, 이러한 강·유와 선·악이 서로 어울려 강선·강악·유선·유악 등 몇 가지 주요한 인성 유형을 이룬다고 생각하였다. 인성에 대한 그의 견해에서 강·유를 주요 규정으로 삼은 점은, 그의 기일원론과 일치하는 생각이다.

주돈이는 인성에는 강건한 것과 유약한 것이 있어서, 강성剛性에는 선한 강건함(剛善)과 선하지 못한 강건함(剛惡)이 있고, 유성柔性에도 선한 부드러움(柔

---

29) 『周易』, 「繫辭下」에 나오는 용어로, 사물의 신묘함을 궁구하여 그 변화를 인지하는 것을 말한다──옮긴이 주.

30) 『周敦頤集』, 『通書』, 「師」 제7, 19쪽, "性者, 剛柔善惡, 中而已矣. 剛善爲義, 爲直, 爲斷, 爲嚴毅, 爲幹固; 惡, 爲猛, 爲隘, 爲强梁; 柔善爲慈, 爲順, 爲巽; 惡, 爲懦弱, 爲無斷, 爲邪佞. 惟中也者, 和也, 中節也, 天下之達道也, 聖人之事也. 故聖人立教, 俾人自易其惡, 自至其中而止矣."

31) 같은 책, 『通書』, 「理性命」 제22, 30쪽, "剛善剛惡, 柔亦如之, 中焉止矣."

善)과 선하지 못한 부드러움(柔惡)이 있다고 생각했다. 예를 들어 엄격하고 의연함은 선한 강건함이고 횡포스러움은 악한 강건함이며, 자애는 선한 부드러움이고 나약함은 악한 부드러움이라는 등으로 생각하였다. 인간은 기氣로 이루어졌기 때문에, 인성의 이러한 편벽됨과 혼잡스러움, 그리고 다른 사람들과의 차이는 필연적이다. 사람은 마땅히 선하지 못한 강건함과 부드러움을 없애고자 노력해야 하며, 또 강건함과 부드러움을 잘 조화시켜야만 '중'에 도달할 수 있다. 성인의 본성은 '중'이다. 보통 사람들은 모두 강·유·선·악이 편벽되어 있으므로, 이러한 품성을 고쳐서 '중'을 실현해야 한다. 후대의 리학자들은 인성의 강·유가 고르지 못하다는 주돈이의 사상을 매우 중시하였다.

『통서』에서는 한편으로는 '성誠'을 인간의 본성이자, 순수하고 지극히 선한 것이며, 우주의 건강한(乾健) 본성에서 근원하는 것으로 생각했다. 그리고 다른 한편으로는 강함과 부드러움 등 기의 특성을 인성의 규정으로 삼았다. 그런데 이 두 가지가 완전히 일치하지는 않는다. 나중에 주희는 강하다거나 부드럽다는 등의 설명은 '기질지성氣質之性'을 가리키는 것으로 생각했지만, 주돈이 본인은 '기질지성'이라는 관점을 분명하게 제기하지 않았다. '기질지성'이라는 관념은 장재와 이정이 제기한 것이다. 그러나 논리적으로 말할 때, 강하다거나 부드럽다는 것은 원래 기의 성질을 묘사하는 범주에 속한다. 그러므로 '강유지성剛柔之性'이라는 견해는, 나중에 장재와 이정이 말하는 '기질지성'의 관념을 암암리에 포함하고 있었다고 말할 수 있다.

마지막으로 『태극도설』에서는 '주정主靜'의 문제에 대해 "중정과 인의로 매듭 지었고, 고요함을 위주로 한다"고 하면서 '주정'이 수양론의 주요한 특색임을 밝혔다. 그러나 『태극도설』과 『통서』 모두 '주정'의 문제를 상세히 설명하지 않았고, '정좌靜坐'나 '정수靜修'의 문제 등은 더더욱 다루지 않았다.

주돈이의 저작들은 그 문장이 간결하고 요약적이다. 그는 『주역』의 음양 변화 사상을 정련하여 유가적 우주 발전관의 벼리로 제시하였다. 그는 공자와 안연이 즐거워한 것을 찾는다는 인생의 이상을 제창하고 인도했다. 그의 인품의 경지는 자신의 인생 목표를 실천하여 얻은 결과였다. 이러한 모든 것들은 도학의 기원에 중대한 의의를 지니며, 후대 도학의 발전에도 중요한 영향을 끼쳤다. 철학의 핵심을 논하는 그의 표현 방식은 후대 사상가들이 이용하거나 응용하기에 대단히 넓은 여지를 남겨 주었다.

2. 장재

장재張載는 자字가 자후子厚이며, 송나라 진종眞宗 천희天禧 4년(1020년)에 태어나, 신종神宗 희녕熙寧 10년(1077년)에 죽었다. 그의 원적은 대량大梁(지금의 河南省 開封市)이지만, 장안長安에서 태어났다. 오랫동안 섬서성陝西省 봉상부鳳翔府 미현郿縣의 횡거진橫渠鎭에서 강학하였기 때문에, 학자들은 일반적으로 그를 '횡거 선생'으로 부른다. 희녕 연간 초에 숭문원교서崇文院校書를 맡았고, 희녕 연간 말에는 동지태상례원同知太常禮院에 임명되었지만, 취임한 지 얼마 되지 않아서 그만두고 돌아가다가 임장臨漳의 한 여관에서 생을 마감하였다.

장재가 활동하던 북송 중기에는 송 왕조와 북방의 소수 민족 간의 충돌이 매우 심각하였다. 그는 서북 지역에서 태어나고 자랐기 때문에, 서북쪽의 환난에 주의를 기울였다. 역사서에 그가 "어릴 적에 군사에 관해 이야기하기를 좋아하였고, 사람들을 모집해서 조서洮西 지방을 회복하려 했다"[32]고 기술되어 있다. 그는 청년 시절에 자주 친구들과 함께 병법을 연구하였고, 결연히 군공軍功을 세우려는 뜻을 품었다.

한번은 당시 섬서초토부사陝西招討副使를 맡고 있던 범중엄을 찾아가, 군사를 부리는 모략과 계획에 대해 설명한 적이 있었다. 역사서에서는 그가 "21세

---

32) 『宋史』, 「張載傳」(『張載集』 부록에서 인용, 中華書局, 1978), 385쪽, "少喜談兵, 至欲結客取洮西之地"

때 범중엄에게 편지를 보냈는데, 범중엄은 장재의 서신을 보자마자 그가 큰 그릇임을 알아보고는, 그에게 '유학자는 스스로 즐길 만한 명교名敎가 있거늘, 무엇 때문에 군사를 논하는가'라는 경계의 말을 해 주었다"[33]고 기록하고 있다. 범중엄은 장재가 유학 방면에서 큰 일을 할 수 있을 것으로 생각하여, 장재에게 『중용』연구에 마음을 기울이도록 권유하였다. 이 때부터 그는 『중용』을 열심히 공부하였으며, 깊이 탐구한 끝에 체득하게 되었다.

장재는 이것에 만족하지 않고, "불교와 도가의 서적들을 펼쳐 들고 몇 년 동안이나 그 학설들을 연구하였으나 얻을 게 없음을 깨닫고는, 되돌이켜 육경을 알고자 하였다."[34] 이리하여 마침내 불교와 도가에 대한 비판 입장을 철저히 확립하였고, 아울러 불교와 도가에 대한 강력한 비판 속에서 '기본론氣本論'이라는 그의 철학 체계를 건립하였다.

장재는 진정한 철학자로서 평생토록 온 힘을 다해 미묘한 문제들을 연구하였고, 우주와 인생의 오묘한 신비를 열심히 탐색하였다. 자부심이 대단했던 이정도 장재의 재주와 학문에 대해서는 극진하게 받들면서, "맹자 이후 유학자 중에는 어느 누구도 그와 식견을 견줄 만한 이가 없다"(自孟子後, 儒者都無他見識)고 평하였다. 당시의 사람들은 장재를 가리켜 "세상에 이름을 드리울 만큼 커다란 재주와 미증유의 식견에다가 널리 듣고 열심히 익혀 학문을 더하였으며, 하늘과 땅의 이치를 헤아리는 사유를 바탕으로 갖추었다"(以命世之宏才, 曠古之絶識, 參之以博聞强記之學, 質之以稽天窮地之思)고 평하였다. 이러한 평가는 결코 지나친 말이 아니다.

장재는 어느 시에서 "파초芭蕉의 눈이 새로운 가지를 펼치니, 새 잎새들과 새 눈들이 이미 그 안에 있네. 새 눈에서 새로운 덕을 양성하는 것을 배우고,

---

33) 같은 책, 같은 쪽, "年二十一, 以書謁范仲淹, 一見知其遠器, 乃警之曰: 儒者自有名敎可樂, 何事於兵?"
34) 呂大臨, 「橫渠先生行狀」, 『張載集』, 381쪽, "又訪諸釋老之書, 累年盡究其說, 知無所得, 反而求之六經."

새 잎새를 따라 새로운 지식이 생기기를 바라네"35)라고 읊었다. 그는 평생토록 사색과 학문을 병행하였고 덕과 지혜가 날로 새로워졌다. 그의 제자는 그를 위해 지은 「행장行狀」에서 "종일토록 방 안에 무릎 꿇고 앉아서 주변의 책들을 머리 숙여 읽고 고개들어 생각하며, 체득한 것이 생기면 기록하였다. 어떤 때는 밤중에 일어나 앉아 촛불을 밝힌 채로 생각을 적었다. 도에 뜻을 두고 정밀하게 사색하는 일을 잠시도 쉰 적이 없었고, 잠시도 잊지 않았다"36)고 기술하였다. 이것이 바로 장재가 평생토록 전심전력하고 '궁신지화窮神知化'한 모습이다.

장재의 철학에는 『주역대전周易大傳』을 근본으로 삼았던 지혜의 광채가 번뜩이고 있다. 그가 제기한 유학자의 사명과 인생의 이상은 신유가 학자들의 최종적인 관심과 지향을 대표하였고, 이는 리학 발전의 역사에서 대단히 중요한 의의를 갖는 것이었다.

1. 태허太虛가 곧 기氣다

장재의 사상에서 가장 중요한 부분은 철학이고, 그 중에서도 가장 특색 있는 학설은 허공虛空과 기氣에 관한 이론이다. 그리고 이 이론은 그의 철학 전체의 기초이기도 하다. 장재는 이렇게 말했다.

> 태허太虛는 형체가 없으며, 기氣의 본래 모습이다. 그것의 모임과 흩어짐은 변화하는 일시적 형체일 따름이다.37)

태허에는 기가 없을 수 없고, 기는 모여서 만물이 되지 않을 수 없으며, 만물은 흩어

---

35) 『張載集』, 「文集佚存」, 「芭蕉」, 369쪽, "芭蕉心盡展新枝, 新卷新心暗已隨, 願學新心養新德, 旋隨新葉起新知."
36) 呂大臨, 「橫渠先生行狀」, 『張載集』, 381쪽, "終日危坐一室, 左右簡編, 俯而讀, 仰而思, 有得則識之. 或中夜起坐, 取燭以書. 其志道精思, 未始須臾息, 亦未始須臾忘也."
37) 『張載集』, 『正蒙』, 「太和」, 7쪽, "太虛無形, 氣之本體, 其聚其散, 變化之客形爾."

져서 태허가 되지 않을 수 없다.[38]

기가 태허에서 모이고 흩어짐은 마치 얼음이 물에서 얼고 녹는 것과 같다. 태허가 곧 기라는 것을 안다면, 무無자체도 없을 것이다.[39]

이러한 학설에 따르자면, 우주의 구조는 주요하게 세 단계로 나뉜다. 바로 '태허↔ 기↔ 만물'이다. '태허의 기'가 모여 '기氣'로 되고, 기가 모여 만물이 된다. 만물은 흩어져 기가 되고, 기는 흩어져 태허가 된다. 이처럼 상반되는 두 운동은 우주의 기본적인 과정을 이룬다. 이러한 사상에서 태허·기·만물은 모두 동일한 실체의 다른 상태이고, 이러한 물질적 실체로서의 '기'는 시간적으로든 공간적으로든 영원하다. 이 사상에 따르자면, 한편으론 기로 규정된 모든 형태는 일시적인 것이며, 따라서 도교의 '장생불사'는 환상에 불과하다. 다른 한편으론 우주에는 결코 진정한 허공이 없다. 우리가 일반적으로 말하는 머리 위의 허공조차도 기의 존재 형태이다. 기는 실체로서 영원히 동일하며, 소멸하지 않는다. 따라서 불교의 '허虛'와 '공空'이라는 교의는 하나의 미망에 불과하다. 장재가 세운 이러한 학설은 분명히 불교와 도교에 대항하기 위해 건립한 유가의 본체론이었다.

'태허'라는 말은 본래 허공, 즉 광활한 우주 공간을 가리킨다. 장재가 말하는 허공이란 보통 사람들이 이해하는 것과 같은 허공이 아니다. 장재의 허공은 어떤 절대 공간도 아니고, 속에 아무것도 없는 커다란 궤짝도 아니다. 그 허공이란 직접적으로 감지할 수 없는, 지극히 성글고 엷은 기로 가득 찬 것이다. 장재는 무형무상無形無狀의 태허를 기의 본래적 존재 상태로 생각하였고, 이 본래적 상태를 '본체'로 이름 지었다. 그리고 기는 이처럼 맑고 엷으며 미세한 '태허의 기'가 모여서 이루어지는 것이며, 잠시 동안 그 모습을 볼 수 있는 일시적 형태

---

38) 같은 책, 『正蒙』, 「太和」, 7쪽, "太虛不能無氣. 氣不能不聚而爲萬物, 萬物不能不散而爲太虛."
39) 같은 책, 『正蒙』, 「太和」, 8쪽, "氣之聚散於太虛, 猶冰凝釋於水, 知太虛卽氣, 則無無."

일 따름이다. 허虛와 기氣는 통일적인 것이다.[40]

만물과 기의 관계는 동일한 취산聚散의 관계이다. 그러므로 우주에는 진정한 허공이나 허무虛無가 존재하지 않는다. 형상이 있고 모양이 있는 물질 형식은 사람들에게 직접적으로 감지되는데, 이것이 바로 '유有'이다. 기는 흩어져 태허로 돌아간다. 사람들이 그것을 볼 수는 없지만, 결코 진정한 '무無'가 아니다. 따라서 우주는 무한한 실재이며, 그 중에는 단지 '밝고 어두운 차이'만 있을 뿐이지 '유무有無의 구별'은 없다. 장재의 입장에서 볼 때, 전통적으로 '유'와 '무'로 부르는 것은 모두 '기'이다. 그는 이것을 가리켜 "유와 무가 뒤섞여 하나인 상태"라고 하였다.[41]

철학적으로 볼 때, 장재의 자연철학은 의심할 여지 없이 '기일원론'의 유물주의 철학이다. 그는 조금의 주저함도 없이 우주의 통일성을 물질적 실재인 '기'로 귀결시켰다. 나중에 정이와 주희 등은 사물의 생사와 취산에 대한 그의 해석이 불교의 윤회 사상에서 영향 받은 것이라고 비판하였지만, 이 비판은 부정확한 것이다.

생사와 취산의 관념은 중국 고전 철학의 고유 관념으로서, 선진 시대에 싹트고 양한 시대에 발전한 관념이다. 또 불교의 업보와 윤회 사상과는 달리, 우주의 과정을 물질 운동의 영원한 순환으로 파악하는 입장을 시종 견지하였다. 만물은 기에서 생겨나고, 만물은 부단히 기로 되돌아간다. 기는 실체로서 없는 곳이 없으며, 영원히 동일하다. 기는 오직 자신의 규정 속에서만 변화한다. 장재의 기일원론은 중국 고대의 기론氣論 사상이 본체론적 형태로 상당히 완비된 것이었다.

---

40) 과학사상사의 입장에서 볼 때, 장재의 "태허는 곧 기이다"는 학설은 어느 정도 '場'의 존재를 추측한 것이다. 현대 물리학의 量子場 이론에 따르면, '장'은 연속적인 것으로서 입자의 성질을 지니고 있고, 입자는 양자장의 凝聚로 간주할 수 있다. 장재가 무형의 공간을 일종의 물질 실재로 간주하고, 이러한 물질 실재가 모여 기와 만물로 될 수 있다고 본 사상은 이와 일치하는 점이 있다.
41) 『張載集』, 『正蒙』, 「太和」, 8쪽, "有無混一."

'허공이 곧 기'라는 주장은 주로 '공空'과 '형形'의 상호 관계를 설명하기 위해 사용되었다. 장재는 또 '상象'과 '기氣'의 관계를 제시하였다. 그는 이렇게 말하였다.

무릇 형상할 수 있는 것은 모두 유有이다. 유는 모두 형상이다. 형상은 모두 기이다.[42]

이는 형용하거나 묘사할 수 있는 모든 것은 실재적인 현상이고, 모든 현상은 기의 서로 다른 표현이라는 말이다. 중국 고대철학에서 '상象'은 현대 철학에서 말하는 '현상現象'과 다른 것으로서, 형상과 형상이 있는 모든 것을 가리킨다. 장재는 한 걸음 더 나아가 이렇게 지적한다.

이른바 기라는 것은, 더운 기가 무수히 상승하고 응결되기를 기다려 눈에 보이게 된 다음에야 그것을 아는 것이 아니다. 진실로 건순健順[43]·동지動止·호연浩然과 담연湛然으로 말할 수 있는 것은 모두 이름 붙일 수 있는 형상일 뿐이다. 그런데 형상이 기가 아니라면 무엇을 가리켜 형상이라 하겠는가?[44]

이것은 바로 형용할 수 있는 상태가 있고, 구별할 수 있는 움직임과 고요함이 있으며, 드넓음과 맑음이 있는 등의 모든 현상은 기이며, 이러한 '상'은 모두 기의 현상 즉 기의 표현이라는 설명이다.

이 사상에 근거해 보면, 허공도 기이고, 형체가 있는 각종의 만물도 기이며, 운동과 정지, 깊이와 넓이를 지닌 모든 현상도 기이다. '상'이라는 개념은 감각 대상으로서의 의미를 지닌다. 다시 말해서 감지할 수 있는 모든 현상이 기이다.

42) 같은 책, 『正蒙』, 「乾稱」, 62쪽, "凡可狀, 皆有也. 凡有, 皆象也. 凡象, 皆氣也."
43) 『주역』에서 말하는 乾의 강건함과 坤의 순종함——옮긴이 주.
44) 『張載集』, 『正蒙』, 「神化」, 16쪽, "所謂氣也者, 非待其蒸鬱凝聚接於目而後知之. 苟健順動止浩然湛然之得言, 皆可名之象爾. 然則象若非氣, 指何爲象?"

그리하여 기의 의미는 더욱 넓어졌다. 이러한 의미에서 '기' 개념은 이미 인간의 의식 밖의 물질 존재라는 함의에 가까워졌다.

2. 양일兩一과 신화神化

장재는 또 우주의 운동과 변화에 관한 각종 문제, 즉 그의 표현대로 '기화氣化'의 문제를 논하는 데 주력하였다. 그는 일찍이 "기화에서 도라는 이름이 생겼다"[45]고 말했다. 그는 기화의 과정을 '도'라고 하였다. 이와 같은 이해 방식은 후대의 리학 발전에 상당한 영향을 끼쳤다.

장재는 '기화'를 두 가지 중요한 형식으로 나누었는데, 하나는 '변變'이고, 또 하나는 '화化'이다. 그는 "변은 뚜렷한 것을 말하고, 화는 차적인 것을 말한다"[46]고 하였고, 또 "변하면 화하니, 거친 것에서 정밀한 것으로 들어가는 것이다. 화의 마디를 잘라서 변이라 말하니, 뚜렷한 것으로 희미한 것을 드러낸다"[47]라고 말하기도 하였다. 뚜렷한 변화는 사물의 현저한 운동을 가리키고, 점차적인 변화는 사물의 점진적이고 미세한 변화를 가리킨다. '변'과 '화' 이 둘은 서로 연결되는 것이다. "변하면 화한다"는 말은 뚜렷한 변화가 점차적인 변화를 일으킬 수 있음을 말하고, "화의 마디를 잘라서 변이라 말한다"는 것은 뚜렷한 변화가 점차적인 변화의 끊긴 상태임을 말한다. 변화에 관한 장재의 두 형식 이론은, 비록 간단할지라도 오히려 초기 리학의 본체론과 우주론을 건립하려는 노력을 잘 드러내고 있다.

장재는 한 걸음 더 나아가 우주의 운동이란 기 자신이 내부에 지니고 있는 운동 본성에서 비롯된 것이라고 지적하였다. 그는 "태화太和, 이른바 도道는 그 안에 부침浮沈·승강升降·동정動靜의 서로 감응하는 성질을 포함하고 있어서,

---

45) 같은 책, 『正蒙』, 「太和」, 9쪽, "由氣化有道之名."
46) 같은 책, 「橫渠易說·繫辭上」, 208쪽, "變言其著, 化言其漸."
47) 같은 책, 『正蒙』, 「神化」, 16쪽, "變則化, 由粗入精也. 化而裁之謂之變, 以著顯微也."

이것이 인온絪縕48)·승부勝負·굴신屈伸의 시작을 낳는다"49)고 말했다. 이 말은 도는 바로 '태화의 기'가 인온·변화하는 것이며, 태화의 기의 인온·변화는 바로 태화의 기에 내재하는 운동·상감相感의 본성에 근원하는 것으로 여긴다는 것이다. 그는 또 기의 끊임없는 운동은 기 안에 '허실동정의 기틀'(虛實動靜之機)이 있기 때문에 가능한 것이라고 지적하였다. 이른바 '기틀'(機)이란 내재적인 동력으로서, 사물의 운동은 바로 이 기틀의 작용 아래서 실현되는 것이다. 그래서 "움직임에는 반드시 기틀이 있고, 이미 기틀이라고 이름하였으니, 그 움직임은 바깥에서 비롯하는 게 아니다."50) 사물 동정動靜의 기가 바로 모든 운동과 변화의 내재적 근원이다. 그의 입장에서 볼 때, 사물 운동의 근원은 그것의 내부에 있는 것이지, 외부에 있는 것이 아니다.

장재는 사물 자체의 운동에서 이러한 내재적 본성과 근원을 '신神'으로 불렀다. 주돈이와 마찬가지로, 그는 『주역』「설괘전說卦傳」의 "신이란 만물에 오묘하게 작용함을 말하는 것이다"(神也者, 妙萬物而爲言者也)라는 사상을 계승·발전시켰다. 장재의 우주론에서 '신'이란 변화의 복잡성과 비고정성非固定性을 가리킬 뿐만 아니라, 사물의 운동과 변화의 내재적 본성도 가리킨다. 그는 이렇게 말하였다.

신神은 천天의 덕이고, 화化는 천의 도이다. 덕은 그 본체이고, 도는 그 작용이다. 그러나 이들 모두는 기氣의 범주 안에 있을 따름이다.51)

'신'은 기의 내재적 본성을 가리키는 것이므로 본체가 되고, '화化'는 기화氣化의 운동 과정을 가리키는 것이므로 작용이 된다. '신'과 '화'는 모두 우주 실체

---

48) 만물을 생성하는 원기가 왕성한 모양을 말한다──옮긴이 주.
49) 『張載集』, 『正蒙』, 「太和」, 7쪽, "太和所謂道, 中涵浮沈升降動靜相感之性, 是生絪縕勝負屈伸之始."
50) 같은 책, 『正蒙』, 「參兩」, 11쪽, "動必有機, 旣謂之機, 則動非自外也."
51) 같은 책, 『正蒙』, 「神化」, 15쪽, "神, 天德; 化, 天道; 德, 其體; 道, 其用. 一於氣而已."

인 '기'의 다른 측면이다. 그는 또 "기의 성性은 본래 허虛하고 신神하므로, 바로 신과 성은 기에 고유한 것이다"[52]라고 강조하였다. '신'은 세계 운동 변화의 근원이 되는 것으로서, 기에 고유한 것이다.

장재는 수많은 개념 규정을 세워서 영원한 우주 변화의 전체 과정을 파악하려고 애썼다. 그가 건립한 자연철학의 범주 체계에서 변화의 실체는 '기氣'이고, 변화의 과정은 '도道'이고, 변화의 항상된 법칙은 '리理'이고, 변화의 본성은 '신神'이고, 변화의 동인은 '기機'이고, 변화의 총체는 '역易'이고, 변화의 점진적인 것은 '화化'이며, 변화의 두드러진 것은 '변變'이다.[53] 이러한 범주들은 주로 『주역대전周易大傳』의 철학을 계승한 것이다. 위에서 거론한 개념들 외에, 장재 철학에서 '리理'의 지위도 주의할 만한 것이다. 장재는 변화의 과정에도 질서가 있고 규칙이 있다는 점에 주의하였다. 그는 기가 태허 중에서 오르내리고, 모이고 흩어지며, 서로 밀고 엉키는 것은 어떤 필연성의 지배 때문에 발생하는 것임을 지적하였다. 그는 "천지의 기가 비록 모이고 흩어지며 공취攻取함이 여러 형태이지만, 그것에도 이치가 있기에 순조로우며 망령되지 않다"[54]고 말했다. 전체 세계는 추측하기 어렵기도(神) 하지만 또한 항상됨(理)이 있으므로, '신묘하지만 항상됨이 있는' 것이다. 장재 사상에서 중요한 개념은 '신神'이다. '리理' 즉 세계 운동의 규율성에 대한 그의 논의는 여전히 비교적 간단하다.

장재는 '신화神化'의 학설을 통해 운동의 근원이 세계 자체에 있다는 점을 긍정했을 뿐만 아니라, '양일兩一'의 학설을 통해 한 걸음 더 나아가 모순의 대립 통일이 이러한 근원의 구체적인 내용임을 밝혔다. 그는 이렇게 주장하였다.

하나의 사물이면서 두 몸을 가지고 있는 것은 기氣이다. 하나이기에 신묘하고, 둘이기에 변화한다. 이것이 천天이 셋인 까닭이다.[55]

---

52) 같은 책, 『正蒙』, 「乾稱」, 63쪽, "氣之性本虛而神, 則神與性乃氣所固有."
53) 같은 책, 『張子語錄』中, 324쪽.
54) 같은 책, 『正蒙』, 「太和」, 7쪽, "天地之氣, 雖聚散攻取百塗, 然其爲理也, 順而不妄."

둘이 서지 않으면 하나는 드러나지 않고, 하나가 드러나지 않으면 둘의 작용은 그친다.56)

느낀 다음에 통하는 것이 있다. 둘이 없으면 하나도 없다.57)

'일물양체—物兩體'는 모든 사물이 대립되는 두 측면을 갖는다는 내용을 가리킨다. 그는 일찍이 "두 몸이라는 것은 허실과 동정·취산·청탁으로, 결국은 하나이다"(兩體者, 虛實也, 動靜也, 聚散也, 淸濁也, 其究一而已)라고 설명했다. '두 몸'이란 곧 허실과 동정·청탁·취산이라는 대립면을 말하고, 바로 이러한 대립의 규정이 완정한 통일체를 구성한다. "둘이 서지 않으면 하나는 드러나지 않는다"는 말은, 이러한 대립의 쌍방이 없다면 통일체도 존재할 수 없음을 가리킨다. "하나가 드러나지 않으면 둘의 작용은 그친다"는 말은, 통일체가 없으면 모순 대립하는 현상도 있을 수 없음을 가리킨다. 따라서 "둘이 있으면 하나가 있고"(有兩則有一), "하나면 둘이 있으며"(一則有兩), "둘이 없으면 하나도 없다"(不有兩則無一)는 명제들은 모두 대립이 없으면 통일도 없고, 통일이 없으면 대립도 없으니, 통일과 대립은 서로 존재의 조건이며, 모든 사물은 통일된 것이면서 동시에 대립되는 것임을 가리킨다. 이른바 "하나이므로 신묘하고"(一故神) "둘이므로 변화한다"(兩故化)는 말은, 이러한 대립과 통일의 변증법적 관계가 사물 운동의 내재적 근원임을 가리키는 것이다. 기氣는 각종의 대립 규정을 포함하는 통일체이고, 이러한 대립은 바로 변화를 만드는 근원이다. 통일체이기 때문에 신묘한 운동이 있을 수 있고, 두 대립면이 서로 작용하기 때문에 무궁한 변화가 있는 것이다.

장재는 '양일兩一'과 '신화神化'의 개념으로 세계 변화의 원천을 설명했을 뿐

---

55) 같은 책, 『正蒙』, 「參兩」, 10쪽, "一物兩體, 氣也. 一故神, 兩故化, 此天之所以參也."
56) 같은 책, 『正蒙』, 「太和」, 9쪽, "兩不立則一不可見, 一不可見則兩之用息."
57) 같은 책, 『正蒙』, 「太和」, 9쪽, "感而後有通, 不有兩則無一."

만 아니라, '양일'과 '감합感合'의 관계로부터 대립하는 쌍방의 상호 작용과 상호 연계를 구체적으로 묘사하였다. 장재는 '양兩'을 '이二' 또는 '이단二端'이라 하였다. 그는 "음양이 없는 것은 없다. 이것으로 천지의 변화를 아니, 이단二端일 따름이다"[58]라고 말했다. 그리고 "하늘은 만물을 그 안에 모두 포함하고 싣는다. 느끼는 것과 본성으로 삼는 것은 건곤乾坤과 음양이라는 이단일 뿐이다"[59]라고 말했다. 다시 말해서 모든 사물의 대립면은 보편적인 의미에서 음양을 뜻하고, 음양의 대립과 통일은 우주의 보편적인 규율이다.

장재는 대립하는 쌍방 사이에는 반드시 상호 작용이 일어난다고 생각하였다. 그는 "둘이 있으면 느낀다"[60]고 말했고, 이러한 작용을 느낌(感)이라 이름하였다. 그는 "느낌은 곧 합하는 것이고, 모두이다. 만물의 근본은 하나이기 때문에, 하나는 다른 것들을 합할 수 있다. 그것이 다른 것들을 합할 수 있기 때문에 느낌이라고 부른다. 만일 서로 다른 것이 없다면, 합이라는 것도 없다. 천성과 건곤, 음양은 이단二端이므로 느끼고, 근본이 하나이므로 합할 수 있다. 천지가 만물을 낳음에 비록 품부받은 것은 다를지라도, 모두 잠시라도 느끼지 않은 적이 없다"[61]고 하였다.

장재의 기본론氣本論에서 이단二端의 교감은 주로 인온絪縕·상탕相蕩·굴신屈伸·승강升降·동정動靜·상구相求와 상유相揉·상겸相兼과 상제相制로 표현되는데, 이러한 광범한 교감 형식은 대립면들로 하여금 상호 작용을 통해 서로 연결되게 하고, 이렇게 하여 끊임없는 굴신과 운행이라는 변화 과정을 조성한다.

---

58) 같은 책, 『正蒙』, 「太和」, 10쪽, "無無陰陽者, 以是知天地變化, 二端而已."
59) 같은 책, 『正蒙』, 「乾稱」, 63쪽, "天包載萬物於內, 所感所性, 乾坤陰陽二端而已."
60) 같은 책, 「橫渠易說·觀卦」, 107쪽, "有兩則有感."
61) 같은 책, 『正蒙』, 「乾稱」, 63쪽, "感卽合也, 咸也. 以萬物本一, 故一能合異. 以其能合異, 故謂之感. 若非有異, 卽無合. 天性乾坤陰陽也, 二端故有感. 本一故能合. 天地生萬物, 所受雖不同, 皆無須臾之不感."

3. 성性과 심心

장재는 다음과 같이 생각하였다.

> 태허太虛에서 '천天'이라는 이름이 생겼고, 기화氣化를 통해 '도道'라는 이름이 생겼다. 허虛와 기氣가 합해져 '성性'이라는 이름이 생겼고, 성과 지각이 합해져 '심心'이라는 이름이 생겼다.[62]

이것은 태허가 바로 천天이고, 기화의 과정이 바로 도임을 말한 것이다. 허와 기가 성을 이루고, 성에 지각을 더한 것이 바로 심이다. 여기서 말하는 '허'와 '기'란 '태허지기太虛之氣'의 본성과 기의 속성을 분별하여 가리킨 말이다. '태허지기'가 지닌 담일湛一한 본질은 우주의 본성이다. '태허지기'는 모여서 기氣가 되고, 기는 모여서 사람이 되며, 사람의 본성은 태허의 본성에서 근원한다. 따라서 그는 이렇게 말했다.

> 천天의 본성이 사람에게 있는 것은 마치 물의 본성이 얼음에 있는 것과 같다. 얼고 녹는 것은 다르지만, 그 사물됨은 하나이다. 빛을 받음에 많고 적음과 어둡고 밝음의 차이가 있지만, 그 비춤과 받아들임은 다르지 않다.[63]

장재의 생각에 따르면, 바로 햇빛 아래의 여러 기물들에는 각각의 크고 작음이 있지만 모두 햇빛에 비춰지고, 햇빛이 그것들을 비추는 데에는 어둡고 밝음이 있지만 빛은 모두 태양에서 나온다. 이와 마찬가지로 사람은 비록 제각기 차이가 있지만 모두 태허의 본성을 품부받았으므로, 이러한 본성은 기질의 어

---

62) 같은 책, 『正蒙』, 「太和」, 9쪽, "由太虛, 有天之名; 由氣化, 有道之名. 合虛與氣, 有性之名; 合性與知覺, 有心之名."
63) 같은 책, 『正蒙』, 「誠明」, 22쪽, "天性在人, 正猶水性之在氷, 凝釋雖異, 爲物一也. 受光有大小昏明, 其照納不二也."

둡고 밝음에 의해 가리워지지 않는다. "천天의 본성은 도에 통하므로, 기의 어둡고 밝음이 그것을 가릴 수는 없다."[64] 사람의 본성은 태허에 근원하므로, "성은 만물 공통의 근원이며 내가 사사로이 얻을 수 있는 것이 아니다."[65]

그러나 사람과 사물을 '태허지기'가 직접 구성한 것은 아니다. 먼저 '태허지기'가 모여서 기氣가 되고, 다시 기가 모여서 만물이 된다. 태허가 모여 기가 되므로 태허의 본성도 기에 부여되고, 동시에 기 또한 자기만의 속성을 갖게 된다. 이는 마치 물의 본성이 비록 얼음에 부여되지만, 얼음 또한 자기만의 속성을 갖는 것과 같다. 기의 이러한 속성은 사람과 사물을 구성한 뒤에 다시 사람의 속성을 이룬다. 장재는 "담일한 것은 기의 근본이고, 공취攻取하는 것은 기의 욕망이다"라고 했으며, "입과 배의 먹고 마심, 코와 혀의 냄새 맡음과 맛봄, 이 모두가 공취의 성이다"[66]라고 말했다. '담일湛一'은 '태허지기'의 본성이고, '공취'는 기의 속성이다. 이 두 종류의 성이 사람의 현실적인 속성을 구성한다. 담일한 본성은 사람에게 체현되어 인·의·예·지로 나타난다. "인·의·예·지는 사람이 가야 할 길이므로 역시 성이라 부를 만하다."[67] 공취의 성이 사람에게 나타나는 것은 음식, 남녀 등과 같은 자연적 속성을 가리킨다.

담일한 본성과 공취의 성 이외에도 장재는 '기질지성氣質之性'을 강조한다. 그는 이렇게 말했다.

형체가 있은 다음에 '기질지성'이 있다. 잘 돌이켜 보면, '천지지성天地之性'이 보존 돼 있다. 그러므로 '기질지성'은 군자들이 본성으로 삼지 않는다.[68]

---

64) 같은 책, 『正蒙』, 「誠明」, 21쪽, "天所性者通極於道, 氣之昏明不足以蔽之."
65) 같은 책, 『正蒙』, 「誠明」, 21쪽, "性者萬物之一源, 非有我之得私也."
66) 같은 책, 『正蒙』, 「誠明」, 22쪽, "湛一, 氣之本, 攻取, 氣之欲.", "口腹於飮食, 鼻舌於臭味, 皆攻取之性也."
67) 같은 책, 「張子語錄」 中, 324쪽, "仁義禮智, 人之道也, 亦可謂性."
68) 같은 책, 『正蒙』, 「誠明」, 23쪽, "形而後有氣質之性, 善反之則天地之性存焉, 故氣質之性, 君子有弗性者焉."

'천지지성'은 바로 태허의 담일한 본성이고, '기질지성'은 기가 모여서 형질을 이룬 다음에야 갖는 속성이다. '기질지성'과 기의 욕망인 공취의 성은 구별되는 점이 있다. 사람에 대해서 말하자면, '기질지성'은 주로 사람의 강유剛柔, 완급緩急 등과 같은 품성을 가리키는 것이다. 그는 다음과 같이 말했다.

사람의 강유와 완급, 재주 있음과 재주 없음 등은 기의 편차이다. 천天의 근본에는 삼화參和[69]의 편차가 없으므로, 그 기를 잘 기르고 근본을 잘 돌이켜 편벽되지 않는다면, 성을 다하여 천天과 하나가 될 것이다. 성이 아직 이루어지지 않았으면 선악이 혼재하므로, 열심히 힘써 '이어 나가는 것이 선이다'라는 말이 바로 선이 된다.[70]

그러므로 그는 "강유와 완급은 사람의 기이므로, 역시 성이라 말할 만하다"[71]고 하였다. 그는 자주 '기질지성'을 단지 '기'로만 이름하였다. 그는 이렇게 말했다.

성에는 오히려 기의 악한 것이 있어서 병통이 되고, 기에는 또한 습벽이 있어서 성을 해친다. 이 때문에 열심히 연마하여 가지런히 하고, 열심히 공부하여 그 기의 습벽을 이겨내야 한다. 그 사이에는 또한 완급과 정조精粗가 있으니, 사람의 본성은 비록 같을지라도 기에는 다름이 있는 것이다.[72]

이 때문에 장재는 '성을 이룬다'(成性)는 관념을 대단히 중시하였다. 그가 볼 때 사람은 '천지지성'을 갖지 않은 이가 없다. 하지만 '기질지성'과 공취의 욕망

---

69) 王夫之는 '參和'라는 개념을 太極과 陰陽으로 주석하였다. 그러나 「遺周書」에서는 "人有中曰參, 無中曰兩, 兩爭曰弱, 參和曰强"이라고 설명하였다——옮긴이 주.
70) 『張載集』, 『正蒙』, 「誠明」, 23쪽, "人之剛柔緩急, 有才與不才, 氣之偏也. 天本參和不偏, 養其氣反之本而不偏, 則盡性而天矣. 性未成則善惡混, 故亹亹而繼善者斯爲善矣."
71) 같은 책, 「張子語錄」 中, 324쪽, "剛柔緩速, 人之氣也, 亦可謂性."
72) 같은 책, 「張子語錄」 下, 330쪽, "性猶有氣之惡者爲病, 氣又有習以害之, 此所以要鞭辟至於齊, 强學以勝其氣習. 其間則更有緩急精粗, 則是人之性雖同, 氣則有異."

그리고 선악의 습벽 등도 함께 있다. 이 경우 모든 사람이 '성을 이룬 것으로, 자기의 본성을 충분히 실현한 것으로 말할 수 없다. 오직 덕으로 기를 이기고, 리理로 욕망을 제어하며, 성으로 습벽을 통섭해야만 비로소 사람은 '근본으로 돌아가고', '성을 이룰' 수 있는 것이다. "악이 모두 제거되면 이에 따라 선이 이루어진다. 그러므로 '이어 나가는 것은 선이고, 이루는 것은 성이다'라고 말하는 것이다."73) 이 이외에도 장재는 사람과 사물 간의 성性 차이 문제에 대해서도 설명하였다. 그는 이렇게 말하였다.

모든 사물은 이 성性을 지니지 않는 게 없다. 통하고 막히는 것에서 사람과 사물의 차이가 생기게 되고, 막힘에도 두텁고 엷은 것이 있어서 지혜로운 사람과 어리석은 사람의 구별이 있게 된다.74)

장재는 '천지지성'이란 사람과 사물 모두에게 있는 것이며, 사람과 사물 간의 차이란 기질의 통하고 막히는 것에서 생긴다고 보았다.

장재의 인성론에서 볼 때 사람에게는 이미 인·의·예·지의 성이 갖춰져 있고, 게다가 강유와 완급의 성도 있다. 이러한 사상은 주돈이와 일치한다. 주돈이의 사상 체계에서 태극은 우주의 근본이고 인성은 우주의 근본에서 연원하는 것이므로, 인성은 마땅히 태극 원기의 본성이 표현된 것이다. 주돈이는 이러한 점을 명확하게 긍정하지는 않았지만, 장재는 한당 시대의 원기론을 발전시켜 '기일원론'이라는 완정한 체계를 이루었다. 이러한 체계에 근거하여 장재는 '태허지기'를 인성의 근원으로 삼았다. 이러한 방법은 이론적으로 그 설명이 원만할 수는 있겠지만, 태허(氣)의 성에서 어떻게 인·의·예·지(理)로 전환되는가의 문제에는 난점이 없지 않다. 이 점이 또한 이정이 '리일원론'을 제기한 원인

---

73) 같은 책, 『正蒙』, 「誠明」, 23쪽, "惡盡去則善因以成, 故曰'繼之者善, 成之者性也.'"
74) 같은 책, 「性理拾遺」, 374쪽, "凡物莫不有是性, 由通蔽開塞, 所以有人物之別, 由蔽有厚薄, 故有智愚之別."

이기도 하다. 장재의 사상에서 '기질지성'은 주로 성격을 말한 것이지, 욕망을 결정하는 자연적 속성을 가리킨 것은 아니다.

"성과 지각이 합해져 심心이라는 이름이 생겼다"는 말은, 성만 있고 지각 능력이 없다면 심心이 되기에 부족하다는 것을 의미한다. 그저 지각만 있을 뿐 인성이 없는 것은 저급한 생물이거나 동물일 뿐이다. 사람의 의식 체계(心)는 구체적인 지각으로 표현되지만, 다른 한편에서는 내재하는 본성의 결정과 지배를 받지 않는 지각 활동의 방향이란 있을 수 없다. 이러한 두 측면을 합해야만 사람의 심이 이루어진다. 장재는 또 "심은 성과 정情을 통섭한다"75)고 말하였다. 여기에서 '통섭'(統)은 바로 '합슴'의 의미이고, '정情'은 곧 지각을 말한다. 다시 말해서 '심'은 내재적 본성과 지각 활동의 두 측면을 포괄하는 것이다. 이러한 설명은 후대의 리학 사상가들에게 폭넓게 수용되었다.

'심'은 단지 구성의 측면에서만 '성과 지각을 합한 것'이 아니라, 기능적으로도 자기의 활동을 통해 본성의 요구를 실현하거나 완성할 수 있다. 이것을 가리켜 "심은 성을 다할 수 있다"76)고 말한다. '심'은 견문의 한계를 뛰어넘어 '궁신지화窮神知化'할 수도 있다. 이를 두고 "심은 견문을 제어한다"77)고 말한다.

4. 궁리窮理와 진심盡心

『역전』에서는 "이치를 궁구하고 성性을 다하여 명命에 이른다"(窮理盡性以至於命)고 제시하였다. 장재는 '이치를 궁구하고 성을 다한다'는 견해를 매우 중시하였다. 그는 "만물에는 모두 리가 있다. 만일 궁리를 모른다면, 평생을 꿈꾸며 사는 것과 같다"78)고 말했다. 그는 천지의 리理를 이야기하면서, "음양의 기는 순환함이 차례로 이르고, 취산聚散함이 서로 충만하며, 승강升降함이 서로 구하

---

75) 같은 책, 같은 쪽, "心統性情者也."
76) 같은 책, 『正蒙』, 「誠明」, 22쪽, "心能盡性."
77) 같은 책, 『正蒙』, 「誠明」, 23쪽, "心禦見聞."
78) 같은 책, 「張子語錄」中, 321쪽, "萬物皆有理, 若不知窮理, 如夢過一生."

고, 인온絪縕함이 서로 엉킨다. 서로 어우르고 제어하여 하나로 만들려고 해도 할 수가 없으니, 끊임없이 굴신屈伸하는 까닭이다. 끊임없이 운행하지만 아무도 그렇게 시키지 않으니, '성명性命의 리理'라고 말하지 않는다면 무엇이라고 할 것인가'79)라고 말했다.

장재는 또 '리理'의 객관성을 강조하여 "리는 사람에게 있는 것이 아니며, 모든 리는 사물에 있다"80)고 하였다. 리는 객관적으로 사물 안에 존재하는 것이지 사람의 의식에 의해 결정되는 것이 아니다. 그는 또 리를 궁구하는 것이 점진적인 과정임을 말하였다. 그는 "이치를 궁구하는 것도 역시 마땅히 점진적이어야 한다. 사물을 많이 보고, 궁리도 많이 해야 한다. 이것에서 요약하여 사람의 성을 다하고 사물의 성을 다한다"81)고 말했다. 오직 광범위하게 사물의 리를 궁리해야만 사람과 사물의 성을 다할 수 있다. 여기에서 말하는 '진성盡性'이란 우주 만물의 본성을 명철하게 인식하는 것을 가리킨다. 좁은 의미로는 특히 사람의 본성을 인식하는 것을 가리킨다. 이러한 과정에서 '궁리'는 수단이고, '진성'은 목적이다. 그래서 그는 "먼저 궁리한 뒤 진성한다"82)고 강조하였고, 그리하여 "궁리로부터 진성한다"(由窮理而盡性)는 내용의 "밝아야 정성스럽게 된다"83)는 방법을 주장하였다.

장재는 또 "기질을 변화시켜라"(變化氣質), "그 기의 습벽을 이겨내라"(勝其氣習)는 주장을 제기하였다. 그리고 "학문을 하는 큰 이로움은 스스로 기질을 변화시킬 수 있다는 점이다",84) "열심히 공부하여 그 기의 습벽을 이겨낸다"85)고

---

79) 같은 책, 『正蒙』, 「參兩」, 12쪽, "若陰陽之氣. 則循環迭至, 聚散相盪, 升降相求, 絪縕相揉, 蓋相兼相制, 欲一之而不能. 此所以屈伸無方. 運行不息, 莫或使之, 不曰性命之理, 謂之何哉?"
80) 같은 책, 「張子語錄」上, 313쪽, "理不在人皆在物."
81) 같은 책, 「橫渠易說·說卦」, 235쪽, "窮理亦當有漸, 見物多, 窮理多, 從此就約, 盡人之性, 盡物之性."
82) 같은 책, 「橫渠易說·說卦」, 234쪽, "先窮理而後盡性."
83) 같은 책, 『正蒙』, 「誠明」, 21쪽, "自明誠."
84) 같은 책, 「張子語錄」中, 321쪽, "爲學大益在自求變化氣質."
85) 같은 책, 「張子語錄」下, 330쪽, "强學以勝其氣習."

주장하였다. 기질은 선천적인 것이고 습벽은 후천적인 것으로, 이 둘은 모두 '진성盡性'을 방해한다. 따라서 사람들이 학문할 때는 이치를 궁구해야 할 뿐만 아니라 기질과 습벽을 극복해내야 한다. 그는 이렇게 말했다.

덕德이 기질을 이겨 내지 못한다면, 성과 명命은 기질에 좌우된다. 그 기질을 이겨 내야만 성과 명이 덕에 있게 된다. 궁리하고 진성하면, 성은 천天의 덕이고 명은 천리이다. 기질 중 변할 수 없는 것은 오직 생과 사, 장수와 요절일 뿐이다.[86]

인성 중에는 '담일지성'뿐만 아니라 '공취의 성'과 '기질지성'도 있다. 따라서 도덕 의식으로 기질이 결정하는 욕망과 습벽을 제어하지 못할 때, 이것을 "성과 명이 기질에 좌우된다"고 말하고, 도덕 의식이 욕망과 습벽을 제어하고 통제할 수 있다면, 이것을 "성과 명이 덕에 있다"고 말한다. 이는 도덕이 생명 활동을 주재함을 뜻한다. 장재는 사람이란 반드시 기호嗜好와 욕망을 하찮게 여겨야 하는데, 그렇지 않을 때 마음을 사물에 빼앗겨 사람은 "사물이 되고 말며", "천리가 없어지게"[87] 된다고 생각했다. 그는 엄격한 수행을 할 것을 주장하면서 "서 있는 데에도 가르침이 있고 움직임에도 규범이 있으며, 낮에 하는 게 있고 밤에 얻는 게 있으며, 쉬는 동안에도 기르는 것이 있고 짧은 순간에도 보존하는 것이 있도록"[88] 해야 한다고 했다. 모든 활동은 마음의 표현이므로 반드시 늘 자신을 수양해야 하며, 편안하게 지내서는 안 된다고 여긴 것이다.

장재는 또 '마음을 다할 것'(盡心)을 강조하였다. 그는 이렇게 말했다.

사람은 본래 마음이 없으나 사물 때문에 마음이 생긴다. 만일 한낱 견문만을 마음으로 여긴다면 마음을 너무 작게 제한하는 것이다. 하늘과 땅 사이를 가득 채운 것은

---

86) 같은 책, 『正蒙』, 「誠明」, 23쪽, "德不勝氣, 性命於氣; 惟勝其氣, 性命於德. 窮理盡性, 則性天德, 命天理. 氣之不可變者, 獨死生壽夭而已."
87) 같은 책, 『正蒙』, 「神化」, 18쪽, "化物", "滅天理."
88) 같은 책, 『正蒙』, 「有德」, 44쪽, "立有敎, 動有法, 晝有爲, 宵有得, 息有養, 瞬有存."

모두 사물이다. 단지 자기의 견문에만 근거한다면 접하는 게 얼마나 되겠는가? 어떻게 천하의 사물을 전부 접할 수 있겠는가? 그러므로 그 마음을 다하려 할 뿐이다.[89)]

이러한 사상은 사람의 생각에는 결코 선험적인 내용이 없으며, 인식의 내원은 외부 세계임을 말해 준다. 사유가 외부 세계를 떠나자마자 내용을 잃는다. 사유의 깊이와 넓이는 사유 대상의 범위에 의해 결정된다. 그러므로 사유를 객체적 감관으로 직접 받아들이는 현상에만 제한한다면, 사물에 대한 사람들의 이해와 지식은 협소하고 유한한 것이 되고 만다. 따라서 우주와 만물에 대해 이해하고자 한다면 반드시 자신의 사유를 확장하려고 노력해야 하고, 감관의 제한을 뛰어넘으려 해야 하며, 사유의 능동적인 작용을 철저히 발휘해야 한다. 이것이 바로 '진심盡心'이며, '대심大心'으로도 부른다. 그는 이렇게 말했다.

그 마음을 크게 하면 천하의 사물을 체득할 수 있다. 사물 중에 체득하지 못한 것이 있다면 마음의 밖이 있는 것이다. 보통 사람들의 마음은 견문이라는 협소한 것에 머무르지만, 성인은 성을 다하기에 견문으로 그 마음을 얽매지 않는다.…… 견문이라는 지식은 사물과 접촉하여 아는 것으로, 덕성으로 아는 것이 아니다. 덕성으로 아는 것은 견문에서 싹트지 않는다.[90)]

"천하의 사물을 체득한다"에서 '체득'의 의미를 주희는 "마음을 사물에다 두는 것"(置心物中), 즉 직각으로 해석했다. 감관으로 직접 파악할 수 있는 대상은 대단히 제한적이다. '대심大心'이란 말은 사람들로 하여금 감성 표상의 범위를 뛰어넘어 사유하고, 또 직각의 방법을 통하여 가능한 한 사유의 넓이를 확장하

---

89) 같은 책, 「張子語錄」 下, 333쪽, "人本無心, 因物爲心. 若只以聞見爲心, 但恐小却心. 今盈天地之間皆物也, 如只據己之聞見, 所接幾何? 安能盡天下之物? 所以欲盡其心也."

90) 같은 책, 『正蒙』, 「大心」, 24쪽, "大其心則能體天下之物. 物有未體, 則心爲有外. 世人之心, 止於聞見之狹. 聖人盡性, 不以見聞梏其心…… 見聞之知, 乃物交而知, 非德性所知. 德性所知, 不萌於見聞."

도록 요구하는 것이다. 순수한 인식론적 의미로 말하자면, 장재가 말하는 '대심의 앎'이란 사람의 이성적 인식을 가리킨다. 장재는 비록 이성적 사유가 감관의 범위를 뛰어넘어야 한다고 강조했지만, 결코 감관感官 경험의 실재성과 신뢰성을 부인하지는 않았다. 그는 감각 경험이 이성적 사유의 기초이고, 사람의 지식은 모두 '안과 밖를 합하여'(合內外) 이루어진 것이라고 생각했다. 눈과 귀로 보고 들어서 받아들인 외부 사물의 표상이 인식의 문회門戶를 구성한다. 사람의 지식은 견문을 기초로 해야 하지만, 감각 경험에 의해 제한되어서도 안 된다. 그렇지만 장재가 더욱 중시한 것은 이성적 사유이다. 그의 사상은 일종의 유리론唯理論적 경향을 띤다. 물론 그가 "덕성으로 아는 것은 견문에서 싹트지 않는다"고 말한 것은, 이성 인식의 상대적 독립성을 주관적으로 강조하려 한 것이다. 하지만 표현상으로는 감성 인식과 이성 인식의 연계를 끊는 듯한 인상을 사람들에게 심어 주었다.

5. 사람은 모두 내 동포요, 만물은 모두 내 짝이다

'대심大心'으로 얻은 지식은 '덕성으로 아는 것' 또는 "정성스러움과 밝음으로 아는 것"(誠明所知)이다. 이러한 대심의 앎이 지닌 기본적 측면은, 우주 전체를 대상으로 하는 철학적 사유가 갖는 특징을 제시해 주었다. 실제로 견문의 협소함을 뛰어넘는 대심의 사고가 없었다면, 장재 스스로도 '태허가 곧 기'(太虛卽氣)라는 우주 학설을 제기할 수 없었을 것이다.

다른 한편으로 대심의 앎은 고원한 인생 경지이기도 하다. 이러한 경지의 내용이 바로 "성과 천도에서는 크고 작음의 차이가 보이지 않는다"[91]는 말이다. 이 경지에 도달한 사람은 '천인합일天人合一'을 체험한다. 자연히 이 경지는 '견문'이라는 경험 지식이 제공할 수 있는 경지가 아니다. 이른바 "천하의 사물을

---

91) 같은 책, 『正蒙』, 「誠明」, 20쪽, "性與天道不見乎小大之別也."

체득한다"(體天下之物)는 말과 "천하의 어떤 것도 나 아닌 것이 없다고 여긴다"(視天下無一物非我)는 말은, 자신이 천하를 품고 우주를 바라보며 자신을 우주의 필요한 부분으로 간주하고, 우주를 자신과 긴밀히 연계된 전체로 생각하며, 우주에 대한 이러한 이해를 바탕으로 개인의 지위를 확립하는 것이다. 따라서 이와 같은 심령의 경지는 반드시 충분한 도덕 수양을 통해 길러지는 경지이다.

여기에서 알 수 있듯이, 장재가 강조한 대심의 앎이란 우주와 인생에 대한 깊은 사고이다. 이것은 '궁신지화'를 내용으로 하는 논리적 사고를 포함하며, 아울러 "천하의 사물을 체득한다"는 식삭석 체득도 포함한다. 바로 이러한 사고와 체득을 통해서 『서명西銘』에서 말하는 "사람은 모두 내 동포요, 만물은 모두 내 짝이다"(民胞物與)라는 정신 경지를 건립할 수 있었다. 장재의 저작 『정몽正蒙』의 마지막 편인 「건칭乾稱」의 서두에 일단의 문자들이 있는데, 이는 원래 장재가 학자들을 위해서 쓴 한 편의 명문銘文으로서 제목을 '정완訂頑' 또는 '서명'으로 불렀다. 이정은 『서명西銘』이 맹자 이후 유가의 가장 뛰어난 견해라고 생각하였다.

『서명』에서는 다음과 같이 말하고 있다.

하늘(乾)은 아버지라 부르고, 땅(坤)은 어머니라 부른다. 나는 여기 이렇게 미미하면서 혼연히 천지 안에 놓여 있다. 그리하여 하늘과 땅에 가득한 것이 내 몸을 이루고, 하늘과 땅의 빼어난 것이 내 본성을 이룬다. 사람은 모두 내 동포이고, 만물은 모두 내 짝이다. 큰 임금은 내 부모의 적장자이고, 그 대신大臣은 적장자 집안의 재상이다. 나이 든 분을 존경하기에 어른을 내 어른으로 모시고, 외롭고 약한 이를 불쌍히 여기기에 어린이를 내 아이처럼 보살핀다. 성인은 그 덕을 합하고, 현인은 그 빼어남을 합한다. 천하의 노약자와 장애자, 의지할 데 없는 사람, 과부와 홀아비는 모두 내 형제 가운데 고통스러우면서도 호소할 데 없는 사람들이다. "길이 보존할지어다"[92]라는 말은 자손이 보좌해 줌을 말한다. 즐겁고 근심 없음이 순전한 효이기

92) 『詩經』, 「周頌·淸廟之什」, "于時保之"──옮긴이 주.

때문이다……부귀와 복록은 나의 삶을 윤택하게 하고, 빈천과 근심은 그대를 온전히 이루게 한다. 살아 있는 동안 나는 일에 따르고, 죽으면 나는 편안할 것이다.[93]

『서명』에서는 개인의 입장에서 우주를 어떻게 볼 것인가, 그리고 우주에 대한 이러한 관점을 어떻게 운용하여 개인과 사회 생활에 대처할 것인가를 해결하려 하였다. 『서명』에 나타난 입장에서 볼 때, 사람은 기로 구성되었고 사람을 구성하는 기는 우주 만물을 구성하는 기이기도 하다. 그러므로 개인의 입장에서 보자면, 하늘과 땅은 나의 부모이고, 사람들은 바로 나의 동포이며, 만물은 모두 나의 친구이고, 군주는 이러한 '대가정'의 적장자로 간주할 수 있다.

이러한 장재의 견해는 혈연의 종법이라는 그물로 우주 관계를 엮으려는 데 뜻을 두고 있지 않다. 이러한 관점에서 출발한다면 사람들은 자신의 도덕적 의무를 더욱 깊이 자각할 수 있을 것이고, 개인적인 이해와 출세 등에 대해 초탈한 태도를 지닐 수 있으리라는 뜻을 밝힌 것이다. '나의 몸', '나의 본성', '내 동포' 그리고 '내 짝'이라는 입장에서 본다면, 나이 든 어른을 존경하고 어리고 약한 사람을 보살피는 일 등은 모두 이러한 '우주 대가정'과 그 가정의 가족에 대한 자신의 신성한 의무이다. 다시 말해서 우주에 대한 이러한 이해는 우주의 모든 것이 자신과 직접적으로 연계되지 않은 게 없으며, 모든 도덕적 활동도 개체로서 마땅히 실현해야 할 직접적인 의무이다. 이것이 또한 "천하의 어떤 것도 나 아닌 것이 없다고 여긴다"는 말의 구체적인 내용이다. 이러한 경지가 바로 '천인합일'의 경지이다.

이와 같은 만물일체의 경지에서 각자의 도덕적 자각은 크게 향상되고, 도덕적 행위 또한 더욱 높은 가치를 획득하게 된다. 그러므로 개인의 생사와 빈부,

---

93) 『張載集』, 『正蒙』, 「乾稱」, 62쪽, "乾稱父, 坤稱母, 予玆藐焉, 乃混然中處. 故天地之塞吾其體, 天地之帥吾其性. 民吾同胞, 物吾與也. 大君者, 吾父母宗子; 其大臣, 宗子之家相也. 尊高年, 所以長其長; 慈孤弱, 所以幼吾幼. 聖合其德, 賢其秀也. 凡天下之疲癃殘疾, 惸獨鰥寡, 皆吾兄弟之顚連而無告者也. 于時保之, 子之翼也. 樂且不憂, 純乎孝者也…… 富貴福澤, 將厚吾之生也. 貧賤憂戚, 庸玉女於成也. 存, 吾順事. 沒, 吾寧也."

귀천 등은 드넓은 우주의 유행 과정에 비할 때 보잘것 없는 것이며, 언급할 필요 조차 없다. 생명이란 우주에 속한 것이므로, 살아 있을 때는 하늘과 땅에 부응하여 효도를 봉행해야 한다. 그리고 죽음이란 사람을 영원히 안식하게 한다. 또 빈천은 사람을 분발하게 하며, 부귀는 양생養生할 수 있게 해 준다. 따라서 사람은 마땅히 "하늘과 땅을 위해 마음을 두고, 백성을 위해 명命을 세우며, 옛 성인을 위해 끊어진 학문을 이어 나가고, 만세萬世를 위해 태평 시대를 연다"94)는 대업에 유한한 생명을 바쳐야 한다.

장재가 제기한 '네 가지 위해야 할 것'(四爲)은 봉건 시대 사상가들이 광범위하게 긍정했던 이상이었다. "사람은 모두 내 동포요, 만물은 모두 내 짝이다"라는 생각은, 이러한 지식인들의 정기가正氣歌였다. 이것은 수많은 지사志士와 인인仁人들을 길러 냈으며, 그들을 격려함으로써 천하를 바로잡는 대업을 자기의 임무로 여기게끔 이끌었다. 또 나라를 위난에서 구하고, 백성을 도탄에서 구하며, 평생토록 도덕적 이상을 봉행하면서 생사와 이해 관계마저도 연연하지 않도록 만들었다. 이것은 또한 송명리학이 일관되게 고양시킨 전통이기도 했으며, 중국 지식인의 문화 심리 구조에 중요한 영향을 끼친 사상이었다.

3. 정호

정호程顥는 자字가 백순伯淳이고 하남河南 이천伊川 사람이다. 북송 인종仁宗 명도明道 원년(1032년)에 태어나, 북송 신종神宗 원풍元豊 8년(1085년)에 죽었다. 그와 그의 동생 정이程頤를 함께 '이정二程'으로 부르며, 그들이 오랫동안 낙양洛陽에서 강학하였기 때문에 전통적으로 그들의 학파를 '낙학洛學'이라 부른다. 정호는 어려서 진사進士에 급제하였고, 나중에 현주부縣主簿와 현령縣令 그리고 저작좌랑著作佐郞을 역임하였다. 신종 때 왕안석王安石이 변법을 시행하면서,

---

94) 같은 책, 「近思錄拾遺」, 376쪽, "爲天地立心, 爲生民立命, 爲往聖繼絶學, 爲萬世開太平."

정호는 태자중윤太子中允과 감찰어사리행監察御史里行을 역임하였고, 나중에는 진녕군절도판관鎭寧軍節度判官・태상승太常丞・부구扶溝의 지사・여주汝州의주세酒稅 감찰관 등을 역임하였다. 원풍 말년에 철종哲宗이 즉위하여 정호를 종정사승宗正寺丞으로 임명하였으나, 부임하지 못한 채 병으로 죽었다. 죽은 후 이천伊川에 장사지낼 때, 노원공태사潞園公太師 문언박文彦博이 묘표를 작성하면서 '명도明道 선생'이라 칭하자, 후대의 학자들은 모두 그를 존경하는 뜻에서 '명도 선생'으로 불렀다.

程顥

정호와 정이는 '도학'(즉 리학)의 창시자이다. 그들은 자신들의 학설이 맹자 뒤 천사백여 년 동안 중단되었던 유학의 도통을 진정으로 계승하는 것이라고 생각하였다. 그들은 '리理'를 철학의 최고 범주로 삼아 도덕 원칙이 개인과 사회에 대해 갖는 의미를 강조하였고, 내심內心 생활과 정신 수양을 중시하였다. 이리하여 새로운 기풍을 대표하는 학파를 형성하였다. 전통적으로 양송兩宋 시대의 정통 리학을 네 학파가 대표하는 것으로 생각한다. 이 네 학파란 바로 이정의 선생인 주돈이(濂), 이정(洛), 이정과 영향을 주고받은 장재(關), 그리고 이정의 학설을 계승한 주희(閩)이다. 이처럼 이정의 사상은 양송 시대 리학의 주류를 대표하는 사상이라고 말할 수 있다.

정호가 죽은 뒤 정이가 그의 「행장行狀」을 지었다. 이 「행장」에서는 "선생의 학문함은, 열다섯・여섯살에 여남汝南의 주무숙周茂叔(주돈이)이 도를 논하는 것을 들으면서부터 과거科擧를 위한 학문을 싫어하게 되었고, 흔연히 구도求道에 뜻을 두게 되었다. 그러나 그 요점을 알지 못해서 여러 학파의 학설을 두루 섭렵하고, 몇십 년 간 불교와 도가에 심취한 뒤 되돌아와 육경六經에서 도를 구하였고, 마침내 도를 얻었다"95)고 말했다. 장재와 마찬가지로 정호가 걸어온 '두루 섭렵하고 심취한' 뒤에 '육경으로 되돌아온' 길은, 송명 시기 수많은 리학자들의 사상 발전에서 보편적인 경로였다.

정호는 청년 시절에 주돈이에게 수업을 받았다. 주돈이는 "안연과 공자의 즐거움을 찾아보고, 어떤 일을 즐거워했는지를 알아보라고 하였다."96) 성호는 나중에 주돈이에게 다시 설명해 주기를 요청하였고, 그 뒤 "주무숙을 다시 뵙고, 음풍농월하며 돌아와 '나는 증점과 함께하리라'는 뜻을 지니게 되었다"97)고 말한 적이 있다. 『논어』에는 다음과 같은 기록이 있다. 공자는 어느 날 그의 몇몇 제자들에게 각자의 포부가 어떤 것인지를 물었다. 제자들 대부분은 모두 국가의 일을 관리하는 관료가 되기를 희망하였고, 오직 증점曾點만이 대자연의 아름다운 풍경 속에서 노래하고 춤추며 노닐면서 유유히 자득하는 것을 이상으로 표현하였다. 그래서 공자는 "나는 증점과 함께하리라"(吾與點也)고 감탄하며 칭찬하였다.98) 주돈이 개인의 품격에서 알 수 있듯이, 주돈이는 정호로 하여금 세속의 명리를 벗어나 자득을 추구하는 정신 생활을 영위하도록 인도했다. 나중에 정호는 "구름은 맑고, 바람은 가볍고, 정오에 가까웠구나. 꽃에 기대고 버드나무에 의지하여, 앞 내를 건넌다. 세상 사람들은 내 마음 즐거운 줄 모르고, 공부해야 할 젊은 시절을 허비한다 말하네"99)라는 시를 읊었다.

---

95) 『二程集』, 「明道先生行狀」 (中華書局, 1981), 638쪽, "先生爲學, 自十五六時, 聞汝南周茂叔論道, 遂厭科擧之業, 慨然有求道之志. 未知其要, 氾濫於諸家, 出入於佛老幾十年, 返求諸六經, 而後得之."
96) 같은 책, 『遺書』 권2 상, 16쪽, "令尋顔子仲尼樂處, 所樂何事."
97) 같은 책, 『遺書』, 권3, 53쪽, "自再見周茂叔後, 吟風弄月以歸, 有吾與點也之意."
98) 『論語』, 「先進」.
99) 『二程集』, 『偶成』, 476쪽, "雲淡風輕近午天, 傍花依柳過前川, 時人不識余心樂, 將謂偸閑學少年."

정호는 평생토록 책을 쓰지 않았다. 그의 「강학어록講學語錄」은 정이의 「어록」과 함께 편집되어 『하남정씨유서河南程氏遺書』에 실렸고, 그 밖에도 몇 권의 시문詩文이 있는데, 새로 출간된 『이정집二程集』을 참고하면 된다.

1. 천리天理와 도

송 초기 세 선생의 시기에 유학 부흥의 사조가 '문文'과 '도道'의 관계를 중심으로 전개된 것으로 말할 수 있다면, 이정의 시기에는 '경經'과 '도道'의 관계를 더욱 자주 제기하기 시작한 것으로 말할 수 있다. "글이란 도를 표현하는 도구이다"라는 북송 리학의 견해는 당시 유행하던 사장지학辭章之學을 겨냥한 말이었다. 그런데 "경전은 도를 담고 있는 것이다"[100]는 이정의 주장은 경학의 훈고적 학풍을 겨냥한 말이었다. 앞에서 말한 것처럼 북송 시기의 고문 운동과 유학 부흥에서 문장을 억제한 것은, 경전을 존중하는 태도와 연계된 것이었다. 경전을 존중하는 태도는 두 가지 결과를 낳았다. 하나는 사대부마다 경전에 주석을 달아 사상 전개를 촉진한 점이고, 다른 하나는 경전 문구의 훈고에 빠져들고만 점이다. 따라서 이정은 이렇게 말했다.

> 오늘날의 학자들은 셋으로 나뉘었다. 문장을 잘 짓는 사람은 문사文士라 부르고, 경전을 말하는 사람은 고지식한 강사講師이며, 오직 도를 아는 자만이 유학자이다.[101]

> 오늘날의 학자들에게는 세 가지 병폐가 있다. 첫째는 문장에 빠지는 것이요, 둘째는 훈고에 끌려가는 것이며, 셋째는 이단에 미혹되는 것이다.[102]

---

100) 같은 책, 『遺書』 권6, 95쪽, "經所以載道也."
101) 같은 책, 『遺書』 권6, 95쪽, "今之爲學者岐而爲三, 能文者謂之文士, 談經者泥爲講師, 惟知道者乃儒學也."
102) 같은 책, 『遺書』 권18, 187쪽, "今之學者有三弊, 一溺於文章, 二牽於訓詁, 三惑於異端."

오늘날의 유학자들은 문장을 일삼거나 치경술治經術에 힘쓰지 않는 이가 없다. 문장이란 그 언사를 화려하게 하고, 그 의미를 신기하게 하여, 사람들의 이목을 즐겁게하려는 것일 뿐이다. 경술이란 글의 의미를 해석하고, 선배 유학자들의 장단점을비교하여, 다른 견해를 세우는 것을 자신의 일로 삼을 뿐이다. 이러한 학문이라면과연 도에 이를 수 있겠는가?[103]

이정이 창립한 '도를 알고자' 하는 '도학'은, 바로 문장과 훈고, 도가와 불교를 주요하게 비판 대상으로 삼았다.

이정이 '알고자' 한 '도'는, 우선 유가의 정신 전통을 의미한다. 한유가 이미지적했듯이 불교에는 불도佛道가 있고, 유학에는 유도儒道가 있다. 역사적으로유가의 도는 문·무·주공에서 공·맹에게 전해졌으나, 맹자가 죽은 후 그 전통을 잃어버렸다. 이정은 이러한 한유의 견해를 이어받았다. 그리하여 이정은맹자가 죽은 지 천사백여 년 후에 자신들이 새롭게 발현시키고 체득한 성인의도와 성인의 도를 추구하는 것을 내용으로 하는 학문을 제창하였다. 이 학문이바로 '도학'이다. 정이는 이렇게 말했다.

주공이 죽은 후 성인의 도는 실행되지 않았고, 맹자가 죽은 후에는 성인의 학문이전해지지 않았다. 도가 실행되지 않았으니 백 세 동안이나 훌륭한 정치가 없었고,학문이 전해지지 않았으니 천 년 동안이나 진정한 유학자가 나타나지 않았다.……선생(정호)이 천사백 년 후에 태어나 남겨진 경전에서 전해지지 않은 학문을 얻고,이 도로써 백성들을 각성시키려 하였다.[104]

---

103) 같은 책, 「爲家君作試漢州學策問三首」, 580쪽, "後之儒者, 莫不以爲文章, 治經術爲務. 文章則華靡其詞, 新奇其意, 取悅人耳目而已. 經術則解釋辭訓, 較先儒短長, 立異說以爲己工而已. 如是之學, 果可至於道乎?"

104) 같은 책, 「明道先生墓表」, 640쪽, "周公沒, 聖人之道不行; 孟軻死, 聖人之學不傳. 道不行, 百世無善治; 學不傳, 千載無眞儒.…… 先生生千四百年之後, 得不傳之學於遺經, 志以斯道覺斯民."

도학이란 바로 '도'를 말하고, '도'를 추구하는 학문이다. 이 '도'를 '리理' 또는 '천리'로 부른다. 이정은 특히 '리'에 관한 학설을 중시하여 발전시켰다. 정호는 일찍이 "나의 학문은 사승한 점이 있을지라도, '천리'라는 두 글자는 내가 세세히 체득해 낸 것이다"[105]라고 말했다. '리'는 이정 사상의 핵심으로서, 송명 리학은 '리'를 중시하는 이정의 태도를 계승하였다. 이 점이 바로 이 시기의 신유학을 '리학'으로 부르는 근본 원인이다.

정호는 "도가 있고 리가 있으니, 천天과 사람은 하나이며, 나뉘어 구별되지 않는다"[106]고 주장하였다. 이 말은 그가 체득한 천리가 자연과 사회를 관통하는 보편 원리임을 표명하는 것이다. 그가 볼 때, 천인합일과 만물일체의 기초는 기氣가 아니라 '리'이다. 그는 "만물일체가 되는 까닭은 모두 이 리가 있기 때문이다"[107]라고 했으며, "도의 바깥에 사물이 없고, 사물 바깥에 도가 없으니, 하늘과 땅 사이에 도 아닌 것이 없다"[108]고도 말했다. 이것은 도와 사물이 영원히 서로 나뉘지 않아 도를 떠나서는 사물이 없고, 사물을 떠나서는 도가 없으므로, 도는 우주의 모든 사물 안에 보편적으로 존재한다는 점을 주장한 것이다.

우주 안에 존재하는 각종의 사물들은 모두 다르다. 따라서 구체적으로 분석하여 말할 때, 우주의 모든 사물에 보편적으로 존재하는 '도' 또는 '리'에는 네 가지가 있다. 바로 '천도天道'와 '물리物理', '성리性理'와 '의리義理'이다.

'천도'는 이른바 자연 법칙이다. "낳고 또 낳는 것을 일컬어 역易이라 한다. 이는 천天이 도가 되는 까닭이며, 천은 단지 낳음을 도로 삼는다"[109]는 말이 이에 해당한다. '물리'는 사물의 구체적인 규율과 성질을 가리킨다. "천지만물의 리에는 독자적인 것이 없고, 반드시 상대되는 것이 있다"[110]는 말과, "만물

---

105) 같은 책, 『外書』 권12, 424쪽, "吾學雖有授受, 天理二字卻是自家體貼出來."
106) 같은 책, 『遺書』 권2 상, 20쪽, "有道有理, 天人一也, 更不分別."
107) 같은 책, 『遺書』 권2 상, 33쪽, "所以爲萬物一體者, 皆有此理."
108) 같은 책, 『遺書』 권4, 73쪽, "道之外無物, 物之外無道, 是天地之間無適而非道也"
109) 같은 책, 『遺書』 권2 상, 29쪽, "生生之謂易, 是天之所以爲道也, 天只是以生爲道."
110) 같은 책, 『遺書』 권11, 121쪽, "天地萬物之理無獨必有對."

은 모두 리를 지닌다. 그것에 순응하면 쉽고, 그것을 거역하면 어렵다"[111])는 말이 이에 해당한다. '의리'는 바로 사회의 도덕 원칙을 가리킨다. "부부로서, 윗사람이나 아랫사람으로서, 그리고 친구로서 행하는 어떤 행위도 道아닌 것이 없다"[112])는 말이 이에 해당한다. '성리'는 바로 사람의 도덕 본질을 가리킨다. 나중에 정이는 '성즉리性卽理'라는 명제를 제시하였다. 이것은 사람의 본성을 천지로부터 품부받은 리로 생각한 말이다. 후대의 리학자들은 보편적으로 이러한 견해를 받아들였다. 정호는 아직 이러한 용법을 제기하지는 않았지만, 정호의 용법 중에도 리를 이성으로 여긴 경우가 있다. "리가 이길 때는 일이 분명해지고, 기氣가 이길 때는 어그러짐을 불러들인다"[113])는 말이 그 예이다.

정호의 입장에서 볼 때, 자연 법칙과 사회 규범 그리고 인성과 이성은 각자 나름의 범위를 지니지만, 실제로는 보편적인 '천리'에 통일된다. 그는 고대에 이야기하던 '천天'이란 사실 어떤 인격적인 상제上帝가 아니며, 단지 우주의 보편적인 법칙일 뿐이라고 생각했다. 그는 이렇게 말하였다.

천天이란 리理이다. 신神이란 만물에 오묘하게 작용하는 것을 말한다.[114])

'천도는 어떤 것인가'라고 묻자, 이렇게 대답했다. 리일 따름이니 리는 곧 천도이다. 황천皇天이 진노한다고 말하더라도, 어쨌든 어떤 사람이 위에서 진노하는 게 아니다. 그저 이치가 그러할 뿐이다.[115])

이처럼 보편적으로 유효한 '천리'는 우주와 사회, 인생을 지배하고 있으며,

---

111) 같은 책,『遺書』권11, 123쪽, "萬物皆有理, 順之則易, 逆之則難."
112) 같은 책,『遺書』권4, 74쪽, "爲夫婦, 爲長幼, 爲朋友, 無所爲而非道."
113) 같은 책,『遺書』권11, 131쪽, "理勝則事明, 氣勝則招怫."
114) 같은 책,『遺書』권11, 132쪽, "天者, 理也. 神者, 妙萬物而爲言者也."
115) 같은 책,『遺書』권22 상, 290쪽, "問: 天道如何? 曰: 只是理, 理便是天道也. 且如說皇天震怒, 終不是有人在上震怒, 只是理如此." 생각하건대 이것은 정이의 말이지만, 실제로는 천天을 리理로 생각한 정호의 사상을 발전시킨 것이다.

사람과 사물의 본성을 결정하고, 이성의 근원이기도 하다. '천리'는 상고 시대에 '천'이 가졌던 본체의 지위를 지니게 되었고, 근세 철학의 최고 범주가 되었다.

정씨 형제가 천리설을 제기한 것은, 사상적인 방법면에서 형이상形而上과 형이하形而下의 구분을 중시한 것과 분리할 수 없다. 『주역』「계사전」에서는 "형이상자를 도라고 말하고, 형이하자를 기라고 말한다"(形而上者謂之道, 形而下者謂之器)고 하였다. 중국철학의 발전 과정에서 각 시대의 철학자들은 이 구절에 대해 다른 해석들을 해 왔다.

이정은 형이상과 형이하의 구분을 대단히 중시하였다. 정호는 이렇게 말했다.

> 「계사전」에서는 "형이상자를 도라고 말하고, 형이하자를 기器라고 말한다"고 하였다.…… 음양 역시 형이하자이다. 도를 말하는 까닭은, 오직 이 용어만이 상·하를 가장 분명하게 나눌 수 있기 때문이다. 원래 이 도일 뿐이며, 중요한 점은 사람이 스스로 그것을 깨달아야 한다는 것이다.[116]

이것은 물질적이거나 구체적인 물건은 모두 '형이하'에 속하는 '기器'이며, 보편적이거나 추상적인 것은 전부 '형이상'에 속하는 '도道'를 말한다. 감성적으로 존재하는 물건은 형이하의 것이고, 오직 이성으로만 파악할 수 있는 것은 형이상의 것이다. 천지만물·음양은 모두 형이하의 기이고, 사물의 규율·본질·보편자는 형이상의 도이다. 정호는 보편과 특수를 구분하고, 리와 사물, 도와 기를 구분하는 것이 철학의 중요한 방법이라고 생각했다. 그는 "한 번 음하고 한 번 양하는 것을 도라고 말한다"(一陰一陽之謂道)는 「계사전」의 말을 통해서는 도와 기를 분명하게 나눌 수 없다고 생각했다. 음양은 기氣이고 형이하의 존재이기 때문에, 도라고 부를 수 없다는 생각 때문이었다. 오직 "형이상자를 도라고 말하고, 형이하자를 기라고 말한다"는 구절을 통해서만 "상·하를 가장

---

116) 같은 책,『遺書』권11, 118쪽, "繫辭曰: '形而上者謂之道, 形而下者謂之器.'…… 陰陽亦形而下者也. 而曰道者, 惟此語截得上下最分明. 元來只是此道, 要在人默而識之也"

분명하게 나누고", 추상적인 일반자 즉 본질과 감성적인 구체자를 나눌 수 있다. '도'나 '리'는 감성적으로 직접 존재하는 것이 아니다. 그것은 이성 사유의 대상 이지 감관에 의해 직접적으로 인식되는 것이 아니다. 그래서 "중요한 점은 사람 이 스스로 그것을 깨달아야 한다는 것이다"라고 말했다.

동시에 정호는 이렇게 지적하였다.

> 반드시 '형이상은 도이고, 형이하는 기이다'라고 말해야 한다. 기 역시 도이고 도 역시 기이지만, 지금이나 나중, 자신이나 남을 막론하고 오직 도가 있음을 알아야 한다.117)

다시 말해서 대상을 파악하는 사유의 입장에서 말하자면, 철학은 우선 추상 적인 것과 구체적인 것을 구분해야 한다. 그러면서도 또 반드시 이해해야 할 것은, 실제적인 존재의 입장에서 도는 결코 기와 분명하게 나뉜 독립적인 실체 가 아니라는 점이다. 도는 기를 떠나지 않고, 기 역시 도를 떠나지 않는다. 도는 바로 기 안에 존재하고, 기 안에는 반드시 도가 있다. 그러므로 "도의 바깥에 사물이 없고, 사물 바깥에 도가 없다."(道之外無物, 物之外無道) 사물의 본질·원 리·법칙 등은 모두 그 사물 안에 있다. 사람의 인식이란 곧 인륜과 일상 생활 속에서 도를 알아 내는 것이고, 모든 구체적인 사물들 안에서 우주의 보편 원리 를 인식하는 것이다.

총괄해서 말하자면, 이정의 철학에서 '천리'란 바로 자연의 보편 법칙을 가리 키고, 인류 사회의 당위 원칙을 가리킨다. 천리가 지니는 이러한 의의 자체가 '천인합일'을 표현한다. 천리는 하나의 보편 원리로서 자연과 사회는 물론 모든 구체적인 사물의 존재와 발전에 적용되기 때문에, 유가의 전통적인 천인합일의 사상은 이러한 '천인일리天人一理'설에서 새로운 형식을 띠게 된다. 사상의 본

---

117) 같은 책, 『遺書』권1, 4쪽, "形而上爲道, 形而下爲器, 須著如此說. 器亦道, 道亦器, 但得道在, 不 論今與後, 己與人."

질적인 측면에서 볼 때 정호의 천리 학설은 인도人道를 천도의 의미로까지 끌어 올려서 그 보편성과 필연성을 논증하였고, 인류 사회의 어떤 원칙과 규범(주로 도덕에 관한)을 확대하여 본체적 의미를 갖는 우주의 법칙이 되게끔 하였다. 따라서 일종의 유심주의唯心主義이다. 그러나 다른 각도에서 보자면, 우주 보편 규율의 통일성을 긍정하였기 때문에 이론 사유의 측면에서 일정한 의의가 있다. 정호의 천리 학설은 자연의 운동 과정에서 드러나는 규율이 복잡한 변화 속에서 작용을 일으킨다는 점을 긍정하며, 또 그와 같은 규율이 역사 과정과 사유 과정을 지배하고 있음을 긍정한다. 자연 규율과 사회 법칙 그리고 인생 준칙은 통일적인 것이다. 인류 사회의 여러 법칙은 우주 보편 원리의 부분적인 표현이다. 이러한 체계는 허구적이고 주관적인 것이기도 하지만, 또한 인류 인식의 합리적인 핵심 내용을 포함하는 것이기도 하다.

2. 혼연히 만물과 한몸이 된다

정호의 어록에는 '인仁'에 관한 두 문단이 있는데, 후대의 도학가들은 특별히 이 두 문단을 떠받들었다.

인仁이란 천지만물을 한몸으로 여기니, 나 아닌 것이 없다. 만물이 바로 자기임을 체득한다면, 도달하지 못할 게 무엇이겠는가? 만일 자기에게 없는 것이라면, 자연히 자기와는 아무런 상관이 없는 것이다. 예를 들어 손과 발이 말을 듣지 않고 기가 통하지 않는다면, 모두 자기에게 속하지 않는 것이다.118)

학자는 모름지기 먼저 인仁을 체득해야 한다. 인이란 혼연히 만물과 한몸이 되는 것으로, 의義·예禮·지智·신信이 모두 인이다. 이러한 이치를 안다면, 성誠과 경

---

118) 같은 책, 『遺書』 권2 상, 15쪽, "仁者以天地萬物爲一體, 莫非己也. 認得爲己, 何所不至? 若不有諸己, 自不與己相干. 如手足不仁, 氣已不貫, 皆不屬己."

敬으로 그것을 보존할 뿐이지 방비하거나 애써 찾으려 할 필요가 없다. 만일 마음이 느슨하다면 방비해야 하겠지만, 느슨하지 않다면 무슨 방비가 필요하겠는가? 이치를 알지 못하므로, 애써 찾아야 하는 것이다. 오래도록 보존하면 자연히 명백해질 텐데, 애써 찾을 필요가 있겠는가? 이러한 도는 사물과 상대되는 것이 아니므로 너무 커서 무엇이라 이름할 수 없지만, 천지의 작용은 모두 나의 작용이다. 맹자는 "만물이 모두 나에게 갖추어져 있다"고 말했다. 반드시 스스로를 반성하여 진실해야만 커다란 즐거움이 될 것이다.[119]

선진 유가의 인학仁學은, 널리 베풀어 민중을 구제하는 인도주의와 극기복례하는 도덕 수양을 강조한다. 정호가 볼 때 이러한 인학은 아직 '인仁'의 최고 경지가 아니다. 그는 널리 베풀어 민중을 구제하는 일은 인의 '작용'(표현)이지, 아직 인의 '본체'(근본)는 아니라고 생각하였다. 인은 근본적으로 최고의 정신 경지이다. 이러한 경지는 바로 "만물과 일체가 되고"(與萬物爲一體), "혼연히 만물과 한몸이 되는"(渾然與萬物同體) 경지이다. 정호의 이러한 사상은 주돈이가 제기한 공자와 안연이 즐거워한 것을 찾으라는 사상과 마찬가지로 유가 사상이 최고의 정신 경지를 추구하는 사상임을 드러내 준다.

'인'이 지닌 이러한 경지의 기본 특징은, 자신과 우주 만물을 긴밀히 연관되는 하나의 전체로 간주하고, 우주의 모든 부분을 자신과 직접적으로 연계된 것으로 생각하며, 심지어는 자신의 일부분으로 여긴다. 다시 말해서 이러한 경지에 도달한 사람이 이해하는 '나' 또는 '자기'란 결코 개체적인 소아小我가 아니다. 오히려 만물이 모두 '나'의 일부분이다. 이러한 정호의 생각은 고대 한의학 이론에서 팔다리의 마비를 '불인不仁'으로 설명하는 방식을 통해 이해할 수 있다. 팔다리가 마비된 상황이라면 사람은 그 팔다리를 자기의 일부분으로 느낄

---

119) 같은 책, 『遺書』 권2 상, 17쪽, "學者須先識仁. 仁者渾然與物同體, 義·禮·智·信皆仁也. 識得此理, 以誠敬存之而已, 不須防檢, 不須窮索. 若心懈則有防, 心苟不懈, 何防之有? 理未有得, 故須窮索. 存久自明, 安得窮索? 此道與物無對, 大不足以名之, 天地之用皆我之用. 孟子言'萬物皆備於我', 須反身而誠, 乃爲大樂" 전통적으로 이 문단을 '識仁篇'이라고 한다.

수 없다. 이것이 바로 '불인'인 것이다. 그러므로 진정으로 '인'의 경지에 도달한 사람은 필연적으로 '만물과 한몸이 되는 경지'와 '자기 아닌 것이 없는 경지'를 감지하게 된다.

이 두 문단의 어록에서 '인'을 논한 사상은 장재와 서로 통한다. "천지만물을 일체로 여기고" "만물 가운데 자기 아닌 게 없다"는 점을 체득하는 것은, 바로 장재가 말한 "천하의 어떤 사물도 나 아닌 게 없는 것으로 간주한다"[120]는 사상이며, 『서명』에서 우주의 모든 부분을 '나'와 밀접하게 연관되는 것으로 여긴다는 경지이다.

정호의 인학은 『서명』의 영향을 받았다. 자기 스스로도 "나는 『서명』의 의미를 알았다"[121]고 말했고, '식인편識仁篇'에서는 "'정완訂頑'의 의미는 모두 이러한 본체를 말하는 것으로, 이러한 뜻을 잘 지킨다면 무슨 어려움이 있겠는가"[122]라고 말하였다. 그러나 정호는 장재와 다른 점도 있다. 『서명』의 기초는 기일원론이며, 그것이 제창한 인생 태도와 우주에 관한 포부는 '궁신지화窮神知化'라는 이성적 사고와 연계되는 것이다. 하지만 정호는 개인의 느낌과 체험을 더욱 강조한다. 그는 '인'이란 자신을 만물과 일체가 되는 것으로 '간주'하는 것일 뿐만 아니라, 반드시 자신과 만물이 실제적으로 하나임을 '느껴야' 한다고 생각했다. 이것이 이른바 "그것이 실제로 자기에게 있다"(實有諸己)는 말이다.

따라서 정호의 인학 경지는 좀더 심리적인 체험에 기초한다. 그는 '애써 찾으려고 할 필요가 없다'는 직각적 체험을 강조하였는데, 사람은 성誠과 경敬의 수양을 통하여 모든 대립을 초월하는 경지를 체험할 수 있으며, 우주가 나뉘어질 수 없는 혼연한 전체의 대성大成임을 체험할 수 있다고 생각하였다. 정호는 이처럼 우주에 대한 직접적인 체득이 있는 사람이라면 비교적 높은 자각과 정신 경지를 지닐 것이라고 생각했다. 사람은 이러한 마음가짐의 경지에 도달해

---

120) 『張載集』, 『正蒙』, 「大心」, 24쪽, "視天下無一物非我"
121) 『二程集』, 『遺書』 권2 상, 39쪽, "西銘, 顯得此意."
122) 같은 책, 『遺書』 권2 상, 17쪽, "訂頑意思乃備言此體, 以此意存之, 更有何事."

야만 비로소 '인의 본체'(仁之體)를 얻을 수 있고, 자연스럽게 '커다란 즐거움'(大樂)을 얻을 수 있다. 이것이 바로 공자와 안연의 즐거움이다. 이러한 즐거움은 반드시 빈천한 상태에서만 얻을 수 있는 것은 아니지만, 빈천은 이러한 경지의 의의를 더욱 분명하게 드러낼 수 있다.

정호는 이러한 경지에 도달한 사람이라면 자신이 완성해야 할 도덕 행위를 더욱 깊게 자각할 수 있기 때문에, 억지로 감정과 욕망을 제어하여 도덕 율령에 복종할 필요가 없으며, 오히려 이러한 완전한 자각으로 정신적 쾌락을 체득할 수 있다고 생각하였다. 그래서 정호는 이러한 경지를 '아주 생동적인'(活潑潑底) 경지로 이름하였다.

3. 정성설定性說

장재는 일찍이 정호에게 서신을 보내, "본성을 안정시켜 움직이지 않도록 하지 못하면 오히려 바깥 사물에 얽매이게 된다"(定性未能不動, 猶累於外物)는 문제를 제기하였다. 이에 대해 정호도 서신으로 답변했다. 후대의 도학자들은 정호의 답신을 『정성서定性書』라고 불렀다. 나중에 주희는 그의 제자들에게 『정성서』에서 '정성定性'이란 실제로 '정심定心'을 가리키는 것이라고 해설하였다.[123] 이러한 해석은 정확한 것이다. 『정성서』 중에서 상관 없는 부분을 떼어내면, 그것은 '어떤 수양 방법을 통해서 마음의 안녕과 평정을 실현할 수 있는가'라는 주제를 논한 것이었음을 알 수 있다.

장재의 견해에 따르면, 마음의 평정을 방해하는 것은 주로 외부 사물의 교란으로 조성된 생각(意念)의 동요에서 기인한다. 그런데 이러한 외부 사물의 교란을 근절하기란 대단히 곤란하다. 정호는 이른바 '안정시킨다'(定)는 말은 마음의 활동을 정지시키는 것도 아니고, 또 단지 자아 의식에만 집중시키는 것도 아니

---

123) 『朱子語類』 권95, 2441쪽.

며, 외부 사물에 대해 어떠한 반응도 하지 않는 상태는 더더욱 아니라고 지적하였다. 그는 이렇게 말하였다.

> 천지의 항상됨은 만물을 보편적으로 대하여 무심無心하고, 성인의 항상됨은 만물에 순응하여 무정無情하다. 그러므로 군자의 학문으로서, 드넓게 공평하면서 사물이 이르면 순응하는 것만한 게 없다.…… 만일 철저히 외부의 유혹을 제거한다면, 동쪽에서 없어진 것이 서쪽에서 생겨나는 것을 보게 될 것이다.
>
> 외부를 부정하고 내면을 일삼는 것보다는 안팎을 모두 잊는 게 좋다. 모두 잊는다면 깨끗하여 아무 일도 없을 것이다. 일이 없으면 안정되고, 안정되면 밝아지며, 밝아지면 사물에 순응하는 것이 어찌 번거롭겠는가? 성인은 사물에 대해 마땅히 기뻐해야 할 것에 기뻐하고, 마땅히 화내야 할 것에 화낸다. 성인의 기쁨과 화냄은 마음에 관계되는 것이 아니라 사물에 관계되는 것이다. 이러할진대 성인이 어찌 사물에 순응하지 않겠는가? 어째서 외부에 종사하면 그른 것이고, 내면의 것을 추구하면 옳은 것이라고 하겠는가?124)

'드넓게 공평함'은 개인의 사심과 잡념을 없애 버린 상태를 가리킨다. 사람은 마땅히 사물과 접촉해야 하고, 감정도 지녀야 한다. 이 때 감정은 사물의 자연 상태에 완벽하게 순응해야 한다. 성인의 '무정無情'이란 사적인 이해 관계에서 출발하는 감정이 없다는 것으로, 그의 감정은 사물의 오고 감에 순응한다. 이렇게 하여 개인의 이해 관계에서 비롯되는 실망·불안·번뇌·답답함·원한 등의 모든 불안한 심정이 제거될 수 있다. 이러한 경지가 바로 '정성定性'의 경지이다. 그래서 그는 '안정'이란 그저 고요하게 움직임이 없는 상태나 외부 사물과

---

124) 『二程集』, 「答橫渠張子厚先生書」, 460쪽, "夫天地之常, 以其心普萬物而無心; 聖人之常, 以其情順萬物而無情. 故君子之學, 莫若廓然而大公, 物來而順應.…… 苟規規於外誘之除, 將見滅於東而生於西也. 與其非外而事內, 不若內外之兩忘也. 兩忘則澄然無事矣. 無事則定, 定則明, 明則尙何應物之爲累哉? 聖人之喜, 以物之當喜; 聖人之怒, 以物之當怒. 是聖人之喜怒, 不繫於心而繫於物也. 是則聖人豈不應於物哉? 烏得以從外者爲非, 而更求在內者爲是也?"

접촉하지 않는 상태가 아니라, "이른바 안정이란 움직여도 안정되고, 고요해도 안정되며, 보내고 받아들이는 것도 없고, 안팎마저도 없는 상태이다"125)라고 말했다.

정호의 '정성'법은 '안팎을 모두 잊으라'고 주장하는 것으로, 그 핵심은 자아를 초월하는 데 있다. 이러한 수양 방법은 맹자의 '부동심不動心' 사상을 계승한 것이며, 도가와 불교에서 강조하는 심리 수양의 경험까지도 받아들인 주장이다. 예를 들어 도가의 "무정한 채로, 있는 것에 순응한다"(無情以順有)는 말이나 선승의 "일정한 거처는 없으나, 그 마음을 낳는다"(無所住而生其心)는 말은, 비록 외부 사물과 접촉하더라도 어떤 사물에도 집착하거나 유념하지 않음으로써 심령이 혼란을 벗어나 자유·평정·안녕의 경지에 도달할 수 있고, 아울러 시종 움직이면서도 안정될 수 있음을 강조한 말이다.

다른 한편으로 정호는 감정의 반응이란 자연스럽고 막힘이 없어야 할 뿐만 아니라 당연함에도 들어맞아야 하며, 아울러 그 이치의 옳고 그름도 따져야 한다고 강조하였다. 그리고 그는 이러한 수양을 '밝음'(明)에 도달하면서 '만물에 순응하는' 방법으로 삼았다. 각종 잡념의 영향을 없애 버리고 마음이 외부 사물에 대해서 마치 맑은 거울처럼 정확하고 합당한 반응을 보일 수 있도록 하여, 인륜과 일상 생활에서 정확하게 일을 처리하고 사물에 순응할 수 있는 방법으로 삼은 것이다.

『정성서』에 제시된 자연스럽게 순응하는 자아 초월의 수양 방법은 정호의 격물설格物說에도 그대로 드러나 있다. 정호는 "앎에 이르는 방법은 사물을 구명하는 데 있다. 사물이 다가오면 앎이 생긴다. 사물을 사물에 맡긴 채 앎을 부리지 않는다면, 뜻이 정성스러워져 동요하지 않게 된다. 뜻이 정성스러워져 스스로 안정되면, 마음이 바로잡히므로 배움을 시작하는 일이다"126)라고 말하

---

125) 같은 책, 「答橫渠張子厚先生書」, 460쪽, "所謂定者, 動亦定, 靜亦定, 無將迎, 無內外."
126) 같은 책, 『遺書』 권6, 84쪽, "致知在格物, 物來則知起, 物各付物, 不役其知, 則意誠不動, 意誠自定則心正, 始學之事也."

였다. 사물을 사물에 맡기면 감정이 만물에 순응하게 되고, 사물에서 마땅히 기뻐해야 할 점과 화내야 할 점에 따라 기뻐하고 화내게 된다. 이렇게 함으로써 안정될 수 있고, 동요되지 않는 경지에 도달하게 된다. 이러한 경지는 '무아無我'의 경지로도 불린다. "사물을 사물 그대로 대할 뿐 사물을 자기의 입장에서 대하지 않으니, 무아이다."127)

4. 성경誠敬과 화락和樂

정호의 '식인편'에서 볼 때, 그의 주된 수양 방법은 '성誠'과 '경敬'이다. 정이와 비교하자면, 정호가 '경敬'을 긍정하고는 있지만 '경'에 대한 그의 이해는 정이와 다르다. 정이가 주장하는 '경'은 주로 경외심와 외적인 엄숙이다. 그러나 정호가 볼 때 단지 근엄과 엄숙만을 강조한다면 융통성 없이 고지식해지며, 자유롭고 생동적인 정신 경지에 도달할 수 없게 된다. 따라서 정호는 한편으로 '성誠'을 적극적으로 함양할 것을 강조하면서 '성'과 '경'을 보존하고 함양해야지, 모든 것을 방비할 필요는 없다고 생각하였다. 다른 한편으로 그는 '경'을 사용할 때 '잊지도 말고 조장하지도 말라'(勿忘勿助)는 말에 주의하되, 너무 집착하지는 말아야 한다고 주장하였다. 공자는 "행동거지는 공손해야 하고, 일을 실행하는 데는 경건해야 한다"128)고 말했다. 정호는 이 말을 보충하여 "일을 실행하는 데는 반드시 경건해야 하겠지만, 그렇다고 지나치게 구속받아서도 안 된다"129)고 말했다.

정호는 "오늘날의 학자들이 경건한데도 제대로 일이 되지 않고, 불안하기까지 한 이유는, 마음을 일으켜 지나친 경건함으로 일에 임하기 때문이다"130)라

---

127) 같은 책, 『遺書』 권11, 125쪽, "以物待物, 不以己待物, 則無我也."
128) 『論語』, 「子路」, "居處恭, 執事敬."
129) 『二程集』, 『遺書』 권3, 61쪽, "執事須是敬, 又不可矜持太過."
130) 같은 책, 『遺書』 권2 상, 34쪽, "今之學者敬而不見得又不安者, 只是心生, 亦是太以敬來做事得重."

고 말했으며, "단지 공손할 뿐 자연스러운 도리를 행하지 않기 때문에 부자연스러운 것이다"131)라고 했다. 이 말은 '경'이란 반드시 자연과 결합돼야 하고, 극기복례해야 하며, 공손하면서도 안락해야만 비로소 '공손하면서 안락할'(恭而安) 수 있다는 것이다. 그러므로 정호는 "오늘날 의리에 뜻을 두고도 마음이 불안한 것은 무엇 때문인가? 이것은 바로 쓸데없이 조장하기 때문이다. 마음은 다잡으면 보존되고 내버려 두면 없어지지만, 너무 집착하게 되면 틀림없이 억지로 일삼아 바로잡으려는 꼴이 되고 말 것이다"132)라고 말하였다. 경건하면서도 불안한 이유는 세내로 경건하지 못해서이다. '바로잡는다'(正)는 말은 집착을 의미한다. 맹자는 '바로잡지 말라'(勿正)고 주장했는데, 이는 곧 지나치게 붙들려는 태도에 반대한 말이다.

정호는 '경敬'이라는 구속이 안락을 방해하는 상태를 없애고자 주의했기 때문에, '개방할 것'(放開)을 주장하였다. 그는 제자인 사량좌謝良佐에게 "이미 얻었으면 반드시 놓아 주어야 한다. 그렇지 않으면 오히려 지키는 것일 뿐이다"133)라고 말했다. 정호의 이러한 사상은 정이와 다르다. 단지 수양 방법에서만 다른 게 아니라, 근원적으로 그가 추구하는 이상적인 정신 경지가 정이와 다르기 때문이다. 그래서 정호는 "경을 화락이라고 말하면 안 되지만, 경은 반드시 화락해야 한다"134)고 했다. 이상적인 경지는 '경'과 '화락'이 합하여 하나가 되는 경지이다. 마음의 자연스러운 평화와 침착한 상태를 손상시킬 정도로 지나치게 '경'을 강조하는 태도는 모두 받아들일 수 없는 것이다. 이 점에 대하여 그는 일찍이 체험한 적이 있었다.

백순伯淳(정호)이 한번은 장안의 창고에 앉아서 쉬고 있는데, 뒤에 있던 긴 행랑의

---

131) 같은 책, 『遺書』 권2 상, "只恭而不爲自然底道理, 故不自在."
132) 같은 책, 『遺書』 권2 상, 42쪽, "今志於義理而心不安樂者, 何也? 此則正是剩一箇助之長. 雖則心操之則存, 舍之則亡, 然而持之太甚, 便是必有事焉而正之也."
133) 같은 책, 『遺書』 권3, 59쪽, "旣得後, 便須放開, 不然, 却只是守."
134) 같은 책, 『遺書』 권2 상, 31쪽, "謂敬爲和樂則不可, 然敬須和樂."

기둥을 일부러 세어 보아 기둥의 수효를 정확히 알았다. 그런데 다시 세어 보니 맞지 않았다. 할 수 없이 다른 사람에게 하나하나 소리내어 세어 보라고 했는데, 처음 세어 본 게 맞았다. 그리하여 집착하면 집착할수록 안정되지 않는다는 사실을 깨닫게 되었다.[135]

정호가 추구하는 이상 경지에서는 자유와 생동 그리고 안락 등이 중요한 규정이다. 따라서 그의 어록 중에는 유사한 체험이 기초가 된 감탄의 사례가 많다. 예를 들어 그는 "'솔개는 하늘에서 날고 고기는 연못에서 뛰논다'고 했는데, 아래와 위를 모두 살핀 말이다. 이 단락에서 자사子思가 사람들에게 긴박하게 말하려고 한 점은 '반드시 일은 있게 마련이니 마음을 바로잡으려고 집착하지 말라'는 말과 같은 뜻으로, 아주 생동적인 것이다. 그 뜻을 얻을 수 있으면 생동적이고, 얻지 못하면 쓸데없이 정신만 허비하는 셈이다"[136]라고 말했다. '솔개가 날고 물고기가 뛴다'는 말은 자유롭고 생동적인 경지의 모습을 상징한다. 오직 만물과 하나가 되고 감정은 순응하며, 본성은 안정되어 화락하고 집착하지 않는 사람만이 진정으로『중용』에서 인용된 구절이 표현하고 있는 경지를 체험할 수 있다.

5. 성性과 심心

정호는 일찍이 "천天이 하는 일은 소리도 없고, 냄새도 없다. 그 체體를 역易이라 부르고, 그 이치를 도道라 부르며, 그 작용을 신神이라 부르고, 그것이 사람에게 주어진 것을 성性이라 부른다"[137]고 하였다. 이른바 "그 체를 역이라 부른

---

135) 같은 책, 『遺書』권2 상, 46쪽, "伯淳昔在長安倉中閑坐, 後見長廊柱, 以意數之, 已尙不疑. 再數之不合, 不免令人一一聲言而數之, 乃與初數者無差, 則知越著心把促越不定."

136) 같은 책, 『遺書』권3, 59쪽, "鳶飛戾天, 魚躍于淵, 言其上下察也. 此一段子思喫緊爲人處, 與'必有事焉而勿正心'之意同, 活潑潑地. 會得時, 活潑潑地. 不會得時, 只是弄精神."

137) 같은 책, 『遺書』권1, 4쪽, "上天之載, 無聲無臭. 其體則謂之易, 其理則謂之道, 其用則謂之神, 其命於人則謂之性."

다"에서 '체'는 용用의 대가 되는 체가 아니라, 변화 유행하는 '전체'를 가리킨다. '신'은 각각의 구체적인 운동 변화를 가리킨다. 그는 천지가 운동 변화하는 전체를 '역'으로 부르고, 천지의 변화가 근거하는 법칙을 '도'라 부르며, 각각의 구체적인 변화를 '신'으로 부르고, 천天이 사람에게 부여한 것을 '성'으로 부른다고 생각했다. 『중용』에서는 "천이 부여한 것을 일컬어 성이라 한다"(天命之謂性)고 했다. '성'에 대한 정호의 견해는 『중용』의 이러한 설명에서 직접 연원한다고 할 수 있다.

'성性'이란 천天이 '부여해 준'(命) 것, 즉 전부직인 것으로 태어나면시 자연적으로 지니는 것이다. 그래서 정호는 "태어나면서 지니는 것을 일컬어 성이라 한다"(生之謂性)는 견해를 긍정하였다. 그는 이렇게 말하였다.

'태어나면서 지니는 것을 일컬어 성性이라 한다.' 성이 곧 기氣이고 기가 곧 성이라는 것은, 태어나면서부터 지니는 것을 말함이다. 사람은 기를 품부받아 태어나고, 그 리理에는 선악이 있다. 그러나 성 안에 원래 두 가지가 서로 대립하여 태어나는 것은 아니다. 어떤 이는 어려서부터 선하고 어떤 이는 어려서부터 악한데, 이는 품부된 기가 그러하기 때문이다. 선은 진실로 성이다. 그러나 악도 역시 성이라고 말하지 않을 수 없다. '태어나면서 지니는 것을 일컬어 성이라 한다'는 말과 '사람은 태어나면서부터 고요하다'는 말 이외에는 말할 필요가 없다. 성은 말하자마자 이미 성이 아니기 때문이다. 사람들이 성을 말하자면 단지 '이어 나가는 것이 선이다'는 말만 하면 되는데, 맹자가 말하는 성선이 바로 그렇다. 이른바 '이어 나가는 것이 선이다'는 말은 마치 물이 아래로 흐르는 것과 마찬가지다. 모두 물이지만 어떤 물은 바다까지 흘러가면서도 끝까지 탁해지지 않는다. 이러한 것이 어찌 사람의 힘으로 되겠는가? 어떤 물은 멀리 흘러가지 못한 채 점차 탁해진다. 어떤 물은 흘러나와 더욱더 멀리 가고서야 탁해진다. 어떤 물은 매우 탁하고, 어떤 물은 약간 탁하다. 맑고 탁한 정도는 비록 다르지만, 탁한 물을 물이 아니라고 말할 수도 없다. 이러하니 사람들은 맑아지려는 노력을 하지 않을 수 없다. 그러므로 민첩하고 용감하게 힘쓰면 빨리 맑아질 것이고, 느리고 게으르게 힘쓰면 더디게 맑아질 것이다. 그 맑은 상태에 이르러서는 단지 원래의 물일 따름이다. 맑음으로 탁함을 바꾸는 것도 아니고, 탁함을 뽑아 내어 한구석에 버려 두는 것도 아니다. 물의 맑음은 성선을 말하는 것이다. 그러므로 선과 악이 성 속에서 두 측면으로 서로 대립하면서 각자 나타나는 게 아니다.[138]

정호가 볼 때, 전통적인 성선론에서는 악은 오직 사람이 후천적인 환경의 영향을 받아 나타난다고 생각한다. 그러나 그는 인성이 기품氣稟에 의해 결정된다고 보았다. 기품에는 선도 있고 악도 있다. 따라서 어떤 사람은 태어나면서 선하고, 어떤 사람은 태어나면서 악하다. 따라서 악도 전적으로 후천적인 것만은 아니다. 악이 기품에 의해 선천적으로 결정된 것이라면, 기품의 악이 결정한 사람의 선천적인 악도 '성'으로 긍정하지 않을 수 없다. 이렇게 볼 때 정호가 말하는 '성'이란 사람이 태어나면서 갖게 되는 현실적인 속성을 가리킨다. 기품이 선하면 성도 선하고, 기품이 악하면 성도 악하다. 선천적으로 결정된 선만이 성이고, 선천적으로 결정된 악은 성이 아니라고 말할 수 없다. 마치 맑은 물도 물이며 탁한 물도 물인 것처럼, 선한 성도 성이며 악한 성도 성이다.

위의 인용문에 나타난 정호의 사상을 보면, 맹자 등이 악이 없는 깨끗한 선으로서 말하는 성이란 '이어 나가는 것이 선이다'는 것을 가리킬 뿐이지 '이루는 것이 성이다'는 것을 가리키는 것은 아니라는 생각까지도 지녔음을 알 수 있다. "이어 나가는 것이 선이고, 이루는 것이 성이다"(繼之者善也, 成之者性也)는 말은 『주역』「계사전」에 나오는 말이다. 이에 대해 정호는, '이어 나가는 것이 선이

---

138) 같은 책,『遺書』권1, 10쪽, "'生之謂性', 性卽氣, 氣卽性, 生之謂也. 人生氣稟, 理有善惡. 然不是性中元有此兩物相對而生也. 有自幼而善, 有自幼而惡, 是氣稟有然也. 善固性也, 然惡亦不可不謂之性也. 蓋'生之謂性', '人生而靜'以上不容說, 才說性時, 便已不是性也. 凡人說性, 只是說繼之者善也. 孟子言人性善是也. 夫所謂繼之者善'也子, 猶水流而就下也. 皆水也, 有流而至海, 終無所汚, 此何煩人力之爲也? 有流而未遠, 固已漸濁, 有出而甚遠, 方有所濁. 有濁之多者, 有濁之少者. 清濁雖不同, 然不可以濁者不爲水也. 如此, 則人不可以不加澄治之功. 故用力敏勇則疾清, 用力緩怠則遲清, 及其清也, 則却只是元初水也, 亦不是將清來換却濁, 亦部是取出濁來置在一隅也. 水之清, 則性善之謂也. 故不是善與惡在性中爲兩物相對, 各自出來"

다'는 말은 음양 두 기가 유행은 하지만 아직 구체적인 사물을 형성하지 않은 상태를 가리키는 말이고, '이루는 것이 성이다'는 말은 구체적인 사물이 형성되어 자기 규정을 획득한 상태를 가리키는 말로 생각했다. 그러므로 맹자는 구체적인 현실 인간의 성을 말하지 못했고, 단지 천지의 리理로 이루어진 성을 말한 것일 뿐이다. 그러나 현실적인 사람의 성이란 이미 천지의 리로 이루어진 성이 아니라 기품에 의해 결정된 성이다. 이러한 사상은 나중에 주희가 더욱 명확하게 표현하였다. 여기에서 우리는 정호가 분명히 강조한 것은 후대의 사람들이 이야기하는 '기질지성'이었음을 알 수 있다. "성이 곧 기이고 기가 곧 성이다"는 정호의 말은, 성이란 기품에 의해 결정된 속성이라는 점을 말해 준다.

성의 선악은 비록 기품에 의해 선천적으로 조성된 것이지만, 바꿀 수 없는 것은 아니다. 마치 탁한 물을 맑게 하면 맑은 물이 될 수 있듯이, 사람도 열심히 수양하면 악을 선으로 바꿀 수 있다. 수양하는 동안에 리기理氣는 서로 이길 수 있다. "의리義理와 객기客氣는 늘 서로 이긴다. 증감되는 양이 어느 정도인지를 살펴보면 군자와 소인의 구별이 이루어진다."139) '객기'가 소진되면 성현이 되며, '객기'가 '의리'를 이기면 도덕 수양에 실패한 경우이다. 정호의 사상에서 '객기'의 의미는 아직 분명하지 않지만, 주로 분노나 편벽 등의 감정과 성질을 말하는 것이다.

정호는 "인심이 위태롭다는 것은 사람의 욕심을 말하고, 도심이 은미하다는 것은 천리를 말한다. 오직 순수하게 하고 전일하게 하라는 것은 그것에 이르는 방법을 말하고, 그 중도를 택하라는 것은 그것을 실행하는 방법을 말한다"140)고 주장하였다.『상서』「대우모大禹謨」에는 "인심은 위태롭고 도심은 은미하니, 오직 순수하게 하고 전일하게 하며, 그 중도를 택하라"는 네 구절이 있다.『상서』에서 이 구절의 원래 의미는 그리 분명하지 않다. 리학자들은 이 구절을 도

---

139) 같은 책,『遺書』권1, 4쪽, "義理與客氣常相勝, 又看消長分數多少, 爲君子小人之別."
140) 같은 책,『遺書』권11, 126쪽, "人心惟危, 人欲也. 道心惟微, 天理也. 惟精惟一, 所以至之. 允執厥中, 所以行之."

덕 수양의 측면에서 이해하여, 앞의 두 구절은 도덕 의식과 감성 욕망의 교차를 가리키고 뒤의 두 구절은 이치를 보존하고 욕망을 제거하는 방법을 가리킨다고 생각하였다. 이렇게 하여 이 네 구절은 명확한 윤리적 함의와 공부의 의미를 갖게 되었다. 후대의 리학자들은 경전의 권위를 세우기 위해서 이 네 구절을 가리켜 요순과 공자 그리고 맹자가 도통을 서로 전한 '십육자결十六字訣'로 불렀다.

역사적으로 정호와 그의 동생을 합해서 '이정'으로 부르고 주희는 그들의 학설을 합하여 '낙학洛學'으로 불렀지만, 근대 이래로 많은 학자들은 사실 둘 사이의 차이가 매우 컸다고 생각해 왔다. 이러한 학자들은 이정의 차이가 사실 상 후대의 '심학'과 '리학'의 차이라고 여기면서 정호를 '심학'의 원류로, 정이를 '리학'의 원류로 생각한다. 동생 정이와 비교한다면, 정호는 분명히 내향적인 체험을 더욱 중시하였고, 외재적 지식을 경시하였다. 그러나 정호는 결코 후대 남송 심학의 대표자 육구연처럼 '심心이 곧 리理'라고 강조하지도 않았고, 더욱이 명대의 왕수인처럼 '마음 바깥에는 리理가 없다'고 주장하지도 않았다. 내향적 체험에 대한 강조는 주로 정호가 추구하는 정신 경지가 정이와 달랐던 점에 기초한다. 그리고 이러한 경지의 차이가 결코 남송 시기의 '심학'과 '리학'의 근본적인 분기점은 아니다. 따라서 정호가 대표하는 방향과 정주程朱 '리학'의 차이는, 현대 철학에서 이해하는 것처럼 심학과 리학의 차이가 아니다. 또한 정호의 사상과 정주의 '리학'이 전혀 다른 경지의 경향을 드러내고 있다고 단정해서도 안 된다.

4. 정이

정이程頤는 자字가 정숙正叔이며, 송 인종 명도 2년(1033년)에 태어나 송 휘종徽宗 대관大觀 원년(1107년)에 죽었다. 정이는 정호의 동생으로, 정호보다 한 살이 적었다. 열넷·다섯 살 때 정호와 함께 주돈이에게 배웠다. 열여덟 살 때는 인종에게 글을 올려 왕도를 핵심으로 삼을 것을 권하였고, 자신이 배운 바를 황제에게 펼쳐 보이고자 황제와 만나기를 요청했지만 실현되지 못했다. 당시 저명한 학자였던 호원胡瑗이 태학太學의 주교主敎를 맡고 있었는데, '안연이 좋아한 것은 어떤 학문이었는지를 논하라'(顔子所好何學論)는 제목으로 학생들에게 시험을 치뤘다. 이 때 정이도 한 편 작성하였고, 호원은 그 답안을 보고 깜짝 놀랐으며, 그를 학관學官으로 임명하였다. 스물일곱 살 때 정시廷試를 포기하였고, 그 뒤 과거 시험에 참가하지 않았다. 아버지의 추천으로 관리가 될 수 있는 기회가 몇 차례 있었지만 정이는 모두 친지에게 양보하였다. 치평治平·희녕熙寧 연간에 대신들이 여러 번 추천하였지만, 그는 스스로 학문이 부족하다고 생각하며 관리가 되기를 원치 않았다. 그래서 오십이 넘도록 관리가 되지 않았으므로 그저 '평민'(布衣) 또는 '처사處士'로 불렸다.

정호가 죽은 뒤에야 정이는 벼슬길에 나섰고, 원우元祐 원년에는 '평민 신분으로 황제의 부름을 받아' 숭정전설서崇政殿說書에 임명되었다. 당시에 철종哲宗이 막 즉위하였는데, 철종은 겨우 열 살 남짓한 아이였다. 정이는 그에게 경전을 설명해 주는 선생이 되었다. 정이가 평민에서 갑자기 황제에게 강의하는 관리가 된 일은, 당시에는 놀랄 만한 사건이었다. 정이는 숭정전설서가 된 후 상소上疏를 통해 강의 횟수를 늘릴 것과 휴식 시간을 줄일 것을 요구하였고, 또한 황제가 수업을 받을 때에는 태황太皇과 태후太后가 뒤에 발을 드리우고 앉아 감독해 줄 것을 요구하였으며, 선생이 직접 자신의 의견을 태황과 태후에게 말씀드릴 수 있도록 해 달라고 요구하였다. 그리고 그는 인종 이래 선생이 일어서서 강의하는 규정을 앉아서 강의할 수 있도록 고쳐 줄 것을 요구하였다. 그는 이러한 요구를 통해 황제가 '유학자를 존중하고, 도를 중시하는' 마음을 기를 수 있을 것으로 생각했다.

정이는 황제에게 강의할 때면, 꼿꼿한 얼굴 표정을 지으며 매우 장엄한 태도

를 유지하였다. 어느 봄날에 정이는
어린 황제가 난간에 기댄 채로 버드
나무 가지를 꺾으며 노는 광경을 목
격하였다. 이 때 그는 황제에게 "막
봄이 되어 생겨나는 것을 아무런 이
유도 없이 꺾어서는 안 됩니다"라고
훈계하여 황제의 기분을 상하게 한
일이 있었다. 이와 유사한 일들은 참
으로 많았다. 당시에 정이는 황제의
선생임을 자처하면서, 그 어떤 일이
라도 회피하려 들지 않았다. 이러한
태도는 제삼자의 입장에서 볼 때 지
나친 태도였다. 따라서 앞서 제기했

程頤

던 그의 요구들은 모두 채택되지 않았으며, 조정에서 선비들과의 관계도 날로
악화되었다. 원우 2년에는 관구서경국자감管勾西京國子監으로 파견되었다.

정호는 일찍이 정이에게 "앞으로 사람들에게 '사도師道를 존중하도록' 이끌
수 있는 사람은 자네겠지만, 자질에 따라 가르치고 후학을 양성하는 일만은 내
가 양보할 수 없다"고 말한 적이 있었다. 위에서 말한 정이의 행위는 바로 사도
를 존중하도록 만드는 행위였다.

정이는 정호와 개성이 달랐다. 정호는 따스하고 평화로운 데 반해서 정이는
엄격하고 장중하다. 이정의 제자는, 대정大程(정호)은 해학이 풍부했지만 소정小
程(정이)은 '오직 근엄하기만 하다'고 말한 적이 있었다. 예부터 찬양해 온 '정문
입설程門立雪'141)의 고사는 선생을 공경하는 양시楊時의 정성스러운 태도를 드

---

141) 정이가 방 안에서 좌선하는 동안, 그의 제자 楊時(龜山 先生)는 눈이 내리고 있는데도 밖에서
계속 기다렸다는 고사를 말한다──옮긴이 주.

러내 줄 뿐만 아니라, 정이가 평상시 지녔던 엄격한 모습을 보여 주기도 한다. 정이의 제자는 정이가 만년에 '부드럽게 바뀌었다'고 말했지만, 결국 정호의 넉넉한 기상에는 미치지 못했다.

정이는 오랫동안 낙양에 거주하였고, 신법新法을 반대하는 낙양의 정치 집단과도 깊은 관계를 맺었다. 그래서 만년에 신당파들은 그를 사천四川 부릉涪陵 지방에 귀양을 보냈고, 휘종이 즉위한 뒤에야 비로소 낙양에 되돌아왔다. 그가 부주涪州에서 장강을 따라 돌아올 때, 협강峽江의 어느 지점에 이르러 물살이 빨리지고 풍랑이 심해지자 배 안에 있던 모든 사람들이 놀라 울부짖는데도, 오직 정이만은 옷깃을 바로하고 굳은 듯 움직이지 않았다. 강기슭에 이르자 어느 노인이 "통달해서 그러한가? 아니면 (두려움을) 떨쳐 버려서 그러한가"[142]라고 물었다. 다시 말해서 당신의 정신 경지가 대단히 높아서 위험에 처해서도 마음이 흔들리지 않았던 것이냐, 아니면 스스로 마음이 흔들리지 않도록 억제하고 굳게 다짐해서 그랬던 것이냐는 물음이었다. 정이의 제자에 따르면, 정이가 부주에서 돌아올 때는 그 경지와 기상이 예전과 비교할 수 없을 만큼 높아졌다고 한다. 그의 만년의 정신 경지는 정말 높았던 듯하다.

새로 출간된 『이정집』에는 정이의 어록과 시문, 기타 저서는 물론이고, 그의 명저 『정씨역전程氏易傳』까지도 수록되어 있다.

1. 리理와 기氣

1. 그러한 까닭이 리理이다

『주역』「계사전」에서는 "한 번 음하고 한 번 양하는 것을 일컬어 도라 한다" (一陰一陽之謂道)고 말했다. 이는 음양의 대립과 통일이 우주의 영원한 규율임을 말해 준다. 정이는 이 구절에 대해 다르게 해석하였다.

---

142) 『二程集』, 『外書』 권11, 445쪽, "達後如此, 舍後如此"

한 번 음하고 한 번 양하는 것을 일컬어 도라 한다. 도는 음양이 아니다. 한 번 음하고 한 번 양하는 까닭이 도이다. 마치 한 번 닫히고 한 번 열리는 것을 일컬어 변화(變)라고 하는 것과 마찬가지이다.[143]

음양을 떠나서는 도가 없다. 음양하는 까닭이 도이고, 음양은 기(氣)이다. 기는 형이하자이고, 도는 형이상자이다.[144]

이는 "한 번 음하고 한 번 양하는 것을 일컬어 도라 한다"는 말 속에 음양과 도의 상호 관계가 포함되어 있는 것으로 생각한 말이다. 그는 '한 번 음하고 한 번 양한다'는 말이란 기의 부단한 순환 과정을 가리킨 말이며, '도'란 한 번 음하고 한 번 양하는 열림과 닫힘, 오고 가는 과정의 내재 근거를 지칭하는 말이라고 생각했다. 마치 "한 번 닫히고 한 번 열리는 것을 일컬어 변화라고 한다"는 『역전』의 명제에서, '한 번 닫히고 한 번 열린다'는 말이 한 번 닫히고 한 번 열리는 과정을 가리키는 것과 같다.

그러므로 정이는 정호와 마찬가지로 도는 음양을 떠날 수 없으며, 형이상자와 형이하자는 공간적으로 구별되는 다른 실체가 아니라는 입장을 견지하였다. 또 기의 왕래 운동에는 그렇게 운동하게끔 지배하는 규율이 있어서, 그 운동의 내재적 근거를 이룬다는 점을 강조하였다. '한 번 음하고 한 번 양하는 까닭'으로서 도를 해석하는 정이의 사상은, 도를 이기二氣 운행의 근거와 규율로 파악한 생각이다. 이것은 「계사전」의 오래된 명제를 리理와 기氣의 관계에서 새롭게 해석한 사상이다. 이러한 해석은 송명리학의 이론적 사유 발전을 촉진시켰다.

이러한 사상에 근거하여 정이는 크게는 천지天地로부터 작게는 초목에 이르기까지 모든 사물에는 각기 그러한 까닭이 있다고 생각했으며, 어떤 사물이 그

---

143) 같은 책, 『遺書』 권3, 67쪽, "一陰一陽之謂道, 道非陰陽也, 所以一陰一陽, 道也, 如一闔一闢謂之變."
144) 같은 책, 『遺書』 권15, 162쪽, "離了陰陽更無道, 所以陰陽者是道也. 陰陽, 氣也. 氣是形而下者, 道是形而上者."

러한 까닭을 그 사물의 '리理'로 생각하였다. 리理를 궁구함은 바로 사물의 그러한 까닭을 궁구하는 것이다. '리'(道)를 '그러한 까닭'으로 삼는 정이의 사상은, 철학사의 발전 관점에서 볼 때, '리'에 대한 인식과 규정에서 거둔 진보의 한 계기를 나타내 준다. 따라서 이론적 사유에서도 의의가 있는 것이다.

2. 체體와 용用은 한 뿌리이고, 뚜렷함과 은미함에는 차이가 없다

장재는 불교와 도가를 비판할 때, 불교와 도가 철학에서 본체와 작용을 확연히 구별 짓는 '체용수절體用殊絶' 이론을 반대해야 한다고 주장했다. 즉 상재의 입장에서 '체'와 '용'은 분리되고 불일치하는 외재적인 관계로 파악될 수 없다. 정이는 이러한 사상을 한 걸음 더 발전시켰다. 그는 『정씨역전程氏易傳』 서문에서 특별히 이렇게 지적하였다.

지극히 은미한 것은 리理이고, 분명히 드러나는 것은 상象이다. 체와 용은 그 근원이 하나이고, 뚜렷한 것과 은미한 것에는 차이가 없다.145)

정이의 이러한 사상을 역학 자체의 의의에서 말하자면, 주역의 오묘한 의리 義理가 복잡다단한 괘卦와 상象에 존재하고 '리理'는 상 안에 있다. 따라서 상에서 '리'를 알아 내고 상을 떠나서는 '리'란 존재하지 않으므로, '리'는 상의 '리'이고 상은 '리'의 상이라는 점을 지적한 말이다.

철학적인 의미에서 말하자면 이러한 사상은 더욱 광범위한 함의를 지닌다. 정이는 일찍이 "지극히 뚜렷한 것은 사물만한 게 없고, 지극히 은미한 것은 리理만한 게 없다. 그러나 사물과 리는 일치하고, 은미함과 뚜렷함은 하나의 근원에서 나온다. 옛 군자가 학문을 잘 닦은 까닭은 이것에 통할 수 있었기 때문이다"146)라고 말했다. 다시 말해서 『정씨역전』 서문에서 말한 '상'이란 모든 현상

---

145) 같은 책, 「易傳序」, 582쪽, "至微者, 理也; 至著者, 象也. 體用一源, 顯微無間."

과 모든 구체적인 사물을 가리키는 말이다. '리'란 형상도 없고 미묘하여 볼 수가 없으므로 '은미하다'고 말했다. 구체적인 사물은 모습이 분명하여 직접 감지할 수 있으므로 '뚜렷하다'고 말했다. '리'는 사물의 본질이고, 사물은 '리'의 표현이다. 이 둘은 자른 듯 대립하는 게 아니라 서로 통일되는 것이다.

여기에서 정이가 말한 '체'는 사물 내부의 깊고 은미한 원리와 근원을 가리키고, '용'은 세계의 각종 현상을 가리킨다. 중국철학에서 '체'와 '용'의 범주에는 제일성第一性과 제이성第二性의 구분이 있는데, '체'가 제일성이고 '용'이 제이성이다. '체'는 '용'을 결정하고, '용'은 '체'에 의존한다. 이러한 점에서 '리'를 '체'로, 사물을 '용'으로 파악하는 정이의 '리체사용理體事用'설은 유리주의唯理主義 경향을 띠는 주장이다.

서양철학과 인도철학에서 비교적 유행하는 관점이라면, '현상이란 헛된 것이며 실재적인 것이 아니고, 본체란 현상을 초월한 진실한 존재이다'라는 관점이다. 다시 말해서 본체는 '실재적이지만 드러나지 않는 것'이고, 현상은 '드러나지만 실재적이지 않은 것'이다. 중국의 불교철학은 당연히 인도철학의 기본 관점을 수용하고 있다. 하지만 중국철학의 고유 계통에서는 본체와 현상을 딱 잘라 구분하는 관점에 반대한다.

이러한 측면에서 볼 때, 정이가 '리'를 사물 내부의 깊고 은미한 원리로 여기고 사물을 '리'의 표현으로 간주한 것, '리'를 '체'로 여기고 사물을 '용'으로 여긴 것, '체'와 '용'을 통일적인 것으로 생각하여 본체와 현상의 밀접한 관계를 강조한 것, '체'와 '용'은 모두 실재적인 것으로서 '체'는 바로 '용' 안에 있고, '체'와 '용'은 서로 짝하며 떨어지지 않는다고 본 것 등은 본체와 현상에 관한 중국 고대철학의 관점을 한 걸음 더 진전시킨 사상이다. 더욱이 그 표현은 엄정한 경전 형식까지도 갖추고 있다. 이러한 점은 중국철학에 끼친 그의 공헌이다.

---

146) 같은 책, 『遺書』 권25, 323쪽, "至顯者莫如事, 至微者莫如理, 而事理一致, 微顯一源, 古之君子所以善學者, 以其能通於此而已."

3. 도는 자연스럽게 만물을 낳는다

장재의 기일원론 철학에서는 '태허의 기'가 모여 기氣가 되고, 기가 모여 만물이 되며, 만물은 흩어져 기로 되고, 기는 흩어져 태허로 되돌아간다. 전체 우주는 모이고 흩어짐이 교차하는 영원한 순환 과정이며, 기氣는 우주를 구성하는 물질 재료로서 단지 형태의 변화만 있을 뿐이며 영원히 소멸하지 않는다. 정이의 입장에서 거시적으로 보자면, 물질과 운동은 소멸하지 않는 것이며, 어느 한순간이라도 우주에 물질과 운동이 없을 수 없다. 그러나 정이가 생각할 때, 우주를 구성하는 재료는 순환하는 게 아니라 새롭게 다시 생겨나는 것이고, 구체적인 기氣는 모두 생기기도 하고 소멸하기도 하는 것이다.

정이는, 장재의 생각처럼 사물을 구성하는 기가 사물이 없어진 후에도 단지 형태만 변화할 뿐이지 진정으로 소멸하는 게 아니라는 견해는 우주의 발전과 일치하기 어려운 것이라고 생각했다. 그는 다음과 같이 말하였다.

> 천지의 조화는 자연스럽게 낳고 낳음이 끊이지 않는다. 어떻게 이미 없어진 형태와 이미 되돌아간 기에 근거하여 다시 조화를 이루겠는가?…… '하늘의 기' 역시 자연스럽게 낳고 낳음이 끊이지 않는다.[147]

이것은 태어남이 있으면 죽음이 있고, 홍성함이 있으면 쇠락함이 있으며, 가면 오게 된다는 점을 말한다. 우주는 본질적으로 순환하는 게 아니라 날마다 새로워지며 끊임없이 태어나고 또 태어나는 것이다. 하나의 사물이 소멸하면 그 사물을 이루고 있던 기도 점차 소멸하여 없어지게 된다. 새로운 사물은 우주에서 새로 생성된 기가 모여서 이루어지는 것이지, 그 이전의 사물을 구성하였던 원래의 기가 새롭게 결합하여 이루어지는 것은 아니다.

---

147) 같은 책, 『遺書』 권15, 148쪽, "天地之化, 自然生生不窮, 更何復資於旣斃之形旣返之氣以爲造化?…… 天之氣亦自然生生不窮."

그러면 새로운 기는 어떻게 생성되며, 어디에서 생성되는가? 정이가 볼 때, 기의 부단한 소멸과 생성은 우주에서 매순간 이루어지며, 완전히 자연적인 과정이다. 기의 부단한 생성은 우주의 고유한 필연성에 근원한다. 우주의 '도'가 바로 끊임없이 낳는 근원이다. 정이는 "도는 자연스럽게 만물을 낳는다"(道則自然生萬物)고 했으며, "도는 자연스럽게 낳고 낳음이 끊임없다"(道則自然生生不息)고도 말했다. 그는 끊임없이 낳는 작용을 '도'에 귀속시키고, '기'는 부단히 생성되고 또 부단히 소멸하는 것이라고 생각했다.

변증법적 유물론의 입장에서 보자면, 물질과 물질의 운동은 영원한 것이다. 우주 안의 영원한 물질은 무한히 많은 구체적인 실물의 형태로 표현된다. 이러한 구체적인 물질과 형태는 모두 순간적인 것이다. 물질의 형태는 전화轉化할 수 있지만, 우주의 전체 에너지는 영원토록 증감이 없다. 정이는 물질과 에너지가 불멸하며, 서로 전화할 수 있다는 법칙을 알지 못했다.

2. 동정動靜과 변화

1. 동정에는 끝이 없고, 음양에는 시작이 없다

정이는 음양의 기가 서로 마찰하고 떠밀며, 해와 달이 운행하고, 더위와 추위가 오고 가며, 강함과 부드러움이 변화하고, 만물이 시작하고 끝나는 등의 자연 조화는 쉼없는 유행 과정이라고 생각했다. 그는 이렇게 지적하였다.

> 움직임과 고요함에는 끝이 없고, 음양에는 시작이 없다. 도를 아는 자가 아니라면 누가 이것을 알리오![148]

주돈이는 "한 번 움직이고 한 번 고요하니, 서로 그 뿌리가 된다"(一動一靜,

---

148) 같은 책, 「程氏經說」 권1, 1029쪽, "動靜無端, 陰陽無始. 非知道者, 孰能識之."

互爲其根)고 주장하면서도, "태극이 움직여 양을 낳고, 고요하여 음을 낳는다" (太極動而生陽, 靜而生陰)고 말했다. 주돈이는 우주 발생론과 본체론을 구분하지 않은 것이다. 따라서 주돈이의 우주 발생론에 따르자면, 음양의 발생에는 시작이 있는 듯하다. 그러나 철학적인 입장에서 말할 때 정이의 주장은 일종의 본체론이다. 그의 입장에서는 움직임과 고요함, 음과 양에는 시작도 없고 종결도 있을 수 없다. 우주는 하나의 근원 실체에서 점차적으로 진화되어 나온 것이 아니다. 우주의 대립과 통일 그리고 음양의 변화는 영원히 끝없는 과정이다.

정이는 이러한 관점에 근거하여, "노자는 허虛하여 기를 낳는다고 했는데, 틀린 말이다. 음양이 열리고 닫히는 데에는 본래 선후가 없다. 오늘은 음이 생기고, 내일은 양이 생긴다고 말할 수 없다. 예를 들어 사람에게 형체와 그림자가 있는데, 형체와 그림자는 동시에 있는 것이지 오늘 형체가 생기고 내일 그림자가 생긴다고 말할 수 없다. 있다면야 함께 있는 것이다"[149]라는 말로 노자를 비판하였다. 이 주장 역시 음양의 두 기 사이에 선후가 없음을 말해 준다. 선후가 없다는 말은 음양 두 기가 동시에 생긴다는 점을 뜻하는 게 아니라, 음양두 기는 영원히 존재한다는 점을 가리키는 말이다. 그래서 노자가 먼저 '아무것도 없는 상태'(虛無)가 있은 뒤에 기가 생긴다고 한 말은 틀리게 된다. 정이가 판단하기에 무한無限이라는 의미에서 우주의 실체와 운동을 인식할 수 있어야만 비로소 '도를 아는' 사람이다. 엥겔스도 일찍이 『자연변증법』서문에서 "영원히 변화하며, 영원히 운동하고 있는 물질과 그 물질이 운동・변화하면서 근거하는 규칙 이외에는 영원한 것이란 아무것도 없다"고 말했다. 정이는 운동의 불멸성과 물질의 영원성에 대해 비교적 높은 변증법적 사유를 체현하였다.

---

149) 같은 책, 『遺書』권15, 160쪽, "老氏言虛而生氣. 非也. 陰陽開闔, 本無先後, 不可道今日有陰, 明日有陽. 如人有形影, 蓋形影一時, 不可言今日有形, 明日有影, 有便齊有."

2. 움직이는 것이 천지의 마음이다

정이도 『주역』의 사상을 계승하여 '변화'의 보편성과 영원성을 긍정하였다. 그는 "천지가 낳은 사물은, 비록 견고하고 두터운 산악일지라도 변화하지 않을 수 없다. 그러므로 영원하다는 말은 일정하다는 의미가 아니다. 일정하다면 영원할 수 없다. 오직 시시각각으로 변화하는 것만이 항상된 도이다"150)라고 말했다. 다시 말해서 우주의 모든 사물은 크고 작은 것을 막론하고, 모두 영원한 변화와 운동 속에 있다. 어떠한 사물도 변하지 않는 것은 없다. 변하지 않는다면 오래도록 지속될 수 없다. 우주의 영원함은 부단한 운동 변화로만 유지될 수 있는 것이다. 그러므로 영원한 것은 반드시 변하고, 변하지 않는 것은 영원할 수 없다. 자연계에서만 그러한 것이 아니라 인간 사회에서도 역시 그러하다. 부단히 개혁하고 변화하는 것만이 영원한 규율이다.

움직임과 고요함의 관계에 대해서, 정이는 둘 사이의 '서로 의존하는'(相因) 관계를 강조하면서 "움직임과 고요함이 서로 의존하여 변화를 이룬다"151)고 말했다. 이 둘은 서로 돕고 서로 이루어 주는 관계로서, 서로를 의지하고 서로를 교체하며 서로를 연결하면서 모든 운동 변화를 이룬다. 다른 한편으로 정이는 '움직임'을 더욱 강조했다.

하나의 양이 아래로부터 다시 시작하니, 곧 천지가 사물을 낳는 마음이다. 선배 유학자들은 모두 고요함에서 천지의 마음을 본다고 하였지만, 아마도 움직임의 발단이 천지의 마음인 줄 몰랐던 듯하다. 도를 아는 자가 아니라면 누가 이것을 알 수 있겠는가!152)

---

150) 같은 책, 『周易程氏傳』, 「恒卦」, 862쪽, "凡天地所生之物, 雖山岳之堅厚, 未有能不變者也, 故恒非一定之謂也, 一定則不能恒矣, 唯隨時變易, 乃常道也."
151) 같은 책, 「程氏經說」 권1, 1029쪽, "動靜相因而成變化"
152) 같은 책, 『周易程氏傳』, 「復卦」, 819쪽, "一陽復於下, 乃天地生物之心也, 先儒皆以靜爲見天地之心, 蓋不知動之端乃天地之心也, 非知道者孰能識之!"

여기에서 '천지의 마음'이란 천지를 주재하는 근본 원칙을 가리킨다. 이 생각에 따르면, 움직임과 고요함 중에서 고요함보다는 움직임이 더욱 근본적인 것이고, 끊임없이 생성하는 우주의 근본 규율을 그대로 드러내는 것이다. 정이의 이러한 사상은 왕필王弼과 공영달孔穎達의 역학이 고요함을 천지의 마음으로 삼은 견해에 반하는 생각으로, 우주 과정에서 운동의 의의를 긍정하였다. 이러한 정이의 사상은 상당한 이론적 가치를 지니는 것이다.

3. 사물은 극한에 이르면 반드시 되돌아간다

정이는 한 걸음 더 나아가 사물의 운동에 대해 논하였다.

> 움츠림과 펼침 그리고 가고 옴은 법칙(理)일 따름이다.…… 사물은 극한에 이르면 반드시 되돌아간다. 그 법칙은 틀림없이 이러하다. 태어남이 있으면 죽음이 있고, 시작이 있으면 끝이 있다.[153]

정이의 생각에 따르자면 모든 사물의 존재와 운동 상태는 부단한 변화 속에 있으므로, 어떤 운동도 그저 가기만 하고 오지 않을 수 없으며 움츠리기만 하고 펴지 않을 수 없다. 마치 낮과 밤이 교차하는 것처럼 흥성함이 있으면 쇠락함이 있고, 태어남이 있으면 죽음이 있으며, 가면 오게 마련이다. 사물의 운동이란 극한에 이르면 반드시 그것과 대립되는 상태로 대체되는 법이다.

"사물은 극한에 이르면 반드시 되돌아간다"는 것은 세계의 기본 법칙이다. 그는 『정씨역전』에서 이 점에 관해 여러 차례 말하였다. 예를 들어 "사물의 법칙(理)은 극한에 이르면 반드시 되돌아간다. 그러므로 태괘泰卦는 극한에 이르러 비괘否卦가 되고, 비괘는 극한에 이르러 태괘가 된다.…… 극한에 이르러

---

153) 같은 책, 『遺書』 권15, 167쪽, "屈伸往來只是理…… 物極必返, 其理須如此, 有生便有死, 有始便有終."

반드시 되돌아가는 것은 법칙의 항상됨이다. 그러나 위태로운 상태를 돌이켜 안녕되게 하고, 어지러운 상태를 바꿔서 다스려지도록 하기 위해서는 반드시 양강陽剛의 재질이 있은 연후에야 가능하다"[154]고 말했다. 또 "사물의 법칙은 극한에 이르면 반드시 되돌아간다. 가까운 것을 들어 그것을 설명하자면, 사람이 동쪽으로 갈 때 극한에 이르러서는 움직이기만 해도 서쪽을 향하는 것과 같고, 높이 오를 때 극한에 이르러서는 움직이기만 해도 아래로 향하는 것과 같다. 극한에 이르렀다면, 움직이기만 해도 반드시 되돌아가게 된다"[155]고 했다. 그리고 "사물은 극한에 이르면 되돌아가고, 일(事)은 극한에 이르면 변화한다. 곤괘困卦는 극한에 이르렀으니, 법칙대로 마땅히 변한다"[156]고 했다.

사물의 발전은 부단히 대립면을 향해 전화한다. 이러한 규율은 사람의 의지로 바뀌지 않는다. 엥겔스도 "하나의 극한은 이미 다른 하나의 극한 속에 씨앗으로 존재한다. 하나의 극한이 일정한 시점에 도달하자마자 또 다른 하나의 극한으로 전화된다. 모든 논리란 전진하고 있는 각종의 대립 속에서 발전되어 나온 것일 따름이다"[157]라고 하였다.

정이는 사람이라면 마땅히 사물이 극한에 이르면 반드시 되돌아간다는 규율에 근거하여, 사회 생활 속에서 자기의 행위를 결정해야 한다고 생각하였다. 사회가 위태로운 상태에서 안녕한 상태로 되돌아가고 어지러운 상태가 잘 다스려지는 쪽으로 바뀌기 위해서는, 사람이 능동성을 발휘하여 사물이 좋은 방향으로 전환되도록 촉진시키는 일이 필요하다. 상대적으로 안정된 시대에는 마땅히 모순을 완화하는 데 주의하면서 과격해지지 않도록 해야 한다.

그래서 정이는 "현명하고 지혜로운 사람이라면 사물의 법칙을 밝게 분별하

154) 같은 책, 『周易程氏傳』, 「否卦」, 762쪽, "物理極而必反, 故泰極則否, 否極則泰…… 極而必反, 理之常也. 然反危爲安, 易亂爲治, 必有陽剛之才而後能也."
155) 같은 책, 『周易程氏傳』, 「睽卦」, 894쪽, "物理極而必反也. 以近明之, 如人適東, 東極矣, 動則西也, 如升高, 高極矣, 動則下也. 旣極, 則動而必反也."
156) 같은 책, 『周易程氏傳』, 「困卦」, 945쪽, "物極則反, 事極則變, 困旣極矣, 理當變也."
157) 엥겔스, 『自然辨證法』, 181쪽.

여, 그것이 막 흥성하려 할 때에 허물이 닥칠 것을 안다. 그러므로 덜어 내고 억제하여서, 가득 찬 상태로 극한에 이르게 하지 않는다"[158]고 했다. 또 "성인이 경계하는 때는 반드시 막 흥성하려는 때이다. 막 흥성하려 할 때에 쇠락할 것을 염려한다면, 그것이 가득 차서 극한에 이르는 것을 방비할 수 있으니, 영구함을 도모할 수 있을 것이다"[159]라고 말했다. 이처럼 정이는 서로 다른 상황에 근거하여 어떤 때는 사람들에게 능동적으로 사물의 전화를 촉진시킬 것을 요구하는 한편, 어떤 때는 능동적으로 사물이 나쁜 방향으로 전화하지 못하도록 방지할 것을 요구한다. 여기에서 우리는 중국철학에서 '중용'을 말하고 극단으로 흘러가는 것을 반대하는 주장이, 바로 후자의 내용을 포함하는 것임을 알 수 있다.

4. 이치상 반드시 대대待對함이 있다

정이는 대립의 보편성을 긍정하였다. 그는 다음과 같이 지적하였다.

방법은 두 가지 즉 인仁과 불인不仁이 있을 뿐이다. 자연적인 이치가 그러하며, 도리적으로도 대립하지 않는 것이 없다. 음이 있으면 양도 있고, 선이 있으면 악도 있으며, 옳은 것이 있으면 그른 것도 있다. 하나도 없고 셋도 없다.[160]

세계에는 어떤 사물도 대립면이 없는 게 없다. 따라서 대립면이 없는 '하나'라든지 대립면을 초월한 '셋'은 존재하지 않는다. 그는 또 "이치상 반드시 대대함이 있어서, 끊임없이 낳고 또 낳는 근본이 된다. 위가 있으면 아래도 있고,

---

158) 『二程集』, 『周易程氏傳』, 「大有卦」, 771쪽, "賢智之人, 明辨物理, 當其方盛, 則知咎之將至, 故能損抑, 不敢至於滿極也."
159) 같은 책, 『周易程氏傳』, 「臨卦」, 794쪽, "聖人爲戒. 必於方盛之時, 方盛而慮衰, 則可以防其滿極, 而圖其永久."
160) 같은 책, 『遺書』 권15, 153쪽, "道二, 仁與不仁而已, 自然理如此, 道無無對, 有陰則有陽, 有善則有惡, 有是則有非, 無一亦無三."

이것이 있으면 저것도 있으며, 질박함이 있으면 문채도 있다. 하나는 홀로 서지 못하고, 둘이어야 문채를 이룬다. 도를 아는 사람이 아니라면 누가 이것을 알겠는가"[161]라고 말했다.

하나의 현상에는 반드시 그것에 상반되는 현상이 존재한다. 대립은 보편적이고, 필연적이며, 자연적이기도 하다. 이러한 대립이 바로 끊임없이 생성하고 변화하는 근원이며, 우주 변화의 기본 법칙이다. 진정으로 이러한 법칙을 인식한 사람만이 보편적인 대립을 이해할 수 있다. 이러한 입장에서는 정호의 사상도 정이와 마찬가지였다. 정호는 이렇게 말했다.

> 천지만물의 이치에는 독자적인 것이 없으며 반드시 대립되는 게 있다. 이 모두는 자연히 그러한 것이지 일부러 안배한 것은 아니다. 매일 밤마다 생각해봐도 손이 춤추고 발이 구르는 이유를 알지 못하겠다.[162]

정호가 볼 때, 모든 사물에는 그 대립면이 있고, 그 모순과 대립은 우주의 보편적인 현상이다. '대립'(對)이란 말은 바로 '짝하며 의존하는 것'(對待)이고 '독자적'(獨)이란 말은 대립면이 없는 것을 가리킨다. 사실상 어떤 사물도 대립면이 없는 게 없다. 정호는 또 "만물 가운데 대립적인 것이 없는 게 없다. 한번 음하면 한 번 양하고 한 번 선하면 한 번 악하다. 양이 자라나면 음이 사라지고, 선이 늘어나면 악이 감소한다. 이러한 이치는 멀리 미루어 나갈 수 있다"[163]고 했다. 모든 대립면은 서로의 존재 조건이 된다. 모순과 대립의 보편성은 우주의 보편적인 법칙이다. 이러한 법칙은 자연적인 것이지, 어느 누가 강제로 사물

---

161) 같은 책, 『周易程氏傳』, 「賁卦」, 808쪽, "理必有對待, 生生之本也. 有上則有下, 有此則有彼, 有質則有文. 一不獨立, 二則爲文, 非知道者, 孰能識之!"

162) 같은 책, 『遺書』 권11, 121쪽, "天地萬物之理, 無獨必有對, 皆自然而然, 非有安排也. 每中夜以思, 不知手之舞之, 足之蹈之也."

163) 같은 책, 『遺書』 권11, 123쪽, "萬物莫不有對, 一陰一陽, 一善一惡, 陽長則陰消, 善增則惡減. 斯理也, 推之其遠乎!"

에 부여한 것이 아니다. 이러한 규율이 없다면, 사물은 생성될 수도 없고 존재할 수도 없다.

정호는 어떻게 자신이 이러한 규율의 보편적인 적용을 알아 낼 수 있었으며, 자신의 손이 춤추고 발이 구르는지를 설명하지 않았다. 어쩌면 그것은 어떤 진리를 알아 내고서 느꼈던 표현할 길 없는 흥겨움과 충동이었는지도 모른다.

유가의 대립 관념은 세계의 광범위한 현상에 대한 관찰에서 총괄되어 나온 것이기도 하지만, 더 가깝게는 사회 생활의 각종 모순 현상에서 총괄되어 나온 것이기도 하다. 유가의 음양 대립의 관념에는 '선과 악의 대립은 보편적인 법칙을 표현하는 것이므로, 사람들은 마땅히 사회의 추악한 면을 똑바로 응시해야 한다'는 사상이 포함되어 있다. 이러한 인식을 갖게 된다면 사람들은 사회의 어둡고 추악한 면 때문에 염증을 느끼지도 않을 것이고, 소극적으로 위축되지도 않을 것이며, 마땅히 어두운 면과 투쟁해야 한다고 생각하게 될 것이다.

선이 있으면 반드시 악도 있다. 하지만 이러한 대립 관념은 개인의 도덕 수양을 강조하여 악을 제거하고 선을 행하도록 만든다. 또 사회 정치 구조 속에서 군자를 높이고 소인을 물리치도록 이끈다. 그러므로 우주 안에서 영원히 악이 사라질 수는 없겠지만, 개인이 악을 제거하고 선을 보존하는 것만은 가능하다.

이러한 음양 대립관은 상당한 정도로 사회적 선악의 문제에 기초하고 있는 사상이다. 따라서 유가는 음양의 대립 구도에서 양이 주도적 측면임을 한결같이 강조한다. 양이 주재하고 음이 따른다는 관점은 어떤 구체적인 사물에서 모순되는 쌍방의 지위가 영원히 전화될 수 없다는 점을 말하는 게 아니다. 이 관점은 우주의 전체적인 성질 속에서, 선을 대표하는 적극적인 역량과 좀더 나은 것(上)을 지향하려는 적극적인 역량이 언제나 주도적인 역량이라는 점을 표현하는 것이다. 또 이것은 선과 정의를 향한 철학자들의 신념과 낙관주의적 태도를 반영하는 관점이기도 하다. 우리는 유가의 음양 대립 관념이 자연에 대한 일종의 변증법적 관찰의 결과이기도 했지만, 더 많게는 사회에 대한 변증법적 이해의 결과였다는 점을 알아야 한다. 이 때에야 비로소 우리는 이러한 사상의 적극적인 의의를 정확하게 인식할 수 있을 것이다.

3. 성리性理와 기질氣質

선진 시대의 철학자들은 인성의 선악 문제에 대해 열띤 논의를 전개하였다. 맹자의 성선설은 사람이 선험적인 도덕 이성을 가지고 있다는 점을 강조하였고, 순자의 성악설은 자연적 정감과 욕구가 사람의 본질이라는 점을 강조하였다. 리학의 창시자인 정이는 매우 중요한 사상을 제출하였다. 그것은 바로 유가의 '리理'로 인성을 규정하여 유가의 성선론을 발전시켰으며, 리학의 특색을 지닌 인성론을 형성해냈다는 점이다.

정이는 "성性이 곧 리理이다. '리'라고 말하는 것은 성이 그것이다"164)라고 하였다. 중국철학에서 '성性'이란 원래 사람의 종족 본성이나 사물의 본질 속성을 가리키는 말이었고, '리'란 사물의 필연적인 법칙과 사회의 도덕 원칙을 가리키는 말이었다. 정이가 '성이 곧 리'(性卽理)라고 생각한 것은, 실제적으로 사회의 도덕 원칙을 영원하고 불변하는 인류의 본성으로 여긴 것이다. 그가 볼 때 선험적인 도덕 이성은 도덕 법칙을 결정하고, 또한 우주의 근본 규율이기도 하다.

정이의 인성론은 '성이 곧 리'라는 점을 강조할 뿐만 아니라 인성에 대한 '기氣'의 영향을 중시하기도 했다. 후자는 아마도 정호와 장재의 영향을 받은 듯하다. 정이는 이렇게 말했다.

성이 곧 리이다. 리는 요·순에서 길거리의 사람에 이르기까지 모두 똑같다. 재질은 기로 품부되는데, 기에는 맑은 것과 흐린 것이 있다. 맑은 기를 품부받은 사람은 현명한 사람이 되고, 흐린 기를 품부받은 사람은 어리석은 사람이 된다.165)

---

164) 같은 책, 『遺書』 권22 상, 292쪽, "性卽理也. 所謂理, 性是也."

사람이 품부받는 기에는 맑은 것과 흐린 것이 있고, 이러한 맑은 기와 흐린 기는 직접적으로 사람의 현명함과 어리석음에 영향을 끼친다. '현명함과 어리석음'이라는 개념은 도덕적 수준의 의미도 포함한다. 그러므로 사람의 선악을 결정하는 것에는 '성'뿐만 아니라 '기'도 있다.

이러한 기초 위에서, 그는 한 걸음 더 나아가 '성'을 두 개념으로 구분하였다. 그는 맹자와 고자告子의 차이가 실제로는 두 사람이 사용한 인성 개념이 달랐기 때문이라고 생각했다. 그가 파악할 때, 맹자가 주장한 인성은 '본원적인 성'(極本窮源之性)이고, 고자가 주장한 인성은 '태어나면서 받은 성'(生之謂性) 즉 태어난 이후의 성이다.166) 따라서 고자가 주장하는 성을 '성'이 아니라고는 말할 수 없고, 단지 가장 근본적인 성이 아니라고 말할 수 있을 뿐이다.

정이는 고자가 말한 '생지위성生之謂性'의 성을 '기질지성氣質之性'으로 부르면서 다음과 같이 설명했다. 맹자는 '성선'을 말했으며, 공자는 '성은 서로 비슷하다'(性相近)고 말했다. 이렇게 말한 까닭은 공자가 말하는 성이란 "그저 '기질지성'일 따름이었고, 세상 사람들이 성질이 급하다거나 느리다고 말하는 종류의 성과 같기 때문이었다. 그런데 '성'에 어찌 급함과 느림이 있겠는가? 따라서 공자가 말한 성은 '생지위성'이다.…… 인성이 선하다고 말한 것은 성의 본원에 대해 말한 것이고, '생지위성'은 그 품부받은 것에 대해 말한 것이다."167)

정이는, 엄격히 말하자면 '성'이란 성의 본원을 가리킬 수밖에 없고 선하지 않음이 없다고 생각했다. '생지위성'의 성은 '재질'(才)로 부를 수밖에 없고, 선도 있고 선하지 못함도 있다. 이러한 의미에서 순자와 양웅揚雄은 단지 '재질'만 말했을 뿐이고, 맹자만이 진정으로 '성'을 인식했다. 그러므로 '성'을 말할 때는 맹자의 학설을 옳은 것으로 여겨야 한다.

---

165) 같은 책, 『遺書』 권18, 204쪽, "性卽是理, 理則自堯舜至於塗人, 一也. 才稟於氣, 氣有濁淸, 稟其淸者爲賢, 稟其濁者爲愚."
166) 같은 책, 『遺書』 권3, 63쪽.
167) 같은 책, 『遺書』 권18, 207쪽, "只是氣質之性, 如俗言性急性緩之類. 性安有緩急, 此言性者, 生之謂性也.…… 言人性善, 性之本也. 生之謂性, 論其所稟也."

'재才'(材)의 뜻은 재료 곧 재질을 가리킨다. 그리고 '생지위성'이 가리키는 것은 기氣이다. 따라서 이 둘이 합해져서 바로 '기질氣質'의 개념이 생겼다. 정이는 "성은 천天에서 품부받고, 재질은 기에서 나온다"고 했으며, "재질은 선도 있고 선하지 못함도 있지만, 성은 선하지 않음이 없다"고 했다.[168] 정이가 생각하기에, 맹자가 성에 선하지 못함이 없다고 말한 내용은 옳았지만, 재질에 선하지 못함이 있다는 점을 알지 못했으므로 맹자의 주장은 완전하지 못하다. 그리고 고자 등은 비록 재질에 선하지 못함이 있다는 점은 알았지만, 성에 선하지 않음이 없다는 점에 대해서는 자세히 알지 못했다.

  이러한 생각에 기반하여 정이는 "성을 논하면서 기를 말하지 않으면 완전하지 못하고, 기를 논하면서 성을 말하지 않으면 분명하지 못하다"[169]고 주장하였다. 이러한 견해는 후대의 대다수 리학 사상가들에게 받아들여졌다. 다시 말해서 인성을 논할 때 그저 '성'만을 말할 수 없다. 성과 함께 '기'도 말해야 한다. 이 두 측면을 결합해야만 완전하다고 할 수 있는 것이다.

  위에서 알 수 있듯이 정이는 맹자가 말한 것은 '성'이고, 순자와 양웅이 말한 것은 '재질'이라고 말했다. 이는 곧 성을 논하는 것과 기를 논하는 것을 대립시킨 주장이다. 하지만 정이는 실제로 기품氣稟도 하나의 '성'이라고 생각했다. 그래야만 그것을 '기질지성'으로 부를 수 있다.

  정이는 "성이라는 글자는 한 가지로만 말할 수 없다. '생지위성'은 품부받은 것만을 말해 주고, '천天이 부여해 준 것을 일컬어 성이라 한다'(天命之謂性)는 말은 '성리性理'를 말해 준다. 요즘 사람들은 '천성이 부드럽고 느리다'거나 '천성이 깐깐하고 급하다'고 말하기도 하고, '천이 이루어 준 것'이라고 말하기도 하는데, 이 때 성은 모두 태어나면서부터 그러한 것이다. 이것은 품부받은 것에 대한 설명이다. '성리'라면 선하지 않음이 없다. '천天'이란 말은 스스로 그러한

  168) 같은 책, 『遺書』 권19, 252쪽, "性稟於天, 才出於氣", "才則有善有不善, 性則無不善."
  169) 같은 책, 『遺書』 권6, 81쪽, "論性不論氣, 不備, 論氣不論性, 不明."

이치다"170)라고 말했다. '생지위성'의 성도 '성'으로 부를 수 있다. 하지만 그 의미는 품부받은 것을 가리키며, 또 태어나면서 그러한 것이다. 그러나 '성이 곧 리다'라고 말할 때의 성은 사람이 사람되는 본질을 가리킨다. 따라서 이 두 '성'의 의미는 각기 다른 것이다.

4. 경敬을 지키다

'경敬'은 정이가 제시하는 주요 수양 방법이다. 일찍이 『주역』에서는 "경으로 안을 곧게 하고, 의로움으로 밖을 바르게 한다"(敬以直內, 義以方外)고 하였다. 이정은 모두 유가 전통 가운데서 '경'에 관한 사상을 중시하였다. 그러나 '경'의 문제에 대한 정호와 정이의 견해는 약간 다르다.

대체로 정호는 '성誠'과 '경'을 함께 제시했는데, 그가 말하는 '경'이란 '성'의 의미에 가깝다. 또 정호는 반드시 마음의 자유로운 화락和樂을 해치지 않는 범위 안에서만 '경'을 수양해야 함을 애써 강조하였다. 그러나 정이는 온 힘을 다하여 '경'을 강조했다. 정이가 말하는 '주경主敬'의 주요 내용은 '정제엄숙整齊嚴肅'과 '주일무적主一無適'이다. 이는 사람들에게 외재적인 용모와 행동거지뿐만 아니라 내재적인 사려와 감정까지의 두 측면을 통틀어서 동시에 자신을 제어하도록 요구하는 것이다.

1. 단정하고 엄숙하라

정이는 "의관을 근엄하게 바로하고 시선을 높게 가져간다면, 그런 가운데서 자연스럽게 경의 상태가 갖추어질 것이다"171)라고 말했고, "예가 아닌 것은 보

---

170) 같은 책, 『遺書』 권24, 313쪽, "性字不可一槪論. '生之謂性', 只訓所稟受也. '天命之謂性', 此言性之理也. 今人言天性柔緩, 天性剛急, 天性如此. 此訓所稟受也. 若性之理也, 則無不善. 曰天者, 自然之理也."

171) 같은 책, 『遺書』 권18, 185쪽, "儼然正其衣冠, 尊其瞻視, 其中自有簡敬處."

지도 듣지도 말하지도 행동하지도 않는다면, 사악함이 곧 없어질 것이다"[172]라고 했고, "용모에 조심하고 사려를 가지런히 하면 자연히 경이 생긴다"[173]고 했으며, "달리 방법이 없다. 오직 정제엄숙하기만 하면 마음은 한결같은 상태가 될 것이다. 한결같은 상태가 되면 그릇되거나 편벽되는 잘못이 저절로 없어질 것이다. 이것은 오직 오랫동안 함양하기만 하면 천리가 자연스레 분명해진다는 것을 의미한다"[174]고 말했다.

정이가 말하는 '정제엄숙'은 이렇다. '주경主敬'을 위해서는 마음속의 각종 욕망을 억제해야 할 뿐만 아니라 동시에 자기의 외면적인 행동거지와 용모를 단속하는 일에도 주의해야만 한다. 의관은 단정해야 하며, 표정은 공경스러워야 하고, 보고 듣고 행동하는 모든 것이 하나하나 규범(禮)에 들어맞아야 하며, 시시각각 자기의 용모와 행동거지를 조심스럽게 살펴보아야 한다. 정이는 일찍이 '보고 듣고 말하고 행동하는 데' 조심해야 할 잠언을 지었는데, 자기 자신과 학자들에게 '보고 듣고 말하고 행동하는' 각 방면에서 전면적이면서도 엄격하게 자신을 경계하고 반성하도록 권면하는 내용이었다.

겉보기에는 이러한 일들이 외재적 수양의 문제로 보일지도 모른다. 하지만 실제적으로 볼 때 이러한 수양을 오래도록 지속하여 습관을 형성한다면, 시시각각으로 '천리가 자연스럽게 밝아지는' 내재적 효과를 얻을 수 있을 것이고, 마음속에서 사악한 생각과 이기적인 생각이 점차 줄어들 것이며, 도덕 원칙이 점차 의식과 감성 활동을 주재할 것이다. 따라서 안과 밖은 서로 연계되어 있다. 외면이 장중하면 내면은 자연히 '경'의 상태가 될 것이고, 외면이 장중하지 못하면 내면은 태만해질 것이다. 물론 반대의 경우도 마찬가지이다. 이러한 생각 때문에 그는 "말이 장중하지 못하고 경건하지 못하면, 비루하고 야비한 마음이

---

172) 같은 책, 『遺書』 권2 상, 26쪽, "非禮勿視聽言動, 邪斯閉矣."
173) 같은 책, 『遺書』 권15, 149쪽, "動容貌, 整思慮, 則自然生敬."
174) 같은 책, 『遺書』 권15, 150쪽, "無他, 只是整齊嚴肅, 則心便一, 一則自是無非僻之奸, 此意但涵養 久之, 則天理自然明."

생길 것이다. 그리고 용모가 장중하지 못하고 경건하지 못하면 태만한 마음이 생길 것이다"175)라고 말했던 것이다. 신체적인 게으름, 용모와 말씨의 경솔함, 의관의 바르지 못함 등은 모두 산만한 마음가짐을 드러내는 것이며, 자신에 대한 요구가 엄격하지 못함을 표현하는 것이다.

2. 한 곳에만 집중시키면서 다른 곳으로 가지 못하게 하라

'경'의 외재적인 수양이란 행동거지와 용모의 정제엄숙한 상태를 가리키고, '경'의 내재적인 수양이란 사악한 생각을 없애고 이기심을 극복하는 것을 가리킨다. 정이가 생각하기에, '경'의 내재적인 수양에서 주요한 방식은 '주일主一'이다.

정이는 "한 곳에만 집중하면서 다른 곳으로 가지 못하게 하고 경으로 안을 곧게 한다면, 곧바로 '호연지기'가 생길 것이다"176)라고 말했고, "경이란 오직 한 곳에만 집중하는 것이다. 한 곳에만 집중하면 동쪽으로도 가지 못하고 서쪽으로도 가지 못한다. 그러면 오직 중앙일 따름이다. 또 이쪽으로도 가지 못하고 저쪽으로도 가지 못한다. 그러면 오직 내부일 따름이다. 이것을 보존한다면 자연히 천리가 밝아질 것이다"177)라고 말했으며, "이른바 경이란 한 곳에만 집중하는 것을 말한다. 이른바 한 곳이란 다른 곳으로 가지 못하는 것을 말한다. 오직 한 곳에만 집중한다는 의미를 깊이 깨달아야 한다. 한 곳이라면 둘이나 셋은 없다"178)고 말했다.

'한 곳에만 집중한다'(主一)는 말은 한 곳에만 마음을 쏟는다는 뜻이고, '다른 곳으로 가지 않는다'(無適)는 말은 한 곳에만 마음을 기울일 뿐이지, 동시에 다

---

175) 같은 책, 『遺書』 권1, 7쪽, "言不莊不敬, 則鄙詐之心生矣; 貌不莊不敬, 則怠慢之心生矣."
176) 같은 책, 『遺書』 권15, 143쪽, "主一無適, 敬以直內, 便有浩然之氣."
177) 같은 책, 『遺書』 권15, 149쪽, "敬只是主一也. 主一, 則旣不之東, 又不之西, 如是則只是中; 旣不之此, 又不之彼, 如是則只是內. 存此, 則自然天理明."
178) 같은 책, 『遺書』 권15, 169쪽, "所謂敬者, 主一之謂敬. 所謂一者, 無適之謂一. 且欲涵泳主一之義. 一則無二三矣."

른 곳에다가 주의를 분산시키지 않는다는 뜻이다. 정이가 말하는 '주일主一'이 일정한 사물에다가 마음을 기울이는 상태를 가리킨 말이 아닐 것임은 당연하다. 여기에서 '주일'이란 그림 그리는 일에 전념한다든지 장사에 전념하는 활동 따위를 가리키는 말이 아니라 '오로지 내부만'을 가리키는 말이다. 다시 말해서 허튼 생각을 해서는 안 되며, 자신의 마음에 생각을 집중시켜서 생각이 이리저리로 뻗쳐 나가지 못하도록 하라는 말이다. 이러한 방식으로 수양을 오래도록 지속해 나가면 저절로 천리에 밝아질 것이다.

『유서遺書』에는 "허발許渤179)은 자기 아들과 창 하나를 사이에 두고 잠을 자면서도, 아들이 공부하고 있는지 그렇지 않은지를 알지 못했다. 이에 관해서 선생께서는 '그 사람은 경을 지킴이 그와 같았다'고 말씀하셨다"180)고 씌여 있다. 이 기록도 역시 허발의 '주일무적'한 상태를 가리킨 말이다.

정이는 또 "어떤 사람이 옆에서 일하고 있는데도 자기는 보지 못한 채로 오직 다른 사람의 선한 말만 듣는 것은 자기 마음을 경건하게 했기 때문이다. 따라서 보아도 보이지 않고 들어도 들리지 않는 것은 한 곳에만 집중해서이다. 안으로만 집중한다면 밖에 있는 것이 들어오지 못한다. 이는 경하면 마음이 텅 비기 때문이다"181)라고 말하기도 했다. 그러므로 '주일'이란 모든 주의력을 선을 기르고 사악함을 막아 내는 일에만 의식적으로 집중해야 하며, 그 밖의 사물에 대해서는 마음 쓰지 말아야 한다는 것이다.

3. 마음에 주재하는 것이 있다면 충실해진다

정이가 '주일'을 제시한 까닭은 대다수 송명 리학자들을 괴롭혔던 '사려의

---

179) 許渤(978~1047)은 字가 仲容이며 蒲城 사람이다——옮긴이 주.
180) 『二程集』, 『遺書』 권3, 65쪽, "許渤與其子隔一窓而寢, 乃不聞其子讀書與不讀書. 先生謂: '此人 持敬如此'"
181) 같은 책, 『遺書』 권15, 154쪽, "有人旁邊作事, 己不見, 而只聞人說善言者, 爲敬其心也. 故視而不 見, 聽而不聞, 主於一也. 主於內則外不入, 敬便心虛故也."

혼란' 문제를 꽤나 겨냥했기 때문이다. 『유서遺書』에는 다음과 같은 기록이 있다.

여여숙呂與叔이 "사려가 많은데도 떨쳐 버릴 수 없어서 걱정스럽다"고 말하자, 선생께서는 "…… 예를 들어 빈 그릇에 물에 넣으면 물은 자연스럽게 들어갈 테지만, 물로 가득 찬 그릇을 물 속에 넣는다면 물이 어떻게 들어갈 수 있겠는가? 마음에 주재하는 것이 있다면 충실해지고, 충실해지면 외부의 근심이 침입할 수 없을 것이니, 자연히 아무런 일도 없게 될 것이다"라고 말씀하셨다.[182]

"사려가 많은데도 떨쳐 버릴 수 없어서 걱정스럽다"는 점은 리학자들이 수양 과정에서 자주 맞닥뜨렸던 중요 문제였다. 이 문제 자체는 송명리학에서 정신 수양이란 도덕 의식의 배양에만 그치는 게 아니라 의식, 즉 심리 활동을 어떻게 규제하여 마음의 안녕과 평정을 유지시켜 나갈 것인지에 관해서도 언급하고 있음을 말해 준다. 심리 활동의 규제를 통한 마음의 안녕과 평정 유지라는 관점에서 볼 때 사려의 혼란과 이러한 혼란을 없애는 일은 매우 중대한 문제이다.

리학자들은 이 문제에 대해 상이한 해답들을 제시했다. 예를 들어 정호는 『정성서定性書』에서 그 자연스러움에 따르라고 주장했지만, 그가 말한 점은 주로 '외부 사물이 다가오는' 상황에서 외부 사물에 대한 반응을 조정하라는 것이다. 그러나 정이가 말하는 '주일'은 고요하면서 사물과 접촉하지 않을 때 의식을 제어하라는 점도 함께 가리킨다. 정이가 "마음에 주재하는 것이 있다면 충실해진다"고 한 말은 마음에 아무 주재자도 없다면 마치 빈 그릇과 같아서, 사려와 잡념이 어떤 주재자도 없는 의식 속에 마치 물이 들어오듯이 한꺼번에 들이닥칠 것이란 의미이다. 하지만 마음에 주재자가 있다면 마치 그릇에 액체가 가득히 들어차 있으면 더 이상 그 밖의 물이 들어올 수 없는 것처럼, 자연히 잡념은

---

182) 같은 책, 『遺書』 권1, 8쪽, "呂與叔嘗言: 患思慮多, 不能驅除. 曰: …… 如虛器入水, 水自然入, 若以一器實之以水, 置之水中, 水何能入來? 蓋中有主則實, 實則外患不能入, 自然無事."

생기지 않을 것이다.

어떻게 하면 '주재자가 있게 되는가?' 이정과 동시대인인 사마광司馬光은 "사려가 혼란스러움을 걱정하여, 한밤중에 일어나 날 새도록 잠을 설치니, 대단한 고통이라 할 만하다"(嘗患思慮紛亂, 有時中夜而作, 達旦不寐, 可謂良自苦)고 하였다. 나중에 사마광은 한 가지 방법을 찾았는데, 바로 "오직 중中이란 글자만을 읊는 것"(只管念箇中字)이었다. 마음속으로 오로지 '중'만을 읊으면서 사려의 혼란스러움을 배제하는 것이다. 정이는 이 방법에 대하여 이렇게 평했다.

'중'이란 또 어떤 형태인가? 어떻게 그것을 읊을 수 있는가? 그저 명언 가운데서 훌륭한 글자 하나를 고른 것일 따름이다. '중' 때문에 혼란케 되느니 차라리 염주 하나를 주는 게 나을 것이다. 그에게 염주를 주어도 그는 받지 않을 것이다. 마음을 다스리는 데 '중'이란 무익하며, 차라리 염주가 낫다는 점을 모르기 때문이다. 밤에는 쉬어야 하고 잠잘 때는 눈을 감아야지, 애써 무엇을 생각하려고 하는지 모르겠구나. 오직 마음에 주재자가 없기 때문이다.[183]

정이는 또 이렇게 말했다.

사람의 마음이 안정되지 못하면, 마치 물 대는 수차에 물이 계속 흘러들어가 잠시도 그침 없이 움직이듯이, 느끼는 것이 무수히 많아진다. 또 마치 공중에 매단 거울처럼 그것에 비춰지지 않는 사물이 없다.…… 마음에 주재자가 없다면 무엇을 어떻게 할 수 있겠는가? 장천기張天祺는 예전에 "스스로 몇 년 간을 단속하면서 잠자리에 들면 아무 일도 생각하지 않았다"고 자주 말하곤 했다. 아무 일도 생각하지 않은 뒤에 억지로 그 마음을 속박해야만 하고, 또 반드시 어떤 형상에 기탁해야만 하므로, 이러한 방법은 모두 부자연스럽다. 군실君實(사마광)은 스스로 "나는 방법을 찾아냈

---

[183] 같은 책, 『遺書』 권2 상, 25쪽, "'中'又何形? 如何念得佗? 只是於名言中揀得一箇好字. 與其爲 '中'所亂, 却不如與一串數珠. 及與佗數珠, 佗又不受. 殊不知'中'之無益於治心, 不如數珠之愈也. 夜以安身, 睡則合眼, 不知苦思量箇甚? 只是不與心爲主."

는데, 오직 '중'이라는 글자만을 읊는 것이다"라고 말했다. 이 방법도 역시 '중'에 속박되는 것이다.184)

　마음에 주재자가 있다는 것은 강제로 '중'이나 어떤 다른 글자를 반복해서 읊는 것도 아니고, 강제로 마음을 어떤 특정한 형상에 기탁시키는 것도 아니다. 이러한 두 방법은 마치 마음에 주재자가 있는 듯하지만, 모두 자연스럽지 못하다. 따라서 마음이 주재자가 된다는 말은 마땅히 리理로 주재해야 한다는 뜻이다. 정이는 "사람이 사려가 많아 스스로 진정시킬 수 없는 것은 오직 마음의 주재자가 안정되지 못했기 때문이다. 마음의 주재자를 안정시키려면 오직 일에 머물러야만 한다. 예를 들어 임금된 자는 인仁에 머물러야만 하듯이"185)라고 말했다.

　이처럼 일에 집중해야 한다는 말은 또한 반드시 일삼는 바가 있음, 즉 '경'에 집중해야만 하고, 선善에 집중해야만 하며, 마음에 집중해야만 한다는 등을 뜻한다. "사람의 마음이란 만물과 교감하지 않을 수 없으며, 또 사려를 없애기도 어렵다. 만일 이러한 상태를 면하려면, 오직 마음에 주재자가 있어야 한다. 어떻게 주재자를 있게 할 수 있을까? 오직 경일 뿐이다."186) "경에 집중한다면 자연히 혼란스러움은 없어질 것이다. 예를 들어 물이 가득한 주전자를 물 속에 넣는다면, 주전자가 이미 꽉 찬 상태이므로 강이나 호수의 물이라도 들어올 수 없을 것이다."187) 오로지 마음을 경외敬畏의 상태로 유지시켜 나가기만 한다면, 사려

---

184) 같은 책, 『遺書』 권2 하, 53쪽, "人心作主不定, 正如一箇翻車, 流轉動搖, 無須臾停, 所感萬端. 又如懸鏡空中, 無物不入其中.…… 心若不做一箇主, 怎生奈何? 張天祺昔常言'自約數年, 自上著牀, 便不得思量事.' 不思量事後, 須强把佗這箇心來制縛, 亦須寄寓在一箇形象, 皆非自然. 君實自謂'吾得術矣, 只管念箇中字', 此則又爲中繫縛."
185) 같은 책, 『遺書』 권15, 144쪽, "人多思慮不能自寧, 只是做他心主不定. 要作得心主定, 惟是止於事, 爲人君止於仁之類"
186) 같은 책, 『遺書』 권15, 169쪽, "人心不能不交感萬物, 亦難爲使之不思慮. 若欲免此, 唯是心有主. 如何爲主, 敬而已矣."
187) 같은 책, 『遺書』 권18, 191쪽, "若主於敬, 則自然無紛擾, 譬如以一壺水投於水中, 壺中旣實, 雖江湖之水, 不能入矣."

의 혼란스러움은 자연스럽게 없어질 수 있을 것이다.

4. 경하면 저절로 고요해진다

'정靜'은 불교와 도가의 정신에서 핵심 범주이다. 마음의 평정은 송대의 도학이 추구한 경지였으므로, '정수靜修'의 방법도 역시 정도의 차이는 있었지만 도학자들의 주의를 끌었다. 리학자 정호는 '움직이면서도 안정시키고 고요하면서도 안정시키라'는 수양 방법을 주장함으로써 후대 리학자들에게 적지 않은 영향을 끼쳤다. 정이는 '주경主敬'을 종지로 삼았지만 '정'을 배척하지도 않았다. 다만 '주정主靜'을 종지로 삼지 않았을 따름이다. 기록에 따르면, 정이는 '정좌靜坐'하고 있는 사람을 보면 "열심히 공부한다고 칭찬했다"[188]고 한다. 그러면서도 정이는 불교와의 경계를 분명히 하는 데 주의할 것을 강조하였다.

"경敬도 역시 의식적인 것인가"라고 묻자, "시작할 때 어떻게 의식적이지 않을 수 있겠는가? 만일 처음부터 의식적이지 않을 수 있다면야 전혀 아무런 일도 없을 것이다"라고 답변했다. 또 "경은 정靜이 아닌가"라고 묻자, "정을 말하자마자 곧바로 불교의 교리에 빠져들고 만다. 정이란 글자는 사용하지 않고, 경이란 글자만을 사용한다. 정이란 글자를 말하기만 해도 이미 망각한 것이다"라고 답변했다.[189]

'의식적'이란 말은 행하려는 일이나 도달하려는 목적에 대한 사람의 강렬한 의향을 가리킨다. 불교에서는 이러한 강렬한 의향을 '집착'에 속하는 것으로 여기며, 모든 번뇌의 근원으로 생각한다. 정호는 불교의 영향을 받았으므로, "일이란 없을 수 없겠지만 마음으로 헤아리면 어긋날 것이다"[190]라고 말했다. 그

---

188) 같은 책, 『外書』 권12, 432쪽, "便嘆其善學"
189) 같은 책, 『遺書』 권18, 189쪽, "問: 敬還用意否? 曰: 其始安得不用意? 若能不用意, 却是都無事了. 又問: 敬莫是靜否? 曰: 纔說靜, 便入於釋氏之說也. 不用靜字, 只用敬字. 纔說著靜字, 便是忘也."
190) 같은 책, 『遺書』 권1, 12쪽, "事則不無, 擬心則差."

러나 정이는 '주경'의 시작 단계에서는 반드시 주의하고 힘써야 한다고 생각했다. 그가 볼 때 주의하지 말 것을 강조하거나 '주정主靜'을 강조하는 일은 모두 불교 수양 방법의 특징이다. 그는 "경하면 저절로 허정虛靜해지겠지만, 허정을 경으로 부를 수는 없다"[191]고 생각했다. '주경'하면 자연스럽게 마음의 평정에 이르며, 혼란스럽지 않게 된다. 하지만 '정' 자체가 '경'은 아니며, 더욱이 '경'의 유일한 내용일 수도 없다.

'정'의 문제는 '양기養氣'의 문제와도 관련된다. 이정은 모두 '양기' 공부를 중시하지 않았다. 사량좌謝良佐는 일찍이 정호에게 "나는 잊는 일을 습관화하여 양생養生한다"고 말한 적이 있다. 그러자 정호는 "그렇게 하면 양생하는 데는 괜찮겠지만, 도를 닦는 데는 해가 된다"[192]고 말했다. '양기' 공부는 '정'에 편중되고 만다. 유학자가 공부할 때는 반드시 일이 있게 마련이겠지만 집착하지도 말고 잊지도 말아야 한다. 그런데 '정'이란 곧 잊어버리는 것이다. 그래서 이정은 이렇게 말했다.

태식胎息[193]을 질병을 치료하기 위한 것으로 말한다면 괜찮다. 하지만 그것을 도라고 말한다면 성인의 학문과는 상관이 없는 것이며, 성인은 그렇게 말한 적이 없다. 신神을 머물게 하면 기氣도 머문다는 말은 붓다가 안정 상태로 들어가는 수양 방법이었다. 비록 기를 기르는 일을 부차적인 일이라고 말하지만, 역시 반드시 마음을 주재자로 삼아야만 한다. 마음이란 자애롭고 허정虛靜하기에 도를 닦는 데 도움이 된다는 말도 그렇지 않다. 맹자가 말하는 호연지기도 또한 그렇지 않다. 만일 마음을 보존하고 기를 기르는 까닭이 오로지 이 기만을 키우는 것이라고 말한다면, 그 키우는 것이 너무도 작다. 큰 것을 버리고 작은 것에 힘쓰며 근본을 버리고 말단을 좇는다면, 무엇을 구제할 수 있겠는가? 도를 닦는 데 도움이 된다고 말하는 것도, 그저 어떻게 하면 마음을 떠나지 않게 할 것인가라는 방식일 따름이다. 따라서 적막함과

---

191) 같은 책, 『遺書』 권15, 157쪽, "敬則自虛靜, 不可把虛靜喚做敬."
192) 같은 책, 『外書』 권12, 426쪽, "吾嘗習忘以養生", "施之養生則可, 於道則有害."
193) 도가의 수련술로, 태아처럼 입과 코를 사용하지 않고 호흡하는 방식을 말한다——옮긴이 주.

담담함을 얻을 뿐이며, 또 불교의 마음 추스리는 기술과도 다르다. 학문을 논함이 이와 같다면, 대략적인 것조차도 혼잡스러운 상태이다.194)

정이는 호흡을 조절하고 기를 기르는 일이란, 생명을 보호하고 질병을 치유할 수는 있겠지만, 구도求道를 위한 성인의 학문은 아니라고 생각했다. 또 신을 머물게 하면 기도 머문다는 주장은 불교와 도가에서 안정 상태에 들어가는 방법이며, 이러한 방법에서도 반드시 마음을 주재자로 삼아야 한다고 생각하였다. 그러므로 구도의 관건은 '양심養心'에 있다. '양기'로 '양심'을 도울 수 있다는 주장이란, 사실상 사려가 혼란스러워 극복하기 어렵기 때문에 허정虛靜을 통해 '양심'함으로써 마음을 '적막하고 담담하게' 하려는 시도이다. '양기'를 통해 '정'을 추구하는 것이나 눈을 감고 정좌靜坐하는 것이 '오로지 이 기만을 키우기 위한' 일이라면, '양심'하고 '존심存心'하려는 종지를 잃어버리고 만다. 이는 바로 큰 것을 버리고 작은 것에 힘쓰는 태도이다. 그래서 정이는 여전히 '주경'에 관건이 있다고 생각했다.

어떤 이가 양기養氣하는 일이 양심養心하는 일을 도울 수 있다고 말하자, "경이란 오직 경일 따름이다. 경이라는 글자에다가 그 어떤 것도 보탤 수 없다"고 말하였다.195)

이러한 관점에서 말하자면, 학문하는 방법은 오직 '주경'일 따름이며 '주정'일 수 없다. '정'을 '경' 위에 두는 것은 정확하지 못하다. '경'은 '정'을 낳을

---

194) 『二程集』, 『遺書』 권2 하, 49~50쪽, "胎息之說, 謂之愈疾則可, 謂之道, 則與聖人之學不干事, 聖人未嘗說著. 若言神住則氣住, 則是浮屠入定之法. 雖謂養氣猶是第二節事, 亦須以心爲主. 其心慈惠虛靜, 故於道爲有助, 亦不然. 孟子說浩然之氣又不如此, 今若言存心養氣只是專爲此氣. 又所爲者小 舍大務小, 舍本趨末, 又濟甚事? 今言有助於道者, 只爲奈何心不下, 故要得寂湛而已, 又不似釋氏攝心之術. 論學若如是, 則大段雜也."

195) 같은 책, 『遺書』 권2 상, 27쪽, "有言養氣可以爲養心之助, 曰: 敬則只是敬, 敬字上更添不得."

수 있지만, '정'은 '경'을 낳을 수 없다. '양기'는 독립적인 학문 방법으로 성립될
수 없다.

5. 함양涵養과 치지致知

1. '미발未發' 상태를 함양하라

『중용』에서는 "희·노·애·락이 아직 발현되지 않은 상태를 일컬어 중中이
라 하고, 발현되어 모두 기율에 들어맞는 상태를 일컬어 화和라 한다"(喜怒哀樂
未發謂之中, 發而皆中節謂之和)고 말했다. 이정은『중용』을 대단히 떠받들었으며,
특히 중화中和의 학설을 중시하였다. 이정의 학설에 근거하자면, '중中'은 본연
의 선善을 대표하고, 이 '중'을 추구하는 방법이 바로 '함양'의 방법이다. 정이는
일찍이 그의 제자인 여대림呂大臨·소계명蘇季明 등과 '중'의 문제에 대해 논하
였는데, 이 사상은 나중에 남송 시대의 사상에 지대한 영향을 끼쳤다.

『중용』에 따르면 본래 '중'이란 감정이 아직 발현되지 않은 심리 상태를 가리
킨다. 정이는 여대림과 논의를 펼치기 시작할 때, "마음이라고 말하는 것은 모
두 이발已發을 가리켜 말한다"(凡言心者皆指已發而言)고 생각하였다. 그런데 언
제나 마음을 모두 '이발'로 파악한다면, 감정이 아직 발현되기 전의 의식 상태까
지도 '이발'이라고 말하는 셈이다. 이것은『중용』의 원래 설명과도 일치하지
않는다. 따라서 정이는 나중에 여대림에게 보낸 편지에서 이 문제를 다시 숙고
하면서 이렇게 말했다.

"마음이라고 말하는 것은 모두 이발을 가리켜 말한다"고 하면 본래 타당하지 못하
다. 마음은 하나이다. 하지만 어떤 때는 체를 가리켜 말하고(고요하면서 움직이지
않는다는 게 그러하다), 또 어떤 때는 용을 가리켜 말한다.(느껴서 마침내 천하의 일에
통한다는 게 그러하다.) 오직 그것이 어떻게 드러나는지를 관찰할 뿐이다.196)

'이발'이란 그저 작용일 따름이고, 느껴서 마침내 통하는 것일 뿐이다. 마음에는 '이발'도 있고, '미발未發'도 있다. '미발'은 곧 마음의 본체이며, 고요하면서 움직이지 않는 상태이다.

어떤 상태가 '중'이며 어떤 상태가 '미발'이냐에 관한 논의는, 최종적으로 '미발' 또는 '중'을 추구하는 수양 공부와 관련된 문제로 귀결된다. 이 문제에 대해서 정이와 제자 소계명이 자세히 토론한 적이 있다. 정이는 "희·노가 아직 발현되기 전에 중을 추구한다"(喜怒未發之前求中)는 견해에 반대하였다. 그는 '추구한다'(求)는 말이 생각한다는 것을 뜻한다고 여겼으며, "희·노가 아직 발현되기도 전에 그것을 추구할 것을 생각했다면, 이는 생각한 것이 되며, 생각했다면 곧 '이발'이다.(생각은 희·노·애·락과 마찬가지다.) 발현되자마자 그것을 화和로 불러야지 중中으로 부를 수는 없다"[197]고 판단했다. '생각해서' 추구하려는 대상이란 '이발'의 것일 수밖에 없고, '미발의 중中'일 수는 없다. 그래서 정이는 "희·노·애·락이 아직 발현되기 전에 존양存養한다고 말하면 괜찮겠지만, 희·노·애·락이 아직 발현되기도 전에 중을 추구한다고 말해서는 안 된다"[198]고 했다. "희·노·애·락이 아직 발현되기도 전에 어떻게 추구할 수 있겠는가? 평상시에 함양하기만 하면 될 뿐이다. 함양을 오래도록 지속하면 희·노·애·락이 발현되더라도 저절로 모두 기율에 들어맞을 것이다."[199] '중'이란 '미발'이므로 '이발' 속에서 구할 수 없다. 마찬가지로 '중'이란 곧 '미발'이기 때문에 '미발' 속에서도 '추구할' 수 없다. 사람은 오직 '미발'의 순간에 함양해야만 한다. 이렇게 함으로써 '미발의 중'을 보유할 수도 있고, 또 '이발의 화'를

---

196) 같은 책, 「與呂大臨論中書」, 609쪽, "'凡言心者指已發而言', 此固未當. 心一也, 有指體而言者(寂然不動是也), 有指用而言者(感而遂通天下之故是也). 惟觀其所見如何耳."

197) 같은 책, 『遺書』 권6, 200쪽, "旣思於喜怒哀樂未發之前求之, 又却是思也, 旣思卽是已發(思與喜怒哀樂一般), 纔發便謂之和, 不可謂之中也"

198) 같은 책, 『遺書』 권6, 200쪽, "若言存養於喜怒哀樂未發之時則可, 若言求中於喜怒哀樂未發之前則不可."

199) 같은 책, 『遺書』 권6, 201쪽, "於喜怒哀樂未發之前, 更怎生求? 只平日涵養便是. 涵養久則喜怒哀樂發自中節."

보증할 수도 있다.

'미발'의 존양이나 함양도 역시 고요한 가운데서 '주경主敬'하는 것이다. 정이는 일찍이 '아직 느끼지 않았을 때'(未感時)의 공부는 오직 "경으로 안을 곧게 하는 것이다"200)라고 말했다. 그는 또 "경하면서 잠시라도 경을 잃지 않는다면, 희·노·애·락이 아직 발현되지 않은 상태를 일컬어 중이라 한다. 경을 중이라고 말할 수는 없다. 하지만 경하면서 잠시라도 경을 잃지 않는다면, 이것이 바로 중中할 수 있는 근거이다"201)라고 말하기도 했다.

정이가 말하는 '주경'은 고요한 상태로 제한되지 않는다. 그러나 희·노·애·락의 '미발'은 고요함에 속한다. 따라서 '미발의 경'은 고요함 속에서 '주경'하는 공부에 해당된다. '미발'은 비록 고요할지라도 이 상태는 "고요한 가운데도 사물이 있음"202)을 필요로 하며, 사물이 있으면 곧 한 곳에만 집중하게 된다. '정靜' 속의 '주일主一', 즉 '미발'의 '주일'이란 당연히 어떤 생각에 집중하는 것이 아니라, 내면으로 깊이 파고 들어가는 내재적 경외의 상태이다. 그러므로 정이가 결국 귀착하는 곳도 '주경'인 셈이다. 그는 "아직 사물과 접촉하지 않은 상태라면 어떻게 선을 행할 것인가? 오직 경에 집중한다면 바로 선을 행하는 것이다"203)라고 말했다. "함양할 때는 반드시 경을 사용해야 한다"(涵養須用敬)는 말은, 고요함 속의 공부인 '미발'의 함양이 여전히 '경을 잘 이해'(理會得敬)해야 하는 것임을 가리키는 말이다.

2. 격물궁리格物窮理하라

정이는 사람이라면 마땅히 자기의 심성을 부단히 수양해 나가야 할 뿐만 아

---

200) 같은 책, 『遺書』 권15, 151쪽, "敬以直內."
201) 같은 책, 『遺書』 권2 상, 44쪽, "敬而無失, 便是喜怒哀樂未發之謂中也. 敬不可謂之中, 但敬而無失, 卽所以中也."
202) 같은 책, 『遺書』 권18, 202쪽, "靜中有物."
203) 같은 책, 『遺書』 권15, 170쪽, "若未接物, 如何爲善? 只是主於敬, 便是爲善也."

니라, 지식도 끊임없이 확충하여 이성적인 자각을 고양시켜 나가야 한다고 생각했다. 따라서 정신 수양과 격물궁리格物窮理는 사람을 전면적으로 발전시켜 주는 것으로서, 나눌 수 없는 두 측면이다. 넓은 의미에서 격물도 역시 하나의 수양 방법이다. 왜냐하면 도학의 입장에서 볼 때, 지식을 학습하고 축적하는 목적이란 더 높고 더 보편적인 이성의 입장에서 도덕 법칙을 이해하기 위한 것이기 때문이다. 그러므로 그는 "함양할 때는 반드시 경을 사용해야 하며, 학문을 이루어 나가는 일은 치지致知에 달려 있다"204)고 말했다.

『대학』에서는 일찍이 '격물'·'치지'·'성의誠意'·'정심正心' 등의 팔조목八條目을 제시하였으며, 도학자들은 이『대학』을 특별히 중시하였다. 도학자들은 『대학』의 팔조목을 수양 공부를 확립하는 데 주요한 사상적 기초 자료로 삼았다. 정이는 특히 '격물'에 대한 해석을 중시했다. 그의 격물론은 주희의 발전을 거치면서 송명리학에서 가장 영향력 있는 지식 이론이 되었다.

정이는 "격格이란 궁구한다는 말과 같다. 물物이란 이치(理)와 같다. 격물이란 그 이치를 궁구한다는 말과 같을 따름이다"205)라고 생각했다. 그는 '격물'의 의미를 '궁리'로 해석한 것이다. 이 해석은 리학의 역사에 커다란 공헌을 했다. 다시 말하자면『대학』에서 말하는 가장 기본적인 공부란 바로 사물의 이치를 궁구해야 한다는 것이다. 이렇게 하여 리학의 천리설과 지식론을 소통시켰다. 그는 격물의 물物은 안과 밖이 나뉘지 않는다고 생각하였다.

"격물의 물은 바깥의 사물인가, 아니면 성性 안의 사물인가"라고 묻자, "어느 것에도 구애받지 않는다. 눈 앞에 사물 아닌 것이 없고, 모든 사물은 저마다 이치를 가지고 있다. 예를 들어 불이 뜨거운 까닭이나 물이 차가운 까닭에서부터 군신·부자 사이에까지 모두 이치가 있다"고 답변했다.206)

---

204) 같은 책,『遺書』권18, 188쪽, "涵養須用敬, 進學則在致知."
205) 같은 책,『遺書』권25, 316쪽, "格猶窮也, 物猶理也. 猶曰窮其理而已."
206) 같은 책,『遺書』권19, 247쪽, "問: 格物是外物, 是性分中物? 曰: 不拘. 凡眼前無非是物, 物物皆有理. 如火之所以熱, 水之所以寒, 至於君臣父子間皆是理."

사물에는 안과 밖의 구분이 없다. 따라서 궁리의 방법과 경로는 다양하다. 그는 이렇게 말했다.

하나의 사물에는 하나의 이치가 있으니, 반드시 그 이치를 궁구하여 잘 알아 내야 한다. 궁리하는 데는 여러 방법이 있다. 독서를 통해 의리를 분명히 말하거나 고금의 인물을 논하면서 그 옳고 그름을 가려내는 방법, 또는 사물과 접촉하여 그 마땅한 바를 결정하는 방법도 있다. 이 모두가 궁리이다.207)

크게는 하늘과 땅의 높고 두터움에서, 작게는 풀과 나무의 소이연所以然에 이르기까지 궁리의 범위에는 제한이 없다. 하지만 그 가운데서 더욱 치중해야 할 것은 없겠는가? 정이는 "치지는 격물하는 데 있지만, 사물의 이치를 궁구하는 데는 자신을 살피는 일만한 게 없다. 그것이 가장 절실하기 때문이다"208)라고 생각했다. 다시 말해서 자신의 의식이 의리에 합치하는지를 반복해서 점검하는 일도 하나의 격물 방식이며, 또한 가장 긴요한 공부이다. 도학에 뜻을 둔 사람이라면 반드시 이 점을 마땅히 있어야 할 자리에 위치시켜야 한다.

물론 이것은 '자신을 살피는 일'(察己)이 '사물을 관찰하는 일'(觀物)을 배척한다는 점을 의미하지는 않는다. 정이는 "성정性情에서 이치를 구하는 일이란 실로 자신에게 절실한 일이다. 그러나 풀 한 포기와 나무 한 그루에도 이치가 있으니, 반드시 이를 살펴야 한다"209)고 말했다. "그 큰 것을 들자면 하늘과 땅의 높고 두터움에 이르기까지, 그 작은 것을 들자면 사물 하나의 소이연에 이르기까지, 학자들은 마땅히 모두 이해해야만 한다."210)

정이와 그의 제자들은 격물의 과정에 대해서도 토론하였다. 그 가운데서 중

---

207) 같은 책, 『遺書』 권18, 188쪽, "凡一物上有一理, 須是窮致其理. 窮理亦多端. 或讀書講明義理; 或論古今人物, 別其是非; 或應接事物而處其當, 皆窮理也."
208) 같은 책, 『遺書』 권17, 175쪽, "致知在格物, 格物之理, 不若察之於身, 其得尤切."
209) 같은 책, 『遺書』 권18, 193쪽, "求之性情固是切於身, 然一草一木皆有理, 須是察."
210) 같은 책, 『遺書』 권18, 193쪽, "語其大, 至天地之高厚; 語其小, 至一物之所以然, 學者皆當理會."

요하게 다루어진 문제는, 사물은 무수히 많은데 사람이 '지극한 앎'에 도달하려면 모든 사물의 이치를 일일이 다 궁구해야 하는지에 관한 문제였다.

어떤 이가 "격물이란 사물 하나하나를 다 궁구해야 하는가, 아니면 하나의 사물을 궁구하면 모든 이치를 다 알게 되는가"라고 물었다. 그러자 "어떻게 곧바로 전부를 관통할 수 있겠는가? 그저 한 사물을 궁구해도 곧바로 많은 이치에 관통할 수 있는 것이라면, 안연조차 감히 그렇게 말하지 못할 것이다. 모름지기 오늘 하나를 궁구하고 내일 또 하나를 궁구하여, 익힌 것이 많이 축적된 뒤에야 환하게 절로 관통하게 될 것이다"라고 답변했다.[211]

격물의 목적은 천하의 이치를 장악하는 것이다. 그렇지만 결코 만물을 하나하나 전부 궁구할 필요는 없다. 이것은 불필요할 뿐만 아니라 불가능한 일이기도 하다. 정이의 사상에 따르면, 격물의 과정이 일정한 단계까지 축적되면 자연히 어떤 비약이 생겨나고, 보편적인 원리를 인식하게 된다. 천하의 이치를 구한다는 것이 모든 구체적인 이치를 반드시 궁구해야 한다는 의미는 아니다. 그것은 천지만물의 가장 근본적인 법칙을 장악하는 것을 의미한다. 격물의 과정이란 개별 사물의 이치로부터 보편적인 천리를 인식하는 데까지 상승해 가는 것이다. 그리고 정이는 이치에 대한 인식이 개별적인 것에서 보편적인 것으로 상승해 갈 수 있는 까닭을 이치가 통일적인 것이기 때문이라고 설명했다. "예를 들어 수많은 길을 통해 도읍에 갈 수 있지만 한 길로 들어가기만 하면 된다. 마침내 통할 수 있는 까닭은 만물이 모두 하나의 이치이기 때문이다."[212]

격물에 대한 정이의 해석과 격물의 대상·범위·방법·순서에 관한 정이의

---

211) 같은 책, 『遺書』 권18, 188쪽, "或問: 格物須物物格之, 還只格一物而萬理皆知? 曰: 怎生便會該通? 若只格一物便通衆理, 雖顔子亦不敢如此道. 須是今日格一件, 明日又一件, 積習旣多, 然後脫然自有貫通處"

212) 같은 책, 『遺書』 권15, 157쪽, "如千蹊萬徑, 皆可適國, 但得一道入得便可, 所以能窮者, 只爲萬物皆是一理"

이론은 나중에 주희에 의해 종합·발전되었으며, 송명 시대 선비들의 정신 발전을 위한 기본 방법이 되었다. 본질적으로 말해서, 정이의 격물 사상은 사람의 이성에 기초할 것을 주장한다. 따라서 학문의 초기 단계에서 객관적인 지식을 추구하고 구체적인 사물을 연구하는 태도를 배척하지 않으므로, 일종의 분명한 합리주의 정신을 표현한다. 그러나 리학의 최종적인 목표는 철학과 인생의 이치를 파악하는 데 있다. 그러므로 이 격물론의 발전은 인문적 이성을 지향하는 것이지 과학 기술의 이성을 지향하는 게 아니다. 그 결과도 경전학·역사학·철학의 발전이었지 과학 기술의 발전은 아니었다. 물론 인문 지식을 중시하는 이성주의는 과학을 받아들일 수 있다. 하지만 도학의 본래적 의미에서 말하자면 이러한 인문적 이성은 윤리 도덕을 중시하고 객관 사물에 대한 지식을 경시하는 경향을 띤다. 따라서 격물학은 결코 과학이 아니다.

리학의 격물론이 지닌 이러한 특징은 당시 중국의 사회 구조와 관계가 있다. 당송唐宋 시기 이래로 지식 계층의 주요한 사회 봉사 방식은, 과거 제도를 통하여 중앙집권적 관료 체제에 진입하는 것이었다. 지식 계층은 중급 이상의 관리들을 배출하는 원천이었다. 이러한 사회에서 지식 계층에게 우선적으로 갖추도록 요구된 것은 공무와 형법을 집행할 수 있는 기본적 사상 소질이었지, 각종 전문화된 기능이 아니었다. 역사와 전장典章 등에 대한 지식은 중앙 관리로 임명되는 사대부에게 더욱더 중요했다. 이러한 체제 속에서 관원의 도덕적 수양은 분명히 과학 지식에 비해서 체제를 정상적으로 운영하는 데 더욱 중요하였다.

정이는 평생토록 자신에 대한 규율과 남을 대하는 태도를 매우 엄격히 하였다. 그는 한평생 "행동거지는 항상 예에 들어맞았고"(擧動必由乎禮), "나아가고 물러남은 반드시 의례에 합당했으며"(進退必合乎儀), "자신을 수양하고 법도를 실천할 때 모두 마땅한 기준에 따랐으니, 오직 그 만이 유학자의 본보기를 드러내었다."(修身行法, 規矩準繩, 獨出諸儒之表) 그가 살아 있을 때 어떤 사람은 그에게 "선생께서는 사오십 년 동안이나 예에 맞게 근신하며 사셨으니, 분명 대단히 힘들고 고통스러웠겠습니다"라고 말한 적이 있었다. 이에 정이는 "나는 매일 편안하게 살아왔는데, 어째서 힘들고 고통스러웠겠는가? 다른 사람들은 매일 위험하게 살아가니, 그것이 바로 힘들고 고통스러운 것이다"[213)라고 답변했다. 이 대화에서 알 수 있듯이, 도덕 규범을 자기 자신에게 엄격히 요구하고 자신을 단속해 가면서 그는 진정으로 자기의 이상과 사상을 실천하였다.

정이와 그의 학술 사상은 그의 생전에 여러 차례 공격과 압제를 당하였다. 소성紹聖[214) 연간에는 간악한 무리로 낙인찍혀서 고향으로 쫓겨났고, 이후에는 부주涪州로 귀양가기도 했다. 숭녕崇寧[215) 연간에는 어떤 사람이 그의 저술에 대해서 "나라의 정치를 비난하고 훼방놓는다"(非毁朝政)고 질책하였다. 그러자 "그가 관리가 된 이후의 모든 문자를 없애 버리고, 감사監司에게 그가 지은 책을 검열하게 하는 조처가 내려졌다."[216) 게다가 그를 좇아 공부하던 제자들을 모두 쫓아 냈으며, 블랙리스트(隷黨籍)를 작성하여 선포하였다.

이러한 처지에서도 그는 결코 자신의 사상과 주장을 포기하지 않았다. "학자들이 그를 좇아 은밀하게 서로 전하며 공부하였으니, 막을 도리가 없었다."(學者 向之, 私相傳習, 不可遏也) 그의 학설이 명예를 회복한 후에 어떤 사람들은 도학자가 되면 명망 등의 이익을 도모할 수 있을 것으로 생각했다. 그리하여 정이의 학설을 빌려 자신의 견해를 포장하면서도, 자신의 생활 속에서는 도덕 이상을 전혀 실천하지 않았다. 이들이 바로 이른바 '가짜' 도학자들이었다.

5. 소옹

소옹邵雍(1011~1077)은 자字가 요부堯夫이며, 죽은 후에 강절康節이란 시호가

---

213) 같은 책, 『遺書』 권1, 8쪽, "先生謹於禮四五十年, 應甚勞苦", "吾日履安地, 何勞何苦? 他人日踐 危地, 此乃勞苦也."
214) 哲宗의 연호로서, 1094년에서 1098년까지의 기간을 말한다——옮긴이 주.
215) 徽宗의 연호로서, 1102년에서 1107년까지의 기간을 말한다——옮긴이 주.
216) 『二程集』, 「伊川先生年譜」, 345쪽, "有旨追毁出身以來文字, 其所著書, 令監司覺察."

내려졌다. 후대 사람들은 그를 강절 선생으로 불렀다. 그의 선조는 하북河北 범양范陽에서 살았고, 부친 때 하남河南으로 옮겼으며, 부친이 돌아가시고 나서 소옹은 낙양에 정착하였다. 그는 젊은 시절에 "각고면려하였고", "추위도 난로 조차 없이 지내는가 하면 더위도 부채조차 없이 지냈으며, 밤에 잠자리에 들지 않은 지도 몇 년이나 되었다."217) 처음 낙양에 도착했을 때는 "집이 매우 누추 하여 비바람을 막아 주지도 못했는데"(蓬篳饔飄, 不蔽風雨), 그는 오히려 편안하 게 즐겼다. 당시 사람들은 그의 초탈한 도량을 매우 존경하며 탄복하였다. 나중 에 부필富弼과 사마광 등이 은퇴하여 낙양에 거처하면서 그에게 밭을 사 주었으 므로, 그는 직접 농사 지으며 자급하였다. 평상시에는 자그마한 수레를 타고 유람하였는데, 정성스럽게 사람들을 대했고 성품이 온화하고 부드러웠으며, 종 일토록 재미있게 이야기하곤 했다. 그래서 노소와 귀천을 막론하고 낙양성의 사람들은 모두 그를 매우 좋아하였다. 여러 차례 추천되어 관직이 주어졌으나, 그는 매번 거듭해서 사절한 뒤에야 명을 받들었다. 하지만 마지막에는 여전히 병을 핑계로 부임하지 않았다.

소옹의 사상에는 두 가지 기본적인 특징이 있다. 첫째로, 그의 사상에는 상수 파象數派에서 전승하던 내원來源이 담겨져 있다. 남송 시기의 주진朱震은 "진단 陳搏은 선천도先天圖를 종방種放에게 전수하였고, 종방은 목수穆修에게, 목수는 이지재李之才에게, 이지재는 소옹에게 그것을 전수하였다"218)고 말했다. 이 계 통에서는 '수數'를 특히 중시한다. 그래서 많은 사람들은 소옹의 학설을 '수학數 學'으로 부른다. 둘째로 그의 사상에서 또 다른 특색은, 주돈이가 제창한 공자와 안연이 즐거워한 것에 호응하여 '안락과 소요'의 경지를 제창하였다는 점이다. 이러한 두 특징을 볼 때 그는 도교의 영향을 대단히 많이 받았다. 그의 주요 저작은 『황극경세서皇極經世書』이다.

---

217) 『宋史』권127, 12726쪽, "堅苦刻厲", "寒不爐, 暑不扇, 夜不就席者數年."
218) 朱震, 「漢上易傳表」, 『漢上易傳』(上海: 古籍出版社, 1989), 5쪽, "陳搏以先天圖授種放, 放傳穆 修, 修傳李之才, 之才傳邵雍."

1. 원元·회會·운運·세世

역법曆法에서 1년은 12개월이고, 1개월은 30일이며, 1일은 12시진時辰이다. 따라서 1년은 12개월, 360일, 4,320시진이다. 소옹은 이러한 역법이 '소년小年'에 불과하다고 생각했다. 왜냐하면 이러한 역법은 1년 이상의 단위와 그 진행 순서에 대해서 아무것도 말해 주지 못하기 때문이다. 소옹은 우주의 장대한 진화 과정과 역사의 커다란 변천 과정을 설명하기 위해서 일종의 '대년大年'이라는 역법을 발명하였다.

이 '대년' 역법의 기본 사상을 보자면, 12시진은 1일이 되고, 30일은 1개월이 되며, 12개월은 1년이 된다. 따라서 역법의 진행 순서는 12·30·12·30·12·30······의 부단한 교차이다. 12와 30의 교차 진행이라는 계산에 근거하여, 소옹은 12시진은 1일이고, 30일은 1개월, 12개월은 1년, 30년은 1'세世', 12세는 1'운運', 30운은 1'회會', 12회는 1'원元'이라는 사상을 제시했다. 여기서 1원은 하나의 '대년'이자 '우주년宇宙年'이라고 말할 수 있다. 이 1원은 12회, 360운, 4,320세, 129,600년이 된다. 1원 12회는 자子·축丑·인寅·묘卯·진辰·사巳·오午·미未·신申·유酉·술戌·해亥의 십이지지十二地支를 사용하여 이름한다. 1회 30운은 갑甲·을乙·병丙·정丁·무戊·기己·경庚·신辛·임壬·계癸의 십천간十天干을 세 차례 반복하여 이름한다. 그리고 나머지 12와 30을 진행하다가 만나게 되는 것들은 각각 지지와 천간을 사용하여 계산하였다. 이러한 계산 방법과 사상에 대해서 소옹의 아들 소백온邵伯溫이 다음과 같이 명확하게 설명한 적이 있다.

1원은 1년을 본떴고, 12회는 12개월을, 360운은 360일을, 4,320세는 4,320시진을 본뜬 것이다. 1년은 12개월, 360일, 4,320시진이기 때문이다. '경세經世'에서 1원은 12회, 360운, 4,320세이고, 1세는 30년이므로 129,600년이 되며, 이것이 '황극경세皇極經世'에서 1원의 수數가 된다. 거대한 변화 속에서 보자면, 1원은 1년과 같다. 원元의

원에서 변화하기 시작하여 진辰의 원에 이르고, 원의 진에서 변화하기 시작하여 진의 진에 이른 다음에 수數가 다한다. 수가 다하면 변화하고, 변화하면 생겨난다. 생겨나기에 다하지 않는 것이다. '황극경세皇極經世'에서 단지 1원의 수만 제시한 것은 사람들로 하여금 응용해서 생각하도록 한 것이다. 마지막에 이르면 다시 시작할 수 있다.[219]

'원'은 결코 '우주년'의 최종적인 기한을 뜻하는 게 아니다. 앞에서 이야기했던 진행 순서에 근거한다면, 30원이 1'원지세元之世'이고, 12원지세가 1'원지운元之運'이며, 30원지운이 1'원지회元之會'이고, 12원지회가 1'원지원元之元'이 된다. 따라서 1'원지원'은 한층 거대한 주기週期이며, 129,600원을 포함한다.

자연년自然年의 계산은 해와 달에 대한 지구의 상대적인 운동 주기에 근거하여 만든 시간 계산이며, 우주의 진화와 역사의 변천이라는 의미를 지니지 못한다. 그러나 소옹의 대주기大週期 계산법은 바로 우주의 진화와 역사의 변천을 설명하기 위한 것이었다. 그는 매 1원의 수가 다하면, 즉 129,600년이 되면 낡은 세상은 사라지고 새로운 세상이 생겨나며, 이러한 과정은 무궁하게 순환한다고 생각했다. 그리고 1'원지원'이 될 때, 즉 129,600원이 되면 우주에는 한층 거대한 변화가 발생할 것으로 생각했다. 그리하여 그는 스스로 이와 같은 '경세'의 수가 우주 진화의 주기적인 규칙성을 나타내는 것이라고 판단하였다. 소옹은 이론적인 완성도를 높이고자, 자연년 위로도 세·운·회·원 등의 진행 순서를 더할 수 있을 것으로 생각했을 뿐만 아니라, 시진 아래로도, 1시진은 30분이고 1분은 12초라는 것처럼 분과 초 등으로 나눌 수 있을 것이라고 생각했다.

---

219) 『宋元學案』 권9, 「百源學案」, 373쪽, "一元象一年, 十二會象十二月, 三百六十運象三百六十日, 四千三百二十世象四千三百二十時也. 蓋一年有十二月, 三百六十日, 四千三百二十時故也. 經世一元, 十二會, 三百六十運, 四千三百二十世, 一世三十年, 是爲一十二萬九千六百年, 是爲皇極經世一元之數. 一元在大化之間, 猶一年也. 自元之元更相變而至于辰之元, 自元之辰更相變而至于辰之辰, 而後數窮矣, 窮則變, 變則生, 生而不窮也. 皇極經世但著一元之數, 使人伸而引之, 可至于終而復始也."

소옹은 또한 이러한 '경세'의 기년紀年을 64괘와 배합하였다. 예를 들어 1원의 제1회(子會)는 18,000년으로 복괘復卦☳☷가 된다. 왜냐하면 복괘의 초효初爻는 양陽으로서 하나의 양이 막 시작하는 상태를 나타내므로, 소우주의 새로운 시작에 해당되기 때문이다. 이것이 바로 "하늘이 자子에서 열린다"(天開于子)는 말이며, 또한 제1회에서 하늘이 형성된다는 말이기도 하다. 제2회(丑會)는 18,001년에서 21,600년까지로 임괘臨卦☳☷가 된다. 이 기간에 대지가 형성되므로, "땅이 축丑에서 열린다"(地闢于丑)고 말한다.

복괘와 임괘에 근거하여, 우리는 매 1회가 거듭될수록 양효陽爻가 위로 하나씩 늘어나는 것을 알 수 있다. 이렇게 하여 제6회(巳會)에 이르면 전부 양효가 된다. 따라서 제6회는 건괘乾卦☰☰가 되며, 이 단계에 이르러서 사람이 생겨나기 시작한다. 건괘는 이미 6효 모두가 양의 상태이기 때문에, 시간이 계속 흘러가도 양효는 늘어나지 않는다. 이런 까닭에 제7회(午會) 때에 이르러서는 구괘姤卦☰☴로 변한다. 즉 매 1회가 거듭됨에 따라 음효가 늘어나게 되는 것이다.

건괘에서 구괘로의 변화는, 시간은 비록 1회씩 1회씩 흐르지만 그 역사적 의미는 달라진다는 점을 뜻한다. 그리고 건괘 이후에 음효가 증가하는 사실은, 이 단원의 역사가 비탈길을 내려가기 시작한다는 점을 의미한다. 소옹은 건괘가 의미하는 사회巳會에 해당되는 시기가 중국 역사에서 이른바 당요唐堯의 성세盛世 시기였으며, 하·은·주·진秦에서 오대五代·송宋에 이르기까지는 모두 구괘가 대표하는 오회午會의 18,000년 속에 놓여 있다고 설명했다. 이 1원의 제12회(亥會)에 이르러서는 음효로 가득 차게 되고, 곤괘坤卦☷☷가 된다. 이 때 천지는 이미 129,600년의 수數가 다 채워져서 소멸해 버리므로 다음 주기의 시작을 기다려야 한다.

이와 같은 소옹의 사상은 그가 우주를 무한한 것으로 생각했음을 드러내 주며, 그가 말하는 우주의 무한한 과정이란 129,600년을 주기로 하는 단원을 끊임없이 중복 순환시킴으로써 구성한 것이었음을 밝혀 준다. 매 주기의 단원 속에서 모든 사물은 발생과 발전 그리고 최후의 소멸 과정을 거치고, 다음 주기의 단원에서 또다시 시작한다. 우리들이 현재 생존하고 있는 단계도 우주 전체의 무한한 시간 서열 속의 한 단면일 뿐이다. 소옹은 우주의 발전에는 그 과정에 짝하는 '수數'가 있는 것으로 생각했다. 따라서 소옹의 사상에서 '수'는 실제로 우주 진화의 최고 법칙이다. 그는 이렇게 말했다.

수數란 어떤 것인가? 도道의 운행이자 리理의 모임이며, 음양의 법도이자 만물의 강기綱紀이다. 어두운 곳에서는 밝고, 밝은 곳에서는 증험하며, 은미한 것에서는 숨고, 중요한 것에서는 드러나며, 변화를 이루고 귀신을 작용하게 하는 근거이다.[220]

'수'는 우주와 역사 변화의 주기 역정을 규정할 뿐만 아니라 우주 만물의 종류까지도 규정한다. 소옹은 '태양太陽'과 '소양少陽'에 해당하는 수를 10으로 규정하였고, '태음太陰'과 '소음少陰'에 해당하는 수를 12로 규정하였다. 또 '태강太剛'과 '소강少剛'에 해당하는 수를 10으로 삼았고, '태유太柔'와 '소유少柔'에 해당하는 수를 12로 삼았다. 이로부터 양강陽剛의 수는 40이 되어 태소양강太少陽剛의 본수本數로 불렸고, 음유陰柔의 수는 48이 되어 태소음유太少陰柔의 본수로 불렸다. 본수에 각각 4를 곱하면, 태양 · 소양 · 태강 · 소강의 체수體數는 160이 되고, 태음 · 소음 · 태유 · 소유의 체수는 192가 된다.

태소양강의 체수에서 태소음유의 본수를 빼면, 태소양강의 용수用數 112를 얻게 된다. 그리고 태소음유의 체수에서 태소양강의 본수를 빼면, 태소음유의 용수 152를 얻게 된다. 소옹은 태소양강의 용수에다가 태소음유의 용수를 곱하여(112×152) 얻게 되는 17,024가 일월성신日月星辰의 변수變數라고 생각했으며, 태소음유의 용수에다가 태소양강의 용수를 곱하여(152×112) 얻게 되는 17,024가 수화토석水火土石의 화수化數라고 생각하였다. 일월성신의 변수는 곧 동물의

---

220) 『皇極經世書』 권2, "數者何也? 道之運也, 理之會也, 陰陽之度也, 萬物之紀也. 明于幽而驗于明, 藏于微而顯于管, 所以成變化而行鬼神者也."

수이고, 수화토석의 화수는 곧 식물의 수이다. 동물의 수에다가 식물의 수를 곱하여 얻게 되는 289,816,576은 동・식물의 통수通數가 된다. 이렇게 함으로써 소옹은 자신이 만물의 종류와 수량을 장악했다고 생각하였다.

소옹은 '수'를 우주와 그 본질을 파악하는 규정으로 삼았다. 그리고 그는 똑같은 원칙을 사용하여 음성과 주역의 그림 등을 처리하였다. 그래서 그의 학술을 '수학'으로 부른다.

2. 사물로 사물을 살핀다

소옹이 자신의 저작을 「관물觀物」편으로 이름 붙인 데서도 알 수 있듯이, '관물觀物'은 소옹 사상에서 중요한 개념이다.

'관물'은 자연 세계를 관찰하고 이해하는 내용을 당연히 포괄하면서도, 실제로는 자신이 속해 있는 세계 전체에 대한 태도와 깨달음을 가리키는 개념이다. 소옹은 이렇게 말했다.

> 관물觀物이라고 부르는 까닭은, 그것을 눈으로 살피지 않기 때문이다. 그것을 눈으로 살피지 않고 마음으로 살핀다. 그것을 마음으로 살피지 않고 이치로 살핀다.[221]

이 말은 '관물'이 외부 사물에 대한 감성적 직관도 아니며, 감성적으로 외부 사물을 반영하는 것도 아니라는 점을 설명해 준다. 여기에서 '살핀다'(觀)는 말은 눈으로 살피는 게 아니라 마음으로 살피는 것이다. 이렇게 마음으로 사물을 살피는 것은 외부 사물에 대한 이성적 분석과 종합, 또는 추상을 가리키는 게 아니라 일정한 정신 경지에 기초한 주체가 사물을 관조하고 마주 대하는 태도이다. 소옹은 "눈으로 사물을 살피면 사물의 형상을 보게 되고, 마음으로 사물

---

221) 『皇極經世緖言』 권6, 「觀物」 (中華書局 聚珍仿宋版), 26쪽, "夫所以謂之觀物者, 非以目觀之也. 非觀之以目, 而觀之以心也. 非觀之以心, 而觀之以理也."

을 살피면 사물의 정情을 보게 되며, 이치로 사물을 살피면 사물의 성性을 보게 된다"222)고 말했다. 감성은 단지 사물의 외부 형상만을 파악할 수 있고, 일반적인 마음의 예지는 단지 사물의 변화 상태만을 파악할 수 있으며, 오직 이치 즉 일정한 정신 경지에 의해서만 사물의 본성을 파악할 수 있다. 요컨대 사람의 정신 경지는 자신의 인생과 정신 발전에 관련돼 있을 뿐만 아니라, 동시에 사람 마음의 인식 기능에도 영향을 끼친다.

소옹은 이렇게 말하기도 했다.

거울이 밝을 수 있는 까닭은 만물의 형상을 숨기지 않기 때문이다. 그렇지만 거울이 만물의 형상을 숨기지 않을 수 있는 것은 물(水)이 만물의 형상에 일치될 수 있는 것만 못하다. 그렇지만 물이 만물의 형상에 일치될 수 있는 것 또한 성인이 만물의 정情에 일치할 수 있는 것만 못하다. 성인이 만물의 정에 일치할 수 있는 까닭은, 성인은 반관反觀할 수 있기 때문이다. 반관이라고 부르는 까닭은 나의 입장에서 사물을 살피는 게 아니기 때문이다. 나의 입장에서 사물을 살피지 않는다는 것은 사물로 사물을 살핀다는 말이다. 사물로 사물을 살피는데, 그 사이에 어떻게 내가 끼어들 수 있겠는가!223)

거울이 만물의 형상을 드러내며 조금도 숨기지 않는 것은 거울의 밝음이다. 물은 거울처럼 만물을 드러낼 수 있을 뿐만 아니라, 어떤 사물에 가득히 들어차게 되면 그 사물과 똑같은 형상으로 변할 수도 있다. 물은 비록 자신과 만물의 형상을 일치시킬 수는 있겠지만, 자신을 만물의 본성에 순응시킬 수는 없다. 그러나 성인은 이러한 일을 할 수 있다. 성인이 그렇게 할 수 있는 까닭은, 성인

---

222) 같은 책 권6, 「觀物」, 26쪽, "以目觀物, 見物之形; 以心觀物, 見物之情; 以理觀物, 見物之性."
223) 같은 책 권6, 「觀物」, 26쪽, "夫鑑之所以能爲明者, 謂其不隱萬物之形也. 雖然, 鑑之能不隱萬物之形, 未若水之能一萬物之形也. 雖然, 水之能一萬物之形, 又未能若聖人能一萬物之情也. 聖人所以能一萬物之情者, 謂其聖人能反觀也. 所以謂之反觀者, 不以我觀物也. 不以我觀物, 以物觀物之謂也. 以物觀物又安有我于其間哉!"

은 자신의 입장에서 만물을 살피지 않고, 사물의 입장에서 사물을 살피기 때문이다.

이른바 사물로 사물을 살핀다는 말은 사물의 본성과 상태에 순응한다는 말로서, 자신의 호오好惡를 사물을 대하는 태도 속에 뒤섞지 말라는 의미이다. 소옹은 이렇게 말하였다.

> 사물로 사물을 즐거워하고, 사물로 사물을 슬퍼한다. 이것이 바로 발현되어 기율에 들어맞은 상태이다.224)

> 사물을 나로 삼지 않는다면, 사물을 사물답게 대할 수 있다. 성인은 사물을 이용하면서도 내가 없다. 나로서 임한다면 감정이 개입하게 되고, 감정이 개입되면 가려지게 되며, 가려지면 어두워진다. 사물에 따르면 본성을 알게 되고, 본성을 알면 신묘해지며, 신묘하면 밝아질 것이다.225)

> 사물로 사물을 살피는 것은 성性이다. 그리고 내 입장에서 사물을 살피는 것은 정情이다. 성은 공정하면서 밝지만, 정은 어두움에 치우친다.226)

사물로 사물을 살피는 관점은 사람들로 하여금 인식·관조·체험·실천 활동은 물론 사회 생활을 영위할 때에도 '나'의 감정·요구·의견에 기초하여 행위하지 말것을 요구한다. 하나의 사물이 '나'의 기쁨과 슬픔을 유발하는 까닭은, '내'가 기대하는 요구를 그 사물이 만족시켜 주는가의 여부에 있지 않다. 그 까닭은 그 사물이 본래 모든 사람들에게 똑같은 감성적 반응을 일으키기 때문이다.

만일 인식·관조·체험·실천 활동과 사회 생활을 행하기 전이나 행하는 도

---

224) 같은 책 권8 하, 「觀物外」, 26쪽, "以物喜物, 以物悲物, 此發而中節者也."
225) 같은 책 권8 하, 「觀物外」, 27쪽, "不我物則能物物, 聖人利物而無我. 任我則情, 情則蔽, 蔽則昏矣. 因物則性, 性則神, 神則明矣."
226) 같은 책 권8 하, 「觀物外」, 16쪽, "以物觀物, 性也; 以我觀物, 情也. 性公而明, 情偏于暗."

중에 자아에서 출발한 강렬한 의식을 지니고 있고, 이러한 심리 상태에서 사물과 교류하게 된다면, 이것을 일컬어 "나로서 임한다"(任我)거나 "내 입장에서 사물을 살핀다"(以我觀物)고 말한다. 이러한 교류의 결과로 발생하는 감정은 '기율에 들어맞지' 않은 상태가 될 것이고, 사물에 대한 이해도 가려져 밝지 못한 상태가 될 것이다. 여기에서 알 수 있듯이 "사물로 사물을 살핀다"는 소옹의 말에서 핵심적인 요구는 '무아無我'이다.

'무아'는 '사물에 따라야'(因物) 하는 것, 즉 사물에 순응해야 하는 것이다. "사물로 사물을 살핀다"는 말은, 정호가 "정이 만물에 순응하여 무정하다"(情順萬物而無情)고 한 말이나, "드넓게 크고 공평하여 사물이 다가오면 순응한다"(廓然而大公, 物來以順應)고 한 말, 그리고 "성인은 사물에 대해서 마땅히 즐거워해야 할 것에 즐거워하고, 마땅히 화내야 할 것에 화낸다. 성인의 즐거움과 화냄은 마음에 달린 게 아니라 사물에 따르기 때문이다"(聖人之喜以物之當喜, 聖人之怒以物之當怒, 是聖人之喜怒不繫於心而繫於物也)라고 한 말과도 완전히 일치한다. 오히려 이 점에 관한 설명에서는 정호의 말이 더 분명하다.

정호는 이러한 경지에 올라 사물과 교류할 때 '커다란 즐거움'(大樂)을 맛볼 수 있을 것으로 생각했다. 소옹은 더 나아가 "배워서 즐겁지 않다면 배움이라고 말할 수 없다"[227]고 생각했다. 여기에서 '즐거움'이란 감관의 쾌락을 뜻하는 게 아니고 '무아'에서 터득한 일종의 정신 경지이다. 사물로 사물을 살피라고 주장하는 소옹의 주된 목적은, 일종의 '무아'의 생활 태도와 경지에 놓여 있다. 어떤 인식 기능을 실현하기 위한 목적이 아닌 것이다. 그는 "군자의 학문은 자기를 윤택하게 하는 일을 근본으로 삼는다. 사람을 다스리고 사물에 응하는 일은 모두 그 나머지 일이다"[228]라고 말했다. 소옹은 평생토록 많은 시를 지었는데, 그 시들의 대부분은 자신의 이러한 인생 경지를 그대로 드러낸 것들이다.

---

227) 같은 책 권8 하, 「觀物外」, 39쪽, "學不至於樂不可以謂之學."
228) 같은 책 권8 하, 「觀物外」, 25쪽, "君子之學以潤身爲本, 其治人應物皆餘事也."

3. 음陰과 양陽, 체體와 성性

소옹은 또 우주 발생과 우주 구성에 관한 이론을 제시하기도 했다. 그는 '태극'을 우주의 본체로 삼았으며, 그것을 '도道'라고 불렀다. 그는 이렇게 말했다.

태극은 하나인데, 움직이지 않고도 둘을 낳으며, 둘이면 신묘해진다. 신묘함은 수數를 낳고, 수는 상象을 낳으며, 상은 기器를 낳는다.[229]

태극의 움직이지 않는 상태가 성性이다. 발현하면 신묘해지고, 신묘함은 수數를 이루며, 수는 상象을 이루고, 상은 기器가 되며, 기는 변화한다.[230]

도道는 천지만물을 낳지만 스스로는 드러나지 않는다. 천지만물은 도를 본보기로 삼는다.[231]

천지가 만물을 낳으니, 만물로 만물을 삼는 것이다. 도가 천지를 낳으니 천지도 역시 만물이다. 도는 태극이다.[232]

소옹의 생각에 따르면, '태극' 또는 '도'는 우주의 본원이다. 그리고 '태극' 또는 '도'는 움직이지도 않고 드러나지도 않는 것이다. 또 그것은 보편적인 형이상학적 실체임과 동시에 만물을 낳는 근원이다. 소옹은 또한 '태극'이란 우주의 본성이자 만물이 본받아야 할 규율이기도 하다는 점을 자신이 이해한 내용 속에 어렴풋이나마 표현하고 있다. 이른바 '태극'이 둘을 낳는다는 말은 곧 음양을 낳는다는 뜻이다. 음양이 서로 작용하여 신묘한 공능이 생기고, 만물의 과정과

---

229) 같은 책 권8 하, 「觀物外」, 23쪽, "太極一也, 不動生二, 二則神也. 神生數, 數生象, 象生器."
230) 같은 책 권7 상, 「觀物外」, 23쪽, "太極不動, 性也; 發則神, 神則數, 數則象, 象則器, 器則變."
231) 같은 책 권7 상, 「觀物外」, 16쪽, "道生天地萬物而不自見也. 天地萬物亦取法乎道矣."
232) 같은 책 권7 상, 「觀物外」, 23쪽, "以天地生萬物, 則以萬物爲萬物. 以道生天地, 則天地亦萬物也. 道爲太極."

종류를 결정하는 수가 생기며, 온갖 형상(象)과 만물이 생긴다. 이 때 사물은 수의 규정에 따라서 부단히 변화한다.

이와 같은 소옹의 사상은 어떤 측면에서 주돈이와 매우 가깝다. 다만 소옹은 '태극'을 기氣가 아니라 성性으로 이해했을 뿐이다. 이 사상은 뒷날 호굉胡宏과 주희에 의해 발전되었다. 이정과 비교해 볼 때, 소옹이 말한 '태극' 또는 '도'는 대체로 우주의 형이상학적 근거를 이루는 것이며, 윤리 법칙적인 성격이 부여되지 않은 것이다. 바로 이 점이 뒷날 리학의 발전 과정에서 소옹을 주류로 삼지 않았던 원인 가운데 하나였다. 그러나 앞서 언급한 그의 사상이나 그것과 관계된 그의 역학易學 사상은 주희에게 비교적 커다란 영향을 끼쳤다.

주돈이가 『주역』 가운데서 음양과 동정動靜, 강유剛柔 관념을 중시했던 것과 마찬가지로, 소옹은 우주의 구성과 진화 측면에서도 유사한 개념을 제시하였다. 그는 이렇게 말했다.

> 하늘은 움직임에서 생겨나고, 땅은 고요함에서 생겨난다. 한 번 움직이고 한 번 고요한 상태가 교차하면서 천지의 도道를 다한다. 움직이기 시작하면서 양이 생겨나고, 움직임이 극한에 이르러 음이 생겨난다. 한 번 양하고 한 번 음하는 상태가 교차하면서 하늘의 작용을 다한다. 고요해지기 시작하면서 부드러움이 생겨나고, 고요함이 극한에 이르러서 강함이 생겨난다. 한 번 강하고 한 번 부드러운 상태가 교차하면서 땅의 작용을 다한다.[233]

주돈이는 "움직여서 양을 낳고, 움직임이 극한에 이르러서 고요해지며, 고요하여 음을 낳는다"(動而生陽, 動極而靜, 靜而生陰)고 주장하였다. 그러나 소옹은 움직임이 음양을 낳고, 고요함이 강유를 낳는다고 생각하였다. 소옹의 사상에

---

233) 같은 책 권5, 「觀物」, 1쪽, "天生於動者也, 地生於靜者也, 一動一靜交而天地之道盡之矣. 動之始則陽生焉, 動之極則陰生焉, 一陰一陽交而天之用盡之矣. 靜之始則柔生焉, 靜之極則剛生焉, 一剛一柔交而地之用盡之矣."

서 '사물은 극한에 이르면 반드시 되돌아간다'(物極必反)는 원칙은, 움직임이 극한에 이르러서 고요해지면 음을 낳는다는 생각으로 나타나지 않는다. 그 원칙은, 움직이기 시작하면서 양을 낳고 움직임이 극한에 이르러서 음을 낳는다는 생각과 고요해지기 시작하면서 부드러움을 낳고 고요함이 극한에 이르러서 강함을 낳는다는 생각으로 각각 나뉘어 드러난다. 소옹은 음양의 원칙이 하늘(日月星辰)의 구성과 운동 법칙일 수밖에 없고, 강유의 원칙이 바로 땅(초목과 동식물)의 구성과 변화 원리라고 생각하였다. 이 두 원칙이 함께 '천지지도天地之道'를 구성하는 것이다.

소옹은 만물을 설명하기 위해서 '성性'과 '체體'의 관념을 강조하기도 했다. 그는 이렇게 말했다.

성은 체가 아니면 이루어지지 못하고, 체는 성이 아니면 생겨나지 못한다. 양은 음을 체로 삼고, 음은 양을 성으로 삼는다. 움직이는 것은 성이고, 고요한 것은 체이다. 하늘에서는 양이 움직이고 음이 고요하다. 땅에서는 양이 고요하고 음이 움직인다. 성은 체를 얻어서 고요해지고, 체는 성을 따라서 움직인다.[234]

'체'는 형질形質을 가리키고, '성'은 성질을 가리킨다. 소옹은 일찍이 "불은 성을 위주로 삼고, 체를 그 다음으로 여긴다. 물은 체를 위주로 삼고, 성을 그 다음으로 여긴다.…… 예를 들어 만물은 천天에서 품부받아 각기 자신의 성을 이루는데, 사람에게서는 인성이 되고, 금수에게서는 금수의 성이 되며, 초목에게서는 초목의 법칙이 된다"[235]고 말했다. 불은 특정한 형질을 갖지 않으므로 '성'을 위주로 삼는다고 말했다. 물은 특정한 형태를 지니지만 물의 성질은 불처럼 분명하지 않으므로, 체를 위주로 삼는다고 말했다.

234) 같은 책 권8 하, 「觀物外」, 22쪽, "性非體不成, 體非性不生, 陽以陰爲體, 陰以陽爲性. 動者性也, 靜者體也. 在天則陽動而陰靜, 在地則陽靜而陰動. 性得體而靜, 體隨性而動."
235) 같은 책 권8 하, 「觀物外」, 10쪽, "火以性爲主, 體次之; 水以體爲主, 性次之…… 如萬物受於天而各爲其性也, 在人則爲人性, 在禽獸則爲禽獸之性, 在草木則爲草木之則."

모든 사물은 '성'과 '체'로 구성되어 있다. 따라서 '성'만 있고 '체'가 없을 수 없으며, '체'만 있고 '성'이 없을 수 없다. 한 사물의 '체'는 그 사물의 음의 측면이고, '성'은 그 사물의 양의 측면이다. 형체는 고정적인 것으로서 고요함에 속하고, 성질은 만물의 변화를 결정하는 것으로서 움직임에 속한다. '성'과 '체'는 논리 분석적으로 한 쌍을 이루는 이원론의 범주이며, 리기론과 비슷한 점을 지닌다. 리기론과 다른 점이라면, '성'과 '체'는 비교적 고정된 형질을 지니고 있는 사물을 분석하는 데에만 적용되고 있다는 점이다.

소옹도 '기氣' 관념을 제시했지만 그 중심이 우주론에 놓여 있지 않았다. 그는 "기는 성을 기르고, 성은 기를 탄다. 따라서 기가 보존되면 성도 보존되며, 기가 움직이면 성도 움직인다"[236]고 말했다. 이정이 "성을 논하면서 기를 말하지 않으면 완전하지 못하다"(論性不論氣不備)고 말했던 까닭은, 사람의 도덕 의식에 영향을 끼치는 근원으로서 '성'과 '기'를 다 같이 고려했기 때문이다.

소옹이 '성'과 '기'에 대해 말한 내용은, 사람의 몸을 구성하는 요소로서 쉼없이 흐르는 '기'와 인성의 관계를 지적한 것이고, 맹자가 말했던 양기養氣의 '기'와 양성養性의 '성' 사이의 관계를 가리킨 것이다. '성'이 '기'를 탄다는 소옹의 관념은 주희에게 어느 정도 영향을 주었다. '기'를 물질 요소로서 말하자면, '기'는 '성'을 싣는 몸이다. 그리고 '기'를 심리 상태로서 말하자면, '기'의 보존과 함양은 '성'에도 중대한 영향을 끼친다.

소옹도 역시 '체용'의 문제를 언급하였다. 그는 이렇게 말했다.

사람이 만물의 영장이 될 수 있는 까닭은, 눈으로 만물의 색을 볼 수 있고, 귀로 만물의 소리를 들을 수 있으며, 코로 만물의 냄새를 맡을 수 있고, 입으로 만물의 맛을 알아 낼 수 있기 때문이라고 한다. 소리와 색, 냄새와 맛은 만물의 체體이고, 눈·귀·코·입은 만물의 용用이다. 체에는 일정한 용이 없으며, 변變만이 용이다.

---

236) 같은 책 권8 하, 「觀物外」, 27쪽, "氣則養性, 性則乘氣. 故氣存則性存, 氣動則性動也."

용에는 일정한 체가 없으며, 화化만이 체이다. 체와 용이 교차하면서 사람과 사물의 변화가 완비된다.237)

사람의 감관은 외부 사물에서 소리·색·냄새·맛 등과 같은 각종 정보를 받아들일 수 있다. 이러한 소리·색·냄새·맛 등은 만물이 본래 지니고 있는 것으로, 다 함께 물질 실체로서의 만물을 구성한다. 그리고 감관 작용은 자연계 속에서 생겨나는 것임과 아울러 사물에 대해서 작용할 수 있는 기능일 뿐이다. 감관의 작용은 어떤 하나의 실체에만 국한되지 않는다. 또한 실체는 여러 감각 기관을 통해서 다른 실체를 감수感受해 나갈 수 있다. 소옹이 말하는 '체용'은, 리학에서 일반적으로 논하는 전형적인 '체용'의 문제가 아니다. 그의 주장은 상당한 정도의 변증법적 색채를 띠고 있다.

소옹은 남송 시기에 '북송오자北宋五子' 가운데 한 명으로 불렸고, 주돈이와 이정, 장재와 함께 '이락지학伊洛之學'의 연원을 이루는 한 사람으로 여겨졌다. 그는 살아 있을 때 이정과 많은 교류를 하였다. 정호는 그를 '풍류 호걸'(風流人豪)이라고 부르며, 그의 인품을 높이 받들었다.

사상적인 면에서, '역횡도易橫圖에 한 배를 더하는 방법'(易橫圖加一倍法)238)에 대한 소옹의 해석은 주희의 주목을 받았다. 주희는 또 '성은 도의 형체이며'(性者道之形體), '마음은 성의 성곽이다'(心者性之郛郭)라는 소옹의 주장을 대단히 떠받들었다. 주희는 소옹이 '성性이 곧 리理'라는 사상과 '마음은 그 리理를 갖

---

237) 같은 책 권5,「觀物」, 5쪽, "人之所以能靈於萬物者, 謂目能收萬物之色, 耳能收萬物之聲, 鼻能收萬物之氣. 口能收萬物之味. 聲色氣味萬物之體也. 目耳鼻口, 萬物之用也. 體無定用, 惟變是用; 用無定體, 惟化是體. 體用交而人物之變於是備矣."

238) 아직 나뉘지 않은 상태의 태극을 음양으로 나누고, 음양을 다시 음양으로 나누며, 음양의 음양을 또다시 음양으로 나눔으로써, 여덟 가지의 기본괘를 그리는 방법이었다. 아래 그림을 참조하기 바란다――옮긴이 주.

추고 있다'(心具此理)는 사상을 이미 지녔던 것으로 생각했다. 소옹이 '리理'를 언급한 경우는 매우 적었지만, "하늘이 나에게 지니도록 해 준 것을 일컬어 명命이라 하고, 명이 내게 있는 것을 가리켜서 성性이라 하며, 성이 사물에 있는 것을 가리켜서 리理라 한다"239)고 말하였다. 이 말은 확실히 이정의 표현과 비슷한 점이 있다.

소옹은 스스로 "평생토록 눈살 찌푸리는 일은 하지 않겠다"(平生不作皺眉事)고 말했고, 거처하는 곳을 '안락한 움집'(安樂窩)이라 이름 붙였으며, 자신을 '안락安樂 선생'이라고 불렀다. 정호는 일찍이 소옹이 말하는 내용을 '내성외왕內聖外王의 도'라고 말했으며, 또 "그의 말을 들어보니, 태고의 호걸이로다. 세상을 위해 사용하지 않는 점이 애석하구나"240)라고 말하기도 하였다.

소옹이 임종할 무렵, 정호는 그에게 가르침을 달라고 요청하였다. 그러자 그는 "앞길을 넓게 터야 한다"(面前路徑須令寬)고 말했고, 정호에게 '개방할 것'(放開)과 '마음이 초탈한 사람이 될 것'을 권면하였다. 그러나 정이와 '리학'파의 후학들은 때때로 소옹을 비판하곤 했다. 그들은 소옹이 도달한 안락의 경지는 일반 사람들이 미치지 못할 경지임에 틀림없다고 생각했다. 하지만 그들이 보기에 이러한 안락의 경지는 사물에 빠져(玩物) 세상을 등한시하는(玩世) 의미를 벗어나지 못한 데다가, "의식적인 것 같아서"(猶有意也) 진정으로 '자연스러운' 경지에 이르지 못한 것이었다.

6. 사량좌

이정의 제자는 매우 많은데, 그 중에서도 가장 영향력 있는 인물은 사량좌

---

239) 『皇極經世緖言』 권7 상, 「觀物外」, 23쪽, "天使我有是之謂命, 命之在我之謂性, 性之在物之謂理."
240) 『宋元學案』 권10, 「白源學案下」, 附錄, 464쪽, "聽其議論, 振古之豪杰也, 惜其無所用於世."

謝良佐와 양시楊時였다. 명말의 황종희黃宗羲는 "이정의 제자들 중에서, 나는 상채上蔡(사량좌)를 으뜸으로 친다"[241)]고 말했다. 청대의 사학자 전조망全祖望도 "낙학의 우두머리로 모두들 상채를 추천한다"[242)]고 말했다. 일반적으로 사량좌는 이정의 제자들 중에서 창조성이 가장 뛰어난 제자로 여겨진다.

사량좌(1050~1103)는 자字가 현도顯道이고, 수춘壽春 상채上蔡 사람이다.[243)] 후대의 학자들은 모두 그를 '상채 선생'으로 불렀다. 정호가 부구현扶溝縣 지사로 있을 때, 사량좌가 찾아가 배웠다. 정호는 그의 훌륭한 재능을 대단히 높이 평가하면서도 그를 인도하는 데 매우 주의를 기울였다. 정호를 만날 당시에 사량좌는 이미 진사에 급제한 뒤였다. 이 때 사량좌는 학문의 드넓음을 자부하였으며, 정호와 담론할 때도 한 글자도 빠뜨리지 않으면서 역사서를 인용하여 증명했다. 그러자 정호는 "당신은 확실히 아주 많은 것을 기억하는군요. 하지만 그렇게 암기만 하는 일은 사물에 빠져 뜻을 잃는다고 말할 수 있어요"라고 말했다. 이 말을 들은 사량좌는 "식은 땀이 흘러 등을 적셨고, 얼굴이 붉어졌다"고 하며, 이에 정호는 "이것이 바로 측은지심이다"라고 말했다.[244)]

정호가 경전과 역사서를 읽고 연구하는 일을 완전히 부인했던 것은 아니다. 그의 목적은 만일 경전을 읽고 암송하는 일이 자신의 정신 발전과 품격 수양에 아무런 도움도 되지 못한다면, 그것은 단지 입과 귀로 하는 학문에 불과할 뿐이며 '사물에 빠져 뜻을 잃게 된다'는 점을 지적해 주는 데 있었다. 부구현에 있던 어느 날 정호는 사량좌에게 "자네들이 여기에서 서로 좇는 것은 그저 어떤 말을 배우려는 것일 뿐이다. 따라서 그 배움에서는 마음과 입이 상응하지 못한다. 어째서 실천하지 않는가"라고 말했다. 그러자 사량좌는 어떻게 실천해야 하는지를 물었고, 정호는 "오직 정좌할 뿐이다"라고 대답하였다.[245)]

---

241) 같은 책 권24, 按語, 916쪽, "程門弟子, 予竊以上蔡爲第一."
242) 같은 책 권24, 按語, 917쪽, "洛學之魁, 皆推上蔡."
243) 『宋史』 권428, 12732쪽.
244) 『宋元學案』 권24, 附錄, 929쪽, "賢卻記得許多, 可謂玩物喪志!", "汗流浹背, 面發赤", "只此便是惻隱之心."

나중에 사량좌는 진정으로 자신을 위한 학문에 성실히 전념하였고, 스스로 절제하고 수양했으며, "공책을 만들어 두고, 일상 생활을 하면서 보고 듣고 말하고 행동한 것들이 예에 들어맞았는지의 여부를 일일이 기록하였다. 또 예전에는 두려움을 많이 탔으나 위험한 계단 위에서 단련함으로써 두려움을 없애 버렸다."246) 생활 속의 실천을 통해서 비도덕적인 의식을 극복하고 없애 버리는 일에 주의하였으며, 자신을 단련함으로써 두려워하는 마음을 감소시켰다. 그래서 나중에 정이는 "절실하게 묻고, 가까운 것에서부터 생각해 나간다"247)고 말하며 그를 칭찬했다. 그는 또 평상시 수양할 때는 '자만심을 없애는' 일에 특별히 주의하였다. 바로 허영심이 발생하는 소지를 제거해 나갔던 것이다.

사량좌는 원풍元豊248) 8년(1085년)에 진사에 급제하였고, 몇 차례 주현의 관리를 역임하였으며, 응성현應城縣 지사를 지내기도 하였다. 휘종徽宗이 그를 불러서 만나 보고는 그를 등용하고자 했다. 하지만 그는 물러나와 황제의 뜻이 정성스럽지 못하다고 말했으며, 나중에서야 서경西京의 죽목장竹木場 감독직을 맡았다. 그러나 그 후 또다시 덕종德宗의 연호에 대해 언급함으로써 끝내는 체포되어 감옥에 갇혔고, 평민으로 강등되고 말았다. 그의 저작에는『논어해論語解』와 세 권의『상채어록上蔡語錄』이 있는데, 나중에 주희가 편집하였다.

1. 이치를 궁구하다

사량좌는 이정이 밝힌『대학』의 격물치지설을 계승하였다. 그는 "지식이 있다는 말은 반드시 사물의 이치를 궁구(窮理)해야 한다는 것이다. 예컨대 황금은 천하에서 지극히 보배로운 것이나, 먼저 그 형체와 성질을 구별해 낼 수 있어야

---

245)『二程集』제2책,『河南程氏外書』권12, 432쪽, "爾輩在此相從, 只是學其言語, 故其學心口不相應. 盍若行之?", "且靜坐."
246)『宋元學案』권24, 附錄, 929쪽, "作課簿, 以記日用言動視聽之是禮與非禮者. 又舊多恐懼, 嘗于危階上習以消之."
247) 같은 책 권24, 附錄, 928쪽, "切問近思."
248) 神宗의 연호이다——옮긴이 주.

만 비로소 그것을 알게 되는 법이다. 그렇지 않으면 사람들이 유석鍮石[249]을 황금이라고 우기는 경우에도 구별해 낼 수 없어서 의혹이 생길 것이며 자신할 수도 없을 것이다. 이런 까닭에 경전에서는 '사물의 이치를 궁구한 다음에야 지식이 생기고, 지식이 생긴 다음에야 뜻이 정성스러워진다'고 했다"[250]고 말하였다. 이리하여 사량좌는 "학자라면 모름지기 궁리해야 한다"[251]고 주장하였다.

그러나 사량좌가 이해한 '궁리'는 황금을 변별하는 것처럼 사물의 성질과 규율을 연구하는 활동이 아니다. 그가 말한 '이치' 역시 황금의 속성 등을 뜻하는 '물리物理'가 아니다. 그는 "이른바 격물궁리는 반드시 천리를 알아야만 이루어지는 것이다"[252]라고 강조하였다. 요컨대 궁리의 목적은 천리를 인식하는 것이며, 여기에서 '천리'란 '인욕'과 상대되는 도덕 법칙을 가리킨다. 그는 이렇게 말하였다.

이른바 천리란 자연적인 도리로서 조금의 조작도 없는 것이다. 어린아이가 우물에 빠지려는 광경을 볼 때, 사람들은 모두 놀라면서 측은해하는 마음을 지닌다. 이러한 광경을 보자마자 마음이 놀라는 게 이른바 천리이다. 동네 사람들과 친구들에게서 칭찬을 듣기 위해서라거나, 어린아이의 부모·형제와 교분을 맺기 위해서라거나, 비난하는 소리를 듣기 싫어서 그렇게 하는 것이라면, 이는 곧 인욕이다. 천리와 인욕은 상대적인 것이어서, 한 치의 인욕이 생기면 한 치의 천리가 소멸되며, 한 치의 천리가 생기면 한 치의 인욕을 이겨 낼 수 있다.[253]

---

249) 밝은 빛이 나는 자연동이다──옮긴이 주.
250) 『宋元學案』 권24, 附錄, 918쪽, "所謂有知識, 須是窮物理. 只如黃金, 天下之寶, 先須辨認得他體性, 始得. 不然, 被人將鍮石喚作黃金, 辨認不過, 便生疑惑, 便執不定. 故經曰: '物格而后知至, 知至而后意誠.'"
251) 같은 책 권24, 附錄, 922쪽, "學者且須是窮理."
252) 같은 책 권24, 附錄, 918쪽, "所謂格物窮理, 須是認得天理, 始得."
253) 같은 책, 같은 쪽, "所謂天理者, 自然底道理, 無毫髮杜撰. 今人乍見孺子將入于井, 皆有怵惕惻隱之心. 方乍見時, 其心怵惕, 卽所謂天理也. 要譽于鄉黨朋友, 內交于孺子父母兄弟, 惡其聲而然, 卽人欲耳. 天理與人欲相對, 有一分人欲卽減却一分天理, 有一分天理卽勝得一分人欲."

어린아이가 막 우물에 빠지려는 광경을 목도했을 때, 그 아이를 구해 내려는 행위가 자연스레 생긴 동정심과 의무감에 기초한 것이라면, 그러한 의식은 곧 천리이다. 그러나 그 아이를 구해 내려는 행위가 동네 사람들의 칭찬을 얻기 위한 목적이거나, 그렇게 함으로써 어린아이의 부모와 교분을 맺기 위해서라면, 그것은 곧 인욕이다. 그러므로 사량좌가 볼 때, 궁구해야 하는 이치란 주로 인류의 도덕 법칙이지 사물의 객관 규율이 아니다. 궁리의 주요 목적도 도덕 의식을 배양하는 데 있지 자연 사물을 인식하는 데 있지 않다.

사량좌의 생각에 따르자면, 학문의 방법 면에서는 '궁리'에 힘써야 하겠지만, 진정한 자아의 측면에서는 리理란 결코 순수한 외재적 대상이 아니다. 자아와 '리'는 본래 동일한 것이다. 그는 이렇게 말하였다.

> 하늘은 리이고, 나 또한 리이다. 리에 따르면 하늘과 하나가 된다. 하늘과 하나 되면 나는 내가 아니라 리이고, 리는 리가 아니라 하늘이다.[254]

> 이치를 궁구하면 하늘이 하는 바를 알 수 있다. 하늘이 하는 바를 알 수 있으면 하늘과 하나가 된다. 하늘과 하나가 되면 어떤 것도 리 아닌 게 없다. 이치를 궁구하는 것은 옳은 것을 찾는 일인데, 나를 고집한다면 이치를 궁구할 수 없을 것이다. 사람들 중에서 어느 누가 참된 자기를 아는가? 무엇이 나인가? 리가 바로 나다. 이치를 궁구함이 지극해지면 애쓰지 않아도 자연스럽게 도리에 들어맞고, 생각하지 않아도 얻게 되며, 여유롭게 도에 들어맞을 수 있다.[255]

궁리의 과정이란 방법적으로 나를 나 아닌 상태로 변화시키는 일, 즉 하늘과

---

254) 같은 책 권24, 附錄, 923쪽, "天, 理也, 人亦理也. 循理則與天爲一. 與天爲一, 我非我也, 理也; 理非理也, 天也."

255) 같은 책 권24, 附錄, 922쪽, "窮理則能知天之所爲, 知天之所爲, 則與天爲一. 與天爲一, 無往而非理也. 窮理則是尋箇是處, 有我不能窮理. 人誰識眞我? 何者爲我? 理便是我. 窮理之至, 自然不勉而中, 不思而得, 從容中道."

리에 합일되는 의식으로 변화시키는 것이다. 그런데 사람의 진정한 자아는 바로 리이다. 따라서 궁리의 과정은 본질적으로 자신을 '진정한 자아'로 복귀시키는 과정이다. 사량좌는 하늘이란 바로 보편적인 리를 뜻하기 때문에, 천리를 따라 행위하면 곧바로 "하늘과 하나가 된다"고 생각하였다. 여기에서 알 수 있듯이, 사량좌는 리를 기초로 하는 이정의 천일합일 사상을 계승하였다. 이 사상에 따르면, '하늘'은 리의 본연지체本然之體이고, 사람의 진정한 자아 역시 리이다. 따라서 리라는 의미에서 하늘과 사람은 합일적이다. 그렇지만 공부의 측면에서 사람은 하늘과 합치되도록 노력함으로써, 리와 하나가 되고 하늘과 하나되는 데까지 이르러야 한다. 그러나 인심의 본연적인 성질을 말하자면, 하늘과 사람은 본래 하나여서, 바로 "하늘과 사람은 본래 둘이 아니므로 합일을 말할 필요도 없다"(天人本無二, 不必言合)는 정호의 말과 같다.

사량좌가 궁리를 '옳은 것을 찾는 일'로 규정한 것은 리학에 일정한 영향을 끼쳤다. 사량좌는 리학에서 말하는 격물궁리란 주로 시비를 판단하는 당연 법칙을 이해하는 일을 가리키므로, 격물치지론은 인식론이 아니라 윤리학임을 명확하게 긍정하였다. 그러므로 궁리의 대상은 도덕 법칙이며, 궁리의 목적은 리에 따르는 것, 즉 도덕 법칙을 실천하여 최종적으로 하늘과 하나가 되고 리와 하나 되는 경지에 이르는 것이다. 그가 말하는 하늘과 하나 되고 리와 하나 된다는 것은, 자연 규율에서 의미하는 필연과 자유의 통일을 가리키는 말이 아니다. 그것은 사람이 감성적 필연이라는 속박을 초월하여 도덕 이성의 자유에 도달하는 것을 가리키는 말이다.

2. 인仁을 추구하다

리학에 가장 커다란 영향을 끼친 사량좌의 사상은 "지각으로 인을 설명한"(以覺言仁) 점이다. 그는 "마음에 지각이 있는 것을 일러 인이라 한다"[256]고 말했다. 이 사상은 정호가 사람의 감수성을 기초로 하여 건립했던 새로운 인학(新

仁學)의 방향을 계승한 것이다. 정호는 일찍이 의학에서 말하는 '수족불인手足不仁'의 표현을 비유로 삼아서, 사지 가운데서 어느 한 부분이 마비되면 마비된 부분이 신체의 일부분이었음을 느낄 수조차 없게 되는데, 이러한 상태를 일러 '불인不仁하다'고 말하였다. 그러므로 '인'은 잘 통하는 상태와 활발한 상태를 의미한다. 따라서 '인'의 본체론적 의의는 끊임없이 생성하고 유행하며, 막힘 없이 느껴 통하는 데 있다. 그리고 '인'의 윤리적 의의는 마땅히 만물과 사람 모두를 자신과 긴밀한 관계에 있는 것으로 간주하여 사랑해야 하는 데 있다. 사량좌는 이러한 정호의 사상을 계승하였다. 그는 다음과 같이 말하였다.

> 마음이란 무엇인가? 인仁일 따름이다. 인이란 무엇인가? 살아 있는 것은 인이고, 죽은 것은 불인이다. 사람의 신체가 마비되어 아픔과 가려움도 모르는 상태를 일러 불인이라 한다. 복숭아씨와 살구씨를 심어서 살아날 수 있는 상태를 일러 인이라 한다. 따라서 인은 살아 있는 상태를 뜻한다. 이를 미루어 인을 알 수 있다. 불교를 배우는 사람들은 이 점을 알아 견성見性이라고 말하지만 그것으로 끝나니, 마침내 망령되며 거짓되고 만다. 성인의 학문을 닦는 학자들은 이러한 사실을 알게 되면 반드시 공부를 한다. 그리하여 "저(안연)는 비록 영민하지는 못하지만 그 말씀을 열심히 실천하겠습니다"라고 말하거나 "저(冉雍)는 비록 영민하지는 못하지만 그 말씀을 열심히 실천하겠습니다"라고 말한다. 인은 잡으면 보존되지만, 버리면 없어진다. 그러므로 증자는 "용모를 단정히 하고, 얼굴색을 바로하며, 말을 조심한다"고 말하였다.257)

사량좌는 정호와 마찬가지로, 본체적인 의미에서 인은 우주 공간의 '끊임없

---

256) 같은 책 권24, 「伯逢問答」, 1386쪽, "心有知覺之謂仁."
257) 같은 책 권24, 「伯逢問答」, 917~918쪽, "心者何也? 仁是已. 仁者何也? 活者爲仁, 死者爲不仁. 今人身體麻痺不知痛癢謂之不仁, 桃杏之核可種而生者謂之仁, 言有生之意. 推此, 仁可見矣. 學佛者知此, 謂之見性, 遂以爲了, 故終歸妄誕. 聖人學者見此消息, 必加功焉, 故曰: '回雖不敏, 請事斯語矣', '雍雖不敏, 請事斯語矣.' 仁, 操則存, 舍則亡, 故曾子曰: '動容貌, 正顔色, 出辭氣.'"

이 생성하는'(生生不已) 본성을 뜻하고, 윤리적인 의미에서 인은 의식의 경지와 상태, 즉 '지각'(覺)을 뜻하는 것으로 굳게 믿었다. 이러한 깨달음은 사지의 아픔과 가려움을 지각하는 것과 마찬가지로 수시로 전체 우주와 사회 안에서 자신의 지위와 책임을 의식하는 것이다.

사량좌는 '인'에 도달하려면 반드시 자신을 수양하는 데 노력해야 하고, 인을 추구하려면 반드시 먼저 자신의 이기적인 측면을 극복해야 한다고 생각하였다. 그래서 그는 "성인의 학문을 닦는 사람이라면 자신의 이기적인 측면을 극복하는 일을 학문의 요체로 삼아야 한다. 극기복례하여 사사로운 마음을 없애면 곧 하늘이다"258)라고 말했다. 그리고 자신의 이기적인 측면을 극복하는 일은 용모와 언어 등 외면적 수양에서부터 시작해야 한다. 그의 제자가 그에게 "인을 추구하려면 어떤 공부를 해야 합니까"라고 묻자, 그는 "안연처럼 보고 듣고 말하고 행위하는 데서 공부하여도 얻을 수 있고, 증자처럼 용모와 안색 그리고 언어에서 공부하여도 얻을 수 있다"259)고 답변하였다. 여기에서 알 수 있듯이 사량좌가 인을 이해하는 데는 정호의 영향을 비교적 크게 받았지만, '인을 추구하는'(求仁) 구체적인 실천 공부에서는 분명히 '정제엄숙하며' 경敬을 지키라는 정이의 사상에서 영향을 받았다.

그러나 사량좌가 주장한 '구인求仁' 공부는 정이와 달랐다. 그는 "말을 조심한다"는 말에 대해서 "불교에서 '이 마음속에서 우러나온다'고 말하는 것과 같다. 사람이 '예'라고 대답하면서도 마음속에서 우러나오는 말이 아니라면, 바로 아픔과 가려움을 모르는 것이다"260)라고 해석하였다. 또 "'말을 조심한다'는 것은 이 드넓은 마음속에서 우러나온다는 뜻이다. 사사로운 의견으로서 말을 한다면 어떻게 '말을 조심한다'고 하겠는가?…… '크게 감화되어' 자연스런 상

---

258) 같은 책 권24, 「伯逢問答」, 918쪽, "聖門學者, 大要以克己爲本. 克己復禮, 無私心焉, 則天矣."
259) 같은 책 권24, 「伯逢問答」, 920쪽, "求仁是如何下工夫?", "如顏子視聽言動上做亦得, 如曾子容貌顏色辭氣上做亦得."
260) 같은 책 권24, 「伯逢問答」, 920쪽, "猶佛所謂從此心中流出. 今人唱一喏, 不從心中流出, 便是不識痛癢."

태에서 나온다면, '바로하고', '단정히 하며', '조심한다'고 말할 필요도 없다"261)고 하였다. 여기에서 알 수 있듯이 사량좌는 "용모를 단정히 하고, 안색을 바로하며, 말을 조심한다"고 주장했지만, 그가 강조한 점은 외재적으로 엄숙한 규정이 아니라 내재적으로 자연스러운 우러남이었다. 이것이 바로 정이와 다른 점이다.

정이가 중시한 '경'에 대해서도 사량좌는 자기 나름의 독특한 견해를 가지고 있었다. 그는 "마음을 한 곳에만 집중하는 것을 일러 경이라 한다"(主一之謂敬)는 정이의 견해에 찬성하지 않고, "성誠은 실리實理이지 전일專一함이 아니다"262)라고 주장하였다. "사물이 이르면 그것에 응하면서도 그것에 이끌리지 않는다면 경이 아닌가? 수없이 변화해도 이것이 늘 존재한다면 무슨 동요가 있겠는가? '일을 할 때는 경건해야 한다'는 공자의 말은 바로 이것을 두고 한 말이다"263)라고 하였다. 이렇게 볼 때 '성誠'과 '경敬'에 대한 사량좌의 이해는, "사물이 이르면 순응한다"(物來順應)는 정호의 사상과 "주재하는 것이 있으면 충실해진다"(有主則實)는 정이의 사상을 결합한 것이다.

그는 특별히 "경은 늘 깨어 있는 방법이다"(敬是常惺惺法)라고 제시함으로써 후대의 리학에 지대한 영향을 끼쳤다. "늘 깨어 있다"는 말은 "주인 어른은 늘 깨어 있다"(主人翁常惺惺)는 불교 선종의 수양 방법에서 흡수한 것이다. 그 의미는 늘 자신을 일깨워 경각시키고, 수시로 언행을 단속하여 방종하지 않으며, 의식을 항상 일종의 경계 상태로 유지하라는 뜻이다. 주희의 '주경主敬' 사상은 사량좌의 이러한 사상을 흡수한 것이며 또 그것을 더욱 분명히 표현한 것이다.

---

261) 같은 책 권24, 「伯逢問答」, 918쪽, "'出辭氣'者, 從此廣大心中流出也. 以私意發言, 豈'出辭氣'之謂哉?…… 若夫'大而化之', 出于自然, 則'正''動''出'不足言矣."
262) 같은 책 권24, 「伯逢問答」, 924쪽, "誠是實理, 不是專一."
263) 같은 책 권24, 「伯逢問答」, 921쪽, "事至應之, 不與之往, 非敬乎? 萬變而此常存, 奚紛擾之有? 夫子曰'事思敬', 正謂此耳."

3. 요순의 기상을 추구하다

사량좌는 만년에 정이와 펼쳤던 문답 한 단락을 회상하였다.

이십 년 전에 이천을 찾아뵈었는데, 이천은 "요즘 공부는 어떤가" 하고 물었다. 나는 "천하에 무슨 생각할 것이 있으며 걱정거리가 있겠습니까"라고 대답하였다. 그러자 이천은 "그 말은 나름대로 이치가 있는 것인데 그대는 너무 일찍 드러냈다"고 말하였다. 이천은 오직 사람을 단련시키고자 했으므로, "알맞은 공부를 하라"고 덧붙였다.264)

나중에 사량좌는 그의 제자들과 이 문답에 담긴 의미를 토론하였다.

"태허에는 끝이 없으나 마음에는 그침이 있으니, 어떻게 합일할 수 있겠습니까?"라고 묻자, "마음이 그치는 이유는 그것을 사용하기 때문이다. 사용하지 않는다면 무슨 그침이 있겠는가"라고 답변하였다. "선생께서는 이미 사용하지 않으신지요?"라고 물으니, "아직 그 경지에 이르지는 못했다. 성인만이 사용하지 않는다. 예전에 그렇게 말한 적이 있는데, 이천의 말 한 마디에 이십 년을 고생하였다. 일찍이 이천을 찾아 뵈었는데, 이천이 '요즘 공부는 어떤가'라고 묻기에, 나는 '천하에 무슨 생각할 것이 있으며 걱정거리가 있겠습니가'라고 대답하였다. 그러자 이천은 '그 말은 그 나름대로 이치가 있는 것인데, 그대는 너무 일찍 드러냈다'고 말했다"는 경험담을 들어 대답하였다. "당초 이 말씀을 하실 때는 어떠하였습니까?"라고 묻자, "그 때는 시간이 지나도 잡념이 생기지 않았고, 사물과 접해서도 대처할 수 있었다"고 말하였다. "그렇다면 어째서 말 한 마디 때문에 변하였습니까?" 하고 물으니, "끝까지 투철하지 못한 점이 있었을 것이다. 당초 그의 한 마디가 아니었다면 선학禪學에

---

264) 『二程集』 제2책, 『河南程氏外書』 권12, 426쪽, "二十年前往見伊川, 伊川曰: '近日事如何?' 某對曰: '天下何思何慮.' 伊川曰: '是則是有理, 賢卻發得太早在.' 伊川直是會鍛鍊得人, 說了又道: '恰好著工夫也.'"

빠졌을 것이다.…… 이제는 '무슨 생각과 걱정거리가 있겠는가'라는 경지를 감히 말하지 못한다"고 답변하였다.265)

사량좌는 정이와 학문을 논할 당시에 공부에 자못 힘이 실려 있음을 느끼고 있었으며, 고요할 때는 잡념의 동요가 없고 움직일 때는 사물을 응접함에 원칙을 잃지 않는다고 생각했다. 그래서 정이가 '요즘 공부는 어떤가'라고 묻자, 그는 "천하에 무슨 생각할 것이 있으며 걱정거리가 있겠는가"(天下何思何慮)라는 『역전』의 말을 인용해 대답함으로써, 자신이 이미 자재롭기에 억지로 애쓸 필요가 없는 경지에 이르렀음을 표명하였다.

그러자 정이는 "무슨 생각할 것이 있으며 걱정거리가 있겠는가"라는 말의 의미를 '생각하지 않아도 되고 애쓰지 않아도 적중하는' 경지를 가리키는 것이라고 생각하였다. 그리고 이러한 경지는 오랫동안 수양을 지속해야만 실현할 수 있는 경지이므로, 학문을 시작한 지 얼마 되지도 않은 사량좌가 진정으로 이같은 경지에 도달했을 리 만무하다고 생각했다. 그래서 정이는 "너무 일찍 드러냈다"고 사량좌를 나무랐으며, 그에게 경계할 점을 일러 주고자 반드시 "알맞은 공부를 하라"고 말했던 것이다. 정이는 '무슨 생각할 것이 있으며 걱정거리가 있겠는가'(즉 생각하지 않고 애쓰지 않는다)라는 말은 효험을 뜻하는 것이지 공부가 아니라고 생각하였다. 생각함이 없고 걱정함이 없는 상태를 공부로 여긴다면, 곧 선학에 빠지고 말 것이기 때문이다.

사량좌는 정이의 인도와 가르침으로 마침내 수양 공부에 대한 부정확한 인식을 바로잡았고, 선학에 빠지는 결과도 모면하였다. 그러나 사량좌의 후기 사상

---

265) 『宋元學案』 권24, 附錄, 921~922쪽, "問: '太虛無盡, 心有止, 安得合一?' 曰: '心有止, 只爲用他. 若不用, 則何止.' '吾丈莫已不用否?' 曰: '未到此地. 除是聖人便不用. 當初曾發此口, 被伊川一句壞了二十年. 曾往見伊川, 伊川曰: '近日事如何?' 某對曰: '天下何思何慮.' 伊川曰: '是則是此理, 賢卻發得太早在.' 問: '當初發此語時如何?' 曰: '見得這箇事, 經時無他念, 接物亦應副得去.' 問: '如此, 卻何故被一句轉卻?' 曰: '當了終須有不透處. 當初若不得他一句救拔, 便入禪家去矣. …… 至此未敢道到何思何慮地位.'"

중에는 여전히 선학을 흡수한 내용이 있다. 사량좌는 "인을 추구하는 데 경을 사용한다"(求仁用敬)는 사상을 견지한 외에도, "한 가지 일에만 집착하지 않는다"(不著一事)거나 "모든 일을 내버려 둔다"(事事放下)는 정신과 경지를 제창하였다. 그는 "경이란 늘 깨어 있는 것이고, 마음을 닦음은 모든 일을 내버려 두는 것이다"[266]라고 말했다. 그는 "증점과 함께하리라"(與點)는 공자의 이야기를 언급하면서 이렇게 말하였다.

계로季路와 염구冉求의 말은 인재를 얻지 못하면 행할 수 없다. 그러나 늘 이러한 뜻을 가슴에 품고 있다면 증점에게는 가소롭게 보일 것이다. 학자는 한 가지 일을 가슴에 담고 집착해서는 안 된다. 어떤 일에 집착하면 그 올바름을 얻지 못한다. 증점이 어떤 뜻을 지녔다고 말하겠는가? 열자列子가 바람을 제어하는 일에 가깝고 쉽게 할 수 있는 일로서, 오직 무심無心할 따름이며 망각 상태에 가까운 것이다.[267]

이 일을 뱃속에 품는다면, 자로나 염자처럼 증점의 싸늘한 눈초리만 받을 것이다. 오직 홀로 봄바람에 흥얼거리며 알고 있는 것들을 뱃속에 담아 둘 뿐이니, 어찌 유쾌하지 않겠는가![268]

사량좌는 증점의 경지를 대단히 추앙하였다. 그는 증점의 경지가 "하나의 사물에 집착하지 않는" 경지라고 생각하였다. 이러한 해석은 분명히 선종의 영향을 받은 것이다. 후대의 리학자들 중에서 '증점의 기상'을 흥미진진하게 이야기하는 학파는 모두 "음풍농월하며 돌아와 '나는 증점과 함께하리라'는 뜻을 지니게 되었다"(吟風弄月以歸, 有吾與點也'之意)는 정호의 경지와 "어떤 일에도

---

266) 같은 책 권24, 附錄, 924쪽, "敬是常惺惺, 心齋是事事放下."
267) 같은 책, 같은 쪽, "季路求求之言, 不得人才做不得. 然常懷此意在胸中, 在曾點看著正可笑耳. 學者不可著一事在胸中. 纔著些事, 便不得其正. 且道曾點有甚事? 列子御風事近之, 然易做, 只是無心. 近于忘."
268) 같은 책 권24, 「記上蔡語」, 935쪽, "將此事橫在肚裏, 一如子路冉子相似, 便被曾點令眼看他, 只管獨對春風吟咏, 肚裏渾沒些能解, 豈不快活!"

마음을 집착시키지 않는다"(胸中不著一事)는 사량좌의 경지를 계승한 것이다. 마땅히 지적해야 할 점이라면, 정호는 비록 "증점과 함께하겠다"는 뜻을 추앙했지만 이것으로 사람들을 가르치지 않았고, "증점과 함께하겠다"는 생각과 "집착하지 않는다"는 생각을 직접 연계하지 않았다는 점이다. 그러나 사량좌는 명확히 "집착을 없애라"는 불교의 사상으로 증점의 기상을 해석하였다. 이것은 그가 일부러 "집착을 없애라"는 불교의 인생 경지를 흡수한 것이다. 그는 또한 이렇게 주장하였다.

요堯・순舜・탕湯・무武가 행했던 사업은 오직 천리와 합일되는 것이었다. 어찌 그렇게 하려고 뱃속에 품었겠는가? 그들이 이룩한, 천지를 뒤흔들고 세상을 뒤덮는 수많은 공업功業들이 하늘의 한 점 구름과 같은 것이라면, 결국 그들이 행한 일은 무엇이겠는가? 예를 들어 살찐 말을 타고, 가벼운 옷을 입고, 친구들과 함께 사용하다가 헐어 못 쓰게 되더라도 유감으로 여기지 않겠다는 자로의 생각도 역시 좋은 일을 하려는 마음이 있는 것이다. 안연은 이미 이것과 저것을 합치시켰다. 그러나 공자는 그렇지 않았다. 마땅히 봉양해야 하는 노인들을 편안하게 해 주고, 일어서지 못하는 어린아이들을 안아 준다. 임금이 임금다워지고, 신하가 신하다워지며, 아버지가 아버지다워지고, 아들이 아들다워지는 것은 자연스럽게 함께해야 하는 도리로서 하늘이 하는 것이지 인위적으로 하는 게 아니다.[269]

이 말은 요・순・탕・무가 전에 없던 공업을 이룩했지만, 이러한 사업을 "뱃속에 품지" 않았으며 그러한 공업에 집착하지도 않았던, 그들의 내면 세계를 강조한 말이다. 사량좌는 가슴속으로 어떤 한 가지 일에 집착하지 않는 것이 결코 도가의 '무無'나 불가의 '공空'으로 나아가는 게 아님을 지적하였다. 그가

---

269) 같은 책 권24, 「記上蔡語」, 936쪽, "堯舜湯武做底事業, 只是與天理合一, 幾曾做作, 横在肚裏! 見他做出許多掀天動地蓋世底功業, 如太空中一點雲相似. 他把做甚麽! 如子路願乘肥馬, 衣輕裘, 與朋友共, 敝之無憾, 亦是有要做好事底心. 顔子早是參彼己. 孔子便不然, 老者合當養底便安之, 少者不能立底便懷之, 君君臣臣父父子子, 自然合做底道理, 便是天之所爲, 更不作用."

생각할 때, 불가나 도가의 '무심無心'이란 맹자가 반대했던 '망忘'에 치우친 것이다. 하지만 그가 긍정한 '가슴속으로 어떤 한 가지 일에 집착하지 않는다'는 태도는 이치에 따르는 자연스런 것이다. 유학자는 이치에 따라서 행위하고 도덕 준칙을 준수해야 한다. 또 자연스러운 것을 따라야 하며, 어떤 집착이나 조작이 있어서도 안 된다.

정호는 일찍이 사량좌에게 이렇게 말하였다.

"솔개는 하늘에서 날고, 물고기는 연못에서 뛰논다. 이는 아래와 위 모두를 살핀다는 말이다." 이 단락에서 자사가 사람들에게 긴박하게 말하려 했던 것은 "반드시 일이 있더라도 집착하지 말라"는 말과 같은 뜻으로, 아주 생동적인 것이다.[270]

"솔개가 날고, 물고기가 뛰논다"는 말은 『중용』에 나오는 말이다. 정호는 이 구절이 『맹자』에서 정신 수양을 논한 "반드시 일이 있더라도 집착하지도 말고, 잊지도 말며, 조장하지도 말라"는 명언과 일치한다고 생각하였다. 다시 말해서 "솔개가 날고 물고기가 뛰논다"는 『중용』의 말이 실제로 표현하는 것은, 잊지도 않고 조장하지도 않는 것에서부터 도달한 자유롭고 활발한 정신 경지이다. 사량좌는 이러한 정호의 말을 인용하면서 "'잊지도 말고, 조장하지도 말라'는 뜻을 안다면 이것을 아는 것이다. 이것을 알면 증점과 함께한다는 공자의 말뜻을 아는 것이다"[271]라고 보충하여 설명했다. 그는 "솔개가 날고, 물고기가 뛰논다"거나 "아주 생동적이다"는 정호의 말을 "증점과 함께하겠다"는 공자의 정신과 연계시켰다. 그리고 그는 "이것에서부터 깨닫는다면, 곧 요순의 기상에 들어갈 수 있다"[272]고 말했다. 이 말은 사량좌가 이해한 요순의 기상이란 어떤 한 가지 일을 마음에서 집착하지 않고, 잊지도 않으며, 조장하지도 않는, 아주 생동적인

---

270) 『二程集』 제1책, 『二程遺書』 권3, 59쪽, "'鳶飛戾天, 魚躍于淵, 言其上下察也.' 此一段子思喫緊爲人處, 與'必有事焉而勿正心'之意同, 活潑潑地"
271) 『宋元學案』 권24, 附錄, 924쪽, "'知'勿忘, 勿助長', 則知此. 知此, 則知夫子與點之意."
272) 『二程集』 제1책, 『二程遺書』 권3, 61쪽, "從此解悟, 便可入堯舜氣象."

정신 경지였음을 드러내 준다.

남송의 주희는 사량좌를 포함해서 이정의 뛰어난 제자들(程門高弟) 모두에 대해 날카롭게 비판하였고, 특히 그들이 불교의 영향을 많이 받은 점을 질책하였다. 그러면서도 주희는 사량좌를 비교적 높이 평가하였다. 주희는 사량좌에 대해 "그의 사람됨은 영명하였고, 애써 노력함에 싫증내지도 않았으며, 극기복례하면서 날마다 일정한 과제를 스스로 부여하였다. 선생님(이정)께서는 그가 절실히 물으며 가까운 것에서부터 생각하는 뛰어남을 지녔다고 칭찬하셨다. 그가 지은 『논어설論語說』과 제자들이 기록한 어록이 간행되어 세상에 나왔다. 예컨대 살아 있다는 의미로 인을 논한 점이라던지, 실리實理 개념으로 성誠을 논한 점이라던지, 늘 깨어 있는 상태로 경을 논한 점이라던지, 옳음을 추구하는 것으로 궁리를 논한 점 등은 그 명칭과 이치가 정밀하고 타당하다. 그리고 오직 궁리와 거경居敬만을 덕에 들어가는 방법으로 여겼으니, 선생님께서 사람들을 가르쳤던 방법의 강령을 가장 잘 얻었다"[273]고 평가하였다. 황종희도 사량좌의 이러한 사상을 "모두 자기 홀로 얻은 것으로, 선생의 말씀을 분명하게 설명하였다"[274]고 평하였다.

리학 발전사에서 사량좌의 또 다른 사상은 남송 시기에 대단한 영향을 끼쳤다. 그것은 그의 심성心性 철학 중에서 "성은 본체이고 마음은 작용이다"(性體心用)라는 주장이다. 그는 "성은 본체이다. 눈이 보고 귀가 들으며, 손이 움직이고 발이 움직이는 것 등의 작용으로 드러나는 것은 마음이다"[275]라고 생각하였다. 이러한 관점은 '작용'을 마음으로 여기는 것이지 성性으로 여기는 게 아니다. 따라서 불교와 작용을 성으로 주장하는 일부 리학의 사상과는 다르다. 그런데

---

273) 朱熹, 『朱子文集』 권80, 「德安府應城縣上蔡謝先生祠記」, "其爲人英果明決, 强力不倦, 克己復禮, 日有程課, 夫子蓋嘗許其有切問近思之功, 所著論語說及門人所記遺語皆行於世. 如以生意論仁, 以實理論誠, 以常惺論敬, 以求是論窮理, 其命理皆精當, 而直指窮理居敬爲入德之門, 則於夫子敎人之法又最爲得其綱領."

274) 『宋元學案』 권24, 附錄, 925쪽, "皆其所獨得, 以發明師說者也."

275) 『上蔡語錄』(中文出版社), 3쪽, "性, 本體也; 目視耳聽手擧足運見於作用者, 心也."

이러한 견해는 리학에서 주도적인 입장을 차지하는 '심통성정心統性情'의 주장과도 다른 사상이다. 주희는 마음을 작용으로 규정한다면 마음은 그저 움직일 수만 있을 뿐 고요할 수 없다는 점을 지적하였고, 성은 보고 듣는 작용의 본체일 뿐만 아니라 나아가 도덕 의식의 근원이라는 점을 지적하였다. 그래서 주희는 사량좌가 여전히 불교의 영향을 받았다고 생각하였다.[276] 주희 자신의 심성론은 바로 사량좌의 심성론을 주요한 비판 대상으로 삼아 건립한 것이다.

정이는 일찍이 "제왕을 도울 만한 재주가 있다"[277]며 사량좌를 칭찬하였다. 사량좌는 성욕을 없애고 신체를 강건하게 단련하였으며, 정신을 전일하게 하는 등 큰일을 맡을 만큼 충분히 능력을 갖추었으나, 끝내 기회를 얻지 못하였다. 그는 수양 실천을 위해 기공氣功의 방법을 흡수하는 데 매우 주의를 기울였다. 그는 일찍이 "토납술吐納術을 응용하였고",[278] "일기법—氣法의 실행이 오원五元을 모두 원기로 변화시키는 방법이라고 하였다."[279] 그러나 사량좌는 자신의 목적이 양생養生에 있는 것이 아니라 양기養氣와 화심和心에 있음을 분명히 지적하였다. 양기는 '호연지기'를 배양하는 것이고, 화심은 마음의 평화를 추구하는 것이다. 양기를 통해 양심養心을 추구하는 방식이 바로 리학자들이 양생가들과 구별되는 중요한 점이다.

---

276) 朱熹, 「孟子綱領」, 『朱子文集』 권74.

277) 『宋元學案』 권24, 附錄, 930쪽, "有王佐才."

278) 같은 책, 같은 쪽, "用導引吐納之術." '吐納'이란 '吐故納新'으로서, 탁한 기를 뱉어 내고 맑은 기를 들이마시는 도가의 양생술이다.(『莊子』 「刻意」편 참조——옮긴이 주.)

279) 『上蔡語錄』, 82쪽, "行一氣法, 名五元化氣." 도교의 氣法에서는 氣를 元氣·淸氣·濁氣로 나누며, 이들을 합하여 一氣로도 부른다. 一氣는 다섯 종류로 나뉘는데, 유순한(軟) 것은 물(水)이고, 따뜻한(溫) 것은 불(火)이며, 부드러운(柔) 것은 나무(木)이고, 강인한(剛) 것은 쇠(金)이며, 바람(風)은 흙(土)이다. 吐納 즉 탁한 기를 뱉어 내고 맑은 기를 들이마시는 일은 다섯 가지의 氣를 조절하는 것이다. 그래서 생명의 氣라고 부르기도 하며, 실제로 養生을 위한 근본적인 방법이다——옮긴이 주.

3.

남송 리학의 발전

1. 양시

이정의 문하에서는 사량좌謝良佐와 양시楊時가 가장 뛰어났다. 특히 양시의 삼대(三傳) 제자에 주희가 있기 때문에, 후대 사람들은 양시를 대단히 추앙하였다.

양시(1053~1135)는 자字가 중립中立이고, 복건성福建省 남검南劍 장락將樂 사람이며, 호는 구산龜山 선생이다. 그는 희녕熙寧 9년(1076년)에 급제하였으나 여러 해 동안 두문불사杜門不仕하였다. 나중에 유양瀏陽·여항余杭·초산肖山 지방의 지사와 형주교수荊州教授·비서랑秘書郞·저작랑著作郞·이영전설서邇英殿說書·우간의대부右諫議大夫 겸 시강侍講 그리고 국자좨주國子祭酒 등을 차례로 역임하였다. 북송 말기에는 휘헌각대제徽獻閣待制라는 벼슬을 맡았고, 서경西京 숭복궁崇福宮을 관리하였다. 고종高宗이 즉위해서는 공부工部 시랑侍郞의 벼슬을 맡으며 시강侍講도 겸직하였다. 만년에는 용도각龍圖閣 직학사直學士로서 항주의 동소궁洞霄宮을 관리하였다. 북송 말년에는 원우元祐 당쟁으로 낙학洛學은 계속 금지당하는 상태에 있었다. 양시는 흠종欽宗 때에야 비로소 국자좨주로 등용되었고, 남쪽으로 천도한 뒤에는 지위가 더욱 높아졌다. 이 때부터 이정의 제자들이 조정에 나아가기 시작했으며, 역사서에서는 강을 건넌 뒤 "동남쪽의 학자들 중에서 오직 양시만이 이정의 정종正宗이다"[1]라고 기록하고 있다.

양시는 진사가 되었으면서도 관직에 나아가지 않은 채, 오히려 영창潁昌 지방으로 정호를 찾아가 그를 스승으로 섬겼다. 정호는 양시를 마음에 꼭 들어하였다. 양시가 정호의 곁을 떠나 고향으로 돌아갈 때, 정호는 목송目送하면서 "나의 도가 남쪽으로 가는구나"[2]라고 말하였다. 그래서 전통적으로 "명도는 구산을 좋아하고, 이천은 상채를 좋아한다"[3]고 말해 왔다. 정호가 죽은 뒤 양시는 낙양(洛中)으로 정이를 찾아가 학문을 배웠다. 당시 양시의 나이는 이미 사십세가 넘었는데도 "이천을 섬기는 태도가 매우 공경스러웠다"고 한다. 어느 날 정이는 눈을 감은 채로 정좌靜坐하고 있었는데, 양시가 문 밖에 서 있었다. 정이가 정좌를 끝낸 뒤 "자네 아직도 거기 있는가"라고 말하면서 밖으로 나와 보니, 문 밖에는 눈이 한 자나 쌓여 있었다고 한다.[4] 이 일화는 정이가 정좌하고 있던 몇 시간 동안이나 제자 양시는 움직이지도 않으면서 정이의 곁에서 조심스럽게 모셨다는 사실을 밝혀 준다. 더욱이 양시 자신도 이미 마흔 살이 넘은 상태였다. 이 일화는 스승을 공경하는 양시의 정성스러운 태도를 생동적으로 드러낸다.

1. 미발을 체험하라

정이와 그의 제자 여대림呂大臨·소계명蘇季明은 일찍이 "희·노·애·락이 아직 발현되지 않은 상태를 일컬어 중中이라 한다"(喜怒哀樂未發謂之中)는 『중용』의 문제를 놓고 토론을 벌인 적이 있다. 언급된 주된 문제 중의 하나는 '미발未發'이란 어떤 상태이며, 이러한 '미발'에서 어떠한 수양 방법을 이끌어 낼 것

---

1) 『宋史』 권428, 「道學二」, 12738쪽, "東南學者惟楊時爲程氏正宗."
2) 『二程集』 제2책, 『河南程氏外書』 권12, 429쪽, "吾道南矣."
3) 『宋元學案』 권25, 944쪽, "明道喜龜山, 伊川喜上蔡."
4) 『二程集』 제2책, 『河南程氏外書』 권12, 429쪽, "賢輩尙在此乎."

인가였다. 양시도 이 문제를 대단히 중시하였다. 그는 이렇게 말하였다.

순수하고 전일하지 않다면, 그 누가 도심道心의 은미함을 잡을 수 있겠는가? 오직 희·노·애·락이 아직 발현되지 않았을 때 도심의 은미함을 체험한다면, 그 의미는 저절로 드러날 것이다. 그러나 말로 표현할 수는 없다. 요가 순에게 자문해 주고, 순이 우에게 명하면서 세 성인이 서로 전수했던 것은 오직 '중'일 따름이었다.[5)]

양시는 『중용』의 "희·노·애·락이 아직 발현되지 않은 상태를 일컬어 중이라 한다"는 말에서 '중中'은 바로 『상서尙書』 「대우모大禹謨」의 "도심은 은미하니, 진실로 그 중을 잡아야 한다"(道心惟微, 允執厥中)는 말에서 '중'에 해당한다고 생각하였다. 『상서』에서 잡아야 한다고 말하는 '중中'이란 도심道心이다. 따라서 '미발의 중'은 바로 도심이다. 그는 요·순·우가 서로 전수했던 것이 도심을 지키는 일이었다고 생각했다. "도심은 은미하다"는 말은 도심은 깊고 미묘하며, 은폐되어 있어서 파악하기가 매우 어렵다는 뜻이다. 그러므로 사람은 반드시 희·노·애·락이 아직 발현되지 않았을 때에 '중', 즉 도심을 체험해야 한다. 그는 이렇게 말하기도 하였다.

『중용』에서는 "희·노·애·락이 아직 발현되지 않은 상태를 일컬어 중이라 하고, 발현되어 모두 기율에 들어맞는 상태를 일컬어 화和라 한다"고 하였다. 학자는 마땅히 희·노·애·락이 아직 발현되지 않았을 때에 마음으로 그것을 체험하여야 한다. 그렇게 한다면 중의 의미가 저절로 드러날 것이다. 그것을 잡고 잃지 않아서 인욕의 사사로움이 없어진다면, 발현해서는 반드시 기율에 들어맞을 것이다.[6)]

---

5) 『宋元學案』 권25, 951쪽, "道心之微, 非精一, 其孰能執之? 惟道心之微而驗之于喜怒哀樂未發之際, 則其義自見, 非言論所及也. 堯咨舜, 舜命禹, 三聖相授, 惟'中'而已."
6) 같은 책 권25, 952쪽, "中庸曰: '喜怒哀樂之未發謂之中, 發而皆中節謂之和.' 學者當于喜怒哀樂未發之際, 以心體之, 則中之義自見, 執而勿失, 無人欲之私焉, 發必中節矣."

양시가 "희·노·애·락이 아직 발현되지 않았을 때에 마음으로 그것을 체험해야 한다"고 말한 의도는, 방법적으로 체험자는 모든 의식 활동을 초월하도록 노력하여 최대한으로 사상과 정서를 평정시키고, 의식 전체를 분명한 활동 상태에서 상대적인 정지 상태로 전환시킨 뒤에 사유와 감정이 활동하지 않는 내심의 상태를 체험하고자 노력하라는 것이다. 이러한 체득 방식은 분명히 어떤 특수한 안정 상태 속의 내향적인 직각 체험을 강조한 것이다. 그는 이같은 내향적인 직각을 통하여 무엇이 중이고, 무엇이 도심인지를 체험할 수 있다고 생각하였다. 그것을 계속 유지시켜 나가 잃어버리지 않는다면 도덕적인 경지를 실현할 수 있다는 것이다.

양시의 이러한 수양 방법은 '정靜'을 강조하는 방법으로서, 이정과 다른 점이 있고 사량좌와도 다르다. 이정의 제자들 중에서 사량좌는 '정' 공부를 주장하지 않았다. 그의 어록에는 "'하루 종일 정좌하여 모든 일이 한결같이 전부 내 화기和氣 중에 있음을 깨닫는다면, 이것은 인仁입니까' 하고 물으니, '그것은 단지 정靜 공부일 뿐이고, 마음이 공허해지고 기氣가 평정된 것일 따름이다'라고 답변했다"[7]는 기록이 있다. 이 기록은 사량좌가 '정' 속의 미발 기상을 중시하지 않았다는 것을 설명해 준다. 양시가 고요한 가운데 미발을 체험하도록 강조한 것은 '직각적으로 인을 체득하라'는 정호의 학설과 '미발을 함양하라'는 정이의 학설을 발전시킨 것으로 볼 수 있다. 그는 이렇게 말하였다.

지극한 도에 담긴 뜻은 결코 필설로 다할 수 있는 것이 아니다. 몸으로 체득하고 마음으로 경험해야 온화한 용모가 저절로 다 갖추어지고, 한가롭고 고요하게 집중하는 가운데 묵묵히 그것을 깨닫게 되며, 아울러 글과 말, 뜻과 형상의 표상들을 잊는다면 그 지극함에 가깝다고 할 수 있을 것이다.[8]

---

7) 같은 책 권24, 924쪽, "問: '一日靜坐, 見一切事平等, 皆在我和氣中, 此是仁否?' 曰: '此只是靜中工夫, 只是心虛氣平也.'"
8) 같은 책 권25, 「寄翁好德」, 952쪽, "夫至道之歸, 固非筆舌能盡也. 要以身體之, 心驗之, 雍容自盡燕閑靜一之中默而識之, 兼忘于書言意象之表, 則庶乎其至矣."

이것은 어떤 언어와 문자로도 '도'를 완전하게 표현할 수 없기 때문에, 도를 파악하려면 반드시 언어와 사물의 형상을 초월해야 한다는 것, 즉 언어를 뛰어넘고 형상을 끊어야 함을 말해 주고 있다. 도를 파악하는 방법은 마땅히 고요한 가운데 조용히 체험하거나 내심의 직관에 호소하는 것이다. 양시는 청년 시절에 노장老莊 사상의 영향을 비교적 많이 받았다. 그의 이같은 사상이 노장 사상의 영향을 받았음은 의심할 여지가 없다.

2. 자신을 반성하는 것이 격물이다

이정, 특히 정이는『대학』의 격물格物 문제를 대단히 중시하였다. 이정의 제자들도 그 영향을 받지 않은 이가 없었다. 정이의 격물론에는 다음과 같은 문제가 제기되어 있다. 모든 사물에는 전부 이치가 있는데,『대학』에서는 "사물을 궁구한 이후에 지식이 지극해진다"(格物而后知至)고 말했다. 그렇다면 모든 사물의 이치를 전부 다 궁구해야만 지식이 지극해지는 것인가?

정이는 천하의 사물을 모두 궁구할 필요는 없으며, 오늘 한 사물을 궁구하고 내일 또 한 사물을 궁구함이 오래도록 축적되면 자연히 관통하게 되리라고 생각하였다. 그러나 어떻게 격물을 시작할 것인가? 사량좌는 궁리란 결코 사물마다 일일이 궁구하라는 것은 아니며, "반드시 그 가운데서 중대한 사물을 궁구해야 한다. 이치란 하나이기 때문이다. 하나의 이치가 궁구되면 접촉하는 것은 모두 통하게 된다"9)고 생각하였다. 요컨대 격물궁리란 오직 중요한 사물의 이치만을 궁구하는 것이다. 그러한 사물의 이치를 끝까지 궁구한 다음이라면 접촉하는 모든 사물마다 연역적으로 관통할 수 있다. 왜냐하면 만물은 본래 통일적인 이치에 의해 지배되기 때문이다. 양시도 궁리하기 위해서 "사물마다 궁구할" 필요는 없다고 생각했다. 그러나 그가 '중대한 것을 궁구해야 한다'고 말한

---

9) 같은 책 권24, 922쪽, "必窮其大者, 理一而已. 一處理窮, 觸處皆通."

내용은 사량좌와 다르다. 그는 이렇게 말하였다.

> 이러한 도를 실천하려면 먼저 선善을 밝혀야만 한다. 그런 후에 선을 실천하는 근거를 알게 된다. 선을 밝히는 일은 지식을 쌓는 데 있고, 지식을 쌓는 일은 격물하는 데 있다. 사물의 수를 센다면 끝이 없을 것이니, 사물 중에는 궁구할 수 없는 것도 있을 것이다. 스스로를 반성하여 정성스럽다면, 천하의 사물들이 모두 나에게 있게 될 것이다. 『시경』에서는 "하늘이 수많은 인민들을 낳았으니, 사물이 있으면 그 준칙도 있다"고 하였다. 나에게 갖추어진 형색形色은 사물 아닌 것이 없으며, 저마다 그 준칙을 지닌다. 돌이켜 찾는다면 천하의 이치를 얻을 수 있을 것이다. 이로부터 천하의 뜻에 통하고, 만물의 실정을 분류하며, 천지의 조화에 참여한다면, 그것은 어려운 일이 아닐 것이다.[10]

'나에게 갖추어진 형색'이란 인체의 각종 조직 기관, 즉 눈·코·귀·입 등을 가리키는 말이다. 양시는 이러한 것들이 모두 '물物'이며, 이러한 '물'에는 각각 당연한 준칙, 즉 눈·코·귀·입 등의 활동이 마땅히 따라야 하는 준칙과 규범이 있다고 생각하였다. 격물이란 외부의 만물을 궁구해야 하는 것이 아니라, 바로 이러한 '물'을 궁구해야 하는 것이다. 궁리도 역시 만물의 이치를 두루 살피는 것이 아니라, 바로 이러한 '준칙'을 밝히는 것이다. 따라서 양시는 격물을 주로 자기의 몸에서 격물하는 것으로 생각하였다. 눈·코·귀·입과 사지의 활동이 마땅히 따라야 하는 준칙을 분명히 하는 것으로 여긴 것이다. 이러한 격물은 스스로를 반성하는 것이고, 돌이켜 찾는 것이다. 그는 스스로를 반성하여 찾은 이치라면 바로 천하의 이치일 것이므로, 스스로를 반성하여 찾는 것으로도 천지만물의 보편 법칙을 이해할 수 있다고 생각하였다.

---

10) 같은 책 권25, 「答李杭」, 952쪽, "爲是道者, 必先乎明善, 然後知所以爲善也. 明善在致知, 致知在格物. 號物之數至于萬, 則物蓋有不可勝窮者. 反身而誠, 則擧天下之物在我矣. 詩曰: '天生烝民, 有物有則.' 凡形色具于吾身者, 無非物也, 而各有則焉. 反而求之, 則天下之理得矣. 由是而通天下之志, 類萬物之情, 參天地之化, 其則不遠矣!"

격물의 대상을 주로 '자기의 몸'으로 규정함으로써, 양시의 격물설은 주관적인 색채를 띠게 되었다. 그래서 나중에 주희는 객관성을 강조하는 입장에서 양시를 비판하였다. 주희는 격물할 때의 '물'은 마땅히 객관적인 사물이고 천지만물의 이치는 하나하나 연구해야 획득할 수 있는 것이며, "스스로를 반성하여 정성스럽게 하는 것"으로는 만물의 이치를 파악할 수 없다고 지적하였다. 양시의 격물설은 '격심설格心說'까지 나아간 것은 아니지만 외부 사물에 대한 연구를 배척한다는 점에서는 격심설의 입장과 일치한다.

양시의 격물설은 많은 명제를 제시하였다. 이 명제들은 정도는 달랐지만, 후대 리학자들에게 흡수되었다. 예를 들어 양시는 "격물은 치지하는 근거이다"[11]라고 말했는데, 이는 나중에 주희에 의해 발전되었다. 그리고 "뜻을 정성스럽게 하는 것을 위주로 한다"[12]고 말했는데, 나중에 왕수인은 이러한 관점을 힘써 견지하였다. 양시의 격물설은 리학과 심학 사이에서 흔들리고 있었다고 말할 만하다.

사량좌가 '옳은 것을 찾는 일'로 격물을 규정한 것처럼, 양시도 주로 '선을 밝히는' 방법으로 격물을 규정하였다. 격물을 도덕 수양과 실천에 의의가 있는 것으로 강조함은 물론, 스스로를 반성하고 정성스럽게 하는 일을 격물의 주요한 방식으로 주장한 것이다. 다른 한편으로, 그는 오직 '몸'(身)으로만 '물物'을 생각했던 것이 아니며, 단지 몸이 물에 속한다고 말했을 뿐이다. 그는 "뜻을 정성스럽게 하는 것을 위주로 한다"고 강조하면서도 "뜻이 정성스러워야 천하를 평안하게 할 수 있다고 말한다면, 선왕의 전장典章과 법물法物은 모두 쓸데없는 도구가 되고 만다"[13]고 지적하였다. 이것은 격물에 대한 그의 이해가 아직은 전장 제도와 명물名物 등의 지식에 대한 학습과 연구를 완전히 배척하지 않았음

---

11) 같은 책 권25, 『龜山文集』, 「答學者」, 953쪽, "格物所以致知."
12) 같은 책 권25, 『龜山文集』, 「答學者」, 953쪽, "以誠意爲主."
13) 같은 책 권25, 『龜山文集』, 「答學者」, 953쪽, "若謂意誠便足以平天下, 則先王之典章法物皆虛器也."

을 표명해 준다.

3. 행함과 그침, 서두름과 느긋함 사이

양시는 청년 시절에 『장자』와 『열자』를 열심히 공부하여 도가의 영향을 받았다. 나중에는 불교에도 심취했으므로 불교의 영향을 받기도 하였다.

양시는 일찍이 "방거사龐居士는 '신통神通과 묘용이란 물을 긷고 땔나무를 나르는 일이다'라고 말했다. 이것이 바로 요순의 도가 행함과 그침, 서두름과 느긋함 사이에 있다는 말이다"[14]라고 하였으며, "『원각경圓覺經』에서는 지음(作)과 그침(止), 맡김(任)과 없앰(滅)을 네 가지 병이라고 말했다. 지음은 조장하는 것이고, 그침은 경작하지 않는 것이며, 맡김과 없앰은 아무 것도 일삼지 않는 것이다"[15]라고 말하기도 하였다. 또 양시는 "형과 색이 천성이라고 말하는 것은 '색즉시공色卽是空'이라고 말하는 것과 같다"[16]고 하였고, "『유마경維摩經』에서는 곧은 마음이 도량이라고 말했는데, 여기에 이르면 유가와 불교는 실제로 별개의 이치가 아니다"[17]라고 말했으며, "「소요유逍遙游」편은 (『중용』의) 이른바 '들어가 자득하지 못함이 없다'는 뜻이고, 「양생주養生主」편은 (『맹자』의) 이른바 '그 일삼는 것이 없음을(즉 자연스럽게) 실행한다'는 뜻"[18]이라고 말하였다. 사량좌는 "잊지도 말고 조장하지도 말라"는 사상을 "증점과 함께하겠다"는 사상과 연계하였는데, 양시는 한 걸음 더 나아가 맹자의 "잊지도 말고 조장하지도 말라"는 말과 불교의 '지음과 맡김, 그침과 없앰'[19]이 서로 일치하는 것이라

---

14) 全祖望, 『龜山學案』, 按語, "龐居士謂'神通幷妙用, 運水與搬柴', 此卽堯舜之道在行止疾徐間"; 『宋元學案』 권25, 951쪽과 四部叢刊續編의 子部, 『龜山先生語録』 권1・권4 참조.

15) 『宋元學案』 권25, 『龜山文集』, 「答學者」, 953쪽, "圓覺經言作止任滅是四病, 作卽所謂助長, 止卽所謂不耘苗, 任滅卽是無事."

16) 같은 책 권25, 『龜山文集』, 「答學者」, 953쪽, "謂形色爲天性, 亦猶所謂色卽是空."

17) 같은 책 권25, 『龜山文集』, 「答學者」, 953쪽, "維摩經云直心是道場, 儒佛至此, 實無二理."

18) 같은 책 권25, 『龜山文集』, 「答學者」, 953쪽, "莊子逍遙遊所謂無入不自得, 養生主所謂行其所無事."

19) 『圓覺經』에서 말하는 '四病' 가운데서 '作'이란 어떤 마음을 생기게 하여 조작한다는 병이고,

고 생각하였다.

양시의 입장에서 볼 때, 유가에서 말하는 '형과 색이 곧 천성'이라는 것과 불교에서 말하는 '색즉시공'은 적어도 형식적으로 상통한다. 형과 색은 모두 현상을 가리키고, 성性과 공空은 모두 본체를 가리킨다. 유가와 불교는 모두 본체와 현상의 통일성을 주장한다. 유가는 성선性善을 이야기하고, 불교는 아라 야식의 티없이 깨끗함을 이야기한다. 이는 이론적인 의미에서 상통하는 것이다. 또 유가는 도심道心을 이야기하고, 불교는 진심眞心을 이야기한다. 이는 모두 본심을 반구反求하도록 사람들을 인도하는 것이다. 더욱이 양시는 사람의 정신 경지에 관해 유가에서 말하는 "잊지도 말고 조장하지도 말라"는 것과 "서두름 과 느긋함 사이"라는 것은 모두 자득하여 여유로운 경지를 가리키는 것이므로, 불교에서 "물을 긷고 땔나무를 나르는 데에도 기묘한 작용 아닌 것이 없다"는 사상이나 도가에서 "일삼음이 없는 상태를 실천한다"는 사상과도 일치하는 점 이 있다고 지적하였다.

양시의 제자 중에서 나종언羅從彦이 가장 뛰어났고, 나종언의 제자는 이동李 侗이며, 이동은 바로 주희의 선생이다.

2. 호굉

호굉胡宏(1106~1161)은 자字가 인중仁仲이고, 원적은 복건福建 숭안崇安인데 남송 초기에 전란을 피하여 호남湖南으로 이사하였으며, 나중에는 형산衡山 오 봉五峰에 거처하였다. 그래서 학자들은 그를 오봉五峰 선생이라 부른다.

호굉의 아버지는 저명한 학자였던 호안국胡安國이다. 호안국의 『춘추전春秋 傳』은 주희의 『사서집주四書集注』와 마찬가지로 송대 이후에 과거 시험의 표준

'任'이란 인연에 따라 멋대로 내맡긴다는 병이며, '止'란 모든 것을 그치고 잊는 것이 곧 진실 한 것이라는 병이고, '滅'이란 모든 번뇌와 심신을 寂滅한다는 병이다——옮긴이 주.

적인 해석이 되었다. 호굉은 어려서는 집안의 가르침을 받았고, 청년 시절에는 온갖 곳을 두루 돌아다니며 공부하던중 이정의 학설에 마음을 기울였다. 스무 살 때는 수도(京師)에 들어가 이정의 뛰어난 제자였던 양시를 선생으로 모셨고, 나중에는 또 다른 이정의 뛰어난 제자였던 후사성侯師聖에게서 배웠다. 호굉은 평생토록 벼슬길에 나가지 않았다. 진회秦檜가 조정을 장악하고 있을 때, 호굉을 불러 벼슬을 주려 하였으나 호굉이 거절하였다. 호굉은 형산에서 이십여 년 동안이나 강학함으로써, 당시 호상학파湖湘學派의 형성에 중요한 기여를 하였다. 호상학파는 주희에게 커다란 영향을 끼쳤을 뿐만 아니라, 건도乾道와 순희淳熙 연간에 이르기까지 상당한 영향력을 지속적으로 발휘한 학파였다.

진회가 재상으로 있을 당시 호굉은 비록 벼슬을 사양하기는 했지만, 국가의 정치와 군사적 형세에 대해서는 대단한 관심을 기울였다. 그는 고종에게 긴 상소문을 올렸는데, 정치를 세우는 근본이 인仁에 있으니, 군주의 인심仁心을 치도治道의 근본으로 삼으라고 주장하였다. 그는 군주에게 "세상의 이로운 형세에 근거하여 사대부를 경시하거나 의심하는 마음을 갖지"[20] 말도록 조언하였으며, 황제가 어진 선비들을 불러들여 그들에게 치도治道에 대해 강론하게 함으로써 생동적이고 활발한 국면을 조성할 것을 희망하였다.

맹자는 일찍이 "군주가 신하를 개나 말처럼 대하면, 신하는 군주를 원수로 여긴다"[21]고 말한 적이 있다. 이에 대해 사마광은 『의맹疑孟』을 지어서 "충성스럽고 두터운 도리가 아니다"(非忠厚之道)라고 맹자를 비난하였다. 그러나 호굉은 "군주가 그렇게 느낀다면 신하는 반드시 그렇게 응대할 것이다. 군주가 내보내는 것이 그러하다면, 신하가 반응하는 것도 반드시 그럴 것이다"[22]라고 지적하였다. 그는 "세상의 사물에는 반드시 상대되는 것이 있다. 느끼는 것이 있으

---

20) 『胡宏集』, 「上光堯皇帝書」 (中華書局, 1987), 82쪽, "據天下利勢而有輕疑士大夫之心."
21) 『孟子』, "君之視臣如犬馬, 則臣視君如寇仇."
22) 『胡宏集』, 「釋疑孟」, 325쪽, "蓋君感之以此, 則臣應之必以此. 君所出者如是, 則臣之反者必如是."

면 반드시 반응하는 것이 있고, 나오는 것이 있으면 반드시 되돌아가는 것이 있다. 이는 바뀔 수 없는 이치이다"23)라고 말했다. 그는 맹자의 주장을 천지의 이치에 근거한 것으로 생각하였다.

군주의 특정한 '느낌'(感)에 대해 신하가 특정한 '응대'(應)를 보이는 것은 완전히 합리적인 것이다. 그는 특별히 사마광을 질책하면서 "사마광은 충성스럽고 두터운 도리가 아니라고 생각했다. 그러나 군주에 대한 충성을 말하자면, 법령의 불편함을 진언하고 백성들이 원망하며 떠나가는 사태를 진언하는 일은 비록 반역 행위로 지탄받을지언정 옳은 일이다"24)라고 말했다. 만일 군신 간의 상대적인 의무와 권리에 관한 맹자의 관점을 부정하고 일방적으로 군권만을 강조한다면, 전제 군주에게 기존의 법령과 다른 의견을 가진 사람들을 반역자로 매도할 구실을 제공하게 될 것이다. 호굉의 이러한 사상은 당시 사대부들의 비판 의식 중에서 전제를 반대하는 민주적 요소를 반영하는 것이라고 말할 수 있다.

호굉의 시대에도 도학은 여전히 압제를 받았다. 그러나 그는 결코 시론時論에 영향받지 않았다. 그는 도학을 진흥시키는 일을 자신의 임무로 삼았으며, 독립적인 사상 품격을 체현하였다. 그는 "도학이 쇠미해져서 교화가 크게 어그러졌으니, 우리들은 마땅히 죽음으로써 자임해야 할 것이다"25)라고 말했다. 호굉은 일찍이 양시를 스승으로 모셨지만, 리학사 전체의 관점에서 보자면 그의 사상은 확실히 특색이 있으며, 리학이 북송에서 남송으로 발전해 가는 과정에서 중요한 연결 고리가 된다. 호굉의 주요 저작은 『지언知言』이다. 최근에 중화서국에서 출판한 『호굉집胡宏集』은 호굉 사상의 기본 재료를 망라하고 있다.

---

23) 같은 책, 같은 쪽, "天地之間物必有對, 感則必應, 出則必反, 不易之理也."
24) 같은 책, 같은 쪽, "司馬子以爲非忠厚之道, 則凡忠于君, 陳政令之不便而言民有怨離者, 雖指爲叛逆, 可矣."
25) 侯外廬 主編, 『宋明理學史』(人民出版社, 1984), 288쪽, "道學衰微, 風敎大頹, 吾徒當以死自擔."

1. 마음은 이발이다

이정의 제자들 가운데 양시의 계통에서는 『중용』의 '미발未發'에 관한 사상을 대단히 강조하였다. '미발'을 중시하는 양시의 생각은 정이의 영향을 받은 것이다. 정이는 『답여대림논중서答呂大臨論中書』에서 "중은 지나침도 부족함도 없음을 말한다. 무엇을 기준으로 해서 지나침과 부족함을 알는가?…… 희·노·애·락이 아직 발현되지 않았을 때에 구할 뿐이다"26)라고 말한 적이 있다. 그래서 양시는 희·노·애·락이 아직 발현되지 않았을 때를 체험하라고 힘껏 주장하였다. '미발'과 '이발'을 중시하는 양시의 사상은 호굉에게 직접적인 영향을 끼쳤다.

정이는 『답여대림논중서』의 마지막 부분에서 이렇게 주장하였다.

"마음이라고 말하는 것은 모두 이발을 가리켜 말하는 것이다." 이것은 분명히 타당하지 못하다. 마음은 하나이지만, 어떤 때는 본체를 가리켜 말하고('고요한 상태로 움직이지 않는다는 것'이 이것이다), 어떤 때는 작용을 가리켜 말한다.('느껴서 마침내 천하의 일에 통한다는 것'이 이것이다.) 오직 그것이 드러난 바가 어떠한지를 관찰할 뿐이다.27)

"고요한 상태로 움직이지 않으나, 느껴서 마침내 천하의 일에 통한다"는 말은 『주역』 「계사전」에 나온다. 정이는 '미발의 중'이란 당연히 "고요한 상태로 움직이지 않는" 것이라고 생각하였다. 나중에 양시는 "중이란 고요한 상태로 움직이지 않을 때다"28)라고 말하였다. 양시는 '중' 또는 '미발'이란 어느 순간의

---

26) 『二程集』제2책, 『程氏文集』, 「答呂大臨論中書」, 608쪽, "中者, 無過不及之謂也, 何所準則而知過不及乎?…… 求之喜怒哀樂未發之際而已."
27) 같은 책 제2책, 『程氏文集』, 「答呂大臨論中書」, 609쪽, "'凡言心者指已發而言', 此固未當. 心一也, 有指體而言者('寂然不動'是也), 有指用而言者('感而遂通天下之故'是也). 惟觀其所見如何耳."
28) 『胡宏集』, 115쪽, "中也者, 寂然不動之時也."

상태를 가리켜 말한 것이라고 강조하였다.

그러나 호굉은 『중용』의 '미발'을 『역전易傳』의 "고요한 상태로 움직이지 않음"과 동일시하는 것에 반대하였으며, '미발'을 시간 과정 속의 어떤 의식 상태로 이해하는 것에도 찬성하지 않았다. 그는 이렇게 말하였다.

내가 생각하기에 미발은 성性이라고만 말할 수 있고, 이발은 마음이라고 말할 수 있다. 그러므로 이천은 "중이란 성의 본래 모습을 형용하는 근거이다"라고 말했으며, 마음의 본래 모습을 형용한다고 말하지는 않았다.

마음의 본래 모습이란, 성인은 "생각함도 없고 행위함도 없으며, 고요한 상태로 움직이지 않으나, 느껴서 마침내 천하의 일에 통한다"는 말이 그것이다. 미발일 때는 성인과 일반인의 성은 한 가지이지만, 이발의 상태에서 생각함도 없고 행위함도 없으며, 고요한 상태로 움직이지 않으나, 느껴서 마침내 천하의 일에 통하는 것은 성인만이 그럴 수 있는 것이다. 성인은 성을 다하기 때문에 사물을 느끼더라도 고요하고, "요원하거나 가까운 것 혹은 그윽하거나 심오한 것을 막론하고, 마침내 다가올 사물의 상태를 모두 미루어 알 수 있다."[29] 그러나 일반인은 성을 다할 수 없기 때문에 사물을 느끼면 움직이게 되고, 그 후에 "벗이 그대의 생각을 따르게 되어",[30] 올바름을 얻지 못한다. 만일 두 선생께서 미발을 고요한 상태로 움직이지 않는 것으로 여긴다면, 성인이 사물을 느끼는 것 또한 움직이는 것이니 일반인과 무엇이 다르겠는가?[31]

호굉은 "고요한 상태로 움직이지 않는다"는 말은 성인의 마음을 가리키는

---

29) 『周易』, 「繫辭上」 10, "無有遠近幽深, 遂知來物"——옮긴이 주.
30) 같은 책, 「咸卦」, "朋從爾思"——옮긴이 주.
31) 『胡宏集』, 「與曾吉甫書第二書」, 115쪽, "竊謂未發只可言性, 已發乃可言心. 故伊川曰'中者所以狀性之體段, 而不言狀心之體段也. 心之體段, 則聖人'無思也, 無爲也, 寂然不動, 感而遂通天下之故'是也. 未發之時, 聖人與衆生同一性; 已發則無思無爲, 寂然不動感而遂通天下之故, 聖人之所獨. 夫聖人盡性, 故感物而靜, '無有遠近幽深, 遂知來物'; 衆生不能盡性, 故感物而動, 然後'朋從爾思', 而不得其正矣. 若二先生以未發爲寂然不動, 是聖人感物亦動, 與衆人何異?"

것이지 일반인의 마음을 가리키는 것이 아니라고 생각하였다. 바꿔 말해서 『역전』의 "생각함도 없고 행위함도 없으며, 고요한 상태로 움직이지 않는다"는 것은 성인만이 지닌 것이다. 그러나 『중용』의 "희·노·애·락이 아직 발현되지 않은 상태를 일컬어 중이라 한다"는 것은 성인과 일반인이 함께 지닌 것이다. 그러므로 고요한 상태로 움직이지 않는 것과 '미발의 중'은 같은 것일 수 없다. 호굉은 『중용』의 미발이란 사람의 '성'을 가리키는 것이며, 인성은 모두 선한 것이라고 강조하였다. 그러므로 성이 되는 '미발'은 일반인이나 성인이나 한 가지다. 성인과 일반인 사이에 비록 성은 같을지라도 마음은 같지 않다. 성인의 마음은 고요한 상태로 움직이지 않는 것이며 사물을 느껴도 고요하지만, 일반인은 고요할 때도 고요하지 못하고 움직일 때도 고요하지 못하다. 그는 "고요한 상태로 움직이지 않는다"는 말은 의식과 감정이 발현하는 과정 속에서 고요한 상태를 가리키는 것일 뿐이지 결코 '미발'을 가리키는 것이 아니라고 생각하였다.

이상의 분류에 근거하여 호굉은 '미발'이란 성을 가리키는 것이지 마음을 가리키는 것이 아니며, "고요한 상태로 움직이지 않는다"는 것은 마음(물론 모든 사람들의 마음이 아니라 성인의 마음이다)을 가리키는 말이지 성을 가리키는 말은 아니라고 생각하였다. 그는 한 걸음 더 나아가 마음은 움직일 때와 고요할 때를 막론하고 모두 '이발'에 속하는 것이지 '미발'에 속하는 것은 아니라고 지적하였다. 이러한 관점에서 본다면, 양시가 '미발의 중'을 마음이 고요한 상태로 움직이지 않는 때라고 말한 것은, 성을 마음의 특정한 상태로 말한 것이기에 옳지 못한 생각이다. 그래서 호굉은 "미발은 오직 성이라고만 말할 수 있고, 이발은 마음이라고 말할 수 있는 것"임을 강조하였으며, 반드시 범주를 분명히 해야 한다고 생각하였다. "고요한 상태로 움직이지 않는" 것은 어떤 순간의 마음 상태(靜)일 뿐 결코 성이 아니며, '미발'도 아니다. '이발'은 마음의 움직임을 가리킬 뿐만 아니라 마음의 고요함도 포함한다. '미발'은 성을 가리키고 '이발'은 마음을 가리킨다. '중'은 '성'을 묘사하는 것이고, 고요함과 느낌은 '마음'을 묘사하는 것이다. 호굉은 이것이 정이 스스로가 말했던 "중이란 성의 모습을 형상한 것이다"(中者狀性之體段)라는 견해와 일치하는 것이라고 생각하였다.

호굉이 마음을 '이발'로, 성을 '미발'로 여긴 것은 성과 마음의 관계를 체용體用 관계로 이해한 것이다. 그는 "성인은 본체를 가리켜 성이라 불렀고, 작용을 가리켜 마음이라 불렀다. 성은 움직이지 않을 수 없으니, 움직이면 곧 마음이다"[32]라고 말하였다. 요컨대 성은 마음의 본체이고, 마음은 성의 작용이라는 말이다. 즉 성은 의식 활동(心)의 본질이고, 의식 활동은 이러한 본질(性)의 현상적 표현이라는 것이다. "움직이면 곧 마음이다"고 할 때의 '움직임'이란 '발현한다'(發)는 뜻이다. 성의 움직이지 않음은 바로 미발이다. 성의 움직임 즉 이발은 바로 마음이다. 호굉의 이러한 관점은, '고요한 상태로 움직이지 않는 것'이 미발이라는 정이의 후기 관점을 반대한 것이며, "마음이라고 말하는 것은 모두 이발을 가리킨다"는 정이의 초기 관점을 견지한 것이다. 주희가 「지언의의知言疑義」에서 지적한 것과 마찬가지로, 마음은 이발이고 성은 미발이며, 성은 본체이고 마음은 작용이다. 호굉의 이러한 사상도 사량좌에게서 영향받은 것이다.

2. 성性은 천하를 세우는 근본이다

호굉의 사상 체계에서 '성'은 인성이라는 의미 이외에도 철학적 본체라는 범주를 뜻한다. 이것은 호굉의 특별한 용법이다.

호굉은 일찍이 기氣로 우주의 진화를 설명하였다. 그는 "일기一氣의 유행이 오래도록 멈춘다면, 그 진동(震盪)은 한이 없어서 천지가 변동하고, 산이 솟아오르며, 내천이 가라앉고, 사람과 사물은 소진되며, 옛날의 흔적은 사라져 버린다. 이것이 태고의 세상으로 변화되는 까닭인가"[33]라고 말했다. 그는 기의 운동과

---

32) 같은 책, 「知言疑義」, 336쪽, "聖人指明其體曰性, 指明其用曰心. 性不能不動, 動則心矣."
33) 같은 책, 『知言』, 「一氣」, 27쪽, "一氣大息, 震盪無垠, 海宇變動, 山勃川湮, 人消物盡, 舊迹滅亡,

진동이 지질의 변동을 일으키고 지리의 변천을 조성한다고 생각하였다. 거대한 자연 변동으로 사물이 모두 절멸한다면, 이것이 바로 '태고의 세상'인 것이다. 그러므로 '태고의 세상'이란 우주의 기원을 의미하는 것이 아니고, 단지 우주의 무한한 진화 과정 중의 한 단계일 따름이다. 그것은 우주의 기화氣化와 순환 과정 중의 한 단계이고, 이전 단계의 마지막 결과 다음 단계의 시작을 상징한다. 새로운 단계가 시작되면 "기는 다시 증가하여 만물이 생겨나고 날마다 불어나게 된다."34)

호굉은 기의 운동과 변화 과정을 '유행流行'이라 불렀으며, 기가 유행하는 근원과 기의 운동을 지배하는 근거를 '성性'으로 생각하였다. 그는 성과 기를 상대적으로 파악하면서 다음과 같이 주장하였다.

물에는 근원이 있어서 그 흐름이 그치지 않고, 나무에는 뿌리가 있어서 그 생명이 그치지 않는다. 기에는 성이 있어서 그 운동이 쉬지 않는다.35)

성이 기의 유행을 주재한다.36)

성이 아니면 사물이 없고, 기가 아니면 형체가 없으니, 성은 기의 근본이로다!37)

이러한 생각에 따르면, 기의 존재와 운동은 모두 '성'을 근거로 삼으며, '성'은 우주의 근거이다. 기 존재에 대한 성의 작용을 말한다면, "성은 천하의 모든 존재를 근거 지운다"38)는 것이다. 기의 운동에 대한 성의 작용을 말한다면, "성은 기의 유행을 주재한다"는 것이다. 본체론의 입장에서 말하자면, 이러한 성은

是所以爲鴻荒之世歟?"

34) 같은 책, 『知言』, 「一氣」, 27쪽, "氣復而滋, 萬物生化, 日以益衆."
35) 같은 책, 『知言』, 「好惡」, 11쪽, "水有源故其流不窮, 木有根故其生不窮, 氣有性故其運不息."
36) 같은 책, 『知言』, 「事物」, 21쪽, "氣之流行, 性爲之主."
37) 같은 책, 『知言』, 「事物」, 22쪽, "非性無物, 非氣無形. 性其氣之本乎!"
38) 같은 책, 『知言』, 「事物」, 22쪽, "性立天下之有."

나중에 주희가 말하는 리理이다. 그러므로 호굉도 역시 "위대하도다. 성이여! 온갖 리를 갖추었으니, 천지가 이로부터 세워지는구나. 세상의 유학자들이 말하는 성이란 하나의 리를 유추해서 지칭한 것일 따름이며, 천명의 전체를 파악하지 못한 것이다"39)라고 말하였다. 호굉의 사상 체계에서 '성' 개념은 고도로 본체화되었고, 우주의 최후 근원이 되었다. 그러나 그가 이로부터 제기한 기초와 원형은 여전히 인성과 물성의 '성' 개념이었다.

호굉은 다음과 같이 주장하였다.

> 형이상자를 일러 성이라 하고, 형이하자를 일러 사물이라 한다. 성에는 커다란 바탕 (大體)이 있고, 사람은 그것을 다한다. 한 사람의 성은 만물에 구비되고 있다. 그 바탕을 말하자면, 천지에 어지러이 널려 있고 만물에 두루 스며 있으니, 비록 성인일지라도 이름 지을 수 없을 것이다. 그 낳음을 말하자면, 흩어져 모두 달라지고 선악·길흉과 모든 행위가 전부 실려 있기 때문에, 가리거나 막을 수 없다. 논함이 여기까지 이른다면, 사물에는 일정한 성이 있지만 성에는 일정한 바탕이 없음을 알 수 있을 것이다.40)

이 단락의 의미는, 성이란 형이상자이기에 감성적으로 파악될 수 없으며, 성은 우주의 본체와 근거인 동시에 인성과 물성으로 체현되기도 한다는 것이다. 호굉의 사상에 따르자면, 우주의 본성은 어떤 구체적인 사물 즉 확정적인 규정성을 갖는 사물에 체현된다. 이것을 일러 "사물에는 일정한 성이 있다"고 하는 것이다. 각종의 상이한 구체 사물들은 그 성격이 다르지만, 그 성은 모두 우주 본성의 서로 다른 표현이다. 그러므로 확정적인 규정을 갖는 구체적인 사물에

---

39) 같은 책, 『知言』,「一氣」, 28쪽, "大哉性乎! 萬理具焉, 天地由此而立矣. 世儒之言性者, 類指一理而言之爾, 未有見天命之全體者也."

40) 같은 책,「釋疑孟·辨」, 319쪽, "形而上者謂之性, 形而下者謂之物. 性有大體, 人盡之矣. 一人之性, 萬物備之矣. 論其體則渾淪乎天地, 博浹乎萬物, 雖聖人無得而名焉. 論其生則散而萬殊, 善惡吉凶百行俱載, 不可掩遏. 論至於是, 則知物有定性, 性無定體矣."

비해서 우주의 본성은 결코 구체적인 불변의 규정을 가지고 있지 않다. 그것이 쇠(金)에 체현되면 사람의 뜻에 따라 바꿀 수 있고, 나무(木)에 체현되면 굽거나 곧게 된다.41) 이러한 것을 일러 "성에는 일정한 바탕이 없다"고 하는 것이다. 만물이 각자 가지고 있는 성은 각기 다르다. 그러나 근원적인 입장에서 보자면 서로 다른 성들은 공통적으로 우주 본성에서 연유하는 것이다. 호굉은 이러한 관계에 대해 "만물의 형상을 관찰하면 그 성은 각기 다르겠지만, 만물의 본성을 관찰하면 그 근원은 하나이다"42)라고 개괄하였다. 나중에 주희가 말하는 '리일분수理一分殊'도 호굉의 이러한 사상을 흡수한 것이다.

철학적으로 볼 때, "사물에는 일정한 성이 있지만, 성에는 일정한 바탕이 없다"는 말은 사실상 개별자와 보편자의 관계를 언급한 것이다. "사물에는 일정한 성이 있다"고 말할 때의 성은 구체적이고 개별적인 것이다. 하지만 "성에는 일정한 바탕이 없다"고 말할 때의 성은 보편적이고 일반적인 것이다. 보편자는 개별자를 통하여 표현된다. 우주 본성에 비교할 때 인성 역시 상대적으로 특수한 것이다. 그렇지만 호굉은 도리어 인성이 우주 본성의 대체大體를 구비하고 있는 것으로 생각하였다. 그렇다면 인성과 우주 본성의 관계는 특수와 보편의 관계가 아닌 것이 된다.

호굉의 '성본론性本論'은 본질적으로 리학의 '리본론理本論'과 일치한다. 그가 강조한 점은 전통적인 유학에서는 단지 인성과 물성에만 주의하였고, 우주의 보편적인 본성이라는 드높은 차원에서 성을 이해할 수 없었다는 것이다. 그는 '성'이 천지의 근거임과 동시에 본성임을 인식해야만 비로소 인성의 의미를 알 수 있다고 생각하였다.

---

41) 『尙書』, 「洪範」——옮긴이 주.
42) 『胡宏集』, 『知言』, 「往來」, 14쪽, "觀萬物之流形, 其性各異; 察萬物之本性, 其源則一."

3. 성선은 악과 상대적인 것이 아니다

인성에 대한 호굉의 견해는 앞시대의 사람들과 다른 점이 있다. 『지언知言』
에는 '성의 선악' 문제를 논한 일단의 문장이 실려 있다.

어떤 이가 성에 대해 묻자, "성이란 천지가 세워지는 근거"라고 말하였다. "그렇다면
맹자와 순자 그리고 양웅이 선과 악으로 성을 말한 것은 틀린 것인가"라고 물으니,
"성이란 천지귀신의 오묘함이다. 선善만으로도 그것을 이름하기에 부족한데, 하물
며 악이겠는가"라고 답변하였다. 어떤 이가 "무슨 뜻인가"라고 묻자, "'맹자가 홀로
유가의 표상을 드러낼 수 있었던 까닭은 맹자가 성을 알았기 때문이다'라는 아버님
의 말씀을 듣고서, 내가 '무슨 뜻입니까'라고 아버님께 여쭈었더니, 아버님께서는
'맹자가 성선이라고 말했던 것은 훌륭함을 찬탄한 말이었지 악과 상대되는 의미로
말했던 것은 아니었다'고 말씀하셨다"는 것으로 대답하였다.[43]

호굉이 볼 때, 맹자의 성선설은 순자의 성악설보다 훌륭하며 양웅의 성선악
혼재설보다도 훌륭하다. 그러나 그는 맹자의 견해에 완전히 동의하지 않았다.
그는 만약 '선'이 '악'과 상대되는 범주라면, 그러한 '선'은 '성'을 묘사하기에
부족하다고 생각하였다. 왜냐하면 '성'은 인성 관념인 동시에 우주의 본체 개념
이기 때문이다. 우주의 본체로서 '성'은 선악을 초월하는 것이며 천지만물이
의지하는 존재의 근거이다. '성'은 우주의 본체를 의미하므로, 성의 보편성·궁
극성·중요성·결정성·근본성 등은 '선'이 표현할 수 있는 의미를 훨씬 뛰어
넘는다. 왜냐하면 '악'과 상대적인 '선'은 단지 인간 사회의 윤리 관계에만 사용
되는 개념이기 때문이다.

---

43) 같은 책, 「知言疑義」, 333쪽, "或問性, 曰: '性也者, 天地之所以立也.' 曰: '然則孟軻氏, 荀卿氏,
楊雄氏之以善惡言性也, 非歟?' 曰: '性也者, 天地鬼神之奧也, 善不足以名之, 況惡乎?' 或者問曰:
'何謂也?' 曰: '宏聞之先君子曰: '孟子所以獨出諸儒之表者, 以其知性也.' 宏請問曰: '何謂也?'
先君子曰: '孟子道性善云者, 嘆美之辭也, 不與惡對.'"

이러한 측면에서 말하자면, 윤리학의 범주인 '선'은 우주의 본체를 묘사하기에 부족하다. 그러나 호굉은 사실상 언어의 한계 때문에 우리는 선善보다 더 보편적이며 더 우주 본체의 위대함과 심오함을 특기할 만한 개념을 찾을 수 없다고 지적하였다. 이러한 상황을 고려할 때 우리가 '선' 개념을 빌려 '선'보다도 더 보편적이고 더 위대하며 더 심오한 성질을 묘사하는 것은 이해될 수 있는 일이다. 이러한 의미에서 살펴볼 때, 맹자의 성선설은 진정으로 이해될 수 있을 것이다.

우주의 본성에 관한 이상의 논의를 통해서 우리는 인성에 대한 호굉의 견해를 한층 잘 이해할 수 있다. 호굉이 죽은 지 얼마 지나지 않아 주희 등은 호굉을 비판하였다. 그들은 호굉의 사상을 '성무선악性無善惡'으로 결론 지었고, 호굉이 인성의 '무선무악無善無惡'을 주장했다고 생각하였다. 이러한 비판은 적당하지 못한 이해이다. 인성의 문제에 대해 이야기하자면, 호굉은 인성을 우주 본성의 한 표현으로 여겼기 때문에 '선'은 우주 본성의 성질을 묘사하기에 부족할 뿐만 아니라 인성을 표현하는 데도 '선'보다 더 풍부하고 더 위대한 언어를 사용해야 한다고 힘껏 주장하였다. 이러한 의미에서 인성이 선하다는 관점은 옳은 것이면서도 여전히 부족한 표현이다. 성의 숭고한 의미를 완전히 드러내지 못하기 때문이다. 인성에는 풍부한 함축이 담겨 있다. 그런데 '선'이란 이같은 인성의 다양한 함축 가운데서 기본적인 범주의 하나일 따름이다. 이로부터 알 수 있듯이, 호굉의 성론性論은 불교적 의미의 '무선무악'으로 귀결될 수 없다. 성(인성을 포함하여)에 대한 그의 이해는 전통적인 유학에서 '선'을 통해 얻었던 이해보다 더욱더 숭고하고 신성한 것이었다.

4. 천리와 인욕은 본체가 같고, 작용이 다르다

호굉의 생각에 따르면, '도'는 우주의 보편 법칙이다. 폭넓은 관점에서 도를 말하자면 '천지에 가득 차 있는'(塞乎天地) 자연계의 보편 규율이며, 좁은 관점에서 도를 말하자면, "식욕이나 색욕과 같은 일상 생활에도 존재하는"(存乎飮食男女) 것으로서 인류 생명 활동의 규범이자 준칙이다. 호굉은 "사람들이 부부간의 일을 추하게 여기는 이유는 음욕淫欲을 일삼기 때문이다. 그러나 성인은 그것을 편안하게 여기니, 이는 인류 보존을 위한 결합(保合)으로 의미를 새기기 때문이다. 교접하는 데에도 예절이 있고 도가 있음을 안다"[44]고 하였다. 그가 볼 때, 부부 사이의 성관계는 추한 일이 아니다. 합리적인 성관계를 '음욕'으로 간주하는 것은 용속한 사람들의 태도이다.

그는 양성兩性 관계에도 각자 마땅히 준수해야 하는 준칙과 규범이 있다는 생각을 견지하였다. 양성 관계에서만이 아니라 사람이 살아가는 동안에 입고 먹고 거처하며 행위하는 모든 활동들 가운데 그렇지 않은 것이 없다. 요컨대 사람의 생명 활동은 부정될 수 없는 것이다. 이러한 활동은 본체적인 의미는 물론이고 도덕적인 의미도 함께 지닌다. 그러나 이러한 활동을 어떻게 수행할 것인지에 대해서는 일정한 준칙을 규범화해야 하는 것이다.

호굉은 이러한 사상을 "천리와 인욕은, 본체가 같고 작용이 다르다. 함께 움직이지만 그 상태가 다를 뿐이다"[45]라는 말로 표현하였다. 부부간의 일을 예로 들어 보자면, 성인은 법도가 있으면서 편안하게 그 일을 실행하므로 천리인 반면에, 용속한 사람은 무절제하므로 인욕이 된다. 이것이 바로 본체는 같지만 작용이 다르고, 함께 움직이지만 그 상태가 다른 까닭이다. 나중에 주희는 이 두 마디 말을 놓고 "천리와 인욕을 뒤섞어 하나의 범주로 삼았다"(以天理人欲混爲一圖)는 말로 호굉을 비판하였다. 이 비판은 사실 옳지 못하다. 호굉은 사람들에게 생리적인 욕구 활동을 할 때는 그 당연한 준칙을 따르도록 주의할 것을 요구하였다. 다시 말해서 정당한 욕구의 발휘가 곧 '천리'이고, 준칙에 합치되지 않는 방탕한 욕구만이 '인욕'인 것이다. 그러므로 천리와 인욕의 구분이란 사람

---

44) 같은 책, 『知言』, 「陰陽」, 7쪽, "夫婦之道, 人醜之者, 以淫欲爲事也. 聖人安之者, 以保合爲義也. 接而知有禮焉, 交而知有道焉."
45) 같은 책, 「知言疑義」, 329쪽, "天理人欲同體而異用, 同行而異情."

의 정당하며 자연적인 욕망을 배척하거나 금지해야 함을 뜻하는 것이 아니라, 어떻게 사람의 자연적인 욕망을 사회에서 통행되는 준칙에 따라 합리적으로 표출시킬 것인지를 의미하는 것이다.

5. 마음은 성을 주재하고, 성을 완성한다

미발과 이발에 관해 논한 것 이외에도 호굉은 수양 실천에서 마음과 성의 관련 방식에 대해 깊이 있게 논하였다. 그는 "기氣는 성의 주재를 받고, 성은 마음의 주재를 받는다. 마음이 깨끗하면 성이 안정되고, 기가 바르게 된다. 기가 바르면 움직여도 어그러지지 않는다"46)고 말했다. 호굉이 "기는 성의 주재를 받는다"고 말할 때의 '주재'와 "성은 마음의 주재를 받는다"고 말할 때의 '주재' 는 서로 다르다. 기가 성의 주재를 받는다는 것은 성이 기의 운동 근원이자 법칙임을 뜻하지만, 성이 마음의 주재를 받는다는 것은 복잡한 의미를 띤다. 간단히 말해서, 여기에서 말하는 '성'은 인성도 아니고 우주의 본성도 아니다. 이 '성'은 정호가 말했던 '정성定性'의 성, 즉 사람의 심경心境을 가리키는 것으로서 일종의 의식 상태이다. 여기에서 말하는 마음도 의식을 가리키는 게 아니라, 의식 구조 중의 이성 혹은 의지를 특별히 가리키는 것이다.

호굉은 "기의 유행은 성이 주재하고, 성의 유행은 마음이 주재한다"47)고 하였다. 호굉의 사상 체계에서 성은 미발이고 형이상자이며 기의 운동 근거이면서도, 결코 그 자신은 운동하지 않는다. 성은 발현하여 마음이 될 수 있지만, 성 자체는 결코 변화하지 않는다. 그러므로 "성의 유행은 마음이 주재한다"고 말할 때의 성이란 기의 유행을 주재하는 우주의 본성도 아니고, 인성의 선악을 말할 때의 성도 아니다. 그것이 가리키는 것은 『정성서定性書』에서 말하는 성, 즉 마음의 본래적인 존재 상태이다. "성의 유행은 마음이 주재한다"는 말은,

---

46) 같은 책, 『知言』, 「仲尼」, 16쪽, "氣主乎性, 性主乎心. 心純, 則性定而氣正. 氣正, 則動而不差."
47) 같은 책, 『知言』, 「事物」, 22쪽, "氣之流行, 性爲之主. 性之流行, 心爲之主."

마음이 주재할 수 있으면 '성'은 "움직여도 안정되고", "고요해도 안정된다"는 의미이다. 또 마음이 깨끗하면 성도 안정되고, 기도 바르게 된다는 의미이다.[48)] 호굉의 사상에서 '마음'은 중요한 지위와 의의를 갖는다. 마음의 작용은 성을 안정시키고, 성을 다하며, 성을 이룰 수 있는지 등의 여부를 결정한다. 다시 말해서 마음의 작용은 심경의 안정과 평정의 실현을 촉진시킬 수 있을 뿐만 아니라 인성이 충분히 실현될 수 있도록 해 준다. 또 실천 과정의 측면에서 성을 완성시킨다고 말할 수 있을 것이다.

> 성은 천하의 큰 근본이다. 요·순·우·탕·문왕·공자, 이 여섯 군자가 순차적으로 서로를 가르치면서 반드시 마음을 말하였지, 성을 말하지는 않았다. 무엇 때문인가? 마음이란 천지를 알고 만물을 주재함으로써 성을 이루는 것이기 때문이다. 여섯 군자는 마음을 다했기 때문에 천하의 큰 근본을 세울 수 있었던 것이다.[49)]

진정으로 "성이 천하의 존재(有)를 세우는" 것이라면, 성은 우주의 근원이자 본성이다. 그런데도 어째서 고대의 성현들이 서로 전수한 도통에서는 마음만을 강조할 뿐 성을 강조하지 않았는가? 호굉은 본체론에서는 성이 가장 중요하지만, 도덕 실천에서 가장 중요한 것은 마음이라고 생각하였다. 우주의 근본은 성일지라도, 도덕 실천에서 힘써야 하는 곳이자 출발점은 바로 마음이다. 그러므로 사람의 정신 발전에 대해 말하려면 반드시 '마음'을 강조하여야 한다. 마음은 자연을 인식할 수 있고(천지를 안다), 실천을 주도할 수 있으며(만물을 주재한다. 여기에서 物物은 사물이고, 주재함은 의식 주체가 실천의 결정 작용을 주도한다는 말이다), 자신의 본성을 완성할 수 있는 기능을 지니고 있다. 장재의 사상 중에도

---

48) 『知言』「義理」에서는 "성이 안정되면, 마음이 주재된다"(性定則心宰)고 말하였는데, 이는 "마음이 깨끗하면, 성이 안정된다"는 주장과 부합하지 않는다. 호굉의 공부론은 "마음으로 성을 이룬다"는 것이므로, 마땅히 『知言』「仲尼」의 주장을 따라야 한다.

49) 『胡宏集』, 「知言疑義」, 328쪽, "性, 天下之大本也, 堯舜禹湯文王仲尼六君子先後相詔, 必日心而不日性, 何也? 日: 心也者, 知天地, 宰萬物, 以成性者也. 六君子, 盡心者也, 故能立天下之大本"

"마음을 다하여 본성을 이룬다"(盡心成性)는 관념이 있다. 호굉은 인성의 완성이란 반드시 마음의 작용에 의지해야 하며, 그것을 통해야 한다고 생각하였다. 물론 어떤 상태의 마음이라도 모두가 '성을 이룰' 수 있는 것은 아니다. 오직 마음의 선험적 기능을 충분히 실현해 낼 때에만 비로소 성을 완성할 수 있는 것이다.

6. 찰식察識과 함양涵養, 거경居敬과 궁리窮理

호남학파의 실천 공부론 중에서 '찰식察識'과 '함양涵養'에 관한 사상도 특색이 있다. 찰식과 함양에 관한 사상도 역시 마음에 대한 견해를 기초로 한다. 호굉은 다음과 같이 지적하였다.

사람은 태어나면서부터 순수한 천지의 마음이기 때문에 도의道義가 모두 갖추어져 있다. 어떻게 해야 한다는 것도 어떻게 하지 말아야 한다는 것도 없고, 선이나 악으로 분별할 수도 옳거나 그른 것으로 나눌 수도 없으며, 지나침도 부족함도 없다. 이것이 '중中'이라는 이름을 얻게 되는 까닭이다. 마음은 만물을 주재하는 것으로서, 순종하면 기뻐하고, 거역하면 노여워하며, 죽음을 느끼면 슬퍼하고, 살아 움직이면 즐거워한다. 욕망이 생기면 감정도 그것을 따르고 양심도 잃게 된다. 그래서 스스로 이기적이게 되고 사랑하는 것에 가려지며 기질대로 움직이게 되어, 자그마한 것을 잃더라도 엄청난 잘못을 부르게 된다.…… 군자라면 어떻게 하겠는가? 작아서 잘 보이지 않는 것에도 경계하고 조심하며, 넘어지고 자빠지는 순간에도 공경하고 잊지도 조장하지도 않는다면, 중화中和가 저절로 이를 것이다.[50]

---

50) 같은 책, 「知言疑義」, 332쪽, "凡人之生, 粹然天地之心, 道義全具, 無適無莫, 不可以善惡辨, 不可以是非分, 無過也, 無不及也, 此'中'之所以得名也. 夫心宰萬物, 順之則喜, 逆之則怒, 感於死則哀, 動於生則樂. 欲之所起, 情亦隨之, 心亦放焉. 故有私於身, 蔽於愛, 動於氣, 而失之毫釐, 謬以千里者矣.…… 爲君子者奈何? 戒謹於隱微, 恭敬乎顚沛, 勿忘也, 勿助長也, 則中和自致."

호굉은 사람이란 태어나면서부터 도의의 마음을 지니는데, 그것이 바로 양심이자 갓난아이의 마음이라고 생각하였다. 어린아이와 소년은 양심을 잃지 않지만, 어른이 되면 "기호(嗜)와 욕망이 안에서 움직이고 사물이 밖에서 느껴지므로",[51] 마침내 양심을 잃게 된다. "마음을 잃는다"(放心)는 말은 맹자에게서 나온 것으로, 도덕 의식의 상실을 의미한다. 마음은 외부 사물과 관계를 맺게 되면 각종의 감정과 욕망을 낳는다. 마음이 감정과 욕망에 의해 외부 사물에 끌려 되돌아올 줄 모르면 곧장 악으로 흐르게 된다. 이로부터 그는 이렇게 지적하였다.

정情은 한 번 흐르면 막기 어렵고, 기氣는 한 번 움직이면 평정하기 어렵다. 흐른 다음에 막고, 움직인 다음에 평정하려 하기 때문에 어려운 것이다. 아직 흐르지 않았을 때 살펴서 기르면 막을 필요가 없고, 아직 움직이지 않았을 때 살펴서 기르면 평정할 필요가 없다. 그러므로 평상시에 살핀다면 사물과 접촉하더라도 의혹되지 않을 것이고, 평상시에 기른다면 사물에 격발된다 하더라도 어그러지지 않을 것이다.[52]

여기에서 정과 기는 욕망과 정서를 가리킨다. 호굉이 생각하기에, 만일 욕망과 정서가 제어되지 않고 방탕하게 멋대로 일어난다면, 그것은 곧 악이다. 정서란 일어난 다음에는 제어하기 어렵고, 욕망에 빠진 다음에는 막기가 쉽지 않다. 그러므로 정신을 수양하려면 반드시 정이 아직 흐르지 않고 기가 아직 움직이지 않을 때에, 흐르거나 움직이려는 조짐을 민첩하게 살피면서 부단히 함양해야 한다.

호남학파에서는 '살핀다'(察)는 말을 '찰식察識'(본심의 善端을 잘 살펴서 장악

---

51) 같은 책, 「復齋記」, 152쪽, "嗜欲動於內, 事物感於外."
52) 같은 책, 『知言』, 「一氣」, 28쪽, "情一流則難遏, 氣一動則難平. 流而後遏, 動而後平, 是以難也. 察而養之於未流, 則不至於用遏矣; 察而養之於未動, 則不至於用平矣. 是故察之於有素, 則雖要於物而不惑; 養之有素, 則雖激於物而不悖."

한다)이라고도 부른다. 호굉은 찰식이란 정이 아직 흐르지 않고 기가 아직 움직이지 않을 때에 정과 기를 살피는 소극적인 일일 뿐만 아니라, 모든 의식 활동 중에서 적극적으로 양심을 살피는 일이라고 생각하였다. 그는 이렇게 말하였다.

> 제나라 왕이 소를 보고 차마 죽일 수 없었던 것은, 이욕利欲 사이에서 양심의 싹을 보았기 때문이다. 일단 이를 보면 잡아서 보존하고, 보존하여 기르며, 기르고 확충하여 크게 하고, 크게 하는 일이 끊이지 않는다면 천지와 같아질 것이다. 이러한 마음은 사람에게 있지만, 그것을 발견하는 단서는 서로 다르니, 요점은 그것을 깨닫는 (識) 데 있다.53)

'봄'(見)과 '깨달음'(識)은 바로 '살피는 것'(察)으로서, 일상 생활에서 의식 활동 중의 양심을 살펴보고, 살펴본 후에는 잡아서 보존하고 함양하며, 부단히 확충하도록 노력하라는 뜻이다. 나중에 호남학파에서는 이러한 수양 방법을 "먼저 찰식하고, 나중에 함양한다"(先察識後涵養)고 말하였다. 예를 들어 호대원 胡大原은 "반드시 느끼고 아는 것이 있은 연후에 공부할 곳이 생겨 인仁을 이룬다"54)고 말했고, 오익吳翌은 "싹을 성찰하게끔 하지 않고 곧바로 근본을 배양하도록 시킨다면, 싹도 알지 못하는데 무엇을 근본으로 하여 배양하겠는가? 이것은 눈 감고 좌선하면서 아직 양심의 발현조차도 보지 못했으면서도 감히 '나는 성을 보았다'고 스스로 말하는 것과 무엇이 다르겠는가"55)라고 말하였다.

호굉이 말하는 '정과 기가 아직 발동하지 않은 상태'가 마음의 미발을 의미하

---

53) 같은 책, 「知言疑義」, 335쪽, "齊王見牛而不忍殺. 此良心之苗裔, 因利欲之間而見者也. 一有見焉, 操而存之, 存而養之, 養而充之, 以至於大, 大而不已, 與天地同矣. 此心在人, 其發見之端不同, 要在識之而矣."
54) 『宋元學案』 권42, 「五峰學案」, 1386~1387쪽, "必有所覺知, 然後有地可以施功而爲仁也."
55) 같은 책 권42, 「五峰學案」, 1388쪽, "若不令省察苗裔, 便令培壅根本, 夫苗裔之萌且未能知, 而還將執爲根本而培壅哉? 此亦何異閉目坐禪, 未見良心之發, 便敢自謂'我已見性'者?"

는 것은 아니다. 정의 흐름과 기의 움직임은 욕망과 정서의 방임 상태이다. 따라서 아직 움직이지 않은 상태를 살핀다는 것은, 단지 욕망과 정서가 정상적으로 발휘되는 상태에서 찰식하는 것을 말한다. 다시 말해서 찰식도 일종의 이발 공부이다. 양심을 살펴보는 일도 마음이 이미 발현된 상태에서 공부하는 것이다. 호굉은 만일 의식 활동 중에서 선악의 단서를 성찰하는 일로부터 시작하지 않고 그저 맹목적으로 미발을 함양한다면, 그것은 단지 멍청하게 앉아 있는 것일 뿐이어서 선학禪學과 구별되지 않는다고 생각하였다. 그는 양심을 체찰體察하는 것에서 시작하지 않는다면, 성을 알고, 성을 보며, 성을 다하는 상태에 도달할 수 없다고 특별히 강조하였다.

호굉도 '거경居敬'과 '치지致知'를 이야기하였다. 그는 "배워서 군자가 되려는 사람에게는 치지보다 큰 것이 없으므로",[56] "반드시 먼저 치지해야만 비로소 초연히 아는 것이 생기고, 힘써 실천하여 끝맺을 수 있다"[57]고 하였다. 또 그는 "이치를 밝히고 경에 머무른 연후에야 성도誠道를 얻는다. 천도는 지성至誠하여 쉼이 없는 것이고, 인도人道는 주경主敬하여 하늘에 합치하려는 것이다. …… 경이란 군자가 죽을 때까지 실천하는 것이다"[58]라고 말하기도 하였다. '치지'는 이치를 밝히는(明理) 것을 의미한다. 먼저 아는 것이 있는 다음에야 힘써 실천하는 것이므로, 치지가 힘써 실천하는 것에 앞선다. 호굉이 거경과 명리明理를 병렬한 것은 그가 '주경'을 중시했음을 뜻한다. 그가 말하는 경은 성誠에 가까운 것이니, 곧 성경誠敬이다. 그는 자신의 격물설을 다음과 같이 제시하기도 하였다.

격格하는 방법은 반드시 뜻을 세워 그 근본을 확정하고, 거경으로 그 뜻을 유지시켜

---

56) 『胡宏集』, 『知言』, 「大學」, 32쪽, "學爲君子者莫大於致知."
57) 같은 책, 『知言』, 「大學」, 34쪽, "必先致知, 乃超然有所見, 方力行以終之."
58) 같은 책, 『知言』, 「一氣」, 28쪽, "明理居敬, 然後誠道得. 天道至誠故無息, 人道主敬所以求合乎天也…… 敬也者, 君子之所以終身也."

나가야 하는 것이다. 뜻이 사물의 표상에서 세워지고, 경이 사물의 내부에서 실천된다면, 앎은 곧 정밀해질 것이다.[59]

호굉의 '주경' 사상이 그다지 명확하지는 않았지만, 그의 이러한 사상은 청년기의 주희에게 커다란 영향을 주었다. 건도乾道[60] 연간에 제시된 주희의 많은 견해 중에서 호굉의 영향을 찾아볼 수 있다.

호굉의 제자 장식張栻은 주희의 친한 친구였으며 살아 있을 때는 주희와 명성을 나란히 하였는데, 애석하게도 일찍 죽었다. 그리하여 호남학파의 영향은 점차 줄어들게 되었으며, 주자학파의 학문과 같은 것으로 여겨지고 말았다.

3. 주희

주희朱熹의 자字는 원회元晦와 중회仲晦이고, 호는 회암晦庵이다. 남송 고종高宗 건염建炎 4년(1130년)에 태어나, 영종寧宗 경원慶元 6년(1200년)에 죽었다. 그의 원적은 휘주徽州 무원婺源(지금의 江西省에 속하는 곳)이었지만, 그의 부친이 복건성福建省에서 벼슬하면서부터 복건성에서 살게 되었다. 주희는 복건성의 우계尤溪에서 태어나, 숭안崇安과 건양建陽에서 오랫동안 살면서 강학하였다. 그래서 전통적으로 그의 학파를 '민학閩學'이라고 부른다. 주희는 송대 리학의 집대성자이며, 중국 학술사에서 가장 저명한 사상가 중의 한 사람이다.

주희는 젊었을 때 사장辭章에 탐닉하였고 불교와 도가에 심취하였으며, 여러 학문에 대해서도 적극적이며 광범위한 관심을 지니고 있었다. 기록에 따르면, 주희가 젊어서 과거를 보러 떠날 즈음에 그의 선생이 짐을 살펴보았는데, 짐속에서 발견되었던 유일한 책은 뜻밖에도 당시 유명했던 선사禪師의 어록인

---

59) 같은 책, 「復齋記」, 152쪽, "格之之道, 必立志以定其本, 而居敬以持其志. 志立於事物之表, 敬行乎事物之內, 而知乃可精."
60) 南宋 孝宗의 年號로서, 1165에서 1174년까지를 말한다——옮긴이 주.

『대혜어록大慧語錄』이었다고 한다. 이 이야기의 상세한 부분에 대해서는 좀 더 고증해야 하겠지만, 주희가 청년 시절에 불교를 열심히 탐구했음을 설명하기에는 충분할 것이다.

朱熹

주희는 19세에 진사에 급제하였고, 나중에는 천주泉州 동안현同安縣의 주부主簿로 임명되었다. 동안에서 돌아온 후 양시의 이대二代 제자였던 이동李侗에게서 학문을 배웠고, 이 때부터 도학의 발전을 위한 길을 걷게 되었다. 그 후에 추밀원樞密院의 편수관編修官과 비서성秘書省의 비서랑秘書郞을 역임하였고, 강서성의 남강南康과 복건성의 장주漳州, 호남성의 담주潭州(지금의 長沙에 속하는 곳) 등에서는 행정의 책임자를 맡아 많은 업적을 쌓았다. 주희는 이르는 곳마다 행정을 잘 처리했을 뿐만 아니라 제자들을 모아 강학하는 일도 그치지 않았다. 그는 당시에 가장 명망있는 학자였다. 소희紹熙 5년, 그의 나이 65세 때 황제의 부름을 받고 수도에 들어가 환장각煥章閣의 대제待制 겸 시강侍講이라는 벼슬을 맡았지만, 그 재임 기간은 무척 짧았다. 그 뒤 그는 당시의 정치 투쟁에 휘말려 권력자에 의해서 파직되었고, 그와 그의 학파는 '위학僞學'이라는 모욕을 받았으며, 극심한 억압을 당하였다.

주희의 사회 정치 사상은 임금의 마음을 바로잡고 사회의 기강을 확립하며, 충신과 어진이를 가까이하고 소인을 멀리하며, 풍속을 변화시키고 사회의 불량한 기풍을 바로잡도록 요구하는 것이었다. 그는 이러한 일들이 나라를 부강하게 하고 백성을 편안하게 함은 물론, 중원을 회복하는 데 근본이 되리라고 생각하였다. 한번은 주희가 황제의 부름을 받고 수도를 향해 가는데, 어떤 사람이 그에게 "황제는 '정심正心'이니 '성의誠意'니 하는 말들을 좋아하지 않을테니, 그대가 황제를 뵙거든 절대로 그런 말을 하지 말게나" 하고 조언하였다. 그러자 주희는 "내가 평생 동안 배운 것이 오직 그 네 글자뿐이다. 어찌 감추고 말하지 않음으로써 나의 임금을 속이겠는가"[61]라고 단호하게 답변하였다. 송 효종은 만년에도 주희의 의견을 중시하였다. 한번은 주희가 봉사封事[62]를 올려 천하의 여섯 가지 급한 일을 논하였다. 상소를 올렸을 때 효종은 이미 잠자리에 든 뒤였으나, "급히 촛불을 밝혀 그것을 끝까지 읽었다."[63]

주희는 평생토록 벼슬하기를 좋아하지 않았다. 여러 차례 황제의 부름을 받았으나 응하지 않았고, 여러 이유를 들어서 사양하곤 하였다. 그래서 진사 급제 후 50여 년 동안 그가 "외지에 나가 벼슬한 것도 아홉 번에 불과했으며, 조정에 있었던 기간도 겨우 40일뿐이었다."[64] 그 나머지 세월은 주로 복건의 숭안과 건양 일대에서 저술하고 강학하였다. 그는 어렸을 때 집안이 가난하였고, 나중에도 거의 벼슬을 하지 않았기 때문에 생활은 여전히 어려웠다. 각지에서 찾아와 배우려는 학생들이 스스로 먹을 양식을 가지고 왔다. 식탁에는 늘 고기 음식이 없었고, '거친 현미밥'만 놓였다. 이같이 어려운 처지에서도 그와 그의 학생들은 이를 마음에 두지 않았다. 평생 동안 주희가 누렸던 최대의 기쁨이라면 저술과 강학 활동이었다.

주희는 『논어』·『맹자』·『대학』·『중용』을 합하여 '사서四書'로 편집하였고, 송대 이후 이 '사서'는 오경五經보다도 더 중요한 경전 체계가 되었다. 주희는 평생을 '사서'의 해석에 힘씀으로써 대단히 높은 수준을 지니게 되었다. 그리하여 '사서'에 대한 그의 해석은 과거 시험의 표준이 되었던 것이다. 주희는

---

61) 『宋史』 권429, 12757쪽, "吾平生所學, 惟此四字, 豈可隱默以欺吾君乎?"
62) 남에게 漏洩되지 않도록 密封하여 천자에게 올리는 서신이다──옮긴이 주.
63) 『宋史』 권429, 12762쪽, "亟命秉燭, 讀之終篇."
64) 같은 책 권429, 12767쪽, "仕於外者僅九考, 立朝總四十日."

'이락伊洛'의 전통 계승을 자신의 임무로 삼았다. 그는 이정의 사상을 기초로 하고 기타 북송의 리학사상가들에게서 사상적 양분을 충분히 흡수하여 방대한 '리학' 체계를 건립하였다. 그의 저작은 대단히 풍성하다. 그 중에서 중요한 것으로는 『사서집주四書集注』, 『사서혹문四書或問』, 『주역본의周易本義』, 『태극해의太極解義』, 『서명해의西銘解義』 등이 있으며, 그의 강학 어록인 『주자어류朱子語類』 164권과 그의 문집인 『주문공문집朱文公文集』 120권이 있다.

1. 리와 기의 선후 관계

리학을 접할 때면 늘 문제 하나와 부딪친다. 바로 '리理란 무엇인가'라는 문제이다. 리학에서 말하는 '리'는 사실 신비한 것이 아니다. 그것은 오늘날 우리들이 일상 생활에서 말하는 '물리物理', '도리道理'와도 그 의미가 상통한다. 우리는 일상 생활에서 "그런 법이 어딨어?"(豈有此理), "막무가내로군!"(蠻不講理), "제멋대로야!"(不講道理), "이치대로 말하자면"(按道理說) 등의 말을 듣거나 말하곤 한다. 이러한 말들 속에서 일반적으로 '리'는 한 사회의 구성원들이 이성을 통하여 공통적으로 인정하는 도덕 법칙, 교제 원칙, 행위 규칙, 추리 원리 등을 의미한다. 근대 과학이 중국에 들어오기 전에 '리'는 때때로 사물이 갖고 있는 성질이나 규율, 그리고 법칙을 지칭하기도 했다. 『장자』에서 말하는 '천하의 이치'(天下之理), 『순자』에서 말하는 '사물의 이치'(物之理), 『역전』에서 말하는 '궁리窮理' 등의 예에서 알 수 있듯이, 리학에서 말하는 '리'의 가장 중요한 의미는 사물의 규율과 도덕 원칙이라는 점이다. 리학의 입장에서 '리'가 이처럼 두 의미로 분석될지라도 그 두 의미는 본질적으로 통일적인 것이다. 즉 도덕 원칙이란 사실상 우주의 보편 법칙이 인류 사회에 특별히 표현된 것일 뿐이다.

주희는 이정의 철학 중에서 '리'와 사물의 관계에 대한 탐구를 계승하였고, 그것을 진일보시켰다. 그는 "형상이 있는 것은 모두 기器이다. 기가 되는 까닭으로서 리는 도道이다"[65]라고 제기하였다. 사물과 '기器'는 형상이 있는 것이며,

감성을 통해 알 수 있는 것이다. '리' 또는 '도'는 사물의 본질과 규율을 가리킨다. '리'와 사물에 대한 이같은 구분을 기초로 하여 주희는, '리'와 사물이 '본체와 작용의 측면에서 같은 근원'(體用一源)임을 밝혔던 정이의 사상을 한 걸음 더 발전시켰다. 그는 다음과 같이 말하였다.

> '리'의 입장에서 보자면 리는 본체이고, 모습(象)은 작용이다. 리 안에 모습이 있으니, 그 근원은 하나이다. "뚜렷함과 은미함에는 차이가 없다"고 했는데, 모습의 입장에서 보자면 모습은 뚜렷하고, 리는 은미하다. 그렇지만 모습 안에 리가 있으므로 차이가 없는 것이다.[66]

그가 생각할 때 사물은 뚜렷하게 드러나며, '리'는 깊고 은미하다. 사물의 입장에서 본다면, 모든 사물에는 '리'가 있다. '리'의 입장에서 본다면, 리에는 형상과 흔적이 없다. 그렇지만 그 안에는 이미 사물의 본질을 포함하고 있으며, 사물 발전의 가능성도 포함하고 있다. 이것이 바로 정이가 "본체와 작용은 그 근원이 하나이고, 뚜렷함과 은미함에는 차이가 없다"(體用一源, 顯微無間)고 말한 뜻이다. 이러한 논리에 비추어 보면, 사물이 아직 존재하지 않을 때에도 사물의 '리'는 이미 존재할 수 있다. 그리고 이러한 '리'는 나중에 사물이 반드시 출현하고 존재하도록 결정한다. 정이도 본래 "리가 있은 뒤에 모습이 있다"(有理而後有象)고 말하였지만, 주희처럼 분명하게 설명하지는 않았다.

주희는 "리는 사물보다 앞서 존재한다"(理在事先)거나 "리는 사물 위에 존재한다"(理在事上)는 견해를 명확히 하여 '리'와 사물 사이의 선후 문제를 논하였다. 그는 다음과 같이 말하였다.

---

65) 『朱文公文集』 권36, 「與陸子靜」, "凡有形有象者, 皆器也. 其所以爲是器之理者, 則道也."
66) 같은 책 권40, 「答何叔京」, "自理而觀, 則理爲體, 象爲用, 而理中有象, 是一源也. 顯微無間者, 自象而觀, 則象爲顯, 理爲微, 而象中有理, 是無間也."

만일 리의 입장에서 본다면, 아직 사물이 생기기 전이라도 이미 그 사물의 리는 존재한다. 그러나 그 리만 존재할 뿐이지 실제로 그 사물이 존재한 적은 없다.[67]

아직 일(事)은 없더라도 이미 도리는 있다. 예를 들어 임금과 신하가 있기 전이라도 이미 임금과 신하의 도리가 있으며, 아버지와 아들이 있기 전이라도 이미 아버지와 아들의 도리가 있다. 원래 이러한 도리가 없었는데, 임금과 신하, 아버지와 아들이 생긴 다음에야 그러한 도리를 그들에게 우겨 넣었겠는가?[68]

요컨대 어떤 사물이 아직 생성되지 않았을 때에도 그 사물의 규율이나 법칙, 또는 원리가 이미 존재한다는 것이다. 바꿔 말해서 모든 사물의 법칙 즉 인류 사회를 포괄하는 모든 원칙은 영원히 존재하며, 바뀔 수도 없다.

주희는 한 걸음 더 나아가 '리'와 '기氣' 문제를 논하였다. 장재는 '기'를 강조하였지만 '리'를 소홀히 하였고, 이정은 '리'를 중시했지만 '기'를 소홀히 하였다. 주희가 생각할 때 모든 사물과 기器는 '리'와 '기氣'로 구성된다. '기'는 모든 사물을 구성하는 재료이고, '리'는 사물의 본질과 규칙이다. 우주만물은 모두 '리'와 '기'로 구성되는 것이다. 그는 이렇게 말하였다.

천지간에는 리도 있고 기도 있다. 리는 형이상적인 도이며, 사물을 생성하는 근본이다. 기는 형이하적인 기器이며, 사물을 생성하는 도구이다. 그러므로 사람과 사물이 생성될 때는 반드시 리를 품부받은 뒤에 성性이 생기고, 기氣를 품부받은 뒤에 형체가 생긴다.[69]

---

67) 같은 책 권46, 『答劉叔文』, "若在理上看, 則雖未有物, 而已有物之理, 然亦但有其理而已, 未嘗實有是物也."
68) 『朱子語類』 권95, 2436쪽, "未有這事, 先有這理, 如未有君臣, 已先有君臣之理; 未有父子, 已先有父子之理. 不成元無此理, 直待有君臣父子, 却旋將這道理入在裏面."
69) 『朱文公文集』 권58, 「答黃道夫」, "天地之間, 有理有氣. 理也者, 形而上之道也, 生物之本也. 氣也者, 形而下之器也, 生物之具也. 是以人物之生, 必稟此理然後有性; 必稟此氣然後有形."

고대 그리스 철학자들은 우주만물의 구성을 형식과 질료라는 두 요소로 구분하였다. 이 가운데 형식은 각각의 사물이 그러한 사물로 되는 '리'를 가리키고, 질료는 그러한 사물을 구성하는 재료를 가리킨다. 예를 들어 사각형의 사물에는 사각형이 될 근거로서 '리'가 있다. 사각형의 사물은 나무토막일 수도 있고, 벽돌일 수도 있다. 다시 말해서 나무일 수도 있고, 진흙이나 다른 어떤 물건으로 구성될 수도 있다. 진흙이나 나무도 어떤 형식과 재료로 구성된 것이다. 이렇게 계속해서 유추해 나가면 결국에는 형식이 없는 일종의 순수한 재료를 얻게 되는데, 이것이 곧 질료이다. 주희가 말하는 '리'와 '기'는 고대 그리스 철학자들의 견해와 유사하다. 다른 점이라면, 고대 희랍 철학자들이 말한 형식은 주로 사물의 형식과 보편자를 가리키는 반면, 주희가 말한 '리'는 주로 사물의 법칙과 규율을 의미한다는 점이다.

주희는 더 나아가 '리와 기 사이에 선후가 있는가'라는 문제를 탐구하였다. 그가 생각할 때, 현실 세계를 말하자면 '리'와 '기'는 서로 분리될 수 없다. 천하의 어떤 사물도 전부 '리'와 '기', 두 요소의 결합으로 구성된 것이다. '리'가 없이는 '기氣'도 있을 수 없고, '기' 없이는 '리'도 있을 수 없다. 그러나 본원을 말하면 달라진다. 그는 일찍이 제자에게 다음과 같이 말한 적이 있다.

천지가 있기 전에는 필경 리만 있었을 뿐이다. 이같은 리가 있기에 이같은 천지가 있다. 만일 이러한 리가 없다면 이러한 천지도 없고, 사람과 사물도 없으며, 그 어떤 것도 있을 수 없게 될 것이다. 리가 있으므로 기가 있고, 기가 유행하여 만물을 발육시킨다.[70]

결국은 '리'가 '기'보다 우선하여 존재한다는 설명이다.

주희는 '리'와 사물 사이의 선후에 관한 논의에서 보편자와 개별자의 관계를

---

70) 『朱子語類』 권1, 1쪽, "未有天地之先, 畢竟也只是理, 有此理便有此天地, 若無此理便亦無天地, 無人無物, 都無該載了. 有理便有氣, 流行發育萬物."

언급하였다. 한 종류의 사물에 공통적인 본질과 규율이 되는 그 사물의 '리'는, 그 종류의 사물 안에서 체현되지만 그 종류의 어떤 개별적인 사물에 의해 전유되지 않으며, 개별적인 사물의 생성과 소멸에 의해 전이되지도 않는다. 따라서 오래 전부터 있었던 그 종류의 사물의 '리'는, 나중에 생성되는 그 종류의 어떤 사물에 대해 말하자면 "리가 사물보다 앞서 존재한다"고 말할 수 있다. 이것은 법칙과 규율의 일반성과 보편성을 표현한다. 그러나 한 종류의 사물이 모두 존재하지 않는다면, 그것들의 '리'도 존재하지 않는다.

주희는 한 종류의 사물의 '리'가 그 종류의 개별적인 사물보다 앞서 존재한다고 생각하였다. 그러나 이에 근거하여 한 종류의 사물의 '리'가 그 종류의 사물보다 앞서 존재한다고 생각하는 것은, '리'를 절대화하는 것이다. 그러므로 '리가 기보다 앞서 존재한다'는 사상은 분명히 '리가 사물보다 앞서 존재한다'는 사상을 우주의 본원 문제에까지 확장함으로써 도달한 필연적인 결과였다. 물질 세계가 아직 존재하지 않을 때에도 그 보편 규율이 이미 존재한다는 생각은, 철학적으로 객관적 관념론에 속하는 것이다.

만년에 주희는 '리'가 '기'보다 앞서 존재한다고 단정해 버린다면, 간단히 해결할 수 없는 모순을 일으키기 쉽다는 점을 깨달았다. 예를 들어 리학의 창시자 정이는 "동정動靜에는 끝이 없고, 음양에는 시작이 없다"(動靜無端, 陰陽無始)고 강조하였다. 그런데 '리'가 '기'보다 앞서 존재한다고 말하면, 우주의 음양에 시작이 있게 된다. 주희 만년의 강학 기록에는 다음과 같은 대화가 실려 있다.

> 어떤 사람이 "리理가 앞서 존재하고, 기는 나중에 존재하는가"라고 묻자, "리와 기는 본래 선후를 말할 수 없다. 그러나 계속 유추해 나간다면, 마치 리가 앞서 존재하고 기는 나중에 존재하는 듯하다"고 답변하였다.[71]

---

71) 같은 책 권1, 3쪽, "或問: 理在先氣在後? 曰: 理與氣本無先後之可言, 但推上去時, 卻如理在先氣在後相似."

요컨대 실제로는 '리'와 '기' 사이에 선후가 없지만, 논리적으로는 일종의 선후 관계가 있다는 말이다. 다시 말해서 '리'가 '기'보다 '앞서 존재한다'는 것은 논리적인 앞섬을 의미하는 것일 뿐 시간적인 앞섬을 뜻하는 것은 아니다. 논리적으로 앞서 존재한다는 사상은 사실상 '리'가 근본이고 본체이며 제일성第一性이요, '기'는 제이성第二性임을 말하는 것이다.

2. 리와 기의 동정

주돈이의 『태극도설』에서는 "태극이 움직여 양을 낳는다"(太極動而生陽)고 하였다. 태극 그 자체가 운동하는 실체임을 선언한 것이다. 이는 주돈이가 태극을 혼연의 일기(混然一氣)로 생각했기 때문이다. 그러나 주희는 태극을 '리'로 생각하였다. 이렇게 하여 한 가지 문제가 제기되었다. 즉 주희가 '리'로 규정한 태극은 도대체 '동정動靜'할 수 있는 것인가 없는 것인가?

주희는 일찍이 주돈이의 『태극도설』을 해석하면서 다음과 같이 말하였다.

> 태극이란 본래 그러한 오묘함이고, 동정이란 태극이 타는 기틀(機)이다. 태극은 형이상적인 도이고, 음양은 형이하적인 기器이다.[72]

주희가 생각할 때 동정이란 현상 세계의 표현에 속하는 것으로서, 음양 두 기의 동정動靜을 의미하는 것이지 태극 자체의 동정을 가리키는 게 아니다. 본체로서 태극은 음양의 동정 안에 존재하는 리이며, 그 자신은 동정하지 않는다. 동정이란 단지 태극이 타는 기라는 기틀의 동정을 가리킬 따름이다. 그는 한 걸음 더 나아가 비유를 들어 설명하였다.

---

72) 『周敦頤集』, 「太極圖說解」, 3쪽, "蓋太極者, 本然之妙也; 動靜者, 所乘之機也. 太極, 形而上之道也; 陰陽, 形而下之器也."

'양은 움직이고, 음은 고요하다'고 함은 태극이 동정한다는 말이 아니다. 이는 태극이 이치상으로 동정한다는 말이다. 리는 보이지 않는 것으로서 음양이 있은 다음에 그 존재를 알 수 있다. 리가 음양을 타는 것은 마치 사람이 말등에 타는 것과 같다.[73)]

요컨대 "양은 움직이고 음은 고요하다"는 주돈이의 말은, 결코 태극 자신이 동정할 수 있다는 뜻이 아니다. 동정하는 주체는 음양이고 동정하는 근거는 리이다. 운동할 수 있는 두 기와 이 두 기 안에 존재하면서 자체적으로 움직이지 않는 태극, 이 둘은 마치 사람이 말을 타고 다니는 것과 같다. 그는 이렇게 말하였다.

태극은 리이고, 동정은 기이다. 기가 다니면 리도 다니게 된다. 이 둘은 늘 서로 의지하기에 서로 떨어진 적이 없다. 태극이 사람과 같다면, 동정은 말과 같다. 말은 사람을 싣고 사람은 말을 탄다. 말이 들어오고 나감에 따라 사람도 함께 들어오고 나간다. 움직이든지 고요하든지 간에 태극의 미묘함이 없었던 적은 없다.[74)]

태극은 리이다. 리는 형상이 없으므로 어떠한 동정도 지닐 수 없다. 왜냐하면 동정이란 형이하적인 규정이기 때문이다. 그러나 리는 기 안에 존재하며, 기는 동정할 수 있다. 기를 리와 대비하여 말하자면, 기는 리가 그 위에 타고 머무는 운동체이다. 그렇다면 리에는 동정이 없지만 리는 동정하는 기를 타기 때문에, 리에는 상대적인 동정이 생긴다. 마치 말등에 탄 사람이 스스로는 뛰지 않지만 달리는 말 위에 탔기 때문에, 사람에게 상대적인 운동이 생기는 것과 같다. 그러므로 태극이 동정한다고 말하더라도 그 말은 리가 기를 따라 움직이거나 리가 기를 타고 움직이는 것을 의미할 따름이지, 결코 리가 기 안에서 운동하거나

---

73) 『朱子語類』 권94, 2374쪽, "陽動陰靜, 非太極動靜, 只是理有動靜, 理不可見, 因陰陽而後知. 理搭在陰陽上, 如人跨馬相似."
74) 같은 책 권94, 2376쪽, "太極理也, 動靜氣也. 氣行則理亦行, 二者相依而未嘗相離也. 太極猶人, 動靜猶馬, 馬所以載人, 人所以乘馬, 馬之一出一入, 人亦與之一出一入, 蓋一動一靜, 而太極之妙未嘗不在焉."

현실 세계를 벗어나 독립적인 리의 세계에서 운동하는 것을 의미하지는 않는다.

3. 리일분수

'리일분수理一分殊'는 정이가 『서명西銘』에 관한 양시의 의문에 답변하던 과정에서 제기된 명제이다. 양시는 『서명』의 내용 속에는 묵가의 겸애설과 혼동될 만한 병폐가 담겨 있다고 의심하였다. 이에 대하여 정이는 "『서명』에서는 리는 하나인데 그 직분이 나뉘어 다르게 된 점(理一而分殊)을 밝혔다. 그러나 묵자의 겸애설은 근본이 둘이면서도 나뉨이 없다. 직분이 나뉘어 다르게 된다는 주장의 병폐는 사사로움이 강해져 인仁을 잃어버리게 된다는 점이고, 나뉨이 없다는 주장의 병폐는 겸애하면서도 의義가 없다는 점이다"75)라고 답변하였다. 정이가 답변 과정에서 제시한 '리일분수'의 명제는, 상이한 대상에 대해 한 개인이 담당하는 의무가 달라지는 점을 『서명』의 만물일체설이 결코 배척하지 않았음을 강조함과 아울러, 일반적인 도덕 원리는 서로 다른 구체적 규범으로 표현될 수 있으며, 서로 다른 구체적 규범에는 공통적인 도덕 원리가 함유되어 있다는 사상을 강조하고 있다. 이러한 점에서, 주희는 정이의 사상을 계승하였다. 그는 다음과 같이 말하였다.

> 천지간에서 리는 하나일 뿐이다. 그러나 강건한 건도乾道는 남성적인 것을 이루고, 유순한 곤도坤道는 여성적인 것을 이룬다. 두 기가 교감하여 만물을 생성한다. 그러나 그 대소大小의 구분과 친소親疏의 등급은 열·백·천·만 가지여서 같아질 수 없다.…… 건乾을 아버지로 하고, 곤坤을 어머니로 한다. 생명을 지닌 사물 가운데 그렇지 않은 것이 없으므로, 리는 하나라고 말한 것이다. 그러나 사람과 사물은 태어나면서 자기 친속들이 있기에, 각자 자기 부모를 부모로 섬기고, 자기 자식을 자식으

---

75) 『二程集』, 「答楊時論西銘書」, 609쪽, "西銘明理一而分殊, 墨氏則二本而無分. 分殊之蔽, 私勝而失仁; 無分之罪, 兼愛而無義"

로 양육한다. 따라서 그 직분도 역시 어떻게 다르지 않을 수 있겠는가?[76]

정이와 주희는 다 같이 이렇게 생각하였다. 개인은 우주 안에서 일정한 관계를 맺으며, 다른 사람이나 사물에 대해 일정한 의무를 지닌다. 그러나 관계와 지위가 서로 다르기 때문에 타인에 대한 개인적인 의무에도 차이가 있게 된다. 예를 들어 사람은 친족이나 생소한 사람 그리고 천지만물에 대해서까지도 각기 나름의 의무를 갖는다. 사람이라면 우선 자신의 부모를 사랑해야 하고, 그런 다음에 다른 사람과 사물까지도 사랑해야 한다. 따라서 인애仁愛의 원칙에는 사실상 친소의 차등이 있음을 드러낸다. 그러나 이들의 생각에 따르면, 인애를 실천하는 데 친소의 차등은 있을지라도 그 속에 체현되는 도덕 원칙은 일치하는 것이다. 다시 말해서 도덕의 기본 원칙은 서로 다른 도덕 규범으로 표현되며, 구체적인 규범 속에도 보편 원리가 관통하고 있다. 주희는 한 걸음 더 나아가 윤리 영역에서 이러한 관계가 보편적으로 존재한다고 설명하였다.

리는 오직 하나일 뿐이다. 도리는 같은데 그 직분이 다르기 때문에, 군신에게는 군신의 도리가 있고, 부자에게는 부자의 도리가 있다.[77]

지위가 다르면 그 도리의 적용이 같을 수 없다. 예를 들어 임금이라면 마땅히 인애(仁)해야 하고, 신하라면 마땅히 공경(敬)해야 하며, 자식이라면 마땅히 효도(孝)해야 하고, 아버지라면 마땅히 인자(慈)해야 한다. 모든 사물은 각기 이러한 도리를 갖는데, 그 적용은 서로 다르다. 그렇더라도 모두 하나의 도리(一理)가 유행한 것이다.[78]

---

76) 『張子全書』 권1, 「西銘解義」, "天地之間, 理一而已. 然乾道成男, 坤道成女, 理氣交感, 化生萬物, 則其大小之分・親疏之等, 至于十百千萬不能齊也…… 蓋以乾爲父, 以坤爲母, 有生之類莫物不然, 所謂理一也. 而人物之生, 血脉之屬, 各親其親, 各子其子, 則其分亦安得而不殊哉."
77) 『朱子語類』 권6, 99쪽, "理只是這一箇, 道理則同, 其分不同, 君臣有君臣之理, 父子有父子之理."
78) 같은 책 권18, 398쪽, "所居之位不同, 則其理之用不一. 如爲君須仁, 爲臣須敬, 爲子須孝, 爲父須慈, 物物各具此理, 而物物各異其用, 然莫非一理之流行也."

통일적인 도덕 원칙은 상이한 구체적 행위 규범으로 표현되고, 각종의 도덕 행위에는 통일적인 보편 원칙이 포함되어 있다. 이것은 '리일분수'가 윤리적인 도리임을 의미한다.

앞에서 지적했듯이, '리'에는 몇 가지 상이한 구체적 의미가 담겨 있다. 이처럼 상이한 '리'의 의미에 따라서 '리일분수'도 몇 가지 의미를 띠게 된다. 주희의 '리일분수'설은 성리性理의 의미에서 '리'가 운용되는 것임을 특별히 강조한다. 그는 다음과 같이 말하였다.

> 만물을 합하여 말하자면 하나의 태극이며, 만물은 모두 한 가지다. 그 근본에서 말단에 이르기까지 만물은 하나의 리(一理)의 실체를 나눠 가지며, 그것을 본체로 삼는다. 그러므로 만물 안에는 각기 하나의 태극이 있게 된다.79)

> 본래는 하나의 태극일 따름인데, 만물은 각기 그것을 품부받아 하나의 태극을 온전하게 갖추게 된다. 예를 들어 달은 하늘에 하나만 있을 뿐이다. 세상 도처에 그것이 분산되어 있고 어디서든지 그 달을 볼 수 있다고 해서, 달이 나뉘어져 있다고 말할 수 없다.80)

> 합해 말하면 만물 전체가 하나의 태극이고, 나눠 말하면 하나의 사물마다 각기 하나의 태극을 갖는다.81)

천지만물을 총체적인 하나로 생각할 때, 그 안에는 하나의 태극이 있고, 이 태극이 바로 우주의 본체이자 본성이며, 그 태극은 오직 하나(一)일 뿐이라는

---

79) 『周敦頤集』, 「通書解」, 31쪽, "合萬物而言之, 爲一太極而一也. 自其本而至末, 則一理之實萬物分之以爲體, 故萬物之中各有一太極."
80) 『朱子語類』 권94, 2409쪽, "本只是一太極, 而萬物各有稟受, 又自各全具一太極爾. 如月在天, 只一而已, 及散在江湖, 則隨處而見, 不可謂月已分也."
81) 『周敦頤集』, 「太極圖說解」, 4쪽, "蓋合而言之, 萬物統體一太極也; 分而言之, 一物各具一太極也."

것이 주희의 사상이다. 그리고 각각의 사물을 살펴볼 때, 모든 사물은 우주의 본체인 태극(理)을 품부받아 자신의 성리性理로 삼는다. 모든 사물의 성리와 우주의 본체로서 태극은 동일한 것이다. 따라서 사물의 성리는 비록 태극에서 품부받은 것일지라도 태극의 일부분만을 분유分有한 것이 아니다. 사물 안에 충만되어 있는 성리도 역시 그 사물 자체가 갖추고 있는 태극이다. 이러한 관계를 두고 "만물 전체도 하나의 태극이요, 각각의 사물도 하나의 태극이다"(統體一太極, 物物一太極)라고 말한다. 하나의 사물은 하나의 태극을 지니는데, 이것이 바로 '분수分殊'이다. 따라서 '성리'의 의미에서 볼 때, '리일분수'는 우주의 본체인 태극과 만물의 성性 간의 관계를 뜻한다. 전체적으로 볼 때, 우주만물의 본체는 하나의 태극일 따름이며, 각각의 사물도 그 본체인 태극과 완전히 동일한 태극을 포함하면서 그것을 자신의 본성으로 삼는다.

'분수'라는 입장에서 모든 사물이 각각 지니게 되는 성리로서의 태극에는 차이가 없다. 하지만 윤리적인 의미에서 사물의 구체적인 규범에는 차이가 있다. 이러한 차이는 물리物理라는 의미 속에서 더욱 두드러진다. 주희가 생각할 때 사물의 구체적인 규율과 성질은 저마다 다르다. 이것은 모든 사물에 갖춰져 있는 태극이 동일하다는 것과 같지 않다. 이것도 일종의 '리일분수'이다. 그는 다음과 같이 말하였다.

예를 들어 이 표지판은 하나의 도리道理일 뿐인데, 이 길은 이렇게 가도록 하고 저 길은 저렇게 가도록 한다. 건물도 하나의 도리일 뿐인데, 대청도 있고 방도 있다. 초목도 하나의 도리일 뿐인데, 복숭아나무도 있고 오얏나무도 있다. 이처럼 많은 사람들도 하나의 도리일 뿐인데, 갑돌이도 있고 개똥이도 있다. 그러나 개똥이는 갑돌이가 될 수 없고, 갑돌이도 개똥이가 될 수 없다. 음양에 대해서도 『서명』에서 리일분수로 말하였으니, 역시 이와 같은 것이다.[82]

---

82) 『朱子語類』 권6, 102쪽, "如這片板, 只是一个道理, 這一路子恁地去, 那一路子恁地去; 如一所屋, 只是一个道理, 有廳有堂; 如草木, 只是一个道理, 有桃有李; 如這衆人, 只是一个道理, 有張三有

모든 종류의 사물에는 나름대로의 리가 있다. 사물이 다르면 사물에 구체적으로 표현되는 보편적인 리도 다르다. 모든 건물에는 공통의 리가 있지만, 그 건물의 리는 대청과 방 등 상이한 형식을 통해서 구체적으로 체현된다. 복숭아나무와 오얏나무는 모두 초목이지만, 복숭아나무와 오얏나무에 표현되는 초목의 일반적인 규율에는 차이가 있다. '리일분수'의 사상에 근거한다면, 각 사물 나름의 구체적인 성질과 규율은 각기 달라서 금·목·수·화·토에도 각기 그 나름의 리가 있다. 사람의 실천은 반드시 상이한 대상들의 고유한 리를 따라야 한다. 그렇지 않으면 실패할 것이다. 이러한 측면에서 말하자면, '만물은 하나의 이치이다'라고 함은 만물의 구체적인 규율 모두가 직접적으로 동일하다는 뜻이 아니라, 한층 더 높은 차원에서 볼 때 그 규율들이 동일한 보편 원리의 표현이면서 통일성을 지니고 있다는 의미이다.

4. 미발과 이발

미발未發과 이발已發은 정이 이후 양시와 호굉 등이 모두 대단히 중시했던 문제이다. 이 문제는 심리 학설 자체의 이론적인 의미를 지님과 아울러 수양 공부의 실천이라는 의미도 지닌다. 대체로 양시로부터 주희의 선생인 이동李侗에 이르기까지는 모두 '미발' 체험을 강조하였고, 호굉은 '이발'일 때 노력할 것을 주장하였다.

주희는 초기에 호굉학파의 영향을 받았다. 그래서 그는 사람의 마음 작용은 살아 있는 한 정지하지 않으며, 잠잘 때나 사려하지 않을 때에도 그러하다고 생각했다. 사람의 마음이 살아 있는 한 어느 순간도 고요하면서 움직이지 않는 상태에 있을 수 없다면, 마음은 언제나 '이발'의 상태에 있게 된다. 마음이 언제나 이발의 상태에 놓여 있다면, '미발'이란 마음을 가리킬 수 없으며, 마음의

李四, 李四不可謂張三, 張三不可謂李四. 如陰陽, 西銘言理─分殊, 亦是如此"

본체나 성性을 가리킬 수밖에 없다. 따라서 오직 성性만이 진정으로 고요하면서 움직이지 않는 '미발'이다. 그래서 그는 '미발 이전'(未發之前)이라는 견해에도 반대하였다. 그가 볼 때 마음은 언제나 '이발'이므로 '미발 이전'의 상태란 없다. 그리고 성은 언제나 '미발'이므로, 발현했다면 이미 성이 아니다. 그는 이러한 관점을 "마음은 이발이고 성은 미발이다"(心爲已發, 性爲未發)라고 설명하였다. 이것은 사실상 성을 본체로 여기고, 마음을 작용으로 여긴 주장이다. 따라서 이는 감정 발현의 전후를 기준으로 '미발'과 '이발'을 정의 내린 『중용』과 다른 입장이다.

주희는 40세 때, 이러한 관점을 바꿔서 그 뒤 새로운 주장(己丑之悟)을 형성하여 끝까지 견지해나갔다. 주희의 성숙한 '이발미발'설에서 '미발'과 '이발'은 두 의미를 갖는다.

첫째, '미발'과 '이발'은 심리 활동의 상이한 단계나 상태를 의미한다.

주희는 "…… 사려가 아직 생기지 않고, 사물이 아직 이르지 않은 때에는 희·노·애·락이 발현되지 않는다. 이 때는 심체心體의 유행이 고요하면서 움직이지 않는 상태이고, '천명지성天命之性'의 본래 모습이 갖춰져 있는 상태이다. 이 상태는 지나침이나 모자람이 없고, 편벽되거나 기울어지지 않은 상태이기 때문에 '중中'이라고 말한다. 그러나 이미 심체의 유행 상태가 드러나 있으므로, 곧바로 성이라고 해서는 안 된다"[83]고 말하였다. 사람이 태어나 죽을 때까지 마음의 작용은 그치지 않는다. 하지만 이 끊임없는 마음의 작용 과정은 두 상태 혹은 두 단계로 나뉠 수 있다. 사려가 아직 생기지 않았을 때의 마음의 상태는 '미발'이고, 사려가 이미 생긴 뒤의 마음의 상태는 '이발'이다. 요컨대 예전처럼 마음을 모두 '이발'로 주장하지 않고, 마음의 활동을 '이발' 시기와 '미발' 시기로 구분하였다. 사려가 아직 생기기 전이라도 마음의 작용이 정지하

---

83) 『朱文公文集』 권67, 「已發未發說」, "…… 思慮未萌 事物未至之時爲喜怒哀樂之未發, 當此之時則是心體流行寂然不動之處, 而天命之性體段具焉. 以其無過不及 不偏不倚, 故謂之中, 然已是就心體流行處見, 故直謂之性則不可."

는 순간은 없다. 하지만 이러한 상태를 '고요하면서 움직이지 않는' 미발로 규정할 수는 있다. 사려가 이미 생긴 뒤라면 마음의 작용이 분명하게 활동한다. 따라서 이러한 상태를 '느껴 마침내 통한다'는 이발로 규정할 수 있다. 이른바 '중'이란 마음의 미발 상태를 뜻하는 것이지, 성을 의미하는 것은 아니다.

사려하지 않을 때에도 지각은 결코 없어지거나 어두워지지 않는다. 그러나 이 때 사유 작용은 주동적으로 발휘되거나 피동적으로 반응하지도 않는다. 이 상태는 활동이 분명한 상태에 비해 상대적인 고요함에 속한다. 주체와 객체의 상호 작용 속에서 사려와 의식이 생긴다. 이러한 상태는 움직임에 속한다. '미발'과 '이발'에 관한 주희의 이러한 관점은, 고요함 속의 함양 공부에 일정한 지위를 마련해 주기 위한 것이다. 왜냐하면 마음이 언제나 '이발' 상태라면 사람들은 오로지 '이발' 공부에만 힘쓸 것이고, 분명한 의식 활동의 수양에만 주의를 기울이기 쉬울 것이기 때문이다. 그러나 사려가 아직 생기지 않은 '미발'의 의미를 확실하게 인식한다면, 사람들은 미발일 때의 함양에도 주의를 기울일 수 있을 것이다. 그래서 주희는 이러한 심성론에서 출발하여 사람의 수양을 두 측면으로 구분하였다. 하나는 '미발' 공부 즉 '주경함양主敬涵養'이고, 다른 하나는 '이발' 공부 즉 '격물치지'이다. 그는 "함양은 반드시 경으로 해야 하고, 학문의 진작은 치지하는 데 달려 있다"(涵養須用敬, 進學則在致知)는 정이의 사상을 계승하여, "주경으로 그 근본을 세우고, 궁리로 그 앎을 진전시킨다"(主敬以立其本, 窮理以進其知)는 학문의 종지를 제기하였다.

둘째, '미발'은 성性이고, '이발'은 정情이다.

주희는 '미발'과 '이발' 개념을 상술한 첫 번째 용법으로만 사용하지 않았다. 그는 오히려 심성론 자체에서 성과 정 사이의 체용 관계를 가리키는 데 '미발'과 '이발' 개념을 더 많이 사용하였다. 예를 들어보자.

성과 정은 하나의 사물인데, 그렇게 나뉘는 까닭은 단지 미발과 이발이 다르기 때문일 뿐이다. 만일 이발과 미발로 그것들을 나누지 않는다면, 어느 것이 성이고 어느 것이 정이겠는가?[84]

정이 아직 발현되지 않은 상태는 성으로서 이른바 중中이며, 천하의 큰 근본이다. 성이 이미 발현된 상태는 정으로서 그것이 모두 기율에 들어맞는 상태가 이른바 화和이며, 천하에 두루 미치는 도(達道)이다.[85]

주희가 생각할 때, 성은 일종의 본질적 범주로서 깊고 은미하며 아직 발현되지 않은 것이다. 따라서 성은 현상적인 의식 활동을 통해서 표현될 수 있을 뿐이다. 그러나 정은 일종의 의식 현상적 범주이다. 정은 성의 표현이고, 성은 정의 근거이자 근원이다. 그는 '미발'과 '이발'은 성과 정 사이의 이러한 관계에도 적용된다고 생각하였다.

5. 심통성정心統性情

호굉의 심성론에서는 성을 본체로 삼고 마음을 작용으로 삼는다. 그래서 이러한 체계 속에는 정의 지위가 없다. 주희의 심성론에서 주요한 특징 가운데 하나는 그가 성을 본체로 주장하면서도 마음을 작용으로 여기지 않고, 정을 작용으로 삼았으며, 마음을 성과 정을 관통하는 총체로 생각했다는 점이다. 그는 다음과 같이 말하였다.

마음은 몸을 주재하는 것으로서 그 본체가 되는 것은 성이고, 그 작용이 되는 것은 정이다. 그러므로 동정動靜을 관통하여 없는 곳이 없다.[86]

---

84) 같은 책 권41, 「答何叔京」, "性情一物, 其所以分, 只爲未發已發之不同耳. 若不以未發已發分之, 則何者爲性, 何者爲情耶."
85) 『朱文公文集』 권67, 「太極說」, "情之未發者性也, 是乃所謂中也, 天下之大本也. 性之已發者情也, 其皆中節則所謂和也, 天下之達道也."
86) 같은 책 권40, 「答何叔京」 29, "心主于身, 其所以爲體者, 性也; 所以爲用者, 情也, 是以貫乎動靜

인仁·의義·예禮·지智는 성이고, 측은惻隱·수오羞惡·사양辭讓·시비是非는 정이다. 인으로 사랑하고 의로 미워하며, 예로 사양하고 지로 아는 것은 마음이다. 성이란 마음의 리이고, 정이란 마음의 작용이며, 마음이란 성과 정의 주재자이다.[87]

주희가 생각할 때 성과 정은 서로 체와 용이 될 뿐만 아니라 성은 마음의 본체이고, 정은 마음의 작용이다. 마음은 체용을 포괄하는 총체이며, 성과 정은 이러한 총체의 다른 측면일 뿐이다. 그는 이같은 마음과 성 그리고 정 사이의 관계가 바로 장재가 제기했으면서도 제대로 발휘해내지 못한 '심통성정'이라고 여겼다.

이러한 관점에서 인간 의식 활동의 체계와 구조를 고찰한다면, 마음은 사유와 의식 활동의 총체적 범주를 상징하고, 그 내재적 도덕 본질이 성이며, 구체적인 감정과 생각은 정이다. 계통의 원리는 이러한 계통의 '본체', 즉 내재적이며 깊고 은미한 원리이자 본질이고, 계통의 효용은 이러한 계통의 '작용'이며, 계통의 총체는 본체와 작용을 포괄하고 겸섭兼攝한다. 따라서 주희가 '심통성정'이라고 말할 때 '통統'의 주요한 의미 가운데 하나는 '겸섭하고', '포괄한다'는 의미이다. 이러한 구분을 기초로 주희는 마음과 성 그리고 정이라는 세 개념이 각기 나름의 확정적인 대상을 갖기 때문에 혼동해서는 안 된다고 생각하였다. 성은 현실적인 의식과 감정이 생기는 근원이고, 현실적인 의식과 감정은 성의 외재적 표현이다. 정은 구체적인 것이고, 성은 일종의 일반 원칙이며, 성이나 정과는 상대적으로 마음은 의식 활동의 총체와 주체를 가리킨다.

'심통성정'의 또 다른 주요 의미는 '마음이 성과 정을 주재한다'(心主性情)는 점이다. 주희는 다음과 같이 말하였다.

而無不在焉."
87) 같은 책 권67, 「元亨利貞說」, "仁義禮智, 性也; 惻隱羞惡辭讓是非, 情也; 以仁愛, 以義惡, 以禮讓, 以智知者, 心也. 性者心之理也, 情者心之用也, 心者性情之主也."

성은 본체이고, 정은 작용이다. 성과 정은 모두 마음에서 나온다. 그러므로 마음은 그것들을 통솔할 수 있다. 통솔이란 병사들을 통솔하는 것처럼 그것들을 주재한다는 말이다.[88]

정에 대해 말할 때 '심주성정心主性情'은 마음이 정을 주재함을 뜻한다. 즉 의식 주체와 이성이 감정을 주도하고 통제하는 것으로서, 도덕 의식이 비도덕적 관념을 제재하는 뜻도 포함한다. 이 점은 쉽게 이해된다. 그러나 마음이 성을 '주재한다'는 점에서는 글귀에만 얽매이면 안 되고, 주경 공부에 관한 주희의 사상과 연결해서 살펴야 한다.

의식 활동의 총체적 본질로서 성은, 본래 의식 활동을 지배하는 작용을 한다. 그런데 주희는 이러한 성의 지배 작용은 마음의 수양에 의해서 그 정상적인 표현과 발휘 정도가 결정된다고 생각하였다. 주희의 사상에 따르면, 정이 아직 발현되지 않은 상태가 성이며, 이 때 마음에는 천리가 혼연히 갖춰져 있다. 미발 상태라고 해서 마음이 없다고는 말할 수 없는 것이다. 마음이 아직 발현되지 않은 '중中'의 상태를 유지해 나가면서 방해받지 않기 위해서는 반드시 주재자가 있어야 하며, 함양해 나가야 한다. 만일 마음이 미발일 때에 함양도 하지 않고 어떤 주재자도 없다면, 혼란은 그치지 않을 것이다. 이런 까닭에 반드시 '주경'의 방법을 통해 미발일 때의 심경의 청명 상태와 주의력 집중을 유지시켜 나가야 한다. '마음이 성을 주재한다'는 말은, 마음이 아직 발현되지 않았을 때의 주경 공부가 성으로 하여금 아무런 방해도 받지 않으면서 사람의 현실적인 사유 작용에 기능할 수 있도록 보장해 준다는 의미이다.

'심통성정'이란 명제는 이미 장재의 어록에 등장했던 것이다. 주희는 이 명제를 추앙했지만, 장재는 이 명제에 대해 구체적으로 해설하지 않았다. 나중에 송명리학에서 실질적으로 영향을 발휘한 것은 '심통성정'에 관한 주희의 사상

---

88) 『朱子語類』 권98, 2513쪽, "性是體, 情是用, 性情皆出于心, 故心能統之. 統如統兵之統, 言有以主之也."

이었다.

6. 천명지성과 기질지성

주희의 철학에서 '성' 개념에는 서로 다른 의미가 담겨 있다. 하나는 '천명지성天命之性'이며, 또 다른 하나는 '기질지성氣質之性'이다.

정이는 일찍이 "성은 리이다"(性卽理)라고 주장하였다. 인성론의 측면에서 볼 때, 이 말은 사람의 본성이 도덕 법칙은 물론 우주의 보편 법칙과도 완전히 일치한다고 강조한 데 그 의의가 있다. 하지만 정이가 주희처럼 리기觀理氣觀의 기초 위에서 품부받은 천리로 인성을 말했던 것은 아니다. 주희가 생각할 때 천지간에는 '리'도 있고 '기'도 있어서, 사람과 사물의 생성은 모두 천지의 기를 품부받아 형체를 이루고, 천지의 리를 품부받아 본성을 이룬다. 따라서 사람의 본성과 천지의 리 사이에는 직접적인 우주론적 연계가 있는 것이다. 사람과 사물의 입장에서 볼 때 인성과 물성은 모두 하늘로부터 품부받아 생긴 것이고, 하늘의 입장에서 보자면 하늘이 만물에게 성을 부여하거나 준 것이다. 주희는 이것이 바로 "하늘이 준 것을 일러 성이라 한다"(天命之謂性)는 『중용』의 뜻이라고 생각하였다. 그러므로 주희의 철학에서는 천리가 개체적인 사람과 사물에 품부되어 이루어진 성을 늘 '천명지성'으로 부른다.

'리를 품부받아 성이 된다'는 주장은 사람이 선천적으로 선한 품성을 지녔음을 말해 줄 뿐이지 악한 품성이 생기는 근원을 설명해 주지는 않는다. 주희는 정이의 사상을 계승하여 '성을 논하는 것'과 '기를 논하는 것'이 상호 보완적이라는 생각을 견지하였다. 그는 악한 품성도 똑같이 선천적인 근거를 갖는다고 생각하였는데, 이것이 바로 기질(氣稟)이다. 그렇지만 선천적인 악은 도덕 수양을 통해 변화될 수 있다. 그가 생각할 때 사람이 품부받은 기질에는 맑거나 혼탁하고, 편벽되거나 바른 차이가 있으며, 그 품부받은 기질 가운데서 어둡고 탁하며 편벽되고 막힌 것이 악한 품성을 이루는 근원이다. 기품의 선하지 않음이 악의 근원이 되는 까닭은, 주로 기품의 혼탁이 본성을 끊고 가림으로써 사람의 선한 본질이 발현되는 것을 어느 정도 방해하며, 결과적으로 악한 성질을 드러내기 때문이다. 모든 사람에게는 온전한 성리性理가 구비되어 있다. 따라서 도덕적 품성의 선천적인 차이는 기품의 청탁淸濁이 성리의 표현을 끊고 가리는 정도에 전적으로 달린 것이다.

모든 사람과 사물은 품부받은 리와 기의 두 측면에서 모두 영향을 받기 때문에, 현실적인 인성과 물성이 전적으로 리에 의해서만 결정된다거나 기에 의해서만 결정된다고 말할 수는 없다. 인성이 리와 기 둘 다에서 제약받는 것임을 설명함과 아울러 인성의 품격에 차이가 있다는 유학사적 견해를 해석하기 위해서는, '천명지성'과 '기질'(氣稟) 개념뿐만 아니라 리와 기의 영향을 종합적으로 반영한 인성 개념이 필요하다. 이것이 바로 주희가 '기질지성'의 개념을 제기한 이유이다.

북송 리학에서 말하는 '기질지성' 개념은, '기질지성'을 음양 두 기와 형질 자체의 속성으로 파악한 것이고, '공취지성攻取之性'처럼 품성의 강유와 완급을 설명한 것이다. 그러나 주희의 철학에서 '기질지성'의 개념은 그러한 것과 다르다. 주희는 이렇게 말하였다.

"사람은 태어나면서 고요하다"고 함은 미발일 때를 말하고, '그 이전'이라면 사람과 사물이 아직 생기기 전이어서 성이라고 말할 수 없다. 성(기질지성)이란 사람이 태어난 뒤 리가 형기形氣 안에 떨어져 들어온 것으로, 온전한 성(천명지성)의 본래 모습이 아니다. 그러나 그 본래 모습도 그 성(기질지성) 바깥에 있는 것이 아니므로, 사람들은 그것에서 그것과 섞이지 않은 것을 알아 내야 한다.[89]

---

89) 『朱文公文集』 권61, 「答嚴時亨」, "人生而靜'是未發時, '以上'則人物未生時, 不可謂性, 才謂之性便是人生以后, 此理墮在形氣之中, 不全是性之本體矣. 然其本體又未嘗外此, 要人卽此而見得其不雜于此者耳."

사람과 사물의 성이란 천지의 리를 품부받아 생긴 것이다. 사람과 사물이 아직 생겨나지 않았을 때, 천지의 리는 천지간에서 유행한다. 이러한 리가 일정한 형기에 품부된 뒤에야 성이 된다. 그러나 리가 일단 형기라는 체질體質에 진입하면 기질의 '오염'을 받지 않을 수 없다. 그러므로 모든 현실적인 사람의 성은 이미 성의 본래 모습(性之本體)이 아니다. 기질에 오염되었으면서 모든 사람에게 직접적으로 작용하는 현실적인 사람의 성은 '기질지성'이다. '기질지성'은 리의 작용과 기의 작용이 함께 있는 것으로, 도덕 이성과 감성적 욕구의 교차와 종합을 반영한다. 그래서 주희는 "천지지성天地之性(천명지성 혹은 본연지성)을 논할 때는 전적으로 리를 가리켜 말하는 것이고, 기질지성을 논할 때는 리와 기를 섞어서 말하는 것이다"90)라고 하였다. '천명지성'은 '기질지성'의 본래 상태이고, '기질지성'은 '천명지성'이 기질의 영향을 받아 전화된 형태이다. 주희는 "천명지성은 물과 같고, 기질지성은 소금물과 같다"고 예를 들어 설명하였다. 모든 사람의 '천명지성'은 동일하다. 하지만 사람의 기질이 다르기 때문에 사람과 사람의 '기질지성'이 달라지는 것이다. 주희는 이전의 유학자들이 성을 세 품성으로 나눈 점도 바로 '기질지성'을 지적한 것이라고 말하였다.

주희는 이렇게 성에 대한 두 관념을 설정함으로써, 철학사에서 인성에 대한 논쟁을 칼로 자르듯 명쾌하게 해결할 수 있다고 생각하였다. 이른바 '성악性惡'이나 '성선악혼性善惡混', '성삼품性三品' 등은 모두 '기질지성'을 두고 말한 것이었다. 그러나 성의 본체는 리이기 때문에, '기질지성'의 본래 상태는 '천지지성'이며 '순선무악純善無惡'하다.

7. 주경함양

송명 리학자들은 대체로 자기 나름의 수양 방법을 갖고 있었다. 주희가 제창

---

90) 같은 책 권58, 「答鄭子上」, "論天地之性則是專指理言, 論氣質之性則以理與氣雜而言之"

하고 이끈 수양 방법은 '주경함양主敬涵養'으로, 송명리학에서 비교적 영향이 컸다. '주경함양'에 관한 주희의 사상은 '지경持敬'과 "함양은 반드시 경으로 해야 한다"는 정이의 사상을 발전시킨 것이며, 정이의 제자들과 자기 나름의 수양 체험을 흡수하여 형성한 것으로서 '리학'의 수양론을 집대성한 것이다.

주희의 '주경함양설'에는 광의와 협의의 두 의미가 있다. 협의의 '주경함양'은 전적으로 미발 공부만을 가리켜 말하는 것으로 '궁리치지'와 상대되는 것이다. 광의의 '주경함양'은 미발과 이발을 관통하는 것으로 동정動靜과 내외內外의 과정 전체를 관통하는 것이다.

주희는 '주경'에 대하여 다음과 같이 논하였다.

경이란 어떤 것인가? 오직 '삼가 조심한다'(畏)는 말과 같을 뿐이다. 귀에 들리는 것도 없고 눈에 보이는 것도 없이, 나무토막처럼 가만히 앉아 전혀 아무 일도 살피지 않는 것을 말함이 아니다. 오로지 심신을 수렴하고, 정제하며, 순일純一하게 하여 저렇게 방종하지 않는 것이 바로 경이다.[91]

경은 만사를 내버려 두는 상태를 말함이 아니다. 오직 일에 따라 전일專一하게 삼가 조심하면서 마음을 풀어 놓지 않는 것일 따름이다.[92]

경이란 오로지 늘 깨어 있는 방법으로서, '고요함 속에서 깨달음이 있다'고 말하는 것이다.[93]

주희가 말한 '주경'은 다음과 같은 몇 가지 의미를 지닌다.

첫째, 수렴收斂한다는 의미이다. 이는 심신을 안으로 거두어 방종하거나 산

---

[91] 『朱子語類』 권12, 208쪽, "敬有甚物, 只如'畏'字相似, 不是塊然兀坐, 耳無聞 目無見 全不省事之謂, 只收斂身心 整齊 純一, 不恁地放縱, 便是敬."

[92] 같은 책 권12, 211쪽, "敬不是萬事休置之謂, 只是隨事專一謹畏, 不放逸耳."

[93] 같은 책 권62, 1503쪽, "敬只是常惺惺法, 所謂靜中有箇覺處."

만하지 않도록 하고, 본래의 규범에서 벗어나지 못하도록 하는 것이다. 이는 정신을 수습한다고도 말한다. 이러한 견해는 윤돈尹燉[94])에게서 나왔다.

둘째, 삼가 조심한다(謹畏)는 의미이다. 이는 내심을 늘 경외의 상태로 유지시키는 것이다. 이 때의 조심함(畏)이란 결코 어떤 구체적인 대상에 대한 두려움이 아니다.

셋째, 깨어 있다(惺惺)는 의미이다. 이는 내심을 언제나 일종의 경각警覺 혹은 경성警省의 상태로 유지시키는 것이다. 이를 분발시킨다고도 말하는데, 어둡고 게으른 상태에 비해서 상대적으로 경각된 상태를 의미한다. 이러한 견해는 사량좌에게서 나왔다.

넷째, 마음을 한 곳에만 집중한다(主一)는 의미이다. 이는 바로 전일하고 순일하며, 흐트러지지 않는 것이다.

다섯째, 정제엄숙한다는 의미이다. 넷째와 다섯째의 두 조목은 정이에게서 직접 나온 것이다.

앞의 네 조목은 내부의 경이고, 다섯째 조목은 외부의 경이라고 말할 수 있다. 주경의 가장 기본적인 요구는 바로 안으로 헛된 생각을 없애라는 것이고, 밖으로 함부로 행동하지 말라는 것이다.

주희는 미발과 이발을 구분하면서 미발일 때의 함양 공부를 중시하였기 때문에, 미발일 때의 주경을 특별히 강조하였다. 미발일 때의 주경이란 사려와 감정이 아직 발생하지 않았을 때에도 수렴하고 삼가 조심하며 경각하는, 일종의 지각 상태를 유지하려고 노력함으로써 최대한도로 생각과 정서를 평정시키는 일을 의미한다. 다시 말해서 주의력을 내심에 집중시키고 마음을 분발시킴으로써 경계하고 살피되 사려는 없도록 하며, 심경을 청명하되 혼란스럽지 않도록 하는 것이다. 부연하자면 주의력을 내부로 집중시키고 외부로 치닫지 못하게 함으로써, 각성의 상태 속에서 마음을 특별히 안정되고 고요한 상태에 도달시키

---

94) 尹燉(1071~1142)은 정이의 제자이다——옮긴이 주.

는 방법이다.

주희가 생각할 때, 이러한 미발일 때의 주경을 통한 수양은 덕성을 함양시킬 수 있을 뿐만 아니라 '궁리치지'를 위한 수양 주체의 조건을 충분히 준비하는 것이기도 하다. 그가 볼 때, 만일 미발일 때에 주경하지 않는다면 마음과 생각이 산만해지고 청명하지 못하게 된다. 그리하여 사람은 사물의 리를 제대로 인식하거나 이해하지도 못한다. 이 때문에 그는 "선현들은 학자들이 지켜야 할 것을 제대로 알지 못한 채 심신이 산만해지고 의리를 분명하게 깨닫지 못할까봐 염려하였다. 그래서 주경의 학설을 제시하여 학자들에게 먼저 단정하고 엄숙한 태도를 습관화하도록 하였고, 방자하거나 게으르지 못하게 하였다. 이는 마음이 안정되고 리가 분명해지도록 의도한 것이었다"95)고 말하였다.

물론 주희는 경이 동정을 관통한다고 주장했기 때문에, 그가 말하는 주경이 치지를 위한 준비로서의 의미만 갖는 것은 아니다. 주경은 지知와 행行, 미발과 이발의 전과정에 관철되어야 하는 것이다. 그리고 수렴·삼가 조심함·경계하고 살핌·한 곳에만 집중함·엄숙함 등도 격물치지에서부터 치국과 평천하에 이르기까지 모든 절목에 관철되어야 한다. 주희의 제자는 일찍이 그의 주경설을 다음과 같이 개괄하였다.

그의 학문함은 궁리하여 지식을 넓히고, 스스로를 반성하여 실제적인 것들을 실천하는 것이었다. 그 가운데 거경居敬이란 시작하고 끝내는 근거였다. 그는 "경으로 치지하지 않으면 혼란되고 의혹되어 의리의 취지를 살필 수 없으며, 경으로 몸소 실천하지 않는다면 게으르고 방자해져서 참된 의리에 이를 수 없다"고 말했다.96)

---

95) 『朱文公文集』 別集 3,「答彭子壽」, "主敬之說, 先賢之意盖以學者不知持守, 身心散慢, 無緣見得義理分明, 故欲先且習爲端正嚴肅, 不至放肆怠惰, 庶幾心定理明耳."

96) 王懋竑,『朱子年譜』 권4 (商務印書館 叢書集成初編本), 231쪽, "其爲學也, 窮理以致其知, 反躬以踐其實, 居敬者所以成始成終也, 謂致知不以敬, 則昏惑紛擾, 無以察義理之歸; 躬行不以敬, 則怠惰放肆, 無以致義理之實."

경이 동정動靜을 관통하고, 시종始終을 관통하며, 지행知行을 관통한다는 설명이다. 이는 주희의 학문 방법을 개괄한 설명이며, 비교적 주희의 사상을 전체적으로 반영한 설명이다.

8. 격물궁리

진한秦漢 시대에 편찬된 『예기』에는 「대학」편이 실려 있다. 송대 리학자들은 특별히 이 한 편을 뽑아 표창함으로써, 『논어』·『맹자』 등과 동등한 지위에 올려 놓았다. 『대학』에서는 두 가지 중요한 실천 관념으로서 '격물格物'과 '치지致知'를 제기하였다. 리학자들은 이 두 기본 개념에서 신유가의 인식론과 수양론을 이끌어 낼 수 있으리라고 생각하였다. 이러한 문제에서 주희는 정이와 동일한 견해를 지녔다. 그는 격물에 관한 정이의 사상을 힘써 강조하고 발전시킴으로써, 마침내 격물론을 주자학 체계에서 중요한 이론적 특징으로 만들었다.

격물에 대한 주희의 해석은 다음과 같다.

격格이란 이른다(至)는 것이고, 물物이란 일(事)과 같다. 사물의 이치를 끝까지 궁구하여, 그 지극한 곳에 이르지 못함이 없도록 하려는 것이다.[97]

치지의 방법은 일에 나아가 이치를 살핌으로써 물物을 격하는 데 있다. 격이란 지극한 것에 이른다는 말이다. "(순 임금이) 시조의 종묘에 나아갔다"[98]는 '나아감'(格)과 같은 뜻으로, 궁구하여 그 지극함에 이르는 것을 말한다.[99]

주희가 이해한 '격물'에는 세 요점이 있다. 첫째, '물에 나아간다'(卽物)는 것

---

97) 『四書章句集注』, 「大學章句」 제1장 (中華書局, 1983), 4쪽, "格, 至也. 物, 猶事也. 窮至事物之理, 欲其極處無不到也."
98) 『尙書』, 「舜典」에 나오는 말이다——옮긴이 주.
99) 『大學或問』 권1, "致知之道在乎卽事觀理以格夫物. 格者, 極至之謂, 如'格於文祖'之格, 言窮而至其極也."

즉 사물과 접촉하는 것이다. 둘째, '궁리한다'(窮理)는 것 즉 사물의 이치를 궁구하는 것이다. 셋째, '지극함에 이른다'(至極)는 것이다. 이는 주희가 '격'을 풀이한 '이른다'(至)는 뜻 즉 '지극하게 이른다'는 의미이다. 주희가 생각할 때, 격물의 기본적인 의미란 궁리해야 하는 것이다. 그렇지만 궁리는 구체적인 사물에서 궁구해 나가야 하는 것이고, 또한 그 지극한 데까지 궁구해야 하는 것이다.

무엇을 '치지'라고 말하는가? 주희는 '치지'라는 두 글자만을 따로 풀이하면서 이렇게 말하였다.

치致는 끝까지 밀고 나간다는 뜻이고, 앎(知)은 깨닫는다(識)는 뜻과 같다. 나의 지식을 끝까지 밀고 나감으로써, 그 앎을 다하지 않음이 없도록 하려는 것이다.[100]

그러나 주희가 생각할 때, 치지는 결코 격물과 동떨어진 별개의 공부나 방법도 아니며, 자신의 고유한 지식을 힘껏 발휘해 내거나 이미 알고 있는 것을 통해 아직 알지 못하는 것을 미루어 알아 내는 것도 아니다. 그는 이렇게 말하였다.

격물이란 오직 한 사물에서 그 사물의 이치를 끝까지 궁구하는 것이다. 그리고 치지란 사물의 이치를 끝까지 궁구해 나가면 나의 지식도 다하지 않음이 없다는 것이다. 그런데 그것은 마치 지식을 밀고 나가 그것에 이른 것과 같다. 이 문단(치지는 격물에 있다)의 의미는 오직 이와 같을 따름이니, 이것을 정확히 깨달았다면 곧바로 그렇게 노력하라. 격물할 수만 있다면 앎은 저절로 이르니, 별개의 일이 아닌 것이다.[101]

격물은 사물의 이치를 힘껏 궁구하는 것을 의미하지만, 사람들이 사물의 이

---

100) 『四書章句集注』, 「大學章句」 제1장, 4쪽, "致, 推極也. 知, 猶識也. 致極吾之知識, 欲其所知無不盡也."
101) 『朱文公文集』 권51, 「答黃子耕」, "格物只是就一物上窮盡一物之理, 致知便只是窮得物理盡后我之知識亦無不盡處. 若推此知識而致之也. 此其文義只是如此, 纔認得定, 便請以此用功, 但能格物則知自至, 不是別一事也."

치에 통달하면 자기의 지식도 철저하게 완비된다. 따라서 치지는 주체가 물리物理를 궁구하여 개인적으로 얻게 된 지식 확충의 결과를 의미할 뿐이다. 치지는 격물의 목적이자 결과이다. 따라서 치지는 결코 격물과 병행되는 것도 아니며, 주체 자신을 대상으로 삼는 인식 방법이나 수양 방법도 아니다. 주희는, 치지란 주체가 인식 활동에서 얻은 지식의 성과를 의미할 뿐이므로, 사물에 나아가 궁리하지 않는다면 지식을 확충할 수 없다는 점을 강조하였다.

주희가 생각할 때 리는 모든 사물 속에 보편적으로 존재한다. 크거나 작거나 정밀하거나 거칠거나를 막론하고 모든 사물에 리가 있다. 격물의 대상은 대단히 광범위한 것이다. 그래서 그는 다음과 같이 말하였다.

그 힘써야 할 것을 말하자면 어느 때는 뚜렷한 행위를 헤아려야 하고, 어느 때는 은미한 사려를 살펴야 하며, 어느 때는 문자에서 추구해야 하고, 어느 때는 강론에서 찾아야 한다. 심신과 성정性情의 덕, 일상적인 인륜에서부터 천지귀신의 변화, 조수鳥獸와 초목의 마땅함에 이르기까지, 그 한 사물 속에서 당연하여 그칠 수 없는 것과 그렇게 되는 까닭이어서 바뀔 수 없는 것을 깨달아야 한다.102)

주희가 생각할 때 격물의 대상은 지극히 광범위하여 위로는 우주 본체에서부터 아래로는 풀 한 포기나 나무 한 그루에 이르기까지, 그 '리'는 모두 연구되어야 한다. 대상의 광범위함은 격물 방법의 다양성을 결정한다. 그 방법 중에서 주요한 것으로는 서적을 읽는 것, 사물과 접촉하는 것, 그리고 도덕을 실천하는 것 등을 들 수 있다.

격물의 최종적인 목표는 사물의 '그러한 까닭'(所以然)과 '마땅함'(所當然)을 이해하는 것이다. '소이연'과 '소당연'은 모두 리를 의미한다. '소이연'은 주로

---

102) 『大學或問』 권2, "若其用力之方, 則或考之事爲之著, 或察之念慮之微, 或求之文字之中, 或索之講論之際, 使于身心, 性情之德, 人倫日用之常, 以至天地鬼神之變, 鳥獸草木之宜, 自其一物之中, 莫不有以見其所當然而不容己與其所以然而不可易者."

사물의 보편적인 본질과 규율을 가리키고, '소당연'은 주로 사회의 윤리 원칙과 규범을 의미한다. 그러므로 주희가 주장하는 '격물궁리'의 최종적인 목표와 출발점은 선을 밝히는 데 있다. 그러나 격물궁리의 중간 과정이 포괄하는 범주 속에 사물의 규율과 본질에 대한 인식이 포함되기 때문에 지식을 확충하는 데 필요한 방법으로서 '견문지지見聞之知'를 적극적으로 긍정하였다. 이는 분명한 지식 추구의 경향을 드러낸다.

주희는 『대학』을 주석하면서 전해 내려온 『대학』의 본문에는 원래 있었던 '격물'에 대한 해석이 유실되었다고 생각했다. 그래서 그는 이정의 격물론에 근거하여, 그의 『대학장구大學章句』 속에 「보격물치지전補格物致知傳」을 지었다. 그 안에는 다음과 같은 말이 있다.

'치지가 격물에 있다'고 함은, 나의 앎을 극진히 하려면 사물에 나아가 그 리를 궁구해야 함을 말하는 것이다. 인심의 영명함으로 알지 못할 것이 없고, 천하의 사물 가운데 리를 갖추지 않은 것이 없다. 아직 궁구되지 않은 리가 있기 때문에 그 앎도 다하지 못함이 있는 것이다. 그래서 『대학』의 첫 가르침은, 학자들로 하여금 반드시 천하의 사물에 나아가 자신이 이미 알고 있는 리에 근거하여 더욱더 궁구함으로써 그 지극한 데까지 이르도록 하려 한 것이다. 오랫동안 힘써 나아가면 어느 순간 확 트여 관통하게 된다. 그러면 모든 사물의 표리表裏와 정조精粗에 이르지 못함이 없게 될 것이고, 내 마음의 전체全體와 대용大用은 밝혀지지 않음이 없을 것이다.103)

앎(知)은 주체에 속하는 것이고, 리理는 객체에 속하는 것이다. 격물은 사물에 나아가 그 리를 지극한 데까지 궁구하는 것이며, 그 방법과 순서는 '힘써 쌓아 나가는 것'(用力積累)과 '확 트여 관통하는 것'(豁然貫通)이다. 주희가 생각할 때,

---

103) 『四書章句集注』, 「大學章句」, 6~7쪽, "所謂致知在格物者, 言欲致吾之知, 在卽物而窮其理也. 蓋人心之靈莫不有知, 而天下之物莫不有理, 惟于理有未窮, 故其知有不盡也. 是以大學始敎, 必使學者卽凡天下之物, 莫不因其已知之理而益窮之, 以求乎其極. 至于用力之久, 而一旦豁然貫通焉, 則衆物之表里精粗無不到, 而吾心之全體大用無不明矣."

격물의 목적은 최종적으로 우주의 보편적인 리를 인식하는 것이다. 그런데 그저 한 사물을 격한다고 해서 곧바로 만물의 리를 파악할 수도 없고, 그렇다고 천지만물 모두를 일일이 격해 나갈 수도 없다. '리일분수'라는 사상에 근거하자면, 구체적인 사물의 물리와 윤리에는 각기 차이가 있으며, 동시에 그 모두는 보편적이고 통일적인 우주 원리가 표현된 것이기도 하다. 따라서 "오늘 한 사물을 격하고, 내일 또 한 사물을 격해 나가는 일"(今日格一物, 明日格一物)이 반복되고 누적됨으로써만 사람들은 개별적인 것에서 보편적인 것을 발견하게 되며, 점차적으로 모든 사물의 공통적인 보편 규율을 인식하게 된다. 그리고 정상적인 인식 과정에서 사람들이 종종 체험하듯이, 외부 사물을 반복적으로 궁구해 나가는 점진적인 과정을 수행해 나가다보면 사람들의 사상과 인식은 어느 단계에서 비약, 즉 '활연관통'하게 된다. 주희의 이해 방식에 따르자면 이것은 경험 활동에 기초한, 특수한 것에서 보편적인 것으로의 비약이다.

주희의 격물 학설 중에는 심신과 성정의 덕을 성찰하는 측면이 포괄되어 있다. 하지만 외재 사물에 대한 궁구를 한층 더 강조하였으며, 방법론적으로 지식 학습의 중요성을 지적하는 데 진력하였다. 그의 학설은 인식의 객관적인 법칙과 변증법적인 과정을 받아들일 뿐만 아니라 선명한 이성 정신을 표현하기도 하였다. 인식론적인 방향과 원칙에서 볼 때, 주희는 사람의 내심이 본래 천부적인 도덕 원칙을 갖추고 있음을 인정하였다. 이와 동시에 인식의 직접적인 대상이 구체적인 사물의 리임을 강조함으로써, 오직 구체적인 학습이 오랫동안 누적되는 과정을 거쳐야만 비로소 내심의 원칙을 뚜렷이 드러낼 수 있다고 하였다. 그의 사상에는 이미 일종의 유리론唯理論적인 선험론이 포함되어 있으며, 또한 인식 과정에 관한 경험론도 포함되어 있다.

9. 도심과 인심

'리로 욕망을 절제한다'(以理節欲)는 것은 공자 이래 유가 철학의 고유한 사상이다. 송대의 유학자들은 특히 이상적 인격의 배양을 중시하여, 도덕적 자각을 제고시킬 것과 도덕 의식이 최대한으로 사람의 행위를 지배하도록 노력할 것을 요구하였다. 이러한 목적을 위해, 리학에서는 이정 이래로 위서僞書인 고문古文 『상서尙書』 가운데서 이른바 '인심人心'과 '도심道心'이라는 문제를 크게 선전하고 설명하였다. 이 점에서 주희는 이정의 계승자였다.

주희가 생각할 때, 인심의 지각 활동은 그 내용에 따라 크게 두 가지로 구분할 수 있다.

마음의 영명함이 리에서 지각하는 것은 도심이고, 욕망에서 지각하는 것은 인심이다.104)

오직 이 한 마음일 뿐이지만, 귀와 눈의 욕망으로 지각해 나가는 것은 인심이고, 의리로 지각해 나가는 것은 도심이다.105)

요컨대 도덕 원칙에 합치되는 의식은 '도심'이고, 전적으로 개체적인 욕구를 내용으로 하는 의식은 '인심'이다. 다시 말해서 '도심'은 사람의 도덕 의식을 가리키고, '인심'은 사람의 감성적 욕구를 의미한다.

사람은 어떻게 '도심'과 '인심'이라는 서로 다른 두 지각을 갖게 되는가? 주희는 이렇게 말하였다.

마음의 텅 비고 영명한 지각은 하나일 뿐이다. 그러나 인심과 도심의 차이가 있는 까닭은, 그것이 어느 경우는 형기形氣의 사사로움에서 생기고, 어느 경우는 성명性命의 바름에서 근원하는데 그 지각됨이 다르기 때문이다. 그래서 어떤 것은 위태로

---

104) 『朱文公文集』 권56, 「答鄭子上」, "此心之靈, 其覺於理者, 道心也; 其覺於欲者, 人心也"
105) 『朱子語類』 권78, 2009쪽, "只是這一箇心, 知覺從耳目之欲上去, 便是人心; 知覺從義理上去, 便是道心"

위 불안하고, 어떤 것은 미묘하여 알기 어려울 뿐이다.106)

    사람은 태어나면서 모두 '기'를 품부받아 형체를 이루고, '리'를 품부받아 본성을 이룬다. 도덕 의식은 본성을 이루는 '리'에서 발현하고, 감성적 욕구는 피와 살의 몸체를 구성하는 '기'에 근거한다. 도덕 의식은 항상 심령의 깊은 곳에 잠재하고 있기 때문에 '은미'하다. 감성적 욕구가 전부 악한 것은 아니지만, 제어하지 않으면 선하지 않은 쪽으로 흐르기 때문에 '위태'롭다. 주희는 이것이 바로 위서 고문『상서』의 "인심은 위태롭고, 도심은 은미하다"(人心惟危, 道心惟微)는 말의 뜻이라고 생각하였다. 그래서 그는 "반드시 도심으로 하여금 늘 자신을 주재하도록 하고, 인심으로 하여금 항상 그 도심에게서 명령받도록 한다면 위태로운 것은 편안해질 것이고, 은미한 것은 뚜렷해질 것이며, 동정과 운위云爲함에도 자연히 지나침과 모자람의 잘못이 없어질 것이다"107)라고 지적하였다.

    그가 생각할 때, '인심'에 포괄되면서 사람의 자연적인 속성에 의해 결정되는 생리적 욕망이란 결코 악이 아니며, 좋지 않은 것만은 아니다. 따라서 '인심'이란 리학에서 제거해야 할 것으로 주장하는 '사욕'과 다른 것이다. '인심'은 모든 욕망을 광범위하게 가리키는 말이지만, '사욕'은 이욕利欲을 지나치게 추구하여 도덕 원칙에 위배되는 욕구만을 뜻하는 말이다. 따라서 '사욕'은 '악'이지만, '인심'은 그저 '위태로울' 뿐이다. 이른바 "천리를 보존하고, 인욕을 제거하라"(存天理去人欲)는 명제는 결코 모든 '인심', 즉 모든 감성적 욕구를 제거하라는 말이 아니라, 도덕 원칙을 위배하면서 지나치게 이욕만을 추구하려는 의식을 도덕 의식으로 극복하라는 말이다.

---

106) 『四書章句集注』, 「中庸章句序」, 14쪽, "心之虛靈知覺, 一而已矣. 而以爲有人心道心之異者, 則以其或生於形氣之私, 或原於性命之正, 而所以爲知覺者不同. 是以或危殆而不安, 或微妙而難見耳."

107) 같은 책, 「中庸章句序」, 14쪽, "必使道心常爲一身之主, 而人心每聽命焉, 則危者安, 微者著, 而動靜云爲自無過不及之差矣."

사람의 실제적인 윤리 생활에서, 사람의 내심은 종종 도덕 관념과 감성적 욕망 사이의 충돌이 교차하고 있다. 도덕 활동의 기본적인 특징은 도덕 의식으로 감성적 욕망을 평가하고 판단하며 제재하는 것이다. 이러한 도덕 평가와 자아 제어의 심리 과정은 리학에서 '인심도심설'의 현실적 근거를 이룬다. 도덕의 기본적인 특징은, 사람들로 하여금 도덕 의식의 활동 중에 도덕 이성으로 개체의 이기적인 욕망을 제한하고 제어하게 함으로써 사회에서 통용되는 도덕 규범에 복종하도록 강조하는 데 있다.

주희는 사람의 자연적 욕망을 일률적으로 배척하거나 부정하지 않았다. 그렇지만 그의 전체적인 사상 경향은 개인의 욕망을 가능한 한 감소시켜서 사회의 도덕적 요구에 복종시킬 것을 강조한다. 이는 그의 사상이 봉건적인 신분 제도에서 출발하여 개인의 욕망을 억압하고 있음을 드러내 준다. 이같은 그의 사상은 근대 이래 자본주의가 계급을 파괴할 것을 요구하며, 개인의 이익 추구를 위해 계급과 봉건적 도덕 원칙의 제한을 받지 않으려 했던 점과 매우 다른 사상으로서, 리학이 전근대적인 사회 사상이었음을 반영한다.

마땅히 알아야 할 점으로서, 리학의 '도심인심설'과 '천리인욕설'은 사회 전체의 이익과 개인의 다양한 욕망 사이의 충돌이 인류 사회의 기본 모순이라는 점을 확실하게 보여 주었다. 리학에서 제시하는 사회와 개인, 이성과 감성, 도덕과 욕망이라는 윤리학적 모순은 보편적인 의미를 지니는 것이다.

10. 먼저 알고 나중에 행한다

중국 고대철학에서 논했던 '지행知行'의 문제 중에는 인식의 내원에 관한 문제가 아닌 경우는 종종 있었다. 특히 유가의 사상 체계에서, '지행'의 문제는 주로 도덕 의식과 도덕 실천의 관계 문제였다. 이러한 논의에서는 늘 실제적인 생활 사례들을 인용하기 때문에, 어느 정도는 인식적인 의미를 함유하고 있다. 주희의 사상에서도 지행의 문제는 몇 가지 의미를 지니고 있지만, 그 중에서 주요한 것은 '치지致知'와 '역행力行'의 관계이다.

주희는 '지행'에 대해 다음과 같이 논하였다.

> 치지와 역행은 편벽되게 노력하거나 노력하기를 그쳐서도 안 된다.…… 그러나 선후先後와 경중輕重을 구분해야 한다면, 선후를 논할 때는 마땅히 치지를 우선해야 하고, 경중을 논할 때는 마땅히 역행을 중시해야 한다.108)

> 지와 행은 늘 서로 의존한다. 마치 눈은 발이 없으면 나다닐 수 없고, 발은 눈이 없으면 볼 수 없는 것과 같다. 선후를 논한다면 지를 우선해야 하고, 경중을 논한다면 행을 중시해야 한다.109)

이른바 도덕 실천이란 이미 규정된 도덕 관념을 실행하고 이행하는 것이다. 이것은 적어도 논리적으로는 도덕 지식이 도덕 실천보다 앞선다는 뜻을 포함한다. 따라서 이러한 의미에서 '지선행후설知先行後說'은, 주로 사람의 지식과 이미 지니고 있는 지식을 행위 활동에 결부시키는 관계를 가리킨다. 여기에서 '행行'은 모든 행위를 두루 가리키는 것이 아니라 이미 가지고 있는 지식을 실행한다는 의미이다. 그리고 '지知'는 지식이며 또한 지식 추구를 의미한다. 따라서 주희의 철학에서 '격물치지'는 일종의 행위이지만, 그 활동은 리理를 밝히고 지식을 추구하는 일에 속하지, 리를 실행하고 따르는 것이 아니다. 그러므로 격물치지는 '지'로만 간주된다. 여기에서 알 수 있듯이 주자학에서 '행'의 의미는 비교적 좁으며, 이미 가지고 있는 지식을 실행하는 것만을 가리킨다. 그러나 '지'의 의미는 비교적 넓으며, 지식을 추구하는 활동도 그 안에 포함된다.

주희가 말하는 '지선행후'의 명제는, 그것이 논하는 특정한 문제에 대해 말하

---

108) 『朱子語類』 권9, 148쪽, "致知力行, 用功不可偏廢.…… 但只要分先後輕重, 論先後當以致知爲先, 論輕重當以力行爲重."

109) 같은 책, 같은 쪽, "知行常相須, 如目無足不行, 足無目不見. 論先後, 知爲先, 論輕重, 行爲重."

자면 윤리학적인 '치지'와 '역행'의 상호 관계를 의미한다. 이 사상이 의미하는 것은 반드시 먼저 어떤 것이 도덕적인 사람이고, 도덕적인 행위이며, 도덕적인 원칙인지를 알아야만 비로소 자신의 행위가 도덕 원칙에 합당할 수 있고, 도덕 행위를 이행할 수 있으며, 도덕적인 사람이 될 수 있다는 것이다. 그래서 주희는 '격물치지'와 '독서궁리讀書窮理'를 중시하였다. 그리고 그는 먼저 사물의 당연한 준칙을 알아야만 당연한 준칙에 합치하는 행위를 할 수 있으며, 그렇지 않은 사람의 도덕 실천이란 이론의 뒷받침이 결여된 맹목적인 행위에 불과하다고 생각하였다.

경중을 논하면서 주희는 '행'을 중시하였다. 격물치지는 모든 사물의 '소당연'과 '소이연'을 알기 위한 것이다. 그러나 그것은 단지 성현이 될 수 있는 조건을 구비한 것일 따름이다. 특히 주희의 격물설은 대부분 지성 활동에만 편중되어 있어서, 종종 덕성의 함양 효과를 직접적으로 나타낼 수 없다. 이런 까닭에 주희는 궁리를 주장하는 동시에 '주경함양主敬涵養'을 강조하며, '역행'과 '실천'을 강조한다. 즉 격물치지한 다음에 아는 것을 힘써 행하고 자신을 철저히 수양해 나가며, 나아가 이러한 것을 제가·치국·평천하의 모든 실천에까지 밀고 나감으로써, 안과 밖 모두에서 당연하여 그칠 수 없는 것을 철저히 실행해 나갈 때에만 진정으로 성현의 지위에 도달할 수 있다는 것이다. 그러므로 격물치지는 아직 체계의 종점이 아니며, 그 마지막이란 반드시 실행해야 한다는 것이다.

다른 한편으로, 주희가 주장한 '지선행후'의 의미는 결코 '앎이 지극해진' 다음에 역행하라는 것도 아니고, 참 지식에 도달한 다음에 역행하라는 것도 아니며, 한 평생 학문하는 과정에서 먼저 몇십 년 동안을 치지致知하는 데 투자하여 모든 리를 끝까지 궁구한 다음에 실행하라는 것도 아니다. 그는 구체적인 실천 속에서 "지와 행은 서로를 일으킨다"(知行互發)고 주장하였고, "지와 행의 공부는 반드시 함께 도달해야 한다"110)고 하였으며, "지와 행은 반드시 함께할 때에만 서로를 일으킬 수 있다"111)고 주장하였다.

주희는 정신 수양이 매우 높은 경지에 이른 사상가였고, 해박한 지식을 소유한 학자였으며, 자연 과학의 방면에도 조예가 깊었다. 그는 일찍이 칸트와 유사한 '성운星雲 가설'을 제기하였다. 그가 생각할 때, 우리가 살고 있는 이 천지는 일종의 기단氣團 운동이 점차적으로 변화 발전하여 이루어진 것이다. 원시적인 기단은 끊임없이 회전 운동을 하고, 이 때 기단의 중앙에 한 덩어리로 모여 응결된 것이 바로 원시적인 대지가 되었으며, 그 바깥 둘레의 기가 하늘이다. 하늘은 쉼 없이 회전 운동하고, 땅은 그 중앙에 머물며 움직이지 않게 되었다. 그는 또한 대지가 처음 형성될 때, 물과 불이 중요한 작용을 하였다고 주장하였다. 그는 조개 화석과 물이 흘러 침식된 암석 표면의 흔적에 근거하여, 지질에 어떤 변천 과정이 있었음을 단정하였다. 12세기에 그는 지질의 변천 과정에서 화석이 지니는 의미를 인식하였던 것이다.

주희의 학설은 리학을 집대성한 것일 뿐만 아니라 중국철학의 발전사에서 하나의 높은 봉우리이기도 하다. 내용이 풍부하면서도 조리가 분명한 그의 체계 속에는 시종 이성주의 정신이 관철되어 있다. 이러한 정신은 송대 이후 중국 문화의 발전에 중요한 작용을 하였다.

4. 육구연

육구연陸九淵은 자字가 자정子靜이며, 강서성 무주撫州의 금계金溪 사람이다. 송 고종 소흥紹興 9년(1139년)에 태어나 광종光宗 소희紹熙 4년(1193년)에 죽었다. 그는 귀계貴溪의 상산象山에서 강학하였고 스스로를 상산 거사라고 불렀다. 그래서 상산 선생이란 이름으로 세상에 전해졌다. 그는 송명리학에 심원한 영향

---

110) 같은 책 권114, 281쪽, "知與行, 工夫須著幷到."
111) 같은 책 권117, 2816쪽, "知與行須是齊頭做, 方能互相發."

을 끼친 사상가 중의 한 사람이었다.

육구연은 개성이 매우 강했다. 기록에 따르면, 그는 소년 시절에 이미 정이의 말에 대해 불만을 느끼고 있었다. 열몇 살 때 독서 필기를 작성하며 "우주가 바로 내 마음이고, 내 마음이 곧 우주이다"[112]라고 적었다. 이것이 나중에 그의 철학 종지가 되었다.

그는 사상이 조숙했으면서도 34세가 되어서야 진사 시험에 통과하였다. 그 해에 그는 성시省試를 치렀는데, 시험관은 당시 저명한 학자 여조

陸九淵

겸呂祖謙이었다. 여조겸은 육구연의 답안을 읽기 시작하면서부터 무릎을 치며 칭찬하였고, 계속해서 찬탄이 끊일 줄 몰랐다. 여조겸은 다른 시험관에게 "이 답안은 대단한 학문을 갖춘 자의 것일 터이니, 강서 육자정陸子靜의 문장임에 틀림없다"[113]고 말했다. 육구연은 순희淳熙[114] 연간에 국자정國子正이라는 벼슬을 얻었고, 칙령소敕令所의 산정관刪定官으로 옮겼다. 순희 13년에는 선의랑宣義郎으로 전보되어 태주台州의 숭도관崇道觀을 주관하였다. 다시 강서로 돌아와 상산에 정사精舍를 짓고 강학하였다. 소희 초기에는 형문군荊門軍의 지사를 역임하면서 정치적인 업적이 뛰어났으나, 일 년 남짓하여 임지에서 죽었다.

육구연은 전혀 저작을 남기지 않았다. 그는 기본적으로 강학을 통해 학생들에게 영향을 끼쳤다. 그의 언사는 예리했고 변론에 능했으며, 의리를 임기응변

112) 『陸九淵集』 권36, 「年譜」 (中華書局, 1980), 483쪽, "宇宙便是吾心, 吾心卽是宇宙."
113) 같은 책 권36 「年譜」, 486쪽, "此卷超絶有學問者, 必是江西陸子靜之文."
114) 孝宗의 연호로서, 1174년에서 1190년까지를 말한다——옮긴이 주.

하는 능력이 천부적일 정도로 뛰어나서 많은 학생들이 그의 문하에 들어갔다. 그와 함께 그의 형 육구령陸九齡이 고향에서 강학했기 때문에, 두 사람을 합해서 '강서이육江西二陸'이라 불렸다.

육구연이 학술 활동을 하던 시기는 기본적으로 주희와 일치한다. 그러나 그의 학설과 주희의 학설 사이에는 비교적 커다란 차이점이 있었다. 1175년 여름, 여조겸은 주희와 육구연 그리고 기타 몇몇 학자들을 초청하여 신주信州 연산鉛山의 아호사鵝湖寺에서 학술 토론을 벌였다. 이것이 바로 저명한 '아호의 모임' (鵝湖之會)이다. 이 때 육구연은 다음과 같은 시 한 수를 지었다. "폐허가 된 무덤은 애처롭지만 종묘에서 공경하니, 그 사람의 마음은 영원히 마멸되지 않네. 작은 시내가 모여 바다에 이르고, 작은 돌들이 쌓여 태산의 봉우리를 이루네. 쉽고 간단한 공부는 결국 크게 되지만, 지리支離한 사업은 마침내 부침浮沈하고 마네. 아래에서 높은 곳까지 오르는 것을 알려면, 반드시 참과 거짓을 지금 당장 구별해야 한다네."115) 그는 자신의 주장을 크게 되는 '쉽고 간단한 공부'(易簡工夫)라 하고, 주희의 격물치지는 '지리한 사업'이라고 말하여 격렬한 논변을 불러 일으켰다. 이 '아호의 모임'은 중국철학사에서 유명한 사건이다. 주희와 육구연의 만년에는 주돈이의 학설 가운데서 '무극'과 '태극'의 문제를 놓고 논쟁이 벌어지기도 하였다. 주희와 육구연이 각각 대표하는 두 학파는 남송에서 가장 중요한 학파이다. 그들의 분기와 논쟁은 그 뒤의 리학 발전에 심각한 영향을 끼쳤다.

새로 인쇄된『육구연집陸九淵集』에는 육구연의 사상 자료 전부가 수록되어 있다.

---

115)『陸九淵集』권25,「鵝湖和敎授兄韻」, 301쪽, "墟墓興哀宗廟欽, 斯人千古不磨心. 涓流積至滄溟水, 拳石崇成泰華岑. 易間工夫終久大, 支離事業竟浮沈, 欲知自下升高處, 眞僞先須辨只今."

1. 본심

'본심本心' 관념은 응당 육학陸學의 것이며, 육학을 이해하는 가장 중요한 관념이다.116)

육구연은 다음과 같이 말하였다.

맹자는 "사려하지 않고도 아는 것은 양지良知이며, 배우지 않고도 할 수 있는 것은 양능良能이다"라고 하였고, "이것은 하늘이 내게 준 것으로, 나에게 고유한 것이지 밖에서 나에게 녹아들어온 것은 아니다"라고 말하였다. 따라서 그는 "만물이 모두 나에게 완비되어 있으니, 스스로 반성하여 정성스럽다면 이보다 더 큰 즐거움은 없다"고 말하였다. 이것이 나의 본심이다.117)

인의仁義는 사람의 본심이다. 맹자는 "사람이 지닌 것에 어찌 인의의 마음이 없겠는가"라고 말했으며, 또 "나에게 고유한 것이지 밖에서 나에게 녹아들어온 것은 아니다"라고 말했다. 어리석고 불초한 사람은 그것에 미치지 못하고 물욕에 가리워 그 본심을 잃으며, 현자賢者와 지자智者는 그것에 지나쳐서 의견에 가리워 그 본심을 잃는다.118)

육구연은 어떤 사람이라도 선험적인 도덕 이성을 지니고 있다고 생각했으며,

---

116) 육구연의 제자 傅季魯는 "선생의 도는 정밀한 하나이지 둘이 아니다. 본심을 들어 사람들에게 보였으니, 이것이 학문의 큰 이름이다"(「年譜」, "先生之道, 精一匪二, 揭本心以示人, 此學問之大致")라고 말하였다. 또 다른 제자 袁燮은 육구연이 그 학문의 종지를 "'학문의 요체는 그 본심을 얻는 것일 뿐이다'며 당시 세상에 드러내어 말했다"(附錄, 「象山文集序」, "揭諸當世曰, 學問之要, 得其本心而已")고 하였다.

117) 『陸九淵集』 권1, 「與曾宅之」, 5쪽, "孟子曰: '所不慮而知者, 其良知也. 所不學而能者, 其良能也.' '此天地所與我者, 我固有之, 非由外鑠我也.' 故曰: '萬物皆備於我矣, 反身而誠, 樂莫大焉.' 此吾之本心也."

118) 같은 책 권1, 「與趙監」, 9쪽, "仁義者, 人之本心也. 孟子曰: '存乎人者, 豈無仁義之心哉!' 又曰: '我固有之, 非由外鑠我也.' 愚不肖者不及焉, 則蔽於物欲而失其本心; 賢者智者過之, 則蔽於意見而失其本心."

그는 이것을 '본심'이라고 불렀다. 이러한 본심은 도덕 법칙을 제공하고 도덕 정감을 일으키므로 '인의의 마음'이라고도 불렀다. 본심은 모든 사람이 선천적으로 지니고 있는 것이기 때문에 사려하지 않아도 알고, 배우지 않아도 할 수 있는 '양良'심이다. 부도덕한 일체의 행위는 모두 '그 본심을 잃는' 데서 연유한다. 그러므로 모든 공부는 본심을 보존하여 잃어버리지 않도록 해야 한다. 그는 "선왕의 시대에 학교 교육은 이러한 의미를 펼쳐 그 앎에 이르게 하니, 본심을 잃지 않도록 할 따름이었다"119)라고 하였고, "옛날 사람들이 자기 자신으로부터 집안과 국가, 천하에 이르기까지 부끄럽지 않았던 것은 그 본심을 잃지 않았기 때문이었다"120)고 말했다.

육구연 스스로가 항상 인용하여 논증하려는 데서 알 수 있듯이, 그의 본심 사상은 맹자에게서 연원한다. 맹자는 "사람이 배우지 않고도 할 수 있는 것은 양능이고, 사려하지 않고도 알 수 있는 것은 양지이다. 어린애는 자기 부모를 사랑할 줄을 모르지 않고, 성장해서는 자기 형을 공경할 줄을 모르지 않는다"121)고 하였다. 맹자는 친한 사람을 친하게 대하는 것이 인仁이며, 윗사람을 공경하는 것이 의義인데, 사람은 선천적으로 이러한 인의의 마음을 지니고 있다고 생각하였다. 이 선천적인 인의의 마음이 곧 '양심良心'이고, '양지良知'이며, 맹자는 이를 '본심'이라고 불렀다.

맹자는 부도덕한 행위의 근원은 이러한 본심이나 양심을 상실한 데 있다고 생각하였다. "사람이 지닌 것이라 할지라도 어찌 인의의 마음이 없겠는가? 그 양심을 잃게 되는 까닭은 마치 도끼로 나무를 찍는 것과 같다."122) 본심이란 어떤 추상적이거나 은폐된 신비한 실체가 아니다. 본심은 바로 사람의 도덕 의

---

119) 같은 책 권19, 「貴溪重修縣學記」, 237쪽, "先王之時, 庠序之教, 抑申斯義以致其知, 使不失其本心而已."
120) 같은 책 권19, 「敬齋記」, 227쪽, "古之人自其身達之家國天下而無愧焉者, 不失其本心而已."
121) 『孟子』, 「盡心上」, "人之所不學而能者, 其良能也; 所不慮而知者, 其良知也. 孩提之童無不知愛其親者, 及其長也, 無不知敬其兄也."
122) 같은 책, 「告子上」, "雖存乎人者, 豈無仁義之心哉? 其所以放其良心者, 亦猶斧斤之於木也."

식과 감정이다. 그러므로 맹자는 "측은히 여기는 마음은 인이고, 부끄러워하고 싫어하는 마음은 의이며, 공경하는 마음은 예이고, 시비를 가리는 마음은 지智이다. 인·의·예·지는 밖에서 나에게 녹아들어온 것이 아니라 나에게 고유한 것으로, 그것을 생각하지 않을 뿐이다"123)라고 말했던 것이다.

육학의 사상은 상술한 맹자의 사상을 기초로 삼고 있다. "어려서는 사랑함을 알고, 커서는 공경함을 안다. 고대의 성인이 서로 전한 것은 오직 이러한 마음일 뿐이다"(孩提知愛長知欽, 古聖相傳只此心)라고 읊은 육구령의 아호시鵝湖詩도 이 점을 분명히 표명하고 있다. 육구연도 양간楊簡에게 본심은 곧 맹자가 말한 '사단四端'이라고 명확하게 말한 적이 있다.124)

맹자에서부터 육구연에 이르기까지, 본심은 선험적 도덕 의식을 가리킨다. 이러한 견해는 도덕 의식이 모든 사람이 지닌 마음의 본래 상태임을 강조하고, 그것이 어느 시대의 어떤 사람에게나 존재하는 영원하고 보편적인 것임을 강조한다.

육구연에게는 양간이라는 제자가 있었는데, 양간은 부양현富陽縣의 주부主簿를 맡고 있었다. 육구연이 부양을 지날 때, 양간은 그에게 "본심이란 무엇인가" (如何是本心)라고 물었다. 그러자 육구연은 맹자가 말했던 '사단'이 바로 본심이라고 대답하였다. 또다시 양간은 "사단이 본심이라는 점은 어려서부터 이미 알고 있던 것이다. 도대체 무엇이 본심인가"라고 묻다가 때마침 부채 장수가 관아에 분규를 고발해오자, 양간은 즉석에서 그 옳고 그름을 판가름하였다. 이 때 육구연은 "방금 그대가 송사를 판결할 때, 옳은 것에 대해 그 옳음을 알고, 그른 것에 대해 그 그름을 아는 것이 바로 그대의 본심이다"라고 말했다. 양간은 이 말을 듣고 크게 깨달았다.125)

---

123) 같은 책, 같은 곳, "惻隱之心, 仁也; 羞惡之心, 義也; 恭敬之心, 禮也; 是非之心, 智也. 仁義禮智, 非由外鑠我也, 我固有之也, 弗思之耳."
124) 『陸九淵集』 권36, 「年譜」, 487쪽.
125) 같은 책 권36, 「年譜」, 488쪽.

한번은 육구연이 앉아 있는데, 제자인 첨부민詹阜民이 배석하고 있었다. 육구연이 갑자기 일어서자 첨부민도 재빨리 따라 일어났다. 그러자 육구연은 그에게 "그래도 무슨 안배가 필요한가"[126]라고 물었다. 요컨대 첨부민의 이러한 행동은 자연스럽게 갖게 된 스승에 대한 존경의 마음으로서, 어떤 외재적인 강압이나 논리적인 사고가 필요한 게 아니라는 설명이다. 모든 사람은 이러한 내재적인 도덕 의식을 이미 지니고 있는 것이다.

육구연의 이론과 상기한 두 일화는 다음과 같은 점을 설명해 준다. 육구연의 철학에서 '본심'이란 바로 윤리학에서 말하는 양심이다. 그가 생각할 때, 양심은 학습과 사회 생활에 전혀 의존하지 않으며, 시대를 초월하는 보편성을 띠는 것으로서 도덕 생활에서 결정적인 작용을 발휘한다.

2. 마음이 바로 리이다

육구연의 주장 속에서는 종종 본심을 '마음'(心)이라고만 간단히 부르기도 한다. 그는 "이러한 마음과 이러한 리理는 나에게 고유한 것이다. 이른바 '만물이 모두 나에게 완비되어 있다'는 말은 옛 성현이 내 마음과 같은 것을 먼저 얻었을 뿐이다"[127]라고 말하였다. 여기에서 고유하면서 모두 완비되어 있는 '같은 마음'이란, 분명히 본심을 가리키는 것이며, 일반적인 사려나 지각의 마음을 의미하는 것이 아니다. 그는 또 "사람 가운데서 어느 누가 마음이 없겠는가? 그러니 도는 밖에서 찾을 게 아니며, 오직 그것을 어그러뜨리거나 없애고 잃어버릴까봐 걱정해야 한다. 옛 사람들의 가르침이란 오직 마음을 보존하고, 마음을 기르며, 잃어버린 마음을 되찾는 것일 따름이다. 이러한 마음의 훌륭함(良)은 사람들에게 고유한 것이다. 그런데 사람들은 그것을 보존하고 기를 줄 모르면

---

126) 같은 책 권35, 「語錄下」, 470쪽, "還用安排否?"
127) 같은 책 권1, 「與侄孫濬」, 13쪽, "此心此理, 我固有之, 所謂萬物皆備於我。昔之聖賢先得我心之所同然者耳."

서 도리어 어그러뜨리고 없애며 잃어버릴 뿐이다"128)라고 말하기도 하였다. 여기에서 "사람들 가운데서 어느 누가 마음이 없겠는가"라고 말할 때의 '마음' 도 본심과 양심을 가리켜 말한 것이다.

주의해야 할 점은, '마음을 잃는다'는 설명은 사람의 본심이 없어진다는 뜻이 아니라 단지 본심이 가려진 결과만을 나타낼 뿐이며, '마음을 없애고 잃어버린 다'는 설명도 단지 기능의 상실만을 가리킬 뿐이지 마음 자체의 상실을 의미하 는 게 아니라는 점이다. 사람들에게 자주 인용되는 이재李宰에게 보낸 글에서 그는 다음과 같이 말하였다.

사람은 나무나 돌이 아닌데, 어찌 마음이 없겠는가? 마음은 오관五官 중에서 가장 존귀하고 큰 것이다. 「홍범洪範」에서는 "생각은 지혜를 말하며, 지혜는 성인을 만든 다"고 하였다. 맹자는 "마음이라는 기관은 생각한다. 생각하면 얻고, 생각하지 않으 면 얻지 못한다"고 말했다. 또 그는 "사람이 지니는 것에 어찌 인의의 마음이 없겠는 가"라고 하였고, "마음에만 유독 같은 것이 없겠는가"라고 말했으며, "군자가 다른 사람들과 다른 까닭은 마음을 보존하기 때문이다"라고 말했다. 그리고 맹자는 "현 자만이 이러한 마음을 갖는 것이 아니라 사람들은 모두 이러한 마음을 갖는다. 다만 현자는 이러한 마음을 잃지 않을 따름이다"라고 하였고, "사람이 동물과 다른 점은 극히 드물다. 보통 사람들은 그것을 버리지만 군자는 그것을 보존한다"고 말하였다. 여기서 '버린다'고 함은 이 마음을 버린다는 것이다. 그러므로 그는 "이것을 일러 본심을 잃어버린다고 말한다"고 하였다. '보존한다'고 함은 이 마음을 보존한다는 것이다. 그러므로 그는 "대인은 그 어린아이의 마음을 잃지 않는다"고 말했다. '사 단'이란 바로 이 마음이다. '하늘이 나에게 준 것'도 바로 이 마음이다. 사람들은 모두 이 마음을 지니고 있고, 마음에는 모두 이 리理를 갖추고 있으니, 마음이 바로 리이다. 배움에서 귀중한 것이라면 이 리를 궁구하려는 것이며, 이 마음을 다하려는

---

128) 같은 책, 같은 쪽, "人孰無心? 道不外索, 患在戕賊之耳, 放失之耳. 古人教人不過存心、養心、求 放心. 此心之良, 人所固有. 人惟不知保養而反戕賊放失之耳."

것이다.129)

육구연의 사상에서, "사람들은 모두 이 마음을 지니고 있다"는 등은 모두 '본심'을 의미한다. 여기에서 말하는 "마음이 바로 리이다"는 것도 '본심'이 '리'라는 의미이다. 맹자에게서, '리'란 인심의 동일함이다. 맹자의 이같은 리에는 우주 규율이나 사회 규범의 의미는 없다. 그러나 육구연은 본심 자체를 도덕 원칙의 근원으로 생각하기 때문에 본심은 바로 리이고, 본심의 리는 우주의 리와 동일한 것이다. 실제적인 윤리 생활에서, 성숙한 사람이라면 모두 자기 나름의 안정적인 양심 구조를 지닌다. 개인의 양심과 사회에서 공인하는 도덕 준칙이 서로 일치하는 것이다. 따라서 마음은 본심이고, 리는 도덕 준칙이라는 의미 속에서 "마음이 바로 리이다"는 명제가 이해될 수 있다.

그러나 다른 한편으로, 육구연이 사용하는 '마음'이라는 용법의 다의성에 주목할 필요가 있다. 만일 육구연이 마음을 항상 '본심'의 뜻으로만 사용했다면, 이론적인 문제는 발생하지 않았을 것이다. 그러나 사실상 "사람은 나무나 돌이 아닌데, 어찌 마음이 없겠는가", "마음은 오관 중에서 가장 존귀하고 큰 것이다", "마음이라는 기관은 생각한다" 그리고 "마음은 마땅히 그릇된 것과 올바른 것을 논해야 한다"(心當論邪正)는 등의 말과 이재에게 보낸 글에서 동시에 사용한 '마음' 개념은, 분명히 일반적인 사유 주체로서의 마음, 심리 주체로서의 마음 그리고 정감 주체로서의 마음을 의미한다. 일반적인 지각 주체라는 의미에서, 육구연은 마음에 그릇됨과 올바름이 있다고 생각하였다. 예를 들어보자.

---

129) 『陸九淵集』 권11, 「與李宰」, 149쪽, "人非木石, 安得無心? 心於五官最尊大. 洪範曰: '思曰睿, 睿作聖.' 孟子曰: '心之官則思, 思則得之, 不思則不得也.' 又曰: '存乎人者, 豈無仁義之心哉?' 又曰: '至於心, 獨無所同然乎?' 又曰: '君子之所以異於人者, 以其存心也.' 又曰: '非獨賢者有是心也, 人皆有之, 賢者能勿喪耳.' 又曰: '人之所以異於禽獸者幾希, 庶民去之, 君子存之.' 去之者, 去此心也, 故曰'此之謂失其本心.' 存之者, 存此心也, 故曰'大人者不失其赤子之心.' '四端'者, 卽此心也. '天之所以與我者', 卽此心也. 人皆有心, 心皆具是理, 心卽理也. 所貴乎學者, 爲其欲窮此理, 盡此心也."

배우는 이가 "형문荊門의 정치에서는 무엇을 먼저 해야 하는가"라고 묻자, "반드시 사람의 마음을 바로잡아야 한다"고 답변하였다.130)

또 그는 "사람은 천지간에서 태어나는데, 기에는 청탁이 있고, 마음에는 지혜로움과 어리석음이 있으며, 행위에는 현명함과 불초함이 있다"131)고 명확하게 생각하였다. 여기에서 "마음에는 지혜로움과 어리석음이 있다"는 말은, 마음에 그릇됨과 올바름이 있음을 의미한다. 그리고 그는 도심과 인심이 두 마음이라는 생각에 반대하였고, 의념을 극복하여 성인이 되는 것도 마음이며, 의념에 빠져 미치광이가 되는 것도 마음이라고 생각하였다. 이러한 생각들은 육구연의 학설 중에서 '본심'과 '마음'이 구별되는 것임을 표명한다. 본심이 도덕 주체라는 측면에서는 맹자를 계승하였고, 마음이 일반적인 지각 주체라는 의미에서는 주희와 일치한다.

육구연은 개념을 운용할 때, '마음'과 '본심'을 엄격하게 구분하지는 않았다. 그리하여 마음을 일반적인 지각 주체로 삼는가 하면 종종 본심이라는 의미에서 마음의 개념을 사용함으로써, 마치 그가 모든 지각 활동이 리에 합치한다고 여긴 것 같은 인상을 심어 주었다. "마음이 바로 리이다"는 그의 명제가 보편적으로 의문시되는 까닭도 바로 여기에 있다.

육구연은 어떤 시대든지 모든 사람들이 지니는 본심은 예외 없이 똑같은 것이라고 생각하였다. 즉 사람은 이러한 마음을 함께하고, 마음은 이러한 리를 함께하는 것으로 생각하였다. 그는 "성인과 나는 동류同類이다. 어느 누가 이 마음과 이 리를 다르게 할 수 있겠는가"132)라고 말했고, "리는 곧 천하의 공리公理이고, 마음은 천하의 공심公心이다. 성현이 성현인 까닭은 사사로운 것을 용납하지 않기 때문일 따름이다"133)라고 말했다. 또 그는 "마음은 단지 한 마음일

---

130) 같은 책 권34, 「語錄上」, 425쪽, "學者問: 荊門之政何先? 對曰: 必也正人心乎."
131) 같은 책 권6, 「與包詳道」, 80쪽, "人生天地間, 氣有淸濁, 心有智愚, 行有賢不肖."
132) 같은 책 권13, 「與郭邦逸」, 171쪽, "聖人與我同類 此心此理誰能異之"

뿐이다. 내 마음이나, 내 친구의 마음이나, 위로 천 년·백 년 전의 성현의 마음이나, 아래로 천 년·백 년 뒤에 다시 나타날 성현이라 해도 그 마음도 오직 그러할 뿐이다. 마음의 바탕은 지극히 크다"134)고 말했으며, "마음은 한 마음이고 리는 한 리이다. 지극히 당연함은 하나로 귀결되고, 정밀한 의미는 두 가지가 없다. 이 마음과 이 리는 실제로 둘을 용납하지 않는다"135)고 말하였다.

그가 볼 때, 우주는 하나의 시공時空 관념일 뿐만 아니라, 우宇는 '상하사방上下四方'의 보편성을 대표하며, 주宙는 '고금왕래古今往來'의 영원성을 대표한다. 이러한 의미에서 "우주는 바로 내 마음이고, 내 마음은 곧 우주이다"는 말은, 본심의 보편성과 영원성을 두드러지게 보여 준다. 다른 한편으로, 만일 갑의 마음과 을의 마음, 천 년·백 년 전 성인의 마음과 천 년·백 년 후 현자의 마음이 전부 '오직 한 마음'이라고 말한다면, 이것은 상하사방과 고금왕래의 모든 사람들의 마음이 공동으로 한 마음을 구성하고, 이러한 마음은 우주의 실체이며, 개체의 마음은 이같은 우주 실체의 표현일 뿐이라는 점을 의미한다.

'마음이 바로 리이다'는 육구연의 사상을 전면적으로 이해하기 위해서는, 육학에서 말하는 '리理'의 문제를 반드시 해명해야만 한다. 육구연은 "이 리는 우주에 고유한 것이다"136)라고 말했고, "이 리는 우주에 있는 것으로, 사람이 알거나 모르거나, 실천하거나 실천하지 않거나 간에 그에 따라서 더해지거나 줄어들지 않는다"137)고 하였다. 이것은 육구연이 우주 리의 객관성을 긍정했으며, 이러한 우주 리의 객관성은 사람의 사유나 행위에 영향을 받지 않음을 긍정했다는 점을 표명한다.

---

133) 같은 책 권15, 「與唐司法」, 196쪽, "理乃天下之公理, 心乃天下之公心, 聖賢所以爲聖賢者, 不容私而已."
134) 같은 책 권35, 「語錄下」, 444쪽, "心只是一箇心, 某之心, 吾友之心, 上而千百載聖賢之心, 下而千百載復有一聖賢, 其心亦只如此, 心之體甚大."
135) 같은 책 권1, 「與曾宅之」, 5쪽, "蓋心, 一心也; 理, 一理也. 至當歸一, 精義無二. 此心此理實不容有二."
136) 같은 책 권2, 「與朱元晦」, 28쪽, "此理乃宇宙所固有."
137) 같은 책 권2, 「與朱元晦」, 26쪽, "此理在宇宙間, 固不以人之明不明, 行不行而加損."

육구연은 "이 리는 우주에 가득하니, 누가 그것에서 벗어날 수 있겠는가? 순응하면 이롭고, 어기면 흉하다"[138]고 하였고, "이 리는 우주 공간에 있는 것으로 일찍이 은둔한 적이 없다. 천지가 천지인 까닭은, 이 리에 순응하면서 사사로움이 없기 때문일 따름이다. 사람은 천지와 함께 세워져 삼극三極이 되니, 어떻게 스스로 사사롭게 하면서 이 리에 순응하지 않을 수 있겠는가"[139]라고 하였으며, "이러한 도는 우주에 가득하니, 천지는 이것에 순응하여 움직인다. 그러므로 해와 달은 지나침이 없고, 사계절은 어그러지지 않는다"[140]고 말하였다. 이러한 생각들은 육구연도 리가 지닌 보편적 필연성을 긍정했다는 점을 밝혀 준다. 사람과 천지만물은 모두 리의 제약을 벗어날 수 없고, 이러한 보편 규율을 위배할 수 없다. 리에 순응하면서 움직여야만 비로소 우주와 사회의 정상적인 운동을 유지해 나갈 수 있다. 또 육구연은 "우주를 가득히 채우고 있는 것은 하나의 리일 따름이다. 학자가 배우는 까닭은 이 리를 밝히려는 것일 뿐이다"[141]라고 하였으며, "우주간에는 응당 실리實理가 있으니, 배움에서 소중한 것은 이 리를 밝힐 수 있다는 점이다"[142]라고 말하였다.

이상의 내용은, '리'가 도덕 법칙이든 보편 규율이든지를 막론하고, 육구연은 결코 천지의 리가 사람의 마음에서 생겨난 것이라고 생각하지 않았음을 표명해 준다. '우주에 가득 차 있다'고 함은, 리가 우주 공간의 보편적 존재임을 뜻하는 것이다. 리는 사람의 마음에 존재하고, 또 천지간에도 보편적으로 존재한다. 육구연은 "만물은 빽빽하게 마음(方寸) 속에 들어 있다. 마음에 가득하여 발현하면서 우주를 충만하게 채우고 있는 것 가운데 이 리 아닌 것이 없다"[143]고 하였고, "이 지극함(極)과 이 법도(彜)는 사람의 마음에 근거하면서도 천지를 채운다"[144]

138) 같은 책 권21, 「易說」, 257쪽, "此理塞宇宙, 誰能逃之. 順之則吉, 逆之則凶."
139) 같은 책 권11, 「與朱濟道」, 142쪽, "此理在宇宙間, 未嘗有所隱遁, 天地之所以爲天地, 順此理而無私焉耳. 人與天地并立而爲三極, 安得自私而不順此理哉?"
140) 같은 책, 권10, 「旅黃康年」, 132쪽, "此道塞宇宙, 天地順此而動, 故日月不過而四時不忒."
141) 같은 책 권12, 「答趙泳道四」, 161쪽, "塞宇宙一理耳, 學者之所以學, 欲明此理耳."
142) 같은 책 권14, 「與包詳道」, 182쪽, "宇宙間自有實理, 所貴乎學者, 爲能明此理耳."
143) 같은 책 권34, 「語錄上」, 423쪽, "萬物森然於方寸之間, 滿心而發, 充塞宇宙, 無非此理."

고 말하였다. 이러한 생각들은 모두 내심의 도덕 준칙과 우주의 보편적 리 사이의 동일성을 강조하는 것이지, 우주의 리가 인심의 산물임을 뜻하는 것은 아니다. 리의 객관성·필연성·보편성·가지성可知性 등을 육구연은 부정하지 않았다. 오직 이러한 점을 이해할 때에만 "마음이 바로 리이다"는 육구연의 사상을 정확하게 이해할 수 있을 것이다.

3. 격물과 정좌靜坐를 논하다

북송 이래 이정을 위주로 하는 '리학'의 사조에서는 『대학』의 '격물치지格物致知' 문제를 특별히 중시하였다. 정이는 격물을 '궁리'로 해석하였는데, 이러한 사상은 학술계에 비교적 커다란 영향을 끼쳤다. 격물에 대한 육구연의 논의도 일정한 정도에서 이러한 영향을 받았다. 예를 들어 그는 다음과 같이 말하였다.

격은 이른다(至)는 것으로, 궁窮이나 구究와 같은 의미이다. 모두 연마하고 고찰·탐색하여 그 지극함에 이르려는 것일 따름이다.[145]

그는 '격'의 의미가 지극함을 궁구하는 것이라고 생각하였다. 이러한 해석은 정주程朱와 일치하는 것이다. 「어록語錄」에는 다음과 같은 내용이 실려 있다.

선생께서 "…… 치지는 격물에 있다. 격물은 공부를 시작하는 곳이다"라고 말씀하시자, 백민伯敏이 "격물은 어떻게 하는 것인가"라고 물었다. 그러자 선생께서는 "물리를 연구하는 것이다"라고 말씀하셨고, 이에 백민은 "천지만물의 번성함은 이루 말할 수 없는데, 어떻게 모두 연구할 수 있는가"라고 물었다. 선생께서는 "만물은 모두 나에게 구비되어 있다. 오직 리를 밝히기만 하면 된다"고 말씀하셨다.[146]

---

144) 같은 책 권22, 「雜說」, 269쪽, "是極是彝, 根乎人心, 而塞乎天地"
145) 같은 책 권20, 「格矯齋說」, 253쪽, "格, 至也, 與窮字究字同義, 皆研磨考索以求其至耳."
146) 같은 책 권35, 「語錄下」, 440쪽, "先生云 '…… 致知在格物, 格物是下手處' 伯敏云 '如何樣格

육구연도 '격물'을 공부의 시작으로 여기는 견해에 찬성하였다. 그러나 육구연의 격물설은 결코 정주와 같은 것이 아니다. 그가 궁구하라고 주장한 리는 외재 사물의 규율이 아니다. 그는 이렇게 말하였다.

어느 날 복재復齋 형님께서 "동생은 요즘 무엇에 대해 공부하고 있는가"라고 나에게 물었다. 그래서 나는 "인정人情과 사세事勢 그리고 물리物理에 대해 공부합니다"라고 대답하였다. 복재 형님께서는 그러냐고만 하셨다. 만일 사물의 가치가 높고 낮음을 알고, 사물의 좋은 점과 나쁜 점, 사실과 거짓을 변별해 낸다면, 나는 그것을 능력있는 것으로 말하지 않을 수 없다. 그러나 내가 공부한다고 말하는 것은 이런 것을 두고 말하는 게 아니다.[147]

육구연이 강조한 물리 공부는, 정주가 주장하는 사물의 '소이연'을 궁구하는 공부도 아니며, 독서하고 궁리하는 공부를 의미하는 것도 아니다. 그는 "'너희들은 들어가서는 효도하고 나와서는 공경하라'고 말할 때, 이는 분명히 그대가 들어가서는 효도하고 나와서는 공경하라는 가르침을 말한 것이다. 무슨 주석이 필요하겠는가? 학자들은 이러한 것에 정신을 피로하게 함으로써 부담만 가중시킨다. 나에게 오면 그에게서 부담을 덜어 줄 뿐이니, 바로 이것이 격물이다"[148]라고 말한 적이 있다. 육학은 경전에 대해 주석하기를 반대하였고, 실천에 호소하는 '이간易簡' 공부를 제창하였다. 따라서 그의 격물설은 주희와 다르다.

이같은 차이는, 주로 육학에서는 만물이 모두 완비된 '나'를 격格의 대상으로 삼는다는 데서 빚어진다. 육학에서 '나'란 실제로는 마음이다. 그는 다음과 같이

物?' 先生云: '硏究物理.' 伯敏云: '天下萬物不勝其繁, 如何盡硏究得?' 先生云: '萬物皆備於我, 只要明理.'"

147) 같은 책 권34, 「語錄上」, 400쪽, "復齋家兄一日見問云: '吾弟今在何處做工夫?' 某答曰: '在人情事勢物理上做些工夫.' 復齋應而已. 若知物價之低昂與夫辨物之美惡眞僞, 則吾不可不謂之能. 然吾之所謂做工夫, 非此之謂也."

148) 같은 책 권35, 「語錄下」, 441쪽, "且如'弟子入則孝, 出則弟', 是分明說與你入便孝, 出便弟, 何須得傳注? 學者疲精神於此, 是以擔子越重. 到某這裏, 只是與他減擔, 只此便是格物."

말하였다.

> 격물이란 이것을 격한다는 것이다. 복희伏羲가 형상을 우러러보고 법도를 굽어본
> 것도 먼저 이것에 힘을 다한 것일 뿐이다.[149]

'이것을 격한다'는 말도 격심格心을 의미한다. 따라서 그가 말하는 격물이란
"먼저 그 큰 것을 세운다"(先立乎其大)는 뜻의 수신修身과 정심正心이다. 그는
이것이 학문의 커다란 근본이라고 생각하였다. 오직 격물만이 이 마음을 격하
고 만물이 모두 완비되어 있는 이 마음의 리를 다 궁구하는 것이 아니다. 치지도
역시 그 본심을 잃지 않는 것이고(「敬齋記」), 궁리도 '이 리를 궁구하는' 것이며,
진심盡心도 '이 마음을 다하는'(「與李宰」) 것이다. 이 모두가 '마음이 바로 리이
다'는 그 마음을 공부하고, 이러한 본심을 보존하고 기르며 돌보아야 한다는
것이다. 육학에서 이해하는 궁리란 주로 도덕 법칙을 의미한다. 또 육학에서는
'마음이 바로 리이다'고 주장하기 때문에, 육학의 공부론은 주로 본심을 드러내
는 것을 중심으로 전개된다.

육학에서는 정좌靜坐를 통해 본심을 밝히는 것을 매우 중시하였다. 주희는
일찍이 육학의 수양 방법에 대해 "독서도 하지 않고, 의리를 추구하지도 않으며,
오직 정좌하여 마음을 맑게 할 뿐이다"[150]라고 지적한 적이 있다. 또 진순陳淳
도 "상산의 교육 방식은 하루 종일 정좌하여 본심을 보존하게 할 뿐, 장황한
변설로 수고롭게 하거나 어지럽히지 않는다"[151]고 말하였다. 엽적葉適도 "애초
에 주원회朱元晦와 여백공呂伯恭이 복건 지방과 절강 지방의 선비들에게 도학을
가르쳤다. 그런데 육자정이 나타나 자신의 학문을 간단하면서도 빠른 요점이라
고 주장하자, 많은 학생들이 육구연의 말만 듣고도 감동하고 깨달았다. 그래서

---

149) 같은 책 권35, 「語錄下」, 478쪽, "格物者, 格此者也. 伏羲仰象俯法, 亦先於此盡力焉耳."
150) 『朱子語類』 권52, 1264쪽, "不讀書, 不求義理, 只靜坐澄心."
151) 『宋元學案』 권58, 「北溪學案」, 2232쪽, "象山敎人終日靜坐以存本心, 無用許多辨說勞攘."

옛 월나라 땅 사람들 가운데서 그 학문을 하는 이가 특히 많았다. 비가 오면 삿갓을 쓰고, 밤에는 등을 밝히며, 숭례崇禮의 집에 모여서는 모두 맑게 앉아 마음을 살폈다"152)고 말하였다. 이러한 주장들은 모두 육구연이 정좌하고 마음을 맑게 하는 일을 중요한 존심存心 공부로 삼았음을 설명해 준다. 그의 제자는 다음과 같이 기록하고 있다.

선생께서는 "학자는 늘 눈을 감고 있는 것도 괜찮다"고 말씀하셨다. 그래서 나는 일이 없으면 편안히 앉아 눈을 감고, 마음을 다잡고 보존하는 데 힘썼다. 밤낮으로 계속하기를 보름 동안이나 하였다. 그러던 어느 날 아래층으로 내려오는데, 갑자기 마음이 맑고 밝아지면서 중립中立하는 것을 느꼈다. 깜짝 놀라 선생을 찾아 뵈었다. 선생께서는 눈을 들어 나를 보시더니, "리가 이미 드러났구나"라고 말씀하셨다. 내가 선생에게 "어떻게 아십니까"라고 묻자, 선생께서는 "눈동자에 자세히 드러날 뿐이다"라고 말씀하신 뒤 "도는 과연 가까이 있는가"라고 물으셨다. 나는 "그렇습니다"라고 대답하였다.153)

이 기록은 확실히 육구연이 정좌하여 이러한 체험을 한 적이 있었다는 것, 그리고 도를 체득하고 리를 밝히는 중요한 방법으로서 정좌 체험을 학생들에게 가르쳤다는 것을 밝혀 주고 있다.

---

152) 『葉適集』 권17, 「胡崇禮墓志銘」, 338쪽, "初朱元晦呂伯恭以道學敎閩浙士, 有陸子靜出, 號稱徑要簡捷, 諸生或立語已感動悟入矣, 以故越人爲其學尤衆, 雨幷笠, 夜續燈, 聚崇禮之家, 皆澄坐內觀"

153) 『陸九淵集』 권35, 「語錄下」, 471쪽, "先生謂曰: '學者能常閉目亦佳.' 某因此無事則安坐瞑目, 用力操存, 夜以繼日, 如此者半月. 一日下樓, 忽覺此心已復澄瑩中立, 竊異之, 遂見先生. 先生目逆而視之曰: '此理已顯也.' 某問先生: '何以知之?' 曰: '占之眸子而已' 因謂某曰: '道果在邇乎?' 某曰: '然.'"

4. 덕성을 드높인 뒤에 학문을 말한다

순희淳熙 2년(1175년) 여름에 여조겸이 나서서 주희와 육구연의 형제 등을 강서성 신주의 아호사에 초청·회동케 하여 학술의 동이同異를 토론하였는데, 역사적으로 이를 '아호鵝湖의 모임'이라고 부른다. 회동에 참여했던 사람에 근거하여 그 대략을 기술한다.

아호의 모임에서 사람들을 교육하는 방식에 대해 토론하게 되었다. 원회의 뜻은 사람들로 하여금 두루 많이 보게 한 뒤에 요약시키는 것이었다. 이육二陸의 뜻은 먼저 사람의 본심을 드러낸 뒤에 널리 보게 하라는 것이었다. 주자는 육구연의 가르침이 너무 간이하다고 생각했고, 육구연은 주자의 가르침이 지리하다고 생각했기 때문에 대단히 맞지 않았다. 선생(육구연)은 원회에게 요순 이전에 무슨 책을 읽을 수 있었겠느냐고 변론하려 하였지만, 복재가 말렸다.154)

주희와 육구연이 논쟁했던 초점은 학문 공부에서 심성의 도덕 함양과 경전의 연구, 이 둘 사이의 관계를 어떻게 보고 처리할 것인가에 있었다. 육구연이 볼때 학문하는 목적은 오직 도덕 경지를 실현하는 것인데, 경전의 학습이나 외부 사물의 연구는 이러한 목적에 직접적으로 도움을 줄 수 없다. 그러나 사람의 본심은 도덕의 근원이므로 사람의 양심 구조를 확대해 나가서 완벽하게 한다면, 이러한 목적을 실현할 수 있다는 것이다. 육학의 체계에서 잃어버린 마음을 되찾고(求放心), 마음을 보존하는(存心) 공부는 독서와 궁리를 수단으로 삼을 필요가 없다. 육구연은 요순 이전에 책이나 경전이 없었는데도 요순이 성현이 될 수 있었던 까닭은, 성현이 되는 데 독서가 반드시 필요한 방법은 아니라는 점을 설명해 준다고 생각하였다.

---

154) 같은 책 권36, 「年譜」, 淳熙二年條, 491쪽, "鵝湖之會, 論及教人, 元晦之意, 欲令人泛觀博覽, 而後歸之約. 二陸之意, 欲先發明人之本心, 而後使之博覽. 朱以陸之教人爲太簡, 陸以朱之教人爲支離, 此頗不合. 先生更欲與元晦辨, 以爲堯舜之前何書可讀? 復齋止之."

이러한 입장에서 육구연은 일자무식한 사람이라도 당당하게 사람 노릇, 즉 진정한 사람, 도덕적인 사람이 될 수 있다는 점을 강조하였다. 물론 육구연도 성인의 책을 읽는 것에 절대적으로 반대한 것은 아니다. 다만 그는, 만일 주체의 측면에서 본심을 발명하여 취사 선택의 표준을 확립하지 않은 채 쓸데없이 책만 많이 본다면, 어수선하면서 복잡하고, 진위가 혼란스러우며, 정밀한 것과 거친 것이 뒤섞여 있는 내용 속에서 제대로 분별해 낼 수 없게 되어 결과적으로는 본심을 가리고 해칠 것이라고 강조하였다.

육학의 이러한 입장은,『중용』의 개념으로 말하자면 '도문학道問學'에 대해 '존덕성尊德性'의 우선성을 강조하는 것이다. 따라서 '존덕성'은 근본이고, '도문학'은 말단이다. '도문학'은 반드시 '존덕성'에 복종해야 하는 것이다. 맹자의 말로 하자면 "먼저 그 큰 것을 세우라"(先立乎其大者)는 것이다. 어록에는 다음과 같이 기록되어 있다.

주원회는 일찍이 학생에게 다음과 같은 서신을 보냈다. "육자정은 오로지 존덕성으로 사람들을 가르친다. 그래서 그 문하생들 가운데 실천하는 선비들이 많았지만, 도문학이 부족하였다. 내가 사람들을 가르칠 때는 도문학을 좀더 많이 했다. 그래서 내 학생들은 실천이 매우 부족했다." 이것을 볼 때, 원회는 둘의 단점을 없애고 둘의 장점을 합하려 하였다. 그러나 나는 안 된다고 생각한다. 존덕성조차 모르는데 어떻게 도문학을 말하겠는가?[155]

육구연이 생각할 때, 경전과 지식의 학습은 도덕을 증진시킬 수 없기 때문에 독립적인 가치와 의의를 지니지 못한다.

육구연은 지식이 덕성을 직접적으로 촉진시킬 수 없다고 생각하였다. 이 점

---

155) 같은 책 권34,「語錄上」, 400쪽, "朱元晦曾作書與學者云: '陸子靜專以尊德性誨人, 故遊其門者多踐履之士, 然於道問學處欠了. 某教人豈不是道問學處多了些子, 故遊某之門者踐履多不及之.' 觀此, 則是元晦欲去兩短, 合兩長. 然吾以爲不可, 旣不知尊德性, 焉有所謂道問學?"

은 틀리지 않은 것이다. 그러나 그는 독서를 통한 학습을 낮게 평가함은 물론 지식과 경전을 경시하는 경향을 보이고 있다. 그의 학생들은 그에게서 이러한 영향을 비교적 많이 받았다.156)

육구연은 독서와 궁리를 학문의 근본이 아닌 말단으로 생각했을 뿐만 아니라 행위의 구체적인 규범을 엄격히 준수하는 일도 학문의 근본이 아니라고 생각하였다. 우리는 정이의 학설이 외재적인 행위 규범을 대단히 중시하면서, 예가 아니면 보지도 듣지도 말하지도 행동하지도 말라고 주장했음을 알고 있다. 그러나 육구연은 다음과 같이 생각하였다.

요즘 사람들이 배움을 논하는 것을 보면, 본말과 선후가 일시에 뒤바뀌고 혼란스러우며, 아직 세세한 것으로 곧장 사람들을 힐책해서는 안 된다는 점을 알지 못한다. 예를 들어 예가 아니면 보지도 듣지도 말하지도 행동하지도 말라는 것은, 안연이 이미 '도'를 알고 있었기에 공자가 안연에게 그렇게 말한 것이다. 오늘날에는 먼저 이것으로 사람들을 힐책하니, 진정 등급을 뛰어넘는 일이다.157)

요즘 어떤 사람이 나에 관해서 논하기를 "'먼저 그 큰 것을 세워라'는 말밖에 다른 재능이 없다"고 하였다. 나는 그 말을 듣고 "정말 그렇다"고 대답했다.158)

본심을 드러내는 것은 먼저 그 큰 것을 세우는 일에 해당한다. 그리고 세세한 행위와 정미한 의리는 먼저 그 큰 것을 세운 기초 위에서 이 마음을 유지해 나가고 길러 나가는 데 쓰이는 것이다. 독서를 통해 정미함을 지극히 하는 일에다, 또는 몸소 실천하여 예의범절을 극진히 하는 일에다 학문을 위한 정력을

---

156) 예를 들어 包顯道는 독서가 仁義를 막아 버린다고 생각하였고, 詹阜民은 모든 책을 없애 버렸으며, 沈叔晦는 사람들을 독서로 가르치지 않았다. 이러한 사례들은 모두 육구연에게서 받은 영향의 표현이다.

157) 『陸九淵集』권34, 「語錄上」, 398쪽, "今世論學者, 本末先後, 一時顚倒錯亂. 曾不知詳細處未可遽責於人, 如非禮勿視聽言動. 顔子已知道, 夫子乃語之以此, 今先以此責人, 正是躐等."

158) 같은 책 권34, 「語錄上」, 400쪽, "近有議吾者之: '除了先立乎其大者一句, 全無伎倆' 吾聞之曰: '誠然.'"

집중시킨다면, 이는 본말이 전도된 것이다. 육학에서는 본심을 곧장 가리키는 것(直指本心)을 종지로 삼았다. 그러므로 그는 독서와 궁리를 중시하는 학문은 더해 주려고 힘쓰는 방식일 따름"이고, 자신의 학문은 "덜어 주는 방식일 따름159)이라고 말했으며, 경전의 고찰과 탐색을 중시하는 것은 '지리한' 공부이고, 자신의 주장은 '쉽고 간단한' 공부라고 말하였다.

5. 정신을 수습하고, 스스로 주재한다

육구연은 그의 학생과 어떻게 해야 도덕적으로 고상한 사람인지를 한 차례 토론한 적이 있었다. 이 때 학생은 "그릇되고 편벽된 일을 감히 하지 않는다"(非僻未嘗敢爲)고 말했다. 즉 어떤 부도덕한 짓도 하지 않는다는 것이다. 그러자 육구연은 "그것은 이 자리에서 억지로 제어하는 것에 불과할 뿐이다. 그 사이에는 제어할 수 없는 것이 있다. 이와 같다면 앞으로도 더욱 애를 써야 할 것이다. 그러므로 하늘이 나에게 준 것을 알아야만 한다"160)고 말하였다. 다시 말해서 오직 자기의 욕망을 억제하고 극복함으로써 도덕을 위반하는 짓을 하지 않는다면, 이는 일종의 강제일 따름이며 여전히 도덕 행위가 주동적인 자각 행위로 변하지 못한 상태이다. 강제적인 것에서 자각적인 것으로 변하기 위해서는, 사람마다 지니고 있는 천부적인 본심을 먼저 이해해야 한다. 육구연이 생각할 때, 도덕 경지의 제고를 위한 관건은 도덕 주체의 능동성을 충분히 발휘하는 데 있다. 사람의 도덕적인 완성이란 오직 사람들 각자의 자아를 실현하는 것일 수밖에 없다. 그는 사람들에게 개체의 심령 안에서 도덕적 자각성을 건립하도록 요구하였다.

위와 같은 입장에 기초하여, 육구연은 "이러한 리를 밝힐 수 있다면 이는

---

159) 같은 책 권34, 「語錄上」, 401쪽, "只務添人家底", "只是減他底."
160) 같은 책 권35, 「語錄下」, 440쪽, "不過是硬制在這裏, 其間有不可制者, 如此將來亦費力, 所以要得知天之所予我者."

곧 주재하는 것이다. 진정으로 주재할 수 있다면 외부 사물이 옮길 수도 없고, 사악한 학설이 미혹시킬 수도 없을 것이다"161)라고 강조하였다. 또 그는 "존형尊兄께서 지금부터 자립하고 바로 앉아 손을 모은 채 정신을 수습하고 스스로 주재한다면, 만물이 모두 나에게 완비될 것인데, 무슨 부족함이 있겠습니까"162)라고 말하였다. 여기서 자주·자립이란, 사람이라면 마땅히 진정으로 주체의 도덕적 자각을 수립하고, 본심과 양심으로 하여금 의식의 주재가 되게끔 하라는 말이다. 이렇게 하면 어떤 사악한 학설이나 외부의 유혹도 자신을 동요시킬 수 없다는 것이다. 그는 권위와 경전을 좇지 말도록 강조하였다. '서적의 문자를 헤아리는 데' 정력을 낭비한다면, '몸 전체에 주인이 없는 상태'로 사람을 이끌 뿐이기 때문이다. 어떤 사람이라도 조용히 앉아서 마음을 맑게 하고, 의식을 내심에 집중시키며, 경전 해석을 포함한 각종의 선입견을 배제한 채 '본심'을 체험하려고만 한다면, 내심에 본래 있는 주재를 발견할 수 있다. 이러한 주재는 가장 믿을 만한 정도로, 우리들을 진정한 사람이 되게끔 이끌 수 있다.

선입견을 버릴 것을 강조하고 맹목적으로 권위를 좇는 것을 반대하며, 본심의 절대적인 권위를 강조하기 위해서, 육구연은 심지어 "육경은 모두 나의 주석이다"163)라는 구호까지도 제기하였다. 한번은 그의 제자가 "선생께서는 어째서 책을 쓰지 않습니까"라고 묻자, 그는 "육경이 나를 주석하는데, 내가 왜 육경을 주석하겠는가"164)라고 대답하였다. 그가 생각할 때, 육경이란 그저 양심 운용의 각종 예증을 기록하고 있는 것일 따름이다. 사람은 내심에 진정으로 양심의 주재를 수립할 때에만 비로소 도덕적 주체성을 확립할 수 있는 것이다. 따라서 경전 속에서 궁구하고 찾을 필요가 없다.

육구연은 본심을 드러내고 스스로 주재함을 중시하는 자신의 학문이, 맹자의

---

161) 같은 책 권1, 「與曾宅之」, 4쪽, "明得此理, 卽是主宰, 眞能爲主, 則外物不能移, 邪說不能惑."
162) 같은 책 권35, 「語錄下」, 455쪽, "請尊兄卽今自立, 正坐拱手, 收拾精神, 自作主宰, 萬物皆備於我. 有何欠闕!"
163) 같은 책 권34, 「語錄上」, 395쪽, "六經皆我注脚."
164) 같은 책 권34, 「語錄上」, 399쪽, "先生何不著書?", "六經注我, 我安注六經!"

'유본지학有本之學'을 계승한 것으로 생각하였다. 그는, 주희 등은 "종일토록 악착같은데, 그것은 마치 뿌리 없는 나무나 근원 없는 물과 같아서 캐고 꺾으며 끌어들이려고 노력하지만, 가득 참과 말라 버림, 무성함과 시듦이 무상無常하다"[165]고 생각하였다. 그가 지향하고 제창한 것은 "근원이 깊은 샘물은 졸졸 밤낮 없이 계속 흘러가 웅덩이를 채우고, 다시 나아가 사방의 바다로 흘러든다. 근본이 있는 것은 이와 같다"[166]는 맹자의 말이었다. 그는 이렇게 말하였다.

> 시냇물이 모여 강하江河를 이룬다. 샘에서 물이 막 흘러 나올 때는 졸졸거리는 미세함만이 있고, 강하까지는 아직 멀다. 하지만 강하를 이루는 리理는 있다. 밤낮 없이 졸졸 흐른다면, 비록 지금은 웅덩이를 채우지 못할지라도 장래에는 자연스럽게 웅덩이를 채울 것이다.…… 그러나 학자가 스스로를 믿지 못하고 말단의 무성함에만 이끌려 황망히 자신의 미세한 흐름을 내버린 채 그것을 좇는다면, 스스로를 망치는 일이다. 이는 나의 졸졸거리는 미세함이 참된 것임을 모르고, 저들의 말단이 비록 무성할지라도 거짓된 것임을 알지 못하기 때문이다. 말단의 무성함이란 마치 손으로 물을 담는 것과 같아, 그 말라 버림은 잠시 서서 기다릴 수 있을 정도다.[167]

이것은 또한 육구연이 지었던, "시냇물이 바다에 이르고", "지금 당장 먼저 진위를 변별해야 한다"는 아호시鵝湖詩의 의미이기도 하다. "졸졸 흐르는 물이 모여 강하를 이룬다"는 육구연의 말은, "누적하여 관통한다"는 주희의 말과 의미가 다르다. '졸졸 흐른다'고 함은 본심의 발현을 가리키고, '강하'는 확충해 나아가 대용大用이 유행함을 의미한다. 이는 어떤 사람이 본심을 보유할 수

---

165) 같은 책 권1, 「與曾宅之」, 6쪽, "終日營營, 如無根之木, 無源之水, 有采摘汲引之勞, 而盈涸榮枯無常."

166) 『孟子』, 「離婁下」, "原泉混混, 不舍晝夜, 盈科而後進, 放乎四海, 有本者如是."

167) 『陸九淵集』 권34, 「語錄上」, 398쪽, "涓涓之流, 積成江河, 泉源方動, 雖只有涓涓之微, 去江河尚遠, 卻有成江河之理. 若能混混, 不舍晝夜, 如今雖未盈科, 將來自盈科…… 然學者不能自信, 見夫標末之盛者便自慌忙, 舍其涓涓而趨之, 卻自壞了, 曾不知我之涓微卻是眞, 彼之標末雖多卻是僞, 恰似擔水來相似, 其涸可立而待也."

만 있다면 근원이 있는 물의 흐름처럼 마침내는 웅덩이를 채우고 바다에 이를 수 있으리라는 점을 뜻한다. 육구연은, 내재하는 도덕 원천을 밝히고 보유하지 않는 주회의 가르침이란 실제로 근원이 없는 물을 추구하는 것이라고 생각하였다. 근원이 없는 물은 콸콸 흐를 수가 없다. 따라서 도덕 수양의 공부는 내재하는 원천을 발굴하고 보유·확충하여, 끊임없이 흐르도록 해야 한다.

그는 "지금 내 친구가 이미 본심을 얻고는 계속해서 그것을 배양하고 다치지 않게 한다면, 누가 그것을 막을 수 있겠는가? 예를 들어, 뿌리가 있는 나무에 물을 주어 잘 기르고 상처를 입히거나 잘라내지 않는다면, 줄기와 잎이 날로 무성해질 것이다. 또 근원 있는 물의 흐름을 잘 소통시켜 막히지 않게 한다면, 그 흐름은 날로 왕성해지며 쌓여갈 것이다. 그래서 '근원이 깊은 샘물은 졸졸졸 밤낮 없이 계속 흘러가 웅덩이를 채우고, 다시 나아가 사방의 바다로 흘러든다. 근본이 있는 것은 이와 같다'고 한 것이다"[168]라고 말하였다. 그러므로 학문을 하려면 먼저 본말本末을 구별해야 한다. "모든 사물에는 반드시 본말이 있으니, 그 근본을 항상 중시해야 하며, 말단에 얽매여서는 안 된다."[169] 그는 자신의 전반적인 사상이 '근원이 있는 샘물은 졸졸졸 끊임없이 흐른다'는 맹자의 유본有本 사상에 기초한 것으로 생각하였다. 그리고 그는 이것이 "연원이 넓은 샘이기에 수시로 흘러 나온다"(溥博淵泉, 而時出之)는 『중용』의 가르침이라고 생각하였다.

'본심을 드러낸다'는 육구연의 '본원지학本源之學'이 지향하는 취지는, 취해도 다하지 않고 사용해도 마르지 않는 도덕 행위의 내재적인 원천을 찾아 냄으로써, 최대한도로 도덕의 자각성과 자주성을 획득하려는 데 있다. 그리고 사람의 의식 주체에 관해서 말하자면, 이러한 원천은 다른 곳에서 찾을 수 있는 게

---

168) 같은 책 권7, 「與邵中孚」, 92쪽, "今吾友旣得其本心矣, 繼此則能養之而無害, 則誰得而御之. 如木有根, 苟有培浸而無傷伐. 則枝葉當日益暢茂. 如水有源, 苟有疏浚而無壅塞, 則波流當日益充積, 所謂'原泉滾滾, 不舍晝夜, 盈科而後進, 放乎四海, 有本者如是.'"
169) 같은 책 권34, 「語錄上」, 407쪽, "凡物必有本末, 大槪使其本常重, 不爲末所累."

아니다. 본심이 대표하는 선험적 도덕 의식은 외재적인 환경이나 후천적인 경험에서 나오는 것이 아니기 때문이다. 따라서 실천 속에서 도덕을 완성하려는 과정이란 본질적으로 개인의 자아 실현이다. 이렇게 볼 때, 적어도 사상의 자료에 관해서만 살펴보더라도 그의 사상이 주로 흡수한 것은 '맹자의 학문'이었고, 그의 학문은『중용』과『대학』을 기초로 했던 '염락지학濂洛之學'과 다른 특징을 나타낸다. 이러한 점은 육학을 이정의 일파로 말할 수 없으며, 응당 육학을 독립된 한 학파로 인정해야 함을 밝혀 준다.

육구연은 도덕적인 측면에서 주체성을 상실한 의식 즉 '자포자기'를 특히 반대하였다. 그가 "스스로 주재하라"고 말한 것도 도덕 주체성을 확립하라는 뜻이었다. 그는 맹자의 학설이 주로 "자포자기를 병통으로 여겨 사단을 제기했다"[170]고 생각하였고, "맹자는 원래 사람이 이 사단을 지니고 있는 점만을 설명하여 인성의 선함을 밝힘으로써, 자포자기해서는 안 된다고 했을 따름이다"[171]라고 생각하였다. 그는 한편으로 본심의 충분함을 강조하면서, 다른 한편으로 자주自主를 제창하는 데 특히 주의하였다. '자주'는 "정신을 수습하고, 스스로 주재한다"는 말로도 표현된다. 그는 '스스로'(自)라는 글자를 대단히 중요하게 여겼다.

성誠이란 스스로가 정성스러운 것이고, 도道란 스스로가 도인 것이다. 군자는 스스로 그 명덕明德을 밝힌다. 사람은 이 사단이 있는데, 자기 스스로 할 수 없다고 말하는 것은 스스로를 해치는 일이다. 사납다(暴)는 말은 스스로가 사나운 것을 말하고, 버린다(棄)는 말은 스스로를 버리는 것을 말하며, 업신여긴다(侮)는 말은 스스로를 업신여기는 것을 말하고, 돌이킨다(反)는 말은 스스로를 돌이켜 보는 것을 말하며, 얻는다(得)는 말도 스스로가 얻는 것을 말한다. 화복禍福이란 자초하지 않는 것이 없다. 성현은 오직 스스로(自)라는 글자만을 말하였는데, 이는 참으로 훌륭한 것이다.[172]

---

170) 같은 책 권1, 「與邵叔誼」, 2쪽, "病其自暴自棄, 則爲之發四端"
171) 같은 책 권34, 「語錄上」, 396쪽, "孟子當來, 只是發出人有是四端, 以明人性之善, 不可自暴自棄"

도덕 실천의 성공과 실패는 자아의 의지에 의해서 결정될 뿐, 어떤 외부적 역량에 의해서 결정되지 않는다. 사람은 오직 자아가 본래적으로 함유하고 있는 자원을 개발해 나가면서 사람의 내재적인 자원이 자아 실현의 충분한 기초이자 조건임을 굳게 믿을 때에만, 비로소 성현이 되는 길에서 목표를 달성할 수 있다.

'이 마음의 훌륭함'을 사람들이 굳게 믿도록 하기 위해서, 그는 본심의 기성성(現成性)을 지나치게 강조하기도 하였다.

> 상산에 거처하면서 학생들에게 늘 이렇게 말하였다. "너의 귀가 스스로 밝고, 눈도 스스로 맑으며, 부모를 모시는 일에도 스스로 효성스러울 수 있고, 윗어른을 모시는 일에도 스스로 공경할 수 있으니, 본래 부족함이 없다. 다른 것을 추구할 필요 없이 자립하기만 하면 된다."173)

> 성인의 말씀은 그 자체로 명백하다. 가령 "너희들은 집에 들어가서는 효도하고, 나와서는 공경하라"는 말은, 분명히 네가 들어가서는 효도하고 나와서는 공경하라고 말한 것이다. 무슨 주석이 필요하겠는가?174)

> 눈으로 볼 수 있고, 귀로 들을 수 있으며, 코로 향기와 악취를 분간할 수 있고, 입으로 맛을 알 수 있으며, 마음으로 생각할 수 있고, 손발로 운동할 수 있다. 무엇 때문에 또다시 성誠을 보존하고, 경敬을 지켜야 하겠는가? 꼭 한 사물에 나아가 그 사물을 다스려야 한다면, 왜 그렇게 해야만 하는가? 도를 즐기고 자연을 감상하는 것이 본래 내 집안의 가풍이다.175)

---

172) 같은 책 권34, 「語錄上」, 427쪽, "誠者自誠也, 而道自道也. 君子以自昭其明德. 人之有是四端, 而自謂不能者, 自賊者也. 暴謂自暴, 棄謂自棄, 侮謂自侮, 反謂自反, 得謂自得. 福禍無不自己求之者, 聖賢只道一箇自字煞好."

173) 같은 책 권34, 「語錄上」, 399쪽, "居象山多告學者云: 汝耳自聽, 目自明, 事父自能孝, 事兄自能弟, 本無欠闕, 不必他求, 在自立而已."

174) 같은 책 권35, 「語錄下」, 441쪽, "聖人之言自明白, 且如'弟子入則孝, 出則弟', 是分明說與你入便孝, 出便弟, 何須得傳注?"

175) 『朱子語類』 권116, 2798쪽, "目能視, 耳能聽, 鼻能知香臭, 口能知味, 心能思, 手足能運動, 如何

육구연의 이러한 견해는 사람들에게 강렬한 인상을 준다. 그는 마치 도덕 행위가 일종의 윤리적 본능이며, 눈과 귀로 외부 사물을 지각하는 것과 마찬가지라고 생각한 듯하다. 게다가 그의 표현은 "작용이 곧 성이다"(作用是性)는 불가佛家의 논의를 상기시켜 준다.

"무엇이 부처인가"라고 묻자, "성을 아는 것이 부처이다"라고 대답했다. 이어서 "무엇이 성인가"라고 묻자, "작용이 성이다"라고 대답하였다. 또다시 "무엇이 작용인가"라고 묻자, "눈의 작용은 볼 수 있는 것이고, 귀의 작용은 들을 수 있는 것이며, 손의 작용은 잡는 것이고, 발의 작용은 움직이거나 달리는 것이며, 코의 작용은 냄새를 맡거나 적시는 것이고, 입의 작용은 담론하는 것이다. 이러한 작용들은 모두 이 사바 세계에서 드러나는 것이지만, 티끌 하나에도 간직되어 있다. 이 점을 아는 사람은 이 성을 알지만, 모르는 사람은 정령(精魂)이라고 지껄인다"고 대답하였다.[176]

물론 육구연이 사람의 모든 '작용'(사람의 모든 물리적 · 심리적 활동)을 '성'의 자연스러운 표현으로 생각한 것은 아니다. "귀가 스스로 듣고, 눈이 스스로 밝으며, 스스로 효성스러울 수 있고, 스스로 공경할 수 있다"는 육구연의 설명은, 주체의 자아 자체는 효제孝悌의 요구와 능력을 제공하고, 효제의 마음은 사람의 양지와 양능이라는 점을 강조한 것일 뿐이다. 그리고 육구연의 사상 체계에 따르면, '스스로 할 수 있음'(自能)이 진정한 도덕 실천으로 체현되기 위해서는 '자립'이 전제되어야 한다. 그는 다음과 같이 지적하였다.

진실로 이 마음을 보존한다면 이 리는 자연히 밝아질 것이다. 측은히 여겨야 할 때에 자연스럽게 측은히 여기고, 부끄러워하고 미워해야 할 때, 사양해야 할 때,

---

更要甚存誠持敬? 硬要將一物去治一物, 須要如此做心? 詠歸舞雩, 自是吾子家風"

176) 『北溪字義』, "問: '如何是佛?' 答: '見性是佛.' 又問: '如何是性?' 答: '作用是性.' 又問: '如何是作用?' 曰: '在目能視, 在耳能聞, 在手執捉, 在足運奔, 在鼻嗅泄, 在口談論. 遍現俱該沙界, 收攝在一微塵. 識者知該是性, 不識喚作精魂'"; 『新修大正藏』 권51; 『景德傳燈錄』 권3, 27쪽 참조.

그리고 시비가 앞에 놓여 있을 때, 스스로 그것을 구별해 낼 수 있다.177)

자연스럽게 측은히 여길 수 있고, 자연스럽게 부끄러워하고 미워할 수 있기 위해서는 "진실로 이 마음을 보존하는" 일이 전제돼야 한다. 이런 까닭에 '스스로 할 수 있다'는 주장은 억지로 수양할 필요 없이 자연스럽게 내맡기기만 하면 된다는 것이 아니다. 육구연은 다음과 같이 말하기도 하였다.

사람의 정신이 밖에 있다면, 죽을 때까지 힘들고 어지러울 것이다. 반드시 정신을 수습하고, 스스로 주재하여야 한다. 정신을 수습하여 정신이 안에 있으면, 측은히 여겨야 할 때 측은히 여기고, 부끄러워하고 미워해야 할 때 부끄러워하고 미워한다. 누가 너를 속일 수 있겠는가? 누가 너를 기만할 수 있겠는가?178)

존형께서 지금부터 자립하고, 바로 앉아 손을 모은 채 정신을 수습하고 스스로 주재한다면, 만물이 모두 나에게 완비될 것인데, 무슨 부족함이 있겠습니까? 측은히 여겨야 할 때 자연스럽게 측은히 여기고, 부끄러워하고 미워해야 할 때 자연스럽게 부끄러워하고 미워할 것입니다.179)

'정신을 수습한다'고 함은 정신을 안으로 수렴하라는 뜻이다. 이는 옛 사람들의 주석이나 외부 사물에 대한 추구에 정신을 소모하지 말라는 의미이다. '스스로 주재한다'고 함은 성현의 경전을 포함하는 외재적인 권위에 의지하지 말고, 자신의 본심을 판단과 실천의 준칙으로 삼으라는 의미이다. 사람은 스스로를 반성하고 안으로 추구해 들어갈 수 있다. 따라서 본심을 밝힐 수만 있다면 주재

---

177) 『陸九淵集』 권34, 「語錄上」, 396쪽, "苟此心之存, 則此理自明, 當惻隱處自惻隱, 當羞惡, 當辭遜, 是非在前, 自能辨之."
178) 같은 책 권35, 「語錄下」, 454쪽, "人精神在外, 至死也勞攘. 須收拾精神, 自作主宰. 收得精神在內時, 當惻隱卽惻隱, 當羞惡卽羞惡. 誰欺得你? 誰瞞得你?"
179) 같은 책 권35, 「語錄下」, 455쪽, "請尊兄卽今自立, 正坐拱手, 收拾精神, 自作主宰, 萬物皆備於我. 有何欠闕? 當惻隱時自然惻隱, 當羞惡時自然羞惡."

가 생길 것이고, 외부 사물에 의해 옮겨지지도 않을 것이며, 사악한 학설에도 미혹되지 않을 것이다. 그리하여 측은히 여겨야 할 때 측은히 여기고, 부끄러워하고 미워해야 할 때 부끄러워하고 미워할 것이다.

6. 의로움과 이로움으로 변별한다

육구연에게 부자연傅子淵과 진정기陳正己라는 두 제자가 있었다. 그런데 이 두 제자와의 대화가 다음과 같이 한 단락 실려 있다. 진정기가 "육 선생은 사람을 가르칠 때 무엇을 우선하는가"라고 묻자, 부자연이 "뜻을 변별한다"고 대답했다. 진정기가 다시 "무엇으로 변별하는가"라고 물으니, 부자연이 "의와 리로 변별한다"(義利之辨)고 대답하였다. 육구연이 이같은 대화를 듣고는 "자연子淵의 대답은 적절하다고 할 만하다"고 말했다.[180]

뜻(志)은 의식의 동기를 가리키는 것으로, 주관적인 범주이다. 심학心學의 입장에서 볼 때, 행위가 도덕적 가치를 지니는가의 여부는 행위가 발생한 동기, 즉 의식이 근거한 원칙에 의해서 직접적으로 결정된다. '뜻을 변별한다'고 함은 의식 활동의 동기가 어떤 원칙에 의해 결정되었는지를 분별해야 한다는 것이다. 유가에서는 일관되게, 사람은 반드시 '의義'로 뜻을 세워야 한다고 강조한다. 즉 '의로움'으로 행위의 동기를 지배할 것을 강조하는 것이다.

송 효종 순희 8년(1181년) 봄에, 육구연은 남강南康으로 가서 남강군 지사를 맡고 있던 주희를 예방한 적이 있었다. 주희는 당시 여산廬山의 백록동서원白鹿洞書院을 수리했었다. 그래서 육구연이 예방하자, 주희는 그를 백록동서원에 초청하여 학생들에게 『논어』중에서 "군자는 의로움에 밝고, 소인은 이로움에 밝다"(君子喩於義, 小人喩於利)는 장章을 강의해 주도록 부탁하였다. 육구연은 그 강의에서 천재적인 강의 실력을 충분히 발휘하였고, '의리지변'에 대한 그의

---

180) 같은 책 권34, 「語錄上」, 398쪽, "陸先生教人何先?", "辨志", "何辨?", "義利之辨", "若子淵之對, 可謂切要."

견해를 설명하였다. 강연은 대단히 성공적이었다. 청중들은 커다란 감동을 받았고, 강의를 듣던 이들 중에서는 눈물을 흘리는 사람들도 있었다. 이른 봄날이라서 날씨가 조금 추웠는데도, 주희마저도 감동하여 땀을 흘리며 부채를 부쳤다. 강연이 끝나자마자 곧바로 주희는 육구연에게 강연 내용을『강의講義』라는 책으로 만들자고 요청하였다. 그런데 오늘날 우리가 접할 수 있는 문자화된『강의』는 강연 당시의 통쾌했던 말을 완전히 반영하지 못한다.

육구연은 '의로움'과 '이로움'의 문제를 중심으로 강연하였다. 그는, 모든 사람들의 사상은 그들의 일상적인 습관에 의해 결정되고, 사람들의 습관은 그들의 지향과 동기에 의해 결정된다고 생각하였다. 한 사람의 지향과 동기가 '의로움'에 있다면 그의 습관과 깨달음은 '의로움'에 있게 되고, 그 지향과 동기가 '이로움'에 있다면 그의 습관과 깨달음도 '이로움'에 있게 되는 것이다. 따라서 군자가 되고자 하며 소인이 되기를 바라지 않는 사람이라면, 우선 자신의 '뜻'을 검사하여 자신의 추구와 지향이 '의로움'인가 '이로움'인가를 살펴야 한다. 다시 말해서 사람은 모름지기 우선적으로 자신의 정신 세계 속의 가치를 정확하게 수립해야만 하는 것이다.

육구연은, 어떤 사람이 도덕적인 사람(君子)인가, 아니면 부도덕한 사람(小人)인가를 결정하는 것은 주로 그 사람의 표면적인 행위에 달려 있는 것이 아니라 내심의 동기에 달려 있다고 주장하였다. 그는 다음과 같이 예를 들어 설명하였다. 어떤 사람이 종일토록 머리를 싸맨 채 성현의 책을 공부한다면, 이러한 행위는 매우 훌륭하게 보일 것이다. 그러나 그가 공부하는 동기가 단지 과거에 급제하여 이름을 날리기 위한 것이라면, 그를 군자로 부를 수 없다. 육구연이 제시한 예는 그 자리에 있던 많은 학자들의 속마음을 정확히 꿰뚫었다. 그래서 듣는 사람들 모두가 가슴이 뜨끔했던 것이다. 나중에 육구연도 "나는 사람을 판단할 때, 언행을 보지도 않고, 공과功過를 보지도 않는다. 직접적으로 심장과 간을 도려 낸다"(某觀人不在言行上, 不在功過上, 直截是雕出心肝)고 말한 적이 있다. 요컨대 어떤 사람이 소인인지 혹은 군자인지는, 주로 '뜻을 변별하는' 것 즉 행위를 결정하는 동기 원칙을 변별하고 살피는 데 달려 있는 것이다.

육구연은, 어떤 사람이 도덕적인 사람(君子)인지 혹은 부도덕한 사람(小人)인지를 평가하기 위해서는 어떤 사람의 행위가 준칙의 요구에 부합하는지의 여부에만 근거할 수 없고, 반드시 그 내재적인 동기를 고찰해야 한다고 생각하였다. 도덕 원칙에서 출발하여 도덕 원칙에 맞는 행위를 했을 때에만 비로소 도덕적인 성질을 갖는 것이다. 이러한 의미에서, 이른바 '의리지변'에서 '의로움'은 도덕적인 동기이고, '이로움'은 이기적인 동기이다. 육구연은 어떤 동기가 도덕적이라면, 그 동기는 반드시 이기주의와 대립한다고 생각하였다. 요컨대 도덕 원칙은 자연적인 이기주의와 완전히 대립한다는 것이다. 그러므로 '의리지변'으로 해결하려는 문제는 도덕 평가와 도덕 인격의 문제이지, 어떤 공적과 업적을 세우려는 행위를 배척하기 위한 것이 아니다. 예를 들어 유가에서 부국강병 자체가 반드시 배척돼야 하는 것은 아니다. 반드시 배척돼야 할 것은 이기주의적인 동기이다.

육구연은 이락(伊洛)학파의 전통과 다른 점을 지니고 있다. 하지만 그는 송대 리학의 한 분파로서, 도통의 문제에서는 북송 도학의 영향을 받았다. 예를 들어, 그는 "주나라가 쇠락하자 이 도가 행하여지지 않았고, 맹자가 죽자 이 도가 밝혀지지 않았다. 천오백여 년 동안이나 격언과 지극한 가르침은 겉치레 문장과 수식으로 문드러지고 말았으며, 공리(功利)의 습관이 천하에 범람하였다"[181]고 동의하였다. 그리고 그는 "근세에 이르러 이락의 제현은 더욱 깊이 도를 연구하였고, 더욱 상세하게 도를 말하였다. 그들의 오롯한 지향과 돈독한 실천은 한당의 시대에는 없었던 일이다. 그것이 뿌리 내린 성취는 성대하다고 할 만하다"[182]고 하였다. 이러한 의미에서, 그는 "우리 시대의 리학은 한당의 학문을

---

181) 같은 책 권12, 「與趙然道三」, 158쪽, "姬周之衰此道不行, 孟子之沒此道不明. 千有五百餘年之間, 格言至訓熟爛於浮文外飾, 功利之習汎濫於天下."
182) 같은 책 권1, 「與侄孫濬」, 13쪽, "至於近時伊洛諸賢, 研道益深, 講道益詳, 志向之專, 踐行之篤,

크게 뛰어넘는 것이다"183)라고 생각하였다.

그렇지만 육구연은 이락의 제공諸公이 증자나 자사 그리고 맹자만 못하다고 생각하였다. 그래서 그는 "이락의 제공에 이르러서야 천여 년 동안이나 전해지지 않던 학문을 얻게 되었다. 하지만 막 시작되었기에 분명히 밝히지는 못하였다. 오늘날에 이르러서도 대단大段을 밝히지 못한다면, 다시 무슨 일을 하겠는가"184)라고 말하였다. 심지어 그는 "나는 세세한 학문을 살피지 않지만, 맹자 이후 여기(육구연 자신의 학문)에 이르러서야 비로소 일제히 밝혀졌다고 생각한다"185)고 말했다. 그는 자신이 맹자 이후 천오백여 년 동안이나 중단된 채 전해지지 않던 학문을 진정으로 이어받고 밝혔다고 생각하였다.

도통을 담당하려 했던 육구연의 의식이 신유학에서 자신의 지위를 지나치게 높이려 했는지도 모른다. 그러나 당시 도학과 반反도학의 논쟁에 대한 그의 견해는 주의할 만한 가치가 있다. 예를 들어 그는 "이 도는 본래 일상적으로 늘 실천하는 것이다. 그런데 요즘의 학자들은 한 가지 일을 하고는 크게 떠들면서 헛된 명성을 구하여 명예가 실상을 넘어서니, 사람들에게 좋지 않은 마음을 불러일으킨다. 그래서 '도학'을 주장하는 사람들은 반드시 심하게 배척되고 꾸짖음을 당한다"186)고 말하였다. 그가 생각할 때, 남송의 주희 등은 도학을 자신들만의 특허로 간주하였으며, 진리(道)가 자신들만의 수중에 있다고 생각하는 등 극심한 배타성과 자만심을 드러내었다. 이러한 태도는 다른 사람들에게 좋지 않은 마음을 불러일으키기 쉬울 뿐만 아니라 쓸데없는 비난과 논의를 불러들인다. 육구연의 이러한 견해는 비교적 사실 속에서 올바름을 추구하는 것이었다.

육구연의 학설은 당시에 상당히 큰 영향력이 있었다. 그러나 그가 죽은 후

乃漢唐所無有, 其所植之成就, 可謂盛矣."
183) 같은 책 권1, 「與李省幹」, 14쪽, "本朝理學, 遠過漢唐."
184) 같은 책 권35, 「語錄下」, 436쪽, "至伊洛諸公, 得千載不傳之學, 但草創未爲光明, 到今日若不大段光明, 更幹當甚事!"
185) 같은 책 권10, 「與路彦彬」, 134쪽, "竊不自揆, 區區之學, 自謂孟子之後, 至是而始一明也."
186) 같은 책 권35, 「語錄下」, 437쪽, "此道本日用常行, 近日學者卻把作一事張大虛聲, 名過於實, 起人不平之心, 是以爲道學之說者, 必爲人深排力詆."

일정 기간 동안 그가 대표하는 '심학'은 '리학'에 비해서 상대적으로 침체되어 있었다. 그의 학설은 명대 중기에 이르러서야 왕수인王守仁의 창도 아래 새롭게 활력을 되찾았으며, 커다란 발전을 이루었다. 그의 학설과 주희의 학설 사이의 분기는, 주로 육구연은 '존덕성'을 강조하는 반면 주희는 '도문학'을 강조하고, 육구연은 '심즉리心卽理'를 말하는 반면 주희는 '성즉리性卽理'를 말하며, 육구연은 '명심明心'을 중시하는 반면 주희는 '격물'을 중시한다는 데 있다. 이러한 분기는 주희와 육구연 두 사람만의 분기에 그치는 것이 아니며, 송명리학 자체의 여러 가지 모순을 대표하고 있는 것이라고 말할 수 있다.

5. 양간

양간楊簡(1141~1226)은 자字가 경중敬仲이며 자계慈溪 사람이다. 그는 일찍이 부양현富陽縣 주부主簿와 낙평樂平의 지사 그리고 국자박사國子博士를 역임하였으며, 만년에는 온주溫州의 지사를 지냈다. 그가 자호慈湖에 집을 지었기 때문에 사람들은 그를 자호 선생이라고 불렀다. 그의 주요 저작으로는『자호유서慈湖遺書』와『양씨역전楊氏易傳』이 있다. 그는 육구연의 문하에서 가장 영향력 있는 학생이었다.

1. 신명神明과 묘용妙用

양간은 신비주의적 기질이 농후하였다. 그의 학문 역정은 늘 신비한 체험과 연결되어 있다. 그는 일찍이 다음과 같이 말하였다.

스물여덟 살 때 나는 태학의 순리재循理齋에서 거처하고 있었다. 초가을날 밤에 노복이 등불을 가져 왔고, 나는 침대에 앉아서 아버님께서 일찍이 "수시로 다시금 반관反觀하라"시던 가르침을 생각하고 있었다. 내가 막 반관하려는데 문득 느껴지기를, 텅 비어 안팎이 없었고 경계가 없었으며, 삼재三才·만물·만화萬化·만사萬事·유명幽明·유무有無가 관통하여 일체가 되었고, 조금의 틈새도 없었다.[187]

이것은 그의 첫 번째 신비한 경험이었다. 여기서 '반관反觀'이란 일종의 정좌를 통한 체험이다. 양간 스스로의 설명에 따르면, 그는 만물이 혼연일체가 됨을 체험하였고, 일체의 차별과 경계가 없어짐을 느꼈다.

양간의 나이 서른한 살 때, 육구연이 부양富陽을 지나다가 부채로 그 본심을 지시함으로써, 또 한 차례 그에게 신비한 경험을 일으켰다.

선생(양간)은 그 말을 듣자, 문득 마음이 맑고 밝아짐을 느끼면서 "이것 뿐인가"라고 급하게 물었다. 이에 상산은 엄한 목소리로 "또 무엇이 있겠는가"라고 대답하였다. 선생은 물러나와 두 손을 모은 채 새벽까지 앉아 있었다. 날이 밝으려 할 즈음에야 상산은 선생의 절을 받고 선생을 제자로 삼았다. 얼마 지나지 않아 숙산宿山에서 계속 서신 왕래를 하였는데, 서신을 보고 의문이 생겼다. 그래서 밤새도록 잠을 못 이루면서 분명하게 이해하려고 애쓰자, 시원스럽게 어떤 물건이 빠져나가는 것처럼 마음이 더욱 밝아졌다.[188]

양간이 순리재에서 체험한 내용은 우주만물이 모두 통하여 일체라는 것이었다. 그리고 부양에서 체험한 내용은 심체心體의 맑고 밝아짐이었다. 부양에서의 체험은 여전히 '두 손을 모으고 앉는' 것으로부터 시작했던 체험이었으며, "시원스럽게 어떤 물건이 빠져나가는 것 같았다"는 것도 일종의 내심이 맑아지는

---

187) 『慈湖遺書續集』권1, 「炳講師求訓」, "某之行年二十有八也, 居大學之循理齋. 時首秋, 入夜, 齋僕以燈至, 某坐於床, 思先大夫嘗有訓曰'時復反觀' 某方反觀, 忽覺空洞無內外, 無際畔, 三才·萬物·萬化·萬事·幽明·有無通爲一體, 略無縫罅."
188) 『宋元學案』권74, 「慈湖學案」, 2466쪽, "先生聞之, 忽覺此心澄然淸明, 亟問曰: '止如斯邪?' 象山厲聲答曰: '更何有也?' 先生退, 拱坐達旦, 質明納拜, 遂稱弟子. 已而沿檄宿山間, 觀書有疑, 終夜不能寐, 瞳瞳欲曉, 灑然如有物脫去, 此心益明."

체험이었다.

양간은 서른세 살 때 어머니를 여의었는데, 상례를 치르면서 또 한 차례의
체험을 얻었다.

> 요씨姚氏의 상례를 치르면서 애통함을 이루 말할 수 없었다. 한참 후에 성찰해 보니,
> 애통해 할 당시에도 심체는 고요하면서 움직이지 않았는데 자연스러워 스스로 알지
> 못했다. 그 때 비로소 공자가 안연의 죽음을 대단히 슬퍼했으면서도 스스로 알지
> 못했다는 것이, 바로 사려함도 행위함도 없는 신묘함에 부합한다는 점을 깨달았다.
> 그래서 내 마음에 그같은 신명神明과 묘용妙用이 있음을 더욱더 확신하게 되었
> 다.189)

> 어머니의 상을 당하여 관직을 버리고 장례를 치르는데, 일상적인 응대조차도 방해
> 받지 않을 수 없다는 점을 느꼈다. 여러 날 심사숙고하는데, 우연히 어떤 일을 접하
> 고 나서야 세태와 인정은 변화한다(變化云爲)는 말처럼 마음이 교차하고 수없이 변
> 하더라도, 심체는 텅 비어 밝고 고요한 것임을 크게 깨달았다.190)

앞의 두 차례 경험과는 달리, 양간이 어머니의 상을 치르면서 체험했던 내용
은 만물일체도 아니었고, 심체의 맑고 밝아짐도 아니었으며, 오히려 심체의 '고
요하면서 움직이지 않는' 상태였다. 양간의 세 차례 체험은 밖에서 안으로의
전향이었고, 점차적으로 순수한 내심의 자아 체험으로 변화하는 것이었다. 이
러한 양간의 체험 가운데서 앞의 두 차례 체험을 경험했던 송명 리학자들은
적지 않지만, 심체가 움직이지 않는다는 진정한 체험을 경험해 본 송명 리학자
는 극히 드물다. 이 마음이 움직이지 않는다는 것은 의식 활동이나 감정 활동이

---

189) 『楊氏易傳』 권20, "居姚氏喪, 哀慟切痛, 不可云喩, 旣久略省察, 曩正哀慟時, 內亦寂然不動, 自然
不自知, 方悟孔子哭顔淵至於慟矣而不自知, 正合無思無爲之妙, 益信吾心有此神明妙用."
190) 『宋元學案』 권74, 「慈湖學案」, 2466쪽, "母喪去官, 營葬車廬, 更覺日用酬應, 未能無礙. 沈思屢
日, 一事偶觸, 始大悟變化云爲之旨, 交錯萬變, 而虛明寂然."

없다는 뜻이 아니라, 심경의 내재적인 안정과 평화 그리고 편안한 상태의 고요함을 의미하는 것이다. 양간은, 자신이 체험했던 심체의 '맑고 밝아짐'과 '고요하면서 움직이지 않는 상태'가 바로 마음에 '신명神明과 묘용妙用'의 특징이 갖춰져 있다는 사실을 증명하는 것으로 생각하였다.

그러나 고요하면서 움직이지 않는 상태를 한 차례 체험했다고 해서, 이 체험이 고요하면서 움직이지 않는 상태를 언제나 유지해 나갈 수 있음을 보증할 수는 없다. 이러한 문제점은 나중에 양간이 고뇌한 것이기도 하다. 십몇 년 뒤에 그는 이 점에 대해 진일보한 체험을 하였다.

학자는 처음에는 마음이 가는 대로 내버려 두어도 현묘하지 않은 게 없는 것처럼 느끼기 때문에, 종종 그것으로 만족해하면서 학문을 진작시키려 하지 않는다. 따라서 옛 습관을 빨리 없애 버리기도 어렵고, 늘 동요되지 않을 수도 없다.…… 나는 서른두 살에 희미하게 깨닫고 나서부터 바로 이러한 병에 빠져 든 적이 있었다. 그 뒤 십여년 간 해마다 성큼성큼 나아가려 하였으나, 덕德은 나아지지 않았고 매우 큰 상처를 입었다. 우연히 옛 성현의 유훈을 듣게 되었는데, 도를 배우기 시작할 때 마음을 매어 두면서 일치시키기를 오래도록 지속하면, 정신이 깨끗해지고 생각과 행위가 자연히 없어질 것이라고 말하였다. 나는 그제서야 감히 살피고 반성하였는데, 과연 조금 진보함을 느꼈다. 나중에 또 꿈 속에서 옛 성현을 만나 가르침을 받았는데, 내가 의상意象을 벗어나지 못하고 있는 점을 지적해 주었다. 나는 깨어나자 더욱 도에 통하게 되었고, 생각과 행위를 마음대로 하더라도 그 모든 것이 그대로 본체이고, 오묘한 작용이었다. 이렇게 과오를 고쳐 나감에 움직이지 않아도 저절로 없어졌으며, 허물어지듯 경계가 없어졌으니, 동정動靜으로는 말할 수 없는 것이다.191)

---

191) 같은 책 권74,「慈湖學案·汎論學」, "學者初覺, 縱心之所之無不玄妙, 往往逕足, 不知進學, 而舊習難遽消, 未能念念不動…… 予自三十有二微覺之後, 正墮斯病. 後十餘年, 念年邁而德不加進, 殊爲大害, 偶得古聖遺訓, 謂學道之初, 繫心一致, 久而精純, 思爲自泯. 予始敢觀省, 果覺微進. 後又於夢中獲古聖面訓, 謂某未離意象. 覺而益通, 縱所思爲, 全體全妙. 其改過也, 不動而自泯, 泯然無際, 不可以動靜言."

"항상 움직이지 않을 수 없는" 상태를 극복하기 위해서, 그는 먼저 "마음을 매어 두면서 일치시키는" 방법, 즉 심사心思를 전일하게 하고 흐트러지지 않도록 하는 방법을 채택하였다. 그리고 나중에는 "의상意象을 벗어나지 못하는" 상태를 극복하는 데 주의하였다. 여기서 말하는 '의상'이란 그가 나중에 극복해야 할 것으로 반복해서 강조한 '의념'(意)이다.

신비로운 체험을 포함하는 사람의 내심적 체험은, 사실상 체험자의 잠재 의식이 추구하려는 것과 관련이 있다. 양간은 "어려서 『주역대전』을 읽으면서, '사려함도 없고 행위함도 없으며, 고요하면서 움직이지 않지만, 느껴서 마침내 천하사물의 이치에 통한다'는 글귀를 매우 좋아하였다. 나는 도를 배워 반드시 이러한 오묘함을 이룰 수 있기를 염원하였다"[192]고 스스로 적고 있다. 이것은 양간이 아주 일찍부터 '사려함도 없고 행위함도 없으며, 고요한 상태로 느껴 통한다'는 경지를 자신이 추구해야 할 정신 경지로 삼고 있었음을 설명해 준다. 이 '사려함도 없고 행위함도 없는' 경지는 "마음대로 하여도 법도에 어그러짐이 없다"(從心所欲不踰矩)는 경지일 뿐만 아니라 일종의 자연스러우면서도 그 움직임조차도 느끼지 못하는 경지이기도 하다. 그가 "의념을 일으키지 않는다"(不起意)고 주장한 이유도 바로 이러한 경지를 실현하기 위한 것이었다.

2. 의념을 일으키지 않는다

양간은 사람의 모든 과실이 '의념'에서 기원한다고 생각하였다. 그래서 그는 "의념은 악의 근원이다"(意是惡底根源)라고 말하였다. 그는 이렇게 말했다.

인성은 모두 선하며, 모든 사람은 요순이 될 수 있다. 다만 의념에 의해 움직이면 악해진다.[193]

---

192) 『楊氏易傳』 권20, "少讀易大傳, 深愛'無思也, 無爲也, 寂然不動, 感而遂通天下之故', 竊自念學道必造此妙."

수많은 잘못 가운데 의념에서 생기지 않은 것이 어느 것인가? 의념은 사랑하거나 증오하는 것에 따라 움직이므로 잘못이 생기고, 소리와 색깔에 따라 움직이므로 잘못이 생기며, 언행에 따라 움직이므로 잘못이 생긴다. 의념이 움직이지 않는다면 잘못도 없을 것이다.194)

사람의 마음은 본래 바르지만, 의념으로 발현된 뒤에는 어두워진다. 발현되지 않는다면 어두워지지 않을 것이다.195)

이것은 모두 성은 본래 선한 것이며, 마음은 본래 바른 것인데, 사람에게 악이 생기는 까닭은 '의념'의 일어남과 '의념'의 움직임 때문이라고 설명하고 있다. 양간은 공자의 "의념하지 말라"(毋意)는 생각을 발전시켜서 오직 '의념'의 일어남과 움직임을 끊어 버리고 그치게 할 때에만, 비로소 도에 입문할 수 있다고 생각하였다.

양간은 사람의 마음은 본래 지극히 영명하지만, 의념이 일어난 후에는 영명한 마음이 가려진다고 생각하였다. "조금이라도 의념이 생기기 때문에 마음이 가려지는 것이다."196) 그렇다면 의념이란 무엇인가? 그는 다음과 같이 말하였다.

무엇을 의념이라고 말하는가? 조금이나마 일어난다면 모두 의념이라고 말하고, 조금이라도 그친다면 모두 의념이라고 말한다. 의념의 상태는 이루 헤아릴 수가 없다. 이로운 것도 있고 해로운 것도 있으며, 옳은 것도 있고 그른 것도 있으며, 나아가는 것도 있고 물러나는 것도 있으며, 공허한 것도 있고 충실한 것도 있으며, 많은 것도 있고 적은 것도 있으며, 흩어지는 것도 있고 모이는 것도 있으며, 의존하는 것도 있고 위배하는 것도 있으며, 앞도 있고 뒤도 있으며, 위도 있고 아래도 있으며, 본체

---

193) 『慈湖遺書』 권1, 「鄕記序」, "人性皆善, 皆可以爲堯舜, 特動乎意, 則惡."
194) 같은 책 권2, 「樂平縣學記」, "千失萬過, 孰不由意而生乎? 意動於愛惡故有過, 意動於聲色故有過, 意動於云爲故有過, 意無所動本亦無過."
195) 같은 책 권1, 「詩解序」, "人心本正, 起而爲意而後昏, 不起不昏."
196) 『宋元學案』 권74, 「絶四記」, 2476쪽, "微生意焉, 故蔽之"

도 있고 작용도 있으며, 근본도 있고 말단도 있으며, 이것도 있고 저것도 있으며, 움직임도 있고 고요함도 있으며, 지금도 있고 예전도 있다. 이 같은 종류는 비록 하루의 힘을 다하고 한 해의 힘을 다하며, 세로로 말하고 가로로 말하며, 대충 말하고 자세하게 말한다 하더라도 다할 수 없는 것이다. 그렇다면 마음과 의념은 어떻게 변별되는가? 이 둘은 애초에 하나가 아니었던 것은 아니지만, 가리워진 것은 자연히 하나가 아니다. 하나는 마음이지만, 둘이면 의념이 된다. 곧은 것은 마음이지만, 갈라진 것은 의념이다. 통하는 것은 마음이지만, 막히는 것은 의념이다. 곧은 마음을 곧게 사용하면(直心直用),[197] 도모하거나 염려할 필요가 없으니(不識不知), 세태와 인정이 변화한들 어찌 지리하겠는가?[198]

‘의념’이란 본래 현실 의식 활동의 관념을 뜻하는 말이다. 그러나 양간이 일으키지 말도록 요구한 의념은 모든 의식이나 의념을 전반적으로 가리키는 것이 아니다. 그는 "주공이 우러러 생각하기를 밤낮으로 계속한 것은 의념이 아니다. 그리고 공자가 일에 임하여 두려워하고, 잘 도모해서 이룬 것도 의념이 아니다"[199]라고 말했으며, "공자가 빙그레 웃은 것은 즐거움이지 의념에 의해 움직인 것은 아니다. 공자가 ‘자로는 야만스럽구나’라고 말한 것도 노여움이지 의념에 의해 움직인 것은 아니다. 공자가 안연의 죽음을 서러워하며 통곡한 것도

---

197) ‘直心’이란 불교의 용어로서, 정직하여 아첨하거나 굽히지 않는 마음을 의미한다. 『維摩經』의 「佛國品」에서는 "直心是菩薩淨土"라고 말하고, 「菩薩品」에서는 "直心是道場"이라고 말하며, 『楞嚴經』에서는 "十方如來同一道, 故出離生死, 皆以直心"이라고 말하였다. 『維摩經』을 주석하면서, 僧肇는 "直心者, 謂質直無諂, 此心乃是萬行之本"이라고 말했고, 鳩摩羅什은 "直心, 誠實心也. 發心之始始於誠實"이라고 말했다. ‘不識不知’는 『詩經』 「大雅·文王之什·皇矣」에서 인용한 것으로, 아는 체하거나 꾀하지 않는다는 의미이다. 高誘가 주석한 『呂氏春秋』와 『淮南子』에서는 "不謀而當, 不慮而得"이라 하였고, 『詩經釋義』에서는 "도모하거나 염려하지 않으면서 오로지 상제의 법도를 따르기만 하면 된다"고 하였다——옮긴이 주.
198) 『宋元學案』 권74, 「絶四記」, 2476쪽, "何謂意? 微起焉, 皆謂之意; 微止焉, 皆謂之意. 意之爲狀, 不可勝窮, 有利有害, 有是有非, 有進有退, 有虛有實, 有多有寡, 有散有合, 有依有違, 有前有後, 有上有下, 有體有用, 有本有末, 有此有彼, 有動有靜, 有今有古. 若此之類, 雖窮日之力, 窮年之力, 縱說橫說, 廣說備說, 不可得而進. 然則心與意奚辨? 是二者未始不一, 蔽者自不一. 一則爲心, 二則爲意; 直則爲心, 支則爲意; 通則爲心, 阻則爲意. 直心直用, 不識不知, 變化云爲, 豈支豈離?"
199) 같은 책 권74, 「絶四記」, 2476쪽, "周公仰而思之, 夜以繼日, 非意也; 孔子臨事而懼, 好謀而成, 非意也"

슬픔이지 의념에 의해 움직인 것은 아니다"200)라고 말했다. 그는 주공과 공자의 사려나 감정이 모두 의념에 속하지 않으며, 의념에 의해 움직인 것도 아니라고 생각하였다. 그래서 그는 "의념을 일으키지 말라는 것이 일을 전혀 하지 말라는 뜻은 아니다. 일을 하되 이치에 합치시키면 되는 것이다. 하지만 사사로운 의념을 일으켜서는 안 된다"201)고 말하였다. 그러므로 양간이 말하는 '의념'의 의미 가운데 한 가지는, 사사로운 의념 즉 이기적인 것에서 출발한 각종 의념을 가리킨다.

'의념'이란 사사로운 의념 즉 일반적인 사심私心과 잡념을 의미할 뿐만 아니라, 이보다도 더 심층적인 의향意向 상태를 가리키는 관념이다. 기록에 따르면, 양간은 영종寧宗 황제와 '의념을 일으키지 말라'는 문제에 대해 논의한 적이 있다.

(양간이 황제를) 대면하여 "폐하께서는 그 마음이 곧 대도大道라고 자신하십니까"라고 아뢰자, 영종은 "그렇다"고 대답하였다. 이어서 "일상적인 생활에서는 어떻습니까"라고 묻자, 영종은 "단지 안정시킴을 배울 뿐이다"라고 답변하였다. 선생은 "안정은 배울 필요가 없습니다. 단지 의념을 일으키지만 않는다면 자연히 고요해지고 안정될 것이며, 옳고 그름과 현명함의 여부가 저절로 밝혀질 것입니다"라고 말하였다. 다른 날 선생이 "폐하께선 의념이 일어나지 않으니, 느끼시기에 크게 공허하신 듯합니까"라고 묻자, 영종은 "그렇다"고 대답하였다. 선생이 "현명함의 여부와 옳고 그름이 모두 밝게 비칩니까"라고 묻자, 영종은 "짐에게는 완전하게 비치고 있다"고 대답하였다.202)

---

200) 『慈湖遺書』 권2, 「臨安府學記」, "孔子莞爾而笑, 喜也, 非動乎意也. 曰'野哉由也', 怒也, 非動乎意也. 哭顔淵至於慟, 哀也, 非動乎意也."

201) 같은 책 권13, 「論中庸」, "不起意, 非謂都不理事, 凡作事只要合理, 若起私意則不可."

202) 『宋元學案』 권74, 「慈湖學案」, 2467쪽, "面奏: '陛下自信此心卽大道乎?' 寧宗曰: '然.' 問: '日用如何?' 寧宗曰: '止學定耳.' 先生謂: '定無用學, 但不起意, 自然靜定, 是非否自明.' 他日又言: '陛下意念不起, 已覺如太虛乎?' 寧宗曰: '是如此.' 問: '賢否是非歷歷照明否?' 寧宗曰: '朕已照破.'"

'의념을 일으키지 않는다'고 함은, 사사로운 의념이 발생하지 않은 상태에서 본심이 자연스럽게 유행하여 형성된, 옳고 그름에 대한 직접적인 명각明覺을 가리킬 뿐만 아니라 심경의 고요함과 안정, 즉 고요하면서 움직이지 않는 상태를 의미하기도 한다. 양간이 상을 당했을 때 체험했던 "애통할 때에도 고요하면서 움직이지 않았다"는 상태도 역시 심층적인 심경에서 의념이 일어나지 않았음을 뜻한다. 따라서 '의념을 일으키지 않는다'는 것은, 메말라 버린 목석처럼 사려 자체를 전혀 하지 말라는 뜻이 아니다. 그것은 심층적인 심경이 생각함도 없고, 행위함도 없으며, 고요하면서 움직이지 않는 상태임을 의미하는 것이다. 그러므로 그는 "의념과 사려가 일어나지 않는다면, 맑고 허명虛明함이 마치 해와 달과 같아서 생각함도 없고 행위함도 없지만 만물을 모두 비추게 된다"[203]고 말하였다. 여기에서 알 수 있듯이, "의념하지 말라"는 양간의 학설은 사람들에게 악을 없애고 선을 드러내도록 요구하는 것이었을 뿐만 아니라, 또한 사람들에게 움직임에서 안정 상태로 되돌아와 자신이 지향해 나갔던 "생각함도 없고 행위함도 없으며, 고요하면서 움직이지 않지만, 느껴서 마침내 천하의 리에 통한다"는 경지에 도달하도록 요구하는 것이었다.

3. 천지만물은 통하여 일체가 된다

양간은 28세 때, '반관反觀' 체험을 통해 "천지만물은 통하여 일체가 된다는 점을 깨달았다."(覺天地萬物通爲一體) 이 깨달음은 나중에 그의 주요한 철학 정신이 되었다. 신비한 체험을 근거로 하여 건립된 그의 철학은, 일반적으로 정호 등과 같은 사람들처럼 만물일체를 공언했을 뿐만 아니라 "우주가 바로 내 마음이며, 내 마음이 바로 우주이다"라는 육구연의 사상을 계승하기도 하였다. 그리하여 그는 '마음'을 모든 실재實在로 삼았고, 나와 모든 실재가 합하여 하나가

---

203) 『慈湖遺書』 권2, 「永嘉郡學永堂記」, "意慮不作, 澄然虛明, 如日如月, 無思無爲而萬物畢照."

된다고 생각했다. 이러한 그의 사상은 '심학' 체계 속에서도 특색 있는 형태이다.

양간이 마음에 부여했던 기본 규정의 하나는 "허명하고 바탕이 없다"(虛明無體)는 것이다. '허虛'는 자연스럽게 고요하고 안정된 상태를 말하며, '명明'은 구분하고 변별하는 기능을 뜻한다. 그리고 '바탕이 없다'(無體)고 함은 사유와 의식의 범위가 무제한적임을 의미하는 말로서, 사람은 그 안이 없을 정도로 아주 작은 물건까지도 사유할 수 있을 뿐만 아니라 그 밖이 없을 정도로 대단히 큰 물건까지도 사유할 수 있음을 뜻한다. 그는 "마음은 모두 허명하고 바탕이 없다. 바탕이 없으니 경계가 없고, 천지만물은 모두 나의 허명하고 바탕이 없는 것 안에 놓여 있다"[204]고 말하였다. 그는 더 나아가 마음의 작용 범위는 광대무변한 것이기에 마음의 본체 자체도 광대무변하다고 할 수 있으며, 마음과 우주를 동일한 것으로 말할 수 있다고 생각하였다. 이러한 의미에서 사계절은 마음 안에서 운행되고, 만물도 마음 안에서 발육되며, 바람과 비도 마음 안에서 생겨난다고 할 수 있다.

리학의 우주론적 의미에서 '역易'은 만물 변화의 총체로 이해된다. 양간은 의식과 우주의 모든 실재를 동일한 것으로 생각했기 때문에, 『주역』에 대한 그의 해석은 '자기'(己)로부터 출발한다. 그래서 그는 다음과 같이 말하였다.

역易이란 자기일 뿐이지 별다른 게 아니다. 역을 책으로만 여기고, 자기 자신으로 여기지 않는 태도는 잘못이다. 역을 천지의 변화로만 여길 뿐, 자기 자신의 변화로 생각지 않는 것도 잘못이다. 천지는 나의 천지이고, 변화는 나의 변화일 따름이며, 다른 것이 아니다.…… 맑고 밝은 것은 나의 맑고 밝음이고, 넓고 두터운 것도 나의 넓고 두터움일 따름인데, 사람들이 스스로 알지 못할 뿐이다. 사람들은 스스로 알지 못한 채 서로 지명하며 저것은 하늘이고 저것은 땅이라고 말한다. 마치 그것이 나의

204) 같은 책 권2, 같은 곳, "心皆虛明無體, 無體則無際畔, 天地萬物盡在吾虛明無體之中."

수족임을 모른 채 저것은 손이고 저것은 발이라고 말하는 것과 같다.…… 내가 나인 근거를 혈기와 형모로만 말하지 말라. 나의 성성은 맑고 밝아서 사물이 아니며, 분명한 경계가 없는 것이기에 측량할 수 없다. 하늘이란 내 성의 상징이고, 땅이란 내 성의 형상이다. 그러므로 "하늘에서는 상징을 이루고, 땅에서는 형상을 이룬다"고 하였다. 이 모두는 내가 행위하는 것이고, 혼융되어 내외가 없는 것이며, 관통되어 다름이 없는 것이다.205)

양간이 볼 때, 내 마음(의식)과 천지만물은 통하여 일체가 된다. '나' 혹은 '자기'는 광대무변하며 우주와 동일하다. 따라서 하늘과 땅은 '나'의 일부분에 불과하고, 우주의 다양한 변화도 '나'의 변화에 불과하다. 우주의 모든 현상은 '나'의 현상이라고 말할 수 있으므로, 하늘의 청명함은 실제로 '나'의 청명함이며, 땅의 넓고 두터움도 실제로 '나'의 넓고 두터움이다. 우주의 변화 과정인 '역'이 바로 '나'이므로, '나'는 피와 살을 지닌 몸으로서의 소아小我에 국한되지 않는다. 우주와 '나'는 혼융·관통하며, 무한한 신명과 묘용을 갖춘, 의식하는 '나'이다. 그가 제창했던 '의념하지 말라'는 공부 역시 궁극적으로는 이러한 혼융·관통의 경지로 향하게끔 이끌어야만 한다. 그가 볼 때, 오직 의념이 일어나지 않도록 해야지만 사람은 비로소 다음과 같은 경지를 체득할 수 있다. "이 마음은 바탕이 없고, 청명하고 경계가 없으며, 본래 천지와 같아서 그 범위는 내외가 없고, 발육시키는 데에도 한정된 경계가 없다."206)

개체적인 마음을 우주의 광대무변함과 동일시하는 양간의 '대아大我'(大己 또는 大心)설은, 일종의 체험과 경지를 표현한 것이며, 매우 높은 정신 경지에 도달

---

205) 『宋元學案』 권74, 「慈湖己易」, 2467~2468쪽, "易者, 己也, 非有他也. 以易爲書, 不以易爲己, 不可也. 以易爲天地之變化, 不以易爲己之變化, 不可也. 天地, 我之天地; 變化, 我之變化, 非他物也…… 清明者, 吾之清明; 博厚者, 吾之博厚, 而人不自知也. 人不自知, 而相與指名曰, 彼天也, 彼地也. 如不自知其爲我之手足, 而曰彼手也, 彼足也…… 夫所以爲我者, 毋曰血氣形貌而已也. 吾性澄然清明而非物, 吾性洞然無際而非量. 天者, 吾性中之象; 地者, 吾性中之形, 故曰'在天成象, 在地成形', 皆我之所爲也, 混融無內外, 貫通無異殊."
206) 같은 책 권74, 「絶四記」, 2477쪽, "此心無體, 清明無際, 本與天地同, 範圍無內外, 發育無疆界."

한 사람의 우주와 자아에 대한 견해를 표출한 것이다. 이는 결코 이성의 본체적 사유가 아니다. 이러한 학설에서 중시하는 점은, 우주의 본질이 정신인가 아닌가에 놓여 있는 것이 아니라 이러한 '대아'의 경지가 인생 체험에서 지니는 의의에 놓여 있다.

4.
명대 전기 리학의 발전

1. 조단

명대 전기는 주자학이 주도적 지위를 차지했던 시기다. 당시 리학을 대표했던 인물들로는 조단曹端과 설선薛瑄 그리고 호거인胡居仁 등을 들 수 있다. 일찍이 청대 사람들은 "명대 초기의 훌륭한 유학자(醇儒)로는 조단과 호거인 그리고 설선을 꼽는데, 조단은 설선과 호거인의 앞길을 열었다"[1]고 평하였다.

조단(1376~1434)은 자字가 정부正夫이고 호는 월천月川이다. 그는 하남성河南省 민지澠池 사람으로서, "영락永樂 무자戊子년에 시행한 향시에 급제하였고, 이듬 해에는 을방乙榜 일등으로 급제하여 산서성山西省 곽주학정霍州學正에 임명되었다."[2] 그는 곽주에서 이십여 년 동안 벼슬한 것 말고는 별다른 관직 활동을 하지 않았다. 그는 평생토록 윤회輪廻·화복禍福·무격巫覡·풍수風水 등의 주장을 믿지 않았으며, 불교와 도가를 달갑게 여기지 않았다. 그는 유가의 저작을 읽고 유가의 예를 밝히면서 다른 사람들을 권면하였고 힘써 실천하는 일을 학문의 중심으로 삼았으며, 리학의 형이상학적 발전에도 기여하였다.

---

1) 『四庫全書總目』 권29, "明初醇儒以端及胡居仁, 薛瑄爲最, 而端又開二人之先"
2) 『明儒學案』 권44, 「諸儒學案」 上 2, 1063쪽, "永樂戊子擧于鄕, 明年登乙榜第一, 授山西霍州學正"

1. 태극의 운동

조단은 주희의 사상을 계승하여 '태극'을 '리'로 파악하였다. 그는 "태극은 리의 다른 명칭에 불과하다. 천도의 건립은 리에 의한 것이며, 리학의 근원은 하늘에서 나왔다"[3]고 말했다. 그는 공자 이후의 많은 학자들이 태극을 기氣로 이해하고 기로 태극을 논함으로써, 태극의 본의가 밝혀지지 않았다고 생각하였다. 그는 주돈이의『태극도설』을 대단히 추앙하면서 "주돈이가 수천 년 동안 전해지지 않던 비밀을 풀어 주지 않았더라면, 과연 어느 누가 태극이 리이며 기가 아니라는 점을 알았겠는가"[4]라고 말했다.

『태극도설』에 관한 조단의 해석은 기본적으로 주희의 사상을 답습한 것이다. 그러나 그는 태극의 동정動靜 문제에 대해서는 주희와 다른 의견을 제시하였다. 그는 이렇게 말하였다.

『태극도설』에 관한 선현들의 해석은 본래 주돈이의 은미함과 심오함을 밝혀 후학들의 의혹을 풀어 주려 했던 것이다. 그런데 이로부터 서로 다른 학설들이 나오게 되었고, 한 사람의 학설 속에서도 상호 모순되는 내용이 생기게 되었다. "태극이 움직여 양을 낳고", "고요하면서 음을 낳는다"는 주돈이의 말은 음양의 생성이 태극 자체의 동정에서 비롯된다는 뜻이다. 이에 대한 주자의 해석은 매우 명확하고 완전하다. 그가 "태극이 있어 한 번 움직이고 한 번 고요하여 양의兩儀로 분화되고, 음양이 있어 한 번 변화하고 한 번 합하여 오행五行이 갖추어진다"고 말한 것에는 이견이 없다. 그런데「어록」을 살펴보면 "태극 자체는 동정하지 않고, 음양의 동정에 편승하여 동정할 따름이다"라고 말했으며, 나아가 "리가 기에 편승하는 것은 마치 사람이 말을 탈 때에 말이 나가고 들어감에 따라서 사람도 그와 함께 나가고 들어가는 것과 같다"고 말했다. 기는 한 번 움직이고 한 번 고요하기 때문에, 리도 그와

---

3)『周子全書』권5,「太極圖說述解序」(尙務印書館), 萬有文庫本, 79쪽, "太極, 理之別名耳, 天道之 立, 實理所爲; 理學之源, 實天所出."
4) 같은 책 권5,「太極圖說述解序」, 79쪽, "微周子啓千載不傳之秘, 則孰知太極之爲理而非氣也哉"

함께 한 번 움직이고 한 번 고요해진다는 사실을 비유한 말이다. 이러하다면 사람은 죽은 사람과 같아서 만물의 영장이 되기에 부족하고, 리도 죽은 리와 같아서 만물의 근원이 되기에 부족하다. 그런데 리가 어떻게 숭고하겠으며, 사람이 어떻게 존귀하겠는가? 만일 살아있는 사람이 말을 탄다면, 나감과 들어옴·행함과 그침·서두름과 느긋함 등은 모두 사람이 어떻게 말을 부리느냐에 달려 있을 것이다. 살아있는 리(活理)도 이와 마찬가지다.[5]

여기서 조단이 말한 『어록語錄』이란 주희의 어록을 가리킨다. 조단이 볼 때 주돈이의 『태극도설』이나 주희의 『태극해의太極解義』에서는 태극 자체가 동정하는 것으로 주장하고 있는 반면, 『주자어류朱子語類』에서는 태극 자체는 운동하지 못하고 다만 운동하는 기에 편승하여 동정할 뿐이라고 주장하고 있다. 이는 마치 사람이 말을 탈 때 그 자신은 결코 달리지 않으면서도 말의 질주에 따라 상대적인 운동을 하는 사실과 같다는 것이다.

조단은 사람이 말을 타는 것에다가 태극의 동정을 비유한 주희의 견해에 찬성하지 않았다. 그가 생각할 때 사람이 말을 타듯이 리가 기의 움직임에 편승할 뿐이라면, 리의 작용은 전혀 표현되지 못할 것이고, 리는 완전히 피동적인 존재로 전락하여 사물의 운동 과정에서 아무런 작용도 할 수 없는 존재가 되고 만다. 그는 사람이 말을 타는 비유를 들더라도 마땅히 산 사람이 말을 타는 경우와 죽은 사람이 말을 타는 경우를 구분해야 한다고 지적하였다. 죽은 사람이 말을 탄다면 그저 피동적으로 말 위에 앉아 말의 동정에 따라 동정할 수밖에 없겠지만, 산 사람이 말을 탄다면 주동적으로 말의 나아감과 멈춤을 부릴 수 있다는

---

5) 같은 책 권5, 「辨戾」, 86쪽, "先賢之解太極圖說, 固將以發明周子之微奧, 用釋後生之疑惑矣. 斯而有人各一說焉, 有一人之說而自相齟齬者焉, 且周子謂'太極動而生陽', '靜而生陰', 則陰陽之生, 由乎太極之動靜. 而朱子之解, 極明備矣, 其曰'有太極則一動一靜而兩儀分, 有陰陽則一變一合而五行具', 尤不異焉. 及觀語錄, 却謂'太極不自會動靜, 乘乎陰之動靜而有動靜耳', 遂謂'理之乘氣, 猶人之乘馬, 馬之一出一入, 而人亦與之一出一入', 以喩氣之一動一靜而理亦與之一動一靜. 若然, 則人爲死人, 而不足以爲萬物之靈, 理爲死理, 而不足以爲萬化之原. 理何足尙而人何足貴哉? 使活人乘馬, 則其出入行止疾徐, 一由乎人馭之何如耳. 活理亦然."

것이다. 그런데 주희는 이 두 상황을 엄밀하게 구분하지 않았다. 조단이 생각할 때, 사람이 말을 타는 경우에 대한 주희의 이해는 사실상 죽은 사람이 말을 타는 경우에 불과할 따름이다.

조단이 강조하려 했던 점은 사물의 운동에 대한 리(太極)의 능동적인 작용이다. 이러한 능동성은 결코 태극이 시공時空 안에서 기계적으로 위치를 변동한다는 의미가 아니다. 그가 이해한 리의 능동성이란 산 사람이 말을 타는 것과 유사하다. 리는 기 위에 편승하면서도 나아가 기를 주도하고 제어하는 작용도 한다. 따라서 조단이 "태극 자체는 동정하지 않는다"는 주희의 주장에 반대한 이유는, 태극 자체가 운동할 수 있다는 점을 주장하기 위해서가 아니라 기의 운동에 대해 태극이 동정의 소이연所以然으로서 능동적인 작용을 한다는 점을 돌출시키기 위해서였다. 조단의 말로 표현하자면 '죽은 리'(死理)를 '살아있는 리'(活理)로 변화시킨 것이다. 리학사에서 조단의 이러한 사상은 그 연유가 있다. 이정도 리를 기 동정의 소이연으로 규정했기 때문이다. 이처럼 내재적으로 기의 운동을 지배하고 있는 리는 결코 죽은 리가 아니다. 그러나 주희가 태극의 동정을 논하면서 사용했던 '편승'(乘載) 관념으로 리 또는 태극이 기 동정의 소이연이라는 사상을 반영해 낼 수 없다. 그러므로 주희의 이론이 지닌 문제에 대한 조단의 수정은 식견이 있는 것이었다.

2. 경敬과 즐거움

『명유학안明儒學案』에서는 조단이 "경에 근거하여 무욕을 체험했다"(立基於敬, 體驗於無欲)고 기록하면서 이 내용을 조단 학문의 종지로 삼았다. 조단은 확실히 '경敬'을 매우 중시하였다. 그가 말한 '경'은 정이가 말한 '경'과 유사하다. 그는 "우리가 행하는 모든 일은 경을 벗어나지 않는다",[6] "학자는 법도에 맞게

---

6) 『明儒學案』 권44, 「諸儒學案」 上 2, 1065쪽, "吾輩做事, 件件不離一敬字."

처신해야지, 추호도 함부로 행동해서는 안 된다",7) "성실함은 온갖 거짓을 해소하기에 충분하고 경은 온갖 사악함을 물리치기에 충분하다"8)고 말했다. 그리고 그는 "성인이 성인인 까닭은 오로지 근심하고 근면하며 두려워하고 힘쓰는 마음으로 언제나 조금도 나태하지 않기 때문이다"9)라고 말했다. 그가 말하는 '경'은 주로 인욕의 방해를 항상 경계하고 언제나 도덕 규범으로 자신을 제어함으로써, 안일한 마음이 추호도 생기지 않도록 하라는 뜻이다.

조단은 '주정主靜' 공부에 반대했다. 그는 경하면 자연히 고요해진다고 생각하였다. 그는 "예가 아닌 것을 보지 않는다면 마음은 저절로 고요해질 것"10)이라며, "움직이지 않는 것이 고요함이 아니라 경거망동하지 않는 것이 바로 고요함이다. 그래서 무욕하기 때문에 고요하다고 말한다. 이 경지에 이르면 고요할 때는 틀림없이 고요하고, 움직일 때에도 고요하게 된다"11)고 말했다. 이러한 견해는 밖으로는 함부로 행동하지 않고, 안으로는 멋대로 생각하지 않는 것을 경으로 규정하는 주장으로서, '경하면 자연히 고요해진다'는 정이의 사상을 계승한 것이다.

또 조단은 "매사를 모두 마음에서 공부하라. 이 공부가 바로 유학자가 되기 위한 중요한 방법이다"12)라고 강조하였다. 이처럼 그는 '마음을 다스리는 학문'(事心之學)을 중시하였다. 본체론적으로는 '태극'이 우주의 근원이지만 도덕 수양의 측면에서는 언제 어디서나 반드시 의식의 수양에 주의해야 한다. 조단은 모든 공부를 '마음'에서 행해야 한다고 명확히 주장하였다. 이러한 방법은 심학의 공부론과 상통하는 부분이 있다. 그래서 후대의 유종주劉宗周와 황종희

---

7) 같은 책 권44, 「諸儒學案」上 2, 1065쪽, "學者須要置身在法度之中, 一豪不可放肆."
8) 같은 책 권44, 「諸儒學案」上 2, 1065쪽, "一誠足以消萬僞, 一敬足以敵萬邪."
9) 같은 책 권44, 「諸儒學案」上 2, 1066쪽, "聖人之所以爲聖人, 只是這憂勤惕勵之心, 須臾毫忽不敢自逸."
10) 같은 책 권44, 「諸儒學案」上 2, 1065쪽, "非禮勿視, 則心自靜."
11) 같은 책 권44, 「諸儒學案」上 2, 1065쪽, "不是不動便是靜, 不妄動方是靜, 故曰無欲故靜. 到此地位, 靜固靜, 動亦靜也."
12) 같은 책 권44, 「諸儒學案」上 2, 1064쪽, "事事都于心上做工夫, 是入孔門底大路."

黃宗羲 등은 모두 그의 이러한 사상을 추앙하였다.

조단도 공자와 안연의 즐거움에 관한 문제를 논하였다. 그는 이렇게 말하였다.

> 공자와 안연이 즐긴 것은 바로 인仁이었다. 이 말은 인을 즐긴다는 뜻이 아니라 인 속에 이미 그 즐거움이 있다는 말이다. 공자는 인을 편안히 여겨서 즐거움이 그 속에 있었고, 안연은 인을 어기지 않으면서 그 즐거움을 바꾸지 않았다. 인을 편안하게 여김은 선천적이고 자연스러운 인이며, 즐거움이 그 속에 있음은 선천적이고 자연스러운 즐거움이다. 인을 어기지 않음은 인을 지키려는 것이며, 그 즐거움을 바꾸지 않음은 즐거움을 지키려는 것이다. 『논어』에서 "어진 사람은 근심하지 않는다"고 했다. 근심하지 않는다는 것이 즐거움이 아니고 무엇이겠는가? 주돈이와 정이 그리고 주희가 자세하게 설명하지 않은 이유는 학자들이 몸소 체득하기를 기대했기 때문이다.[13]

요컨대 공자와 안연의 즐거움이란 어진 사람의 즐거움이다. 이러한 즐거움은 결코 '인'을 대상으로 삼아 생기는 즐거움이 아니라, '인'의 경지가 자연스럽게 제공하는 즐거움이다. 우리는 정호와 정이가 공자와 안연이 즐거워한 것을 말할 때, 그 설명이 상세하지 않았음을 알고 있다. 정호는 단지 주돈이가 그에게 공자와 안연이 즐거워한 것을 찾으라고 가르친 사실만을 말했다. 정이 역시 즐거움은 도를 즐기는 것이 아니라고 말했을 뿐, 즐거움이 무엇을 즐거워하는 것인지 혹은 어떤 즐거움인지를 직접적으로 자세히 설명하지는 않았다. 왜냐하면 이러한 즐거움은 일종의 개인적인 체험이며, 이러한 체험을 언어로 분명하게 설명하기도 어렵기 때문이다. 조단은 공자와 안연의 즐거움을 '인' 속에 자연스

---

13) 같은 책 권44, 「諸儒學案」上 2, 1067쪽, "孔顔之樂者, 仁也. 非是樂這仁, 仁中自有其樂耳. 且孔子安仁而樂在其中, 顔子不違仁而不改其樂. 安仁者, 天然自有之仁; 而樂在其中者, 天然自有之樂也. 不違仁者, 守之仁; 而不改其樂者, 守之樂也. 語曰'仁者不憂', 不憂非樂而何? 周程朱子不直說破, 欲學者自得之."

럽게 들어 있는 즐거움으로 해석하였다. 이것은 정호의 '식인편' 사상과도 부합하며, 즐거움을 어떤 대상에 대한 즐거움으로 해석하는 데 반대했던 정이의 생각과도 일치한다. 이러한 사실은 조단이 이 문제를 비교적 심각하게 체험했음을 설명해 준다. 그는 이러한 즐거움을 매우 높은 정신 경지(仁)를 지닌 사람만이 가질 수 있는 일종의 심리 상태로 이해하였다. 이러한 이해는 이정에 비해 훨씬 명확한 것이다.

"공자와 안연이 즐거워한 것을 추구한다"는 말은 본래 도학이 창립된 초기에 사장과 훈고의 학문을 겨냥하여 사용했던 구호로서, 학문은 마땅히 화려한 문사文辭나 번잡한 훈고를 벗어나 정신의 자유와 발전을 추구해야 함을 뜻한다. 그러나 유가 문화의 궁극적 경향을 살펴볼 때, '즐거움'은 결코 정신 발전의 목표가 아니다. 즐거움은 단지 유학자가 최고의 인격적 경지(仁)에 도달하여 자연스럽게 갖게 되는 내심의 한 상태에 불과하다. 인은 즐거움을 포괄할 수 있지만, 즐거움은 인을 포용할 수 없다. 만약 정신의 화락과 기쁨을 평생토록 정신 발전의 유일한 목표로 생각한다면, 이는 여전히 안일을 좇는 동기를 전제하는 것이 되어, 궁극적으로 감성적인 쾌락을 추구하는 쾌락주의와 분명하게 구분되지 않는다. 또 불교나 도가와의 경계선도 분명치 못하게 될 것이다. 이러한 관점에서 볼 때 조단이 인의 본원성을 견지하면서 인을 유학 최고의 원만한 경지로서 견지한 점은 유가의 전통에 부합된다.

2. 설선

설선薛瑄(1389~1465)은 자가 덕온德溫이고 호는 경헌敬軒이며, 산서성山西省 하진河津 사람이다. 그는 영락 중엽에 진사 급제하였고, 선덕宣德 초기에 감찰어사監察御史를 제수받았으며, 나중에 호광湖廣 은장銀場의 감찰관으로 파견되었다. 그는 정통正統 초기에는 산동성의 제학첨사提學僉事를 역임하였고 또 대리 사소경大理寺小卿을 제수받았다. 거물급 관료 왕진王振에게 아첨하기를 거절하여 무고하게 하옥되었다가 사형에 처해질 뻔하였으나, 국경 수비를 맡으라는 황제의 어지御旨를 받고 풀려나 귀향하였다. 경태景泰 초기에는 남경의 대리사경大理寺卿에 임명되었다. 영종이 다시 즉위한 뒤에 승진하여 예부 우시랑右侍郎과 한림학사翰林學士를 겸직하였으며, 내각에도 들어갔다. 만년에는 관직을 사직하고 집안에만 머물렀다. 그는 임종할 때 "칠십육 년 동안 아무 일도 없더니, 이 마음이 비로소 성과 하늘이 서로 통함을 깨달았다"[14]고 말했다. 그는 뒷날 문청文淸이라는 시호를 받았다.

설선은 '실천하는 유학자'였다. 그는 항상 몸을 바로잡고 바른 일을 행하였다. 또 공과 사를 엄격하게 분별하였고 권력자들을 거스르는 일도 마다하지 않았으며, 공적인 일을 왜곡하여 사사로움을 추구하지도 않았다. 그의 학문도 정주가 제창한 '주경' 공부에서 시작한다. 그는 "나는 앉거나 서 있는 방향, 기물을 사용하고 정돈하는 일 등이 조금이라도 바르지 않으면 즐겁지 않았고, 반드시 바르게 한 뒤에야 그만두었다"[15]고 말했다. 그는 마음을 보존하고, 잃어버린 마음을 거두어들이는 공부에 주력하여, '주재함이 있는' 지경持敬을 실천하였으며 진지하게 자신의 행위를 점검하고 반성하였다. 그는 "나는 매번 마음속으로 '주인이 집에 있는가'라고 묻고, 저녁이 되면 '하루 동안 행한 일이 이치에 합당했는가'라고 스스로 반성한다"[16]고 했다. 또 그는 분노를 억제하는 일에도 힘써, "이십 년 동안이나 분노를 다스리려 했는데도 아직 완전히 없애지는 못하였다"[17]고 말했다. 이 모든 사실들은 설선이 독실한 실천 리학자였음을 보여 준다. 그의 주요 저작으로는 『독서록讀書錄』이 있다.

---

14) 같은 책 권7, 「河東學案」上, 110쪽, "七十六年無一事, 此心始覺性天通."
15) 같은 책 권7, 「河東學案」上, 116쪽, "余于坐立方向器用安頓之類, 稍有不正, 卽不樂, 必正而後已."
16) 『薛文淸公讀書錄』, 「省察」(商務印書館, 叢書集成初編本), 96쪽, "余每呼此心曰, '主人翁在室否?' 至夕必自省曰, '一日所爲之事合理否?'"
17) 『明儒學案』 권7, 「河東學案」上, 112쪽, "二十年治一怒字, 尙未消磨得盡."

1. 리기설

설선의 리학 사상은 조단의 영향을 받았다. 유종주는 "설문청 역시 선생(조단)의 학풍에 영향을 받아 일어섰다"[18]고 지적하였다. 설선은 주희의 리기관을 비판적으로 고찰한 조단의 학문을 계승하였다. 그러나 조단이 심혈을 기울여 태극 자체의 동정 여부를 논변한 것과는 달리, 리와 기에 관한 설선의 논변은 리가 기보다 앞서 존재하는지에 관한 문제에 집중되어 있다. 전체적으로 그의 사상은 여전히 '리본론理本論'의 입장을 벗어나지 못하고 있다. 하지만 그의 사상 경향은 후대의 '기본론氣本論'의 입장을 취하는 사상가들에게 어느 정도 영향을 주었다.

설선은 우선 "태극 자체는 동정하지 못한다"는 주희의 주장에 반대한 조단의 사상을 계승했다. 그는 이렇게 말하였다.

임천臨川의 오씨吳氏[19]는 "태극에는 동정이 없기 때문에, 주자는 태극도를 해석하면서 '태극에 동정이 있다고 함은 곧 천명이 유행한다는 뜻이다'라고 말했다. 이 말은 주돈이의 이론을 분석·해명한 것으로, 태극 자체를 동정으로 말하는 것은 부당하며, 단지 천명이 유행하기 때문에 동정으로 말할 수 있다는 의미이다"라고 하였다. 나는 천명이 바로 천도라고 생각한다. 천도는 태극이 아닌가? 천명이 유행한다면 어찌 태극에 동정이 없겠는가? 주자는 "태극이란 본래 그러한 오묘함이고 동정이란 태극이 편승하는 기틀이다"고 말했다. 그렇다면 동정은 비록 음양에 속하지만, 동정할 수 있게 하는 것은 태극이다. 만일 태극에게서 동정을 없앤다면 태극은 고적枯寂한 무용지물이 되고 말 것이다. 어떻게 조화의 중추가 되고 만물의 근거가 될 수 있겠는가? 이러한 사실로 살펴볼 때 태극이 동정할 수 있음은 분명하다.[20]

---

18) 같은 책 권1, 「師說」, 2쪽, "薛文清亦聞先生之風而起者."

19) 元代의 리학자 吳澄을 말한다——옮긴이 주.

20) 『周子全書』 권6 (萬有文庫本), 94쪽, "臨川吳氏曰, '太極無動靜, 故朱子釋太極圖曰, 太極之有動靜, 是天命之流行也, 此是爲周子分解, 太極不當言動靜, 以天命有流行, 故只得以動靜言.' 竊謂天命卽天道也, 天道非太極乎? 天命旣有流行, 太極豈無動靜乎? 朱子曰'太極者本然之妙也, 動靜

조단은 일찍이 리가 기에 편승하는 점을 사람이 말을 타는 것에 비유한 주희의 이해 속에서 리는 죽은 리에 불과할 뿐이라고 지적하였다. 설선도 만약 태극에 동정이 없다면 태극은 '고적한 무용지물'이 될 뿐, 만물이 운동 변화하는 근거가 될 수 없을 것이라고 생각하였다. 그래서 설선은 조단의 입장과 유사하게 "태극은 동정할 수 있다"고 주장하였다.

산 사람이 말을 타는 것과 유사하다고 이해한 조단의 '살아있는 리'와 "태극에 동정이 있다"는 설선의 말이 의미하는 것은, 결코 이들이 태극 자체가 시공 속에서 독립적으로 위치 이동할 수 있다는 점을 긍정했다는 뜻은 아니다. 조단은 리가 기를 주도하고 제어하는 작용을 부각시켰고, 설선은 태극이 운동의 내재적 근거이자 동인임을 강조하였다. 고대 철학자 아리스토텔레스는 일찍이 '원동자原動者'(不動的動者) 개념을 제기하였다. '원동자'란 운동을 일으키는 동인 자체는 움직이지 않는다는 뜻이다. 그러나 조단이나 설선과 같은 리학자가 생각할 때, 태극(理)은 이미 동정을 일으키는 것 즉 음양 두 기를 운동 변화시키는 근거이자 그것을 제어하는 것이다. 이런 의미에서 리는 능동적이다. 이러한 능동성을 긍정하기 위해서는 반드시 태극이 동정할 수 있다고 말해야 한다.

"천지가 있기 전에 필경 그 리가 먼저 존재하였다"(未有天地之先, 畢竟先有此理)는 등 "리가 기보다 앞서 존재한다"(理在氣先)는 주희의 주장에 대해서도 설선은 이견을 제기하였다. 그는 다음과 같이 말하였다.

어떤 사람은 "천지가 있기 전에 필경 그 리가 먼저 존재하였다"고 말한다.…… 내가 생각할 때 리와 기는 선후를 구분할 수 없다. 천지가 생기기 전에 천지의 기는 형성되지 않았더라도, 천지를 이루는 근거로서 기는 혼연한 상태로 끊기거나 멈추지 않으며, 리는 기 속에 함유되어 있다.[21]

者所乘之機也', 是則動靜雖屬陰陽, 而所以能動靜者, 實太極爲之也. 使太極無動靜, 則爲枯寂無用之物, 又焉能爲造化之樞紐, 品滙之根柢乎? 以是觀之, 則太極能爲動靜也明矣."
[21] 『讀書續錄』 권3, "或言'未有天地之先, 畢竟先有此理'……, 竊謂氣不可分先后, 蓋未有天地之先, 天地之氣雖未成, 而所以爲天地之氣, 則渾渾乎未嘗間斷止息, 而理涵乎氣之中也."

천지가 형성되기 전에도 천지를 구성하는 기는 이미 존재하고 있다. 이처럼 천지를 구성할 수 있는 기는, 천지를 구성하기 전에는 혼연한 상태로서 아직 나뉘어 있지 않으나 결코 소멸된 적이 없으며, 혼연한 상태로 아직 나뉘지 않은 기는 이미 리를 함유하고 있다. 천지는 유한한 형체이다. 따라서 천지가 생기기 전으로 거슬러 올라간다면 리만 존재하는 것이 아니라 기도 존재하고 있다. 그러므로 '천지가 생기기 전'을 기준으로 리가 기보다 앞서 존재한다는 점을 증명하려는 것은 부당하다.

호굉과 같은 사람들이 이미 오래전에 지적했듯이, 우리가 생활하고 있는 이 천지의 형성과 시작은 우주가 변화 발전하는 전 과정에서 한 단계에 불과하다. 이러한 천지의 시작은 결코 우주의 시작을 의미하지 않는다. 설선이 생각하기에도 천지는 부단히 형성되고 파괴되며 또다시 형성된다. 기의 존재도 우주와 마찬가지로 영원하다. 그는 이렇게 말한다.

이 천지의 시작은 바로 앞 천지의 종말이다. 비록 천지는 뒤섞여 하나이지만 기는 운동을 멈춘 적이 없다. 다만 수렴하여 적막하게 하는 죽임(翕寂之殺)은 마치 사계절 중에서 겨울의 덕(貞)과 같으니, 바로 고요함의 극치이다. 고요함의 극한 중에는 이미 움직임의 단서가 싹트고 있으니, 이것이 이른바 "태극이 움직여 양을 낳는다"는 말이다.…… 원래 바로 앞 천지가 끝나는 고요함 속에 이미 태극은 구비되어 있다. 천지가 처음 움직이기 시작할 때 태극은 이미 운행하고 있는 것이다. 그러므로 태극은 어느 때는 고요함 속에, 어느 때는 움직임 속에 존재한다. 기와 뒤섞이지도 않지만 기를 떠나지도 않는다. 그런데 태극이 기보다 앞서 존재한다면 기에는 단절이 있는 것이고, 태극은 허공에 매달린 또 다른 사물이 되어 기를 낳을 것이다. 그렇다면 어떻게 "동정에는 끝이 없고", "음양에는 시작이 없다"고 말하겠는가?22)

22) 『薛文淸讀書錄』 권4, 「天地」 (叢書集成初編本), 68쪽, "今天地之始, 卽前天地之終也. 雖天地混合爲一, 而氣則未嘗有息. 但翕寂之殺, 猶四時之貞, 乃靜之極耳. 至靜之中, 而動之端已萌, 卽所謂太極動而生陽也…… 原夫前天地之終靜, 而太極已具, 今天地之始動, 而太極已行. 是則太極或在靜中, 或在動中, 雖不雜乎氣, 亦不離乎氣也, 若以太極在氣先, 則是氣有斷絶, 而太極別爲一

설선이 생각할 때 음양이 태극에서 생성돼 나온다면 우주의 어떤 시점에 기가 없음을 인정하는 셈이 된다. 리가 기를 생성한다면 기는 영원하지 못하고 생멸하게 된다. 이러한 견해는 "음양에는 시작이 없다"는 정이의 사상과 모순된다. 설선이 생각할 때 기와 그 운동은 우주의 영원한 과정 가운데 한 부분에 해당하며, 기의 운동에는 상대적인 정지와 뚜렷한 변화라는 서로 다른 단계가 있을 수 있다. 그렇지만 기가 어떠한 운동 상태에 있든지 간에 리는 언제나 기 속에 존재한다. 그래서 그는 "리는 기 속에 존재한다. 리와 기는 절대로 선후를 구분할 수 없다. '태극이 움직여 양을 낳는다'는 말처럼, 움직이기 전에는 고요하며 고요함은 곧 기다. 리와 기를 두고 어떻게 선후를 논하겠는가"[23]라고 강조하였다.

또 설선은 리는 형체가 없지만 기는 형체가 있다고 생각하였다. "형체가 있는 것은 취산聚散을 말할 수 있지만, 형체가 없는 것은 취산을 말할 수 없다."[24] 즉 기에는 취산 운동이 있지만 리에 대해서는 취산을 논할 수 없다는 것이다. 기에 취산 운동이 있다는 사상은, 우주가 변화 발전하는 어떤 단계에서도 기가 항상 존재한다는 생각이며, 거시적인 입장에서 기는 영원하다는 생각이다. 그러나 전체적인 기의 영원성이 바로 개별적인 기의 생멸을 부정하는 것은 아니다. 다시 말해서 우주의 과정이란 새로운 기가 부단히 생성되고 묵은 기가 부단히 소멸하는 과정이다. 부분적으로 볼 때 개별적인 기에는 생성과 소멸이 있지만, 전체적으로 볼 때 우주에는 기가 영원히 존재한다. 리는 기와 달리, 구체적이지도 않고 형체를 지닌 존재도 아니다. 따라서 취산이나 생멸의 관념을 리에 적용할 수 없다. 설선은 "리는 형체가 없는데 어찌 소멸이 있겠는가"[25]라며, "취산하는 것은 기이다. 리는 단지 기 속에 머물러 있을 따름이지, 응결되어

懸空之物而能生夫氣矣, 是豈動靜無端, 陰陽無始之謂乎."
23) 『明儒學案』 권7, 「河東學案」 上, 118쪽, "理只在氣中, 決不可分先后. 如太極動而生陽, 動前是靜, 靜便是氣, 豈可說理氣而先后也."
24) 같은 책 권7, 「河東學案」 上, 119쪽, "有形者可以聚散言, 無形者不可以聚散言."
25) 같은 책 권7, 「河東學案」 上, 118쪽, "理旣無形, 安得有盡."

스스로 하나의 물체를 이루는 것이 아니다"26)라고 하였다. 리는 구체적인 존재
가 아니라 절대적으로 영원한 것이다.

설선의 사상은 리학의 리기론이 지닌 몇몇 모순점을 그대로 드러내고 있다.
그는 리가 기보다 앞서 존재한다는 사상에 반대하기 위해서, "사방과 상하, 과
거부터 현재까지 이 실리實理와 실기實氣가 있을 따름이어서 추호의 틈도 없고
한순간의 단절도 없다"27)고 하였고, 리와 기는 늘 결합돼 있기에 벌어진 틈이
없다고 강조하였다. 그러나 '기에는 취산이 있지만 리에는 취산이 없다'는 설명
에 근거할 때, 만일 어떤 기가 모였다가 흩어져 마침내 소멸한다면, 원래 그
기 속에 머물면서 그 기와 조금의 틈도 없이 밀착돼 있던 리는 취산하지 않기
때문에 필연적으로 흩어지는 기와 떨어질 수밖에 없을 것이다. 그렇다면 "추호
의 틈도 없다"는 말은 성립되기 어렵다. 설선이 제시한 리기설 중의 이러한 모
순은, 그의 선배 리학자들과 마찬가지로 리를 기 속에 있는 하나의 실체로 이해
했기 때문에 빚어진 것이다. 이런 까닭에 뒷날 나흠순羅欽順은 설선을 비판하였
다.

설선은 "햇빛은 새의 등에 실린다"는 비유를 제시하며, 기에는 취산이 있지
만 리에는 취산이 없음을 설명했다.

리는 햇빛과 같고 기는 나는 새와 같다. 리가 기의 기틀을 타고 움직이는 것은 마치
햇빛이 새의 등에 실려 나는 것과 같다. 새가 날아갈 때 햇빛은 새의 등에서 떠나지
않지만, 실제로 햇빛은 새와 함께 날아가지도 않고 단절된 적도 없다. 이와 마찬가지
로 기가 움직일 때 리는 잠시도 기에서 떨어진 적이 없지만, 실제로 리는 기와 함께
소진되지도 않고 사라진 적도 없다. 기에는 취산이 있지만 리에는 그것이 없음을
여기서 알 수 있다.28)

---

26) 같은 책 권7, 「河東學案」 上, 118쪽, "聚散者氣也, 若理只泊在氣上, 初不是凝結自爲一物."
27) 같은 책 권7, 「河東學案」 上, 122쪽, "四方上下, 往來古今, 實理實氣, 無絲毫之空隙, 無一息之間
斷."
28) 같은 책 권7, 「河東學案」 上, 119쪽, "理如日光, 氣如飛鳥, 理乘氣機而動, 如日光載鳥背而飛, 鳥

그는 또 이렇게 말하였다.

리는 해와 달의 빛과 같다. 크고 작은 사물들은 각기 그 빛의 일부분을 얻는다. 사물이 존재하면 빛은 그 사물에 머물고, 사물이 소멸하면 빛은 빛 자체에 머문다.[29]

리학이 표현하고자 하는 사상에 비추어 보면, 설선의 이 비유는 매우 큰 결함을 지니고 있다. 리를 햇빛으로 비유하고 기를 나는 새로 비유한다면, 리는 완전히 기의 외부에 존재하는 특수한 실체가 될 뿐만 아니라, 리기의 동정에 관해 말할 때에도 '동정할 수 있게 하는' 리의 특징을 제대로 드러낼 수 없다. 물론 설선 자신이 이러한 비유를 통해 리기의 모든 관계를 다 설명하려 했던 것은 아니다. 그는 리기의 취산 관계만을 설명하는 데 치중하였다. 그러나 만일 새의 비행 운동으로 기의 취산 변화를 표현하자면, 새의 어느 한 부분을 비추는 빛과 다른 부분을 비추는 빛은 모두 태양으로부터 나오는 빛이라 하더라도 결코 동일한 빛이 아니다. 따라서 기의 운동 변화에 따라 기 속에 있는 리도 부단히 변화한다.

주희는 사람이 말을 타는 것으로 리가 기에 편승함을 비유하면서, 리 자체는 단지 상대적인 운동만을 지닌다고 해석하였다. 이러한 주희의 해석과 비교할 때, 설선의 견해는 확실히 주희와는 다르다. 설선에게는 말 위에 타고서 그 말의 움직임에 따라 움직이는 사람(理)이란 있을 수 없다. 햇빛은 절대로 움직이지 않는다. 취산의 관점에서 설선은 새의 '비행'으로 기의 '흩어짐'을 비유하였고, 햇빛은 결코 새의 운동에 따라 운동하지 않는다는 사실을 들어 리는 결코 기의 흩어짐에 따라 흩어지지 않는다는 점을 설명하였다. 그런데 기가 흩어지고 나

飛而日光雖不離其背, 實未嘗與之俱往而有間斷處. 亦猶氣動而理雖未嘗與之暫離, 實未嘗與之俱盡而有滅息之時. 氣有聚散, 理無聚散, 于此可見"

29) 같은 책 권7, 「河東學案」上, 119쪽, "理如日月之光. 大小之物各得其光之一分, 物在則光在物, 物盡則光在光"

면 원래 기 속에 머물던 리는 어떻게 되는가? "사물이 존재하면 빛은 그 사물에 머물고, 사물이 소멸하면 빛은 빛 자체에 머문다"는 설명에 비추어 볼 때, 사물의 기가 소멸되면 원래 그 사물과 그 기에 머물던 리는 의지할 곳 없는 리가 되고 만다. 이 입장은 "리는 단지 기 속에 머무는 것이며, 본래 응결되어 스스로 하나의 물체를 이루는 것은 아니다"라는 자기 자신의 설명을 부정하는 격이 된다. 리는 영원한 것이고 움직이지 않는 것이다. 하지만 기는 부분적으로 그리고 미시적으로 생멸하는 것이다. 따라서 리와 기는 주돈이가 말했던 '묘합妙合'의 수준에는 이르지 못한다.

물론 어떤 의미에서 설선이 리를 햇빛에 비유한 까닭을 납득할 수도 있다. 그는 비추지 않는 곳이 없는 햇빛을 들어, 우주를 가득히 채우면서도 구체적인 형체를 지니지 않는 '리' 개념에다 비유하였다. 이러한 비유에 꿰맞추자면 기는 단지 흘러다니며 취산하는 구름 정도로 비유될 수밖에 없다. 그러나 리학에서는 어떤 비유를 사용하든지 간에 해결하기 어려운 문제가 있다. 그것은 바로 리는 영원하고 보편적인 실체여서 리가 기와 결합할 때 리는 기 속에 있지만, 기가 소멸하면 리는 다시 영원하고 보편적인 실체 자체로 돌아간다는 모순이다. 구성론 자체의 이러한 난점 이외에도, 이러한 구성론은 리학의 또 다른 입장 즉 리는 마땅히 사물의 운동을 지배하는 소이연이어야 한다는 이론과도 조화를 이룰 수 없다. 왜냐하면 햇빛과 같이 천지를 가득 채운 리가 어떻게 일정한 기물氣物 안에 품부되어 일종의 능동 작용을 지닌 '소이연'으로 전화될 수 있느냐는 문제에 대해서 리학은 아무런 설명도 해주지 못하기 때문이다.

2. 격물궁리론

설선은 궁리窮理의 문제에 대해 상세히 논하였다. 그는 "천지만물을 통틀어 말한다면 하나의 리(一理)이고, 천지만물이 각각 하나의 리를 갖는 것이 분수分殊이다"[30]라고 말했다. 『독서록讀書錄』의 「물리物理」편에서 각종 사물의 리를 논하면서, 그는 리학에서 격물을 실천하는 모습을 아주 상세하게 표현하고 있다.

설선은 "천지간의 모든 사물은 각각 그 리를 갖는다. 리란 그 안에서 맥락과 조리가 그 나름대로 합당한 것이다"[31]라고 말했다. 크게는 천지와 사계절, 작게는 새와 곤충·초목에 이르기까지 어느 것 하나 '합당한 리'를 갖추지 않은 게 없다. 인간 자신이 지닌 본성과 사회의 각종 규범 역시 합당한 리이다. 그래서 그는 '그렇게 합당한 것이 바로 리'라고 말했다. 설선의 이러한 이해는 천지만물이 지닌 각종의 구체적 사물의 리가 리의 함의라는 점을 배제하지 않는다. 하지만 그가 '합당'으로서 리를 규정한 점은 '당연'과 '규범'의 색채를 비교적 강하게 띠고 있다. 마땅한지 여부는 사회 규범에 관한 문제이다. 자연계의 규율은 스스로 그러하기 때문에, 존재론적인 의미에서 마땅한지의 여부가 문제되지 않는다. 이렇게 볼 때 설선의 정의는 그가 인륜으로서의 리를 더욱 중요시했음을 보여 준다. 그는 "임금의 인자함, 신하의 공경함, 아버지의 자애로움, 자식의 효성스러움 등은 모두 사물의 리이다. 여기에서 각기 그 마땅함을 얻는 것이 바로 사물의 의로움에 머무는 것이다"[32]라고 강조하였다.

격물궁리의 문제에서, 설선은 사람의 리도 궁구해야 하고 사물의 리도 궁구해야 한다고 강조하였다. 그는 "궁리란 사람과 사물의 리를 궁구하는 것이다. 사람의 리에는 선을 베풀고 상도常道를 지키고자 하는 본성이 있고, 사물의 리에는 수·화·목·금·토의 본성이 있으며, 나아가 만물과 만사에도 모두 당연한 리가 있다. 모든 리에 대해 그 지극한 것까지 궁구하지 않음이 없고 추호의 의심도 없게 하는 것이 궁리이다"[33]라고 말했다. 선을 베풀고 상도를 지키는

---

30) 『薛文淸公讀書錄』 권3, 37쪽, "統天地萬物言之, 一理也. 天地萬物各有一理, 分殊也."
31) 같은 책 권6, 102쪽, "天地之間, 物各有理. 理者, 其中脈絡條理合當如此者是也."
32) 같은 책 권6, 99쪽, "如君之仁, 臣之敬, 父之慈, 子之孝之類, 皆在物之理也. 于此處之各得其宜, 乃處物之義也."
33) 같은 책 권1, 11쪽, "窮理者, 窮人物之理也. 人之理則有降衷秉彝之性, 物之理則有水火木金土之性, 以至萬物萬事皆有當然之理. 于衆理莫不窮究其極而無一毫之疑, 所謂窮理也."

본성은 인간이 품부받은 천명지성天命之性을 가리킨다. 그는 궁리란 사람과 사물의 리를 철저히 궁구하는 것이라고 생각하였다. 그는 또 이렇게 말하였다.

격물格物이 포괄하는 범주는 매우 넓다. 사람 자신부터 말한다면 귀·눈·코·몸·마음이 모두 물物이다. 귀는 마땅히 그 총명함의 리를 궁구해야 할 것이고, 눈은 마땅히 그 밝음의 리를 궁구해야 하며…… 나아가 천지만물에 이르기까지 모두가 사물이다. 천지라면 당연히 그 강건함과 유순함의 리를 궁구해야 하고, 인륜이라면 마땅히 그 충·효·인·경·지·신의 리를 궁구해야 하며, 귀신이라면 마땅히 그 굴신屈伸 변화의 리를 궁구해야 하고, 나아가 초목·금수·곤충 들에서도 그 각각이 지닌 리를 궁구해야 한다. 더 나아가 성현의 문헌·육례의 문채(文)·역대의 정치에 이르기까지 모든 것이 사물이다. 이 또한 마땅히 각각 그 의리의 정조精粗와 본말本末을 추구하여야 한다. 이 모든 것이 격물이다.[34]

설선은 격물의 범주에 관한 주희의 사상을 계승하였다. 그는 격물의 '물物'이란 인륜의 일상적인 것들에서부터 천지와 귀신의 변화에 이르기까지 광범위한 범주 안의 객관 대상을 포괄하는 것이라고 그 의미를 넓혔을 뿐만 아니라, 나아가 '물'은 성현의 문헌까지도 포함한다고 명확하게 지적하였다. 사실상 리학에서 말하는 일상적인 것에서 귀신의 변화에 이르기까지의 '리'란, 주로 성현의 문헌에 대한 독해를 통해서 '궁구'된다. 이런 까닭에 리학은 지식론적인 경향을 분명히 지니고 있으며, '궁리'는 실험적 수단을 통해 실제적이며 실천적인 연구에 종사하는 것이 아니라 주로 천지와 초목 등에 관해 이미 가지고 있는 지식을 종합하고 학습하는 것이다. 그래서 설선은 "치지격물은 독서를 통해 얻는 것이 많다"[35]고 말한다.

---

34) 같은 책 권2, 20쪽, "格物所包者廣, 自一身言之, 耳目口鼻身心皆物也, 如耳則當格其聰之理, 目則當格其明之理…… 推而至于天地萬物皆物也, 天地則當格其健順之理, 人倫則當格其忠孝仁敬智信之理, 鬼神則當格其屈伸變化之理, 以至草木鳥獸昆蟲則當格其各具之理. 又推而至于聖賢之書, 六藝之文, 歷代之政治, 皆所謂物也, 又當各求其義理精粗本末是非得失, 皆所謂格物也"

설선의 격물론에 관해서 마땅히 지적해야 할 점이 또 하나 있다. 그것은 그가 리의 객관적 속성을 대단히 강조했다는 점이다. 그는 "성인은 그 리로 사물에 응하지만, 그 실리實理는 사물 안에 있다. 리와 사물은 원래 바뀌지 않는다"36)고 했으며, "성인이 사람을 다스릴 때 자신의 도리를 그들에게 나누어 주는 것이 아니라, 단지 그들의 도리가 그들에게 부여된 것일 뿐이다"37)라고 말했다. 나중에 왕수인은 "격물이란 내 마음의 리로 사물을 바로잡는 것이고, 모든 사물은 이로부터 각각 그 리를 얻는다"고 지적하였다. 그러므로 그가 볼 때의 격물의 과정은 본심의 리가 실천을 통해 사물에 부여되는 과정이다. 그러나 설선은 주자학의 입장에서 인간의 실천은 결코 주체가 갖고 있는 것을 객관에 부여하는 것이 아님을 강조하였다. 리는 객체 자체가 지닌 것이고, 인간은 사물이 각각 그 고유한 리에 따라 존재하도록 힘쓸 뿐이다.

3. 심성 공부

설선은 수양은 "리로 기를 제어해야 한다"고 주장하였다. 그는 "성性은 순수한 리여서 선은 있지만 악은 없다. 마음은 기와 뒤섞이기 때문에 선악이 없을 수 없다"38)고 생각했다. 그가 생각할 때 사람의 지각과 의식 활동은 일종의 기 활동이며, 기 안에는 리가 있다. 성인은 리로 기를 주재하고 도덕 의리로 의식 활동을 주재하기 때문에, 지각 활동은 당연함에 부합한다. 보통 사람들은 기가 하는 대로 따르는데, 기의 작용이 리의 작용을 누르게 되어 지각 활동은 종종 규범을 벗어난다. 설선은 "기는 강하고 리는 약하다. 어두움과 밝음 그리고 선과 악은 모두 기의 행위를 따르기 때문에 리가 제어할 수 없다. 어떤 때는

---

35) 『明儒學案』 권7, 「河東學案」 上, 124쪽, "致知格物, 于讀書得之者多."
36) 같은 책 권7, 「河東學案」 上, 120쪽, "聖人應物, 雖以此理應之, 其實理只在彼物上, 彼此元不易也."
37) 같은 책 권7, 「河東學案」 上, 120쪽, "聖人治人, 不是將自己道理分散與人, 只是物各付物."
38) 『薛文清公讀書錄』 권5, 80쪽, "性純是理, 故有善而無惡. 心雜乎氣. 故不能無善惡."

리가 드러나기도 하지만, 또다시 기에 의해 가려져 결국에는 오래도록 통하지 못한다. 학문이란 이처럼 아름답지 못한 기질을 변화시켜 리가 늘 드러나고 유행하도록 하는 것일 뿐이다"39)라고 말했다. 여기에서 말하는 기는 하나의 구성 성분 개념일 뿐만 아니라 일종의 정서 또는 욕망 활동이기도 하다. 그리고 리는 성리性理 개념이기도 하고 이성 혹은 도덕 의식 개념이기도 하다. 사람의 수양이란 곧 리(도덕 이성)로써 기(지각 활동)을 제약하는 것이다. 설선은 주희가 말한 '심통성정心統性情'이 심성론의 명제일 뿐만 아니라 공부론의 명제이기도 하다고 생각하였다. 그는 이렇게 말하였다.

'심통성정'의 고요함은 기가 아직 일삼지 않은 상태이므로, 마음이 바르면 성 또한 선할 것이다. '심통성정'의 움직임은 기가 이미 일삼은 상태이므로 마음이 바르면 정情 또한 바르겠지만, 마음이 바르지 않으면 정 또한 바르지 않을 것이다.40)

'심통성정'의 고요함이란 의식이 고요한 상태에 있을 때 즉 감정과 욕망이 아직 발동하지 않았을(기가 아직 일삼지 않은) 때, 마음의 '바름'(正)을 유지하여 성性이 아무런 방해없이 그 본연의 선을 지킬 수 있도록 한다는 의미이다. 그리고 "기가 이미 일삼은 상태라면" 즉 감정과 욕망이 발동한 때라면, 의식의 상태는 고요함에서 움직임으로 변하게 되고, 이같은 움직임의 상태에서 마음의 '바름'을 유지함으로써 감정을 규제하고 인도하여 잘못이 생기지 않도록 할 수 있다. 여기에서 '기가 아직 일삼지 않은 상태'와 '기가 이미 일삼은 상태'란 미발과 이발의 범주에 가깝지만, 이 때의 기는 주로 감정이나 정서를 가리킨다. 주희가 제기한 '심통성정'의 명제도 본래 심성의 구조 관계만을 설명하려 했던 것이

---

39) 같은 책 권5, 83쪽, "氣強理弱, 故昏明善惡皆隨氣之所爲, 而理有不得制焉. 至或理有時而發見, 隨復爲氣所掩, 終不能長久開通. 所謂爲學者, 正欲變此不美之氣質, 使理常發見流行耳."

40) 같은 책 권5, 80쪽, "心統性情之靜, 氣未用事, 心正則性亦善; 心統性情之動, 氣已用事, 心正則情亦正, 心有不正則情亦不正矣."

아니라, 마음이 성정을 주재한다는 사상을 그 속에 포함시켜 서로 다른 의식 상태에서의 마음의 주재 작용도 설명하고자 했던 것이다. 설선은 마음이 성정을 주재한다는 뜻으로 '심통성정'을 해석하려고 치중하였다. 이 점을 명확히 할 때 명대 주자학에서 실천을 중시한 경향도 드러낼 수 있다.

'마음이 바르다'(心正)는 말은 공부의 측면에서 '경敬'에 해당하기도 한다. 설선은 "고요할 때 경함으로써 희노애락이 아직 발현되지 않은 중中을 함양하고, 움직일 때 경함으로써 희노애락이 이미 발현된 화和를 성찰한다. 이것이 학문의 요체이다"[41]라고 말했다. 설선은 '경'을 매우 중시하였다. 그는 주희의 견해를 계승하여 몸과 마음을 수렴하는 것이 바로 거경居敬이며, 의리를 탐색하는 것이 곧 궁리라고 생각하였다. 그래서 "거경으로 근본을 세우고, 궁리로 용용에 도달한다"[42]고 주장하였다. 동정動靜 공부에서 어떻게 주경主敬할 것인가에 관해, 그는 "배움은 경을 근본으로 삼는다"[43]며, "고요하지 않으면 마음이 어지러워지니, 무엇으로 마음의 안정을 얻을 것인가"[44]라고 제기하였다. 여기에서 말하는 고요함이란 바로 "기가 아직 일삼지 않은" 때의 경의 함양이다. 또 그는 움직일 때의 성찰을 중시하였다. 그는 "학문을 한다는 것은 언제 어디서든지 공부한다는 말이다. 아주 비루한 것일지라도 마땅히 조심하고 두려워하는 마음을 보존해야지 소홀히 해서는 안 된다. 잠자리에 들 때에도 손과 발을 함부로 해서는 안 되고, 마음속으로 아무렇게나 생각해서도 안 된다. 이것이 바로 잠잘 때 행하는 공부이다"[45]라고 말했다. 그의 거경 공부는 정이보다도 더 엄격한 것 같다. 설선은 "천고의 성현들의 학문이란 오직 사람들에게 천리를 보존하고 인욕을 막게 하려는 것일 뿐이었다"[46]라고 생각했기 때문에, 사람의 수양 공부는 단절

---

41) 같은 책 권2, 22쪽, "靜而敬, 以涵養喜怒哀樂未發之中; 動而敬, 以省察喜怒哀樂已發之和. 此爲學之切要也."
42) 같은 책 권5, 88쪽, "居敬以立本, 窮理以達用."
43) 같은 책 권5, 82쪽, "學以敬爲本"
44) 같은 책 권5, 81쪽, "不靜則心旣雜亂, 何由有得?"
45) 같은 책 권5, 82쪽, "爲學時時處處是做工夫處, 雖至鄙至陋處皆當存謹畏之心而不可忽, 且如就枕時手足不敢妄動, 心不敢亂想, 這便是睡時做工夫."

될 수 없음을 특별히 강조하였다. 그는 "잊지 말라"(勿忘)는 맹자의 말을, 언제나 잊지 않으면서 다잡고 보존하는 공부로 생각하였다. 그는 "잊지 말라는 것은 학자가 일상 생활에서 해야 할 가장 절실한 공부이다. 사람의 마음이 리와 어긋나는 까닭은 해야 할 일이 있음을 망각하는 데서 연유한다. 진실로 언제나 다잡고 보존하며 성찰하는 등의 일을 잊지 않는다면, 마음은 항상 보존되고 천리는 잊혀지지 않을 것이다"[47]라고 말했다. 설선은 진헌장陳獻章이나 왕수인 등 후대의 심학과는 입장이 달랐다. 그는 기본적으로 여전히 도덕 수양의 관점에서 '잊지 말라'고 말하였다.

4. 마음의 텅 빔과 밝음

주희는 일찍이 "심체는 텅 비고 밝다"(心體虛明)고 강조하면서, 주체의 '텅 빔'과 '밝음'을 보존하고 키워 사물의 리를 인식하라고 하였다. 또 주희는 마음에 선입견이 없고 깨어있는 이성을 지녀야만 사물의 리를 인식할 수 있다고 강조하였다. 설선도 '마음'의 텅 빔과 밝음에 관한 문제에 대단히 주의하였다. 그는 이렇게 말하였다.

아직 사물을 접하지 않았을 때의 심체는 지극히 텅 비고 밝기 때문에, 마음에 분노나 두려움, 즐거움이나 근심이 먼저 있을 수 없다. 사물이 이르러 그것을 접할 때는 마땅히 분노해야 할 때에 분노하고, 마땅히 두려워하거나 즐거워하고 근심해야 할 때에 두려워하거나 즐거워하고 근심하니, 모두 규율에 들어맞아 지나치거나 모자라는 잘못이 없다. 사물을 접한 후에도 심체는 여전히 지극히 텅 비고 밝기 때문에 앞서 말한 네 가지는 마음에 머물지 않게 된다. 그러므로 심체는 지극히 텅 비고 밝으며 고요하면서 움직이지 않는 상태, 즉 희노애락이 아직 발현되지 않은 중中의

---

46) 같은 책 권5, 83쪽, "千古聖賢之學, 惟欲人存天理遏人欲而已."
47) 같은 책, 권2, 31쪽, "勿忘最是學者日用要工夫, 人所以心與理背馳者, 正緣忘于有所事耳. 誠能時時刻刻不忘于操存省察等事, 卽心常存而天理不忘矣."

상태로서 천하의 큰 근본이다.48)

주희와 달리 설선이 말한 '텅 빔과 밝음'은, 궁리에 대해 말한 것이 아니라 사물을 접하는 것에 대해 말한 것이다. 이는 사람이라면 생활하고 실천하는 속에서 텅 비고 밝은 심리 상태를 유지하는 데 주의해야 함을 의미한다. 그가 말한 텅 비고 밝은 심리 상태란, 어떠한 감정이나 정서의 파동 혹은 방해가 없는 내적 심리 상태를 뜻한다. 그가 생각할 때, 사람이 외부 사물과 접촉하거나 각종 관계를 가질 때에는 필연적으로 감정적이거나 정서적인 반응이 일어나게 마련이며, 그것은 정상적인 것이다. 그러나 주의해야 할 점은 사물과 접촉하기 전에 마음에 어떤 감정이나 정서를 전제해서는 안 된다는 점이다. 이렇게 하여 외부 사물에 대해 마땅히 반응해야 할 때에 이러한 감정이나 정서가 영향을 끼치는 것을 피해야 한다. 다른 한편으로 사물과 접촉한 다음에는 사물과 접촉할 때 발생했던 감정과 정서도 즉시 의식에서 배제함으로써, 마음을 텅 비고 밝은 상태로 되돌이켜야 한다. 설선이 주의한 이러한 감정과 정서의 문제는 명대 중·후기 심학의 견해와 일치하는 점이 있다. 그러나 설선은 '텅 빔과 밝음'을 추구하는 목적이 사물을 접할 때 적합한 반응을 유지하고자 함인지, 아니면 심령 자체의 어떤 느낌과 체험을 유지하기 위함인지를 분명하게 밝히지는 않았다.

또 설선은 일련의 심령 체험에 주의하였으며, 마음과 리가 서로를 키워 준다고 주장하였다. 그는 한편으로 "리를 따르면 마음이 기쁘고 안락해지며", 다른 한편으로는 "욕망이 엷어지면 마음이 맑아지고, 마음이 맑아지면 리가 드러난다"49)고 생각했다. 그리고 그는 "마음이 안정되고 기가 평정되는 것이지, 신체적인 안일과 편안함을 말해서는 안 된다"50)고 주장하였다. 그는 안연이 행했던

---

48) 같은 책 권2, 21쪽, "未應物時心體只是至虛至明, 不可先有忿懥恐懼好樂憂患在心. 事至應之之際, 當忿懥而忿懥, 當恐懼好樂憂患而恐懼好樂憂患, 使皆中節無過不及之差. 及應事之后, 心體依舊至虛至明, 不留前四者一事于心. 故心體至虛至明, 寂然不動, 卽喜怒哀樂未發之中, 天下之大本也."
49) 같은 책 권6, 103쪽, "順理則心悅豫", "欲淡則心淸, 心淸則理見."

극기의 학문을 통해 안연의 즐거움에 도달할 것을 주장하였다. 그렇게 한다면 위를 우러러 부끄럽지 않고 아래를 굽어보아도 부끄럽지 않기 때문에, 마음은 넓어지고 몸은 평안해져 자연히 즐거울 것이라고 생각하였다. 또 그는 "사물에 얽매이지 않으니 몸과 마음이 매우 가볍다"51)면서, "기가 완전하고 몸이 평안 해지면 여유있게 자득하는 즐거움이 생긴다"52)고 말했다. 설선의 이러한 설명 은, 그가 엄숙한 주경 공부를 통해 도덕 의식의 수양에 정진할 것을 강조했을 뿐만 아니라 마음의 안정과 기의 평정에 대한 체험도 함께 추구하였음을 보여 준다.

3. 호거인

호거인胡居仁(1434~1484)은 자字가 숙심叔心이고, 강서성江西省 여간餘干 사 람이다. 학자들은 그를 경재敬齋 선생이라 불렀다. 호거인은 일찍이 오여필吳與 弼의 문하에서 공부하였는데, 끝내 과거에 대한 뜻을 버린 채 매계산梅溪山에 서재를 짓고 살았다. 집에 있을 때 그는 부모님께 극진한 효를 다하였다. 그는 "아버지가 병들었을 때 대변을 맛보아 병의 정도를 진단하였고, 형이 나갈 때는 문 밖까지 배웅을 나갔으며, 병에 걸리면 직접 약을 달여 먹었다"53)고 하였다. 그의 집안은 대대로 농사를 지었으며, 그도 평생 관리 생활을 하지 않아 생활이 빈궁하였다. 그럼에도 그는 시종 여유롭게 자득하면서 정신 생활의 충실과 발 전을 추구하는 데 노력하였다. 그는 주희의 주경학主敬學을 신봉하고 스스로 경을 지키기 위한 실천 속에서 "엄격하고 강하였으며 모든 것을 법도에 맞게

---

50) 같은 책 권6, 104쪽, "心定氣平, 而身體之委和舒泰不可言."
51) 같은 책 권6, 103쪽, "不爲物累覺得身心甚輕."
52) 같은 책 권6, 104쪽, "氣完體胖有休休自得之趣."
53) 『明儒學案』 권2, 「崇仁學案二」, 29쪽, "父病, 嘗糞以驗其深淺. 兄出則迎候於門, 有疾則躬調藥 飮."

하였다. 반드시 매일 해야 할 과정을 세우고 그 성과를 자세히 기록하면서 스스로를 살폈다. 미세한 기물일지라도 정밀하고 자세하게 구별하여 논리에 어그러짐이 없었다."[54] 그의 주요 저작으로는 『거업록居業錄』이 있다.

1. 기로 리를 이룬다

명대 초기의 주자학에는 주희의 리기론을 바로잡으려는 경향이 있었다. 예를 들어 설선은 "리와 기는 선후를 나눌 수 없다"고 생각하였으니, "리가 기보다 앞선다"는 주희의 학설과는 다르다. 그러나 설선의 입장도 기본론氣本論이나 리기이원론은 아니다. 그의 입장은 여전히 본체론적 리본론理本論이다. 이처럼 조단에서 설선까지 주희의 리기론과 다르게 제기된 견해들은 후대 학자들에게 상당한 영향을 끼쳤다.

호거인도 설선의 논의를 계승하여 리와 기의 취산 문제에 대한 견해를 제시하였다. 그는 이렇게 말하였다.

기에는 취산과 허실虛實이 있으며, 생사도 있다. 따라서 유무有無로 이야기해도 괜찮다. 그러나 리는 유무로 이야기할 수 없다.[55]

리는 끊임없이 유행하고 형이상학적인 것이며, 취상도 없고 허실로 말할 수도 없으며 유무를 논할 수도 없다. 리는 없는 순간이 없다.[56]

호거인은 호굉이나 설선과 마찬가지로, 유무와 취산 그리고 허실 등은 모두

---

54) 같은 책 권2, 「崇仁學案二」, 29쪽, "嚴毅清苦, 左繩右矩, 每日必立課程, 詳書得失以自考, 雖器物之微, 區別精審, 沒齒不亂."
55) 『居業錄』 권2 (中文出版社), 187쪽, "氣則有聚散, 有虛實, 有生死, 以有無言之猶可也. 理則不可以有無言."
56) 같은 책 권2, 217쪽, "若理則雖流行不息, 乃形而上者, 無有聚散, 不可言虛實, 不可言有無. 理則無時而無也."

기에 대한 규정이며, 리에는 취산이 없다고 생각하였다. 왜냐하면 리는 형이상학적인 것이며, 형상이 없는 리를 두고 취산이나 유무를 말할 수도 없기 때문이다.

또 호거인은 이렇게 생각하였다.

"하늘의 도를 세워 음과 양이라 한다." 음양은 기이고 리는 그 안에 있다. "땅의 도를 세워 부드러움과 강함이라 한다." 강함과 부드러움은 재질(質)이고, 기로 리를 이룬다. "사람의 도를 세워 인과 의라고 한다." 인과 의는 리이고 기질 안에 구비돼 있다.[57]

"이러한 리가 있어 이러한 기가 있으니, 기는 리가 이룬 것이다." 이는 거꾸로 말한 것이다. 이러한 기가 있어 이러한 리가 있으니, 리는 기가 이룬 것이다.[58]

호거인의 이러한 설명은, 그가 "이러한 리가 있어서 이러한 기가 있으니, 기는 리가 이룬 것이다"라는 견해에 찬성하지 않았음을 뜻한다. 그는 리와 기의 관계에서, 리가 제일성第一性이고 기가 제이성第二性이라고 말할 수 없으며, 리는 본원이고 기는 리에서 파생한다고 말할 수 없다고 생각하였다. 그는 기가 제일성이고 기가 있어서 리가 있으며, 리는 기에 의해 결정된다고 주장하였다. 그는 리가 기 안에 있고, 리가 기질 안에 구비돼 있다는 견해를 견지하였다. 호거인의 이러한 사상은, 그가 명대 리학에서 설선으로부터 나흠순羅欽順까지의 중요한 연결고리가 됨을 나타내 준다. 물론 호거인도 어떤 방면에서는 리의 작용을 강조하기도 하였다. 그의 사상 중에도 일련의 모순은 있다. 그러나 전체적으로 볼 때 그의 리기관은 리와 기를 대립시키거나 나누는 견해에 반대하면

---

57) 『明儒學案』 권2, 「崇仁學案二」, 38쪽, "'立天之道, 曰陰與陽', 陰陽氣也, 理在其中. '立地之道, 曰柔與剛', 剛柔質也, 因氣以成理. '立人之道, 曰仁與義', 仁義理也, 具於氣質之內."
58) 같은 책 권2, 「崇仁學案二」, 35쪽, "'有此理則有此氣. 氣乃理之所爲', 是反說了. 有此氣則有此理, 理乃氣之所爲."

서, "리는 곧 기의 리이고 기는 곧 리의 기이다. 뒤섞이면 구별이 없어지므로 둘로 여기면 옳지 못하다"59)고 주장하였다.

2. 명리明理와 양기養氣

명대 리학의 리기설에서는 리와 기가 본체론의 범주를 넘어 서서 대부분 심신수양론의 범주로서 논의되었다. 사실 주희의 철학에서도 리와 기가 본체론의 범주인 것만은 아니다. 주희는 일찍이 "만일 이 리가 기에 기탁된다면 일상적인 운용은 모두 그 기에서 결정되므로, 기는 강하고 리는 약할 뿐이다"60)라고 말했다. 여기서 리와 기란 바로 사람의 의식 활동에서 이성과 기질의 작용을 가리킨다.

호거인은 "욕망이 기에서 생기는 까닭은 기가 주인이 되어 리를 없애기 때문이다. 반드시 리를 주인으로 삼고 기가 그것을 따르게 해야 한다"61)고 생각했다. 사람의 의식 활동에서 리와 욕망의 충돌은 인체를 구성하는 성性과 기에 근원한다. 욕망은 인체의 물질 기초인 기에서 생기며, 이성은 마음에 내재하는 '성'에서 발현된다. 의식 수양의 기본 원칙은 리가 기를 주재하며, 이성 원칙이 감정과 욕망을 주도하는 것이다. 호거인도 미발과 이발의 문제를 논하면서 이렇게 말하였다.

> 황면재黃勉齋는 "성性은 기질과 섞이지만, 그것이 아직 발현되지 않았을 때는 마음이 맑아서 물욕이 생기지 않는다. 기가 편벽되었다 해도 리는 스스로 바르다"고 말함으로써, 자사子思가 말한 '아직 발현되지 않은 중中'을 해석하였다. 그리고 그는 "아직 발현되지 않았을 때 기는 일삼을 것이 없다"는 주자의 말을 인용하여 자신의 견해를 입증하였다. 그러나 나는 이러한 견해가 옳지 못하다고 생각한다. 기가 탁하

---

59) 같은 책 권3, 317쪽, "理乃氣之理, 氣乃理之氣. 混之則無別, 二之則不是."
60) 『朱子語類』 권4, 71쪽, "如這理寓於氣了, 日用間運用都由這箇氣, 只是氣强理弱."
61) 『居業錄』 권1, 98쪽, "欲生於氣. 是氣爲主而滅乎理. 須使理爲主而氣順焉."

고 편벽된 사람은 아직 발현되지 않았을 때에도 이미 그 중을 잃기 때문에 발현되어 도 화和할 수 없다······ 선하지 않은 사람도 고요할 때가 있다. 그러나 그러한 때에 는 분명히 물욕이 발동하지는 않겠지만, 기는 이미 어둡고 마음은 편벽되고 기울었 으며, 리는 이미 막히고 본체는 손상되었다. 그래서 아직 발현되지 않았을 때에 공부 하는 것이다.62)

호거인이 생각할 때, 어떠한 사람이든 어느 순간이든 미발을 전부 중中이라 고 말할 수는 없다. 선하지 않은 사람의 경우에도 고요한 때의 의식 상태는 비록 미발에 속하겠지만, 이미 기는 어둡고 리는 막혀 마음은 중이 아닌 상태로 편벽 되고 기울어 있다. 어떻게 공부해야 기를 어두운 것에서 밝은 것으로 변화시킬 수 있을 것인가? 분명히 양기養氣로는 변화시킬 수 없다. 반드시 양심養心과 양기의 조화, 즉 도덕 의식의 배양과 심리적·생리적 현상의 근거인 기에 대한 조절과 배양을 결합시켜야만 한다. 호거인은 이렇게 말하였다.

마음이 이 리를 구비하는 까닭은 기의 영명함 때문이다. 그러므로 마음을 기를 수 있다면 기도 기를 수 있고, 기를 기를 수 있다면 마음도 기를 수 있다. 마음과 리와 기, 이들의 상호 관계는 둘이면서 하나이다.63)

리와 기는 서로 떨어지지 않으며 마음과 리도 둘이 아니다. 마음이 보존되면 기가 맑아지고, 기가 맑으면 리는 더욱 밝아지며, 리가 밝고 기가 맑으면 마음은 더욱 편안해진다. 그러므로 마음과 기를 길러야만 하며 리를 궁구해야만 한다. 어느 하나 를 없애 버릴 수는 없다.64)

---

62) 같은 책 권2, 207쪽, "黃勉齋言'性雖爲氣質所雜, 然其未發也, 此心湛然, 物欲不生, 氣雖偏而理 自正', 以釋子思'未發之中.' 又引朱子'未發之前氣不用事'爲證. 竊恐誤也. 夫偏濁之人, 未發之前 已失其中, 故已發不能和······ 不善之人亦有靜時, 然那時物欲固未動, 然氣已昏, 心已偏倚, 理已 塞, 本體已虧, 故做未發以前工夫."
63) 같은 책 권1, 97쪽, "心具是理, 乃氣之靈者. 故養得心卽養得氣, 能養得氣卽養得心. 心也, 理也, 氣也, 二而一者也."

수양에는 세 측면 즉 마음, 기, 리가 있다. 이 셋은 본래 연관된 것이다. 예를 들어 마음은 기의 영명함이고, 기에는 리가 있다. 그러므로 이 셋에 대한 수양도 분화된 것임과 동시에 서로 영향을 주고받는 것이기도 하다. 마음을 보존하고 기를 존양하며 리를 밝히는 일은 어느 하나를 없앨 수 없다. 기는 마음의 인도를 받기 때문에 마음을 보존하는 일은 양기를 도울 수 있다. 기는 심리적이고 정서적인 흐름의 체험이므로, 그것을 확충하고 기르는 일은 양심養心의 일부분으로 간주될 수 있다. 기를 청명하게 기른다면 리도 막히지 않게 될 것이다. 즉 이성은 맑아지고 깨일 것이며, 밝아지고 슬기로워질 것이다. 리가 밝아지고 기가 맑아지면 마음의 안락함을 촉진시켜 비교적 편안한 심경과 느낌을 얻을 수 있다.

3. 고요한 상태에서 붙잡아 유지한다

호거인은 오여필吳與弼의 제자이고, 진헌장陳獻章(白沙)의 학우이다. 진헌장의 학문에서는 정좌하여 마음 안에 어떤 사물이 있음을 깨달아야 한다고 주장한다. 그러나 호거인이 생각할 때, 선하지 않은 사람은 미발일 때에도 이미 리가 막혀 있고 기도 어두워서 순전히 정양靜養하는 것만으로는 중中에 도달할 수 없다. 그래서 그는 주정主靜에 찬동하지 않았다. 그는 주희의 주경主敬 입장을 견지하였고, 백사학파의 수양 방법에 대해서는 특별히 비판하였다.

호거인은 "고요한 가운데도 어떤 사물이 있다. 그 사물을 늘 붙잡아 유지하고 주재한다면, 공허하고 적막하며 어둡고 막히는 걱정이 없게 될 것이다"[65]라고 생각했다. 리학에서 주자학파는 미발일 때의 '주경함양主敬涵養'을 주장한다. 이러한 미발의 함양을 두고 어떤 때는 "고요한 가운데도 어떤 사물이 있다"고

---

64) 같은 책 권2, 123쪽, "理與氣不相離, 心與理不二. 心存則氣淸, 氣淸則理益明, 理明氣淸則心益泰矣. 故心與氣須養, 理須窮, 不可偏廢."
65) 『明儒學案』 권2, 「崇仁學案二」, 31쪽, "靜中有物, 只是常有箇操持主宰, 無空寂昏塞之患."

말하기도 한다. 이 말은 의식이 아직 발현되지 않아 고요할 때에 마음을 사려가 없는 상태로 유지시키기만 하라는 뜻이 아니라, 의식을 계속적으로 '고요한 가운데도 주재가 있는'(靜中有主) 상태로 유지시키라는 의미이다. 이러한 상태의 특징은 구체적인 사려가 나타나지 않으면서도 의식적으로는 경각하는 것이 있다는 점이다. 주자학의 입장에서, 이러한 경각은 고요한 상태에서 마음의 주재 기능을 표현해 주는 것이다. 다시 말해서 이 경각은 고요한 상태에서 주경 공부가 도달하려는 요구이다. 이러한 표현과 요구는 비록 "고요한 가운데도 어떤 사물이 있다"고 말해지기도 하지만, 결코 진헌장처럼 정좌하면서 마음에 드러나는 것을 체험해야 한다는 뜻이 아니다. 그래서 호거인은 주자학적 주정主靜의 입장에서 진헌장을 반대하였다. 또 그는 "오늘날의 사람들은 사려를 없애면서 고요함을 추구하지만, 성현에게는 이러한 수양 방법이 없다. 성현은 단지 경계하고 조심하며 두려워할 뿐인데도 저절로 사악한 마음과 망령된 생각이 없다. 고요함을 추구하지 않으면서도 고요하지 않은 적이 없었다"[66]고 지적했다. 주자학의 입장에서 고요함의 공부란 조금도 사려하지 않는 게 아니다. 고요한 가운데서도 반드시 경계하고 조심하며 두려워하는 공부를 해야 한다. 왜냐하면 고요함은 안정적인 심경으로서, 결코 고요함을 추구한다고 실현되는 것이 아니다.

호거인은 다음과 같이 말하였다.

주돈이는 '주정'을 주장하였다. 학자들은 그에 따라 정좌하는 데 전념하였으며, 많은 사람들이 선학禪學으로 흘러들어 갔다. 고요함은 본체이고 움직임은 작용이다. 고요함은 주인이고 움직임은 손님이다. 그러므로 주정이란 본체를 세우고 작용을 일으키는 것이다. 또 그 마음이 혼란스럽거나 조급하며 경망스럽지 않도록 정리한 뒤에야 비로소 천하의 움직임을 제어할 수 있다. 그러나 고요함은 움직임에 비해서

---

66) 같은 책 권2, 「崇仁學案二」, 41쪽, "今人屏絶思慮以求靜, 聖賢無此法. 聖賢只是戒愼恐懼, 自無許多邪思妄念, 不求靜, 未嘗不靜也."

중요한 것이지만, 고요함에만 치우쳐서는 안 된다. 내가 생각하기에 정좌하면서 경계하고 조심하며 두려워한다면, 본체가 이미 세워져 저절로 공허와 적막에 빠지지 않을 것이니, 고요하다 한들 무슨 해로움이 있겠는가!67)

따라서 '고요함'은 정좌하여 의념이 그치도록 하는 데 전념하라는 말이 아니라, 정좌할 때에도 여전히 경계하고 조심하며 두려워하는 의식 상태를 유지하라는 뜻이다. 맹자는 일찍이 공자가 "붙잡으면 보존되고 버리면 없어지니, 나가고 들어옴에 일정한 시각이 없고 그 향하는 곳을 알지 못한다"(操則存, 舍則亡, 出入無時, 莫知其向)고 마음에 관해 논했던 말을 인용하였다. 호거인은 마음을 보존하는 주요 방법이 '붙잡는' 일이며, 고요할 때에도 '붙잡는' 일에 주의해야 한다고 생각하였다. 그는 이렇게 말했다.

요즘 사람들은 "고요할 때는 붙잡을 수 없다. 붙잡는다면 이미 움직인다는 말이다"고 주장한다. 학문적으로 논하는 것은 아니지만, 이러한 말을 접할 때면 매우 두렵다. 고요할 때 붙잡지 않는다면 어느 때를 기다려 붙잡을 것인가? 그들의 뜻은 이러하다. 이 마음을 동요시키지 말고 그것이 저절로 보존되기를 기다려야 한다. 만일 붙잡는다면 집착하는 것이며, 집착은 고요함이 아니다. 그런데 이러한 주장은 공허하고 적막하며 그윽하고 어두운 것을 고요함으로 삼으려는 태도이다. 그들은 고요함이 단지 사려가 아직 발현되지 않았고, 사물이 아직 이르지 않았음을 말할 뿐, 그 속에 붙잡아 유지시킨다는 뜻이 항상 존재한다는 사실은 모른다. 결코 붙잡아 유지하지 않으면서 저절로 보존되기를 기다릴 수는 없다.68)

---

67) 같은 책 권2, 「崇仁學案二」, 31쪽, "周子有'主靜'之說, 學者遂專意靜坐, 多流於禪. 蓋靜者體, 動者用; 靜者主, 動者客. 故曰主靜, 體立而用行也. 亦是整理其心, 不使紛亂躁妄, 然後能制天下之動. 但靜之意重於動, 非偏於靜也. 愚謂靜坐中有個戒愼恐懼, 則本體已立, 自不流於空寂, 雖靜何害!"

68) 같은 책 권2, 「崇仁學案二」, 32쪽, "今人說靜時不可操, 才操便是動. 學之不講, 乃至於此, 甚可懼也. 靜時不操, 待何時去操? 其意以爲, 不要惹動此心, 待他自存, 若操便要著意, 著意便不得靜. 是欲以空寂杳冥爲靜, 不知所謂靜者, 只是以思慮未發, 事物未至而言, 其中操持之意常在也. 若不操持, 待其自存, 決無此理."

엣 사람들은 고요할 때에 붙잡아 보존하고 함양한다는 뜻으로 풀었다.…… 요즈음 어떤 학파에서는 "고요할 때 붙잡는 일에 집착해서는 안 된다. 붙잡으면 고요함이 아니다"고 말한다. 이는 "무슨 생각과 걱정거리가 있겠는가"라는 말을 위주로 삼아 사려를 전부 없애 버리라는 말이다. 그들은 고요할 때의 공부란 오직 그럴 뿐이라고 생각한다. 그래서 결국 도가와 불교에 빠진다. 이렇게 되는 이유는 붙잡는다는 말이 유지하여 지킨다(持守)는 뜻, 즉 고요할 때의 경敬 공부임을 알지 못하기 때문이다. 만일 붙잡는 공부를 하지 않는다면 주재함이 없어서 덧없이 흘러 귀착하는 곳이 없게 될 것이다. 밖으로 치달지 않으면 틀림없이 공허와 허무에 빠지고 말 것이다.[69]

호거인은 유학자가 제창하는 방법이란 '경敬'이지 '정靜'이 아니라고 생각하였다. 유학에서 말하는 '정'이란 방법을 가리키는 말이 아니라 미발의 상태, 즉 의식이 아직 발현되지 않았을 때의 상태를 가리킨다. '정'할 때란 반드시 붙잡아 보존해야 함을 의미하는 것이지, 고요할 때의 공허를 체험하는 것을 뜻하는 게 아니다. 고요할 때의 공부를 정확하게 인식했는가의 여부는 유가와 불교를 구분 짓는 중요한 경계이다.

호거인은 고요할 때의 함양과 붙잡아 보존한다는 주자학의 입장을 견지하였기 때문에, 사려만을 제거하려는 정좌에 반대했을 뿐만 아니라 고요할 때의 공부를 호흡 조절(調息)로 이해하는 견해에도 찬성하지 않았다. 그는 "시각과 후각을 모두 깨끗이 하여 호흡을 조절하고 질병을 없애는 일은 괜찮겠지만, 그렇게 하여 마음을 보존하려 한다면 대단히 옳지 못하다. 몸에서 가장 가까운 사물을 취하여 마음을 매어 두는 것, 예를 들어 반관反觀하여 안을 자세히 살피는 것도 이러한 방법이고, 불가에서 염주를 사용하는 것도 이러한 방법이다. 그 마음을 잡아매고 제어하여 함부로 움직이지 못하게 하려는 것이다"[70]라고 말했다.

---

69) 같은 책 권2, 「崇仁學案二」, 33~34쪽, "古人於靜時, 只下個操存涵養字…… 今世有一等學問, 言靜中不可著個操字, 若操時又不是靜, 以'何思何慮'爲主, 悉屛思慮. 以爲靜中工夫只是如此, 所以流於老佛. 不知操字是持守之意, 卽靜時敬也. 若無個操字, 是中無主, 悠悠茫茫, 無所歸著, 若不外馳, 定入空無."

호거인도 양기養氣를 제창했지만, 그는 자신이 말하는 양기가 "호연지기를 잘 기른다"는 맹자의 말에서 나왔기 때문에 기공가氣功家의 양기와 다르다고 강조했다. 그는 "수양가가 기르는 것은 자신의 사사로운 기다"[71]라고 생각하였다. 이러한 사상에 기초하여 그는 마음을 보존하는 일과 호흡을 조절하는 일을 구별하였다. 그래서 그는 "오직 공경하고 편안하게 하는 것만이 마음을 보존하는 방법이다. 어찌 호흡의 조절에 의탁하여 마음을 보존하겠는가"[72]라고 말하였다. 주희는 일찍이 「조식잠調息箴」을 지은 적이 있다. 그러나 그는 호흡의 조절을 수양 공부로 삼지는 않았지만, 그렇다고 수양의 측면에서 호흡 조절의 작용을 분명하게 부정하지도 않았다. 리학자도 본래 정좌의 수양을 중시하였고, 더욱이 도교와 각종 연기술煉氣術의 영향을 받아서 많은 유학자들이 심경을 안정시키는 수단 가운데 하나로서 호흡 조절을 인정하거나, 적어도 이 방법을 수양에 입문하는 공부의 하나로 삼을 수 있다고 생각하였다. 호거인은 주자학의 주경의 입장을 견지하며 마음을 보존하는 일과 호흡 조절 사이의 구별을 중시하였으며, 주경을 벗어난 어떠한 고요함의 수양 방법에 대해서도 반대하였다.

4. 주경主敬

앞에서 이미 말했듯이 호거인이 이해한 "고요한 가운데도 어떤 사물이 있다"는 말과 '붙잡는다'는 말은 바로 정주학파의 '경'에 해당한다. 그는 고대 유가에서 주장하던 '주경主敬'이야말로 마음을 보존하는 공부의 기본 방식이라고 생각하였다. 그는 "맹자가 '잃어버린 마음을 되찾는다'고 말하면서 사람들에게 표준을 제시해 주었는데도 사람들은 오히려 공부해야 할 바를 헤아리지 못했다. 그래서 정자程子가 '주경'을 주장한 것이다"[73]라고 말했다. 그의 이러한 설명은

---

70) 같은 책 권2, 「崇仁學案二」, 34쪽, "視鼻端白, 以之調息去疾則可, 以之存心則全不是. 蓋取在身至近一物以繫其心, 如反觀內視, 亦是此法, 佛家用數珠, 亦是此法, 覊制其心, 不使妄動."
71) 『居業錄』 권2, 123쪽, "修養家所養乃一身之私氣."
72) 『明儒學案』 권2, 「崇仁學案二」, 36쪽, "只恭敬安詳便是存心法, 豈假調息以存心?"

사실상 맹자 이래 심학에서 주장하는 마음의 보존 공부를 비판한 것이다. 그가 생각할 때 '잃어버린 마음을 되찾는다'나 '마음을 보존한다'는 맹자의 말은, 단지 일반적인 원칙일 뿐 구체적인 방법은 아니다. 이러한 일반 원칙을 구체적인 방법으로 삼는다면 결실을 맺기 어렵다. 그는, 정이가 제시한 '주경'만이 마음을 보존하는 구체적이고 명확한 방법이라고 생각했다. 불교나 심학을 막론하고, 마음을 보존하기 위한 그들의 공부 방식에서 치명적인 잘못이나 결점이라면 바로 '주경'을 모른다는 데 있다. 그는 이렇게 말하였다.

> 선종에서 마음을 보존하는 방법에는 두세 가지가 있다. 그 가운데서 하나는 마음을 없애고 텅 비게 하는 방법이고, 또 다른 하나는 그 마음을 붙잡아 맴으로써 제어하는 방법이며, 다른 하나는 그 마음을 관조하는 방법이다. 그러나 유가는 안으로 성誠과 경敬을 보존하고 밖으로 의리를 다하여, 마음을 보존한다.[74]

'마음을 텅 비게 한다'는 말은 사려를 없애는 방법이고, '마음을 제어한다'는 말은 의념을 어떤 구체적인 사상事象에 애써 집중시켜 마음과 생각이 산란해지는 것을 방지하는 방법(예를 들어 호흡을 가다듬고 염주를 세는 일 등)이며, '마음을 관조한다'는 말은 사려와 정감을 배제한 뒤 내심의 본연적인 상태를 체험한다는 뜻이다. 호거인이 생각할 때 유가의 주장은 마음을 보존하는 것이며, 그 구체적인 의미는 성과 경의 도덕 의식 상태를 유지하는 것이다. 이렇게 마음을 보존하는 일은 사회적 도덕 의무를 충분히 실행하는 일과도 상호 보충된다.

호거인은 '경'의 방법을 상세하게 논하였다. 그는 "경은 곧 붙잡는다는 뜻이다. 경 이외에 붙잡아 보존하는 공부는 달리 없다"[75]고 말했다. 그는 경의 방법

---

73) 같은 책 권2, 「崇仁學案二」, 31쪽, "孟子說出求放心以示人, 人反無捉摸下工夫處. 故程子說主敬."
74) 같은 책 권2, 「崇仁學案二」, 41쪽, "禪家存心有兩三樣. 一是要無心空其心; 一是羈制其心; 一是觀照其心. 儒家則內存誠敬, 外盡義理, 而心存."
75) 같은 책 권2, 「崇仁學案二」, 35쪽, "敬便是操, 非敬之外別有個操存工夫."

을 네 가지 주요한 방식으로 귀결시켰다.

> 단정하고 엄숙하며, 위엄있고 정중함은 경이 출발하는 곳이다. 분발하고 각성함은
> 경이 이어지는 곳이다. 마음을 한 곳에만 집중한 채 흐트러뜨리지 않으며, 맑고 깨끗
> 함은 경이 끊기지 않는 곳이다. 늘 깨어 있어 어둡지 않으며, 정밀하고 밝아서 혼란
> 스럽지 않음은 경이 효험을 나타내는 곳이다.[76]

단정하고 엄숙하며, 분발하고 각성하며, 마음을 한 곳에만 집중한 채 흐트러
뜨리지 않고, 늘 깨어 있음 등은 모두 정이에서 주희에 이르기까지 '리학'파에서
긍정했던 '주경'에 관한 내용들이며, 북송에서 남송까지의 모든 '리학'자들의
'경'에 대한 이해를 대표하는 말들이다. 호거인은 선배 리학자들의 다양한 '지
경持敬' 방법들을 모두 긍정하면서 동시에 이처럼 상이한 방법들을 전체적인
'주경'의 수양 과정 가운데 다른 단계나 다른 측면들로 이해하면서 상이한 측면
모두를 아울러 하나의 계통으로 종합하려고 하였다. 그러나 그의 설명은 그다
지 분명하지 못하고, 합리적인 것도 아니었다. 예를 들어 단정하고 엄숙함은
출발점인 동시에 실천적인 것이었고, 늘 깨어 있음은 효험일 뿐만 아니라 공부
이기도 하였다. 호거인은 다른 곳에서 다음과 같이 말하고 있다.

> 경은 동과 정을 포괄한다. 정좌하여 단정하고 엄숙한 것도 경이고, 모든 일마다 점검
> 하고 근신하는 것도 경이다. 경은 안과 밖을 겸섭兼攝한다. 용모가 장중하고 단정한
> 것도 경이고, 마음이 맑고 깨끗한 것도 경이다.[77]

요컨대 경은 안과 밖을 겸섭하고, 움직임과 고요함을 관통한다. 구체적으로

---

76) 같은 책 권2, 「崇仁學案二」, 39쪽, "端莊嚴肅, 嚴威儼恪, 是敬之入頭處; 提撕喚醒, 是敬之接續
處; 主一無適, 湛然純一, 是敬之無間斷處; 惺惺不昧, 精明不亂, 是敬之效驗處."
77) 같은 책 권2, 「崇仁學案二」, 39쪽, "敬該動靜: 靜坐端嚴, 敬也; 隨事檢點致謹, 亦敬也. 敬兼內外:
容貌莊正, 敬也; 心地湛然純一, 敬也."

말하면 안과 밖, 움직임과 고요함이라는 상이한 측면과 상이한 상황에서 경의 표현과 공부는 각기 다르지만, 그 모두가 '주경主敬'인 것이다. 이러한 설명은 앞에서 말한 '출발'·'효험'이라는 설명보다 비교적 합리적이다.

'경'이 고요함과 움직임을 관통한다는 입장은, '경'과 '붙잡는다'는 것을 동정의 전체 과정 속에 관철시키려는 입장이다. 움직일 때나 고요할 때를 막론하고, 경계하고 조심하는 마음은 늘 의식 상태를 주재해야 하는 것이므로, 마음의 '주재' 작용을 강조해야 한다. 호거인은 "마음에 주재가 없다면, 고요함도 공부가 아니고 움직임도 공부가 아니다. 고요하면서 주재가 없다면, 천성天性을 텅 비게 한 것이거나 천성을 어둡게 한 것이다. 바로 이 점이 대본大本이 세워지지 않는 까닭이다. 움직이면서 주재가 없다면, 미쳐 날뛰며 함부로 움직이거나 사물을 좇아 사사로움을 따를 것이다. 바로 이 점이 달도達道가 실행되지 않는 까닭이다"78)라고 말했다. 오직 고요할 때 경계하고 조심하며 두려워해야지만 고요함 속에 주재가 있게 되며, 사물에 응할 때 마음을 한 곳에만 집중하고 성찰해야만 움직임 속에 주재가 있게 된다. 고요할 때도 주경해야 하고 움직일 때도 주경해야 한다. 그래서 그는 "경이 고요함과 움직임을 관통하는 까닭은 붙잡아 보존하는 긴요한 방법이기 때문이다"79)라고 하였다. '주경'은 의식을 언제 어디서나 '경'의 상태로 유지시키는 방법이다.

5. 일 없음과 개방함에 대해 논하다

당시에는 붙잡아 보존하는 공부는 의식적인 것이라는 견해가 유행하였다. 이 견해에 따라 호거인은 '주경主敬'의 '주主'에는 의식적이거나 애쓴다는 의미가 담겨 있는 것으로 생각하였다. 그는 "주경은 오직 이처럼 해야 하고 중단이

---

78) 같은 책 권2, 「崇仁學案二」, 33쪽, "心無主宰, 靜也不是工夫, 動也不是工夫. 靜而無主, 不是空了天性, 便是昏了天性, 此大本所以不立也. 動而無主, 若不猖狂妄動, 便是逐物循私, 此達道所以不行也."
79) 같은 책 권2, 「崇仁學案二」, 32쪽, "敬之所以貫乎動靜, 爲操存之要法也."

없어야 한다.…… 주경에 익숙한 뒤에 의식적이지 않을 수 있다면 그가 바로 성인이다"80)라고 말했다. 의식적이지 않다는 것은 이상적인 경지임에 틀림없다. 그렇지만 애쓰지 않으면서도 '중'의 여유로운 경지에 이르려면, 반드시 의식적인 주경의 과정을 거쳐야 한다.

다른 한편으로 호거인은 주경에서의 의식적인 것이 결코 불교에서 말하는 '집착'은 아니라고 생각했다. 그는 "주경에 의식함이 있다고 함은 마음으로 말하는 것이며, 그 일 없음을 실행한다고 함은 리로 말하는 것이다. 마음에는 보존하고 주재하는 것이 있기에 의식함이 있고, 리의 당연함을 따르기에 일이 없다. 이러한 있음(有)에는 일찍이 있은 적이 없고, 없음(無)에는 일찍이 없은 적이 없다. 마음과 리는 하나이다"81)라고 말했다. 요컨대 주경은 경계하고 조심하며 두려워할 것을 요구하기 때문에, 고요할 때의 의식 상태는 텅 비어 허무하지 않으면서도 의향이 있는 상태 즉 '의식함이 있는' 상태이다. 그렇지만 경의 의미는 리를 따르는 것이며, 주경하는 사람은 리를 얻어 마음이 편안해지고, 불교에서 말하는 집착에 수반되는 번뇌가 발생하지 않는다. 이것이 '일이 없다'는 뜻이다. 주경이란 "의식적이면서도 일이 없으므로" 있어도 집착하지 않고, 없어도 공허하지 않은 것이다.

호거인은, '주경'과 대립하는 "즐거움을 구한다"(求樂)는 진헌장 등의 주장에 대해 특별히 반대하였다. 그는 이렇게 생각하였다.

상채上蔡는 명도明道의 말을 이렇게 기록하였다. "이미 얻은 후에는 반드시 개방해야 한다." 주자는 이 말을 의심하면서 "이미 얻었다면 마음이 자연스레 열리고 편안해질 것이다. 만일 의식적으로 개방하려 한다면 오히려 병통이 생길 것이다"라고 하였다. 내가 생각할 때 얻은 후에 개방하는 일은 안배함이 있는 것 같지만, 병통은

---

80) 『居業錄』 권4, "主敬是專要如此而不問也…… 若主敬熟後, 以至不待著意, 便是聖人."
81) 『明儒學案』 권2, 「崇仁學案二」, 36쪽, "主敬是有意, 以心言也; 行其所無事, 以理言也. 心有所存主, 故有意; 循其理之當然, 故無事. 此有中未嘗有, 無中未嘗無, 心與理一也."

오히려 적다. 요즘 사람들은 얻기도 전에 먼저 개방해 버림으로써 장자莊子와 불교에 빠져 든다. 또 극기하여 인을 구하기도 전에 먼저 안연의 즐거움을 구하려 들기 때문에 결국 미치거나 망령스럽게 되는 것이다. 그들은 주돈이가 이정에게 안연의 즐거움을 찾으라고 명했던 까닭이, 실은 공자와 안연이 무엇 때문에 그러한 즐거움이 생겼는지 그리고 어떤 일을 즐거워했는지를 살펴 안연의 공부를 실행하고 그 경지에 도달하라고 요구한 말인 줄도 모른다. 어찌 자기 자신에게서 즐거운 일을 찾으라고 말했겠는가? 그러므로 개방함이 너무 이르고 즐거움을 추구함이 너무 빠르면 모두 이단에 빠지고 말 것이다.[82]

그가 생각할 때 주돈이가 이정에게 공자와 안연이 즐거워한 것을 찾으라고 지시한 까닭은, 그들에게 안연처럼 극기하여 인을 구하는 공부를 실행하도록 가르친 것이지, 공부를 버린 채 감성적인 쾌락을 추구하도록 가르친 것은 아니라는 것이다. 공자와 안연의 '즐거움'은 엄숙하게 자신을 절제하는 수양 실천의 결과이지, '즐거움' 자체를 추구함으로써 얻을 수 있는 것이 아니다. 극기하지도 않으면서 먼저 즐거움을 구한다면 그 결과는 불교나 도가에 빠지거나 미친 듯이 방임하게 될 것이며, 이는 모두 이단이다. 호거인이 일생 동안 힘을 쏟은 공부는 '주경'이었다. 그는 시종 일관 경외敬畏를 제창하였고 즐거움을 추구하는 일에 반대하였다.

그는 심지어 황정견黃庭堅[83]이 주돈이를 찬양한 것마저도 비판하였다. 그는 "'가슴이 깨끗하고 속기俗氣없음이 마치 비 갠 뒤의 달이나 바람 같도다'라는 말은 비록 도를 지닌 기상을 형용한 말이지만, 약간은 청렴하고 고상한 의미를 담고 있다"[84]고 말했다. 그가 추구한 것은 일종의 엄숙주의였기 때문에 자득하

---

82) 같은 책 권2, 「崇仁學案二」, 37쪽, "上蔡記明道語, 言'旣得後, 須放開.' 朱子疑之, 以爲'旣得後, 心胸自然開泰, 若有意放開, 反成病痛.' 愚以爲, 得後放開雖似涉安排, 然病痛尙小. 今人未得前 先放開, 故流於莊佛. 又有未能克己求仁, 先要求顔子之樂, 所以卒至狂妄. 殊不知周子令二程尋 顔子之樂, 是要見得孔顔因甚有此樂? 所樂何事? 便要做顔子工夫, 求至乎其地, 豈有便來自己身 上尋樂乎? 故放開太早, 求樂太早, 皆流於異端."

83) 黃庭堅(1045~1105)은 北宋 때의 시인이다──옮긴이 주.

려는 낭만주의에 대해 늘 경계심을 가지고 있었다. 이러한 사실은 한편으로 주자로 대표되는 정통 리학에 대한 자기 나름의 이해를 표현한 것이며, 다른 한편으로 그의 시대에 낭만주의 리학이 날로 영향력을 확대해 나갔던 사실을 나타내 주는 것이기도 하다.

4. 진헌장

진헌장陳獻章(1428~1500)은 자字가 공보公甫이고 호는 석재石齋이며, 만년에는 석옹石翁이라 자칭하였다. 그는 광동성廣東省 신회新會 사람으로, 백사촌白沙村에서 살았기 때문에 학자들은 그를 '백사 선생'이라고 불렀다.

진헌장은 정통正統 12년(1447년)에 향시에 합격했고 이듬해에는 회시會試에 참가했는데, 을방乙榜에만 합격하여 국자감에 들어가서 공부하였다.[85] 경태景泰 2년(1451년)에는 다시 진사 시험에 응시하였으나 낙방하였다. 스물일곱 살 때, 임천臨川에서 오여필이 이락伊洛의 학문을 강의한다는 소식을 듣고 그곳에 찾아가 공부하였다. 반 년 뒤 되돌아와 고향에서 강학하면서 다시는 과거에 뜻을 두지 않았다. 성화成化 2년(1466년)에 전부錢溥가 그에게 나이 든 어머니를 모시기 위해서라도 과거에 응시할 것을 거듭 권유하자 다시 국자감에 들어가 과거 준비를 하였다. 국자감 좨주祭酒였던 형양邢讓은 의도적으로 '오늘날에는 양구산 같은 이를 다시 얻을 수 없다에 대해 화답하라'(和楊龜山此日不再得)는 제목으로 그의 재주와 학문을 시험하였다. 형양은 그의 화답시를 보고 깜짝 놀라며, "구산도 이와 같진 못할 것이다"라고 하였다. 이 이야기가 조정에 알려지면서 수도 사람들은 진정한 유학자가 출현했다고 생각하였으며, 모든 명사名士들이 그에게 유학遊學하였다. 그는 성화 5년(1469년)에 다시 회시를 치루었으나

---

84) 『居業錄』 권1, 18쪽, "'胸中灑落, 如光風霽月', 雖曰形容有道氣象, 終帶了些淸高意思."

85) 명대에 선비를 선발할 때, 乙榜이나 副榜이라는 급제도 있었다. 乙榜에 합격한 사람은 진사에 급제하지는 못했지만, 국자감에 들어갈 수는 있었다.

또다시 낙방하였다. 그래서 그는 고향
으로 돌아와 두문불출하며 학업에만
전념하였다. 성화 18년(1482년)에 광동
포정사布政使 팽소彭韶와 총독總督 주
영朱英이 그를 추천하여 이듬해 수도
에 들어가 소집에 응하자, 황제는 과거
에 참가하면 성적에 따라 그를 임용하
겠다고 약속하였다. 그러나 그는 병을
핑계로 가지 않았으며, 모친이 위독하
다는 소식을 듣고 하직을 고했다. 황제
는 한림검토翰林檢討의 벼슬을 내려,

陳獻章

모친의 병이 나으면 곧바로 직책을 맡도록 명하였다. 집으로 돌아가 어머니를
모시면서 강학하던중 여러 차례 관직에 추천되었으나 모두 사양하였다. 홍치弘
治 13년(1500년)에 죽었는데, 그의 나이 73세였다.[86]

진헌장이 오여필吳與弼에게 배울 당시, 그는 아침잠이 많았다. 그러자 오여필
은 "수재秀才가 게으름을 피운다면 언제 이천의 문하에 이르고 맹자의 문하에
이르겠는가"[87]라고 큰 소리로 꾸짖었다고 한다. 또 오여필은 그에게 채소를
기르고, 광주리를 엮고, 먹을 갈고, 차를 나르게 함으로써 그의 의지를 단련시킴
과 동시에 틈틈이 경전을 강의하였다. 진헌장은 백사로 돌아온 뒤 일체 집 밖으
로 나가지 않으며 문을 잠근 채 공부하였다. 그렇지만 몇 년이 지나도록 아무런
소득을 얻지 못하자 그는 춘양대春陽臺를 짓고 매일 그곳에서 정좌 수행하였다.
몇 년을 계속하니 마침내 깨달음이 생겼고, 이 때부터 자기 자신의 사상 체계를
세워 나갔다.

---

86) 陳獻章의 행실은 「陳白沙先生年譜」와 「白沙先生行狀」에 보이며, 그 모든 내용이 『陳獻章集』
(中華書局, 1987)에 실려 있다.
87) 『陳獻章集』, 附錄, 2, 806쪽, "秀才, 若爲懶惰, 卽他日何從到伊川門下? 何從到孟子門下?"

1. 정좌하여 마음의 본체를 깨닫다

진헌장의 학문 특징은 정좌를 중시하는 수양에 있다. 그는 일찍이 자신이 공부했던 경험과 체득을 회고하면서 다음과 같이 말하였다.

나는 재주가 모자란 사람이다. 스물일곱 살이 돼서야 비로소 분발하여 오여필에게서 배우기 시작하였다. 그는 옛 성현들의 가르침이 담긴 책들을 거의 다 강의해 주었지만, 나는 입문조차 하지 못했다. 백사에 돌아와 두문불출하며 오로지 힘써야 할 방도를 찾으려 애썼지만, 이끌어 줄 스승이나 친구가 없었으므로 그저 매일 서적에만 의지하였다. 잠자는 일과 먹는 일조차 잊은 채 그렇게 몇 년을 보냈다. 그러나 끝내 얻는 게 없었다. '얻는 게 없었다'고 함은 내 마음과 이 리가 만나 딱 들어맞지 않았음을 말한다. 그래서 그 리의 번거로움을 버리고 내 마음의 간략함을 구하면서 정좌만 하였다. 그렇게 오랫동안 정좌한 뒤에 비로소 내 마음의 본체가 은근히 드러나는 것을 깨달았으며, 늘 어떤 사물이 있는 것 같았다. 일상 생활에서 온갖 응대를 내가 하고 싶은 대로 했는데도, 마치 말의 재갈과 고삐를 쥐고 부리는 듯했다. 사물의 리를 체득하여 그것을 성인의 가르침과 비교해 보니, 각기 그 두서와 내력 있음이 마치 물에 근원이 있는 듯했다. 그제서야 "성인이 되는 공부가 여기에 있구나" 하는 자신감이 생겼다. 나에게 배우고자 하는 사람에게는 곧바로 정좌하도록 가르쳤다.[88]

젊은 시절에 진헌장은 주자학의 방법에 따라 독서하고 리를 탐구하였지만, 결국 아무런 소득이 없었고 마음과 리도 합치되지 않았다. 그래서 서적을 버리

---

88) 같은 책 권2, 「復趙提學僉憲一」, 145쪽, "僕才不逮人, 年二十七, 始發憤從吳聘君學. 其於故聖賢垂訓之書, 蓋無所不講, 然未知入處. 比歸白沙, 杜門不出, 專求所以用力之方. 旣無師友指引, 惟日靠書冊尋之, 忘寢忘食, 如是者亦累年, 而卒未得焉. 所謂未得, 謂吾心與此理未有湊泊脗合處也. 於是舍彼之繁, 求吾之約, 惟在靜坐, 久之, 然後見吾此心之體隱然呈露, 常若有物. 日用間種種應酬, 隨吾所欲, 如馬之御銜勒也. 體認物理, 稽諸聖訓, 各有頭緒來歷, 如水之有源委也. 於是渙然自信曰: '作聖之功, 其在玆乎!' 有學於僕者, 輒敎之靜坐."

고 정좌하는 데만 전념하였다. 정좌한 후에야 환한 깨달음을 얻었다. 깨달음을 일상 생활에서 적용해 보니 대단히 자재로웠으며, 또 경전에서 검증해 보니 일치하지 않는 것이 없었다. 그는 이것이 바로 도를 깨달은 상태라고 생각했다. 그래서 후에 학자들이 그에게 학문을 물으면 정좌하라고 가르쳤다.

진헌장 자신의 말에 따르면 그는 정좌하다가 일종의 체험을 얻었으며, 그 체험이란 바로 "내 마음의 본체가 은근히 드러나고 늘 어떤 사물이 있는 듯하다"는 것이었다. 요컨대 그는 마음의 본체를 체득했다는 것이다. 나중에 그는 사람들을 가르치며 "학문은 반드시 정좌하여 단서를 배양해야만 생각할 꺼리가 생긴다"[89]고 말했다. '정좌하여 단서를 배양한다'고 함은, 정좌하는 도중에 드러나는 마음의 본체를 깨달아야 함을 뜻하는 것이며, 늘 어떤 사물이 있는 것 같은 상태를 체험해야 한다는 말이다. 그는 자신의 실천을 근거로 제시하면서, 이러한 체험을 지니는 것은 마치 일상 생활에서 의식 활동을 조절할 수 있는 주재자를 장악하는 것과 같다고 설명하였다.

주돈이는 '주정主靜'을 주장하였고, 정주학파에서는 '주경主敬'을 제창하며 '주정'에 반대하였다. 후대의 학자들은 대부분 정주의 견해에 동의하면서 '주정'은 선종의 수행 방법과 구별하기 어렵다고 지적하였다. 그러나 진헌장은 '주정'은 도학의 고유한 전통이므로, 마땅히 자세히 설명하여 드러내야 한다고 생각하였다.

이천 선생은 사람들이 정좌하는 것을 볼 때마다 열심히 학문한다고 칭찬하였다. '정靜' 개념은 염계 선생의 '주정'에서 발원되었고 나중에는 이정 문하의 여러 학자들이 서로 전수하였으며, 예장豫章(羅從彦)과 연평延平(李侗) 두 선생에 이르러서는 오직 이것만으로 사람들을 가르쳤고, 학자들도 이것으로 힘을 얻었다. 회암(주희)은 사람들이 잘못하여 선학으로 들어갈까 염려하면서 '정'을 거의 말하지 않고 오직

---

89) 같은 책 권2, 「與賀克恭黃門二」, 133쪽, "爲學須從靜坐中養出個端倪來, 方有商量處."

'경'만을 말하였는데, 이는 이천 선생 말년의 가르침과도 같다. 이것은 미세한 것을 예방하면서 먼 것까지도 고려하는 방법이다. 그러나 학자가 스스로의 그릇이 어떠한가를 헤아려 선학禪學에 유혹되지 않는다면, 여전히 '정' 공부를 많이 해야만 비로소 입문의 길이 열리게 될 것이다.[90]

주돈이가 먼저 '주정'을 제창하였고, 정호는 부구扶溝에서 사량좌에게 정좌할 것을 가르쳤으며, 정이는 사람들이 정좌하는 것을 보면서 그 학문의 훌륭함에 감탄하였다. 나중에 양시楊時의 제자 나종언은 정좌하던 중에 희노애락이 아직 발현되지 않은 때의 기상을 살폈으며, 그의 제자 이동은 그것을 더욱 분명하게 드러냈다. 도학 발전의 전반기에서, '정'은 확실히 이락 전통의 중요한 측면이었다. 그러나 이동의 제자 주희는 정이가 중시했던 '경'을 강조하기 시작하였고, '주경'으로 '주정'을 대체하면서 '주정' 공부를 폄하하였다. 또 주희는 '주경'과 함께 '궁리'를 제시하며, 이것을 도학의 기본적인 공부로 삼았다. 후대학자들은 모두 이 학설을 따랐다. 진헌장이 젊었을 때, '궁리'해 보았지만 별다른 소득이 없었다. 이 때의 '얻음'(得)은 알고 이해하는 수확이 아니라 일종의 심령의 안락함이다. 그래서 진헌장은 되돌이켜 정좌에서 그것을 추구하였다. 그러므로 그의 '주정'은 '궁리'에 대한 부정도 아니고, '주경'에 대한 부정도 아니다. 그는 오직 유가와 불교의 기본적인 경계를 파악하기만 한다면 정좌를 취하지 못할 이유가 없으며, 오히려 정좌는 성인이 되기 위한 기본적인 진로라고 생각하였다.

---

90) 같은 책 권2, 「與羅一峰二」, 157쪽, "伊川先生每見人靜坐, 便嘆其善學. 此一靜字, 自濂溪先生 '主靜'發源, 後來程門諸公遞相傳授, 至於豫章延平二先生, 尤專提此敎人, 學者亦以此得力. 晦庵 恐人差入禪去, 故少說靜, 只說敬, 如伊川晚年之訓. 此是防微慮遠之道, 然在學者須自量度何如, 若不至爲禪所誘, 仍多靜方有入處."

2. 내 마음에서 구하다

사물에 대한 궁리와는 반대로, 정좌하면서 마음의 본체를 체험하는 방식은 공부를 외향적인 것에서 내향적인 것으로 전환시킨다. 진헌장은 "학문은 마땅히 마음에서 구해야 한다"[91]고 말하였다. 이는 마음에서 공부해야 함을 강조한 말이다. 다른 한편으로 진헌장은 고요함 속에서 마음의 본체가 드러남을 깨닫고, 정좌하면서 단서를 배양하도록 주장하였다. 이 단서는 신비 체험이라는 측면 이외에도 윤리적인 의미를 갖는 '선단善端'이기도 하다. 그는 이렇게 말하였다.

학자는 진실로 책에서 그것을 구할 뿐만 아니라 내 마음에서도 구해야 한다. 동정과 유무의 기미에서 살피고 나에게 있는 것을 지극하게 길러야 한다. 견문으로 그것을 어지럽히지 말고 눈과 귀의 지리支離한 작용을 없애며, 텅 비고 원만하며 예측할 수 없는 신묘함을 완전히 한다면, 책을 펴는 순간에 전부 얻을 수 있을 것이다. 책에 있는 것을 얻는 것이 아니라 나에게 있는 것을 얻는 것이다. 나의 입장에서 책을 본다면 어디서든지 얻게 되지만, 책으로 나를 넓히려 한다면 책을 덮자마자 곧바로 망연해질 것이다.[92]

정좌하여 선단을 기르고 서적에서 의리를 구하는 경우, 서적은 어떤 때 덮어 버릴 수도 있겠지만, 선단은 항상 함양하지 않으면 안 된다.…… 시·문장·시시콜콜한 학습(末習)·저술 등의 방법을 모두 막아 끊어 버리고 일거에 쓸어 없앰으로써, 내 마음속에 조금의 응어리도 없게 한 뒤에야 선단을 기를 수도 있고, 고요해질 수도 있다.[93]

---

91) 같은 책, 권1, 「書自題大塘書屋詩後」, 68쪽, "爲學當求諸心."
92) 같은 책 권1, 「道學傳序」, 20쪽, "學者苟不但求之於書而求諸吾心, 察於動靜有無之機. 致養其在我者, 而勿以聞見亂之, 去耳目支離之用, 全虛圓不測之神, 一開卷盡得之矣. 非得之書也, 得自我者也. 蓋以我而觀書, 隨處得益. 以書博我, 則釋卷而茫然."
93) 같은 책 권1, 「詩文續補遺·與林緝熙十五」, 975쪽, "大養善端於靜坐, 求義理於書冊, 則書冊有

고요함 속에서 기르는 '단서'란 '선단' 즉 맹자가 말한 사단四端이다. 진헌장이 생각할 때 이러한 선단은 성인이 되는 근본으로서, 고요하게 기르는 중에 체험되고 파악되는 것이지 경전의 학습을 통해 얻을 수 있는 것이 아니다. 그래서 그는 "서적에서 그것을 구한다면 얻을 수 없다. 내 마음에서 구한다면 도가 보존될 것이니, 내 마음에서 구하는 것이 옳다"[94]고 하였다. 진헌장의 이러한 설명은 마음에서 도를 구하고 리를 구하라는 주장이다. 그는 마음이 바로 리임을 제기하거나 논증하지 않았지만, 학문 공부를 완전히 심학화하였다. 이러한 발전은 명대 심학 운동의 물꼬를 튼 셈이다. 얼마 뒤 왕수인은 이러한 방향에 따라 심학의 기본 사상을 진일보시켰다. 그리고 진헌장은 학문의 방향을 내심의 체험으로 전환시켜, 서적을 버리고 문자를 폐기하며 견문을 없앤 후, 정좌를 통해 마음의 신묘함을 함양하고, 선단을 체득할 것을 주장하였다. 이러한 주장들도 도가와 불교의 영향을 보여 주는 것이다.

3. 자연을 근본으로 삼다

진헌장이 명대 심학의 선구가 되는 까닭은, 그가 강습과 저술 등을 모두 끊어 버린 채 철저히 내심을 반구反求하는 노선으로 돌아섰기 때문이며, 그가 개창한 명대 심학이 특별히 도덕을 초월하는 정신 경지를 추구했기 때문이기도 하다. 이러한 정신 경지의 주요한 특징으로는 '즐거움'이나 '쇄락灑落' 혹은 '자연'을 들 수 있다. 그 중에서 '자연'은 이러한 경지에 도달하기 위한 공부로서의 의미도 함께 지닌다.

'자연'이란 이끌리거나 제어받지 않는 심령의 자유로운 상태를 의미하며, '막힘이 없다'는 뜻이다. 그는 이렇게 말했다.

時而可廢, 善端不可不涵養也…… 詩文章末習著述等路頭一齊塞斷, 一齊掃去, 毋令半點芥蒂於我胸中, 天然後善端可養, 靜可能也."

94) 같은 책 권1, 「詩文續補遺・與林緝熙十五」, 975쪽, "求之書籍而弗得, 反而求之吾心而道存焉, 則求之吾心可也."

사람과 천지는 동체同體이며 사계절이 운행하면서 온갖 사물을 낳는다. 한 곳에만 머문다면 어떻게 조화造化의 주인이 되겠는가? 예전에 학문을 잘 닦은 사람은 늘 이 마음에 어떤 사물도 없게 하면서 잘 운용할 수 있었을 따름이다. 학자는 자연을 근본으로 삼아야 하는데, 이 사실을 이해하지 못하면 안 된다.95)

봄이 가고 가을이 오듯, 사시의 운행에는 막힘이 없다. 만일 시간이 영원토록 어느 한 계절에만 머문다면 만물의 자연적인 생장 과정은 파괴되고 말 것이다. 사람의 마음도 이와 같다. 마음을 어느 특정한 사물에만 머물게 해서는 안 된다. '마음이 어떠한 사물도 없는 곳에 있다'고 함은 마음을 어떤 생각이나 어느 사물에만 머물게 하지 말라는 뜻이다. 이러한 방법이 곧 '자연'이며, 이러한 경지도 '자연'이다. '자연'이라는 정신 경지의 기본적인 특징은, 화락이 충만하다는 점이다. 그는 "이러한 학문은 자연을 근본으로 삼는다"고 했으며, "자연의 즐거움이 진정한 즐거움이다"라고 말하기도 했다.96) 그의 모든 학문은 이처럼 진정한 즐거움을 갖는 자연의 경지를 열심히 추구하였다.

공자 문하의 전통에는 본래 '증점의 즐거움'(曾點之樂)이라는 것이 있었다. 공자도 "나는 증점과 함께하겠다"(吾與點也)며 희망을 피력한 적이 있다. 이러한 문제는 송명리학에서 하나의 기본적인 문제가 되었으며, 고대 유학에는 없었던 중요한 의미를 획득하였다. 송명리학에서는 이 문제를 둘러싸고 서로 다른 두 의견이 제기되었다. 하나는 주돈이와 정호가 시작한 '쇄락'파이고, 다른 하나는 정이와 주희가 대표하는 '경외敬畏'파이다. 전자는 공자와 안연의 즐거움을 찾을 것, 증점과 함께하는 뜻을 지닐 것 그리고 쇄락의 마음을 추구할 것을 주장한다. 후자는 경외하고 두려워하며 늘 각성할 것을 주장하면서 단정하고 엄숙한 것에 치중한다. 진헌장은 주돈이와 정호의 노선을 계승하였다. 그는 다음과 같

95) 같은 책 권2, 「與湛民澤七」, 192쪽, "人與天地同體, 四時以行, 百物以生. 若滯在一處, 安能爲造化之主耶? 古之善學者, 常令此心在無物處, 便運用得轉耳. 學者以自然爲宗, 不可不著理會."
96) 같은 책 권2, 「與湛民澤九」, 193쪽, "此學以自然爲宗者也", "自然之樂, 乃眞樂也"

이 말하였다.

학문에는 누적해서 이를 수 있는 것이 있고, 누적해도 이를 수 없는 것이 있다. 또 말로 전할 수 있는 것도 있고, 말로 전할 수 없는 것도 있다. 도는 거의 없는 듯하지만 움직이고, 지극히 가까우면서도 신비하다. 그러므로 감추어진 뒤에 드러나고, 형체가 있으면 곧 보존된다. 누적해서 이를 수 있는 것은 말로도 전할 수 있고, 누적해도 이를 수 없는 것은 말로도 전할 수 없다.…… 의리의 융해는 쉽게 말할 수 없고, 붙잡아 보존함의 쇄락도 쉽게 말할 수 없다. 움직임이란 이미 형체가 있는 것이고 형체가 있기 때문에 충실한 것이다. 아직 형체가 없는 것은 텅 비어 있을 뿐이다. 텅 빈 것은 근본이다. 지극히 텅 비게 하는 것은 근본을 세우는 방법이다. 경계하고 조심하며 두려워함은 쉽게 하려는 것이지 상해 입히려는 것이 아니다. 그러나 세상의 학자들은 그 뜻을 몰라 마음쓰는 데 실수하는 사람들이 많다. 이러한 도리는 송대 유학자들이 충분히 말했지만, 나는 그 말들이 너무 엄격해서 싫다. 견문에 집착하게 하여 그 참된 것을 보지 못하게 하면서 쓸데없이 나에게 떠들어대기 때문이다.[97]

그가 생각할 때 "경계하고 조심하며 두려워한다"(戒愼恐懼)는 『중용』의 말은 사악함을 예방하고 없애기 위한 것이다. 이것은 필요하다. 그러나 마땅히 그것이 심경의 자득과 화락을 손상하지 않도록 하는 데 주의해야 한다. 그가 생각할 때 주희가 대표하는 격물궁리학은 말로 전할 수 있는 것이고, 누적해서 이를 수 있는 것이다. 그런데 진헌장이 강조하는 '자연'의 학문은 쇄락·자득하는 심령의 경지를 추구하는 것으로, 말로도 전할 수 없고 누적해서 얻을 수 있는

---

97) 같은 책 권2,「復張東白內翰」, 131쪽, "大學有由積累而至者, 有不由積累而至者; 有可以言傳者, 有不可以言傳者. 夫道至無而動, 至近而神, 故藏而後發, 形而斯存. 大抵由積累而至者, 可以言傳也; 不由積累而至者, 不可以言傳也…… 義理之融液, 未易言也; 操存之灑落, 未易言也. 夫動, 已形者也, 形其實矣. 其未形者, 虛而已. 虛其本也, 致虛之所以立本也. 戒愼恐懼, 所以閑之而非以爲害也. 然而世之學者不得其說, 而以用心失之者多矣. 斯理也, 宋儒言之備矣. 吾嘗惡其太嚴也, 使著於見聞者不睹其眞, 而徒與我嘵嘵也."

것도 아니다. 그는 분명히 사람들의 심령 체험을 매우 중시하였으며, 지식의 누적을 중시하지 않았다.

'자연'의 경지를 '자득自得'으로 부르기도 한다. 그는 "산림과 조정·저자거리는 매한가지고, 삶과 죽음·항상됨과 변화함도 매한가지며, 부귀와 빈천·오랑캐와 환난도 매한가지다. 그래서 마음이 움직이지 않는 상태를 이름하여 '자득'이라고 한다. '자득'이란 외부의 것에 얽매이지 않고, 이목에도 얽매이지 않으며, 어떤 것에도 얽매이지 않는다. 따라서 '솔개가 날고 물고기가 뛰논다'는 경지가 나에게 있는 것이다. 이 내용을 아는 사람은 그것을 선善이라 말하고, 이 내용을 모르는 사람은 배울지라도 무익하다"[98]고 말했다. 이러한 경지는 막힘이 없고 어떠한 사물도 없기 때문에 '허虛'라고 부를 수 있으며, 이러한 경지에 도달하기 위한 공부를 '지극히 텅 비게 함'(致虛)이라고 말할 수 있다. 왜냐하면 '자연'이란 마음에 번거롭고 막힌 것들을 텅 비워 버리는 것이기 때문이다. 유가의 고유한 언어로 말하자면 이러한 '자연' 공부는 바로 맹자가 말한 "잊지도 말고 조장하지도 말라"(勿忘勿助)는 공부이다.

모든 사물에 대해서 그 본래적인 모습을 믿는다면, 어찌 너의 손발이 수고롭겠는가? 좋은 친구들과 자연을 즐기려면 잊지도 말고 조장하지도 말아야 한다. 증점의 공부도 맹자의 이 한 마디에 합쳐지고 마니, 이것이 바로 '솔개가 날고 물고기가 뛰논다'는 경지이다. 맹자의 공부가 없다면, 재빨리 그것을 말하고 증점의 입장에서 흥취를 느낀다고 하더라도 이는 모두 잠꼬대 같은 짓이다. 이 사실을 깨닫는다면 비록 요순의 사업일지라도 그저 눈앞을 지나가는 뜬구름과 같을 것이다.[99]

---

98) 같은 책, 附錄 2, 「陳白沙先生年譜」 成化 18年條, 825쪽, "山林朝市一也, 死生常變一也, 富貴貧賤夷狄患難一也, 而無以動其心, 是名曰'自得.' 自得者, 不累於外, 不累於耳目, 不累於一切, 鳶飛魚躍在我. 知此者謂之善, 不知此者雖學無益也."

99) 같은 책 권2, 「與林郡博士」, 217쪽, "色色信他本來, 何用爾脚勞手攘? 舞雩三三兩兩正在勿忘勿助之間. 曾點些兒活計, 被孟子一口打併出來, 便都是鳶飛魚躍. 若無孟子工夫, 驟而語之, 以曾點見趣, 一似說夢. 會得, 雖堯舜事業, 只如一點浮雲過目."

"모든 사물에 대해서 그 본래적인 모습을 믿는다면 어찌 너의 손발이 수고롭겠는가"라는 말은 사물의 본래적인 자연을 따르라는 뜻이고, "솔개가 날고 물고기가 뛰논다"는 말은 정호가 『중용』을 빌려 생동적인 경지를 찬탄한 말이며, "요순의 사업일지라도 그저 눈앞을 지나가는 뜬구름 같다"는 말은 사량좌가 말했던 정신 경지다. 진헌장이 생각할 때 자연의 즐거움이란 맹자가 말한 "잊지도 말고 조장하지도 말라"는 공부에서 나왔는데, 증점은 단지 즐거움만 말했을 뿐 공부에 대해서는 말하지 않았다. 맹자가 말하는 "잊지도 말고 조장하지도 말라"는 공부와 양기養氣 공부를 떠나서, 단지 증점의 즐거움만을 말하는 일은 잠꼬대에 불과하다. 맹자가 말하는 공부를 행하여 어디서나 자득함이 생길 때 비로소 "한 가지 일에 집착하지 않는" 요순의 기상에 도달할 수 있는 것이다.

진헌장이 생각할 때 진정으로 이러한 자연의 경지에 도달한 사람만이 도를 얻고, 주돈이가 말했듯이 "관직을 하찮게 여기고 금은보화를 티끌처럼 여길"(銖視軒冕, 塵視金玉) 수 있다. 그래서 그는 "지극히 큰 것은 오직 도이며 군자는 그것을 얻는다. 미미한 일신이 얻는 부귀·빈천·생사·화복 등이 어찌 군자가 얻으려는 것이겠는가"라고 하였으며, "천하의 사물은 모두 나에게 있고, 나를 변동시키지 못한다. 그러므로 갑자기 마주쳐도 놀라지 않고, 까닭없이 잃어버려도 개의치 않는다. 순과 우가 천하를 차지했어도 더불지 않고 비바람이 몰아쳐도 미혹되지 않았던 것을, 어찌 관직을 하찮게 여기고 금은보화를 티끌처럼 여기는 것으로 충분하다고 말할 수 있으랴"[100]라고 말했다. 또 그는 "사람은 하나의 깨달음을 쟁취해야만 비로소 나는 크고 사물은 작으며, 사물에게는 끝이 있지만 나에게는 끝이 없음을 느낄 수 있다. 끝이 없다고 함은 미세한 티끌에서부터 우주 전체에 이르기까지, 순간적인 것에서부터 영원한 것에 이르기까지

---

100) 같은 책 권1, 「論前輩言銖視軒冕塵視金玉」上, 55쪽, "至大者道而已, 而君子得之. 一身之微, 其所得者, 富貴貧賤死生禍福, 曾足以爲君子所得乎?", "天下之物盡在我而不足以增損我. 故卒然遇之而不驚, 無故失之而不介. 舜禹之有天下而不與, 烈風雷雨而不迷, 尙何銖軒冕金玉之足言哉!"

삶을 사랑할 줄 모르고 죽음을 원망할 줄 모르는 것이다. 그러니 어느 겨를에 관직을 하찮게 여기고 금은보화를 티끌처럼 여기겠는가"[101]라고 말했다.

'깨달음'(覺)이란 매우 높은 깨달음의 경지에 도달했다는 뜻이다. 이러한 경지를 지닌 사람은 맹자가 말한 대로의 "만물이 모두 나에게 구비되어 있다"(萬物皆備於我)는 느낌을 가질 수 있고, 비할 데 없는 자아의 충족감을 느낄 수 있으며, 우주의 모든 것이 나에 비해서 이루 말할 수 없이 미세하다는 점을 느낄 수 있다. 이러한 경지의 체험을 통해서 사람은 자아와 우주가 동일하다는 사실을 깨닫는다. "천지는 내가 세운 것이고, 모든 변화는 나로부터 나온다"(天地我立, 萬化我出)는 말이나 "미세한 티끌에서부터 우주 전체에 이르기까지, 순간적인 것에서부터 영원한 것에 이르기까지"라는 말은 결코 우주론적인 의미에서 자신이 우주를 창립했다는 의미가 아니다. 이는 모두 그러한 충족감의 체험을 묘사한 말이며, 이러한 경지가 지니는 포부를 드러낸 말이다. 그러므로 이러한 '깨달음'을 지닌 사람이라면 무한하며 충족된 자아로서의 '대아大我'와 비교할 때, 자신 이외의 어떠한 사물도 아주 미미한 것으로 느낀다. 그는 생사의 구별마저도 초월하며 어떠한 득실조차도 그의 마음을 움직이지 못한다. 그런데 하물며 관직이나 금은보화를 말해 무엇하겠는가? 진헌장의 이러한 사상은 중국의 전통 사상 중 '대아론'을 전형적으로 표현한 것이다. 이러한 사상은 결코 서양 철학에서 말하는 유아론唯我論이나 주관 유심론도 아니며, 본체론적이거나 인식론적인 진술도 아니다. 이는 일종의 정신 경지의 체험이다. 이 점을 이해하는 것이 매우 중요하다.

진헌장이 오여필에게 배울 때는 원래 주자학을 떠받들었다. 그는 시에서도 "우리 도에는 종주가 있으니, 주자양朱紫陽(주희)은 천고에 남으리. 경敬에 대한 설명이 입에서 떠나지 않으니, 나에게 덕으로 들어가는 방법을 보여 주었네.

---

101) 같은 책 권3, 「與林時矩一」, 243쪽, "人爭一個覺, 纔覺便我大而物小, 物塵而我無盡. 夫無盡者, 微塵六合, 瞬息千古, 生不知愛, 死不知惡, 尙奚暇銖軒冕而塵金玉耶?"

의로움과 이로움이 둘로 나뉘니, 지극히도 자세히 분석하였네. 성인의 학문이 어렵지 않음을 믿으니, 그 요점은 '마음을 다하여 수렴하는 것'(用心藏)에 있네. 선단善端을 매일 함양한다면 물욕에 의해 상처받지 않을 것이네. 도덕은 기름진 것이요, 문장은 쭉정이라네. 천지간을 올려다 보고 굽어 볼지언정 이 몸이 어찌 우러르랴"[102]라고 읊었다. 여기서 말하는 '장藏'이란 '수렴收斂'의 의미다. 이는 곧 "감추어진 뒤에 드러난다"는 말에서 '감춘다'는 뜻이고, 고요함 속에서 함양함을 뜻한다. 이 시에서 그는 주희를 종주로 삼아 주자학을 찬미하였다. 시의 후반부에서는 자신이 감히 주희를 좇을 수 없으나, 조금이라도 그 은혜를 입고자 하는 심경을 피력하고 있다.

사실상 진헌장 자신의 후기 사상 발전은 소옹의 노선, 즉 심경의 한가로움과 즐거움을 추구하는 방향으로 나아갔다. 바로 자기 자신이 말했던 "여유 있게 산수山水에 흥취를 느끼고 초연하게 서적 밖에 뜻을 둔다"[103)는 방향이었다. 그의 제자의 설명에 따르면, 그는 젊은 시절에 '주정'의 학문을 통해 이목耳目의 지리한 작용을 없애고, 텅 비고 원만하며 예측할 수 없는 신묘함을 온전히 하고자 하였다. 하지만 나중에 그는 도가 지극히 고요한 것만은 아니며, 마땅히 움직일 때도 안정돼야 하고 고요할 때도 안정돼야 한다는 점을 깨달았다. 그리하여 그는 "일상 생활을 떠나지 않고서도 솔개가 날고 물고기가 뛰노는 오묘함을 깨달아야 한다"[104)고 말을 바로잡았다. 뒷날 유종주는 진헌장을 논평하면서 "흥취를 아는 것은 염계에 가까웠지만 궁리가 미치지 못했고, 학술은 강절과 유사했지만 향유함이 너무 일렀다"[105)고 하였다.

---

102) 같은 책 권4, 「和楊龜山此日不再得韻」, 279쪽, "吾道有宗主, 千秋朱紫陽. 說敬不離口, 示我入德方. 義利分兩途, 析之極毫芒. 聖學信匪難, 要在用心藏. 善端日培養, 庶免物欲戕. 道德乃膏腴, 文辭固粃糠. 俯仰天地間, 此身何茂昻!"
103) 같은 책 권2, 「復江右藩憲諸公」, 138쪽, "悠然得趣於山水之中, 超然用意於簿書之外."
104) 張詡, 「白沙先生行狀」, 『陳獻章集』, 附錄, 880쪽, "不離乎日用而見鳶飛魚躍之妙."
105) 『明儒學案』 권1, 「師說」, 5쪽, "識趣近濂溪而窮理不逮, 學術類康節而受用太早."

5.
명대 중·후기의 리학

1. 왕수인

왕수인王守仁은 자字가 백안伯安이고, 명 헌종憲宗 성화成化 8년(1472년)에 태어나 명 세종世宗 가정嘉靖 7년(1529년)에 죽었다. 시호는 문성文成이다. 그의 원적은 절강성浙江省 여요餘姚였으나, 청년 시절에 부친이 산음山陰(越城)으로 이사하였다. 나중에 그는 월성에서 멀지 않은 회계산會稽山 양명동陽明洞에 집을 짓고 살면서 스스로를 양명자陽明子라고 불렀다. 그래서 학자들은 모두 그를 양명 선생으로 불렀으며, 학계에서도 왕양명王陽明으로 부른다. 그는 명대 리학자들 중에서 가장 영향력 있는 사상가이면서 명대 '심학' 운동의 대표 인물이기도 하다.

왕수인은 청년 시절에 말 타고 활 쏘는 일에 열심이었으며, 병법에도 관심을 가졌다. 또 그는 사장의 학문에 두루 통하였고 불교에 심취하기도 하였다. 28세 때에는 진사에 급제하여 형부刑部 주사主事의 직책을 부여받았으며, 나중에는 병부兵部로 전직되었다. 34세 때는 당시 조정을 좌지우지하던 환관 유근劉瑾을 반대하는 항소抗疏를 올렸다가 궁전 뜰에서 정장廷杖 40대를 맞고, 벽지인 귀주성貴州省 용장역龍場驛으로 귀양보내졌다.

王守仁

그는 유근이 죽은 뒤 여릉현廬陵縣 지사를 지냈으며, 이부吏部 주사·원외랑
員外郎·낭중郎中·남경태복사南京太僕寺 소경少卿·홍려사鴻臚寺 경卿을 역임
하였다. 정덕正德[1] 말년에는 좌첨도어사左僉都御史·우부도어사右副都御史로
서 남감南贛의 정장汀漳 지방을 순무巡撫하고, 민閩(福建省)·감贛(江西省)·월粵
(廣東省) 주변의 농민 폭동을 평정하였다. 정덕 14년(1520년)에 강서의 영왕寧王
주신호朱宸濠가 여러 해 동안 모반을 준비하다가 마침내 반란을 일으켜 십만
대군을 이끌고서 강서성 동쪽에서 남경으로 쳐내려 왔다. 때마침 강서 지방에
있던 왕수인은 병사를 일으켜 그 반란을 토벌하였다. 불리한 전황 속에서 그는
지혜로운 전략을 운용함은 물론 탁월한 식견과 담력으로 35일 동안 병사를 이
끌며 세 차례나 싸웠고, 마침내 주신호를 생포하였다. 이렇게 하여 나라를 온통
뒤흔들었던 대반란은 철저히 평정되었다. 이 공로로 왕수인은 강서 지방을 겸

---

1) 明 武宗의 연호로서, 그 기간은 1506년부터 1522년까지였다——옮긴이 주.

하여 순무하라는 명을 받았다. 나중에 그는 큰 공을 세워 남경 병부 상서尙書에 올랐으며, 신건백新建伯에 봉해졌다. 만년에는 어명을 받들어 도찰원都察院 좌도어사左都御史를 겸임하였으며, 광동성과 광서성의 제독提督으로서 광서성 소수 민족의 폭동을 평정하는 공을 세운 뒤 되돌아오던 길에 강서성 남안南安에서 병들어 죽었다. 왕수인이 일생 동안 이룩했던 치적은 송명 시대의 리학자들 중에서는 독보적이었다.

왕수인은 명 왕조를 위해 여러 차례 대단한 공을 세웠으면서도 '죽음을 넘나들 정도로 힘겨운' 정치적 위기를 여러 차례 경험하였다. 만년에는 주희와 마찬가지로 그의 학설도 압제를 받아 위학僞學으로 간주되었다. 그렇지만 그의 사상은 당시에 지대한 영향을 끼쳤을 뿐만 아니라 명대 중·후기 사상의 발전 방향을 가름하였다.

전체적으로 볼 때 왕수인의 사상은 주희의 철학에 대한 반동이다. 그가 제창하고 이끌었던 심학의 부흥 운동은 송대 육구연의 심학 방향을 계승한 것이었다. 또 그것은 극도로 부패했던 명대 중기의 정치 상황과 날로 경직돼 가던 정주학의 현실을 겨냥한 것이었다는 점에서 시대적 의의를 갖는다. 다른 한편으로 그는 유가 사상의 기초 위에서 불교 사상의 자양분을 흡수하려고 노력함으로써 북송 이래로 리학자들이 불교와 도가를 지양하려는 과정을 한껏 절정에 이르도록 하였으며, 그 뒤에 이어진 삼교합일三敎合一의 추세를 촉진시켰다.

왕수인의 개인적인 기질은 옛 사람들이 말하던 '영웅호걸'에 가까웠다. 남감과 번진藩鎭을 평정한 뒤 혐오스러운 정치적 위기 상황 속에서도 그가 보여 주었던 뛰어난 군사적 전략과 고도의 정치적 기교는 이러한 관점에서 살펴볼 때에만 충분히 이해될 수 있을 것이다. 그의 정신과 기질에서 보이는 또 다른 측면은 낭만주의와 신비주의인데, 이러한 면은 그의 사상의 발전 방향에 영향을 끼쳤다. 왕수인은 창조 정신이 풍부하였고 정주학파가 지녔던 서원의 습벽을 떨쳐 버렸으며, 활력이 넘쳐 흘렀다. 그는 선종의 대사들처럼 사람을 놀래키는 지도 방식을 통해 그들을 깨달음에 이르도록 이끌었다. 그의 사상에는 그의 생존 체험과 생명의 지혜가 넘쳐 흐른다.

왕수인의 주요 저작으로는 『전습록傳習錄』이 있다. 후대의 사람들은 그의 사상 자료를 37권의 『양명전서陽明全書』로 편집하였다.

1. 마음 밖에는 리가 없다

왕수인은 청년 시절에 주희의 영향을 받아 '격물궁리格物窮理'의 공부를 직접 실행해 보았다. 한번은 '풀 한 포기 나무 한 그루에도 리理가 있으니 마땅히 모두 궁구해 나가야만 성인이 되는 데 점차적으로 다가갈 수 있다'는 주희의 말을 좇아서, 친구 한 명과 정원 앞의 대나무를 대상으로 삼아 칠 일 동안이나 깊이 사색하며 '궁구'하였다. 하지만 결국 '리'를 궁구하지 못했을 뿐만 아니라 두 사람 모두 병으로 쓰러지고 말았다. 이 때부터 한 가지 문제가 그를 곤혹스럽게 하였다. 바로 '리는 도대체 어디에 있는가'라는 문제였다.

나중에 왕수인은 용장으로 귀양가게 되는데, 열악한 환경 속에서도 단정히 거처하고 묵묵히 정좌하면서 '성인이라면 이러한 환경 속에서 어떻게 행동했을까'를 생각하였다. 그러던중 어느 날 밤 갑자기 '격물치지'의 뜻을 깨닫고, "비로소 성인의 도를 알았다. 나의 성性은 자족自足한 것인데도 예전에 사물에서 리를 구하려 했던 것이 잘못이었다"[2]고 술회하였다. 역사적으로 그의 이러한 체험을 '용장에서 도를 깨달았다'(龍場悟道)고 말한다. 용장에서 도를 깨닫게 된 것은 신비 체험의 형식을 통한 것이었지만, 왕수인으로 하여금 실질적인 결론을 얻을 수 있도록 이끌었다. 그 실질적인 결론이란 바로 리는 원래 외부 사물에 있는 것이 아니라 전적으로 우리들의 마음속에 내재하고 있다는 사실이었다. 용장에서의 깨달음 뒤에 그는 '마음이 바로 리이다'는 사상과 '마음 밖에는 리

---

2)『陽明全書』권32, 「年譜·戊辰條」(中華書局, 四部備要本), 446쪽, "始知聖人之道, 吾性自足, 向之求理於事物者, 誤也."

『陽明全書』

가 없다'는 사상을 제기하였다.

왕수인이 주희의 격물궁리설에 반대한 이유 가운데 가장 두드러진 점이라면, 그가 기본적으로 리를 도덕 원리로서 이해하고 있다는 사실이다. 그래서 그의 제자가 "모든 사물에는 일정한 리가 있다"(事事物物皆有定理)는 주희의 명제와 '마음이 바로 리이다'는 왕수인의 사상 사이의 차이를 묻자, 그는 "모든 사물에서 지선至善을 추구하는 것은 오히려 의義를 밖으로 하는 것이다. 지선이란 마음의 본체이다"3)라고 대답했다. 따라서 왕수인은 주희가 "모든 사물에는 일정한 리가 있다"고 말할 때의 리란 오직 '지선'한 '의義'라고 생각했다. 그리고 그가 생각할 때 도덕 원리로서 지선은 외부 사물에 존재할 수 없고, 도덕 법칙은 순수하게 내재적인 것이다. 사물의 도덕 질서란 행위자가 그 사물에 부여한 도덕 법칙일 따름이다. 만일 도덕 원리를 외부 사물에서 근원하는 것으로 간주한다면, 이것은 바로 맹자가 비판한 '의외설義外說' 즉 '의'로 대표되는 도덕 원칙을 외재적인 것으로 간주하는 잘못을 범하는 셈이다. 따라서 사람이 궁리를 통해 지선을 추구하려면 오로지 자기의 마음에서 발굴하고 찾아야만 한다.

---

3) 같은 책 권1, 『傳習錄』上, 37쪽, "於事事物物上求至善, 卻是義外也. 至善者心之本體."

『전습록』에는 왕수인과 그의 제자 서애徐愛 사이의 대화가 다음과 같이 실려 있다.

서애가 "지선을 단지 마음에서만 구한다면 천지만물의 리를 전부 궁구하지 못할 것 같습니다"라고 물었다. 선생은 "마음이 바로 리인데 마음 바깥에 또다시 사물이 있고 리가 있겠는가"라고 대답했다. 서애가 다시 "예를 들어 부모를 섬길 때의 효, 임금을 섬길 때의 충, 친구와 교제할 때의 신信 그리고 백성을 다스릴 때의 인仁, 이 밖에도 수많은 도리가 있으므로 살피지 않으면 안 될 것입니다"라고 말했다. 그러자 선생은 탄식하면서 "그런 주장의 폐해가 오래 되었거늘 어찌 말 한 마디로 깨달을 수 있겠는가! 지금은 잠시 물음 내용에만 답해 보겠다. 가령 부모를 모신다면 설마 부모에게서 효의 리를 구하겠는가? 임금을 섬긴다면 설마 임금에게서 충의 리를 구하겠는가? 친구와 교제하고 백성을 다스린다면 설마 친구와 백성에게서 신과 인의 리를 구하겠는가? 모두 이 마음에 있을 뿐이다. 마음이 바로 리이다"라고 말했다.4)

그가 생각할 때 도덕 법칙으로서 '리'를 말한다면, '격물궁리'의 철학이란 도덕 법칙이 마음 밖의 사물에 존재한다는 것을 의미하게 된다. 그러나 실제로 도덕 법칙은 결코 도덕 행위의 대상으로 존재하지 않는다. 예를 들어 효의 법칙은 결코 부모의 몸에 존재하지 않으며, 충의 법칙도 군주의 몸에 존재하지 않는다. 이러한 효와 충의 리는 사람의 의식이 실천을 통하여 행위와 사물에 부여한 것일 따름이다.

'리'의 문제는 도덕 법칙과 관련될 뿐만 아니라 예의 규범과도 연계된다. 유

4) 같은 책 권1, 『傳習錄』上, 37쪽, "愛問: 至善只求諸心, 恐於天下事理有不能盡. 先生曰: 心卽理也. 天下又有心外之事, 心外之理乎? 愛曰: 如事父之孝, 事君之忠, 交友之信, 治民之仁, 其間有許多理在, 恐亦不可不察. 先生嘆曰: 此說之蔽久矣, 豈一語所能悟! 今姑就所問者言之: 且如事父, 不成去父上求個孝的理; 事君, 不成去君上求個忠的理; 交友治民, 不成去友上民上求個信與仁的理? 都只在此心, 心卽理也."

가의 전통 속에서 예禮는 '리' 관념의 기본적인 의미 가운데 하나로 생각되었다. 예란 사회 생활 속에서 구체적인 예의 규범과 절문節文 준칙이다. '마음이 바로 리이다'는 사상은 일반적인 성선론자라면 어렵지 않게 받아들일 수 있다. 하지만 '예'마저도 마음의 산물이라고 말한다면 어려움에 직면할 것이다. 왜냐하면 사회적인 예의란 분명히 선험성이 적고 사회와 인위에 훨씬 더 의존하기 때문이다. 『전습록』에는 다음과 같은 기록이 있다.

> 서애는 "선생께서 그렇게 말씀하시는 것을 들으니 깨달아지는 것이 있습니다. 하지만 옛 학설이 가슴속에 얽혀 있어서 시원스럽지 않습니다. 예를 들어 부모를 섬기는 일에는 따뜻하게 해 드리거나 시원하게 해 드려야 하는 일 등의 구체적인 조목들이 많이 있습니다. 이러한 일들도 반드시 강구해야 하지 않겠습니까"라고 물었다. 그러자 선생은 "어떻게 강구하지 않을 수 있겠는가? 하지만 조리가 있어야 한다. 오직 이 마음에서 인욕을 없애고 천리를 보존하는 일로부터 강구해 나가야 한다.…… 이 마음에 인욕이 없고 순수하게 천리만 있어서 부모에게 효도하려는 성실한 마음뿐이라면, 겨울에는 자연히 부모님께서 추우실 것을 염려하여 따뜻하게 해 드리는 방법을 찾을 것이고, 여름에는 자연히 부모님께서 더우실 것을 염려하여 시원하게 해 드리는 방법을 찾을 것이네"라고 대답했다.[5]

유가 문화 속에서 윤리 원칙은 예의와 절문을 통하여 구체화되는 한편, 사회 생활의 예의는 윤리 준칙으로서의 의미를 지니게 된다. 따라서 '리'는 일반적인 윤리 원칙을 가리킬 뿐만 아니라 상이한 상황에 근거하여 제정된 행위 방식을 의미하기도 한다. 왕수인이 볼 때, 예로 대표되는 행위의 구체적인 방식과 규정 그리고 그 본래 의미는 윤리 정신의 표현을 규범화시킨다. 그런데 이러한 예의

---

[5] 같은 책 권1,『傳習錄』上, 37쪽, "愛曰: 聞先生如此說, 愛已覺有省悟處. 但舊說纏於胸中, 尚有未脫然者. 如事父一事, 其間溫凊定省之類有許多節目, 不亦須講求否? 先生曰: 如何不講求? 只是有個頭腦, 只是就此心去人欲存天理上講求…… 此心若無人欲, 純是天理, 是個誠於孝親的心, 冬時自然思量父母的寒, 便自要去求個溫的道理; 夏時自然思量父母的熱, 便要去求個凊的道理"

자체가 목적으로 변질되고, 예의란 본래 진실한 도덕 감정의 표현 방식이어야 함을 망각한다면, 그것은 본말이 전도된 것이다. 왕수인이 생각할 때 사람들이 진실한 도덕 의식과 도덕 감정을 진정으로 보유하기만 한다면, 그들은 구체적인 상황에 대응하는 적당한 행위 방식을 자연스럽게 선택할 수 있다. 이런 까닭에 예의란 당연히 도덕 본심의 작용과 표현이어야 한다. 따라서 근원적인 의미에서 예절로 구성된 예도 사람의 마음에서 나온다. '마음이 바로 리이다'는 명제는 예절의 완벽함이 지선의 완성임을 표현해 주기보다는 동기(마음)의 선이 진정한 선임을 표현해 준다는 점이 더욱더 중요하다.

왕수인은 다음과 같이 말했다.

> 리란 마음의 조리이다. 이 리가 부모에게 발현되면 효孝가 되고, 임금에게 발현되면 충忠이 되며, 친구에게 발현되면 신信이 된다. 끊임없이 변하더라도 나의 한 마음(一心)에서 발현되지 않는 것이 없다.6)

어떤 의미에서 '마음이 바로 리이다'는 주장은 "마음의 조리가 바로 리이다"(心之條理卽是理)는 말로 표현될 수 있다. 이러한 주장은 사람이 지각 활동을 하는 데 자연스러운 조리가 있다는 사실을 의미한다. 이러한 조리란 바로 인간 행위의 도덕 준칙이다. 예를 들어 사람들이 지각의 자연스러운 조리에 따른다면 부모를 모실 때에는 자연히 효성스럽게 되고, 친구를 사귈 때에는 자연히 미덥게 된다. 따라서 인간 지각의 자연스러운 조리는 실천 활동 속에서 사물에 조리를 부여하고, 사물들로 하여금 그 도덕 질서를 드러내게끔 한다. 그러므로 사물의 '리'는 근원적으로 마음 밖에 있지 않다. 도덕 원칙을 인심의 고유한 조리로 간주하는 것은, 그 조리를 사물의 도덕 질서의 근원으로 생각하는 것이다. 이러한 생각은 주관주의적 윤리 준칙이다.

---

6) 같은 책 권8, 「書諸陽伯卷」, 141쪽, "理也者, 心之條理也. 是理也, 發之於親則爲孝, 發之於君則爲忠, 發之於朋友則爲信. 千變萬化, 至不可窮竭, 而莫非發於吾之一心"

이러한 사상에 근거하여 왕수인은 다음과 같이 주장하였다.

마음 밖에는 사물(物)도 없고 사건(事)도 없으며 리도 없고 의도 없으며, 선도 없다. 내 마음이 순수한 천리의 상태일 뿐 인위적인 잡스러움이 없는 상태에서 사물을 처리하는 것을 선이라 한다. 선이란 사물에 정해져 있는 어떤 것을 추구하는 게 아니다. 사물을 처리함이 의롭다는 말은 내 마음이 그 적절함을 얻은 것이다. 의는 밖에서 받아들여 취할 수 있는 것이 아니다. 궁구함은 이것을 궁구한다는 것이고, 이르름(致)은 이것에 이른다는 것이다.[7]

왕수인이 "마음 바깥에 리가 없다"고 주장한 것은 주로 마음 밖에는 '선'이 없음을 강조한 것이다. 선한 동기 의식은 행위로 하여금 도덕적 의미를 갖게 하는 근원이다. 따라서 선은 오직 주체로부터 나오는 것일 뿐, 외부 사물에서 나오는 것이 아니다. 격물과 치지도 반드시 지선의 근원을 발굴하고 드러내는 것을 중심으로 전개되어야 한다.

'마음이 바로 리이다'거나 '마음 밖에는 리가 없다'는 명제에서 '마음'이란 결코 일반적인 지각 활동이나 의식 활동을 의미하지 않는다. 왕수인은 이렇게 생각했다.

예가 아니면 보지도 듣지도 말하지도 행동하지도 말라고 할 때, 어찌 네 몸의 눈과 입, 코와 사지가 스스로 보지도 듣지도 말하지도 행동하지도 않을 수 있겠는가? 반드시 네 마음으로부터 말미암는다.…… 이른바 네 마음이란 바로 그 보고 듣고 말하고 행동할 수 있는 것이다.[8]

---

7) 같은 책 권4, 「與王純甫癸酉」, 96쪽, "心外無物, 心外無事, 心外無理, 心外無義, 心外無善. 吾心之處事物, 純乎理而無人僞之雜, 謂之善. 非在事物有定所之可求也. 處物爲義, 是吾心之得其宜也, 義非在外可襲而取也. 格者, 格此也; 致者, 致此也."
8) 같은 책 권1, 『傳習錄』上, 50쪽, "要非禮勿視聽言動時, 豈是汝之身目口鼻四肢自能勿視聽言動? 須由汝心…… 所謂汝心, 卻是那能視聽言動的."

마음은 몸의 주재다.…… 주재가 바르면, 눈으로 발현될 때도 자연히 예가 아니면 보지 않을 것이고, 귀로 발현될 때도 자연히 예가 아니면 듣지 않을 것이며, 입과 사지로 발현될 때도 예가 아니면 말하지도 행동하지도 않을 것이다. 이것이 바로 "수신은 그 마음을 바로 하는 데 달려 있다"는 말이다. 그리고 지선이란 마음의 본체이다. 마음의 본체에 선하지 않음이 있겠는가? 만일 지금 마음을 바르게 하려고 한다면, 본체상에서 어떻게 힘쓸 수 있겠는가? 반드시 마음이 발현된 곳에서만 힘을 집중할 수 있다.9)

왕수인은 '마음이 바로 리이다'고 주장하였다. 여기에서 '마음'은 결코 지각을 의미하지 않는다. '마음이 바로 리이다'에서 '마음'은 '심체心體' 혹은 '마음의 본체'(心之本體)를 의미한다. 이 '마음의 본체'는 맹자와 육구연의 '본심本心' 개념이기도 하다. 본심은 현상적인 의식 층위에서 경험되 자아가 아니라 선험적인 순수 도덕 주체이다.

주희의 철학에서 '물리物理'란 필연과 당연의 두 측면을 포함한다. 필연은 자연 법칙을 의미하고 당연은 도덕 법칙을 의미한다. 하지만 왕수인의 '마음이 바로 리이다'거나 '마음 밖에는 리가 없다'는 주장은 당연에 대한 해석만을 제기하였다. 따라서 사물에 필연적인 리가 있는지, 이러한 물리는 마음의 조리로 귀결될 수 있는지 그리고 이 마음을 궁구하기만 하면 이러한 종류의 물리를 전부 궁구할 수 있는지 등에 대해서 왕수인은 아무런 대답도 하지 않았다. 그 결과 송명리학을 이해할 때 일반적으로 받아들여지는 '마음'이 통상적으로 포함하는 지각의 의미와 '리'가 통상적으로 포함하는 규율의 의미는, 사람들로 하여금 '마음 밖에는 리가 없다'는 주장을 받아들이기 매우 어렵게 만들었다.

---

9) 같은 책 권3, 『傳習錄』下, 83쪽, "心者身之主宰…… 主宰一正, 則發竅於目, 自無非禮之視; 發竅于耳, 自無非禮之聽; 發竅于口與四肢, 自無非禮之言動, 此便是'修身在正其心.' 然至善者, 心之本體也. 心之本體, 那有不善? 如今要正心, 本體上如何用得功? 必就心之發動處纔可著力也."

2. 마음 밖에는 사물이 없다

왕수인은 『대학』의 '정심正心'·'성의誠意'·'치지致知'·'격물格物'의 배열에 근거하여, 마음(心)·뜻(意)·앎(知)·사물(物)에 대한 정의를 내렸다.

몸의 주재는 마음이고 마음이 발현한 것이 뜻이며, 뜻의 본체는 앎이고 뜻이 있는 곳이 바로 사물이다.10)

이 네 구절에서 앞의 두 구절은 주희 철학의 영향을 뚜렷하게 받은 것이다. 주희는 마음이 몸의 주재임을 반복하여 지적했고, 뜻이 마음의 운용임을 말한 적도 있다. 왕수인은 이러한 두 명제를 이어 받았으며, 게다가 자기의 이해를 덧붙였다. 즉 마음은 순수 자아의 범주에 속하고, 뜻은 경험 의식의 범주에 속한다.

『전습록』에는 왕수인과 제자 사이의 문답이 이렇게 기재되어 있다.

서애가 "어제 선생의 가르침을 듣고서 반드시 그렇게 공부해야 한다는 점을 어렴풋이나마 알았는데, 오늘 이러한 말씀까지 들으니 더 의심할 것이 없게 되었습니다. 저는 어제 '격물'에서 '물'은 바로 '사事'이며, 모두 마음으로부터 말하는 것임을 깨달았습니다"라고 말했다. 그러자 선생은 "그렇다. 몸의 주재는 마음이고 마음이 발현한 것이 뜻이며, 뜻의 본체는 앎이고 뜻이 있는 곳이 바로 사물이다. 예를 들어 뜻이 부모를 섬기는 데 있다면 부모를 섬기는 일도 하나의 사물이다. 뜻이 임금을 모시는 데 있다면, 임금을 모시는 일도 하나의 사물이다. 뜻이 백성을 인애롭게 대하고 사물을 아끼는 데 있다면, 백성을 인애롭게 대하고 사물을 아끼는 일도 하나의 사물이다. 뜻이 보고 듣고 말하고 행동하는 데 있다면, 보고 듣고 말하고 행동하는 일도 하나의 사물이다. 그래서 나는 마음 밖에는 리가 없고 마음 밖에는 사물이

---

10) 같은 책 권1, 『傳習錄』 上, 38쪽, "身之主宰便是心, 心之所發便是意, 意之本體便是知, 意之所在便是物."

없다고 말하는 것이다"라고 말하였다.[11]

이 말은 마음과 뜻, 앎과 사물 이 네 가지에 관한 왕수인의 설명 중에서 '뜻이 있는 곳이 바로 사물이다'는 설명이 중요한 지위를 차지하고 있음을 표명해 준다. '뜻이 있는 곳이 바로 사물이다'는 말은 '사물'을 정의내리는 말이다. 전체 문답, 특히 '물이 바로 사事이다'는 설명 중에서 '물'이란 산천초목 등의 사물을 가리키는 것이 아니라 '사건'(事)을 의미한다. 요컨대 '마음 밖에는 사물이 없다'는 명제는 제기할 때부터 주로 '사건'을 의미하였다.

'뜻이 있는 곳이 바로 사물이다'는 명제에서 '뜻'이란 의식·의향意向·의념意念을 가리키고, '뜻이 있는 곳'이란 의향의 대상이나 의식의 대상을 가리키며, '사물'이란 주로 사건 즉 인류 사회의 실천을 구성하는 정치 활동과 도덕 활동 그리고 교육 활동 등을 의미한다. 이 명제는 의식에는 반드시 그 대상이 있고 의식이란 대상에 대한 의식이며, 사물이란 오직 의식이나 의향과 상관된 구조 속에서만 정의될 수 있다는 점을 말해 준다. 따라서 이러한 정의는 본질적으로 '마음으로부터 사물을 말하는' 것이다. 그가 생각할 때 사물은 사람의 의향 구조에서 한 극極이 되며, 주체를 벗어날 수 없는 것이다. 우리가 일상 생활에서 볼 수 있듯이 모든 활동은 의식이 참여한 활동이다. 이러한 의미에서 주체를 벗어난 사물이란 있을 수 없다.

'뜻이 있는 곳이 바로 사물이다'는 왕수인의 정의 속에서 뜻이 있는 곳으로서의 사물이란 분명히 두 의미를 포함한다. 하나는 뜻이 지향하는 실재적인 사물이나 의식은 이미 그 안에 투입된 현실 활동이라는 의미이며, 다른 하나는 단지 의식되는 대상의 뜻이다. 요컨대 '뜻이 있는 곳이 바로 사물이다'는 정의 속에서

---

11) 같은 책 권1, 『傳習錄』上, 38쪽, "愛曰: 昨聞先生之教, 亦彷彿見得功夫須是如此. 今聞此說, 益無可疑. 愛昨曉思格物的物字即是事字, 皆從心上說. 先生曰: 然. 身之主宰便是心, 心之所發便是意, 意之本體便是知, 意之所在便是物. 如意在於事親, 即事親便是一物, 意在於事君, 即事君便是一物, 意在於仁民愛物, 即仁民愛物便是一物, 意在於視聽言動, 即視聽言動便是一物. 所以某說無心外之理, 無心外之物."

그는 결코 사물(사건)이 반드시 객관적이고, 외재적이며, 이미 이루어져 있는 것이라고 규정하지 않았다. '뜻이 있는 곳'이란 존재하는 것일 수도 있으며, 존재하지 않는 것 즉 관념적인 것일 수도 있다. 그리고 그것은 실재적인 사물일 수도 있으며, 단지 의식의 흐름 안에 있는 대상일 수도 있다. 왕수인은 '뜻'이란 반드시 그 대상을 가지며, 그 내용을 지닌다는 점을 강조했을 따름이다. 대상이 실재하는가의 여부는 결코 중요하지 않다. 왜냐하면 그가 강조하고자 했던 것은 의향 행위 자체였기 때문이다.

왕수인이 생각할 때 '뜻'에는 대상을 지향하는 성질이 있고, 사물이란 오직 뜻의 대상이 될 때에만 그 의미가 있는 것이다. 뜻은 사물의 의미(리)를 구성하고 사물의 질서는 그것을 구성하는 뜻에서 나온다. 그러므로 사물은 의식 구조를 떠나서 정의내릴 수 없다. 의념은 사물의 도덕성을 결정하는 근원이고, 사물의 리는 반드시 선한 '뜻'이 그 사물에 부여하는 것이다. 따라서 뜻은 사물의 요소를 결정하며, 사물은 뜻의 결과물에 불과하다. 이 때 의향의 대상이 실재하는가, 의향이 이미 대상화되었는가의 여부는 그다지 중요하지 않다. 중요한 것은 의향 행위 자체이다. 왜냐하면 의향 행위 자체가 대상이 되는 사물의 성질을 결정하기 때문이다. "뜻이 부모를 섬기는 데 있다면 부모를 섬기는 일은 하나의 사물이다." 부모를 섬긴다는 '사물'은 지금 실현되고 있는 활동이나 이미 실현된 활동을 가리킬 수도 있고, 의념의 내용만을 가리킬 수도 있다. 왕수인에게 '사물'이란 현실적인 것을 가리키지 않고, 주로 의향하는 사물 즉 의식 속에 드러나는 것을 가리킨다.

앞에서 살펴보았듯이, '뜻이 있는 곳이 바로 사물이다'는 말은 '마음 밖에는 사물이 없다'는 왕수인의 주장에 관한 주요 논점이자 논증에 해당한다. '마음 밖에는 사물이 없다'는 왕수인의 주장을 이해하기 위해서는 그가 이 원리를 제기한 목적이 무엇인지를 이해하는 일이 대단히 중요하다. 그의 용어를 빌려 말하자면 반드시 그 '말을 한 종지宗旨'를 밝혀야만 한다. '마음 밖에는 사물이 없다'는 그의 주장과 그 속에 포함된 '사물'에 대한 해설의 종지이자 목적은, 청년 시절에 대나무를 격물한 이래 계속해서 그를 괴롭혔던 '격물'의 문제를 겨냥한 것이다. '뜻이 있는 곳이 바로 사물이다'는 명제는 근본적으로 사물을 의념에 귀결시킨다. 오직 '격물'에서 '물'을 의념으로 귀결시켜야만 '격물'을 '격심格心'으로 해석할 수 있다. '마음 밖에는 사물이 없다'는 말의 의미는 사람들로 하여금 마음에서 격물 공부를 하라는 것이다.

그러나 설령 '마음 밖에는 사물이 없다'고 말할 때의 '사물'이 '사건'을 가리켜 말한 것이라 할지라도 왕수인은 시종 실재적인 객관 물체(산천초목 등)를 '마음 밖에는 사물이 없다'는 명제의 활용 범위 밖으로 명확하게 배제하지 않았다. '사물'의 통상적인 의미는 산천초목과 사람, 만물을 모두 포괄한다. 따라서 '마음 밖에는 사물이 없다'는 왕수인의 주장은 필연적으로 외부 사물의 객관적 실재성이라는 도전에 직면할 수밖에 없었다. 『전습록』에는 다음과 같은 기록이 있다.

> 선생이 남진南鎭을 유람할 때, 한 친구가 바위틈에 있는 꽃을 가리키며 "마음 밖에는 사물이 없다고 했는데, 이 꽃은 깊은 산 속에서 스스로 피고 지므로 내 마음과 무슨 상관이 있겠는가"라고 물었다. 그러자 선생은 "자네가 이 꽃을 아직 보지 않았을 때 이 꽃과 자네의 마음은 모두 적막했었네. 하지만 자네가 이 꽃을 보자마자 이 꽃의 모습이 일시에 분명하게 드러났네. 그러니 이 꽃이 자네의 마음 밖에 있지 않음을 알 수 있지 않은가"라고 대답했다.[12]

왕수인은 우리의 의식이 있는 곳에 의지함이 없이 꽃은 저절로 피고 진다는 문제를 회피한 채, 단지 '자네가 이 꽃을 보자마자 이 꽃의 모습이 일시에 분명

---

12) 같은 책 권3, 『傳習錄』 下, 79쪽, "先生遊南鎭, 一友指岩中花樹問曰: 天下無心外之物, 如此花樹, 在深山中自開自落, 於我心亦何相關? 先生曰: 你未看此花時, 此花與汝心同歸於寂. 你來看此花時, 則此花顔色一時明白起來, 便知此花不在你的心外."

하게 드러났네'라는 말로 의향 작용과 의향 대상 사이에 불가분의 관계가 있다는 점만을 설명하였다. '마음 밖에는 사물이 없다'는 왕수인의 주장은 원래 외재하는 객관 존재로서 물체를 말했던 것이 아니라 의향의 실천이 '사건'의 구성에 미치는 작용에 착안했던 생각이다. 그러므로 '마음 밖에는 사물이 없다'는 주장은 개체적인 의식 이외에는 아무것도 존재하지 않는다는 사상과 아무런 관련이 없다.

어떤 유학자일지라도 적어도 논리적으로나마 부모가 나의 의식보다 나중에 존재한다고 생각하지 않을 것이며, 나의 '뜻의 소재'가 부모에게 있지 않다고 해서 부모가 존재하지 않는다고 생각하지 못할 것이다. 그러나 '마음 밖에는 사물이 없다'는 명제의 형식 자체는 왕수인이 이 명제를 응용하여 나타내고자 했던 특별한 취지를 넘어서고 말았다. 하지만 왕수인으로서도 다른 명제를 선택할 수 없었다. 그래서 산 속에서 꽃을 보았던 것과 같은 문제를 모면할 수 없었던 것이다. 만일 그가 사람의 의식에서 독립한 객관 실재로서 외부 사물의 문제에 관해 충분한 대답을 할 수 없었다면, 그것은 아마도 그가 원래 직면했던 문제가 아니었기 때문일 것이다.

3. 격물과 격심

'마음 밖에는 리가 없고, 마음 밖에는 사물이 없다'는 주장은 직접적인 의미에서 의식과 법칙, 사물 간의 상호 관계를 논한 것이다. 그렇지만 이 주장의 본래 목적은 이것으로부터 새로운 격물궁리론格物窮理論을 이끌어내려는 데 있었다.

'격물'과 '치지致知'는 『대학』에서 유래한 말이다. 『대학』은 본래 『소대예기小戴禮記』의 제42편이었다. 『대학』의 내용은 크게 두 부분으로 나눌 수 있다. 한 부분은 훌륭한 덕을 밝힌다는 '명명덕明明德'·백성을 친하게 여긴다는 '친민親民'·지선에 머문다는 '지어지선止於至善' 등 세 항목의 기본 원칙과 '격물'·'치지'·'성의'·'정심'·'수신'·'제가'·'치국'·'평천하' 등 여덟 항목의 방법에 관한 내용이다. 또 다른 부분은 세 원칙과 여덟 방법에 대한 해석과 논증이다. 주희는 첫 번째 부분을 '경經', 두 번째 부분을 '전傳'이라고 불렀다.

주희는 『대학』에 대한 연구를 통해, '전'은 세 원칙과 여덟 조목을 '조목마다' 해석한 것이면서도 유독 "치지는 격물에 있고", "그 뜻을 정성스럽게 하는 것은 치지에 있다"는 구절에 대해서만 논증이 결여되어 있으며, "정심은 그 뜻을 정성스럽게 하는 것에 있다"는 구절에 대한 해석과 논증도 역시 여덟 조목의 마땅한 순서에 따르고 있지 않음을 발견하였다. 이에 대해 주희는 전체 문장 중에서 격물치지를 해석한 부분이 없는 까닭은 '죽간 배열상의 착오(闕文)' 때문이며, '성의'를 해석하는 전문傳文이 여덟 조목의 마땅한 순서를 따르고 있지 않은 까닭은 '글자의 누락(錯簡)' 때문이라고 생각하였다. 그래서 주희는 『대학장구大學章句』에다 '보격물치지전補格物致知傳'을 지어 궐문 때문에 빚어진 연관성이 결여된 부분을 보충하는 한편, 전문에서는 '성의'에 대한 해석 부분을 '정심' 앞에다 옮겨 놓았다.

왕수인은 주희의 주장에 일일이 반대하면서 『대학』에는 궐문도 없고 착간도 없으므로 본래의 판본을 그대로 따라야 한다고 주장하였다. 왕수인은 "『대학』의 옛 판본은 공자의 문하에서 서로 전수했던 본래의 판본이다. 주자는 그것에 빠지고 잘못된 것이 있다고 의심하면서 그것을 고치고 보충하여 다시 편집하였다. 그러나 내가 생각할 때 그 판본에는 빠지거나 잘못된 부분이 없다. 따라서 전부 그 본래의 판본을 따라야 한다"[13]고 말했다. 이처럼 왕수인은 주희의 보전補傳과 격물에 대한 해석을 배격했으며 또한 격물을 심학의 체계로 끌어들여 해석하였다.

『전습록』에는 젊은 시절에 왕수인이 대나무를 궁구하던 일화가 다음과 같이 실려 있다.

---

13) 같은 책 권2, 「答羅整庵少宰書」, 66쪽, "大學古本乃孔門相傳舊本耳. 朱子疑其有所脫誤, 而改正補緝之, 在某則謂其本無脫誤, 悉從其舊而已."

선생은 이렇게 말했다. "많은 사람들이 주자의 주장대로 격물해야 한다고 말한다. 하지만 어떻게 그의 주장대로 하겠는가? 나는 일찍이 그의 주장대로 해 본 적이 있다. 젊었을 때 친구 전錢씨와 함께 성현이 되려면 천하의 사물을 궁구해야 한다고 논의하였다. 지금이라면 어떻게 그처럼 무모할 수 있었겠는가! 어쨌든 정자 앞의 대나무를 궁구하기로 하였다. 전씨는 종일토록 대나무의 도리를 궁구하려고 심사心思를 다하였다. 그러나 삼 일째가 되자 피로에 지쳐 병이 나고 말았다. 그 때는 친구의 정력이 부족했기 때문이라고 생각해, 내가 직접 궁구하였다. 그런데 나는 밤낮으로 궁구해도 그 리理를 알 수 없었으며, 칠 일째가 되자 나 역시 피로에 지쳐 병에 걸리고 말았다. 그래서 둘이는 서로 '성현은 될 수 없나보다. 그렇게 애써 격물하였건만'이라며 한탄했다. 그리고 오랑캐 땅에서 삼 년 동안 지내면서 천하의 사물은 원래 궁구할 수 없다는 사실을 알게 되었다.14)

용장에서 도를 깨달은 일은 왕수인의 격물 사상에서 전환점이 되었다. 청년 시절부터 줄곧 그를 괴롭혔던 격물 문제는 용장에서의 '대오大悟'로 해결되었다. 이 깨달음은 그와 주희의 격물설 간의 철저한 결렬을 의미한다. 용장에서의 깨달음은 사물에서 리를 구하는 일을 부정하는 것일 뿐만 아니라 외부 사물은 원래 궁구할 수 없다는 생각이기도 하였다. 그 깨달음의 결론은 격물궁리의 대상을 외부 사물에서 주체 자신에게로 향하게끔 이끌었다. 이 때문에 그는 '마음 밖에는 리도 없고 사물도 없다'는 주장을 발전시켜 격물궁리를 마음에서 행하는 공부로 해석하였다.

이제 격물이란 외부에서 리를 구하는 일이 아니기 때문에 마음이 바로 리이며, 의념이 있는 곳이 바로 궁구해야 할 곳이다. 따라서 격물은 '격심格心' 혹은

---

14) 같은 책 권3, 『傳習錄』下, 84쪽, "先生曰: 衆人只說格物要依晦翁, 何曾把他的說去用? 我著實曾用來. 初年與錢友同論做聖賢, 要格天下之物, 如今安得這等大的力量! 因指亭前竹子, 令去格看. 錢子早夜去窮格竹子的道理, 竭其心思, 至於三日, 便到勞神成疾. 當初說他這是精力不足, 某因自去窮格. 早夜不得其理, 到七日, 亦以勞思致疾. 遂相與嘆聖賢是做不得的, 無他大力量去格物了. 及在夷中三年, 頗見得此意思, 乃知天下之物本無可格者."

'구심求心'으로 바뀌게 되었다. 『전습록』에는 다음과 같은 기록이 있다.

> 격물이란 '대인은 임금의 마음을 바로잡는다'는 맹자의 말에서의 바로잡는다'는 말
> 뜻과 같으며, 그 마음의 바르지 못함을 없애 본체의 바름을 온전하게 하는 것이다.
> 의념이 있는 곳이라면 그 바르지 못함을 없애 그 바름을 온전하게 해야 한다. 즉
> 언제 어디서나 천리를 보존하라는 말이다. 천리를 보존하는 일이 바로 궁리이며,
> 천리는 훌륭한 덕이다. 따라서 궁리란 훌륭한 덕을 밝히는 일이다.15)

> 격물에 관해 묻자, 선생은 "격이란 바로잡는다는 말이다. 그 바르지 못함을 바로잡
> 아 바름으로 돌이키는 것이다"라고 말했다.16)

왕수인은 '격格'을 '바로잡는다'는 뜻으로 해석하였다. 즉 바르지 못함을 바
로잡는다는 말이다. 또한 그는 '사물'을 '뜻이 있는 곳'으로 정의하였다. 따라서
'격물'이란 뜻이 있는 곳을 바로잡는다는 말이다. 그런데 '뜻이 있는 곳'은 실제
사물일 수도 있고, 그저 의념 속의 대상일 수도 있다. 그렇다면 결국 격물이란
실제 사물을 바로잡는 것인가 아니면 의념 행위 자체를 바로잡는 것인가? 다시
말해서 격물은 그 사건의 바르지 못함을 바로잡는 것인가 아니면 그 마음의
바르지 못함을 바로잡는 것인가? 왕수인의 입장에서 볼 때 격물의 직접적인
의미는 '그 마음의 바르지 못함을 없애는' 것이다. 마음의 본체는 바르지 않은
상태가 없다. 하지만 보통 사람들의 마음은 이미 마음의 본체가 아니기에 바르
지 못하다. 격물이란 마음의 바르지 못함을 바로잡아서 본체의 바름을 회복하
는 일이다.

이러한 해석에 근거하면 격물은 바로 격심이다. 그렇기 때문에 왕수인은 뜻

---

15) 같은 책 권1, 『傳習錄』上, 39쪽, "格物, 如孟子'大人格君心'之格, 是去其心之不正, 以全其本體
之正. 但意念所在, 卽要去其不**正以全其正**, 卽無時無處不是存**天理. 存天理卽是窮理, 天理卽
是明德.** 窮理卽是明明德."
16) 같은 책 권1, 『傳習錄』上, 45쪽, "問格物. 先生曰: 格者, 正也. 正其不正, 以歸於正也."

이 있는 곳이 사물이며, "의념이 있는 곳이라면 그 바르지 못함을 없애 바름을 되돌려야 한다"고 강조했다. 이것이 바로 격물이다. 여기에서 '의념이 있는 곳'이란 문맥 속에서 볼 때 어떤 내용을 갖는 의념이다. 그래서 그의 친구이자 저명한 리학자였던 담약수湛若水는 "사물을 마음(心意)이 드러난 것으로 생각하는 자네의 뜻은, 사람들이 마음을 버리고 외부에서 리를 구할까 걱정스러워 그렇게 주장한 듯하다"[17]고 지적했다. 또 담약수는 "양명의 격물설에서 '생각을 바로잡는다'는 말은 아래 문장의 '정심正心'이라는 말과 중복된다. 게다가 예부터 성현의 가르침을 배웠던 일이나, 학문을 닦고 열심히 생각하며 독실하게 실행하라는 가르침, 널리 배우고 예로 집약하라는 가르침, 덕을 닦고 강학하라는 가르침 그리고 덕성을 높이고 학문을 논하라는 말씀 등은 무슨 이유에서 한 말이었을까"[18]라고 말했다.

담약수는 왕수인의 격물설에서 격물을 '생각을 바로잡는다'는 말로 이해하고 있음을 강조하면서, 이러한 왕수인의 설명에는 두 가지 난점이 있음을 지적하였다. 첫째 격물을 '생각을 바로잡는다'는 뜻으로 여긴다면, 이는 바로『대학』에 원래 있던 '정심'의 조목과 중복된다는 점이다. 둘째 학문이 전적으로 마음에만 집중된다면, 유학의 전통에서 '배움'(學)과 '물음'(問)의 두 측면이 완전히 말살된다는 점이다.

격물에 대한 왕수인의 해석에서는, 주자학에서 말하는 격물의 인식 기능과 의미가 완전히 취소되었다. 그 대신에 왕수인은 격물을 간단하고 직접적인 방식으로 비도덕적인 의식을 바로잡고 극복하는 일로 변화시켰다. 이것은 경전 연구와 자연 사물에 대한 고찰을 부정하고 일종의 내향적인 입장으로 완전히 돌아서 버린 것이다.

---

17) 『甘泉文集』 권7, 「與陽明鴻臚」, "以物爲心意之所著, 兄意只恐人舍心求之於外, 故有是說"
18) 같은 책 권7, 「與楊少默」, "陽明格物之說謂正念頭, 旣與下文正心之言爲重複, 又自古聖賢學於古訓, 學問思辨篤行之敎, 博文約禮之敎, 修德講學, 尊德性道問學之語, 又何故耶?"

4. 지행합일

왕수인이 지행합일론知行合一論을 자신의 핵심 사상으로 생각했는지의 문제는 불문하고, 사람들은 일반적으로 지행합일론이 왕수인의 사상을 대표하는 학설이라고 생각한다.

범주의 사용 방식을 살펴보면, 왕수인과 송대 유학자들이 이해했던 '지知'와 '행行'의 개념에는 차이가 있다. 송대 유학자들이 생각했던 '지'와 '행'은, 지식과 실천으로 구별될 뿐만 아니라 서로 다른 행위(지식을 추구하는 것과 스스로 실행하는 것)를 가리키기도 했다. 그러나 양명학에서 '지'란 단지 주관적인 형태의 '지'만을 가리키는 것으로, 송대 유학자들이 사용하는 '지'의 범주에 비해 범위가 좁다. 하지만 '행'의 범주는 송대 유학자들이 사용하는 범주보다 넓다. '행'은 사람의 실천 행위를 가리킬 수도 있으며 심리적인 행위까지도 포괄할 수 있다.

왕양명의 지행관은 아래의 몇 가지 구체적인 설명이나 명제로 표현될 수 있다.

1. 지행본체知行本體

왕수인의 제자가 그에게 이렇게 물은 적이 있다. "많은 사람들은 자신들이 부모에게 효도해야 마땅하며, 윗어른을 공경해야 마땅하다는 점을 알면서도 효도하지 않고 공경하지 않는다. 그러니 '지'와 '행'은 분명히 나뉘는 것이다. 어떻게 '지행합일'을 말할 수 있겠는가?" 그러자 왕수인은 "그것은 이미 사욕에 의해 끊어진 것으로, 지와 행의 본체가 아니다. 알면서도 실행하지 않는 사람은 없다. 알면서도 실행하지 않는다면 이는 아직 알지 못한 것이다"[19]고 말했다.

송대 유학자들의 지와 행에 대한 논의에서, '진지眞知'는 항상 거론되던 중요

---

19) 『陽明全書』 권1, 『傳習錄』 上, 38쪽, "此已被私欲隔斷, 不是知行的本體了. 未有知而不行者. 知而不行, 只是未知."

개념이다. '진지'란 참되고 절실한 지식을 의미한다. '진지'를 알고 있는 사람이라면 반드시 자기가 이해한 도덕 지식을 행동으로 옮긴다. 따라서 알면서도 실행하지 않는 문제는 발생하지 않는다. 바꿔 말하자면 알면서도 실행하지 않는 것은 아직 '진지'에 이르지 못했다는 사실을 나타낸다. 그러므로 송대 유학자들이 볼 때 '진지' 관념은 직접적으로 행위를 포함하지는 않지만, '반드시 실행할 수 있다'는 잠재성을 지닌다.

송대 유학자들의 이러한 사상은 왕수인의 지행합일설에 대한 선구이다. 왕수인은 "알면서도 실행할 수 없는 사람이란 없다. 알면서도 실행하지 않는 것은 아직 모르고 있다는 것이다"라고 말했다. 이러한 생각은 바로 '진지는 반드시 실행할 수 있는 것이다'라는 송대 유학자들의 사상에 기초한 것이다. '지행본체'란 왕수인이 '진지'의 개념을 대체하여 사용한 말이다. 여기에서 '본체'는 본래적인 의미를 가리킨다. 즉 지와 행은 그 본래적인 의미에서 서로 연계되고 포함되는 것이다. 지와 행이 분열된 모든 현상은 지와 행의 본래적인 의미를 위배한 것이다. 지와 행의 본래적인 의미를 따르면 '지'는 반드시 실행할 수 있음을 포함하는데, 이것이 바로 '지행본체'이다. 이렇게 본다면, '마땅히 효도하고 마땅히 공경해야 함을 알면서도 효도하지 못하고 공경하지 못하는' 사람은, 알면서도 실행하지 않는 것이 아니라 아직 근본적으로 '모르고 있는' 사람이다.

이러한 사상에 근거하여 왕수인은 본래적인 의미에서 지와 행은 합일된다고 생각하였다. 이러한 합일은 지와 행을 완전한 하나로서 말하는 것이 아니라 이 둘이 서로 떨어질 수 없는 것임을 강조한 것이다. 그는 지와 행이 서로 포함 관계에 있다고 규정하였다.

2. 진지는 실행의 근거이며, 실행하지 않으면 앎이라고 말할 수 없다

왕수인의 지행합일설은 "진지眞知는 실행의 근거이고 실행하지 않으면 앎이라고 말할 수 없다"[20]는 사실을 표현하고 있다. 우리가 앎을 기준으로 삼아

도덕 지식의 수준을 설명할 때, '실행하지 않으면 앎이라고 말할 수 없다'는 말은 앎이란 반드시 실행과 연결되어 있음을 의미한다. 그는 "예를 들어 어떤 사람이 효도를 알고 공경을 안다고 말한다면, 반드시 그 사람이 효도해 본 적이 있고 공경해 본 적이 있을 때에만 그 사람이 효도를 알고 공경을 안다고 말할 수 있다. 효도와 공경을 말할 줄 안다고 해서 곧바로 효도와 공경을 안다고 말할 수 있겠는가"[21]라고 말했다. 효도와 공경을 실행하지 않는 사람이라면 효도를 알고 공경을 안다고 말할 수 없다. 그러므로 도덕적 평가에서 앎과 실행은 반드시 서로 연계되고 서로 포함하는 것이다.

다음으로 '실행하지 않으면 앎이라고 말할 수 없다'는 말은 일반적인 인식 활동을 가리키는 것이기도 하다. 왕수인은 이렇게 말한 적이 있다.

아픔을 알려면 스스로 아파 봐야만 아픔을 알 수 있다. 추위를 안다면 틀림없이 스스로 추위를 경험해 본 적이 있는 것이고, 배고픔을 안다면 틀림없이 스스로 배고픔을 경험해 본 적이 있다는 말이다. 지와 행이 어떻게 떨어질 수 있겠는가?[22]

음식의 맛이 좋은지 나쁜지는 반드시 입에 넣어 본 다음에야 알 수 있다. 어찌 입에 넣어 보지도 않은 채 음식의 맛이 좋은지 나쁜지를 미리 알 수 있겠는가?…… 갈림 길에서 어느 쪽이 험난하고 어느 쪽이 평탄한지는 직접 경험해 봐야만 알 수 있다. 어찌 직접 경험해 보지도 않은 채 갈림길 가운데서 어느 쪽이 험난하고 어느 쪽이 평탄한지를 미리 알 수 있겠는가?[23]

---

20) 같은 책 권2, 「答顧東橋書」, 53쪽, "眞知卽所以爲行, 不行不足謂之知."
21) 같은 책 권1, 『傳習錄』上, 38쪽, "就如稱某人知孝, 某人知弟, 必是其人已曾行孝行弟, 方可稱他知孝知弟, 不成只是曉得說些孝弟的話, 便可稱爲知孝弟."
22) 같은 책 권1, 『傳習錄』上, 38쪽, "又如知痛, 必已自痛了方知痛; 知寒, 必已自寒了; 知饑, 必已自饑了, 知行如何分得開?"
23) 같은 책 권2, 「答顧東橋書」, 53쪽, "食味之美惡必待入口而後知, 豈有不待入口而已先知食味之美惡者邪?…… 路岐之險夷必待身親履歷而後知, 豈有不待身親履歷而已先知路岐之險夷者邪?"

오직 아픔을 느껴 보아야만 무엇이 아픔인지를 알고, 추운 것을 경험해 봐야지만 무엇이 추운 것인지를 알게 된다. 이처럼 우리의 감수성과 직접적으로 관련되는 체험적인 '앎'은 분명히 우리의 직접적인 체험(실행)과 서로 관련된다. 맛있는 음식인지 평탄한 길인지 등의 여부도 반드시 실천 활동을 통해서만 우리들에게 '알릴' 수 있는 것이다. 그러므로 실행하지 않는 것은 앎이라고 말할 수 없다. 왕수인의 이러한 설명은 인식의 내원에 관한 논의로서 사람의 인식은 실천에서 근원한다는 주장이다. 따라서 이는 옳은 주장이다.

3. 앎은 실행의 시작이고, 실행은 앎의 완성이다

왕수인은 지행합일설을 제기할 때마다 늘 이렇게 말했다.

> 앎은 실행의 시작이고 실행은 앎의 완성이다. 이 사실을 깨닫는다면, 앎에 대해서만
> 말하더라도 실행은 저절로 그 안에 있게 되고, 실행에 대해서만 말하더라도 앎은
> 저절로 그 안에 있게 된다.[24]

이러한 설명은 왕수인이 동태적인 과정에서 지와 행이 서로 연계되고 포함된다는 의미를 이해하고 있음을 보여 준다. 의식은 앎에 속한다. 의식 활동이 행위의 시작이라는 입장에서 본다면 의식은 전체적인 행위 과정의 첫 번째 단계에 해당한다. 이러한 의미에서 의식은 행위 과정의 일부분이다. 따라서 의식을 실행이라 말할 수 있다. 이와 마찬가지로 행위는 실행에 속한다. 그러나 행위가 사상의 실현이라거나 실천이 관념의 완성이라는 입장에서 말하자면, 실행은 전체적인 지식 과정의 종결 즉 지식 과정의 마지막 단계로 볼 수 있다. 따라서 실행을 앎으로 말할 수 있다. 그러므로 '앎'에는 실행의 요소가 있고 '실행'에는

---

24) 같은 책 권1, 『傳習錄』上, 38쪽, "知是行之始, 行是知之成. 若會得時, 只說一個知, 已自有行在; 只說一個行, 已自有知在."

앎의 요소가 있다. 두 범주의 규정은 서로를 포함한다. 결국 지와 행은 합일되는 것이다.

4. 앎은 실행의 취지이고, 실행은 앎의 공부이다

왕수인은 "나는 앎은 실행의 취지이고, 실행은 앎의 공부라고 말한 적이 있다"[25]고 하였다. 이 말은 "옛 사람들은 지와 행이 별개라고 말했는데, 이는 사람들에게 이 둘을 구별하라는 말이다. 어떤 실행은 앎의 공부가 되고 어떤 실행은 실행의 공부가 된다"[26]는 주장을 비판한 말이다. 왕수인은 실행을 떠난 독립적인 앎의 공부도 없고, 앎을 떠난 독립적인 실행의 공부도 없다고 주장하였다.

왕수인의 이 명제는 '실행이 앎의 공부'라는 점, 즉 앎은 실행을 자신의 실현 수단으로 삼는다는 점을 강조한 것이다. 이처럼 실행보다 앞서거나 실행과 동떨어진 독립적인 앎이란 없다. 앎에 이르려면 반드시 실행을 통해야만 한다. 여기서 실행이란 눈먼 말이 미친 듯이 달리는 것과 같은 실행이 아니다. 실행도 앎에 의해 지도되는 것이다. 그러므로 실행은 취지가 없을 수 없으니 앎을 떠날 수 없고, 앎은 수단이 없을 수 없으니 실행을 떠날 수 없다. 지와 행은 서로 나눌 수 없는 것이다.

왕수인은 일찍이 "오늘날의 학문은 지와 행을 둘로 나누려고만 한다. 그래서 한 가지 선하지 않은 생각이 일어나더라도 아직 실행하지 않았다는 이유를 들어 그것을 금지하지 않는다. 내가 지금 '지행합일'을 말하는 이유는, 사람들에게 한 가지 생각이라도 일어나면 그것이 바로 실행임을 깨닫게 하려는 것이다. 생각이 일어날 때 조금이라도 선하지 않음이 있다면 그 선하지 않은 생각을 극복해야 한다. 그 선하지 않은 생각이 가슴속에 남아 있지 않도록 철저해야 한다. 이것이 내 말의 종지다"[27]라고 말한 적이 있다. 여기서 '한 가지 선하지 않은

---

25) 같은 책 권1, 『傳習錄』 上, 38쪽, "某嘗說知是行的主意, 行是知的功夫."
26) 같은 책 권1, 『傳習錄』 上, 38쪽, "古人說知行做兩個, 亦是要人見得分曉, 一行做知的功夫, 一行做行的工夫."

생각이라도 일어나면 바로 실행이다'는 말은, '앎은 실행의 시작'이라는 측면에서 지행합일설의 논리에 부합하는 추론이다. 의념과 동기가 전체적인 행위 과정의 시작으로 간주된다는 의미에서 의념의 발생도 실행에 속한다. 이렇게 전체적인 행위의 연속 과정에서 보면 앎은 실행의 시작에 해당될 수 있겠지만, 행위 과정이 의념 활동 이후에 전개되지 않는 경우일 때에도 의념을 실행이라고 할 수 있을지에 대해서는 주의를 기울이지 않았다.

많은 학자들은 왕수인의 지행합일설을 "한 가지 생각이라도 일어나면 그것이 바로 실행이다"는 말로 개괄할 수 있다고 생각하였다. 그러나 이 말은 부정확하다. '선을 실행하고', '악을 없앤다'는 두 측면에서 볼 때, 왕수인은 선하지 않은 생각이 일어난 경우도 악을 행한 것이라고 생각했다. 하지만 선한 생각이 일어났다고 해서 그것이 바로 선을 행한 것은 아니다. 따라서 단지 선한 의념이나 선에 대한 이해를 지녔다고 해서 선을 알거나 선을 실행한 것은 아니다. 오직 선한 의념을 행동으로 실현시켰을 때에만 진정으로 선을 알고 선을 실행한 것이다. 그러나 악하거나 비열한 행위를 했을 때에만 악을 행한 것은 아니다. 악한 의념만을 지녔더라도 악을 행한 것이 된다. 따라서 '선을 실행한다'는 측면에서 말하자면 선을 실행해야만 아는 것이다. 그런데 '악을 없앤다'는 측면에서 말하자면 선하지 않은 생각을 하는 것만으로도 실행한 것이 된다. 왕수인의 지행관은 '실행'을 중시한다. '한 가지 생각이라도 일어나면 그것이 바로 실행이다'는 말로 그의 지행관을 귀결시키는 것은, 그의 지행관이 지닌 특징을 말살해 버리는 것이다.

---

27) 같은 책 권3, 『傳習錄』 下, 75쪽, "今人學問, 只因知行分作兩件, 故有一念發動, 雖是不善, 然卻未曾行, 便不去禁止. 我今說個知行合一, 正要人曉得一念發動處, 便卽是行了. 發動處有不善, 就將這不善的念克倒了. 須要徹根徹底, 不使那一念不善潛伏在胸中. 此是我立言宗旨."

5. 치양지致良知

『대학』에서는 '치지致知' 개념을 제기하였다. 왕수인이 생각할 때 '치지'에서 '지知'는 맹자가 말한 '양지良知'이다. 그래서 그는 '치지'를 '치양지'라는 주장으로 발전시켰다. '치양지설'은 그의 심학 사상이 만년에 이르러 한층 성숙해진 형태이다.

맹자는 "사람이 배우지 않고도 할 수 있는 능력은 양능良能이며, 사려하지 않고도 알 수 있는 능력은 양지良知이다. 어린아이는 자기 부모를 사랑할 줄 알고, 그 아이가 성장해서는 자기 형을 공경할 줄 안다"[28]고 말했다. 이러한 설명에 근거하면 '양지'는 환경과 교육에 의지하지 않는 것으로서, 사람이 자연스럽게 지니고 있는 도덕 의식과 도덕 감정을 가리킨다. '배우지 않고도'라는 말은 선험성을 나타내고, '사려하지 않고도'라는 말은 직각성을 나타낸다. '양良'이란 이 둘을 겸하여 말한 것이다. 왕수인은 이러한 맹자의 사상을 계승하였다. 그는 다음과 같이 말했다.

마음으로 자연히 알 수 있다. 아버지를 보면 자연히 효도를 알게 되고 형을 보면 자연히 공경을 알게 되며, 어린아이가 우물에 들어가는 것을 보면 자연히 측은함을 알게 된다. 이것이 바로 양지이며, 쓸데없이 밖에서 구할 필요가 없다.[29]

여기서 '자연'이라는 말은, '양지'가 외부에서 얻어지는 것이 아니라 주체가 본래부터 지닌 내재적 특징임을 뜻한다.

왕수인은 양지에 '시비지심是非之心'의 의미가 있음을 특히 강조하였다.

---

28) 『孟子』, 「盡心上」, "人之所不學而能者, 其良能也; 所不慮而知者, 其良知也, 孩提之童無不知愛其親者, 及其長也, 無不知敬其兄也."

29) 『陽明全書』권1, 『傳習錄』上, 39쪽, "心自然會知, 見父自然知孝, 見兄自然知弟, 見孺子入井自然知惻隱, 此便是良知, 不假外求."

네 양지가 네 자신의 준칙이다. 네 생각이 머무는 곳이 옳으면 바로 옳음을 알고 그러면 바로 그름을 아니, 양지를 조금도 속일 수 없다.[30]

"시비지심은 지知이다"거나 "시비지심은 사람들이 모두 지니고 있다"는 맹자의 말이 바로 양지이다.[31]

양지는 시비지심이고 시비는 호오好惡일 따름이다. 호오만으로 시비를 다할 수 있고, 시비만으로 모든 변화를 다할 수 있다.[32]

양지는 내재적인 도덕 판단과 도덕 평가의 체계이다. 양지는 의식 구조 속에서 하나의 독립된 부분이며, 의념 활동을 지도·감독·평가·판단하는 작용을 한다. 선험적 원칙으로서 양지는 "옳고 그름을 알고", "선악을 안다"고 표현될 뿐만 아니라 "선을 좋아하고 악을 싫어한다"고 표현되기도 한다. 양지는 도덕 이성인 동시에 도덕 감정인 것이다. 양지는 우리에게 어떤 것이 옳고 어떤 것이 그른지를 지시해 줄 뿐만 아니라 우리로 하여금 옳은 것을 '좋아하고' 그른 것을 '싫어하도록' 이끌어 준다. 양지는 도덕 의식과 도덕 감정이 모두 통일돼 있는 것이다.

양지는 선험적인 성질을 가지고 있을 뿐만 아니라 보편적인 품격도 지니고 있다. 왕수인은 "성인에서부터 보통 사람에 이르기까지, 한 사람의 마음에서부터 온 세상의 원대함에 이르기까지, 태고 때부터 만 세 뒤에 이르기까지 다름이 없다. 이 양지란 천하의 큰 근본을 말하는 것이다"[33]라고 생각했다. 양지는 사

---

30) 같은 책 권3, 『傳習錄』下, 74쪽, "爾那一點良知, 是爾自家底準則. 爾意念着處, 他是便知是, 非便知非, 更瞞他一些不得."
31) 같은 책 권5, 「與陸元靜」, 108쪽, "孟子之'是非之心, 知也', '是非之心, 人皆有之', 卽所謂良知也."
32) 같은 책 권3, 『傳習錄』下, 80쪽, "良知只是個是非之心, 是非只是個好惡, 只好惡就盡了是非, 只是非就盡了萬變."
33) 같은 책 권8, 「書朱守譜卷」, 141쪽, "自聖人以至凡人, 自一人之心以達四海之遠, 自千古之前以

람에게 내재하는 준칙으로서, 모든 사람들에게 고유하며 전부 동일하다. 우리에게 양지는 도덕 실천의 나침판이다.

왕수인은 만년에 "내 마음의 양지를 실현하는 일이 치지이다"[34]고 명확히 제기하였다. 왕수인은 '치지'를 '치양지'로 생각했던 것이다. 그러면 '치양지'란 무엇인가? 그는 일찍이 다음과 같이 말했다.

치致란 이른다(至)는 뜻으로, "상을 당하여 애통함에 이른다"에서 '이른다'는 말과 같다. 『주역』에서는 "목표를 알아서 그것을 실현하기 위해 노력하라"고 말했다. '목표를 안다'고 함은 '지知'이고, '그것을 실현하기 위해 노력한다'고 함은 '치致'이다. 치지는 후대 유학자들이 말하듯이 지식을 확충하라는 말이 아니라 내 마음의 양지를 실현하라는 말일 따름이다.[35]

주희의 격물 관념이 갖는 세 요점을 '사물에 나아가'(卽物), '궁리하여'(窮理), '지극함에 이른다'(至極)는 것으로 말한다면, 왕수인의 치지 관념에도 세 요점이 있다. '확충하여'(擴充), '지극함에 이르게 하며'(至極), '실행하는'(實行) 것이 그것이다. 그는 '이른다'는 것 즉 양지를 확충하여 지극함에 이른다는 뜻으로 '치致'를 해석하였다. 동시에 왕수인은 "무엇을 어떻게 해야지만 따뜻하게 해드리고 시원하게 해 드리는 예절인지를 알고, 무엇을 어떻게 해야지만 봉양의 마땅함인지를 아는 것이 '지知'이다. 하지만 아직 치지라고 말할 수는 없다. 반드시 무엇을 어떻게 해야지만 따뜻하게 해드리고 시원하게 해드리는 예절인지를 알 때의 그 앎을 지극히 하여 따뜻하게 해드리고 시원하게 해드리는 일을 실행하고, 무엇을 어떻게 해야지만 봉양의 마땅함인지를 알 때의 그 앎을 지극히 하여 봉양을 실행해야만 비로소 '치지'라고 말할 수 있다"고 강조했으며, "치지는

_____

至於萬代之後, 無有不同. 是良知也者, 是所謂天下之大本也."

34) 같은 책 권2, 「與顧東橋書」, 55쪽, "致吾心之良知者, 致知也."

35) 같은 책 권26, 「大學問」, 374쪽, "致者, 至也, 如云'喪致乎哀'之致. 易言'知至至之', 知至者知也, 至之者致也. 致知之者, 非若後儒所謂擴充其知識之謂也, 致吾心之良知焉耳."

반드시 실행해야 한다. 실행하지 않는다면 분명 치지가 아니다"라고 강조하였다.36) 이러한 말들은 '치지'에는 앎을 실행에 옮긴다는 의미가 포함되어 있음을 지적하는 것이며, '실행'이 치양지의 내재적 요구이자 규정임을 표명하는 것이다.

그러므로 '치양지'는 사람이라면 마땅히 자신의 양지를 확충하여 최고의 수준에까지 이르러야 함을 의미하면서, 양지가 아는 바를 실제적인 행동으로 옮겨 나감으로써 안과 밖 두 방면에서 선을 행하고 악을 없애는 도덕 실천을 강화해야 함을 뜻하기도 한다.

전체적으로 말해서 왕수인의 사상은 도덕 실천을 강조한다. 그가 볼 때 도덕 의식은 외부에서 찾을 필요가 없다. 사람들은 선험적인 도덕 지식을 지니고 있다. 따라서 학문의 관건은 이러한 지식에 의지하여 도덕을 실천하는 데 있다. 이 점을 실현시키고자 왕수인은 일찍이 지행본체가 하나임을 주장하였고, 본체의 관점에서 "알면서도 실행하지 않는 사람은 없고, 알면서도 실행하지 않는 경우는 아직 알지 못한 것이다"라고 하였다. 이러한 의미에서 보자면 실천으로 드러나지 않는 지식은 '앎'이라고 말할 수 없다.

그러나 왕수인은 만년의 치양지설에서 양지와 치양지를 지와 행의 관계에 끌어들였다. 이 이론의 출발점도 양지가 아는 바를 행위 실천으로 관철시켜야 함을 강조하는 데 있었으므로, 이 학설은 양지와 치지를 구분할 것을 강조하였다. 그래서 그는 "알면서도 실행하지 않는 경우는 아직 알지 못한 것이다"라고 말했던 것과는 달리, 양지가 실현되지 않으면 양지가 아니라고 말하지는 못했다. 이처럼 만년에 이르러, 왕수인은 여전히 '지행합일'을 제창하면서도 단지 사람마다 본래 양지를 가지고 있는데 그 양지를 실현하지 못하고 있다는 점만을 강조하는 데 그쳤다. 이러한 사상은 지행본체의 합일을 거듭 강조하는 데

---

36) 같은 책 권2, 「與顧東橋書」, 56쪽, "知如何爲溫凊之節, 知如何爲奉養之宜, 所謂知也, 而未可謂之致知. 必致其知如何溫凊之節者之知, 而實以之溫凊; 致其知如何奉養之宜者之知, 而實以之奉養, 然後謂之致知", "致知之必在於行, 而不行不可以爲致知也, 明也."

중점이 놓인 것이 아니라, 지행 공부의 합일 즉 아는 것은 반드시 실행해야 함을 강조하는 데 중점이 놓인 것이었다.

6. 네 구절의 가르침

왕수인은 만년에 다음과 같은 '네 구절의 가르침'(四句教法)을 제시하였다.

> 선도 없고 악도 없는 것은 마음의 본체이다.(無善無惡心之體)
> 선도 있고 악도 있는 것은 의념의 일어남이다.(有善有惡意之動)
> 선을 알고 악을 아는 것은 양지이다.(知善知惡是良知)
> 선을 행하고 악을 없애는 것은 격물이다.(爲善去惡是格物)

왕수인이 죽기 한 해 전이었던 가정嘉靖 6년(1528년) 가을, 그는 광서성 소수 민족의 폭동을 평정하라는 명령을 받았다. 출발하기 전날 밤에 그는 제자 전덕홍錢德共(자 洪甫)과 왕기王畿(자 汝中)의 요청에 응하여 월성越城의 천천교天泉橋에서 이 네 구절의 사상 종지에 대해 상세히 설명하였다. 역사적으로는 이를 '천천교에서 도를 논증하다'(天泉證道)라고 말한다.

전덕홍과 왕기 두 사람은 '네 구절의 가르침'을 두고 논쟁을 벌였다. 왕기는 심체와 의념(意)·앎(知)·사물(物)은 서로 체용 관계에 있으므로, 심체가 선도 없고 악도 없다면 마땅히 의념·앎·사물도 모두 선도 없고 악도 없어야 한다고 생각하였다. 그래서 왕기는 이 '네 구절의 가르침'에서 뒤의 세 구절을 '의념은 선도 없고 악도 없는 의념이고, 앎은 선도 없고 악도 없는 앎이며, 사물은 선도 없고 악도 없는 사물이다'로 고쳐야 마땅하다고 생각하였다. 요컨대 마음·의념·앎·사물 전부가 선도 없고 악도 없다는 주장이다. 이러한 견해를 '사무四無'라고 일컫는다.

그러나 전덕홍은 의념에는 선도 있고 악도 있으며, 반드시 선을 행하고 악을 없애야 한다고 생각했다. 의념에 선과 악이 있음을 부정한다면 이는 근본적으로 공부를 부정하는 셈이기 때문이다. 그리고 그는 심체에 선도 없고 악도 없다는 주장을 의심하면서, 심체는 지극히 선하며 악이 없다고 말하는 편이 더욱 좋을 듯하다고 생각했다. 이러한 관점을 '사유四有'라고 일컫는다. 이런 까닭에 두 사람은 왕수인에게 도를 논증해 주도록 요청하였다. 그에 대한 기록은 다음과 같다.

그날 밤 손님들이 돌아가기 시작하자 선생은 안으로 들어가려 했다. 그런데 전덕홍과 왕기가 정원에서 기다린다는 말을 듣고, 선생은 다시 밖으로 나와 자리를 천천교로 옮겼다. 전덕홍이 왕기와 벌였던 논변을 선생에게 들려 주고 나서 가르침을 청하였다. 그러자 선생은 기뻐하면서 "바로 자네들에게서 이 문제를 기대했었다네. 나는 이제 떠날텐데도 친구들 중에서 아무도 이것을 논증하는 이가 없었네. 자네들은 서로의 생각을 보충해 주어야지 서로 비난해서는 안 되네. 여중은 덕홍의 공부를 배워야 하고, 덕홍은 여중의 본체를 투시해야 하네. 자네들 두 사람이 서로 보충한다면 도움이 될 것이고, 나의 학문에도 여한이 없을 것일세"라고 말했다.
덕홍이 가르침을 청하자, 선생은 "'있다'고 함은 자네 자신에게 있다는 말일 뿐이네. 양지 본체에는 원래 아무것도 없으며, 본체란 단지 태허太虛일 따름이라네. 일월성신과 바람·비·이슬·벼락·흙먼지(陰霾)·상한 기(饐氣) 등 어떤 것이 태허에 없겠는가? 게다가 어떤 사물이 태허에 장애가 되겠는가? 마음의 본체도 이와 같을 뿐이라네. 태허에는 형상이 없으나, 한번 지나가기만 하여도 감화된다네. 어찌 한 터럭의 기력이라도 낭비할 수 있겠는가? 덕홍의 공부는 반드시 이러해야만 본체 공부에 합치될 수 있을 것이네"라고 말했다.
왕기가 가르침을 청하자, 선생은 "여중은 양지의 의미를 깨달았으니, 오직 묵묵히 홀로 수양해 나가야지 다른 사람에게 그러한 깨달음을 요구해서는 안 되네. 세상에서 지혜로운 사람을 만나기란 어려운 일이라네. 본체를 깨달아 공부를 알고, 사물과 자신 그리고 안과 밖을 함께 투시해내는 일이란 안연과 명도조차도 감당하지 못했던 일일세. 어찌 쉽게 다른 사람들에게서 기대할 수 있겠는가? 자네들은 나중에 학자들과 이야기할 때, 나의 네 구절의 종지에 따르도록 힘쓰게나. 선도 없고 악도 없는 것은 마음의 본체이고, 선도 있고 악도 있는 것은 의념의 일어남이며, 선을 알고 악을 아는 것은 양지이고, 선을 행하고 악을 없애는 것은 격물이라네. 이러한 종지로 스스로를 수양한다면 직접 성인의 자리에 발돋움할 수 있을 것이며, 이러한 종지로 다른 사람들을 대한다면 아무런 잘못이 없을 것일세"라고 말했다.[37]

'네 구절의 가르침' 중에서 비교적 이해하기 어려운 것은 '선도 없고 악도 없는 것은 마음의 본체이다'라는 첫 번째 구절이다. 왕수인이 전덕홍에게 풀이해 준 설명에서 알 수 있듯이, '선도 없고 악도 없는 것은 마음의 본체이다'라고 제시한 문제는 윤리학적인 선악의 문제와는 무관한 것이다. 근본적으로 그것은 정서적·심리적 감수 주체로서 마음이 지니고 있는 막힘 없는 성질과 무집착성 無執著性을 강조한 말이다. 왕수인의 설명을 보면, 이러한 마음의 성질은 허공과 마찬가지다. 별, 바람, 벼락 등은 태허에서 운동하고 출몰하면서 한 번 지나가기만 하여도 변화하지만, 결코 태허 속에 머물면서 그 장애가 되지 않는다. 왜냐하면 태허 본연의 체는 어떠한 사물에 대해서도 막히거나 집착하지 않기 때문이다. 마음의 본체 즉 마음의 본연적인 상태도 막힘이 없는 순수한 성질을 가지고 있다. 태허와 마찬가지로, 희·노·애·락이 마음에서 왕래하고 출몰하지만, 마음의 본체에는 희·노·애·락의 막힘도 집착도 없다. 그러므로 마음에 칠정

---

37) 같은 책 권24, 「年譜·嘉靖六年條」, 475쪽, "是日夜分, 客始散. 先生將入內, 聞洪與畿候立庭下, 先生復出, 使移席天泉橋上. 德洪學與畿論辯請問. 先生喜曰: 正要二君有此一問! 我今將行, 朋友中更無有論證及此者. 二君之見正好相取, 不可相病. 汝中須用德洪功夫, 德洪須透汝中本體. 二君相取爲益, 吾學更無遺念矣. 德洪請問. 先生曰: 有只是你自有, 良知本體原來無有, 本體只是太虛. 太虛之中, 日月星辰, 風雨露雷, 陰霾饐氣, 何物不有? 而又何一物得爲太虛之障? 人心本體亦復如是. 太虛無形, 一過而化, 亦何嘗織毫氣力? 德洪功夫須要如此, 便是合得本體功夫. 畿請問. 先生曰: 汝中見得此意, 只好默默自修, 不可執以接人. 上根之人, 世亦難遇. 一悟本體, 卽見功夫, 物我內外, 一齊盡透, 此顏子明道不敢承當, 豈可輕易望人? 二君以後與學者言, 務要依我四句宗旨: 無善無惡是心之體, 有善有惡是意之動, 知善知惡是良知, 爲善去惡是格物. 以此自修, 直躋聖位. 以此接人, 更無差失."

七情이 생기더라도, 칠정이 한 번 지나가기만 하여도 변화시키고, 어떤 것도 마음속에 남아 있지 못하도록 해야 한다. 그래서 왕수인은 "칠정이 그 자연적인 유행을 따른다면 칠정은 모두 양지의 작용이어서 선악으로 나눌 수도 없고, 집착이 생길 수도 없다"[38]고 주장하였다.

이러한 사상은 '양지'가 선도 알고 악도 아는 도덕 주체일 뿐만 아니라 '선도 없고 악도 없는' 정서적 주체임을 의미한다. '선도 없고 악도 없는 것이 마음의 본체이다'는 말은 정서적 주체로서 양지가 지니고 있는 '텅 비고', '막힘이 없는' 특성을 나타내 준다. 이러한 특성은 양지가 어느 한 사물에 '집착'하지 않음으로써 양지 스스로의 유행에 장애가 없도록 한다는 점을 표현해 준다. 그러므로 '네 구절의 가르침' 중에서 '선도 없고 악도 없다'는 사상은 도덕 윤리와는 다른 측면의 문제로서, 어떤 사물에 대해서도 집착하지 않는 마음의 본연적인 특성이 바로 이상 실현을 위한 자재로운 경지의 내재적 근거가 된다는 점을 역설한 것이다. 이러한 사상을 통해 왕수인이 추구한 것은 주돈이 · 정호 · 소옹 등이 추구했던 쇄락灑落과 화락和樂의 자득 경지였다. 이러한 사상에는 분명히 선종禪宗의 생존적 지혜를 흡수한 측면이 깃들여 있다.

7. 본체와 공부

왕수인은 천천교에서 도를 논증하면서 '네 구절의 가르침'의 종지를 상세히 설명하였다. 그 때 그는 '본체本體'와 '공부功夫'라는 한 쌍의 개념을 제시하였다. 본체는 마음의 본체를 가리키고, 공부는 마음의 본체를 회복하는 구체적인 실천과 그 과정을 의미한다. 왕수인이 천천교에서 도를 논증하면서 제시했던 '공부'는, 구체적으로 의념에서부터 선을 행하고 악을 없애는 것을 의미한다. 그리고 '본체'는 막힘이 없는 성질을 특성으로 하는 정서적 주체에 치중하는

---

38) 같은 책 권3, 『傳習錄』 下, 80쪽, "七情順其自然之流行, 皆是良知之用, 不可分別善惡, 但不可有所著."

것을 뜻한다. 본체와 공부에 대한 논변은 뒷날 양명학과 명대 중·후기 리학의 중요한 논제가 되었다. 이러한 논변들 속에서 공부는 대체로 의념에서부터 선을 행하고 악을 없애는 공부를 가리키고, 본체는 지극히 선하며 악이 없는 도덕 본심을 의미한다.

'사유四有'와 '사무四無'의 나뉨을 두고 왕수인은 이 둘을 조화시키는 방법을 택했다. 그는 '사무설四無說'을 총명하고 지혜로운 사람(上根人)을 대하고 이끄는 데 사용하는 데 비해, '사유설四有說'을 일반적인 자질을 가진 사람(下根人)을 대하고 이끄는 데 사용하였다. 총명하고 지혜로운 사람이라면 마음의 본체가 선도 없고 악도 없는 것임을 철저하게 깨달을 수 있으므로 한꺼번에 모든 것이 확연해진다. 하지만 일반적인 자질을 가진 사람이라면 반드시 의념에서부터 선을 행하고 악을 없애야 하므로 순서에 따라 점차적으로 나아가야 한다. 총명하고 지혜로운 사람은 '깨달음'을 공부로 삼아야 하고, 일반적인 자질을 가진 사람은 점진적으로 수양해 나가야 하는 것이다.

이 두 방법은 각기 상이한 범위 속에서 합리성을 지니는 동시에 각기 나름의 한계도 지닌다. 따라서 이 두 방법은 서로의 기초 구실을 해야 한다. 총명하고 지혜로운 사람에게 '사무설'은 완전하지 못하며, 일반적인 자질을 가진 사람에게 '사유설'은 완전하지 못하다. '사유설'과 '사무설'은 각기 일반적인 자질을 가진 사람과 총명하고 지혜로운 사람을 인도하여 도에 들어가게 할 수는 있지만, 성인이 되게 이끌 수는 없다. 총명하고 지혜로운 사람은 본체를 돈오頓悟한 뒤에도 점진적인 공부를 해나가야만 성인이 될 수 있다. 일반적인 사람은 의념에서부터 점차적으로 수양해 나가면서도 최종적으로 마음의 본체가 선도 없고 악도 없는 것이라는 사실을 이해하는 데 주의해야만 한다. '사무설'은 본체를 깨닫는 일만을 중요시하면서 수양 공부를 등한시하고, '사유설'은 점진적인 수양 공부만을 강조하면서 본체를 깨닫지 못하기 때문이다. 총명하고 지혜로운 사람이나 일반적인 자질을 가진 사람이나 다같이 해야 할 올바른 공부 방법은,

마땅히 본체와 공부를 '함께 아울러서 일치시키는' 방법이다. '네 구절의 가르침'에서 첫 번째 구절은 본체를 의미하고, 다음의 세 구절은 공부를 말한다. 네 구절 모두는 '위로부터 아래에까지 철저한' 공부이다. 그래서 왕수인은 "나중에 학자들과 이야기할 때 나의 네 구절의 종지에 따르도록 힘써야 한다"고 거듭 강조했던 것이다. 이렇게 볼 때, 왕수인 자신은 본체와 공부의 합일을 주장했다.

왕수인은 다른 사람들에게서 쉽게 '사무'를 기대하지 말라고 강조하였다. 그렇지만 그는 천천교의 대화에서 '사무'와 '사유'를 모두 긍정함으로써, 훗날 양명학의 분화를 초래하였다. 결국 '사무'는 '본체'를 중시하는 방향으로 흘러가서 마음의 본체를 깨닫는 일에만 몰두하도록 이끎으로써 공부의 실제적인 면을 경시하게끔 만들었다. 반면에 '사유'는 '공부'를 중시하는 방향으로 흘러갔다. 그리하여 비교적 안정적이고 실제적이었지만, 본체를 공허한 것으로 여기도록 이끎으로써 본체를 깨닫는 일에 한층 나아가지 못하게 만들었다. 후대 양명학의 발전은 바로 '본체'와 '공부'를 각기 주된 방향으로 삼아 전개된 것이라고 말할 수 있을 것이다.

2. 담약수

담약수湛若水(1466~1560)는 자字가 원명元明이고 광동성廣東省 증성增城 사람이다. 증성의 감천甘泉에서 살았기 때문에 호를 감천이라 하였다. 담약수는 청년 시절에 진헌장을 스승으로 모시고 학문을 배웠다. 진헌장은 임종할 때, 도를 전하는 중대 임무를 담약수에게 정중히 부탁하였다. 담약수는 40세에 진사 급제하여 한림원翰林院 서길사庶吉士라는 관직을 받았다. 그는 정덕 연간 중엽에 모친상을 당하여 상례를 치른 뒤 서초산西樵山 연하동煙霞洞에 들어가 병을 치료하며 강학하였다. 가정嘉靖 연간 초기에 다시 관직에 나가 시독侍讀・남경

국자좨주國子祭酒·남경 이부 우시랑右侍郞·예부 우시랑, 남경의 예부·이부·병부 상서尚書를 역임하였다. 75세까지 관직에 있다가 만년에는 집에 머물면서 저술과 강학을 하였고, 90세가 되어서도 남악南嶽을 등정하였다. 그는 95세에 죽었다. 그의 주요 저작으로는『격물통格物通』과『감천문집甘泉文集』이 있다.

담약수의 학문 종지는 "어디서나 천리를 체득하라"(隨處體認天理)는 주장이다. 진헌장은 이 점을 칭찬한 적이 있다. 진헌장이 죽은 후 담약수는 독자적으로 강학하면서도 "발길이 닿는 곳이면 어디서나 서원을 세워 백사를 제사지냈다." 그러나 실제로 그의 '천리체인설天理體認說'은 진헌장의 학문 방향과 달랐다. 그는 많은 측면에서 리학과 심학을 조화시켰다. 오히려 담약수보다 그의 친구인 왕수인이 더 진헌장의 학문 경향에 가까웠다. 홍치弘治 말년(1506년)에 담약수와 왕수인은 친구가 되었다. 담약수는 당시 왕수인에게 상당히 많은 영향을 끼쳤으며, 왕수인도 담약수를 가장 친밀한 친구로 생각하였다. 정덕 말엽에 담약수는 격물치지와 유儒·불佛의 구별 문제로 왕수인과 논쟁을 벌인 적도 있다. 이처럼 논쟁을 벌이기도 하였지만, 그와 왕수인이 함께 당시의 심학 사조를 추동한 사실에 대해서는 모두가 공인한다.

1. 어디서나 천리를 체득하라

담약수와 동시대인이었던 왕수인은 "격물이란 그 마음의 바르지 못함을 바로잡아 바른 상태로 되돌리는 것"(格物是正其心之不正以歸於正)이라고 주장하였다. 이처럼 '격格'을 '바로잡는다'는 뜻으로 풀고, '물物'을 '의념'으로 풀이한 왕수인의 격물설은 담양수의 반대에 부딪쳤다. 담약수가 생각하기에, '생각을 바로잡는다'는 뜻으로 '격물'을 해석한다면『대학』속에서 격물은 성의誠意·정심正心의 조목과 중복되고 만다. 그리고 이는 사상적으로도 외부 사물과의 접촉을 배격하고 완전히 주관적인 입장으로 전환하는 것이어서, 공자 이래 배움(學)을 중시해 왔던 입장과도 부합하지 않는다. 왕수인의 격물설을 비판하면서 담약수는 자신의 격물설을 제시하였다. 그는 다음과 같이 생각하였다.

> 격格이란 이른다(至)는 뜻으로서, "순 임금이 시조의 종묘에 나아갔다"거나 "묘족苗族이 이르렀다"는 말에서의 '나아가다'·'이르다'와 같다. 물物이란 천리이다. 즉 "군자의 말에는 실제적인 것이 있다"거나 "순 임금은 모든 사물에 밝았다"는 말에서의 '실제적인 것'·'사물'과 같으니, 바로 도道이다. 격은 조예造詣의 뜻이고 격물이란 도에 이른다는 뜻이다.39)

정주程朱도 본래 '격格'을 '지至'로 풀이함과 동시에 '격물'을 '궁리'로 해석하였다. 이것은 '물'에 대한 그들의 이해 속에 '리'가 포함되어 있음을 표명한다. '지至'는 '이르다'(到)·'도달하다'는 뜻이다. 정주의 해석에 따르면 '사물에 이른다'는 말은 사물에 나아가 리를 궁구한다는 말이다. 그러나 담약수에게서 '사물에 이른다'는 말은 사물에 나아간다는 말이 아니라 도道에 도달하는 것, 즉 도와 리를 파악한다는 말이다. 그래서 그는 "격물이란 리에 이르는 것이다"40)라고 말하기도 하였다. 담약수는 자신의 이러한 설명이 정이의 사상에 근거한 것으로 생각했다. 정이는 일찍이 "격이란 이른다는 뜻이고, 물이란 리이다. 리에 이르는 것이 격물이다"41)고 말한 적이 있다.

담약수는 한 걸음 더 나아가 '리에 이른다'(至其理)는 것은 방법적 원칙이며, '천리를 체득하는' 것이라고 지적하였다. 그는 "나는 격을 리에 이른다는 뜻으로 풀이하는데, '리에 이른다'는 말은 천리를 체득한다는 뜻이다"42)라고 말했다. 따라서 "격물이란 천리를 체득하여 그것을 보존한다는 말이다."43) 그가 생

---

39) 『明儒學案』 권37, 「甘泉學案一」, 882쪽, "格者, 至也, 卽格於文祖', '有苗來格'之格. 物者, 天理也, 卽言有物, 舜明於庶物之物, 卽道也. 格卽造詣之義, 格物者卽造道也."
40) 같은 책 권37, 「甘泉學案一」, 882쪽, "格物者, 至其理也."
41) 『二程集』, 『遺書』 권22 상, 277쪽, "格者, 至也; 物者, 理也. 至其理乃格物也."
42) 『明儒學案』 권37, 「甘泉學案一」, 887쪽, "僕之所以訓格者, 至其理也. 至其理云者, 體認天理也."
43) 같은 책 권37, 「甘泉學案一」, 883쪽, "格物云者, 體認天理而存之也."

각할 때 '리에 이른다'는 말에서 '이르는' 주체는 단지 마음만이 아니다. 그 주체는 뜻이기도 하고 몸이기도 하다. '리'는 심신의 리일 뿐만 아니라 집안·국가·천하·천지의 리 등도 모두 '이르는' 목표이자 대상이다. 이처럼 학문의 범위를 살펴볼 때 그의 사상은 격심格心만을 강조하는 왕수인의 격물설과 커다란 차이가 있다. 담약수의 이러한 입장에서 본다면, '격물'·'도에 이름'·'천리를 체득함' 등의 구체적인 방법은 매우 다양하다.

지와 행을 병행하고 학문과 사변을 실행하는 것이 도에 이르는 방법이다. 그러므로 독서하고, 스승이나 친구와 친하게 지내며, 사람을 응대하는 일 등 언제 어디서나 천리를 체득하고 그것을 함양하려고만 한다면 도에 이르는 공부 아닌 것이 없다.[44]

가깝게는 몸과 마음에서부터 멀게는 천하에 이르기까지, 짧게는 하루에서부터 길게는 한 세대에 이르기까지 오직 격물하는 일일 따름이다.[45]

뜻과 몸과 마음, 집안과 국가와 천하 그 어디서나 천리를 체득한다. '이른다'(至)고 함은 뜻과 마음과 몸이 이르는 것이다. 세상 사람들이 상상하고 암기하는 것을 궁리로 여기는 것과는 거리가 멀다.[46]

격물이란 '지知'(마음이 이르다)일 뿐만 아니라 '행行'(몸이 이르다)이기도 하다. 심신의 리만을 궁구해야 하는 것이 아니라 집안·국가·천하의 리까지도 궁구해야 한다. 요컨대 담약수가 이해한 격물은 안과 밖을 일치시키고 지와 행을 겸한다. 그래서 그는 "뜻과 몸과 마음으로부터 집안과 국가와 천하에 이르기까

---

44) 같은 책 권37, 「甘泉學案一」, 882쪽, "知行幷進, 學問思辨行, 所以造道也, 故讀書·親師友·酬應, 隨時隨處, 皆求體認天理而涵養之, 無非造道之功."
45) 같은 책 권37, 「甘泉學案一」, 882쪽, "近而心身, 遠而天下; 暫而一日, 久而一世, 只是格物一事而已."
46) 같은 책 권37, 「甘泉學案一」, 883쪽, "意身心與家國天下, 隨處體認天理也, 所謂至者, 意心身至之也, 世以想像記誦爲窮理者遠矣."

지 그 어디서든지 천리를 체득한다. 천리를 체득하는 것이 바로 격물이다. 희미한 생각에서부터 뚜렷한 일과 행위에 이르기까지 힘쓰지 않을 곳이 없다"[47]고 했다. 이처럼 담약수는 "생각처럼 희미한 것에서도 살피고", "일과 행위와 같이 현저한 것에서도 고찰한다"[48]는 주희의 격물설을 모두 긍정하였다.

천리체인설은 안과 밖을 일치시키고 지와 행을 겸한다는 특징 외에도 동정動靜을 관통한다는 중요한 특징을 지니고 있다. 그는 "어디서나 천리를 체득한다는 말은 미발이건 이발이건, 움직이건 고요하건 상관없다는 말이다"[49]고 하였다. 그는 다음과 같이 지적하기도 하였다.

천리를 체득하라고 하면서 '어디서든지'라고 말하는 까닭은 움직임과 고요함, 마음과 일 모두가 포괄되기 때문이다. 만일 '일에 따라'라고 말한다면, 외부의 것을 좇는 병폐가 생길까 걱정스럽다. 공자가 "거처하는 곳에서 공손하라"고 했던 것은 일 없이 정좌할 때의 체득이고, "일을 할 때는 경건해야 한다"거나 "다른 사람과 더불때는 충실해야 한다"고 했던 것은 일이 있으면서 움직임과 고요함이 일치할 때의 체득이다. 체득의 공부는 움직임과 고요함, 뚜렷함과 은미함을 관통한다.[50]

요컨대 '어디서나' 천리를 체득하라고 강조하는 것은, 천리를 체득하는 것이 고요할 때와 미발일 때의 공부일 뿐만 아니라 움직일 때와 이발일 때의 공부이기도 하다는 것을 보여 준다. '어디서든지'에서 '어디'는 공간적인 개념인 동시에 시간적인 개념이기도 하며, 언제 어디서나 무엇이든지를 막론하고 천리를 체득하라는 의미이다.

---

47) 같은 책 권37, 「甘泉學案一」, 884쪽, "自意心身至家國天下, 無非隨處體認天理, 體認天理, 卽格物也. 蓋自一念之微, 以至事爲之著, 無非用力處也."
48) 朱熹, 『大學或問』 권2, "察之念慮之微", "考之事爲之著."
49) 『明儒學案』 권37, 「甘泉學案一」, 885쪽, "所謂隨處體認天理者, 隨未發已發, 隨動隨靜."
50) 같은 책 권37, 「甘泉學案一」, 904쪽, "體認天理, 而云隨處, 則動靜心事皆盡之矣. 若云隨事, 恐有逐外之病也. 孔子所謂居處恭, 乃無事靜坐時體認也; 所謂執事敬, 與人忠, 乃有事動靜一致時體認也. 體認之功貫通動靜顯隱."

'어디서든지 천리를 체득하라'는 격물설은 안과 밖을 일치시키고, 지와 행을 겸하며, 동정을 관통하는 세 가지 기본 특징을 지닌다. 격물에 대한 이러한 해석은, 내부에만 전념하면서 외부를 잃는 왕수인의 결점을 바로잡은 것이고, 지와 행을 떼어 놓던 당시 리학의 병폐에서 벗어난 것이며, 진헌장 이래의 주정主靜 공부와도 다른 것이었다. 담약수는 전체적으로 격물궁리를 '천리'에 대한 체득으로 해석하였다. 이러한 규정은 격물을 실천할 때, 사물 본래의 성질과 규율에 대한 궁구에 치중하지 않고도 천리가 체험되고 실증될 수 있다고 생각한 것이다. 따라서 주희 이후의 리학은 '사물에 빠져 버리는 병폐가 있다'는 심학의 공격을 이론적으로 극복해 낼 수 있게 되었다.

2. 마음은 만물을 포괄하고 있다

'어디서든지 천리를 체득하라'는 담약수의 학설은 '마음'에 대한 그의 견해와 관계 있다. 당시 왕수인은 담약수의 천리체인설을 "밖에서 리를 구하는 주장이다"[51]라고 비판하였다. 담약수는 왕수인에게 자신의 입장을 다음과 같이 설명하였다.

당신은 사람들이 마음을 버리고 외부에서 리를 구할까 걱정스러워 이렇게 주장하였을 것이다. 내가 생각하기에 사람의 마음은 천지만물과 한 몸이다. 마음이 사물을 남김 없이 체득하여 마음의 본체가 광대함을 안다면 사물은 외부일 수 없다. 그러므로 격물은 외부에 있지 않다. 궁구하고 이르게 하니, 마음도 외부에 있지 않다.[52]

리학에서 안과 밖은 마음에 힘을 쏟는지 여부를 뜻한다. 완전히 내향적인

---

51) 『陽明全書』권3, 『傳習錄』下, 73쪽, "是求之於外."
52) 『明儒學案』권37, 「甘泉學案一」, 879쪽, "兄意只恐人舍心求之於外, 故有是說. 不肖則以爲, 人心與天地萬物爲體, 心體物不遺, 認得心體廣大, 則物不能外矣, 故格物非在外也, 格之至之, 心又非在外也."

의식 수양과 체험은 안이 되고, 독서·사물을 대하는 일·물리를 연구하는 일 등은 밖이 된다. 담약수는 '밖에서 리를 구한다'며 자신을 비판한 왕수인의 견해를 반박하였다. 담약수가 자기 변호를 위해 사용한 이론은 사람의 마음과 사물이 한 몸이라는 '대심설大心說'이었다. 그런데 '마음과 천지만물이 한 몸'이라는 말은 무슨 의미인가? 말하자면 '마음'이란 단지 우리의 두뇌나 심장 또는 의식만을 가리키는 것이 아니다. 천지만물은 마음이 자신의 활동을 표현하기 위해 빌리고 있는 현상에 불과하다. 이러한 의미에서 천지만물은 마음의 범위 안에 속한다. 그러므로 천지만물을 궁구하는 일은 여전히 '격심格心'이며, '밖'에서 구하는 것이 아니다. 이러한 의미에서 담약수가 말하는 '마음'이란 우주를 망라하는 '대심大心'임이 분명하다. 그래서 그는 『심성도설心性圖說』에서 다음과 같이 말했다.

> 마음은 천지만물의 밖을 포괄하면서도 천지만물의 안을 관통하는 것이다. 안과 밖은 둘이 아니다. 천지에는 안과 밖이 없고 마음에도 안과 밖이 없다. 이는 최대한으로 말한 것일 따름이다. 따라서 내부만을 본심이라고 말하고, 천지만물을 제외한 것을 마음이라고 여기는 것은 마음을 너무 작게 생각한 것이다.53)

담약수가 이해한 '마음'은 만물을 망라하며 만물에 내재한다. 따라서 그에게는 마음 안과 마음 밖의 차이가 존재하지 않는다. 그가 볼 때 오직 마음을 개체적인 마음으로 여기는 사람만이 천지만물을 마음 밖의 사물로 간주한다. 하지만 이러한 견해는 마음을 너무 작게 보는 생각이다. 그는 "내가 말하는 마음이란 만물을 남김 없이 체득하여 안과 밖이 없다. 양명이 말하는 마음이란 뱃속을 가리켜 말한 것이다. 그래서 그는 내가 마음 밖을 주장한다고 생각한다"54)고

---

53) 같은 책 권37, 「甘泉學案一」, 878쪽, "心也者, 包乎天地萬物之外, 而貫夫天地萬物之中者也. 中外非二也. 天地無內外, 心亦無內外, 極言之耳矣. 故謂內爲本心, 而外天地萬物以爲心者, 小之爲心也甚矣."
54) 같은 책 권37, 「甘泉學案一」, 884쪽, "吾之所謂心者, 體萬物而不遺者也, 故無內外. 陽明之所謂

말했다. 그는 왕수인이 말하는 마음은 개체적인 의식이고, 자신이 말하는 마음은 만물을 관통하는 실체라고 생각했다. 이를 바탕으로 그는 자신의 격물설이 모든 사물에서 천리를 체득하라는 주장이지, '마음' 밖에서 구하라는 주장이 아니라고 하였다. 그는 자신을 여전히 '심학'자로 생각하였다.

성인聖人의 학문은 모두 심학이다. 마음이란 일이나 행위와 대립되는, 뱃속의 좁은 속(方寸)만을 편벽되게 의미하는 게 아니다. 아무런 일도 없다면 마음이 아니다.[55]

리학의 전통에서 '마음은 만물을 남김 없이 체득한다'는 말은, 주로 기능의 측면을 가리킨다. 이 말은, 한편으로 인자仁者의 마음은 만물과 일체가 되어 만물을 불쌍히 여김을 뜻하며, 다른 한편으로 사유의 기능과 범위는 시공의 제한을 받지 않아서 만물을 사유할 수 있고, 만물의 리를 파악할 수 있음을 뜻한다. 담약수의 심체만물설心體萬物說은 자신의 격물설을 논증하기 위해서 제시한 것이지만, 이론적으로는 범심론汎心論이 되고 말았다. 이러한 의미에서 그는 '마음 밖에는 사물이 없다'는 명제에 찬성할 수 있었다. 그렇지만 그는 마음에 대한 이해를 달리 했기 때문에 '마음 밖에는 사물이 없다'는 명제에 대해서 왕수인과 다르게 이해하였다.

'어디서든지 체득하라'는 주장과 '마음은 만물을 체득한다'는 주장에 관한 위와 같은 서술 내용에 근거하여, 우리는 담약수가 밝히는 학문 공부란 개체적인 의식에만 국한시킬 수 없는 것이며, 반드시 사물에 나아가 궁구해야 하는 것임을 알 수 있다. 그런데 '어디서든지 천리를 체득하라'고 말할 때의 '천리'는 사물 안에 있는 것인가, 아니면 우리의 의식 안에 있는 것인가? '리에 이른다'는 주장에 비춰 보면 본래 이러한 '리'는 마땅히 주체가 이르러야 할 대상이지,

---

心者, 指腔子裏而爲言者也. 故以吾之說爲外."
55) 같은 책 권37, 「甘泉學案一」, 898쪽, "聖人之學, 皆是心學. 所謂心者, 非偏指腔子裏方寸內與事爲對者也. 無事而非心也."

의식이 이미 점유하고 있거나 의식에 구비돼 있는 것이 아니다. 그런데 담약수는 다음과 같이 말하기도 하였다.

마음이 사물에 응한 후에 천리가 드러난다. 천리는 밖에 있지 않다. 다만 사물이 다가옴에 따라 그것을 느껴 응할 뿐이다. 그러므로 사물이 다가올 때 그것을 체득하는 게 마음이다. 마음이 중정中正할 수 있으면 그것이 바로 천리이다.56)

'리에 이른다'는 말은 천리를 체득한다는 말이다. '천리를 체득한다'는 말은 지와 행을 겸하고 안과 밖을 합하는 것을 말한다. 천리에는 안과 밖이 없다. 진세걸陳世傑은 편지를 통해 '어디서든지 천리를 체득한다'는 나의 주장이 밖에서 구하는 것이 아닌가 의심스럽다고 하였다. 만일 나의 주장이 그런 것이라면 의로움이 밖에 있다는 주장(義外之說)에 가깝지 않겠는가? 구함에는 안과 밖이 없다. 내가 말하는 '어디서든지'란 마음과 뜻과 몸, 집안과 나라와 천하 그 어디를 막론한다는 뜻이다. 고요할 때나 감응할 때를 막론하고 한결같을 뿐이다. 고요할 때는 드넓게 공평하고, 감응할 때는 사물이 이르면 순응한다. 고요할 때와 감응할 때는 서로 다르지만, 모두 내 마음의 중정한 본체를 떠나지 않는다. 본체는 곧 실체이고 천리이며, 지선이고 사물이다. 그런데 이러한 것들을 밖에서 구한다고 말할 수 있겠는가? '치지'란 이러한 실체·천리·지선·사물 즉 나의 양지와 양능을 안다는 말이다. 쓸데없이 밖에서 구할 필요가 없다. 그러나 사람은 기질과 습관 때문에 가리워진다. 따라서 살아가면서 어두워진다. 커가면서 배우지 않을 때 어리석어지는 것이다. 그러므로 학문·사변·독행篤行 공부를 하라는 가르침은 어리석음을 깨치고, 가려진 상태를 없애며, 양지와 양능을 일깨워 발휘하라는 것일 따름이다. 그 위에 무엇을 더하라는 게 아니다.…… 만일 헛되이 마음을 지키기만 하고 학문·사변·독행 공부를 하지 않는다면 일깨워 발휘하는 점이 없을 것이니, 바른 듯하지만 실은 그렇지 못한 것이다.57)

---

56) 같은 책 권37, 「甘泉學案一」, 884쪽, "心與事應, 然後天理見焉. 天理非在外也, 特因事之來, 隨感而應耳. 故事物之來, 體之者心也. 心得中正, 則天理矣."
57) 같은 책 권37, 「甘泉學案一」, 887쪽, "至其理云者, 體認天理也. 體認天理云者, 兼知行合內外言之也. 天理無內外也. 陳世傑書報, 吾兄疑僕隨處體認天理之說, 爲求於外. 若然, 不幾於義外之說

담약수가 생각할 때 학문 방법이란 구함이며, 구함에는 안과 밖이 없다. 몸과 마음, 집안과 국가 그 어디서나 구할 수 있는 것이다. 오직 마음에서만 구하거나 고요함에서만 구할 수는 없다. 그러나 구함에 안과 밖이 없을지라도 '리'가 개체의 의식 밖에 있는 대상은 아니다. 리는 사람의 도덕 의식이다. 마음은 외부 사물과 접촉함으로써 구체적인 의식 활동과 반응을 드러낸다. 만일 이러한 반응이 중정하여 편벽됨이 없다면, 이러한 의식 상태가 바로 '천리'다. 그는 마음의 본래 상태(본체)는 중정하고 편벽됨이 없는 천리이자 지선至善이라고 생각했다. '격물치지'란 바로 도덕 의식을 체득해 나가는 것이다. 따라서 천리는 외재적인 것이 아니며, 사람의 양지이자 모든 도덕 의식이다.

천리가 사람의 양지라 할지라도, 사람이 언제나 도덕적인 의식 상태를 유지할 수 있는 것은 아니다. 그 이유는 사람에게 '기질'과 '습관'이 있기 때문이다. '기질'은 품부받은 기의 잡스러움을 가리키고, '습관'은 습관적인 행위의 잡스러움을 의미한다. 기질과 습관은 양지를 가려 양지가 드러나기 어렵게 만든다. 격물이 단지 마음에서만 구하는 것일 수 없는 까닭은, 도덕 의식이란 마음이 외부 사물과 접촉한 후에야 발생하기 때문이며, 공자가 강조했던 '학문과 사변 그리고 독행'을 통해서만 사람에게 고유한 양지를 각성·계발시킬 수 있고, 모든 기질과 습관의 장애를 제거해 나갈 수 있기 때문이다.

어떤 의미에서 담약수의 격물 사상은, 주희로 대표되는 리학과 육구연·왕수인으로 대표되는 심학을 조화시킨 사상이라고 말할 수 있다. 리에 관한 문제에서 그는 천리를 마음의 중정한 본체로 생각하였는데, 이는 심학의 입장이다. 사물의 문제에서 그는 '대심설'을 주장하며 주희의 격물 범위를 긍정하였는데,

---

平? 求卽無內外也. 吾之所謂隨處云者, 隨心隨意隨身隨家隨國隨天下, 蓋隨其所寂所感時耳. 一耳, 寂則廓然大公, 感則物來順應. 所寂所感不同, 而皆不離於吾心中正之本體. 本體卽實體也, 天理也, 至善也, 物也, 而謂求之外, 可乎? 致知云者, 蓋知此實體也, 天理也, 至善也, 物也, 乃吾之良知良能也. 不假外求也. 但人爲氣習所蔽, 故生而蒙, 長而不學則愚. 故學問思辨篤行諸訓, 所以破其愚, 去其蔽, 警發其良知良能者耳, 非有加也…… 若徒守其心, 而無學問思辨篤行之功, 則恐無所警發, 雖似正實邪."

이러한 사상은 사물을 의념으로 생각했던 왕수인과 다르다. 전체적으로 볼 때 그의 사상과 학문은 여전히 심학에 속한다. 왕수인이 만년에 제시했던 '치양지설'에서는 격물을 사물에 다가가 마음을 바로잡는 것으로 생각하였다. 이러한 왕수인의 생각과 격물을 사물에 다가가 도심道心을 체득하는 것으로 파악한 담약수의 생각은, 기본적인 방향과 입장에서 근본적인 차이가 없다.

3. 일할 때는 경건해야 한다

진헌장은 특별히 '주정主靜'의 수양 방법을 주장하였다. 이 점에서 담약수는 그의 선생과 다르다. 담약수는 "만일 천리를 살필 줄 모른다면, 그 사람을 따라 관문에 들어가 안정하기를 삼 년을 보내고 구 년을 보낸들 천리와 무슨 상관이 있겠는가"[58]라고 말했다. 그리고 그는 "정좌를 오래 하면 어렴풋이나마 내 마음의 본체를 보게 된다는 것은 초학자들을 위해 한 말이다. 어찌 동정에 차이가 있을 수 있겠는가? 마음이 성숙해지면 하루 종일 수없이 응변하는 가운데서도, 조정 백관의 수없이 많은 일 속에서도, 병기와 백만대군 가운데서도 그리고 발을 헛디뎌 넘어지려는 순간에도 내 마음의 본체는 깨끗하여 어떤 사물도 없을 것이니, 어디 간들 드러나지 않겠는가"[59]라고 말했다. 그는 '고요함 속에서 어렴풋하게 마음의 본체가 드러남을 본다'(靜中隱然見心體呈露)는 진헌장의 주장에 찬성하지 않았다. 그가 생각할 때 고요함 속에서 마음의 본체를 보는 방법은 일종의 초학자들을 이끄는 방식이다. 실제로 고요함 속에서만 마음의 본체를 볼 수 있는 것은 아니다. 움직일 때도 마음의 본체를 볼 수 있고, 심지어 움직일 때에만 진정으로 마음의 본체가 드러날 수 있다. 그는 '주정'을 더욱 엄격하게 비판하기도 했다.

---

58) 같은 책 권37, 「甘泉學案一」, 894쪽, "若不察見天理, 隨他入關定, 三年九年, 與天理何干?"
59) 같은 책 권37, 「甘泉學案一」, 905쪽, "靜坐久, 隱然見吾心之體者, 蓋爲初學言之, 其實何有動靜之間! 心熟後, 雖終日酬酢萬變, 朝廷百官萬事, 金革百萬之衆, 造次顚沛, 而吾心之本體, 澄然無一物, 何往而不呈露耶?"

옛 사람들이 학문을 논할 때 고요함을 주장하는 일이 없었다. 고요함을 주장하는 것은 모두 선학(禪)이다. 그러므로 유학에서는 항상 일 속에서 인仁을 구하려고 하였으며, 움직임과 고요함 모두에 힘썼다. 어째서 그랬는가? 고요할 때는 힘을 쓸 수가 없기 때문이다. 힘을 쓴다면 이미 고요함이 아니다. 『논어』에서는 "일할 때는 경건해야 한다"고 했다. 『주역』에서는 "경건함으로 안을 곧게 하고, 의로움으로 밖을 바르게 한다"고 했으며, 『중용』에서는 "경계하고 조심하며 두려워한다"고 했고, "홀로 있을 때를 삼간다"고 했다. 이 모두는 움직이면서 그 힘을 다하는 방법이다.……그러므로 학문을 잘 닦는 사람이라면 반드시 움직임과 고요함 모두를 경건하게 한다. 경건해지면 움직임과 고요함이 한데 어우러진다. 이것이 안과 밖을 합하는 방법이다.[60]

'주경主敬'은 리학에서 강조하는 주요 수양 방법이다. 그러나 심학의 전통에서는 '지경持敬'을 중시하지 않는다. 진헌장은 자연스러운 쇄락灑落을 해친다며 '주경'을 반대하였다. 그런데 담약수는 그렇지 않았다. "동정을 막론하고 천리를 체득한다"는 그의 말에서 '천리를 체득한다'고 함은 동정을 관통하는 원칙, 즉 고요할 때는 고요함 속에서 천리를 체득하고, 움직일 때는 사물에 다가가 천리를 체득하는 방식을 뜻한다. 다른 한편으로 '주경'은 동정을 관통하기 위한 공부의 또 다른 기본 원칙이다. 그가 생각할 때 공자가 "거처하는 곳에서 공손해야 한다"고 했던 말은 고요할 때의 '경敬'에 관해 말한 것이고, '일할 때는 경건해야 한다'고 했던 말은 움직일 때의 '경'에 관해 말한 것이다. '경'은 어떤 단계나 어떤 상태를 막론하고 반드시 관철되어야 한다. 그러면서도 담약수는 움직일 때의 '경'을 더욱 중시하면서 '일할 때는 경건해야 한다'는 점을 특히 강조하였다. 그는 "원래 경을 이해하는 데 투철하지 못하다면 힘을 얻지 못할

---

60) 같은 책 권37, 「甘泉學案一」, 880쪽, "古之論學, 未有以靜爲言者. 以靜爲言者, 皆禪也. 故孔門之教, 皆欲事上求仁, 動靜着力. 何者? 靜不可以致力, 纔致力, 卽已非靜矣. 故論語曰: 執事敬. 易曰: 敬以直內, 義以方外. 中庸戒愼恐懼愼獨, 皆動以致其力之方也…… 故善學者, 必令動靜一於敬, 敬立而動靜渾矣. 此合內外之道也."

것이고, 안과 밖을 나눠 경을 떠나게 될 것이다. 우리에게 절실한 것은 '일할 때는 경건해야 한다'는 점에 힘써야 한다는 사실이다. 홀로 있는 때부터 독서하고 응수하는 때에 이르기까지 이러한 의미를 띠지 않은 것이 없으니, 하나로 관통해야 한다"61)고 지적했다. 그리고 그는 "긴박하고도 절실한 것은 '일할 때는 경건해야 한다'는 한 마디이다"62)라고 했으며, "'일할 때는 경건해야 한다'는 말이 가장 절실하고도 긴요하다. 철두철미하게 중요한 리를 깨달으면 모든 것이 해결된다"63)고 하였다. 그는 자신의 학문을 '정학程學'으로 생각하며, "'함양은 반드시 경으로 해야 하고, 학문의 진전은 치지에 달려 있다'는 말은 마차의 두 바퀴와 같다.…… 그러나 별개의 둘이라고 말하는 사람은 정학을 아는 사람이 아니다"64)라고 말했다.

리학에서 '주경'은 주일主一·계신공구戒愼恐懼·신독愼獨 등을 포함한다. 담약수도 '주일'을 말했다. 그가 생각하기에 '주일'이란 '중中'이나 '리'에 집중하는 것이 아니다. 그는 "주일은 아무 사물도 없는 상태다. 만일 중에 집중하고 천리에 집중한다면 중과 천리가 더해져 둘이 된다. 그러나 주일이라면 중과 천리가 자연히 그 안에 있는 것이다"65)라고 말했다. 왕수인은 '주일'을 전일專一로 여기는 주희의 견해에 찬성하지 않았으며, '주일'이란 천리에 집중하는 것일 따름이라고 주장하였다. 담약수는 이러한 왕수인의 견해에 찬성하지 않았다. 그가 이해한 '주일'은 마음 안에 어떠한 잡념도 없는 상태이다.

'주경'의 문제에서 담약수는 대체로 천리체인설을 들어 전통적인 '지경持敬'의 구체적 방법을 논하였다. 예를 들어 '신독愼獨'에서 '독'은 원래 한가롭게

61) 같은 책 권37, 「甘泉學案一」, 880쪽, "元來只是敬上理會未透, 故未有得力處, 又或以內外爲二而離之. 吾人切要, 只於執事敬用功, 自獨處以至讀書酬應, 無非此意, 一以貫之"
62) 같은 책 권37, 「甘泉學案一」, 880쪽, "大抵至緊要處, 在執事敬一句."
63) 같은 책 권37, 「甘泉學案一」, 881쪽, "執事敬, 最是切要, 徹上徹下, 一了百了."
64) 같은 책 권37, 「甘泉學案一」, 880쪽, "涵養須用敬, 進學則在致知, 如車兩輪…… 而謂有二者, 非知程學者也."
65) 같은 책 권37, 「甘泉學案一」, 883쪽, "主一便是無一物, 若主中主天理, 則又多了中與天理, 卽是二矣. 但主一, 則中與天理自在其中矣."

홀로 있음을 뜻했다. 그러나 주희의 해석에 따르면, '독'은 다른 사람은 모르고 자기 혼자만 아는 것 즉 자기만이 지닌 내심 세계를 의미한다. 그래서 '신독'은 다른 사람이 알 수 없는 자기의 내심 세계를 신중히 점검해야 한다는 뜻이 된다. 그러나 담약수는 '독'이란 마음 안의 리를 가리키는 것이지, 어두운 방이나 허름한 집안에서 혼자만 알고 있는 것이 아니라고 생각했다. 그래서 그는 "'독'이란 '혼자 아는 리'이다. 그런데 이를 '혼자만 알고 있는 것'으로 여긴다면 중정中正하지 못할 때도 있을 것이다. 그러므로 '독'은 천리이며 자신이 스스로 아는 것이다. 단지 어두운 방이나 허름한 집안에서만이 아니라 일상 생활에서 응수하는 모든 것에서 그러하다. '신愼'이란 이것을 체득하는 방법일 따름이다"66)라고 말했다. 그는 '독'이 천리 즉 자기 내심의 도덕 의식이기 때문에, 자기만 알고 남은 모르는 것이라고 생각했다. 그리고 '신'은 체득하고 직접적으로 살피는 것이다. 이렇게 하여 '신독'은 천리체인설과 동일한 공부인 것이며, 단지 설명 방식이 다를 뿐이다.

담약수는 천리체인설의 모식을 가지고 '신독'을 해석했을 뿐만 아니라 같은 방법으로 '계신공구戒愼恐懼'를 해석하였다. 『중용』에서는 "보이지 않는 것을 경계하고 조심하며, 들리지 않는 것을 두려워하라"(戒愼乎其所不睹, 恐懼乎其所不聞)고 했다. 이 말의 본래 의미는 다음과 같다. 외재적인 행위는 남에게 보이기 때문에 그것을 바로잡는 일은 비교적 쉽다. 그러나 내심의 세계는 남이 볼 수 없다. 남이 볼 수 없다고 해서 내심의 옳지 못한 활동을 바로잡지 않을 게 아니라 남이 보지 못하는 때나 남이 보지 못하는 장소에서 더욱더 주의를 기울여야 한다. 주희는 '독'이란 남은 알지 못하고 자기만 홀로 아는 것이므로, '보이지 않고 들리지 않는 것'은 자기에게 사려나 견문이 없는 때를 뜻한다고 생각하였다. 그러나 담약수가 생각할 때 '계신공구'는 체득하는 공부이고 '보이지 않고

---

66) 같은 책 권37, 「甘泉學案一」, 889쪽, "獨者, 獨知之理, 若以爲獨知之地, 則或有時而非中正矣, 故獨者, 天理也. 此理惟己自知之, 不但暗室屋漏, 日用酬應皆然. 愼者, 所以體認乎此而已."

들리지 않는 것'은 체득의 대상이 되는 천리이다. "'계신공구'는 공부이고, '보이지 않고 들리지 않는 것'은 천리이다. 공부는 이러한 천리를 체득하는 것이다."67) 이처럼 담약수는 '일할 때는 경건해야 한다'는 점을 매우 강조하면서도 어떤 구체적인 문제에 대한 설명에서는 정이나 주희와 달랐다.

담약수가 생각할 때 '천리를 체득하라'는 말은 '어디서든지'를 요구하는 것 외에도 주관적으로 '잊지도 말고 조장하지도 말라'(勿忘勿助)는 점에 주의해야 할 것을 요구한다. '잊지도 말고 조장하지도 말라'는 말은 바로 '주일'을 가리키며, '주경'의 내용 가운데 하나이다. 여기에서 '잊지도 말고 조장하지도 말라'는 말은 어떤 특정한 의향 상태를 가리킨다. 이러한 의식이나 심리 상태에서는 편벽되거나 의지하지도 않고, 지나침도 모자람도 없으며, 집착하는 것도 없다. 하지만 사려가 없는 것은 아니다. 그는 이렇게 말했다.

'잊지도 말고 조장하지도 말라'는 것은 경敬을 말한 것이다.68)

'잊지도 말고 조장하지도 말라'는 것은 전일하라는 말이니, '마음을 여기에 두고 놓지 않는다'고 해야 할 것을 '잊지 말라'고 말한다면 괜찮다. 그러나 이러한 일에 머물지 않을 수 없다면 조장하지 않을 수 없으니, 경이라고 말할 수 있겠는가?69)

'잊지도 말고 조장하지도 말라'는 것은 경을 말하는 것일 따름이다. 잊는다거나 조장한다는 것은 모두 마음의 본체가 아니다. 이 점은 심학에서 가장 정밀한 것으로, 터럭만큼의 인력人力조차 허용하지 않는다. 그러므로 선생(진헌장)께서는 '자연설'을 펼치셨는데 그 주장은 지당하다.70)

---

67) 같은 책 권37, 「甘泉學案一」, 883쪽, "戒愼恐懼是工夫, 所不睹不聞是天理, 工夫所以體認此天理也."
68) 같은 책 권37, 「甘泉學案一」, 883쪽, "勿忘勿助, 敬之謂也."
69) 같은 책 권37, 「甘泉學案一」, 884쪽, "勿忘勿助之間, 乃是一, 今云'心在于是而不放', 謂之勿忘則可矣, 恐不能不滯于此事, 則不能不助也, 可謂之敬乎?"
70) 같은 책 권37, 「甘泉學案一」, 885쪽, "勿忘勿助, 只是說一個敬者. 忘助皆非心之本體, 此是心學

'잊지도 말고 조장하지도 말라'는 것은 수양 공부를 할 때 요구되는 일종의 마음 상태를 가리킨다. 이러한 상태에서는 '자연'과 평화, 중용(適中)을 체현하고자 한다. 따라서 이 말은 심리 의향의 강도를 가리킨 말이다. 마치 한약을 달일 경우 드센 불이나 약한 불로는 달일 수 없고 적당한 불로 달여야만 하듯이, 급하게 완성하려는 조급함이 있어서도 안 되고 어떤 것이라도 상관없다는 식의 산만함이 있어서도 안 된다. 담약수가 생각할 때, 오직 의식 상태가 잊지도 않고 조장하지도 않는 상태에 처해 있을 때에만 마음의 본체로서 천리를 아무런 장애 없이 드러나게 할 수 있다. '잊지도 말고 조장하지도 말라'는 것은 진헌장이 말했던 '자연'이다. 다만 담약수의 이해 속에서는 '잊지도 말고 조장하지도 말라'는 것과 '주경'이 진헌장처럼 모순되지 않을 뿐이다.

4. 초심初心과 습심習心

담약수의 심성론은 "성性이란 만물에게서 모두 같은 것이다."[71] 그는 우주 만물이 공통적으로 동일한 본성을 지니고 있다고 생각한 것이다. 또 그는 "성이란 마음의 생리生理이다. 마음과 성은 둘이 아니다. 그것을 곡식에 비유하자면 생의生意를 가지고 있지만 아직 발하되지 않아서 흐릿한 채로 보이지 않는 것과 같다. 그것이 발현되면 측은·수오·사양·시비가 싹터 인·의·예·지가 이것에서 나뉘기 시작한다. 그러므로 이것을 사단四端이라 한다"[72]고 말했다. 이 말은 성과 마음이 서로 다른 실체가 아니며, 성은 마음이 지니고 있는 일종의 내재적인 경향이자 속성임을 강조한 말이다. 바로 이러한 내재적인 경향과 속성에 근거하여, 마음의 활동은 사단을 표현한다. 이러한 설명은 주자학과 크게 다르지 않다.

最精密處, 不容一毫人力, 故先師又發出自然之說, 至矣."
71) 같은 책 권37, 「甘泉學案一」, 877쪽, "性者萬物一體者也."
72) 같은 책 권37, 「甘泉學案一」, 877쪽, "性也者, 心之生理也, 心性非二也. 譬之穀焉, 具生意而未發, 未發故渾然而不可見. 及其發也, 惻隱羞惡辭讓是非萌焉, 仁義禮智自此焉始分矣, 故謂之四端."

그렇다면 마음과 성의 차이는 어디에 있는가? 마음의 주요한 기능은 정신 활동 즉 사유와 의식이다. 이러한 정신 활동의 기능을 '텅 빔'(虛)으로 부를 수 있다.

지극히 텅 빈 것(虛)은 마음이지 성의 본체가 아니다. 성에는 텅 빔이나 충실함이 없으니, 무슨 영명함과 빛남을 말하겠는가? 마음은 생리를 지니고 있기 때문에 성이라고 말한다. 성은 사물과 접촉하여 발현되므로 정情이라고 말한다.[73]

성에는 사유 기능이 없다. 따라서 '텅 빔'과 '영명함'은 성의 특질이 아니다. 이 점에서 마음과 성을 구별할 수 있다. 마음은 마치 곡식의 씨앗에 생의生意가 있는 것처럼, 리를 지니고 있다. 곡식의 생의(性)는 유리한 외부 조건(물과 흙) 속에서 발아한다. 마음의 생리는 외부 사물과 접촉하여 정으로 발현된다. 이러한 논의에서 '마음'이란 모두 사람의 마음을 가리키는 것이지 우주를 포괄하고 관통하는 대심大心을 의미하는 게 아니다.

담약수는 '초심初心' 관념을 제기하였다. 그는 이렇게 말했다.

사람의 마음에 막 생겨나는 생각이 바로 초심이다. 초심은 선하지 않음이 없다. 마치 "어린아이가 우물에 들어 가려는 광경을 언뜻 보았을 때 깜짝 놀라면서 측은한 마음이 든다"는 맹자의 말과 같다. '언뜻 보았을 때'란 초심으로 되돌아간 때이다. 사람의 양심이 어느 때인들 없겠는가? 다만 생각이 처음 일어날 때 드러날 뿐이다. 만약 "그 아이의 부모와 관계를 맺으려고, 또는 마을에서 명예를 얻으려고" 그랬거나 "사람들이 비난하는 소리가 싫어서" 그랬다면, 그 마음은 본래의 초심이 아니다. 그래서 맹자는 사람들이 처음 발동한 마음을 확충·함양해 나감으로써 세상을 온전히 하기를 희망했던 것이다.[74]

73) 같은 책 권37, 「甘泉學案一」, 882쪽, "夫至虛者, 心也, 非性之體也. 性無虛實, 說尋靈耀? 心具生理, 故謂之性. 性觸物而發, 故謂之情."
74) 같은 책 권37, 「甘泉學案一」, 895쪽, "人心一念萌動, 卽是初心, 無有不善, 如孟子乍見孺子將入

요컨대 의념이 최초로 발동하는 상태는 모두 본심의 발현이다. 그러므로 외부 사물에 대한 최초의 본능적 의식 반응에서 양심을 살필 수 있다. 그런데도 사람들이 종종 그 본심을 잃는 까닭은 직각적인 초심에 따라 행위하지 않기 때문이다. 그리하여 수많은 사심과 잡념이 생겨난다. 도덕 수양이란, 한 가지 생각이 막 일어날 때 지니게 되는 초심을 살피고 보유해야 하는 것이다. 이러한 초심이 침해받지 않도록 해야 함과 아울러 그것을 확충해 나가야 한다.

담약수는 '습심習心'을 극복하고 치료하는 문제에도 특별히 주의하였다. '습심'이란 사람에게 고유한 것이 아니다. '습심'은 사람에게 형체가 생긴 다음에 생겨난 것이며, 외재적인 사물의 영향으로 조성된 것이다. 그는 다음과 같이 말했다.

본체를 깨달으면 습심이 있음을 알게 된다. 습심이 제거되면 본체가 완전해진다. 본체로 습심을 바꾸는 것이 아니다. 본체는 원래 스스로 존재하지만 습심이 그것을 가렸기 때문에 드러나지 않는 것처럼 보일 뿐이다.…… 그러므로 습심을 녹여 버리는 일이 천리를 체득하는 공부이다. 천리를 알게 되면 습심은 곧장 물러나 순종하게 된다.[75)]

습관은 본래 마음의 습관을 가리킨다. 따라서 습심은 경험적이며 후천적인 범주이다. 사람은 형체가 생긴 뒤에야 비로소 독립적인 의식 활동을 하게 되고, 의식 활동이 있게 된 뒤에야 비로소 의식 활동의 '습관'이 생긴다. 이러한 습관의 형성에는 생리적인 몸이 결정하는 의식 활동에 의해 조성되는 부분이 있고, 외부적인 사회와 문화의 감염에 의해 내면화되는 부분도 있다. 습심은 줄곧 본

於井, 便有怵惕惻隱之心, 乍見處亦是初心復時也. 人之良心, 何嘗不在? 特於初動時見耳. 若到納交要譽, 惡其聲時, 便不是本來初心了. 故孟子欲人就于初動處擴充涵養, 以保四海."

75) 같은 책 권37, 「甘泉學案一」, 893쪽, "認得本體, 便知習心, 習心去而本體完全矣. 不是將本體來換了習心, 本體元自在, 習心蔽之, 故若不見耳.…… 故煎銷習心, 便是體認天理工夫. 到見得天理時, 習心便退聽."

심과는 별개로 존재한다. 마치 먹구름이 지나고 나면 태양이 더욱 빛나고, 먼지를 닦아 내면 거울이 다시 맑아지는 이치와 같다. 따라서 사람은 연금煉金하듯이, 부단히 습심을 녹여 나갈 때에만 비로소 마음 본연의 모습을 회복할 수 있다. 그리고 담약수는 이렇게 습심을 녹여 버리는 단련이 실제적인 일에서 갈고 닦는 실천을 떠날 수 없는 것이라고 강조하였다.

5. 지와 행은 함께 나아간다

정덕正德 연간 중엽에 왕수인이 '지행합일'을 크게 제창하자, 명대 중기에는 지행의 문제가 사상계의 커다란 과제로 등장하였다. 이 문제에 대한 견해를 보면 담약수는 왕수인과 적지 않은 점에서 유사하다. 그는 "지와 행은 함께 나아간다"[76]고 제기하였다. '지知'는 끝까지 추구하는 것을 가리키고, '행行'은 보존하고 길러 나가는 것을 의미한다. 또 그는 "배움은 지와 행에 불과하다. 지와 행은 떨어질 수도 없고, 뒤섞일 수도 없다"[77]고 하였다. 그는 지와 행이 한데 뒤섞여 있다는 주장에 찬성하지 않았다. 그가 생각할 때 유가의 경전에서는 모두 먼저 알고 나중에 실행할 것과 실행하는 것이 아는 것보다 어렵다고 강조하였다. 따라서 지와 행은 서로 뒤섞일 수 없으며 명확히 구별된다는 것이다. 하지만 그는 먼저 알고 나중에 실행하라고 주장하지도 않았다. 그는 다음과 같이 말했다.

> 후세의 유학자들은 행行이란 글자를 오해하여 모두 시행하고 공포하는 것을 행으로 생각했다. 그들은 행이 한 생각에 있는 것임을 몰랐다. 한 생각이 일어나는 것에서부터 일삼고 행위하는 것에 이르기까지 모두 행이다. 일삼고 행위하는 것이 어찌 한 생각으로 그렇게 하는 것이 아닐 수 있겠는가? 마음을 보존한다는 말도 행이다.[78]

76) 같은 책 권37, 「甘泉學案一」, 881쪽, "知行交進."
77) 같은 책 권37, 「甘泉學案一」, 881쪽, "大學不過知行, 知行不可離, 又不可混."
78) 같은 책 권37, 「甘泉學案一」, 897쪽, "後世儒者, 認行字別了, 皆以施爲班布者爲行, 殊不知行在

당시에 왕수인도 "한 생각이 일어나는 것이 행이다"(一念發動卽是行了)라고 주장하였다. 담약수도 이와 유사하게 "행은 한 생각에 있다"고 강조하였다. 왕수인의 지행관에 나타난 논리대로 말하자면, 한 가지 악한 생각이 일어나는 것은 행이지만, 한 가지 선한 생각이 일어나는 것은 아직 행이 아니다. 그런데 담약수의 지행관은 왕수인처럼 그렇게 상세하고 치밀하지 못했다. 그가 주장한 "행은 한 생각에 있다"는 말은 주로 도덕 실천이 외재적 행위에만 그치는 것은 아니며, 한 생각에서 마음을 보존하고 천리를 체득했다면 설사 외부적 행위를 수반하지 않았더라도 행에 해당된다는 말이다. 그는 천리체인설의 입장에서 출발하였고 천리를 체득하는 것으로 지와 행을 관통하였다. 이 점도 그의 지행관이 지닌 특징이다.

종합하여 말하자면 '어디서든지 천리를 체득하라'는 학설은 담약수의 핵심 사상이며, '주경'이든 '지행'이든 그의 다른 사상들은 모두 '어디서든지 천리를 체득하라'는 사상과 연계되어 있다. '어디서든지 천리를 체득하라'는 사상은 '이 마음을 지키기만 하라'는 주장에 반대하며, 유학의 전통 가운데서 학문·사변·독행 공부를 긍정하였다. 그렇지만 천리의 체득은 마음으로 체득하는 것일 뿐만 아니라 마음에서 체득하는 것이기도 하였다. 따라서 담약수 스스로도 "내가 말하는 천리란 마음에서 체득하는 것이니 심학이다"[79]라고 말했던 것이다. 그러므로 그의 사상 체계는 여전히 기본적으로 심학 체계이다.

3. 나흠순

명대 주자학의 발전은 나흠순羅欽順에 이르러 중요한 이정표가 세워졌고, 그에 의해 주자학 이론에도 커다란 변화가 발생했다. 철학사의 관점에서 볼 때

一念之間耳. 自一念之存存, 以至于事爲之施布, 皆行也. 且事爲施布, 豈非一念爲之乎? 所謂存心卽行也."

79) 같은 책 권37, 「甘泉學案一」, 901쪽, "吾所謂天理者, 體認于心, 卽心學也."

나흠순과 주희는 리기관理氣觀에서 커다란 차이를 보인다. '리학理學'에서 '기학氣學'으로 뚜렷하게 변화한 것이다. 그러나 리학사의 관점에서 볼 때 어떤 사상가가 속하게 될 학파의 성격을 결정 짓는 내용은 주로 심성론과 공부론이다. 심성에 대한 견해와 수양 방법에 대한 견해에 따라 학파가 결정되는 것이다. 이 점은 리학사 연구를 위한 기본 원칙이다. 그렇지 않다면 나흠순 같은 사상가가 주자학에 명확히 동조했던 까닭을 이해하기 어려울 것이고, 당시 학자들과 후대 학자들이 나흠순을 '주자학의 최후 버팀목'(朱學後勁)으로 간주했던 보편 기준을 이해하기 어려울 것이다.

나흠순(1465~1547)은 자字가 윤승允升이고 호는 정암整菴이며, 강서성江西省 태화泰和 사람이다. 홍치弘治 6년(1493년) 진사에 급제하여 한림편수翰林編修라는 직책을 받았다. 또 남경의 국자사업國子司業을 역임하였다. 유근劉瑾이 정권을 장악했을 때, 그에게 아첨하지 않은 이유로 관직을 빼앗기고 평민 신분이 되었다. 유근이 죽은 뒤 남경의 태상사太常寺 소경少卿에 임명되었고, 나중에는 남경의 예부 우시랑右侍郎과 이부 시랑侍郎으로 승진하였다. 가정嘉靖 초년에는 이부 좌시랑으로 전직하였고, 나중에는 남경의 이부 상서尙書와 예부 상서를 역임하였다. 부친이 돌아가시자 벼슬을 사양한 채 이십여 년 동안이나 집안에만 거처하면서 학문에 전념하였다. 그의 주요 저작으로는 『곤지기困知記』가 있다.

홍치弘治 연간에 나흠순은 불교에 심취했다. 나중에 그는 젊은 시절의 학문 활동에 대해 다음과 같이 회고하였다.

수도에서 벼슬할 때 우연히 한 노승을 만났다. 나는 다짜고짜 어떻게 하면 부처가 될 수 있는지를 그에게 물었다. 그 노승도 "정원 앞 노송에 부처가 있다"는 말로 아무렇게나 대답했다. 나는 분명히 그 말 속에 어떤 의미가 담겨 있을 것이라 여기며 새벽녘까지 계속 숙고하였다. 옷을 들고 일어서려는데 어슴푸레하게 깨달음이 생겼고, 나는 온 몸에 땀이 흐르고 있던 사실조차 느끼지 못했다. 나중에 선종의 '증도가 證道歌' 한 문장을 읽어 볼 수 있었는데, 마치 부절符節을 합하듯 하였다. 나는 지극히 기묘하여 천하의 리 가운데서 이에 더 보탤 것이 없을 것이라고 생각했다.[80]

나흠순의 '도에 대한 깨달음'은 선종식으로 '화두에 참여하여'(參話頭) 얻은 신비 체험이었다. 이러한 신비 체험의 기본적인 특징은 정좌해서 의식을 고도로 집중시킨 뒤에 특별한 심리적·생리적 느낌을 돌발적으로 얻게 된다는 점이다.

정덕 연간 남경에서 벼슬할 때, 그는 유가의 경전과 리학의 어록을 풍부하게 읽었다. 이를 통해 그는 점차 불교의 신비 체험이 의식의 어떤 특수한 기능이나 상태에 미혹된 것임을 알게 되었다. 그리고 이러한 것에서 진정으로 천도天道와 성리性理를 체득할 수 없으리라는 점도 깨달았다. 그는 사십 세를 전후해서야 흔쾌히 유학에 뜻을 두었다. 육십 세 이후에는 관직을 사양한 채 유학에만 몰두하였고, 자신의 사상을 종합하여 『곤지기』에 기록하였다. 그의 사상은 명대 초기 이래의 리학 리기론의 발전 경향을 계승한 것이었으며, 결국에는 리학의 리기론에서 발전하여 일종의 기본론氣本論 형태에 이르렀다. 다른 한편으로 그는 불교와 송대 이래의 심학 발전에 대해, 특히 당시에 성행했던 진헌장과 왕수인의 심학에 대해 리학의 입장에서 강렬하게 비판하였다.

1. 리와 기는 하나이다

나흠순의 사상 특색은 우선 그의 리기관에 드러나 있다. 이정에서 시작된 리학은 철학적 우주론의 입장에서 '리'를 우주의 보편 원리로 삼았으며, 동시에

---

80) 『困知記』권下 (中華書局, 1990), 34쪽, "及官京師, 偶逢一老僧, 漫問何由成佛, 渠亦漫擧禪語爲答云: 佛在庭前柏樹子. 愚意其必有所謂, 爲之精思達旦. 攬衣將起, 則怳然而悟, 不覺流汗通體. 旣而得禪家證道歌一編, 讀之, 若合符節. 自以爲至奇至妙, 天下之理莫或加焉."

'리'는 '기'의 존재와 운동을 위한 '소이연所以然'으로 여겨졌다. 주희는 이러한 이정의 사상을 계승·발전시켜 '리'란 기의 '소이연'으로서, 기와 섞이지도 않고 기를 떠나지도 않는 형이상학적 실체라고 강조하였다. 이러한 사상은 리학이 발전해 나가면서 수없이 의심되었는데, 나흠순은 주희의 리기관에 대해 이의를 제기한 학자들 가운데 대표적인 사람이었다.

나흠순은 주희의 리기관에 치명적인 결함이 있다고 지적하면서, 리는 결코 형이상학적 실체가 아니라 기 운동의 조리條理라고 단언하였다. 그는 이렇게 말했다.

> 리는 단지 기의 리일 따름이다. 기가 선회하고 굴절하는 점에서 살펴볼 때, 갔다가 오고 왔다가 가는 것이 바로 선회하고 굴절하는 것이다. 가면 오지 않을 수 없고, 오면 가지 않을 수 없다. 그것이 어째서 그런지는 모르겠으나 어쨌든 그렇게 이끄는 것이 있다. 마치 그것에 주재하는 어떤 것이 있어서 그렇게 시키는 듯하다. 이것이 '리'라는 이름이 생겨난 까닭이다.[81]

나흠순이 생각하기에 기는 부단히 변화 운동한다. 기가 왕복하고 변화하는 까닭은 그 내재적인 근거가 있기 때문이다. 예를 들어 저항이 전혀 없는 상황이라면 어떤 물체에 약간의 힘을 가하기만 해도 그 물체는 끊임없이 직선 운동을 할 것이다. 그런데 그 물체의 운행이 어느 지점에 이르러 반대 방향으로 운동한다면, 틀림없이 또 다른 외부의 힘이나 내부의 장치가 그것을 조종하기 때문이다. 정이와 주희는 기에 대해서 리는 물체를 왕복 운동하게 하는 조종자처럼 왕복하는 기의 변화 운동을 지배하는 작용을 한다고 생각했다. 나흠순은 리가 기능적으로 기의 운동을 지배하지만, 리는 결코 신神도 아니고 기 안에 있는

---

81) 『困知記』 續卷 1, 68쪽, "理只是氣之理, 當於氣之轉折處觀之, 往而來, 來而往, 便是轉折處也. 夫往而不能不來, 來而不能不往, 有莫知其所以然而然, 若有一物主宰乎其間, 而使之然者, 此理之所以名也."

또 다른 실체도 아니라고 주장하였다. 그러나 이 점에 대해 정이와 주희는 실체화된 관점에서 리를 바라보는 경향을 벗어날 수 없었다. 그들은 리가 기 운동의 규율로서 의미를 지닌다고 승인하는 한편, "리와 기는 분명히 별개의 사물이다"(理與氣決是二物)라고 선언하였다. 그리하여 리는 사물의 규율로서 실체화되었다. 그런데 나흠순은 이 점을 명확히 반대하였다. 그는 이렇게 말했다.

공자가 『주역』을 찬양하면서 '궁리'라는 말이 생겼다. 리는 과연 어떤 것인가? 천지를 관통하고 고금을 통틀어서 일기一氣 아닌 것이 없다. 기는 본래 하나인데, 한 번 움직이고 한 번 고요하며, 한 번 가고 한 번 오며, 한 번 닫히고 한 번 열리며, 한 번 오르고 한 번 내리는 순환을 그치지 않는다. 그리하여 희미한 것을 모아 뚜렷해지고 뚜렷한 것에서 다시 희미해지며, 네 계절의 따뜻함과 시원함, 추위와 더위를 이루고, 만물의 낳음과 자람, 수확과 저장을 이루며, 백성들의 일상 생활에서 윤리가 되고, 사람들의 일에서 성패와 득실이 된다. 천 갈래 만 갈래로 뒤엉킨 것 같지만 끝까지 어지럽지 않다. 그것이 어째서 그러한지는 모르겠으나 어쨌든 그렇게 이끄는 것이 있으니 그것이 바로 리이다. 원래 한 사물이 따로 있어서 기에 의지하여 서고, 기에 부착되어 움직이는 게 아니다. 어떤 사람은 "역易에는 태극이 있다"는 말 때문에, 음양의 변화를 주재하는 어떤 사물이 따로 있는 것으로 생각하지만 그렇지 않다. 무릇 '역'은 양의兩儀와 사상四象, 팔괘의 총칭이고, '태극'은 모든 리의 총칭이다. "역에는 태극이 있다"고 함은 많은 개별자들이 하나의 근본에 근원한다는 점을 설명한 말이다. 즉 끊임없이 낳고 낳는 질서를 밀고 나감으로써, 하나의 근본이 흩어져 많은 개별자가 된다는 점을 밝힌 것이다. 이것은 확실히 자연스런 기틀(機)이자 주재하지 않는 주재인데, 어찌 형적形迹을 찾을 수 있겠는가? 이러한 의미에 대해서는 정명도의 설명이 가장 정밀하다. 정이천과 주희는 미흡한 점이 약간 있는 듯하다.…… 정이천에게 미흡한 점이 약간 있다는 것은 유원승劉元承이 "음양의 근거는 도이다", "닫히고 열리는 근거는 도이다"라고 말했기 때문이다. 내가 생각하기에 '근거'(所以)라는 두 글자는 확실히 형이상학적인 것을 가리킨다. 그러나 두 사물이 있다는 혐의가 있음은 면할 수 없다. "원래 이러한 도일 따름이다"는 명도의 말에서 자연스럽게 한데 어우러지는 오묘함을 볼 수 있으니, '근거'라는 글자에 집착할 필요는 없다. 그리고 주희에게 미흡한 점이 약간 있다고 함은 주희가 "리와 기는 분명히 별개의 사물이다", "기는 강하고 리는 약하다", "만일 이러한 기가 없다면 이러한 리를 어디에 놓아 두겠는가"라고 말했기 때문이다. 주희의 말에는 이와 유사한 말들이 자못 많다.[82]

나흠순은 리는 기의 리이며 기 운동의 근거이자 내재 법칙으로서, 주희가 말하듯이 기에 부착된 또 다른 실체(사물)가 아니라고 지적하였다. 리와 기는 결코 '별개의 두 사물'이 아니다. 리는 기의 운동 변화의 규율일 따름이다. 그는 "나는 지금까지 리와 기는 하나의 사물이라고 생각해 왔다"[83]고 하였다. 요컨대 리와 기는 두 실체가 아니다. 오직 기만이 실체이고 리는 이러한 실체 자체의 규정이자 이 실체에 고유한 속성이며 조리일 따름이다. 리와 기는 이원적으로 대대對待하는 게 아니다.

'리와 기는 하나의 사물'이기 때문에 나뉠 수 없다는 관점에 근거하여, 그는 리와 기가 합하여 응축돼 있다는 주희의 설명을 비판하였다. 그는 이렇게 말했다.

주돈이는 『태극도설』에서 "······ 무극의 진실함과 음양과 오행의 정밀함이 기묘하

---

82) 같은 책 권上, 4~5쪽, "自夫子贊易, 始以窮理爲言, 理果何物也哉? 蓋通天地, 亘古今, 無非一氣而已. 氣本一也. 而一動一靜, 一往一來, 一闔一闢, 一升一降, 循環無已. 積微而著, 由著復微, 爲四時之溫凉寒暑, 爲萬物之生長收藏, 爲斯民之日用彝倫, 爲人事之成敗得失. 千條萬緒, 紛紜膠輵, 而卒不可亂. 有莫知其所以然而然, 是卽所謂理也. 初非別有一物, 依於氣而立, 附於氣以行也. 或者因易有太極一言, 乃疑陰陽之變異, 類有一物主宰乎其間, 是不然. 夫易乃兩儀四象八卦之總名, 太極則衆理之總名也. 云易有太極, 明萬殊之原於一本也; 因而推其生生之序, 明一本之散爲萬殊也. 斯固自然之機, 不宰之宰, 夫豈可以形迹求哉? 斯義也, 惟程伯子言之最精, 叔子與朱子似乎小有未合······ 所謂叔子小有未合者, 劉元承記其語有云所以陰陽者道, 又云所以闔闢者道, 竊詳所以二字固指言形而上者, 然未免微有二物之嫌. 以伯子元來只是此道之語觀之, 自見渾然之妙, 似不須更著所以字也. 所謂朱子小有未合者, 蓋其言有云理與氣決是二物, 又云氣强理弱, 又云若無此氣, 則此理如何頓放, 似此類頗多."
83) 같은 책, 附錄, 「與林次崖僉憲」, 151쪽, "僕從來認理氣爲一物."

게 합하여 응축돼 있다"고 말하였다. 나는 이 세 마디 말을 의심하지 않을 수 없다. 사물은 반드시 둘이 있을 때 '합한다'고 말할 수 있다. 태극과 음양이 과연 두 사물인가? 이들이 두 사물이라면 이 둘이 아직 합해지지 않았을 때는 각기 어디에 있었단 말인가? 주희는 평생토록 리와 기가 별개의 두 사물이라고 생각했는데, 그 근원이 아마 여기에 있는 듯하다.[84]

만일 리와 기가 주희가 해석하듯이 '기묘하게 합하여 응축돼 있는' 것이라면, 구체적인 사물의 생성 이전에는 리와 기가 각기 독립한 채 우주 속에서 유행하고 있다는 사실을 의미한다. 리는 일정한 형기形氣가 결집되어야만 비로소 기에 '부착되고', '놓여진다'는 말이다. 나흠순은 이것이 불가능하다고 생각하였다. 왜냐하면 리가 없는 순수한 기도 있을 수 없고, 기를 떠나 독립해 있는 리도 있을 수 없기 때문이다. 이 점에 근거하여 그는 주희의 '타입墮入'설을 비판하였다. 주희는 '기질지성'이란 태극이 기질 속으로 '들어가' 이루어지는 것이라고 생각하였다. 나흠순은 "이미 들어간다고 말했으니, 리와 기 사이에 틈새가 없을 수 없다"[85]고 지적하였다. 왜냐하면 '들어간다'는 말은 '들어가기' 전에는 그 둘이 서로 분리돼 있었음을 의미하기 때문이다.

리학에서 '리와 기가 분리되고 실체화된다'는 문제는 리기의 취산 문제와 얽혀 발생하는 문제이다. 그리고 이 문제는 여전히 해결되지 않았다. 예컨대 명대 리학에서 설선薛瑄은 이 문제에 대해 주희와 완전히 일치하는 견해를 지닌 것은 아니었다. 설선은 리와 기 사이에는 틈새가 없다고 주장하면서도, 다른 한편으로 리는 태양과 같고 기는 나는 새와 같다는 비유를 통해서, 기에는 취산 운동이 있고 리에는 취산 운동이 없다고 설명하였다. 결국 리와 기 사이에 '틈새'가 있다고 생각한 것이다. 그런데 나흠순은 다음과 같이 생각했다.

---

84) 같은 책 권下, 29쪽, "周子太極圖說…… 無極之眞, 二五之精, 妙合而凝三語, 愚則不能無疑. 凡物必兩而後可以言合, 太極與陰陽果二物乎? 其爲物也果二, 則方其未合之先, 各安在耶? 朱子終身認理氣爲二物, 其源蓋出於此"
85) 같은 책 권上, 8쪽, "夫旣以墮言, 理氣不容無罅縫矣."

설선의『독서록讀書錄』에는 체득 공부에 관한 내용이 많다.…… 그러나 완전하지 못한 것도 있다.…… 그 책에서는 "리와 기氣 사이에는 틈새가 없다. 그러므로 기器는 도道이고 도는 기이다"라고 말했다. 이 말은 당연하다. 그러나 기氣에는 취산이 있고 리에는 취산이 없다는 주장을 반복해 가며 증명하는 태도에 대해 나는 의심하지 않을 수 없다. 있음과 없음 사이의 틈새는 큰 것이다. 어떻게 기器는 도이고 도는 기라고 말할 수 있겠는가? 아마 설선도 시종 리와 기를 둘로 생각한 듯하다. 그러므로 그의 말에도 막힌 것이 있다.86)

나흠순은 설선의 사상에서 드러나는 이러한 모순이 리와 기를 별개의 두 실체로 간주한 데서 빚어지는 것임을 정확히 지적하였다. 나흠순은 사람과 사물에 관한 리기의 취산 문제에 대해서 "기가 모여서 태어나고 형체가 생겨 존재한다. 이러한 사물이 있으면 이러한 리가 있다. 기가 흩어지면 죽고 끝내 사라지고 만다. 이러한 사물이 없다면 이러한 리도 없다. 죽어서도 없어지지 않는 것이 있을 수 있겠는가"87)라고 말했다. 요컨대 하나의 사물 혹은 한 종류의 사물이 소멸하여 흩어진 이후에는 그 사물의 리 혹은 그 종류의 사물의 리도 더 이상 존재하지 않는다. 따라서 이러한 리들이 영원하다고 말할 수 없다.

그러나 그는 '천지'에 대해서 "천지의 운행은 영원히 한결같으니, 무슨 생사와 존망이 있겠는가"88)라고 말했다. 천지의 리는 천지와 마찬가지로 영원하다. 여기에서 나흠순은 특수 규율과 보편 규율을 분명히 구분하였다. 사물의 특수한 속성과 규율은 영원하지 않고, 그 사물의 존재와 시종을 함께한다. 반면에 우주의 보편적인 본성과 규율에는 생멸이 없다. 나흠순의 이러한 견해와 '리에

---

86) 같은 책 권下, 38쪽, "薛文淸讀書錄, 甚有體認工夫…… 然亦有未能盡合處…… 錄中有云: 理氣無縫隙, 故曰器亦道, 道亦器, 其當矣. 至於反復證明氣有聚散, 理無聚散之說, 愚則不能無疑. 夫一有一無之間, 其爲縫隙也大矣, 安得謂之器亦道, 道亦器邪? 蓋文淸之於理氣亦始終認爲二物, 故其言未免有窒礙也"

87) 같은 책 권下, 30쪽, "氣聚而生, 形而爲有, 有此物卽有此理; 氣散而死, 終歸於無, 無此物卽無此理, 安得所謂死而不亡者耶?"

88) 같은 책, 같은 쪽, "天地之運, 萬古如一, 又何生死存亡之有?"

생멸이 있는가'라는 문제로 리의 취산 문제를 귀결시킨 점은 뛰어난 식견이었다.

나흠순은 다음과 같이 지적하기도 하였다.

나는 일찍이 기가 모이면 바로 모이는 리이고, 기가 흩어지면 바로 흩어지는 리라고 생각하였다. 기에 모이고 흩어짐이 있으니 이것이 바로 리이다.[89]

"하나를 말하자면 리만 하나인 것이 아니라 기도 하나이다. 많음을 말하자면 기만 많은 것이 아니라 리도 많다." 이 말은 매우 타당하다. 그러나 '~도'라는 글자가 조금은 온당하지 못하다고 생각된다.[90]

리는 기의 규율일 따름이므로 기가 하나라면 리도 하나이다. 또 기가 다양하다면 리도 필연적으로 복잡하다. '~도'라는 말에는 여전히 리와 기를 '별개의 두 사물'로 여기는 혐의가 있다. 나흠순은 기가 하나면 리도 하나이고 기가 많으면 리도 많으며, 리는 결코 기 안에 있는 불변의 추상적 실체가 아니라 실체인 기 자체의 조리이자 규정이라고 생각하였다. 이러한 생각은 리학 본체론의 한계를 벗어나지 못했던 설선 등의 사상을 뛰어넘는 생각이다. 같은 시기의 사람이었던 왕정상王廷相은 한 걸음 더 나아가 이러한 사상을 확연히 발전시켰다.

철학적 본체론의 측면에서 말하자면 '리기일물설理氣一物說'은 논리적으로 '리재기선설理在氣先說'에 대한 비판을 포함하는 것이며, '리기일물理氣一物'을 강조하고 '리기이물理氣二物'을 반대하는 입장은 본체론적으로 이원론을 반대하고 일원론을 주장하는 것이다. 이러한 일원론은 기를 실체로 여기는 일원론이다. 이러한 나흠순의 리기관은 주자학적 리기관에 대한 도전이었다.

---

89) 같은 책 권下, 38쪽, "竊嘗以爲氣之聚便是聚之理, 氣之散便是散之理. 惟其有聚有散, 是乃所謂理也."
90) 같은 책 권下, 43쪽, "'若論一, 則不惟理一, 而氣亦一也. 若論萬, 則不徒氣萬, 而理亦萬也.' 此言甚當, 但'亦'字稍覺未安."

2. 리일분수

'리일분수理一分殊'는 정이가 양시에게 답하는 편지에서 처음 제기되었다. 양시와 주희는 이 명제를 리학 전통에서 중요한 논제로 발전시켰다. 이 명제는 한 방법 즉 하나(一)와 많음(多), 일반자와 개별자의 관계를 다루는 방법을 제공하였다. 나흠순은 '리일분수'를 특별히 중시하였고, '리일분수'를 방법으로 삼아 인성과 물성 문제를 다뤘다. 이러한 측면에서 그는 주희와 다른 사상을 제기하였다. 그는 다음과 같이 말했다.

> 나는 성명性命의 오묘함이 '리일분수' 네 글자를 떠나지 않는다고 생각한다.……
> 사람과 사물이 태어나면서 처음으로 기를 품부받을 때 그 리는 오직 하나이다. 형체가 이루어진 뒤에 그것이 나뉘어 달라진다. 그 나뉘어 달라짐은 자연스러운 도리 아닌 것이 없고, 리의 하나됨은 항상 나뉘어 달라진 것 안에 놓여 있으니, 이것이 성명의 오묘함을 이루는 까닭이다. 그 하나됨을 말하자면 사람은 모두 요순이 될 수 있다. 그 다름을 말하자면 지혜로운 자(上智)와 어리석은 자(下愚)는 바뀔 수 없다.91)

여기에서 '리의 하나됨'(理一)이란 사람과 사물이 갖는 공통적인 본성을 가리키고, '나뉘어 달라짐'(分殊)이란 사람과 사물이 각기 지니는 서로 다른 특성이다. 나흠순이 생각할 때 만물이 처음 기를 품부받아 태어날 때 그들의 리는 모두 같다. 이 점은 '리일理一'을 표현한다. 그러나 만물이 각각 자기 나름의 일정한 형체를 갖게 되면 그들의 본성에는 차이가 생긴다. 이 점은 '분수分殊'를 표현한다. 그러므로 구성론적 의미에서 기로 구성된 형질은 '리일理一'에서 '분수'에 이르기까지의 변천 과정에서 결정적인 작용을 한다. 즉 특정한 형질은 특정한

---

91) 같은 책 권上, 7쪽, "竊以性命之妙, 無出理一分殊四字.…… 蓋人物之生, 受氣之初, 其理惟一; 成形之後, 其分則殊. 其分之殊, 莫非自然之理; 其理之一, 常在分殊之中, 此所以爲性命之妙也. 語其一, 故人皆可以爲堯舜; 語其殊, 故上智與下愚不移."

리理와 성性을 갖는다.

또 나흠순은 다음과 같이 말했다.

'성선性善'이란 리의 하나됨이다. 하지만 이 말은 아직 '분수'에까지 미치지 못한 것이다. 어떤 사람의 성은 선하고 어떤 사람의 성은 선하지 않다고 함은 '분수'이다. 하지만 이 말은 '리일'에는 미치지 못한 것이다. 정이와 장재는 본래 자사와 맹자의 뜻대로 성을 말하고자 리만을 집중적으로 말하였고 다시 기질설을 미루어 나갔다. 즉 나뉘어 달라진 것도 참으로 완전한 성이다. 그러나 '천명지성'이란 이미 기질에 나아가 말한 것이다. 그런데 '기질지성'이란 하늘이 부여한 성이 아니란 말인가? 하나의 성에 두 이름이 있고, 게다가 기질과 천명으로 대립시켜 말하니, 그 말이 끝내 분명하지 못하다. 주희는 오히려 사람들이 그것을 별개의 두 성으로 생각할까 걱정하여, "기질지성이란 태극 전체가 기질 안에 들어가 있는 것이다"라고 말했다. 그런데 이미 들어가 있다고 말했으니, 리와 기에는 틈새가 없을 수 없다. 오직 '리일분수'로 리기의 관계를 깨달을 때에만, 그 어떤 것에도 통하지 않음이 없을 것이다.[92]

나흠순은 일반과 특수의 관점에서 인성 문제에 관한 고전적인 논쟁을 이해하였다. 그가 생각할 때 하늘과 땅 그리고 사람은 모두 사물이며, 이들의 리는 통일성을 갖는다. 한 종류의 속성과 개체의 속성 간의 관계는 일반자와 개별자의 관계 즉 '리일'과 '분수'의 관계다. 마치 모든 말은 '말'이면서도 개체적인 말에는 누런 말도 있고 흰 말도 있으며, 수컷도 있고 암컷도 있는 것과 같다. 만물의 성은 모두 '성'이다. 그렇지만 개별적으로 표현되는 성에는 인애로움도

---

92) 같은 책 권上, 7~8쪽, "性善, 理之一也, 而其言未及乎分殊; 有性善有性不善, 分之殊也, 而其言未及乎理一. 程張本思孟以言性, 旣專主乎理, 復推氣質之說, 則分之殊者, 誠亦盡之. 但曰天命之性, 固已就氣質而言之矣; 曰氣質之性, 性非天命之謂乎? 一性而兩名, 且以氣質與天命對言, 語終未瑩. 朱子猶恐人之視爲二物也, 乃曰氣質之性卽太極全體墮在氣質之中, 夫旣以墮言, 理氣不容無罅縫矣. 惟以理一分殊喩之, 則無往而不通."

있고 지혜로움도 있으며, 현명함도 있고 어리석음도 있다. 요컨대 형체 안에 들어가 있는 어떤 실체로서 독립적이고 일반적인 성이란 없다. 하늘이 부여한 성도 결코 이러한 성이 아니다. 인성과 물성은 전부 우주가 자연스럽게 부여한 것이며 모두 '천명지성'이다. 하지만 이것이 표현되는 것에는 차이가 있다. '리일'은 '분수' 속에 깃들여 있는 것이다.

나흠순은 사람과 사물에는 일반적인 '천명지성'도 있고 개체적인 '기질지성'도 있다는 견해에 찬성하지 않았다. 그는 일반자를 실체시할 것을 주장하기보다는 오히려 일반과 특수의 관계를 변증법적으로 이해해야 한다고 주장하였다. 그가 생각할 때 맹자가 말한 성선은 단지 인성의 보편적인 측면 즉 성현이 될 수 있는 근거와 가능성만을 보았을 뿐이며, 인성의 구체적인 특수성과 차별성은 파악하지 못했다. "어떤 사람의 성은 선하고, 어떤 사람의 성은 선하지 않다"는 고자告子 등의 주장은 인성의 개체적인 표현의 차이는 보았지만, 그러한 차이 속에서도 보편성이 있음을 소홀히 하였다. 장재와 정이는 보편성과 차별성을 결합하려고 하였으나, 잘못된 실체화의 길로 들어섰다. 나흠순이 볼 때 보편은 특수 안에 깃들여 있고 보편은 특수를 통해서 표현된다. 천명은 리이고, 기질은 기이다. 천명은 기질의 천명이며, 기질을 떠나 홀로 존재하는 천명이란 없다. 기질지성도 성이라는 말은 그것이 기질의 리, 즉 기질의 천명임을 표명한다. 그러므로 천명지성과 기질지성은 하나일 따름이다.

나흠순의 리기관에 근거할 때, 리는 기의 리일 뿐이고 기는 천지간에서 유행하는 것이며, 리는 보편적인 리이다. 이것이 바로 "기가 하나이면 리도 하나이다"는 뜻이다. 만물이 생겨난 뒤 형기形氣는 각자의 규정을 획득하고 그 리도 각기 상이하다. 이것은 '기가 많으면 리도 많다'는 말에 해당한다. '리일분수'의 원칙에 근거하여 성을 논하자면, "자연히 천명과 기질이라는 두 명칭을 언급할 필요가 없다." 사람과 사물에는 오직 하나의 성이 있을 뿐이기에, 천명지성과 기질지성이라는 두 명칭으로 성을 나눠 말할 필요도 없으며, 더욱이 사람과 사물에 별개의 두 성이 있다고 생각할 수도 없다.

주희도 '리일분수'의 모식으로 인성의 문제를 설명한 적이 있다. 그러나 주희는 우주의 본체와 만물의 성 사이의 동일성을 논증하는 데 '리일분수'를 사용하였다. 예를 들어 "통틀어 하나의 태극이다"(統體─太極)거나 "각기 하나의 태극을 지닌다"(各具─太極)는 주장이 그러하다. 그런데 이러한 관계 속에서 각자 하나의 태극을 지니는 상태를 '분수'로 설명한다면, 이 때의 '다름'(殊)이란 단지 '많음'(多)일 따름이어서 다름과 다름 사이에 어떤 차이도 없게 된다. 이것은 주희가 만물에 나뉜 리의 차이를 해명하기 위해 '리일분수'에 부여했던 의미와도 다르다. 나흠순은 기 자체의 규정으로 리를 파악하는 입장에서 출발하여, 일반과 특수의 관계를 '성리性理'와 '분리分理'를 설명하는 데 활용하였다.

이처럼 변증법적 의미가 풍부한 나흠순의 사상에서 출발한다면, 인성의 통일성은 결코 개체적인 표현의 차이를 배척하지 않으며, 되레 그것을 전제로 삼는다. 개별자가 일반자에 비해 더욱 풍부하고 더욱 구체적이기 때문에, 일반자라는 단일한 규정은 결코 개별적인 현상의 차이를 배척하지 않는다. 이러한 사상에 근거한다면 개체적인 사람들 모두가 동등한 수준에서 순수한 선을 표현하는 것으로 '선성善性'을 이해하는 방식은 형이상학적인 이해에 불과하다.

3. 도심과 인심

나흠순은 심과 성의 구분에 관한 주희의 견해를 계승하여, "마음이란 사람의 신명神明이고 성이란 사람의 생리生理이다. 리가 있는 곳을 마음이라 말하고, 마음이 지니고 있는 것을 성이라 말한다. 따라서 뒤섞어 하나로 할 수 없다"[93]고 생각했다. 마음은 사유 활동의 기능일 뿐이고 성은 도덕적 의미를 갖는 본질이다. 따라서 마음과 성은 동일시될 수 없다.

---

93) 같은 책 권上, 1쪽, "心者人之神明, 性者人之生理. 理之所在謂之心, 心之所有謂之性, 不可混而爲一也."

그러나 주희의 철학에 따른다면 도심道心과 인심人心은 모두 '마음'에 속하는 것이며, '성'이 아니다. 도심은 '이발'의 마음에 속하며 '미발'이 아니다. 이 점에서 나흠순과 주희의 견해는 서로 다르다. 나흠순은 다음과 같이 제기하였다.

도심道心은 '고요하면서 움직이지 않는' 것으로, 지극히 정밀한 본체이며 보이지 않는 것이므로 은미하다. 인심은 '느껴서 마침내 통하는' 것으로, 지극히 변화하는 작용이며 예측할 수 없는 것이므로 위태롭다.94)

도심은 성性이고, 인심은 정情이다. 마음은 하나인데도 둘로 나눠 말하는 까닭은 동과 정, 본체와 작용을 구별하기 위함이다.95)

나흠순이 생각할 때 도심은 성이고, 고요함(靜)이며, '고요하면서 움직이지 않는' 것이다. 인심은 정이고, 움직임(動)이며, '느껴서 마침내 통하는' 것이다. 도심과 인심의 구별은 바로 본체와 작용의 구별이다. 이렇게 볼 때 나흠순이 말하는 도심은 현실적인 의식 활동이 아니다. 엄격히 말해서 도심은 '마음'이 아니라 '성'이다. 나흠순은 『서경書經』에서 "도심은 오직 은미하다"고 말할 때의 도심이란 바로 『예기禮記』 「악기樂記」편에서 말하는 '천성天性'이며, 『중용』에서 말하는 '미발'에 해당한다고 주장했다. 그는 "결단코 이발로 간주할 수 없다. 만일 도심을 이발로 생각한다면 무엇을 큰 근본으로 삼을 것인가? 이 점에서 나는 주희와 다르지 않을 수 없다"96)는 견해를 견지하였다.

주희의 사상 체계를 보면 마음에는 체용이 있는데, 그 본체는 성이고 그 작용

---

94) 같은 책 권上, 2쪽, "道心, 寂然不動者也, 至精之體, 不可見, 故微. 人心, 感而遂通者也, 至變之用, 不可測, 故危."
95) 같은 책, 같은 쪽, "道心, 性也; 人心, 情也, 心一也, 而兩言之者, 動靜之分體用之別也"
96) 『明儒學案』 권47, 「諸儒學案中一」, 1126쪽, "決不可作已發看, 若認道心爲已發, 則將何者以爲大本乎? 愚於此不能無異於朱子者."

은 정이다. 나흠순은 마음을 기초로 삼았고 도심과 인심을 성정과 동일한 한 쌍의 범주로 생각하였다. 나흠순의 이러한 견해는 윤리적인 의미에서 주희와 구별되지 않는다. 그들은 모두 '도심'으로 대표되는 도덕 이성이 감성과 욕망을 주재해야 한다고 주장했기 때문이다.

그런데도 사상의 방법적인 면에서 나흠순이 도심과 인심을 체용과 성정의 관계로 이해한 까닭은, 아마도 그가 일원론의 사상 모식으로 사물을 이해하면서 이원론의 사상 모식을 반대했기 때문일 것이다. 따라서 나흠순은 도심과 인심을 병립시키는 의식 구조의 분석에 동의하지 않으면서 "도심은 본체로 말하고, 인심은 작용으로 말한다. 체와 용은 원래 서로 떨어지지 않는다. 어떻게 나눌 수 있겠는가"[97]라고 했으며, "도심은 성이고, 성은 도의 본체이다. 인심은 정이고, 정은 도의 작용이다. 그 본체는 하나일 뿐이다"[98]라는 입장을 견지하였다. 체용의 모식은 그의 모든 사고를 지배하는 주요 모식이었다.

인심과 도심의 문제는 천리와 인욕의 문제와 연계되어 있다. 이 점에서도 나흠순은 정주와 조금 다른 견해를 제기하였다.

"인심은 인욕이고 도심은 천리이다"라는 정이의 말은 『예기』의 「악기」편에 근거한 것으로, 아주 분명하다. 그런데 나중에 여러 학자들은 종종 인욕이라는 두 글자를 지나치게 의식했기 때문에 논의가 한 곳으로 귀결되지 않았다. 성에는 반드시 욕구가 있다. 이 욕구는 인위적인 것이 아니라 선천적인 것이다. 선천적인 것인데 어떻게 그것을 없앨 수 있겠는가? 욕구를 절제하고 못하고는 선천적인 것이 아니라 인위적인 것이다. 인위적인 것인데 어찌 그것을 방종하게 할 수 있겠는가?[99]

---

97) 『困知記』, 附錄, 「答林次崖第二」, 158쪽, "道心以體言, 人心以用言, 體用原不相離, 如何分得?"
98) 같은 책, 附錄, 「答黃筠溪亞卿」, 115쪽, "道心性也, 性者道之體. 人心情也, 情者道之用. 其體一而已矣."
99) 같은 책 續卷 3, 90쪽, "'人心, 人欲; 道心, 天理', 程子此本之樂記, 自是分明. 後來諸公往往將人欲兩字看得過了, 故議論有未歸一處. 夫性必有欲, 非人也, 天也. 既曰天矣, 其可去乎? 欲之有節無節, 非天也, 人也. 既曰人矣, 其可縱乎?"

"사람이 태어나면서 고요한 것은 하늘의 성이고, 사물에 감응하여 움직이는 것은 성의 욕구이다"는『예기』「악기」편의 한 문단은 그 의리가 정밀하고 순수하니, 성인이 아니라면 말할 수 없는 내용이다. 육구연은 이것마저 의심하였으니, 의심이 지나쳤다. 그는 아마도 욕구를 악으로 여긴 듯하다. 사람이 욕구를 지닌다는 것은 분명히 선천적이다. 필연적이어서 그칠 수 없는 것이 있고, 또 당연하여 바꿀 수 없는 것도 있다. 그칠 수 없는 것이 모두 당연한 원칙에 합당하다면 어디에서든 선하지 않겠는가? 오직 정情을 제멋대로 내버려 두고 욕구를 풀어 놓은 채 되돌이킬 줄 모르니, 악이 되는 것이다. 선배 유학자들은 대부분 인욕을 없애거나 인욕을 막도록 주장하였다. 그 이유는 아마도 인욕에 빠지는 것을 엄격히 방비하기 위해서였겠지만 말의 의도가 편중된 듯하다.[100]

나흠순이 생각할 때 '인심'을 '인욕'으로 여기는 주장은 '지나친' 것이며, 인욕을 '없애라'는 견해도 '편중된 듯하다.' 욕망은 인성의 고유한 요구이며 이미 선천적으로 지닌 것이기 때문에, 인욕일 뿐만 아니라 천욕天欲이기도 하다. 이런 까닭에 욕망을 전적으로 '악하다'고만 간주하는 주장은 잘못이다. 욕망의 발생은 필연적일 뿐만 아니라 합리적이기도 하다. 도덕 준칙을 위배하지 않는 욕망이라면 선한 것이다. 오직 정욕의 방탕함에만 내맡기면서 규범이 없을 때에만 비로소 악한 것이 된다. 정주 리학의 '리욕지변理欲之辨'이 지닌 병폐에 대한 나흠순의 비판은 옳다. 그는 감성적 욕망을 극복하고 억제해야 할 필요성에 대해서도 긍정하였을 뿐만 아니라 정당한 욕망의 필연성과 합리성도 긍정하였다.

---

100) 같은 책 권下, 28쪽, "樂記'人生而靜, 天之性也; 感於物而動, 性之欲也'一段, 義理精粹, 要非聖人不能言. 象山從而疑之, 過矣, 彼蓋專以欲爲惡也. 夫人之有欲, 固出於天, 蓋有必然而不容已, 且有當然而不可易者, 於其所不容已者, 而皆合乎當然之則, 夫安往而非善乎? 惟其恣其情, 縱其欲而不知反, 斯爲惡矣. 先儒多以去人欲, 遏人欲爲言, 蓋所以防其流者不得不嚴, 但語意似乎偏重."

4. 격물에 대해 논하다

정덕 말년에 나흠순과 왕수인은 격물 문제를 두고 한 차례 중요한 논변을 벌였다. 주자학의 입장에 선 나흠순은 격물을 '격심'으로 해석하는 왕수인의 방법을 비판하였다. 나흠순이 생각할 때 왕수인의 해석 결과는 "내부에만 국한된 채 외부를 잃어버리고", 학문 공부를 완전히 내심의 수양으로만 전환시키는 주장이어서 독서, 사물에 대한 대응 그리고 외부 사물의 리에 대한 궁구를 배척하게 되리라는 것이다. 나중에 나흠순은 '격格'을 '바로잡는다'(正)는 뜻으로 풀이하는 왕수인의 생각을 겨냥하여, '격물'의 '격'을 '바로잡는다'는 뜻으로 해석한다면 산과 시내, 솔개와 물고기 등 객관적인 사물에 대해서 어떻게 '그 바르지 못한 것을 바로잡아 바른 상태로 돌이킬 것인가'라고 지적하였다. 그리고 그는 격물치지의 과정을 '내 마음의 양지를 사물에 이르도록' 하는 과정이라는 왕수인의 설명에 대해서, 이는 "모든 도리가 사람의 안배에 의해 생긴다는 주장으로, 사물에는 본연의 준칙이 없는"[101] 셈이라고 지적하였다. 요컨대 나의 양지가 격물을 통해 사물에다가 사물의 리를 부여하는 것이라면, '리'는 전적으로 주관적인 것이며, 사물 자체에는 고유한 객관 법칙이 없게 된다. 나흠순은 "리를 분명히 알고자 한다면 정주의 격물 공부를 사용하지 않으면 안 된다. 사물과 내가 병립하여 안과 밖이 형성되는 것이다. 이것이 바로 흩어져 달라지는 나눔이다"[102]라고 하였다. 나는 내부이고 사물은 외부이다. 주관과 객관의 통일은 반드시 정주의 격물 방식을 통해야 한다. 이러한 사상은 리가 주관적으로 사물에 부여된 것이 아니라는 설선의 사상을 계승한 것이다. 나흠순은 당시 왕수인에게 도전할 수 있었던 몇 안 되는 사람 가운데 한 사람이었다. 그의 입론은 매우 견실하다. 왕수인에 대한 그의 비판은 대단히 무게 있는 것이었다.

---

101) 같은 책 附錄, 「答歐陽少司成崇一」, 120쪽, "則是道理全在人安排出, 事物無復本然之則矣."
102) 같은 책 附錄, 「答劉貳守煥吾」, 124쪽, "欲見得此理分明, 非用程朱格物工夫不可. 夫物我并立, 而內外形焉, 乃其散殊之分."

나흠순도 격물에 대한 자신의 해석을 제시하였다. 그는 이렇게 말했다.

격물의 뜻은…… 마땅히 어떤 사물에 대해서도 의심스럽지 않아야 한다. 사람에게 있는 마음도 분명 하나의 사물이다. 그렇지만 격물을 오로지 이 마음을 격하는 것으로만 여겨서는 안 된다.103)

'격물'에서 '격'은 철저히 통하여 간극이 없다는 뜻이다. 공부가 지극한 곳에 이르면 철저히 통하여 간극이 없을 것이다. 사물이 바로 나이고 내가 곧 사물이니, 혼연히 일치한다. 따라서 '합한다'는 말조차도 사용할 필요가 없다.104)

나흠순이 생각하기에 사람의 마음도 하나의 사물이다. 그렇지만 '격물한다'고 할 때 '물'은 마음을 포함한 만물을 가리킨다. 그러므로 격물의 대상을 단지 '마음'에만 한정시키는 주장은 옳지 못하다. 그는 반성 또는 내면를 추구하는 방법으로 격물 공부를 변질시킨 왕수인의 입장에 반대하였다.

'격'을 해석하면서 정주는 '이르다'(至)는 뜻으로 새겼고, 왕수인은 '바로잡는다'(正)는 뜻으로 새겼으며, 나흠순은 '철저히 통하여 간극이 없다'(通徹無間)는 뜻으로 풀이하였다. 경전 해석의 관점에서 말할 때 나흠순의 이러한 설명은 합당치 못하다. '철저히 통하여 간극이 없다'는 것은 오늘 하나의 사물을 격하고 내일 또 하나의 사물을 격하는 공부가 아니다. 이는 활연관통豁然貫通해야 도달할 수 있는 경지다. '철저히 통하여 간극이 없다'는 말은 주희가 말하는 '관통'의 뜻과 일치한다. 나흠순은 격물이란 결국 '만물일체'와 '만물일리萬物一理'를 깨닫는 공부라고 생각했다. 그래서 그는 "격물에서 중요한 점은 하늘과 사람, 사물과 내가 원래 하나의 리이기 때문에, 성을 다할 수 있는 것임을 깨닫는 일이

---

103) 같은 책 附錄, 「答允恕弟」, 114쪽, "格物之義…… 當爲萬物無疑. 人之有心, 固然亦是一物, 然專以格物爲格此心則不可."
104) 같은 책 卷上, 4쪽, "格物之格, 正是通徹無間之意. 蓋工夫至到則通徹無間, 物卽我, 我卽物, 渾然一致, 雖合字亦不用矣."

다"105)라고 말했고, "하늘과 사람, 사물과 내가 관통하여 하나가 되는 근거는 오직 리일 따름이다"106)라고 말했으며, "격물에서 중요한 점은 바로 나뉘어 달라진 상태에서도 리가 하나여서 이것도 없고 저것도 없으며, 모자람도 없고 지나침도 없이 실제로는 통합되고 모여 있는 것임을 깨닫는 일이다"107)라고 말했다. 이러한 말들은 모두 격물이란 구체적으로 나뉘어 달라진 만물에서 시작하여 점차로 모든 리가 하나로 귀속된다는 사실을 체득함으로써, 사물과 내가 혼연일체가 되는 경지에 도달해야 하는 것임을 설명해 준다. 여기에서 알 수 있듯이 '철저히 통하여 간극이 없다'는 나흠순의 주장은 사실 격물의 경지이지 격물의 공부가 아니다. 나흠순의 격물설은 정호와 주희의 관점을 융합한 것이다. 격물의 구체적인 공부에 대해서 그는 정호의 아홉 조목을 긍정하였으며, 주희의 격물설도 긍정하였다.

그는 마음과 사물의 리가 서로를 증거해야 한다고 강조하면서, "자신을 살피는 데는 성정을 가장 먼저 살펴야 한다. 깨달은 바가 생겨서 그것을 사물에 적용시켰는데 통하지 않으면 그것은 지극한 리가 아니다. 사물을 살피는 데는 분명히 새와 짐승, 초목의 구분이 없다. 깨달은 바가 생겨 그것을 마음에 돌이켜 보았으나 부합하지 않으면 그것은 지극한 리가 아니다"108)라고 하였다. 나흠순이 생각할 때 마음의 리를 궁구하면 그것을 사물에 적용하여 서로 부합하도록 해야 하며, 사물의 리를 궁구하면 그것을 마음에 돌이켜 서로 부합하도록 해야 한다. 그래야만 비로소 격물한 것이다.

학문 공부에서 나흠순은 격물 외에도 "정성스러움과 밝음은 함께 나아가야 한다"(誠明兩進)는 주희의 원칙을 긍정하였다. 나흠순은 미발을 체득해야만 비

---

105) 같은 책, 附錄, 「答劉貳守煥吾」, 124쪽, "所貴乎格物者, 正要見得天人物我原是一理, 故能盡其性."
106) 『明儒學案』 권47, 「諸儒學案中一」, 1125쪽, "天人物我所以貫通爲一, 只是此理而已."
107) 『困知記』, 附錄, 「與王陽明書」, 109쪽, "所貴乎格物者, 正欲卽其分之殊而見乎理之一, 無彼無此, 無欠無餘, 而實有所統會."
108) 『明儒學案』 권47, 「諸儒學案中一」, 1112쪽, "察之於身, 宜莫先於性情, 卽有見焉, 推之於物而不通, 非至理也. 察之於物, 固無分於鳥獸草木, 卽有見焉, 反之於心而不合, 非至理也."

로소 성을 알 수 있고, 평상시에 보존하고 함양해야만 비로소 치지할 수 있다고 생각했다. 그는 "고요한 상태에서 단서를 배양하라"(靜中養出端倪)는 진헌장의 주장에 반대하였으며, 사물과 접촉하며 사유할 것을 주장하였다. 그는 전적으로 양지에만 의존하는 직각直覺에 찬성하지 않았으며, 이성적인 사고를 결합시킬 것을 강조하였다. 그는 "맹자가 사람들에게 긴박하게 요구했던 것은 사유(思)라는 한 마디를 벗어나지 않는다"[109]고 생각하였다. 수양 공부에 대한 그의 주장은 상당히 소박한 것이라고 말할 수 있다.

4. 왕정상

왕정상王廷相은 자字가 자형子衡이고 호는 준천浚川이며, 하남성河男省 의봉儀封(지금의 河南 蘭考) 사람이다. 그는 명 헌종憲宗 성화成化 10년(1474년)에 태어나 명 세종世宗 가정嘉靖 23년(1544년)에 죽었다.

왕정상은 "어려서부터 문학적으로 뛰어났다." 그는 명대 문학의 저명한 '전칠자前七子' 중의 한 사람이다. 홍치弘治 15년에 진사 급제하였고 정덕 초년에 유근劉瑾의 박해를 받아 귀양가게 되었다. 나중에 어사御史·우부도어사右副都御史·남경 병부상서·좌도어사를 역임하였다. 만년에는 벼슬을 그만두고 집으로 돌아와 지냈다.

왕정상은 정직하고 굳건하여 사악한 세력들에 용감히 맞서 투쟁하였다. 그는 유근에 의해 유배된 일 외에도, 환관 요붕寥鵬에 반대한 일이 빌미가 되어 체포·투옥되는 고초를 겪기도 하였다. 가정 연간에는 권력을 농락하는 엄숭嚴嵩을 의연하게 공격하기도 하였다. 그는 기개와 절의가 탁월하여 당시 조정의 사대부들 중에서 대단한 위엄과 명망을 누렸다.

왕정상은 송대 장재의 기일원론 철학을 계승·발전시켰고, 북송에서 명대에

---

109) 같은 책 권47, 「諸儒學案中一」, 1117쪽, "孟子喫緊爲人處, 不出乎思之一言."

이르는 리학의 유심주의를 심각하게 비판하였다. 그는 명대 사상계에서 독립적인 견해를 가진 중요한 철학자이다.

왕정상은 박학다식하여 천문학과 음율학에 대해서도 깊이 연구하였고 농학과 생물학에 대해서도 대단한 관심을 갖고 있었다. 자연과학에 대한 지식은 그의 유물주의 사상의 내원 가운데 하나였다.

왕정상의 주요한 철학 저작으로는 『아술雅述』과 『신언愼言』이 있다.

1. 원기元氣 실체설

왕정상은 철학적으로 기에 관한 장재의 학설을 계승하였다. 그는 매우 확정적으로 다음과 같이 제기하였다.

> 하늘의 안과 밖은 모두 기이고 땅 속도 기이며, 사물의 텅 비고 충실함도 모두 기이다. 기는 위아래에 두루 통하는 조화造化의 실체이다.[110)]

위로는 하늘, 아래로는 땅, 허공과 실물實物 등은 모두 기로 구성되어 있다. 기는 조화의 '실체'로서 우주 전체의 통일적 기초이다.

"사물의 텅 비고 충실함도 모두 기이다"는 말은, 그가 허공에 관한 장재의 이해를 계승했음을 표명해 준다. 왕정상이 생각할 때 절대적인 허공이란 존재하지 않는다. 허공은 기를 떠나지 않으며, 기도 허공을 떠나지 않는다. 기는 허공 속의 고유하면서도 영원한 물질적 실재다. 장재와 마찬가지로 그도 '허虛'가 기의 본래 상태임을 긍정하였고, 우주 만물의 생성과 변화를 취산으로 설명하였다. 기가 결집하면 만물을 생성하고 기가 흩어지면 본래 상태인 태허로 되돌아간다. 그는 "기에는 취산이 있을 뿐이지 소멸은 없다. 빗물의 시작은 기화氣化

---

110) 『王廷相集』, 『愼言』, 「道體」 (中華書局, 1989), 753쪽, "天內外皆氣. 地中亦氣. 物虛實皆氣. 通極上下, 造化之實體也."

인데, 불의 뜨거움을 얻어 다시 증발하면서 기가 된다. 초목의 생겨남은 기가 응결된 것인데, 불사름을 얻어 다시 변화하면서 연기가 된다. 그 모습으로 보자면 마치 유무의 구분이 있는 듯하지만, 기가 태허를 출입함에는 원래 감소하는 적이 없다"[111]고 강조하였다. 물이 증발하면서 기가 되고, 기화하여 비가 된다. 기가 응결하여 초목이 되고, 불이 이를 변화시켜 기로 환원된다. 그러나 "기가 태허를 출입함에는 원래 감소하는 적이 없다"는 말은 물질의 구체적인 형태는 서로 전화하지만, 우주의 물질적 총량은 감소하지 않는다는 점을 명확히 한 주장이다.

왕정상은 장재의 철학에서 기의 본체에 해당하는 '태허지기太虛之氣'를 '원기元氣'로 불렀다. 그는 다음과 같이 말했다.

도체道體상에서는 무無가 유有를 낳는다거나 유무가 있다고 말할 수 없다. 천지가 아직 나뉘지 않았을 때도 원기는 널려 있으며 모두가 맑고 텅 비어 있다. 이것이 조화의 원래적인 기틀(機이다. '허虛'가 있으면 기도 있다. '허'는 기를 떠나지 않고 기도 '허'를 떠나지 않는다. 시작함도 없고 끝남도 없는 오묘함이다. 그 지극함을 알 수 없으므로 태극이라 부르고, 형상을 이루지 않으므로 태허라고 부른다. 음양 외에 따로 태극이 있고 태허가 있다는 말이 아니다. 두 기가 감화하여 뭇 형상이 드러나고 만들어진다. 천지만물이 생성되는 근거이니 실체가 아니겠는가!![112]

왕정상은 원기를 '도체'로 이름하면서 변화 유행하는 실체를 가리켰고, 동시에 본원의 의미를 갖게 하였다. 그는 '태극'과 '태허'가 바로 원기라고 생각했다.

---

111) 같은 책, 『愼言』, 「道體」, 753쪽, "氣有聚散, 無滅息. 雨水之始, 氣化也, 得火之炎, 復蒸而爲氣. 草木之生, 氣結也, 得火之灼, 復化而爲烟. 以形觀之, 若有有無之分矣, 而氣之出入太虛者, 初未嘗減也."

112) 같은 책, 『愼言』, 「道體」, 751쪽, "道體不可言無生有·有無. 天地未判, 元氣混涵, 淸虛無間, 造化之元機也. 有虛卽有氣. 虛不離氣, 氣不離虛, 無所始·無所終之妙也. 不可知其至, 故曰太極. 不可以爲象, 故曰太虛, 非曰陰陽之外有極有虛也. 二氣感化, 群象顯設, 天地萬物所由以生也, 非實體乎!"

원기는 조화의 실체이다. 이 원기는 무궁·무한하다는 의미에서 태극으로 불리며, 어디에나 널려 있고 아무런 형상도 없이 맑고 텅 비어 있다는 의미에서 태허로 불린다.

왕정상은 더 나아가 우리가 직접 생존하고 있는 현실 우주의 생성 이론을 제시하였다. 우주의 입장에서 볼 때 원기는 만물의 생성 근거가 되는 근원 물질이다. 원기가 분화하여 음양 두 기가 되고, 두 기의 기화 과정은 먼저 하늘을 낳는다. 하늘은 혼천설渾天說[113]에서 말하는 하늘과 같고, 형체를 갖는다. 하늘이 생긴 다음에 다시 기화하여 해·별·벼락·번개·달·구름·비·이슬 등이 생긴다. 그리하여 물과 불이 생긴다. 물과 불에서 다시 증발하고 응결되어 흙이 되며, 땅이 생기자 쇠와 나무가 나온다. 오행의 생성에는 그 순서가 있다.

이러한 우주발생론에 근거하여 왕정상은 군신과 부자, 부부는 모두 하늘과 땅, 기화가 있은 뒤에야 비로소 생겼으며, 따라서 예의도 영원한 것이 아니라 인류 사회가 있은 뒤에 생긴 것임을 지적하였다.

형상을 지닌 모든 물체에는 생멸이 있고, 처음과 끝이 있다. 그러나 원기는 혼연하게 우주를 꽉 채우고 있어서 형상도 없고, 흔적도 없으며, 처음과 끝도 없다. 원기는 우주의 실체이자 세계의 본질이다.

왕정상은 원기우주론을 통해 특색 있는 '기종氣種'의 학설을 제시하였다. 장재는 기일원론을 제기할 때, 주로 기 자체의 취산으로 우주의 모든 사물의 생성과 소멸을 설명하였다. 그런데 뒷날 정주학파에서는 단지 기의 취산만을 말한다면 통일성이 어떻게 차별적인 다양성으로 표현되는지를 설명할 수 없을 것이라고 생각하였다. 즉 동일한 기인데 어떻게 결집되어 이처럼 서로 다른 만물을 이루는가? 그리하여 정주학파에서는 결국 기의 취산 방식을 결정하는 것은 '리'이며, '리'가 구체적인 사물의 상이한 형태를 구성한다고 생각하였다.

---

113) '혼천설'은 중국 고대의 우주 학설로, 마치 계란 흰자가 노른자를 휘감고 있듯이 球形의 우주가 구형의 대지를 감싸고 있다는 주장이다——옮긴이 주.

왕정상은, 기화 과정에서 각종의 사물이 형성되는 까닭은 근원 물질인 원기속에 장차 각종 사물로 발전할 수 있는 '종자'가 포함되어 있기 때문이라고 생각하였다. 그는 태허의 원기 속에 "천지 일월 등 모든 형태의 종자가 구비되어 있다"(天地日月萬形之種皆備於內)고 생각했다. 그래서 그는 다음과 같이 말했다.

천지, 물, 불 그리고 만물은 모두 원기에서 변화된다. 원기라는 본체가 이러한 종자를 갖고 있기 때문에 천지, 물, 불 그리고 만물을 변화시켜 나갈 수 있다.[114]

왕정상은 우주의 근원 물질 속에 이미 현존하는 세계의 모든 사물들(자연 사물을 가리킴)에는 그렇게 발전해 나갈 잠재적 가능성이 구비되어 있다고 생각하였다. 왕정상이 말하는 '종자'는 아낙사고라스가 말한 동질소(Homoiomere)도 아니고, 칼 본 린네(C.V. Linne[115])가 말한 사물의 종류도 아니다. 어떤 의미에서 그가 주장한 '종자'는 일종의 우주 유전자(Gene) 학설이다.

우주 만물의 형태는 부단히 전화하며, 지구상의 종(物種, species)도 끊임없이 생성·진화한다. 이것은 지질 연대로나 계산해야 할 장기적인 과정이다. 이러한 과정에는 유전도 있고 변이도 있다. 그런데 사람이 관찰할 수 있는 변이란 종종 천만 년 이상을 요하기도 한다. 왕정상의 종물설은 생물 유전의 관점에서 모든 사물의 형상은 대대로 전해진다고 보았고, 인류 문명에 대한 기억을 더듬어 봄으로써 대부분의 종은 변이가 매우 적으며, 종은 추호도 변하지 않는다고 추론해 낸 학설이었다. 그는 "만물 중에서 거대하거나 미세하고, 부드럽거나 딱딱한 것 등은 각기 그 재질이 다르고, 소리와 색깔, 냄새와 맛은 각기 그 성질이 다르다. 아주 오랜 옛날을 살펴보더라도 기종(氣種)이 일정하다는 점은 불변의

---

114) 『王廷相集』,「答何柏齋造化論」, 974쪽, "天地水火萬物, 皆從元氣而化, 蓋由元氣本體具此種, 故能化出天地水火萬物."
115) Carl von Linne는 스웨덴의 박물학자로서, 식물을 계통적으로 분류하여 1,800여 종의 식물을 綱目屬種의 네 등급으로 나눴다——옮긴이 주.

사실이다. 사람은 자기 아버지를 닮지 않으면 자기 어머니를 닮고, 여러 세대가 지나면 반드시 그 조상과 체격이나 용모가 똑같은 사람이 태어난다. 이는 기종이 그 근본으로 되돌아간 것이다"[116]라고 하였다. 이처럼 왕정상은 종의 요소가 근원 물질에 이미 구비되어 있다고 생각하였다.

2. 리와 기

왕정상의 철학에서 두드러진 특징은 강렬한 비판성이다. 그는 정주학파의 리기관에 대해서 유례가 없을 정도로 심각하게 비판하였다. 그의 리기 관계론은 이러한 비판을 통해 발전된 것이다.

왕정상, 기는 '원기元氣'와 '생기生氣'로 나뉘며, '원기'는 형태가 없고 '생기'는 형태가 있다고 생각하였다. 원기는 장재가 말한 '태허지기太虛之氣'에 상응하는 것이며, 생기는 장재가 말한 '유기游氣'에 상응하는 것이다. 원기든 생기든 모두 그 속에 리를 가지고 있다. 리가 기 안에 깃들여 있는 것이다. 그는 다음과 같이 말했다.

리는 기에 실리며, 기를 낳을 수 없다. 요즘 유학자들은 리가 기를 낳을 수 있다고 말하는데, 이는 도가 천지를 낳는다는 노자의 주장과 같은 주장이다.[117]

기는 도의 본체이고, 도는 기에 구비돼 있는 것이다.[118]

그는 리가 기를 낳을 수 있다는 송대 유학자들의 생각을 완전히 잘못된 생각이라고 지적했다. 그가 생각할 때, 기는 우주의 유일한 실체이며, 리는 기를 떠

---

116) 『王廷相集』, 『愼言』, 「道體」, 754쪽, "萬物巨細柔剛, 各異其材, 聲色臭味, 各殊其性. 閱千古而不變者, 氣種之有定也. 人不肖其父則肖其母, 數世之後, 必有與祖同其體貌者, 氣種之復其本也."
117) 같은 책, 『愼言』, 「道體」, 753쪽, "理載於氣, 非能始氣也. 世儒謂理能生氣, 卽老氏道生天地也."
118) 같은 책, 『愼言』, 「五行」, 809쪽, "氣也者, 道之體也. 道也者, 氣之具也."

날 수 없는 기의 고유한 질서이자 규율이며 조리이다. '실린다'(載)는 말은 리가 독립적으로 존재하는 실체가 아니라는 점을 밝혀 준다. 기는 리를 싣는 실체다. 리 자체는 "텅 비어 부착할 곳이 없는" 것으로 형체와 흔적도 없고, 동정과 운동도 없다. 따라서 리는 기를 생성할 수 없고, 허공에 홀로 매달려 존재할 수도 없으며, 반드시 기를 체로 삼아야 한다. 그러나 기에는 자연적인 조리가 있고 원기에는 원리元理가 있다. 원기의 위나 앞에 허무한 형상의 리가 있는 것으로 생각할 수 없다. 만일 리가 기보다 앞서 존재한다고 생각한다면, 이러한 생각은 노장 사상과 별다른 차이가 없는 생각이다. 왕정상은 리는 실체가 아니며 운동도 없고, 기만이 운동하는 실체를 가지고 있다고 생각했다. 기는 주도적이고, 리는 부차적이다. 그는 심지어 기와 리의 이러한 관계란 마치 눈과 귀가 있어야 총명함이 있을 수 있는 것과 같다고 지적하기도 하였다. 왕정상의 이러한 사상은 선명한 유물주의 입장을 표현하고 있는 것이다.

정주학파의 유리론唯理論 철학에는 하나의 중요한 관점이 담겨 있다. 그 관점이란 기는 변화하지만 리는 변화하지 않고, 기는 생멸하는 것이지만 리는 생멸하지 않는 것으로 여기면서 리를 일종의 영원 불변하는 절대자로 파악하는 관점이다. 끊임없이 변화하는 현상에 비해 규율은 변화 속의 항상됨으로써 안정적인 특징을 표현한다. 그러나 규율은 영원 불변한 것이 아니다. 왕정상이 철학사에 기여한 공헌 가운데 하나는 정주 리학이 지닌 인식 상의 잘못을 자각하여 교정했다는 데 있다.

왕정상이 볼 때 기는 우주의 유일한 실체이며, 리는 기의 규율과 조리이자 질서에 불과할 따름이다. 그래서 그는 이렇게 말하였다.

> 기에 변화가 있으니 도에도 변화가 있다.…… 기에 항상됨과 항상되지 않음이 있으니, 도에도 변화와 변하지 않음이 있다. 일정하여 변하지 않는 것은 도를 포괄하기에 부족하다.[119]

왕정상은, 기는 부단히 변화하는데 도가 영원히 변하지 않는다면, 기와 도는 분리되게 마련이라고 생각했다. 자연계와 인류 사회의 모든 현상은 영원한 운동 변화의 과정에 있으며, 도와 리도 변화한다. 왕정상은 인류 사회의 리는 시대의 발전에 따라 변화하는 것이라고 특별히 지적하였다.

유학자는 "천지만물의 모든 형상은 퇴색되게 마련이지만, 오직 리만이 낡아지지 않는다"고 한다. 이 말은 어리석은 소리다. 리에 형질이 없는데 어떻게 낡을 수 있겠는가? 사실을 말하자면 선양禪讓이 있음 다음에 방벌放伐이 있었고, 방벌이 있은 다음에 찬탈이 있었다. 정전제가 망가지자 천맥제阡陌制가 생겼고, 봉건제가 폐지되자 군현제가 실시되었다. 앞서 실행되었던 제도는 뒤에 실행할 수 없고, 고대에 제정된 제도는 오늘날에 실행할 수 없다. 리는 시대에 따라 마땅함에 이른다. 지나간 것은 모두 추구芻狗[20]일 따름이니 낡고 퇴색되지 않겠는가?[121]

왕정상의 사상에 입각할 때, 만물의 규율은 사물 자체의 물질적인 존재 조건에 의해 결정된다. 규율이란 물질 과정의 규율이다. 물질 과정과 조건이 변하면 그에 상응하게 규율 내용도 변한다. 따라서 세계의 모든 규율이 영원 불변하다고 생각할 수 없다. 규율과 법칙도 변화하는 것이라는 변증법적 이해를 지녀야 마땅하다. 왕정상은 이러한 사상을 인류 사회에 응용하여 정주리학을 비판함으로써 적극적인 의의를 직접 보여 주었다. 왜냐하면 정주 리학에서는 인류 사회의 어떠한 발전 단계에서도 어떤 원칙들을 우주의 영원한 규율의 표현으로 여기기 때문이다. 왕정상이 생각할 때 인류 사회의 각종 원칙(理)은 고정 불변하는

---

119) 같은 책,『雅述』上篇, 848쪽, "氣有變化, 是道有變化 …… 氣有常有不常, 則道有變有不變. 一而不變, 不足以該之也."
120) 옛날 중국에서 제사지낼 때 쓰던 짚으로 만든 개이다. 제사가 끝나면 버렸기 때문에 쓸데없는 것을 비유할 때 사용되었다——옮긴이 주.
121)『王廷相集』,『雅述』下篇, 887쪽, "儒者曰: 天地間萬形皆有敝, 惟理獨不朽, 此殆類痴言也. 理無形質, 安得而朽? 以其情實論之, 揖讓之後爲放伐, 放伐之後爲纂奪, 井田壞而阡陌成, 封建罷而郡縣設. 行於前者不能行於後, 定於古者不能定於今, 理因時致宜, 逝者皆芻狗矣, 不亦朽敝乎哉?"

것이 아니며, 변화하고 소멸하는 것이다. 형식적으로 볼 때 사물의 법칙은 구체적인 사물처럼 생겨났다가 소멸하는 것이 아니며, 새로 영글었다가 부패하는 것도 아니다. 그렇지만 서로 다른 시대에는 서로 다른 규범과 원칙이 있게 마련이다. 과거의 것은 폐기물처럼 한 번 가면 되돌아오지 못한다. 이러한 사상은 리가 "시대에 따른 마땅함이며"(因時而宜), 절대적인 것이 아니라는 점을 표명한다. 정주 리학에 대해 왕정상은 대단히 강력하게 비판하였다.

왕정상은 기가 변화하기 때문에 리도 변화할 뿐만 아니라 구체적인 차이를 드러낸다고 생각하였다. 그는 다음과 같이 말했다.

> 천지 사이에서 하나의 기(一氣)가 끊임없이 생성하기 때문에, 어떤 것은 항상되고 어떤 것은 변화하여 모두가 일치하지 않는다. 그러므로 기가 하나면 리도 하나고, 기가 많으면 리도 많아진다. 요즘의 유학자들은 오로지 리의 하나됨만을 이야기할 뿐 리의 많음을 잃어버렸기 때문에 편벽되어 있다. 하늘에는 하늘의 리가 있고, 땅에는 땅의 리가 있으며, 사람에게는 사람의 리가 있고, 사물에게는 사물의 리가 있으며, 어둠에는 어둠의 리가 있고, 밝음에는 밝음의 리가 있어서 각기 차이가 있는 것이다. 통틀어 말하면 모두 기의 변화이다. 큰 덕은 돈독하고 두터우니 본래 하나의 근원에서 시작된다. 나눠 말하면 기에는 갖가지 사물이 있다. 작은 덕은 냇물처럼 흘러 각기 그 성명性命을 바르게 한다.[122]

요컨대 천지만물은 모두 하나의 기가 변화한 것이다. 기는 통일적인 동시에 차별적인 것이다. 기화의 구체적인 과정이 달라서 수많은 사물이 형성되었다. 이러한 사물들은 모두 기가 구성한 것이지만, 모든 사물에는 각자의 구성 방식과 나름의 조리와 질서가 있다. 그래서 하늘과 사람과 사물에는 모두 나름대로

---

122) 같은 책, 『雅述』, 上篇, 848쪽, "天地之間, 一氣生生, 而常, 而變, 萬有不齊. 故氣一則理一, 氣萬則理萬. 世儒專言理一而遺理萬, 偏矣. 天有天之理, 地有地之理, 人有人之理, 物有物之理, 幽有幽之理, 明有明之理, 各各差別. 統而言之, 皆氣之化. 大德敦厚, 本始一源也. 分而言之, 氣有百昌, 小德川流, 各正性命也."

의 특수한 규율이 있다. 이러한 주장은 정주 리학에서 통일성과 보편성을 강조하는 형식으로 우주의 자연 법칙을 사회의 도덕 규범에 짜맞춘 잘못을 비판한 것이다. 왕정상은 기의 변화가 수없이 많은 것이라면 기의 조리이자 규율인 리도 반드시 수없이 많고 구체적인 것이어야 한다고 주장하였다.

주희의 철학에서는 '리일분수'를 말했다. 따라서 주희의 철학에서도 구체적인 사물의 리가 서로 다른 점을 인정했다. 하지만 주희는 그것들의 통일성을 더욱 강조하면서 사람들에게 격물궁리를 통하여 차별적인 많은 리를 인식하는 것에서 통일적인 하나의 리를 인식하도록 요구하였다. 그리고 이러한 하나의 리는 지선의 원리로 규정되었다. 이러한 방향에 따른다면 사람들의 인식은 지선의 리를 지향한다. 그러나 왕정상이 지시하는 방향에 따르면 사람들의 인식은 구체적인 사물을 지향하고, 구체적인 사물의 구체적인 규율을 중시한다. 이처럼 구체적이고 분수分殊적이며 차별적인 것을 중시하는 방향성은 과학 발전에 유리하다. 왕정상의 이러한 사상은 그 자신이 자연 과학의 연구에 종사했던 경험과 어느 정도 관련이 있다. 동시에 방법론의 측면에서 이러한 사상은 명말 실학 사조의 발전에 방법론적 기초를 제공했다고 말할 수 있다.

3. 성에는 선악이 있고, 성의 선악은 기질에서 나온다

인성에 대한 왕정상의 견해는 리학의 대표적인 인성론과 매우 다르다. 예를 들어 '성이 바로 리이다'(性卽理)는 정이의 명제는 대다수의 리학자들이 찬성하는 명제였지만, 왕정상은 이 명제에 대해 이의를 제기하였다. 그는 "리로 성을 말하는"(以理言性) 것은 타당하지 못하다고 생각하였다. 그는 『역전』에서 말한 '궁리진성窮理盡性'은 리와 성을 구분한 것이기에, '진성盡性'을 '진리盡理'로 말할 수 없다고 설명했다. 그리고 그는 정호가 말한 '정성定性'을 '정리定理'로 바꿀 수도 없다고 말했다. 따라서 '성이 바로 리이다'는 견해가 부정확한 것임을 알 수 있다는 것이다.

성에 대한 왕정상의 견해가 정주와 다른 이유는, 주로 그가 기에서 독립한 리로서 성을 파악하는 견해에 반대하며, 성을 기가 결정하는 속성으로 여기기 때문이다.

그는 다음과 같이 생각하였다.

나는 사람과 사물의 성 가운데 기질로 이루어지지 않은 게 없다고 생각한다. 기를 떠나서 성을 말한다면 성은 거처할 곳이 없어 '허虛'와 같다. 성을 떠나서 기를 말한다면 기는 생동하지 못하여 죽은 것과 같다. 이 때문에 성과 기는 서로 바탕이 되며, 서로 분리될 수 없다. 기질에만 집중하면 반드시 성에 악이 있게 된다. 이 때 맹자의 성선설은 통하지 않는다. 그래서 억지로 본연지성을 주장한다. 본연지성은 형기를 초월하여 그것과 뒤섞이지 않는다고 말함으로써 리가 선하다는 의미를 이끌어냈다. 이러한 견해는 공자의 주장을 어리석은 말로 만들어 버린다. 공자의 주장이 어찌 그렇겠는가? 성의 선함을 생각할 필요가 없는 사람이라면 성인밖에 없다. 하지만 성인의 성도 기질 속에 구비돼 있을 뿐이다. 성인의 기품氣稟은 청명하고 순수하여 보통 사람들과 다르기 때문에, 그 성이 완성된 상태도 순수하게 선하며 전혀 악함이 없다. 어떻게 기질을 벗어날 수 있으랴! 성인의 성도 기질을 떠나지 않는다. 이를 미루어 보통 사람들의 성에 대해서도 알 수 있다. 기에 청탁과 순잡이 있으니 성에 어찌 선악의 뒤섞임이 없겠는가? 그러므로 오직 "가장 지혜로운 사람과 가장 어리석은 사람만이 변하지 않는다"고 말했다. 성이란 바로 기의 생리이자 근본이 동일한 도이다.[123]

왕정상이 생각할 때 성은 기질이 결정한다. 기질이 청명한 사람의 성은 선하

---

123) 같은 책, 「答薛君采論性書」, 518쪽, "余以爲人物之性無非氣質所爲者. 離氣言性, 則性無處所, 與虛同歸. 離性言氣, 則氣非生動, 與死同塗. 是性與氣相資, 而有不得相離者也. 但主於氣質, 則性必有惡, 而孟子性善之說不通矣. 故又强出本然之性之論, 超乎形氣之外而不雜, 以傅會於理善之旨, 使孔子之論反爲下乘, 可乎哉? 不思性之善者, 莫有過於聖人, 而其性亦惟具於氣質之中. 但其氣之所稟淸明諄粹, 與衆人異, 故其性之所成, 純善而無惡耳. 又何有超出也哉! 聖人之性旣不離乎氣質, 衆人可知矣. 氣有淸濁粹駁, 則性安得無善惡之雜? 故曰惟上智與下愚不移. 是性也, 乃氣之生理, 一本之道也."

고, 기질이 혼탁한 사람의 성은 악하다. 이것이 바로 "성은 기에서 나온다"(性出於氣)거나 "성은 기질에서 나온다"(性出於氣質)는 말의 의미다. 그러므로 기질의 영향을 받지 않는 성이란 없다. 사람의 기질에는 청탁과 수박(粹駁)의 차이가 있기 때문에 '성선'의 견해는 일종의 유가적인 미혹됨이다.124) 이러한 입장에 근거하여 왕정상은 송대 유학자들이 '본연지성'과 '기질지성'을 구분한 점도 잘못이라고 생각하였다. 왜냐하면 현실적인 인성은 기질의 영향을 받지 않은 것이 없고 성은 기에서 나오며, 기질의 영향을 받지 않는 본연지성이란 없기 때문이다. 이러한 관점에는 사람에게는 단지 기질지성만 있을 뿐 기를 떠나 기의 영향을 받지 않는 본연지성이란 없다는 뜻이 담겨 있다. 그래서 그는 본연지성과 기질지성을 구분하는 관점을 "유학자의 큰 미혹됨이다"125)라고 말했다. 그가 '기의 생리'로서 성을 강조했다는 말은, 성이란 일정한 기질의 성이지 기질을 떠난 것이 아님을 강조했다는 뜻이다.

이러한 입장에서 왕정상은 성에 선악이 있다고 생각하였다. 성은 '근본이 동일한 도이다'는 말은, 선만이 성에 본유한 것이 아니라 악도 성에 본유한 것이라는 의미다. 그래서 그는 "선은 확실히 성이지만 악도 사람의 마음에서 나온다. 두 근본이 따로 있는 것은 아니다"126)라고 하였다. 그리고 그는 "성인의 성도 형기에서 나온다. 하지만 그 발현에는 인욕의 사사로움이 없다. 그 까닭은 성인의 형기란 순수하여 성에 선하지 않음이 없기 때문이다. 보통 사람들의 형기는 혼탁하기 때문에, 그 성도 대부분 선하지 않다. 성의 큰 바탕은 이와 같다"127)고 하였고, "성은 선함과 선하지 않음을 모두 갖추고 있다"128)고 말했다.

왕정상은 리로만 성을 논하는 입장에 반대하였고, 선으로만 성을 논하는 입

---

124) 왕정상은 "성선의 주장은 하늘과 사람의 실제적인 내함을 다하기에 부족하다"(『王廷相集』, 「答薛君采論性書」, 518쪽, "性善之說不足以盡天人之實蘊矣")고 말했다.
125) 『王廷相集』, 「性辨」, 609쪽, "此儒者之大惑也."
126) 같은 책, 「性辨」, 609쪽, "善固性也, 惡亦人心所出, 非有二本."
127) 같은 책, 『雅述』 上篇, 851쪽, "聖人之性, 亦自形氣而出, 其所發未嘗有人欲之私, 但以聖人之形氣純粹, 故其性無不善耳. 衆人形氣駁雜, 故其性多不善耳, 此性之大體如此."
128) 같은 책, 『雅述』 上篇, 850쪽, "是性之善與不善, 人皆具之矣."

장에도 반대하였으며, 기를 떠나 본연지성을 논하는 입장에도 반대하였다. 이러한 관점들은 모두 그가 '기'의 작용을 강조한 데서 연유한다. 그러나 왕정상은 이러한 관점들 때문에 기계적인 운명론에 빠지지는 않았다. 그는 "성은 기에서 나오지만 기를 주재하고, 도는 성에서 나오지만 성을 제약한다. 나는 이러한 견해가 적확的確한 이치라고 생각한다"129)고 주장하였다. 성은 형기의 청탁과 혼명昏明으로 결정된다. 도와 합치하는 성은 선하고 도와 괴리되는 성은 악하다. 하지만 사람의 기품으로 이루어진 성이 바뀔 수 없는 것은 아니다. 사람이 태어나면서 갖게 되는 기품의 성은 단지 성의 '시작'일 뿐이다. 기질이 변화할 수 있기 때문에 성도 부단히 발전할 수 있다. 그는 "사람의 성은 습관에 의해 이루어지며", "가르침에 따라 수양하면 기질을 변화시켜 선하게 될 수 있다. 악에 익숙해질 때 비로소 점차 선과 멀어진다"130)고 말했다. 그러므로 사람은 도道로 성의 선하지 않은 측면을 재단하고 제약해야 하며, 성의 선한 측면으로 기질의 변화를 주도해야 한다.

왕정상이 말한 인성의 악한 측면이란 주로 감성적 욕구의 사사로움을 가리킨다. 그가 생각할 때 성에는 선과 악이 모두 있기 때문에 도심은 성에서 발현되고, 인심은 기에서 발현된다고 말할 수 없다. 도심과 인심은 모두 성에 근원하여 발현된다고 말해야 마땅하다. 그는 "순 임금이 우 임금을 경계시키기 위해 인심과 도심을 말한 것도 형기와 성을 통일시켜 논한 것이다. 형기가 그저 형기일 뿐이거나 성이 그저 성인 것만은 아니다. 인심이란 감성적 욕구의 발현을 말하고 도심이란 도덕의 발현을 말한다. 이 둘은 인성이 필연적으로 지니는 것이다"131)라고 말했다.

---

129) 같은 책, 「答薛君采論性書」, 518쪽, "性出於氣而主乎氣. 道出於性而約乎性, 此余自以爲的然之理也."
130) 같은 책, 「答薛君采論性書」, 519쪽, "凡人之性成於習", "緣教而修, 亦可變其氣質而爲善, 苟習於惡, 方與善日遠矣."
131) 같은 책, 『雅述』 上篇, 851쪽, "舜之戒禹而以人心道心言者, 亦以形性爲一統論, 非形自形而性自性也. 謂之人心者, 自其情欲之發言之也; 謂之道心者, 自其道德之發言之也. 二者, 人性之所必具者."

왕정상은 "성선설에 얽매이는" 송대 유학자들의 주장에 반대하고, "공자의 오래된 견해를 견지하였다." 그의 인성론은 기학氣學의 논리에 걸맞는 결론이다. 이 점에서 그는 분명히 나흠순보다 한층 더 완정한 기본론氣本論의 관점을 관철시켰으며, 기학 체계 속에서 인성론의 입장을 명확히 표현하였다. 명대 중·후기의 사상가들은 이러한 기학과 기의 입장에서 성을 논한 사상의 영향을 대단히 많이 받았다.

4. 성인이 되는 공부를 논하다

수양 방법론에서 왕정상은 '리학'과 '심학'의 영향을 많이 받았다. 그러나 전체적으로 그는 그것들을 종합하려고 시도하였으며 동시에 '리학'과 '심학'의 병폐에 대한 자기 나름의 입장이 있었다.

왕정상은 정주의 주경함양론主敬涵養論에 찬성하였다. 그는 이렇게 말했다.

일이 없을 때 주경하고 고요할 때 함양하는 일은 안과 밖 모두에 힘쓰는 공부이다. 정제엄숙하며, 의관을 바로잡고, 눈매를 높게 하는 태도는 밖을 전일하게 하는 공부이다. 깊으면서 맑고 텅 비어 있으면서 밝으며, 그릇되거나 편벽되고 혼란스러운 생각을 없애는 일은 안을 전일하게 하는 공부이다. 이렇게 하면 누추한 집에서 살더라도 부끄럽지 않을 것이다. 이것이 도학에 입문하는 첫 번째 의미이다.[132]

도를 밝히는 데는 치지가 가장 좋으며, 도를 체득하는 데는 함양을 가장 먼저 해야 한다. 그 지극함을 구하는 데는 안과 밖 모두에 힘쓰는 방법이 있다.[133]

---

132) 같은 책, 『愼言』, 「潛心」, 775쪽, "無事而主敬, 涵養於靜也, 有內外交致之力. 整齊嚴肅, 正衣冠, 尊瞻視, 以一其外; 沖淡虛明, 無非僻紛擾之思, 以一其內, 由之不愧於屋漏矣, 此道學入門第一義也."
133) 같은 책, 『愼言』, 「潛心」, 778쪽, "明道莫善於致知, 體道莫先於涵養. 求其極, 有內外交致之道."

주경을 통해 마음을 기르고, 의로움을 정밀하게 하여 도를 체득한다.[134)

치지致知는 생각을 치밀하게 하는 데 근거하고, 역행은 예를 지키는 데 근거한다.[135)

왕정상이 주경과 함양, 치지와 역행을 각기 나눠 말한 까닭은 정주학파의 수양 방법에서 영향받았기 때문이다. 그의 주도적인 사상은 안과 밖, 동과 정, 지와 행을 통일하는 것이다. 따라서 그는 이 가운데서 한 측면만을 지나치게 강조하여 다른 측면을 부정하거나 경시하는 견해에 반대하였다.

왕정상은 실행을 강조하였다. 그는 "오로지 강구하는 것만을 앎이라고 생각하지 않는다. 인사人事와 응대하는 일에서 오묘함을 구하는 것이 실제적인 치지이다. 고요할 때에만 함양하는 것을 배양으로 생각하지 않는다. 언행을 점검하고 제어하여 준칙에 맞도록 하는 것이 배양에 이르는 실제적인 방법이다"[136)라고 말했다. 요컨대 치지는 학문을 연구하는 일에서만이 아니라 일상적인 윤리 생활에서도 현실화되어야 한다. 그리고 함양이라면 고요함 속에서 배양하는 일만이 아니라 언행을 성찰하는 일도 함양이다. 또 왕정상은 도학과 정치술을 둘로 나누는 견해에 반대하며, "후대의 유학자들은 귀에만 내맡긴 채 눈을 버리고, 서적에만 내맡긴 채 심령을 버리며, 강설에만 내맡긴 채 실행을 생략한다"[137)고 비판하였다.

왕정상은 '마음'을 매우 중시하였다. 그는 "마음을 본체로 말할 때가 있는데, '마음이라는 기관은 생각한다'는 말과 '마음은 성과 정을 통섭한다'는 말이 그러하다. 어떤 때는 마음을 작용으로 말하기도 하는데, '수시로 출입하기에 그 방향을 알 수 없다'는 말과 '놓아 버린 마음을 거둬들인다'는 말이 그러하다.

---

134) 같은 책, 『愼言』, 「潛心」, 778쪽, "主敬以養心, 精義以體道."
135) 같은 책, 『愼言』, 「魯兩生」, 821쪽, "致知本於精思, 力行本於守禮."
136) 같은 책, 『愼言』, 「潛心」, 778쪽, "不徒講究以爲知也, 而人事酬應得其妙焉, 斯致知之實地也. 不徒靜涵以爲養也, 而言行檢制中其則焉, 實致養之熟塗也."
137) 같은 책, 『愼言』, 「見聞」, 771쪽, "後之儒者, 任耳而棄目, 任載籍而棄心靈, 任講說而略行事."

그러므로 일률적으로 말할 수 없다. 한 가지 의미만을 고집할 때 고루해진 다"138)고 말했다. 또 그는 "지각은 마음의 작용이고, 텅 비고 영명함은 마음의 본체이다"139)라고 말했다. 요컨대 마음에는 체용이 있는데, '작용'은 구체적인 사유와 지각 활동을 가리키며, '본체'는 사유할 수 있고 지각할 수 있는 주체를 가리킨다. 마음의 본질은 텅 비고 영명하여 지각할 수 있는 주체가 되는 데 있다. 따라서 각종 구체적인 지각 활동은 마음의 작용이자 구체적인 표현이다.

왕정상은 "학문을 하기 위해서는 먼저 마음을 다스리고 성을 배양해야 한다. 이것 외에는 달리 착수할 방법이 없다"140)고 했다. 그러나 그는 명대 중기 '심학'의 치심治心 방법에는 반대하였다. 그는 "요즘 고명한 것만 좋아하는 진부한 유학자들은 국가가 현인을 배양하고 재주있는 선비를 길러서 다스림을 보좌케 하려는 사실을 모른다. 그래서 양지를 강구하고 천리를 체득하는 일만을 제창하면서 후배 학자들로 하여금 쓸데없이 앉아서 마음만 맑게 하고, 머리를 맞댄 채 공허한 담론만을 나누게 만들었다. 그래서 끝내 심성의 오묘함과 그윽함에 대해서 떠들기만 할 뿐이지 도를 일으켜 다스림에 이르도록 하는 방법이나 임기응변할 수 있는 기틀에 대해서는 알지 못한다"141)고 하였고, "후배 학자들은 오로지 고요함에만 힘쓰면서 도를 이해하려고 하기에 선종으로 흘러들어가는 것을 스스로 깨닫지 못한다"142)고 말했다. 그는 정좌를 통해 마음을 맑게 하려는 공부에 반대하면서 사유와 견문을 통해 마음을 극진히 할 것을 주장하였다.

왕정상도 '격물' 문제에 대해 다음과 같이 말하였다.

---

138) 같은 책, 『雅述』 上篇, 834쪽, "心有以本體言者, '心之官則思'與夫'心統性情'是也. 有以運用言者, '出入無時, 莫知其鄕'與夫'收其放心'是也. 乃不可一槪論者, 執其一義則固矣."

139) 같은 책, 『雅述』 上篇, 838쪽, "知覺者, 心之用; 虛靈者, 心之體."

140) 같은 책, 『雅述』 上篇, 855쪽, "爲學不先治心養性, 決無入處."

141) 같은 책, 『雅述』 下篇, 873쪽, "近世好高迂腐之儒, 不知國家養賢育才將以輔治, 乃倡爲講求良知, 體認天理之說, 使後生小子澄心白坐, 聚首虛談, 終歲囂囂於心性之玄幽, 求之興道致治之術, 達權應變之機, 則闇然而不知."

142) 같은 책, 『雅述』 上篇, 857쪽, "後學小生專務靜生理會, 流於禪氏而不自知."

격물을 해석하면서 정이와 주희는 모두 '이른다'(至)는 뜻으로 새겼다. 정이는 "격물하여 사물에 이른다"고 말했는데, 말이 중복되어 문장이 성립되지 않는다. 주희는 "사물의 리를 궁구하여 이른다"고 했다. 이것은 '이른다'(至)는 말에다 '궁구한다'(窮)는 말을 첨가한 주장이다. 성인의 말씀은 직접적이었지 결코 이와 같지 않았다. 오히려 '바로잡는다'(正)는 뜻으로 새기는 편이 낫다.[143]

격물이란 사물을 바로잡는 것이다. 사물은 각기 그 당연한 실질을 얻으면 바르게 된다. 사물을 모두 바로잡을 수 있다면 앎이 어찌 이르지 않겠는가![144]

'격'에 대한 왕정상의 해석도 왕수인의 영향을 받았다. 그러나 그의 격물설은 왕수인의 격물설과 다르다. 그는 '격심格心'을 통해 사물을 바로잡도록 주장하지 않았다. 사물을 당연한 규칙에 합치시킬 것을 주장하는 그의 사상은, 마음이나 리에 관해 어떤 선험성을 전제하는 유심론의 입장이 아니다.

'성인이 되어 성을 이룬다'는 사상에서 왕정상은 도덕을 초월하는 경지에 주의하였다. 예를 들어 그는 "인仁이란 사물을 관통하여 간극이 없는 것이다"[145]라고 말했으며, "사물들이 한꺼번에 이른다면 오직 도를 깨달은 사람만이 그것을 제어할 수 있다. 마음이 텅 비고 기가 화합하기 때문이다"[146]라고 말했다. 성현이 되는 기초(심성론)와 실천(학문 방법) 측면에 관한 왕정상의 논의가 충분했던 것은 아니다. 그는 '리학'과 '심학'에서 논의했던 심성 수양의 문제에 관해 언급하기는 했지만, 전체적으로 볼 때 그는 이 가운데 어느 학파도 인정하지 않았다. 왕정상은 대체로 장재의 학문을 근본으로 삼았고, 이러한 문제에 대해서는 개략적으로 언급하는 데 그쳤다.

---

143) 같은 책, 『雅述』 上篇, 838쪽, "格物之解, 程朱皆訓至字. 程子曰'格物而至於物', 此重疊不成文義. 朱子則曰'窮至事物之理', 是至字上又添出一窮字. 聖人之言直截, 決不如此, 不如訓以正字."
144) 같은 책, 『愼言』, 「潛心」, 775쪽, "格物者, 正物也. 物各得其當然之實則正矣. 物物而能正之, 知豈有不至乎!"
145) 같은 책, 『愼言』, 「作聖」, 762쪽, "仁者與物貫通而無間者也."
146) 같은 책, 『愼言』, 「作聖」, 760쪽, "事物沓至, 惟有道者能御之, 蓋心虛而氣和爾."

5. 지식과 견문

앎(知)은 사유(思)와 견문의 만남이다.

왕정상의 유물주의 인식론은 리학의 유심론적 선험론을 비판하는 데 특출한 공헌을 하였다.

왕정상은 "사물에 있는 것은 나를 느끼게 하는 기틀(機)이고, 나에게 있는 것은 사물을 응대하는 실재(實)"147)라고 지적하였다. 외부 사물은 우리의 감각을 일으키는 대상 즉 객체이고, 외부 사물에 반응하는 나의 사유가 주체이다. 그리고 그는 "마음이란 신령함이 깃들이는 곳이고 신령함이란 지식의 근본이며, 사유란 신령한 인식의 오묘한 작용이다. 성인을 비롯하여 모든 사람은 반드시 이러한 것들이 있은 뒤에야 알게 된다. 그러므로 신령함이란 내부의 영명함이며, 견문이란 외부의 자료이다"148)라고 주장하였다. 이와 마찬가지로 마음은 사람의 사유 기관이고, 정신은 사람의 인식 능력이며, 사유는 인식 활동이다. 사람의 인식 능력은 인식의 내부 근거이고 사람의 감관과 견문은 인식의 외부 조건이다. 그리고 사유는 인식의 이성 활동이고 감각은 인식의 감성 활동이다. 견문을 떠나서 사물의 리를 이해할 수 없고, 사유를 떠날 때 인식은 제한된다. 따라서 "성현이 지식을 갖게 되는 까닭은 사유와 견문이 만나기 때문일 따름이다."(夫聖賢之所以爲知者, 不過思與見聞之會而已) 요컨대 인식이란 감성과 이성의 결합이다.

왕정상은 경험을 대단히 중시하면서 리학의 유심주의 선험론을 가열차게 비판하였다. 맹자에서 송대 유학자에 이르기까지, 유가의 선험주의는 모두 부모와 어른에 대해 지니는 어린아이의 감정을 들어 사람에게 내재적인 도덕 의식과 도덕 감정이 있음을 설명하였다. 이러한 종류의 이론은 인식론적 근거를 갖

---

147) 같은 책, 『雅述』上篇, 854쪽, "在物者, 感我之機, 在我者, 應物之實."
148) 같은 책, 『雅述』上篇, 836쪽, "心者, 棲神之舍; 神者, 知識之本; 思者, 神識之妙用也. 自聖人以下, 必待此而後知. 故神者在內之靈, 見聞者在外之資."

고 있다. 영아가 성장하는 과정에서 부모와 형제에 대해 친근과 공경의 감정을 지니며, 이러한 감정이 발전되어 나가는 것은 대단히 자연스러운 과정이다. 이러한 과정에서 인위적인 주입이나 외재적인 강압은 없다. 그러므로 유가에서는 이러한 감정을 학습이나 교육에 의지하지 않는 선험적 본능으로 인정하였다. 왕정상은 지식의 형성에 관계하는 감성 경험의 중요한 작용을 자세히 밝히면서 전통적인 성선론을 과감하게 비판하였다.

> 영아는 어머니의 뱃속에서도 먹고 마실 수 있으며 그 속에서 나오자마자 듣고 볼 수 있다. 이것은 천성적인 지식이며, 신묘한 조화의 끊이지 않음이다. 그 나머지는 학습하여 알게 되고, 깨달아 알게 되며, 잘못하여 알게 되고, 의심하여 알게 된다. 이러한 것들은 모두 사람이 노력하여 아는 것이다. 부모 형제 간의 친근함도 학습하여 익힌 것이다. 어째서 그런가? 부모가 아이를 낳자마자 다른 사람에게 맡겨 기른다면, 장성한 뒤 그 아이는 오직 길러 준 사람만을 친근히 대한다. 그래서 길을 가다가 친부모를 만나도 남으로 여겨 모욕할 수도 있고 꾸짖거나 욕할 수도 있다. 이것을 천성적으로 아는 것이라고 말할 수 있겠는가? 부자 사이의 친근함을 미루어 유추한다면 만물 만사에 대한 지식이란 모두 학습하고, 깨닫고, 잘못하고, 의심하면서 알게 된 것이다. 이는 사람의 노력에 의한 것이지 선천적인 것이 아니다.[149]

요컨대 사람의 도덕 감정은 사회 생활을 통해서 점차적으로 배양된다. 만약 어떤 아이가 어려서부터 다른 사람에게 양육되고 친부모와 아무런 접촉도 갖지 않는다면, 그 아이는 친부모에 대해 아무런 감정도 느끼지 못할 것이다. 또 왕정상은 사람의 인식 능력이 천부적인 것은 사실이지만, 어떠한 감성 경험도 지니

---

149) 같은 책, 『雅述』 上篇, 836쪽, "嬰兒在胞中自能飮食, 出胞時便能視聽, 此天性之知, 神化之不容已者. 自餘因習而知, 因悟而知, 因過而知, 因疑而知, 皆人道之知也. 父母兄弟之親, 亦積習稔熟然耳. 何以故? 使父母生之孩提而乞諸他人養之, 長而惟知所養者爲親耳. 塗而遇諸父母, 視之則常人焉耳, 可以侮, 可以詈也, 此可謂天性之知乎? 由父子之親觀之, 則諸萬物萬事之知, 皆因習因悟因過因疑而然, 人也, 非天也"

지 못할 때는 지식을 획득할 방도가 없다고 지적하였다. 왕정상은 한 차례에만 그치지 않고 계속해서 다음과 같이 강조하였다. 어떤 어린아이를 어두운 방에 가둔 채 외부 사물과 전혀 접촉하지 못하게 한다고 가정해 보자. 그 아이가 어른이 되어 그 방을 나왔을 때, 그는 일상 생활에서 사용되는 어떤 사물에 대해서도 모를 것이고, 더욱이 천지의 높고 넓음이나 귀신의 존재, 고금의 사건 등과 같은 복잡하고 심오한 일에 대해서는 전혀 알 수 없을 것이다. '사람의 지식은 사회 생활의 경험에 의존한다'는 주장은 확실히 선험론을 반박하는 데 유력한 주장이다.

왕정상은 감성 경험 즉 견문을 중시했다. 그렇지만 그는 이 때문에 협애한 경험론에 빠지지는 않았다. 그는 "눈과 귀로 보고 듣는 것을 잘 활용한다면 마음을 넓히기에 충분하다. 그렇지만 그것을 잘 활용하지 못한다면 마음을 협소하게 할 뿐이다"[150]라고 지적하였다. '그것을 잘 활용한다'는 말은 감관을 통해 얻은 경험을 이성적 사유로 잘 분석·분별하여 이성의 진일보한 활동 재료로 삼으며, 경험을 누적시켜 보편적인 인식으로 상승시켜 나간다는 뜻이다.

왕정상은 과학 정신을 지닌 철학자였다. 그는 사물을 관찰하는 데 매우 주의를 기울였고 기존의 이론에 대해서도 과감하게 의심하였으며, 실험을 통해 논증하려고 하였다. 보통 사람들은 겨울철 눈꽃은 육각형이고, 봄철 눈꽃은 오각형이라고들 말하면서도 아무도 직접 검증해 본 적이 없었다. 그러나 왕정상만은 "매년 봄눈이 내릴 때마다 그 눈송이를 소매에 올려 놓고 관찰해 보았더니, 모두 육각형이더라"(每遇春雪, 以袖承花觀之, 幷皆六出)라고 하였다. 그는 자신의 직접적인 관찰 경험을 통해 봄눈이 오각형이라는 견해의 잘못을 검증해 냈다.

옛 글에서는 땅벌은 새끼를 직접 낳지 않고 뽕나무 위의 애벌레를 자기 벌집 속에 물어다 넣는데, 칠 일이 지나면 그 애벌레가 새끼 땅벌로 변한다고 하였다. 왕정상은 집에 거처하면서 매년 땅벌집을 관찰하였다. 그는 땅벌이 자기 벌집

---

150) 같은 책, 『愼言』, 「見聞」, 773쪽, "耳目之開見, 善用之, 足以廣其心; 不善用之, 適以狹其心."

에서 새끼를 낳은 뒤 각종 벌레를 자기 벌집 속에 채워 넣었으며, 며칠이 지나자 새끼가 모양을 갖춰 태어나는 것을 목격하였다. 땅벌 새끼는 벌레를 먹은 뒤 벌집을 뚫고 나온 것이다. 왕정상은 "수년 동안 관찰해 봐도 그렇지 않은 적이 없었다"(累年觀之, 無不皆然)고 하였다. 그는 이 사실을 통해 옛 사람들의 많은 견해들이 실제적인 검증을 거치지 않은 주장이라는 결론을 내렸다. 이러한 예들은 왕정상이 과학적 태도를 확고하게 지니고 있었음을 밝혀 주며, 또 명대 기학이 실학으로 발전해 나갔던 논리적인 필연성을 드러내 준다. 어떤 의미에서 그의 철학은 동시대의 과학기술 발전을 위한 세계관과 논증의 방법론을 제공했다는 점에서 대단히 중요한 지위를 차지한다.

5. 이황

이황李滉은 자字가 경호景浩이고 호는 퇴계退溪이며, 조선 시대의 저명한 리학 사상가이다. 그는 연산군 7년(1501년)에 태어나 선조 3년(1570년)에 죽었다. 이황은 태어난 지 일곱 달만에 아버지를 여의었고, 숙부에게서 학문을 배웠다. 그는 청년 시절에 홍문관 수찬修撰과 성균관 사성司成을 역임하였고 명종 초기에는 단양과 풍기의 군수를 지냈으며, 중년에는 점괘에 따라 온계 지방으로 물러나 살면서, 이를 자신의 호로 삼아 '퇴계退溪'라 불렀다. 그래서 학자들은 그를 '퇴계 선생'이라 불렀다. 그 뒤 성균관 대사성 · 공조 판서 · 홍문관 대제학 · 예문관 대제학 · 지중추 부사 등의 관직에 임명되었으나, 끝내 한 마음으로 사양하며 조용히 물러나 명예와 절개를 지켰다. 그는 만년에 도산陶山 기슭에 정사를 짓고, 그곳에서 마음을 가다듬으면서 도를 음미하고 산수를 즐겼다. 그러면서 스스로를 도옹陶翁이라 불렀다.

중국 대륙에서 발원한 정주의 '리학'은 고려 후기에 이미 한반도에 들어 왔으며, 조선이 건국된 뒤에는 조선의 리학으로서 점진적인 발전을 이뤄 나갔다.

이황은 일찍이 "우리 동방의 리학은 정몽주(圃隱)를 종조(祖)로 삼고, 김굉필(寒喧堂)과 조광조(靜庵)를 우두머리로 삼는다. 그러나 세 선생의 학술에 대한 증거 자료가 없어서 오늘날에는 그 학문의 깊이를 고증할 길이 없다"[151]고 말했다. 조선은 중국의 동쪽에 자리잡고 있기 때문에 조선의 학자들은 조선을 동방이라 자칭하였다. 동방에서 '리학'은 여말선초(麗末鮮初)에 이미 기초가 확립되었다. 그러나 당시는 "정주의 서적이 조금씩 동방으로 들어 왔던"[152] 상황이었으며, 학자들의 수효도 적어서 안출(案出)해 내는 사상이 거의 없었다. 명나라 조정에서 는 주자학을 존숭하여 사서와 오경 그리고 성리대전(性理大全)을 반포하였는데, 조선에서도 이 영향을 받아 "과거를 설치하여 사서와 오경에 능통한 선비들을 선발하였다. 그래서 선비들이 암송하고 학습하는 내용 가운데 공맹과 정주의 말 아닌 것이 없었다."[153] 16세기 중엽 명대 초기에 심학 운동이 흥기했던 상황 과는 대조적으로, 조선에서는 리학이 보급된 기초 위에서 주자학을 위주로 하 는 리학자들이 계속 출현하여 보기 드문 학술적 번영을 이뤘고, 조선 리학 자체 의 학파적 발전이 시작되었다. 이황은 이 시기의 리학 발전에서 시대를 가름하 는 대표자였다.

이황이 활동할 무렵 중국 대륙에서는 양명학이 성행하였고, 명 왕조의 정통 철학이었던 주자학은 위기에 봉착하였다. 이황은 정주의 도통을 계승·보존하 는 일을 자신의 임무로 삼아 평생토록 학문하면서 "주자를 종주로 삼았고",[154] "주자를 목표로 하였다."[155] 그는 왕수인의 심학에 대해서 "오늘날 중국인들은 모두 돈오와 초탈의 학설을 받들고 있다"[156]고 비판하는 한편, 나흠순 등의 주기(主氣) 학설을 적극적으로 공격하였다. 그래서 그의 제자들은, 이황이 "중국

---

151) 『言行錄』 권1, "吾東方理學以鄭圃隱爲祖, 而以金寒喧趙靜庵爲首, 但此三先生表述無微, 今不可考其學之深淺."
152) 같은 책 권5, "程朱之書稍稍東來."
153) 같은 책 권5, "設科取士以通四書五經者得與其選, 由是士之誦習無非孔孟程朱之言."
154) 같은 책 권1, "以朱子爲宗."
155) 같은 책 권6, "以朱子爲的."
156) 『李退溪文集』 권21, 「答李剛而」, "今者中原人擧皆爲頓超之說."

에서는 도학의 전통이 없어져 백사의 선학으로 흘러들거나 양명의 편벽됨에
모여드니, 모두 근본을 뿌리째 뽑아 그 잘못됨을 힘껏 배척해야 한다"157)고
주장하였으며, "나흠순은 자신이 이단을 몰아 낸다고 하면서 겉으로는 비난하
지만 속으로는 돕고 있으며, 왼손으로는 막고 오른손으로는 가리고 있으니, 실
로 정주의 죄인이다"158)라고 주장했다고 말하였다. 이황이 죽은 뒤 제자들은
'그의 학문이 주자의 적통을 얻었다'(其學得朱子嫡統)고 해서 그를 '해동주자海
東朱子'라고 불렀다. 여기서 우리는 주자학 사상가로서 그의 특징을 알 수 있다.

대체로 이황의 사상 발전은 두 단계로 나눌 수 있다. 초기에는 진덕수眞德秀
의『심경心經』을 종지로 삼아 마음의 실천 공부에 중점을 두었다. 남송의 진덕
수는 마음에 대해 논한 옛 성현들의 격언을 가려 뽑아『심경』을 편찬하였다.
그 책은 '십육자전심결十六字傳心訣'을 시작으로 삼고, 주희의 '존덕성尊德性'을
마지막으로 삼고 있다. 나중에 명대 사람 정민정程敏政은 여기에다 정주의 여러
주장을 덧붙여『심경부주心經附注』를 지었다. 이황은 "어려서 한중漢中에서 배
울 때, 거슬러 올라가다 그 책(『心經』)을 처음 접했다. 비록 중간에 병으로 그만
두면서 깨달음이 더디고 이루기 어려운 점을 한탄하기도 했지만, 이 책 덕분에
처음으로 리학에 감동하고 관심을 두게 되었다. 그러므로 평생 이 책을 믿고
따르는 일을 네 선생이나『근사록近思錄』보다 소홀히 하지 않았다"159)고 말했
다. 이황은 스스로 "나는『심경』을 얻은 뒤 심학의 연원과 심법의 정미함을 알
게 되었다"160)고 말했다. 만년에 그는 도산에서 살면서 닭이 울면 일어나『심경』
을 암송하였다. 송명의 유학자들도 심성 수양의 학문을 심학으로 통칭하였다.
그러나 이황이 말한 심학은 정주와 상대적인 육왕의 '심학'과는 다른 의미이다.

---

157)『言行錄』권1, "中原道學之失傳, 流而爲白沙之禪, 會陽明之頗僻, 則亦皆披根拔本, 極言竭論以
斥其非."
158) 같은 책 권5, "以整庵之學自謂闢異端而陽非陰助, 左遮右攔, 實程朱之罪人."
159)『心經後論』, "少時遊學漢中, 始見此書於逆旅而求得之. 雖中以病廢, 而有晩悟難成之嘆, 然其初
感發興起於此事者, 此書之力也, 故平生遵信此書亦不在四子近思錄之下矣."
160)『言行錄』권1, "吾得心經而後知心學之淵源心法之精微."

이황은 비교적 뒤늦게 『주자대전朱子大全』을 보았다. 그는 오십 세 때 온계 지방에 한서암寒棲菴을 짓고서야 주자학에 전념했으며, 그 뒤 자신의 사상을 점차 형성해 나갔다. 그래서 그의 제자들은 이황이 "만년에 주희의 서적에 전념했는데, 평생의 깨달음은 대체로 이 서적들 속에서 나왔다"[161]고 말했다.

이황의 주요 저작으로는 『주자서절요朱子書節要』, 『계몽전의啓蒙傳疑』, 『송계원명리학통록宋季元明理學通錄』 등이 있으며, 그의 사상은 주로 학문을 논한 서찰과 잡저雜著 그리고 『천명도설天命圖說』, 『성학십도聖學十圖』 등에 실려 있다. 중국 인민대학출판사에서 출판한 『퇴계서절요退溪書節要』에는 그의 중요한 사상 자료가 선별적으로 수록되어 있다.

1. 리는 스스로 동정하며, 리에는 체용이 있다

주희는 철학 체계를 건립할 때, 주돈이의 『태극도설』을 이용하여 사상의 기초 자료로 삼았다. 그러나 주희는 태극을 리로 이해했기 때문에, "태극이 움직여 양을 낳고"(太極動而生陽), "고요하면서 음을 낳는다"(靜而生陰)는 『태극도설』의 사상 자료를 이용하면서 일련의 새로운 문제들을 제기하였다. 예컨대 '리 자체는 동정할 수 있는가', '리 자체가 음양 두 기를 생성할 수 있는가'라는 문제들이다. 주희의 기본적인 사상에 따르자면 리 자체는 동정하지 못한다. '리가 기를 낳을 수 있는가'라는 문제에 대해서 주희는 복잡하게 설명하고 있지만, 그는 결국 리를 '조작할 수 없는'(無造作) 것으로 확정함으로써 리 자체가 기를 생성한다는 견해를 부정하였다.

이황은 리 자체가 동정할 수 있다고 명확하게 긍정하였다. 그의 제자는 일찍이 그에게 "주희가 '태극에 동정이 있는 것은 천명의 유행이다'(太極之有動靜是天命之流行)라고 한 말은 또 다른 주재자가 태극으로 하여금 동정하게 한다는

---

161) 같은 책 권2, "晩年專意朱書, 平生得力處大致皆自此書中發也."

뜻인가"라고 질문한 적이 있다. 그러자 이황은 다음과 같이 대답하였다.

> 태극에 동정이 있다는 말은 태극 스스로 동정한다는 말이다. 천명의 유행은 천명
> 스스로가 유행하는 것이다. 어찌 그렇게 시키는 것이 따로 있겠는가?[162]

이황이 생각할 때 태극 자체에는 동정이 있고, 이러한 태극 자체의 동정은 결코 다른 외부의 주재자가 그렇게 시키는 것이 아니다. 그는 이렇게 지적했다.

> 연평延平은 주자에게 "'되돌아 천지의 마음을 본다'는 말이 바로 움직여서 양을 낳
> 는 이치다"라고 대답했다. 주자는 항상 "리에 동정이 있기 때문에 기에도 동정이
> 있다. 리에 동정이 없다면 기가 어떻게 동정하겠는가"라고 말했다. 리가 움직이면
> 기가 그에 따라 생겨나고, 기가 움직이면 리가 그에 따라 드러난다. 염계는 "태극이
> 움직여 양을 낳는다"고 했다. 이 말은 리가 움직여 기를 낳는다는 말이다. "되돌아
> 천지의 마음을 본다"는 『주역』의 말은 기가 움직여서 리가 드러나기 때문에 천지의
> 마음을 볼 수 있다는 말이다. 이 둘은 모두 조화造化에 속하는 것이며 별도로 이르는
> 것이 아니다.[163]

이황은 리가 스스로 동정할 수 있음을 명확하게 긍정했을 뿐만 아니라 '리의 운동'이 '기를 낳는' 근원이자 근거임을 인정하였다.

주희의 철학에서 리기의 동정 문제에는 두 기본 명제가 있다. 하나는 "리에 동정이 있기 때문에 기에도 동정이 있다"(理有動靜, 故氣有動靜)는 명제이고, 다른 하나는 "태극은 사람과 같고 동정은 말과 같다"(太極猶人, 動靜猶馬)는 명제이

---

162) 『李退溪文集』권13, 「答李達李天機」, "太極之有動靜, 太極自動靜也. 天命之流行, 天命之自流行
   也. 豈復有使之者歟?"
163) 같은 책 권25, 「鄭子中別紙」, "延平答朱子曰: 復見天地之心, 此便是動而生陽之理. 按朱子嘗曰:
   理有動靜故氣有動靜, 若理無動靜, 氣何自而有動靜乎? 蓋理動則氣隨而生, 氣動則理隨而顯. 濂
   溪云: 太極動而生陽, 是言理動而氣生也; 易言: 復見天地之心, 是言氣動而理顯, 故可見也. 二者
   皆屬造化而非二致"

다. 전자의 함의가 비교적 복잡하기 때문에 후대 사람들은 습관적으로 "태극은 사람과 같고, 동정은 말과 같다. 말은 사람을 태우고 사람은 말을 탄다. 말이 들어가고 나감에 따라 사람도 들어가고 나가게 된다"[164]는 명제를 따랐다. 그들은 이러한 형상적인 설명 방식을 통해 주희의 견해를 이해했던 것이다. 그런데 사람이 말을 타는 것에다 태극의 동정을 비유한 것은 리 자체는 운동할 수 없고, 다만 기에 올라타 기의 움직임에 따라서만 동정할 수 있다는 점을 강조한 것이다. 주희는 리 자체가 운동할 수 있음을 부정했다. 그런데 이러한 비유의 결점은 리가 기 동정의 근거로 구실하는 점을 나타낼 수 없고, 리가 동인動因으로서 기에 대해 능동적으로 작용하는 측면을 표현할 수 없다는 데 있다. 사람이 말을 타는 비유는, 사람이란 그저 피동적으로 운동하는 물체에 타고 있는 승객일 뿐임을 의미하기 때문이다.

명대 초기의 유학자 조단과 설선 등은 이같은 주희의 학설을 수정하였다. 그 이유는 '동정할 수 있는 근거'로서 태극의 성질을 부각시키기 위해서였다. 그러므로 이황이 스스로 동정할 수 있는 성질을 지닌 것으로 리(태극)를 이해한 태도는, 명대의 주자학에서 리가 동정할 수 있는 점을 긍정하면서 기에 대한 리의 지배 작용을 강조하려 했던 경향과 일치한다. 또 이황은, 설선이 "리는 햇빛과 같고 기는 나는 새와 같다"고 주장하면서 사람과 말의 비유가 지녔던 결함과 한계로 되돌아가려 했던 입장을 극복하였다. 그리고 그는 리의 동정과 기의 동정을 동시적인 것으로 파악하여 리의 '운동'과 기의 '생성'을 연계시켰으며, 나아가 "리가 움직이면 기도 그에 따라 생겨나고, 기가 움직이면 리도 그에 따라 드러난다"는 명제도 제기하였다. 여기에서 '리가 움직여 기가 생긴다'는 말은 리의 동정이 기 생성의 근원임을 강조한 주장이고, '기가 움직여 리가 드러난다'는 말은 기의 운동과 질서가 리의 존재와 작용을 나타내는 것임

---

164) 『朱子語類』 권94, 2376쪽, "太極猶人, 動靜猶馬. 馬所以載人, 人所以乘馬. 馬之一出一入, 人亦與之一出一入."

을 주장한 것이다.

이황은 한 걸음 더 나아가 리가 기를 낳는 문제에 대해서 논하였다.

이공호李公浩가 "'태극이 움직여 양을 낳고 고요하면서 음을 낳는다'는 명제를 두고, 주희는 '리에는 감정도 없고 조작 능력도 없다'고 말했다. 이미 감정도 없고 조작 능력도 없다면 리는 음양을 낳을 수 없을 것이다. 그런데 낳을 수 있다고 말한다면 이는 본래 기가 없다가 저 태극이 음양을 낳고서야 기가 생긴다는 말인가? 면재勉齋 (黃幹)는 '양을 낳고 음을 낳는다는 말은 양이 생기고 음이 생긴다고 말하는 것과 같다'고 했다. 이 말도 너무 지나친 조작을 파악하기 위해 한 말이 아닌가"라고 물었다. 그러자 퇴계는 "주희는 늘 '리에 동정이 있기 때문에 기에도 동정이 있다. 리에 동정이 없다면 기가 어떻게 동정하겠는가'라고 했다. 이 말의 의미를 알면 의심이 사라질 것이다. '감정이 없다'고 운운한 것은 본연의 상태를 두고 한 말이고, '발현할 수 있고 낳을 수 있다'는 것은 지극히 오묘한 작용을 두고 한 말이다. 면재가 말한 것도 반드시 그런 것은 아니다. 어째서인가? 리 자체에 작용이 있다. 그래서 자연히 음을 낳고 양을 낳는 것이다"라고 대답했다.165)

이공호가 제기한 물음은 대단한 식견을 갖춘 것이다. 왜냐하면 주돈이의 『태극도설』에서 태극은 본래 음양을 생성할 수 있다. 그러나 주희는 태극을 리로 여기면서 리에는 감정도 조작 능력도 없다고 생각하였다. 따라서 주희 철학의 논리를 따르자면 리는 기를 낳을 수 없으며, "태극이 움직여 양을 낳는다"고 할 수도 없다. 그런데 이황은 답변하면서 '리가 기를 낳을 수 있다고 말할 수 있는가'의 여부는 해석 방식에 의해 결정된다고 주장하였다. 그가 생각할 때

---

165) 『李退溪文集』 권39, 「答李公浩問月」, "(李公浩問:) 太極動而生陽, 靜而生陰, 朱子曰; 理無情意, 無造作. 旣無情意造作, 則恐亦不能生陰陽. 若曰能生, 則是當初本無氣? 到那太極生出陰陽然後 其氣方有否? 勉齋曰: 生陽生陰猶曰陽生陰生, 亦莫不是惡其造作太甚否? (退溪答:) 朱子嘗曰: 理 有動靜, 故氣有動靜, 若理無動靜, 氣何自而有動靜乎? 知此則無此疑矣. 蓋無情意云云, 本然之 體, 能發能生, 至妙之用也. 勉齋說亦不必如此可也. 何者? 理自有用, 故自然而生陰生陽也."

'감정도 없고 조작 능력도 없다'는 주희의 말은, 리 본연의 상태 즉 리 자체는 결코 분화되지도 않으며 음양 두 기를 낳을 수 있는 실체도 아니라는 사실을 의미한다. '발현할 수 있고 낳을 수 있다는 것은 지극히 오묘한 작용이다'는 말은, 리 자체는 엄마가 아이를 낳듯이 음양을 낳는 것은 아니지만 음양의 생성은 리의 작용과 표현(用)이라는 뜻이다. 그러므로 만일 리의 작용으로 음양이 생성되었으며, 음양의 생성을 리의 체현이나 표현의 뜻으로 말한다면, "리는 기를 낳을 수 있다"고 말할 수 있는 것이다.

리의 본체와 묘용의 두 측면에서 "태극이 움직여 양을 낳는다"는 말을 해석한 이황의 방법은, '리학'에서 『태극도설』을 이용할 때 발생하는 문제를 해결하였다. 주희의 철학에서 태극은 이미 형이상학적이고 조작 능력이 없는 리이기 때문에 반드시 '태극 자체는 음양을 낳을 수 없다'는 결론을 얻을 수밖에 없다. 그렇다면 이러한 입장에서 어떻게 "태극이 움직여 양을 낳는다"는 말을 해석해 낼 것인가? 이 문제는 주희에서 황간黃幹에 이르기까지 진정으로 해결되지 못했다. 이황이 일찍이 견지했던 "리가 움직이면 그에 따라 기가 생긴다"는 설명은, 사실상 이공호가 인용한 "태극이 움직여 양이 생긴다"는 황간의 사상에 해당하며, 태극 자체는 음양을 생성하지 못하지만 태극의 동정은 음양의 생성을 이끌어 내는 근원이자 동인임을 뜻한다. 이황은 만년에 '리가 움직여서 기가 생긴다'는 사상을 기초로 하여, 한 걸음 더 나아가 '리에 체용이 있다'고 주장하였다. 이러한 주장은 "태극이 움직여 양을 낳는다"는 말을 "태극이 움직여 양이 생긴다"로 고칠 필요가 없는 상태에서 주자학의 입장을 설명해 낼 수 있었다. 주돈이와 주희를 조화시킨 그의 이론은, 주자학을 한층 발전시켰고 리에 대한 인식을 진일보하게 심화시켰으며, '리학'의 측면에서 그가 비교적 높은 경지에 이르렀음을 표현해 준다.

'리에 체용이 있다'는 주장은 이황이 가진 리학 사상의 특징적인 표현이다. '리에 체용이 있다'는 주장을 '사물이 궁구되면 리가 이른다'(物格理到)는 문제에 적용하면서 그가 지적했듯이, 만일 리의 본체에 조작 능력이 없다는 점만을 강조하고 묘용의 측면에서 리가 낳을 수 있는 근거가 되는 점을 동시에 설명해 내지 못한다면, "아마도 리를 죽은 사물로 여기게 될 것이다."166) 이러한 주장은 "리는 죽은 리가 되어 모든 변화의 근원이 되기에 부족하다"(理爲死理而不足爲萬化之源)고 비판한 조단이나 "태극에 동정이 없다면 태극은 시들어 적막한 무용지물이 되고 말 것이다"(使太極無動靜則爲枯寂無用之物)라고 비판한 설선과도 기본 입장이 일치하는 주장이다.

2. 사단四端은 리의 발현이고, 칠정七情은 기의 발현이다

성性과 정情에 대한 주희 심성론의 기본적인 견해는 "정은 성에 근거하고, 성은 발현하여 정이 된다"167)는 입장이다. 이는 성이 정의 내재적 근거이며, 정은 성의 외재적 표현이라는 말이다. 『맹자』에서는 측은지심·수오지심·사양지심·시비지심을 '사단'으로 불렀다. 이에 대해 주희는 "측은·수오·사양·시비는 정이고, 인·의·예·지는 본성이다"168)라고 해석하였다. 『중용』에서는 "희노애락이 아직 발현되지 않은 상태를 중中이라 하고, 발현되어 모두 기율에 들어맞는 상태를 화和라 한다"고 말하였다. 주희는 이 말에 대해 "희노애락은 정이고, 그것이 아직 발현되지 않은 것은 성이다"169)라고 해석하였다.

주희의 철학에서 '정'에는 두 용법이 있다. 하나는 사단(『맹자집주』에서 말함)을 가리키고, 다른 하나는 칠정(『중용장구』에서 말함)을 가리킨다. 사단은 도덕 감정으로서 순수하게 선하며 악이 없다. 칠정은 모든 감정 활동을 일반적으로 가리키는 것으로서 선도 있고 악도 있다. 주희는 '사단'을 인·의·예·지의 성에서 발현되는 것으로 생각하였다. 이러한 생각은 '성은 발현하여 정이 되고,

---

166) 같은 책 권18, 「答奇明彦別紙」, "殆若認理爲死物."
167) 『朱子文集』 권32, 「答張敬夫」, "情根於性, 性發爲情."
168) 『孟子集注』 권3, "惻隱羞惡辭讓是非, 情也; 仁義禮智, 性也."
169) 『四書章句集注』 제1장, "喜怒哀樂, 情也; 其未發, 則性也."

정은 성에 근거한다'는 기본 원칙에 합치한다. 그러나 희노애락 등의 '칠정'에 선악과 사정邪正이 있다면, '칠정 가운데서 발현되어 선하지 않은 감정도 인 · 의 · 예 · 지의 성에서 발현된 것인가'라는 문제에 봉착하게 된다. 만일 선하지 않은 정이 완선完善한 성에서 발현된 것이라면 이는 분명히 모순된 말이다. 게 다가 주희는 칠정 중에서 선하지 않은 부분은 본성에서 발현되는 것이 아니라 고 긍정한 적이 한 번도 없다. 이것이 주자학이 해결하지 못한 문제이다.

주희의 철학에서는 리와 기가 함께 사람을 구성하는데, 기는 사람의 형체를 구성하고, 리는 사람의 본성을 구성한다고 주장하였다. 이러한 견해에 근거하 여 이황은 사단과 칠정이 리와 기로 나뉜다고 주장하면서 도덕 감정(사단)은 사람의 본성(리)에서 발현하지만, 일반적인 생리 감정(칠정)은 사람의 형체(기)에 서 발현한다고 주장하였다. 이황이 제시한 "사단은 리에서 발현하고 칠정은 기 에서 발현한다"(四端發於理, 七情發於氣)는 명제는 주자학이 지닌 성정론性情論 의 모순을 해결하였다.

이러한 문제에서 이황은 일찍이 기대승奇大升(高峰)과 반복적으로 논변을 펼 쳤는데, 이 논변은 조선 성리학사의 대사건이 되었다. 기대승은 '사단은 리의 발현이고, 칠정은 기의 발현이다'라는 견해에 반대하였다. 그가 생각할 때 칠정 은 일반적으로 사람의 모든 감정을 가리키고, 사단은 단지 칠정이 발현하여 기 율에 들어맞는 일부분에 불과하다. 따라서 일부분으로서의 사단은 마땅히 전체 로서의 칠정과 공통적으로 동일한 근원 즉 인 · 의 · 예 · 지의 본성에서 발현돼 야 한다. 기대승의 이러한 설명은 주희의 『중용장구』에 근거한 것이며, 주자학 체계 안에서도 비교적 많은 지지를 얻을 수 있는 주장이다. 그렇지만 기대승의 견해에는 주희 심성론의 자체 모순을 해결할 길이 없다.

이황이 생각할 때 '칠정'에는 두 용법이 있다. 하나는 기대승이 말한 것처럼 "분명하게 나누지 않고서 말하는"(以混淪言之) 용법이다. 이러한 의미에서 사단 은 칠정 속에 포함된다. 다른 하나는 칠정과 사단을 상대적으로 말하는 용법이다. 이 때 칠정은 사단 밖의 기타 감정 즉 사람의 생리적 수요인 각종의 감정과 비도덕적 감정 등을 포괄한다. 이황은 바로 후자의 용법으로 칠정은 성에서 발현되는 것이 아니라 기에서 발현되는 것이라고 생각하였다.

이황의 설명은 주희의 철학 안에서 찾을 수 있는 근거가 비교적 적지만, 주자학의 기초 위에서 이론을 발전시키려고 힘씀으로써 주자학 체계를 한층 더 완비시켰다. 이황이 생각할 때 사단과 칠정을 리와 기로 나누는 방식이 결코 사단은 오직 리일 뿐이며, 칠정은 오직 기일 뿐이라고 말하는 것은 아니다. 이는 사단과 칠정이 모두 리와 기를 겸하는 것임을 뜻한다. 그는 "두 가지는 모두 리와 기를 벗어나지 않고", "사단에 기가 없는 것은 아니며", "칠정을 벗어나면 리가 없다"[170]고 말했다. 따라서 그는 마음도 리와 기의 합작이며 정도 리와 기의 합작이기 때문에, 현실적인 감정을 이루는 사단과 칠정 가운데 리와 기를 겸하지 않는 것이란 없다고 생각하였다. 그렇지만 이 둘은 "비록 같은 정이라 할지라도 내원來源의 차이가 없는 것은 아니다."[171] 이 둘은 모두 리와 기를 겸하지만 이들이 발현되는 최초의 근원을 따지자면, 사단은 성리性理에서 발현되고 칠정은 형기形氣에서 발현된다. 그는 다음과 같이 말했다.

어떤 때는 리가 발현하고 기가 그것을 따르므로, 이 때는 리를 위주로 하여 말할 수 있다. 이는 리가 기의 밖에 있다고 말하는 것이 아니며, 사단이 바로 그러하다. 어떤 때는 기가 발현하고 리가 그것을 타므로, 이 때는 기를 위주로 하여 말할 수 있다. 이는 기가 리의 밖에 있다고 말하는 것이 아니며, 칠정이 바로 그러하다.[172]

사단과 칠정은 모두 리와 기를 겸하지만, 이 둘의 근원과 구성 방식은 서로 다르다. 성리가 발현되면서 기가 따라 들어와 이루어진 것이 사단이고, 형기가

---

170) 『退溪答高峰四端七情分理氣辨』, "二者皆不外乎理氣", "四端非無氣", "七情外無理."
171) 같은 책, "雖同是情, 不無所從來之異."
172) 같은 책, "大抵有理發而氣隨之者, 則可主理而言耳, 非謂理外於氣. 四端是也. 有氣發而理乘之者, 則可主氣而言耳, 非謂氣外於理. 七情是也."

발현되면서 리가 그것을 타고 이루어진 것이 칠정이다. 사단과 칠정을 리와 기로 나누는 것이, 사단을 순전한 리로, 칠정을 순전한 기로 주장하는 것은 아니다. 이 말은 그저 사단은 리에서 발현되고 주재되며, 칠정은 기에서 발현되고 주재된다는 점을 뜻할 따름이다. 이황의 이러한 사상은, 생리적 필요를 반영하거나 생리적 필요에 부응하는 자연 감정(칠정)과 사회적 가치를 반영하는 도덕 감정(사단)으로 사람의 감정을 구분한다. 이황은 이 두 감정이 형성되는 근거와 방식이 각기 다르다고 생각했다. 전자는 사람의 생리적 몸체에 근거하고 후자는 사람의 도덕적 본성에 근원한다. 이러한 사상은 이전의 '리학'에서 이같은 문제를 처리했던 입장에 비해 진일보한 것이다.

표면적으로 볼 때 기대승의 주장과는 반대로 사단과 칠정을 리와 기로 나누는 이황의 사상은 주희의 사상 자료에 근거하고 있는 점이 비교적 적은 듯하다. 그러나 이러한 그의 사상은 인심과 도심을 다루는 주희 사상을 확장한 것이다. 주희의 사상에 따르면 사람의 의식은 '도심'과 '인심'으로 구분된다. 도심은 도덕 의식을 가리키고 인심은 감성 욕망을 의미한다. 주희는 "인심과 도심 가운데서 하나는 혈기에서 생기고, 다른 하나는 의리에서 생긴다"[173]고 하였다. 이 주장 역시 도심은 리의 발현이고 인심은 기의 발현이라는 생각의 표현이다. '사단은 리의 발현이고 칠정은 기의 발현이다'는 이황의 사상은 사실상 주희의 인심도심설을 감정 분석에 응용한 것이며, 완전히 논리에 합치되는 발전을 이룬 것이다.

사단과 칠정의 리기 문제가 지니는 직접적인 의의는, 자연 감정과 도덕 감정의 내원과 근거가 다름을 구분하는 것이지, 결코 리가 발현하면 반드시 선이 되고 기가 발현하면 반드시 악이 된다는 점을 뜻하는 것이 아니다. 선악의 구분은 사람이 자기를 조정하고 자기를 수양하는 노력에 의해 결정된다. 이황은 다음과 같이 말했다.

---

173) 『朱子語類』 권63, 1478쪽, "人心道心、一箇生於血氣。一箇生於義理."

사단의 감정은 리가 발현하고 기가 그것을 따르는 것이기에, 자연히 순전한 선이며 악은 없다. 반드시 리가 발현되었는데도 아직 따르지 못하고 기에 가려진 뒤에야 선하지 않게 되는 것이다. 일곱 가지 감정은 기가 발현하고 리가 그것을 타는 것이기에 선하지 않음이 없다. 만일 기가 발현되었는데 기율에 들어맞지 않아 리를 소멸시킨다면 풀어져 악이 된다.174)

그러므로 사단은 리에서 발현되고 순선純善한 것이지만, 리에서 발현된 것이 전부 선하게 되는 것은 아니다. 리가 발현되는 과정에서 기의 충격에 의해 원래의 방향을 유지할 수 없으면 선하지 않게 된다. 칠정은 기에서 발현된다. 기가 발현되는 과정에서 리의 제어와 강력한 인도를 받으면 선하게 될 수 있다. 하지만 기가 발현되는 과정에서 리가 제때 제어하지 못하고 제대로 인도하지 못하면 선하지 않게 된다. 여기에서 알 수 있듯이 선악의 관건은 발현 과정에서 리와 기의 승부에 달려 있다. 여기에서 말하는 리와 기의 승부란 사실상 도덕 이성과 감성 욕망 사이의 모순 관계를 의미한다. "발현될 때 리가 드러나고 기가 따르면 선할 것이고, 기에 의해 리가 가려지면 악이 될 것이다."175) 의식 활동의 과정에서 이성이 감성을 조종하고 제어하며 인도할 수 있도록 할 때에만 즉 "리로 기를 조종해야만"176) 사유와 감정은 비로소 선을 드러낼 수 있다.

조선 유학에서 논의한 사단칠정의 문제가 중국 '리학'에서도 언급되기는 하였다.177) 그렇지만 중국에서는 철저하게 사단과 칠정을 함께 들어 토론 과제로 삼은 적은 없었다. 더욱이 주희 성정설의 모순과 문제에 대해서도 깊이 있게 제시하지 못했다. 이 점에서 조선 성리학은 커다란 공헌을 하였다.

---

174) 『聖學十圖』, 「心統性情圖說」, "四端之情, 理發而氣隨之, 自純善而無惡; 必理發未遂而俺於氣, 然後流爲不善. 七者之情, 氣發而理乘之, 亦無有不善; 若氣發不中而減其理, 則放而爲惡也."
175) 『李退溪文集』 권25, 「答鄭子中講目」, "其發也, 理顯而氣順則善, 氣俺而理隱則惡."
176) 같은 책 권11, 「答李仲久」, "以理馭氣."
177) 주희의 제자 黃幹(勉齋)도 이러한 문제를 언급하였다. 『勉齋黃公肅先生文集』의 「復李公晦」에서, 황간은 희노애락(七情)이 形氣의 和에서 발현되는 것이며, 사단은 性理의 正에서 발현되는 것으로 생각하였다.

3. 사물이 궁구되면 리가 이른다

『대학』의 첫 문단에서 논하는 여덟 조목과 그 전후의 논리 관계에 대해 중국 리학에서 가장 많이 논의했던 것은 '격물'의 문제였고, "사물이 궁구된 뒤에 지식이 이르고, 지식이 이른 뒤에 뜻이 정성스러워지며, 뜻이 정성스러워진 뒤에 마음이 바르게 되고……"에 대해서는 거의 논의되지 않았다. 왜냐하면 그들은 '격물'과 '치지' 이하는 격물·치지에서 치국·평천하에 이르기까지『대학』에서 힘써 공부해야 할 조목의 순차적인 완성과 실현에 불과하다고 생각했기 때문이다. 그런데 조선 '리학'에서는 격물·치지에서 치국·평천하까지를 공부라고 불렀고, 사물이 궁구되는 것에서 천하가 평안해지는 것까지를 공부의 효과라고 불렀다. 이것은『대학』의 본문과 주희의 해석에 합치하는 입장이다.

주희는『대학』經經 1장의 '격물'에 대해서 "격은 이른다는 뜻이다. 물은 사건을 뜻한다. 사물의 리를 궁구하여 이르게 함은, 그 지극한 곳에 도달하지 못함이 없게 하려는 것이다"(格, 至也, 物, 事也, 窮至事物之理, 欲其極處無不到也)라고 주석하였다. 여기에서 '도달하지 못함이 없다'고 함은 사물의 도리를 철저히 궁구해야 함을 의미한다. 또 주희는 같은 장에서 '사물이 궁구되었다'(物格)는 말에 대해 "사물이 궁구되었다고 함은 사물의 리의 지극한 곳에 도달하지 못함이 없다는 뜻이다"(物格者, 物理之極處無不到也)라고 주석하였다. 이러한 해석은 사물의 리를 철저히 궁구하는 일이 끝났다는 사실을 의미한다. 「격물보전格物補傳」에서는 '사물이 궁구되었다'는 말에 대하여 "모든 사물의 표리와 정조에 도달하지 못함이 없다"(衆物之表裏精粗無不到)고 해석하였다. 여기에서 리裏과 정精은 바로 사물의 리의 지극한 곳이며, 사물의 가장 정묘精妙하고 심미深微한 도리 가운데 궁구되지 않은 게 없다는 사실을 의미한다. '사물이 궁구되었다'는 말은 격물의 피동적인 의미와 격물의 완성적 의미를 나타내고, 결과적으로 격물 공부가 이미 완성되었으며 목적이 이미 실현되었음을 뜻한다. 주희는『대학혹문大學或問』에서 '사물이 궁구되었다'는 말에 대해 "사물이 궁구되었다고 함은 사물의 리가 각기 그 지극한 곳에 이르러 남겨진 것이 없음을 뜻한다. 사물에 있는 리가 이미 그 지극한 곳에 이르러 남겨진 부분이 없으니, 나에게 있는 지식도 그 이르름에 따라 다하지 않음이 없다"[178]고 해석하였다. '사물의 리의 지극한 곳에 도달하지 못함이 없고, 사물의 리가 그 지극한 곳에 이르렀다'는 말은, 그 주체가 모두 사람이며, 사람에 의해 전부 지극하게 궁구되었다는 의미이다.

주희는 '격물'에 대한 해석에 주력했기 때문에 '사물이 궁구되었다'는 말에 대해서는 비교적 주의를 기울이지 않았다. 게다가 주희는 '사물이 궁구되었다'는 말에 대한 설명에서 그 주체를 명확히 지적하지 않았기 때문에, 조선 리학에서 '사물이 궁구되었다'는 말과 '도달하지 않음이 없다'는 말을 민족 언어로 전환하면서 일련의 문제가 발생하였다. 그 문제 중에서 핵심적인 것은 '도달하는' 주체의 문제였다. 즉 마음이 리의 지극한 곳에 도달한다는 의미인지, 아니면 리 자체가 지극한 곳에 도달한다는 의미인지가 분명치 않다는 것이다. 이것이 조선 리학의 독특한 문제였다.

이러한 문제에 대해 이황과 기대승 사이에 다시 한 번 논쟁이 벌어졌다. 기대승은 "사물의 리의 지극한 곳에 도달하지 않음이 없다"는 말을 "리 자체가 지극한 곳에 도달한다"(理自到於極處)는 뜻으로 해석하였다. 이러한 기대승의 주장은 '리도설理到說'이라고 부를 수 있다. 이황이 처음에는 리도설에 반대하며 격물에서 '도달하지 않음이 없다'는 말은 "리는 사물에 있으므로 사물에 나아가 그 리를 지극한 곳까지 궁구하는 것"(理在事物, 故就事物而窮究其理到極處), 즉 사람이 사물의 리의 지극한 곳까지 궁구해 나가는 것이라고 해석하였다. 그리고 '사물이 궁구되어 도달하지 않음이 없다'는 말은 단지 '이미 도달했'(已到)거나 '이미 이르렀음'(已至)을 가리키는 것일 뿐이라고 지적하였다. 그는 다음과 같이 말했다.

---

178) 『大學或問』 권1, "物格者, 事物之理各有以詣其極而無餘之謂也. 理之在物者既詣其極而無餘, 則知之在我者亦隨所詣而無不盡也."

예를 들어 어떤 사람이 여기에서부터 군읍을 지나 서울에 간다는 말은 격물치지의 공부와 같은 말이다. 군읍을 지나 이미 서울에 도착했다고 함은 사물이 궁구되어 앎이 이른 것과 같다.179)

따라서 이르는 것은 주인이고 지극한 곳은 손님이다. 그렇지 않다면 "이미 지나간 자는 사람이 아니라 군읍이고, 이미 이르른 자는 사람이 아니라 서울이다. 이것으로 '사물이 궁구되었다'는 말을 해석한다면 궁구하는 것은 내가 아니라 사물이며, 이것으로 '이르렀다'는 말을 해석한다면 도달하는 것은 내가 아니라 지극한 곳이다. 이것은 말도 안 되는 소리며 도저히 의리義理가 성립되지 않는다."180) 이러한 이황의 주장은 주자학 본래의 입장에서 '사물이 궁구되었다'는 의미를 설명한 것이다.

기대승은 이황의 주장에 동의하지 않았고, 리 자체가 지극한 곳에 도달한다는 입장을 견지하였다. 선조 초기에 이황은 서울에서 기대승과 이러한 주장을 논했지만, 서로 의견 합치를 이루지 못하였다. 이황이 임종하기 몇 개월 전에 기대승은 자신에게 유리한 것으로 생각되는 몇 구절을 찾아 이황에게 보낸다. 이황은 자세하게 살핀 뒤 "리가 도달한다는 말도 틀린 것은 아니다"(理到之言未爲不可)라고 하였다. 이황이 생각을 되돌이켜 기대승에게 양보하지 않으면 안 되었던 사실은, 『통서』에 관한 주희의 해석 가운데 한 가지를 기대승이 인용했기 때문이다. 『주자어류』에서는 "충족시킨다는 말은 넓힌다는 뜻이며, 두루라는 말은 두루 미친다는 뜻이다. 이는 걸어가지 않고도 이르는 것을 말하는데, 거처하는 곳에 따라 리가 도달하지 않음이 없다"181)고 기록하고 있다. 이러한 주희의 설명은 본래 성인의 덕에 관해 언급했던 내용으로, '사물이 궁구되면

---

179) 『李退溪文集』 권26, 「俗說辯疑答鄭子中」, "比如有人自此歷行郡邑至京師, 猶格物致知之工夫也. 已歷郡邑, 已至京師, 猶物格知至之功效也."

180) 같은 책 권26, "則已歷者非人, 乃郡邑也; 已至者非人, 乃京師也. 推之以釋物格, 則格者非我, 乃物也; 釋極處, 則到者非我. 乃極處也, 此不成言語, 不成義理."

181) 『朱子語類』, 권94, 2397쪽, "充, 廣也; 周, 遍也. 言其不行而至, 蓋隨其所寓而理無不到."

리가 이른다'는 명제와 무관한 것이었다. 그러나 고대 한문의 풍부함과 융통성 때문에 논의의 상대방이 이러한 설명을 논거로 제시할 때, 이황은 매우 당혹스러웠을 것이다. 이황은 이것에서 깨달은 점이 있었으며 동시에 "리는 만물에 널려 있지만, 그 작용의 미묘함은 실제로 한 사람의 마음을 벗어나지 않는다"[182]고 말한 『대학혹문』의 설명과 이러한 설명을 보충하면서 "리에는 틀림없이 작용이 있는데, 어째서 꼭 마음의 작용을 말해야 하는가"[183]라는 어록의 말을 참고하여 다음과 같이 지적하였다.

이전에 내가 잘못된 주장을 견지했던 까닭은, 오직 "리에는 감정도 없고, 헤아림도 없으며, 조작함도 없다"는 주자의 주장만을 지키려 하면서 '내가 물리의 지극한 곳까지 궁구할 수 있는 것이지, 리가 어떻게 스스로 지극한 곳에 이를 수 있겠는가'라고 생각했기 때문이었다. 그래서 고집스레 '사물이 궁구되었다'는 말에서 '격格'과 '도달하지 않음이 없다'는 말에서 '도到'를 전부 '이미 궁구되었다'거나 '이미 도달했다'는 뜻으로 생각하였다.…… 주희의 주장은 「격물보전」과 『대학혹문』에서 보이는데, 그 의미를 자세히 설명해 놓음이 마치 해와 별의 밝음과 같다.…… "리는 만물에 존재하지만 그 작용은 한 사람의 마음을 벗어나지 않는다"는 말은, 리는 스스로 작용할 수 없고 반드시 사람의 마음을 기다려야 한다는 뜻이어서, 스스로 도달할 수 있는 것으로 리를 말해서는 안 되는 듯하다. 그런데 "리에는 틀림없이 작용이 있는데, 어째서 꼭 마음의 작용을 말해야 하는가"라고 말하기도 하였다. 이렇게 볼 때 그 작용은 사람의 마음을 벗어나지 않지만 그 작용의 오묘함은 실제로 사람의 마음이 이르는 곳에 따라 리가 발현되므로, 도달하지 않는 곳이 없고 다하지 않는 것이 없게 된다. 다만 나의 격물에 아직 이르지 못한 곳이 있을 뿐이지, 리가 스스로 도달하지 못하는 것에 대해 걱정할 필요는 없다. 그러므로 '격물'을 말할 때는 내가 사물의 리의 지극한 곳까지 궁구하는 것을 뜻하는데, '사물이 궁구되었다'고 말할 때는 어째서 '사물의 리의 지극한 곳이 내가 궁구함에 따라 도달하지 않음이 없다'

---

182) 『大學或問』 권1, "理雖散在萬物, 而其用之微妙實不外於一人之心."
183) 『朱子語類』 권18, "理必有用, 何必說是心之用."

고 말해서는 안 되겠는가? 이로부터 '감정도 없고 조작함도 없다'는 말이 리 본연의 바탕을 가리키는 것임을 알 수 있고, '발현함에 따라 도달하지 못함이 없다'는 말이 리의 지극히 신묘한 작용을 가리키는 것임을 알 수 있다. 예전에는 그저 본체로서만 무위無爲를 보고, 그 묘용妙用이 드러나는 점에 대해서는 알지 못하였으니, 리를 죽은 사물로 생각한 것과 같다. 이러한 이해는 도에서 멀리 떨어진 것이 아니겠는가!184)

이황은 "리에는 틀림없이 작용이 있다"는 주희 학설의 가르침 아래서 '리가 기를 낳는다'는 문제를 다루었듯이, '리에는 체용이 있다'는 방법으로 '리가 이른다'는 문제의 난점을 해결하였다. 그는 결코 단순하게 기대승의 리도설理到說에 찬동하지 않았다. 그는 주희의 사상에서 리는 만물의 본체이기 때문에 사람의 마음도 리의 표현(작용)이라고 생각하였다. 이러한 관점에서 리도설을 살펴보면, 이미 사람의 마음을 리의 표현이라고 했으니, 리의 표현 정도도 마음의 인식이 도달하는 정도와 경지에 따라 달라질 것이다. 따라서 격물치지의 과정에서 사물의 리를 모두 궁구하여 사람의 마음이 도달하지 못하는 곳이 없게 될 때 리의 표현도 완전해진다.(도달하지 못함이 없게 된다.) 이제 리 자체의 입장에서 말하자면 리 스스로가 지극한 곳에 도달할 수는 없지만, 리의 표현이나 발현(지극히 신묘한 작용)은 사람의 마음이 이르는 정도에 따라 표현될 수 있다. 이처럼 리의 발현과 표현에 대해 말할 경우에는 '도달하지 못함이 없다'거나 '지극한 곳에 도달한다'는 문제가 생길 수 있다. 여기에서 '도달한다'는 말은

---

184) 『李退溪文集』 권18, 「與奇明彦別紙」, "前此滉所以堅執誤說者, 只知守朱子理無情意無計度無造作之說, 以爲我可以窮到物理之極處, 理豈能自至於極處, 故硬把物格之格·無不到之到皆作已格已到看…… 蓋先生之說見於補亡章或問中者, 闡發此意如日星之明…… 其理在萬物而其用實不外於一人之心', 則疑若理不能自用, 必有待於人心, 似不可以自到爲言, 然而又曰'理必有用, 何必說是心之用乎', 則其用雖不外乎人心, 而其所以爲用之妙, 實是理之發見者隨人心所至而無所不到·無所不盡, 但恐吾之格物有未至, 不患理不能自到也, 然則方其言格物也, 則是我窮至物理之極處; 及其言物格也, 則豈不可謂物理之極處隨吾所窮而無不到乎? 是知無情意造作者, 此理本然之體也; 其隨寓發見而無所不到者, 此理至神之用也. 向也但有見於本體之無爲, 而不知妙用之能顯行, 殆若認理爲死物, 其去道不亦遠甚矣乎!"

표현된다는 뜻이다. 이러한 의미에서 이황은 "리가 도달한다는 말도 틀린 것은 아니다"라고 하였다.

'사물이 궁구되면 리가 이른다'는 문제는 원래 주희의 지식론에서 파생돼 나온 것이다. 그렇지만 조선 '리학'에서 벌인 이 문제에 관한 논의에는 지식론적 인 의미가 담겨 있지 않다. 결국 이황 자신도 본래 지식론에 속했던 이 문제를 본체론의 방식으로 다루었다. 그래서 이 문제는 이황 '리학'에서 본체론적 사유의 문제로 나타나게 되었다. 그 속에서 우리는 이황이 이러한 종류의 문제를 다루었던 방법과 입장을 살펴볼 수 있다.

이황은 주희 철학의 계승자이다. 리학 발전사의 입장에서 중요한 점은, 이황이 주희의 어떤 사상을 다시 서술했는가에 있는 것이 아니라 그가 주희의 사상을 어떻게 발전시켰는가에 있다. 전체적으로 말해서 이황은 주희의 철학을 깊이 있게 이해하였으며, 주희의 철학이 지닌 어떠한 모순에 대해서도 심도 있게 인식하였다. 동시에 한 걸음 더 나아가 그 모순을 해결하기 위한 적극적인 방법까지도 제시함으로써, 주희의 철학에 감추어져 있으면서 아직 충분히 드러나지 않았던 논리적 연결 고리를 드러내 주었다.

동아시아 문화권의 관점에서 볼 때, 주자학의 중심이 동쪽으로 옮겨 가는 과정이 있었다. 명대 중기 이후 중국 대륙에서는 생명력 있는 주자학자를 다시는 배출해 내지 못했다. 주자학이 명대 중기에서 청대까지 여전히 정통 철학으로서 지위를 유지하고는 있었지만, 이 당시 주자학은 중국에서 날로 생명력을 잃어가는 철학이었다. '심학'의 성행에 때맞춰, 가정嘉靖 연간 이후의 주자학은 진일보하여 발전해 나갈 수 있는 활력을 조선에서 얻게 되었다. 퇴계 철학의 출현은 조선 성리학의 완전한 성숙을 표명해 주는 것임과 함께 주자학의 중심이 이미 조선으로 옮겨져 새로운 생명을 얻게 되었으며, 그 뒤 동아시아에서 그 영향력을 확대해 나갈 수 있는 여건을 이미 마련하고 있었음을 표명해 주는 것이다.

6. 왕기

왕기王畿(1498~1583)는 자字가 여중汝中이고, 별호別號는 용계龍溪이다. 그는 왕수인의 뛰어난 제자이며, 절강성浙江省 산음山陰 사람이다. 그는 가정嘉靖 11년(1532년)에 진사 급제하여 남경 직방주사職方主事에 임명되었으나 얼마 지나지 않아 병으로 귀향하였다. 그는 병이 낫자 원래의 관직에 복귀하여 병부 무선랑중武選郞中으로 승진하였으나 오래지 않아 휴식을 자청하였다. 그는 당시 재상의 미움을 받아 위학僞學이란 구실로 파면・축출되었다. 따라서 그가 관직 생활을 한 기간은 2년이 채 안 되었다. 그 뒤 그는 40여 년 동안 오로지 강학하는 일을 업으로 삼았으며, 86세에 죽었다.[185]

왕기는 왕수인과 같은 마을에 살던 한 집안 사람이었다. 그렇지만 그가 왕수인에게서 배우기 시작한 시점은 비교적 늦었다. 왕수인이 강서를 평정하고 돌아와 산음에서 조용히 지낼 때에야 왕기는 그에게서 수업을 들었다. 기록에 따르면, 왕기는 청년 시절에 성격이 대담하여 "두건을 쓰고 선비 차림으로 돌아다니는 강학자를 볼 때마다 은근히 욕했다"고 한다. 그는 왕수인과 이웃하여 살면서도 왕수인을 찾아보지 않았다. 그러나 왕수인이 오히려 다방면으로 그를 유혹하고자 애썼다. 드디어 왕수인은 위량기魏良器로 하여금 제자들과 함께 투호놀이를 하고 노래부르는 모습을 왕기에게 보여 주도록 시켰다. 왕기가 그 광경을 보고 놀라면서 "썩은 선비들도 이런 놀이를 하는가"라고 묻자, 위량기는 "우리들은 양명 선생 문하에서 매일 이렇게 지낸다. 무엇이 이상한가? 도학자가 어찌 자네가 생각하듯이 그렇게 바보 같기만 하겠는가"라고 대꾸하였다. 그제서야 왕기는 왕수인을 만나 수업을 들었으며, 왕수인의 가르침을 음미한 뒤 그를 스승으로 모셨다.[186] 음주와 도박을 미끼로 제자를 끌어들인 경우는 리학사

---

185) 徐階의「龍溪王先生傳」과 趙錦의「龍溪王先生墓志銘」은 모두『龍溪王先生全集』首傳에 실려 있다.
186) 이 일화는『明儒學案』권19,「江右王門學案四・魏良器傳」, 465쪽에 실려 있으며, 袁宗道의『白

에서 오직 그에게만 있었던 사례였다.

왕기가 왕수인을 따르자, 왕수인은 "그를 위해 정실靜室을 수리해 주었고, 왕기는 그곳에서 일 년이 넘도록 지냈다. 그러다가 마침내 그는 마음의 본체가 텅 비어 영명하고 적막하며, 감화됨에 하나로 통하여 둘이 아니라는 의미를 깨닫게 되었다."[187]

왕기는 매우 총명하고 민첩하여 왕수인의 특별한 관심을 받았다. 그는 뒤늦게 왕수인의 문하에 들어갔지만, 워낙 출중하여 일찌감치 왕수인의 주요한 강학 조수가 되었다. 가정 5년에 그는 수도에서 행해진 과거에 참가하여 회시를 통과했으나, 당시 정치를 주관하는 자들이 심학을 좋아하지 않는다는 사실을 알고 전시(廷試)를 보지 않은 채 되돌아왔다. 가정 7년 겨울에 그는 전시에 참가하려 했으나, 왕수인의 부음을 받고 곧장 달려가 상례를 치렀다. 결국 그는 가정 11년에야 진사 급제했으나, 벼슬 생활은 고작 2년밖에 하지 않았다. 왕기는 평생토록 강학 활동에 모든 정력을 바쳤다. 그는 가는 곳마다 강연회를 주관하면서 '치양지致良知' 학설을 선전하는 일에 힘을 쏟았다. "강연회에는 늘 수백 명이 참가하였고, 강학 장소는 오초민월吳楚閩越에 두루 미쳤는데, 특히 강서성과 절강성에서 성행하였다. 그는 80세가 되어서도 떠돌면서 강학하는 일을 그치지 않았다."[188] 그가 강학하면서 학문을 논한 기록(會語)에는 그의 학술 활동과 주요 사상이 실려 있다. 그의 사상 자료는 『용계왕선생전집龍溪王先生全集』으로 편집·발행되었다.

1. 돈오와 사무四無

왕수인은 가정 6년 가을에 천천교에서 도를 논증하며 다음과 같이 주장하였

　蘇齋類集』권22에도 실려 있다.
187) 徐階, 「龍溪王先生傳」, 『龍溪王先生全集』 권1, "爲治靜室, 居之踰年, 遂悟虛靈寂感通一無二之旨."
188) 趙錦, 「龍溪王先生墓志銘」, 『龍溪王先生全集』 권1, "會常數百人, 講舍遍於吳楚閩越, 而江浙爲尤盛, 年至八十猶不廢出遊."

다. "내 교육 방식에는 원래 두 가지가 있다.…… 총명한 사람이라면 '무선무악無善無惡'한 마음의 본체를 깨달을 수 있어서 무로부터 기초를 확립하므로, 뜻과 앎과 사물 모두가 무에서 생겨난다. 중요한 것을 깨달아 모든 것을 안다. 바로 본체가 곧 공부인 것이다.…… 이것은 돈오의 배움이다. 하지만 보통 사람이라면 본체를 아직 깨닫지 못하여 '유선유악有善有惡'에 기초를 확립할 수밖에 없으므로, 뜻과 앎과 사물 모두가 유에서 생겨난다.…… 처하는 곳에 따라 다스려 나감으로써 점차 깨달음에 이르게 한다. 바로 유에서 무로 돌아가 본체를 회복하는 것이다."189) 이러한 설명에 근거하면, 양명학에는 이론적으로 두 교육 방법이 있다. 바로 돈교頓敎와 점교漸敎이다. 하지만 실천의 측면에서 보통 사람들은 성인의 자질을 갖고 있지 못하므로 점교, 즉 생각에서부터 부단히 악을 없애고 선을 행하는 방식에 의해서 점차적으로 성인의 영역에 들어갈 수 있을 뿐이다. 그래서 왕수인은 왕기에게 이론적으로는 돈오의 배움 방식에도 이치가 있겠지만 "다른 사람에게 쉽게 보여 줄" 수 없는 것이며, 그것을 쉽게 드러내 보인다면 "헛되이 본체만 생각하면서 텅 비고 적막한 것으로 흘러들고 마는" 병폐가 생겨날 것이라고 특별히 당부하였다.

천천교에서 도를 논증한 왕수인의 설명에는 다음과 같은 내용이 담겨 있다. 양명학에서는 학문 방법으로 두 가지가 있다고 여긴다. 하나는 '본체本體'에서 착수하는 방법이고, 다른 하나는 '공부工夫'에서 착수하는 방법이다. '본체'는 곧 마음의 본체이다. '본체에서 착수한다'고 함은 마음의 본체에 대한 깨달음을 지녀야 함을 뜻한다. 따라서 '본체에서 착수한다'는 말은 공부를 필요로 하지 않는다는 의미가 아니고, '깨달음'을 공부로 여긴다는 의미다. 그런데 '공부'는 구체적인 수양 노력을 뜻한다. 따라서 '공부에서 착수한다'고 함은 생각에서부

---

189) 같은 책 권1, 「天泉證道記」, "吾敎原有兩種…… 上根之人, 悟得無善無惡心體, 便從無處立根基, 意知與物皆從無生, 一了百當, 卽本體便是工夫…… 頓悟之學也, 中根以下之人, 未嘗悟得本體, 未免有善有惡上立根基, 意知與物皆從有生…… 隨處對治, 使人漸漸入悟, 從有以歸於無, 復還本體."

터 수양한다는 뜻이며, 선한 생각을 보호·배양하고 악한 생각을 극복·배제하는 것이다. 이처럼 생각에서부터 선을 행하고 악을 없애는 방법을 통해 점차 마음의 본체를 회복하게끔 하는 것이다. 이 점은 '본체'와 '공부'를 변별해 내는 기본적인 측면이다.

왕수인이 '네 구절의 가르침'(四句教)에서 강조했듯이, 마음의 본체는 '무선무악無善無惡'한 것이다. 따라서 '깨달음'이란 마음의 본체가 '무'임을 깨닫는 것이다. 그리고 '생각에서부터 점차로 수양한다'는 말도 결국에는 마음의 본체로 되돌아가 그것을 회복한다는 뜻이다. 이 때 그 마음의 본체 역시 '무선무악'한 마음의 본체다. 그래서 '유에서 무로 돌아간다'고 말한다. 그러나 훗날 양명학이 발전해 가는 과정에서 '본체'와 '공부'의 변별은, 주로 '깨달음을 통해서 본체를 회복할 것인가, 아니면 공부를 통해서 그렇게 할 것인가'라는 문제로 전개되었다. 명대 후기의 양명학 사상가들이 이해했던 마음의 본체는 대체로 윤리 규정적인 '지선至善'한 마음의 본체를 의미하였다.

왕수인이 살아있을 때, 왕기는 이미 '사무설四無説'의 기본 사상을 형성하고 있었다.

체와 용·뚜렷함과 희미함도 하나의 기틀일 따름이고, 마음과 뜻·앎과 사물도 한 가지 일(事)일 따름이다. 마음이 '무선무악'한 마음임을 깨달으면, 뜻도 '무선무악'한 뜻이고 앎도 '무선무악'한 앎이며 사물도 '무선무악'한 사물일 것이다. 무심無心한 마음은 그 간직함이 심오하고, 무의無意한 뜻은 그 응함이 원만하며, 무지無知한 앎은 그 본체가 적막하고, 무물無物의 사물은 그 작용이 신묘하다.[190]

그는 또 다음과 같이 생각하였다.

---

190) 같은 책 권1, 「天泉證道記」, "體用顯微只是一機, 心意知物只是一事, 若悟得心是無善無惡之心, 意即是無善無惡之意, 知即是無善無惡之知, 物即是無善無惡之物. 蓋無心之心則藏密, 無意之意則應圓, 無知之知則體寂, 無物之物則用神."

천명지성은 순수 지선하고, 신묘하게 감응하며, 그 기틀은 스스로 그치지 않는다. 따라서 그저 선으로만 이름할 수 없다. 악도 분명히 본래 무였고 선도 유일 수 없다. 그러므로 그것을 '무선무악'하다고 한다. '유선유악'하다면 뜻이 사물에 의해 움직이므로, 본성(自性)의 유행이 아니고 유에 집착하는 것이 된다. 본성의 유행은 움직이면서도 움직임이 없다. 그런데 유에 집착하는 것은 움직이면서 움직이는 것이다. 뜻은 마음이 발현된 것이다. 만일 '유선유악'한 뜻이라면 앎과 사물도 모두 유일 것이고, 마음도 무라고 말할 수 없을 것이다.[191]

왕기의 주장에 따르면, 사람의 의식과 감정은 본성(自性)의 표현(發見)이며, 외부와의 감응 즉 외부 사물의 자극에 따라 발생한다. 외부의 자극에 대한 주체의 반응은 본래 자연스러운 것이어서 안배하거나 따질 필요도 없고, 예측하거나 계획·계산할 필요도 없다. '따지지 않는다'고 함은 긍정할 것(선)과 부정할 것(악)을 미리 설정하지 않는다는 설명이다. 이러한 의향 상태가 바로 '무선무악'이다. 주체의 반응이 마땅히 그래야 하듯 쓸데없이 사색하지 않고, 있는 그대로 자연스러울 수 있다면 이것이 바로 '본성의 유행'이다. 이는 본성이 외부 감각의 자극에 따라 자연스럽게 반응하는 것이다. 그런데 만약 따진다면, 그것은 자연스러운 유행이 아니라 '집착하는' 것이다. 정호의 『정성서』에 입각해서 말하자면 본성의 본래 규정은 '안정'이다. 따라서 '본성이 유행한다'고 함은 감정이 만물에 순응하여 안정된 상태를 뜻하는 말이며, '움직이면서도 움직임이 없는' 상태를 뜻하는 말이기도 하다. 결국 왕기의 이러한 이론도 '안정'의 경지를 지향하고 있다. 또 언제나 의념이 활동하고 집착한다면 항상 긍정과 부정의 차별을 전제하는 셈이며, 어느 때나 선과 악이 있음을 표명하는 셈이다. 이 경우는 마음의 본체에 집착이 없음을 승인하는 입장과 서로 모순되며, 결과적으로

---

191) 같은 책 권1, 「天泉證道記」, "天命之性, 粹然至善, 神感神應, 其機自不容已, 無善可名. 惡固本無, 善亦不可得而有也. 是謂無善無惡. 若有善有惡, 則意動於物, 非自性之流行, 着於有矣. 自性流行者, 動而無動, 着於有者, 動而動也. 意是心之所發, 若是有善有惡之意, 則知與物一齊皆有, 心亦不可謂之無矣."

"마음도 무라고 말할 수 없게" 된다.

　왕기는 '마음의 본체는 무선무악하다'는 점, 즉 마음의 본체에 집착이 없다는 사실을 깨닫기만 한다면, 의념이나 지각 활동도 집착이 없는 상태에 도달할 것이며, 외부 사물에 대해 어떠한 근본적인 차별도 두지 않게 될 것이므로 따질 필요조차 없어지리라고 생각하였다. 그의 말로 표현하자면 마음과 뜻과 앎과 사물 모두가 '무선무악'한 것이다. 왕수인은 이러한 왕기의 사상을 '사무지설四無之說'이라고 개괄하였다. 이러한 분석을 통해 우리는, "마음이 무선무악한 마음임을 깨달으면 뜻도 무선무악한 뜻이고 앎도 무선무악한 앎이며, 사물도 무선무악한 사물일 것이다"라는 왕기의 말 가운데서 뒤의 세 구절이 뜻과 앎과 사물이 무조건적으로 '무선무악'한 것임을 뜻하는 말이 아니라 깨달음의 경지에 도달한 뒤 갖게 되는 무아無我의 경지를 의미한 말이라는 점을 알 수 있다.

　왕기의 이러한 사상이 지닌 기본 특징으로는, 왕수인이 지적했듯이 '무'에 그 뿌리와 기초를 두고 있는 점과, 마음의 본체에 대한 돈오를 공부로 삼고 있는 점을 들 수 있다. 그런데 이 두 측면만을 들어 말하자면 선종 역시 그러하다. 따라서 오직 '사무四無'만을 말하는 경우 유가와 불가를 구분하기 어렵고, 또 '선을 알고 악을 알아 선을 행하고 악을 없앤다'는 유가의 가치 입장을 완전히 묘사할 수도 없다. 이런 까닭에 왕수인은 '사무'만을 말한다면 공허하고 적막한 것에 흘러들어갈 우려가 있으므로, "이러한 병폐는 하찮은 것이 아니다"라는 말로 왕기에게 경계하게끔 하였다.

　그러나 왕수인이 죽은 뒤, 왕기는 왕수인의 당부대로 행하지 않았다. 그는 자신의 '사무설'을 '선천지학先天之學'으로, 친구 전덕홍錢德洪의 '사유설'을 '후천지학後天之學'으로 부르는가 하면, 선천이 후천을 통섭한다고 주장하며 곳곳에서 자신의 깨달음을 설파하였다. 이 때문에 당시 사람들과 후대 사람들은 그가 선종으로 흘러들어갔다고 비판했다.

　왕기의 '깨달음'과 '무'는 나눌 수 없다. 깨달음이란 무를 깨닫는 것이며, 무를 깨달아야 비로소 깨달은 것이기 때문이다. 그는 이렇게 말했다.

그 당장의 본체는 마치 공중을 나는 새의 흔적이나 물에 비친 달 그림자처럼, 있는
것 같기도 하고 없는 것 같기도 하며, 가라앉아 있는 듯도 하고 떠 있는 듯도 하며,
논하자마자 어그러지며, 앞을 향하면 뒤돌아서며 신령한 기틀로 묘하게 응한다. 그
당장의 본체란 본래 공허한데 어디서 그것을 인식할 것인가? 이러한 점을 깨달아야
비로소 형상이 없는 진면목을 알 수 있다.[192]

의식의 본래 상태는 마치 공중을 나는 새의 흔적처럼, 허령하고 막힘이 없다.
하지만 그 자체는 결코 허망한 환영이거나 텅 비어 아무것도 없는 비실재非實在
가 아니다. 그 본체가 '공허하다'고 함은 마치 공중을 나는 새의 흔적처럼, 모든
의식과 감정 활동이 남겨져 쌓인 채로 불변하거나 미래의 의식 활동을 방해하
지 않는 상태를 뜻한다. 그래서 그는 "양지良知는 옳은 것을 알고 그른 것을
알지만, 양지에는 옳음도 없고 그름도 없다. 옳은 것을 알고 그른 것을 아는
것은 기준이며, 옳고 그름마저 잊은 채 그 묘함을 얻는 것이 깨달음이다"[193]라
고 말했다. 여기에서 알 수 있듯이, 깨달음이란 옳고 그름마저 잊어버림으로써
옳고 그름이 없는 마음의 본체 그대로의 상태를 회복하는 것이다. '옳고 그름마
저 없다'는 말은 '선악이 없다'는 말과 마찬가지이며, 이 둘은 모두 "마음의 습
관을 전부 끊어 깨끗하게 함으로써, 혼돈 속에서 뿌리와 기초를 세우는"[194]
것이 돈오頓悟라는 점을 강조한 말이다. 여기서 '혼돈'은 '무' 또는 '무분별'을
말하며, "의지할 곳이 없는 데서 분명하게 근거를 확립하는"[195] 것이라고도 말

192) 『明儒學案』 권12, 「浙中王門學案二」, 246쪽, "當下本體, 如空中鳥迹, 水中月影, 若有若無, 若沈
現若浮. 擬義卽乖, 趣向轉背, 神機妙應. 當體本空, 從何處識他? 於此得個悟入, 方是無形象中眞
面目."
193) 같은 책 권12, 「浙中王門學案二」, 249쪽, "良知知是知非, 良知無是無非. 知是知非卽所謂規矩,
忘是非而得其巧, 卽所謂悟也."
194) 『龍溪王先生全集』 권2, 「斗山會語」, "凡心習態, 全體斬斷, 令乾乾淨淨, 從混沌中立根基."
195) 같은 책 권10, 「與馮南江」, "從無些子倚靠處確然立定脚根."

한다.

혼돈·본무本無한 마음의 본체를 돈오하는 일은 경전이나 문장에 의지하지도 않으며, 정좌나 호흡 조절법(調息)에 의지하지도 않는다. 그것은 누적적인 어떤 것에도 의지하지 않는 것이다. 왕기는 다음과 같이 말했다.

양명 선생은 "상산象山의 학문이 힘을 얻게 된 까닭은 모두 누적하는 데 있었다"고 했다.…… "작은 시내가 모여 바다에 이르고, 조그만 돌이 쌓여 태산을 이루네." 선생은 "이 구절은 단지 상산 자신의 깨달음을 말한 것일 뿐이다"라고 했다. 그러나 모름지기 작은 시내가 바로 바다이며, 조그만 돌이 바로 태산임을 알아야 한다. 이것이 최상의 기틀(機)이다.…… 누적해서 이루어지는 것이 아니다.[196]

위에 인용된 육구연의 시구는 육구연의 공부가 누적하는 데서 시작된 공부였음을 밝혀 주고 있지만, 왕기는 자신의 '사무설'에서 주장하는 '깨달음'이 곧 돈오이며, 중요한 것을 깨달아 나머지를 저절로 아는 방식이기 때문에 누적해서 이루어지는 것이 아니라고 생각하였다. 그리고 그는 이렇게 말하기도 하였다.

성현의 학문에서 '치지'는 동일하지만, 착수 방법은 다르다. 돈오로 착수하는 방법은 본체를 공부로 삼는 것이다. 자연의 기틀(天機)이 늘 운행하여 종일토록 굳게 지켜지며, 성체性體를 떠나지 않는다. 비록 욕망이 일더라도 한 번 깨닫자마자 곧바로 변화하여 누가 되지 않는다. 이른바 본성으로 여기는(性之) 것이다. 그런데 점수漸修로 착수하는 방법은 공부하여 본체를 회복하는 것이다. 종일토록 욕망의 뿌리를 쓸어 버리고 잡념을 없애며 자연의 기틀에 따름으로써 누가 되지 않도록 한다. 이른바 돌이켜 반성하는(反之) 것이다.[197]

---

196) 같은 책 권1, 「擬峴臺會語」, "先師謂'象山之學得力處全在積累.'…… '涓流積至滄溟水, 拳石崇成泰華岑.' 先師曰'此之說得象山自家所見.' 須知涓流卽是滄海, 拳石卽是泰山. 此是最上一機…… 不由積累而成者也."

197) 같은 책 권2, 「松原晤語」, "大聖賢之學致知雖一, 而所入不同. 從頓入者, 卽本體爲工夫, 天機常

시간적으로 말해서 돈오법은 '당장에 본체를 인식하는' 방법이고, 점수법은 '공부를 열심히 하여 본체에 이르는' 방법이다. 총명한 사람도 있고 우둔한 사람도 있기 때문에 모든 사람이 하나의 방법에만 의존할 수 없다. 그는 이렇게 말했다.

본체를 깨닫는 방법에는 돈오도 있고 점오漸悟도 있으며, 공부 방법에는 돈수頓修도 있고 점수도 있다. 모든 실타래를 한꺼번에 잡아 일제히 끊어 버리는 방식은 돈오법이다. 싹이 자라나 훌륭한 열매를 맺게 하는 방식은 점수법이다. 깨달음 가운데 수양이 있기도 하고, 수양 가운데 깨달음이 있기도 하며, 갑작스러운 것 속에 점차적인 것이 있는가 하면 점차적인 것 속에 갑작스러운 것이 있기도 하다. 근기根器에 총명하고 어리석은 차이가 있기 때문이다. 하지만 결실을 맺기는 매한가지다.[198]

왕기는 돈오법과 점수법이 총명한 사람과 어리석은 사람에게 각기 나뉘어 적용될 수 있다고 생각했으며, 또 두 방법 모두 결실을 맺을 수 있다고 생각하였다. 그러면서도 왕기 스스로는 여전히 돈오법을 중시했다. 그는 돈오법을 '선천지학先天之學'이라 부르고, 점수법을 '후천지학後天之學'이라 불렀다. 돈오법은 마음의 본체를 깨닫는 방법이며, 마음의 본체는 선험적인 것이기 때문에, 그는 돈오법을 선천적인 마음의 본체에서 공부하는 학문이라고 하였다. 반면에 점수법은 생각에서부터 선을 행하고 악을 없애는 방법이며, 생각은 마음이 느껴 움직인 다음에 생겨나는 것이기 때문에, 그는 점수법을 후천적인 의식 활동에서 공부하는 학문이라고 하였다. 그는 다음과 같이 말했다.

運, 終日就業保任, 不離性體, 雖有欲念, 一覺便化, 不致爲累, 所謂性之也. 從漸入者, 用工夫以復本體, 終日掃蕩欲根, 祛除雜念, 以順其天機, 不使爲累, 所謂反之也."

198) 같은 책 권2, 「留都會紀」, "本體有頓悟, 有漸悟; 工夫有頓修, 有漸修. 萬握絲頭一齊斬斷, 此頓法也. 芽苗增長馴至秀實, 此漸法也. 或悟中有修, 或修中有悟, 或頓中有漸, 或漸中有頓. 存乎根器之有利鈍, 及其成功一也."

마음은 본래 지선至善한데, 뜻에 의해 움직이면서 선하지 않음이 생겨나게 된다. 만일 선천적인 마음의 본체에 뿌리내릴 수 있다면 뜻의 움직임도 자연히 선하지 않음이 없을 것이고, 모든 세속적인 감정과 기호도 자연히 허용되지 않을 것이며, 치지 공부도 저절로 쉽고 간단해져 힘들지 않을 것이다. 만일 후천적인 뜻의 움직임에 뿌리내린다면, 세속적인 감정과 기호의 혼란을 피할 수 없을 것이며, 치지 공부도 번잡하고 어려워질 것이다.[199)]

그가 생각할 때, 『대학』에서 말하는 '정심正心'은 본심에서 행하는 공부로서 '선천지학'이며, '성의誠意'는 움직이는 뜻에서 행하는 공부로서 '후천지학'이다.[200)] 그는 "뜻은 마음의 유행이고, 마음은 뜻의 주재인데 어떻게 구분할 수 있겠는가? 하지만 마음에 뿌리내리면 무선무악한 마음은 곧바로 무선무악한 뜻이 된다. 이것은 선천이 후천을 통섭하는 것으로, 총명한 그릇이다. 만일 뜻에 뿌리를 내린다면 선악의 양단 가운데서 결택하는 일을 피할 수 없기 때문에 마음도 혼잡스러워질 것이다. 이것은 후천에서 선천으로 복귀하는 것으로, 보통 이하의 그릇이다"[201)]라고 지적했다. '선천지학'은 생각에서부터 선을 행하고 악을 없애는 공부를 기초로 삼을 것을 주장하지 않고, 직접적으로 마음의 본체를 철저히 깨닫는 데 주력한다.

왕기가 생각하는 본심 또는 마음의 본체란, 양명학의 양지설에서 용어를 빌리면 바로 '독지獨知'에 해당한다. 그는 "독지가 바로 본체고, 신독愼獨이 곧 공부이다"[202)]라고 말했다. '독지'는 '이발'로 표현되는 것이 아니다. '독지'의 작

---

199) 같은 책 권1, 「三山麗澤錄」, "心本至善, 動於意始有不善. 若能在先天心體上立根, 則意所動自無不善, 一切世情嗜慾自無所容, 致知工夫自然易簡省力. 若在後天動意上立根, 未免有世情嗜慾之雜, 致知工夫轉覺煩難."
200) 같은 책 권16, 「陸五臺贈言」.
201) 같은 책 권10, 「答馮緯川」, "意卽心之流行, 心卽意之主宰, 何嘗分得? 但從心上立根, 無善無惡之心卽是無善無惡之意, 先天統後天, 上根之器也. 若從意上立根, 不免有善惡兩端之決擇, 而心亦不能無雜, 是後天復先天, 中根以下之器也."
202) 같은 책 권10, 「答洪覺山」, "獨知便是本體, 愼獨便是功夫."

용 역시 생각의 움직임을 미리 전제한 다음에 '독지'로부터 감별해 나가는 것이 아니다. '독지' 자체는 '미발'이며 선천적이다. 그는 "독지는 생각이 움직인 다음에 아는 것이 아니다. 독지는 선천적으로 영명한 마음(靈知)으로서, 생각 때문에 생기는 것도 아니고 생각에 따라 옮겨지는 것도 아니며, 만물과 대립되는 것도 아니다. 비유컨대 깨끗하고 고요한 땅은 쓸지 않아도 자연히 먼지가 없다"203)고 말했다.

왕기는 왕수인의 양지를 불가의 청정본심으로 뚜렷하게 전환시켰다. 따라서 '신독'은 바르지 못한 생각을 없애는 공부가 아니다. "삼간다(愼)는 말은 강제한다는 뜻이 아니라, 이 영명한 마음을 굳게 보호하여 본래적인 청정함을 되돌려 준다는 뜻일 따름이다. 신독이란 바로 폭넓게 순응하는 학문이다."204) 그러므로 왕기가 말하는 '독지'는, 왕수인이 옳고 그름을 아는 것으로 말했던 양지와 다르다. 왕기에게서 '독지'는 주로 청정본심을 의미하며, '신독'은 이러한 청정심을 보존하여 마음을 항상 공중을 나는 새의 흔적과 같은 상태로 유지시키는 것을 뜻한다. 그의 '치양지설'은 "무에서 뿌리와 기초를 세우고", "무로 되돌아가는" 측면으로 완전히 치우친 주장이었다.

2. 일념지기

왕기는 양지설良知說에서 '일념지기一念之幾'의 관념을 대단히 강조하였으며, 이를 '일념지미一念之微'나 '일념진기一念眞幾'로 부르기도 하였다. 그는 "오랜 옛날의 학술은 오직 일념의 미세함에서 구해진다"거나 "일념의 미세함은 오직 신독하는 데 달려 있다"205)고 말했다. 또 그는 "지금 존재하는 일념은 보

---

203) 같은 책 권10, 「答王鯉湖」, "獨知者, 非念動而後知也, 乃先天靈知, 不因念有, 不隨念遷, 不與萬物作對, 譬之淸靜本地, 不待灑掃而自然無塵者也."
204) 같은 책 권10, 「答王鯉湖」, "愼之云者, 非是强制之謂, 只是兢業保護此靈知, 還他本來淸淨而已, 在明覺所謂明覺自然, 愼獨卽是廓然順應之學."
205) 같은 책 권3, 「水西精舍會語」, "千古學術, 只在一念之微上求", "一念之微只在愼獨."

내고 맞아들임도 없으며 집착함도 없다. 자연적인 기틀이 늘 활동한다면 천년 백년의 사업이라도 감당해 낼 수 있을 것이다"206)라고 하였다. 그리고 그는 "오랜 옛날의 성학聖學은 오직 일념의 영명함에서 식별된다. 그 당장의 일념이 지닌 영명함을 유지하는 것이 학문이고, 이러한 일념으로 느껴 통하도록 촉발시키는 것이 교육이며, 모든 일에서 이러한 일념의 영명함을 어둡지 않도록 하는 것이 격물이고, 이러한 일념의 영명함을 속이지 않는 것이 성의誠意며, 일념을 드넓게 하여 추호라도 고집스런 사사로움이 없도록 하는 것이 정심正心이다"207)라고 하였다. 이처럼 '일념'이란 일반적인 의념이 아니다. '일념'은 '허령하고'도 '밝으며', "보내고 맞아들임도 없고 집착함도 없다"는 주요 특징을 지니고 있다.

따라서 선악을 변별하는 것이나 일종의 선한 충동도 이러한 일념이 지닌 주요 특성이라고 말할 수 없다. '일념'은 '언제나 시비가 없는' 마음의 본체 또는 청정한 본성(自性)이 자연스레 발현된 것이다. 그는 "사려가 아직 일어나지 않았다는 말은 사려가 이미 일어났다는 말과 상대적이지 않다. 사려는 일어나자마자 귀신에게 철저히 엿보여지며, 물러나 숨는 은밀한 기틀이 아니다. 날마다 감응하며 묵묵히 깨닫기만 한다. 그 당장의 일념은 맺힌 듯하면서도 풀어진 듯하고, 일어남도 없고 일어나지 않음도 없다. 수시로 얼굴을 보이면서 드러나기도 하고, 수시로 전부를 풀어놓기도 한다"208)고 말했다.

왕기가 말한 일념에는 또 하나의 중요한 규정이 있다. 그것은 '그 당장에'(當下) '지금 존재한다'(見在)는 점이다. 그러면 '그 당장에' '지금 존재하는' 일념이란 무엇인가? 왕기는 이렇게 말한다.

---

206) 같은 책 권16, 「水西別言」, "見在一念, 無將迎, 無住著, 天機常活, 便是了當千百年事業."
207) 같은 책 권16, 「水西別言」, "千古聖學, 只從一念靈明識取, 當下保此一念靈明便是學, 以此觸發感通便是教, 隨事不昧此一念靈明之格物, 不欺此一念靈明之謂之誠意, 一念廓然無一毫固必之私謂之正心."
208) 같은 책 권16, 「萬履菴漫語」, "思慮未起, 不與已起相對, 才有起時便爲鬼神覷破, 非退藏密機, 日逐感應, 只默默理會. 當下一念, 凝然灑然, 無起無不起, 時時覷面相呈, 時時全體放下."

지금의 마음(今心)이 생각하면 이것이 '지금 존재하는' 마음이며, '정념正念'이다. 두 마음이 생각하면 이것이 보내고 맞아들이는 마음이며, '사념邪念'이다.209)

'전념轉念'이 아니라면 모든 도모함이나 운용함은 양지의 묘용妙用이어서 아무것도 일어나는 것이 없다. 이는 온갖 방면으로 생각해도 일치한다는 말이다. 그러나 사귀려는 마음이나 명예를 얻으려는 마음, 비난하는 소리를 듣기 싫어하는 마음 등이 조금이라도 생긴다면 이는 곧 '전념'이며, 이에 '사념'이 일어나게 된다.210)

'일념지기一念之幾'란 바로 '그 당장의 일념'이자 '지금 존재하는 일념'이다. 즉 외부 사물에 대해 반응할 때 생기는 의식의 최초 활동이며, 아직 반성이나 헤아림, 사색을 거치지 않은 상태에서 본능처럼 일어나는 의식 반응이다. 왕기는 이것을 '일념' 또는 '초념初念'이라 불렀다. 그리고 지금의 마음이 발현된 뒤 반성이나 헤아림, 사색을 거쳐 생겨난 의념으로서, '초념'과는 다른 생각을 '전념轉念'이라 하였다. 왕기는 지금 존재하는 마음이기만 하면 '정념'이며, '전념'이기만 하면 '사념'이라고 생각하였다. 이러한 생각은, 왕기가 이해한 정正과 사邪의 구분이 도덕적인가의 여부보다는 오직 '보내고 맞아들임'의 여부에 따라 구분되고 있다는 점을 드러내 준다. '보내고 맞아들임'이 없는 일념은 '무선무악'한 의향의 상태를 체현하는 것으로, 왕기의 '사무설' 가운데 "무의無意한 뜻은 그 응함이 원만하다"는 말에 해당되는 것이기도 하다.

일념은 바로 양지의 표현이다. 왕기는 "앎의 본체(知體)는 늘 적막하므로 양지라고 말한다. 마치 태허의 온갖 변화와 어지러움이 태허 속에서 숨고 드러나지만, 태허의 본체는 드넓어 막힘이 없는 것과 같다. 그 기틀은 오직 일념의 은미함에서 증명될 뿐이다"211)라고 말했다. 양지는 마음의 본체이며 "무지無知

---

209) 같은 책 권17, 「念堂說」, "今心爲念, 是爲見在心, 所謂正念也. 二心爲念, 是爲將迎心, 所謂邪念也."
210) 같은 책 권12, 「贈思默」, 254쪽, "若不轉念, 一切運謀設法, 皆是良知之妙用, 皆未嘗有所起, 所謂萬慮而一致也. 才有一毫納交要譽惡聲之心, 卽爲轉念, 方是起了."

한 앎은 그 본체가 적막하다." 즉 영원히 조용하고 안정되어 분란이 없다. '일념지기'는 바로 양지 본체의 이러한 특질을 체현한다. 따라서 그가 말하는 '일념지미'란 '사려가 이미 일어난' 것이 아니라 '사려가 아직 일어나지 않은' 것이다. 그리고 그는 '사려가 아직 일어나지 않았다'는 말을, 무념無念이 아니라 '지금 당장에 존재하며' 예측·의논·고려를 거치지 않은 것으로 이해했기 때문에, '정념'을 "일어남도 없고 일어나지 않음도 없다"고 하였다.

보내고 맞아들임과 집착은 '일어남'에 해당되는 것인 반면, 보내거나 맞아들임도 없고 집착도 없으며 고집스러움도 없는 것은 '일어남'에 해당되지 않는다. 보내거나 맞아들임도 없는 의식 상태를 인식하고 보유하려면, '일념지미'에서 인식하여 '전념'으로 바뀌지 않도록 해야 한다. 오직 '초념'에 따라서만 생각하고 행위해 나간다면, "모든 도모함과 운용함은 양지의 묘용이 될" 것이다. '초념'에 따라 계속적으로 발생하는 의식 활동은, 아무리 많을지라도 보내고 맞아들임이나 집착함이 있을 수 없다.

이상에서 알 수 있듯이, 왕기의 '일념지기'는 그의 '사무설' 가운데서 공부를 진일보하게 전개시킨 것이다. 이 때 '기幾'란 주돈이가 말하는 '선악의 기미'(幾善惡)가 아니라 양지의 작용이다. 그는 이렇게 말했다.

진실로 양지가 시의적절하게 드러날 수 있다면, 여기든 저기든, 건강할 때건 병들었을 때건, 순조롭거나 거슬리거나를 막론하고, 오직 일념의 영명함이 스스로 주재할 것이다. 스스로 가고 스스로 오며, 경境212)을 좇아 마음이 생겨나지 않으며, 언제나 철두철미하여 외부 사물을 감싸지 않는다. 일념의 끊임없는 생성에서부터 그 유행이 항상 하늘의 준칙을 드러내는 것에 이르기까지, 모두가 참된 성명性命이다. '일념진기'가 면밀하게 응축되고 수렴된 채 습관의 감염과 감정적인 인식이 그 사이에

---

211) 같은 책 권12, 「答梅純甫」, "知體常寂, 故曰良知. 如太虛萬變紛紜, 隱見於太虛之中, 而太虛之體廓然無礙. 其機只在一念入微取證."
212) 불교 용어로서 인식 대상의 세계를 말한다──옮긴이 주.

끼여들어 뒤섞이지 않으면, 이는 바로 혼돈에 뿌리내리는 것이다.213)

앞절에서 이미 설명했듯이, "혼돈에 뿌리내린다"는 말은 '무無에 뿌리와 기초를 세운다'는 뜻이며, "경境을 좇아 마음이 생겨나지 않는다"는 말은 바로 '무'를 위주로 삼는 불가의 핵심에 해당한다. 이는 모두 왕기의 출발점과 종결점이 늘 '무'의 측면에 있었음을 설명해 준다.

양명학에서 양지는 본체인 동시에 작용이기도 하다. "무선무악한 것이 마음의 본체이다"라고 함은 양지를 가리키고, '일념지미'는 양지의 작용을 의미한다. 그래서 왕기는 "양지란 자연스런 깨달음으로 은미하면서도 뚜렷하고, 숨어 있으면서도 드러난다. 이것을 기幾라고 한다"214)고 말하였다. '일념지기'는 양지로서, 은미한 본체의 자연스런 발현이다.

3. 양지에 대한 다른 견해들

왕기의 양지 사상이 지닌 또 다른 특징이라면, 그 학설이 양지에 대한 당시 학자들의 다른 주장들을 평가하면서 전개되었다는 점이다. 이러한 평가는 양지에 대한 왕기 자신의 이해를 뚜렷이 해 주었을 뿐만 아니라 당시 양지설의 분화와 영향 관계를 이해하는 데에도 편의를 제공해 준다. 왕기는 다음과 같이 주장하였다.

우리는 보고 듣는 것에서 얻을 수밖에 없기 때문에 각자 자신의 품성에 가까운 것을 학문으로 삼을 수밖에 없었다. 그리고 선생께서 기대하셨듯이, 큰 가마솥으로 도야

---

213) 『龍溪王先生全集』 권12, 「答周居安」, "若果信得良知及時, 不論在此在彼, 在好在病, 在順在逆, 只從一念靈明自作主宰. 自去自來, 不從境上生心, 時時徹頭徹尾, 便是無包裹. 從一念生生不息, 直達流行常見天則, 便是眞爲性命. 從一念眞機綿密凝聚, 不以習染情識參次擾和其間, 便是混沌立根."

214) 같은 책 권6, 「致知議辨」, "良知者, 自然之覺, 微而顯, 隱而見, 所謂幾也."

하고 융해시켜 하나로 귀결시키지도 못했다. 비록 양지라는 종지를 위배하지는 않았지만, 예측하고 의논하며 예견하고 헤아리는가 하면, 뒤섞고 보충하여 끌어모으기 때문에, 어지럽게 다른 견해들이 형성될 수밖에 없었다.

어떤 사람은 "양지는 허망하니 반드시 견문으로 그것이 발현되도록 도와야 한다"고 말한다. 그런데 양지는 반드시 천리를 응용하기 때문에 공허한 앎이 아니다. 이것은 예전의 학설을 비판 없이 따르는 주장이다.

어떤 사람은 "양지는 배우지 않고도 아는 것이기 때문에, 또다시 치지 공부를 할 필요가 없다. 양지는 바로 그 당장에 원만히 이루어지며 병폐가 없는 것이므로, 또다시 욕망을 없애는 공부가 필요 없다"고 말한다. 이것은 단계를 뛰어넘는 주장이다.

어떤 사람은 "양지는 허령과 적막을 위주로 한다"고 말한다. 그러면서 밝은 깨달음을 인연의 대상으로 삼는데, 이는 스스로 그 작용을 막아 버리는 것이다.

어떤 사람은 "양지는 밝은 깨달음을 위주로 한다"고 말한다. 그러면서 허령과 적막을 가라앉고 공허한 것으로 여기는데, 이는 스스로 그 본체를 어지럽히는 것이다.215)

첫 번째 관점은 양지의 자족성을 믿지 않는 주장이고, 두 번째 관점은 당장에 갖추고 있는 양지의 자족성을 지나치게 과장한 주장이며, 세 번째 관점은 고요함에만 편중된 공부이고, 네 번째 관점은 움직임에만 편중된 공부이다. 왕기는 다른 부분에서 다음과 같이 주장하기도 하였다.

선생께서 처음으로 양지의 가르침을 들어 세상 사람들을 깨우치자, 학자들이 그것을 존숭하여 그 도가 세상에 크게 밝혀지는 듯했다. 그런데 문하생들이 보고 들어 깨달은 내용은, 양지설의 종지를 위배하지는 않았지만 각자 자신들의 품성에 가까

---

215) 같은 책 권2, 「滁陽會語」, "吾人得於所見所聞, 未免各以性之所近爲學, 又無先師許大爐冶, 陶鑄鎔洽以歸於一, 雖於良知宗旨不敢有違, 而擬議卜度, 攙和補湊, 不免紛成異說. 有謂'良知落空, 必須聞見以助發之', 良知必用天理, 則非空知, 此沿襲之說也. 有謂'良知不學而知, 不須更用致知, 良知當下圓成無病, 不須更用消欲工夫', 此凌躐之論也. 有謂'良知主於虛寂', 而以明覺爲緣境, 是自窒其用也. 有謂'良知主於明覺', 而以虛寂爲沈空, 是自汩其體也."

운 것으로, 예측·의논하고 뒤섞음으로써 어지럽게 다른 견해들을 형성하였다. 어떤 사람은 "양지는 깨달아 비추는 것이 아니며, 반드시 적막함에 되돌아가는 것을 근본으로 삼아야만 얻을 수 있는 것이다. 마치 거울이 사물을 비추는 것처럼, 밝은 본체는 고요하여 예쁨과 미움이 저절로 구별된다. 비추는 데만 머문다면 밝음은 되레 어두워질 것이다"라고 말한다. 어떤 사람은 "양지는 갖추어져 있는 것이 아니라 수양하고 증득해야 비로소 온전해지는 것이다. 마치 금광에 있는 금을 불로 연단하지 않으면 금이 만들어질 수 없는 것과 같다"고 말한다. 어떤 사람은 "양지는 이발 상태에서 가르침을 확립해야 하며, 미발 상태의 아무 지식도 없는 본체가 아니다"라고 말한다. 어떤 사람은 "양지에는 본래 욕망이 없다. 오직 마음으로 움직인다면 도道 아닌 것이 없으니, 또다시 욕망을 없애는 공부에 기댈 필요가 없다"고 말한다. 어떤 사람은 "학문에는 주재도 있고 유행도 있다. 주재하여 성性을 확립하고, 유행하여 명命을 확립한다. 그래서 양지를 체와 용으로 구분한다"고 말한다. 어떤 사람은 "학문은 순서를 따르는 것이 중요하다. 추구하는 데는 본말本末이 있지만 얻는 데는 안과 밖이 없다. 그러므로 치지로 시작과 끝을 구별한다"고 말한다.216)

왕기는 위와 같이 여섯 갈래의 '다른 견해들'을 열거한 뒤 다음과 같이 지적하였다. 첫 번째 견해는, 양지를 의식 활동이 아닌 것으로 생각하였기 때문에 고요함 속에서 함양하도록 주장했다. 이 주장은 부정확하다. 왜냐하면 "적막함은 마음의 본체이며, 적막함은 비춤을 작용으로 삼는다. 그런데 공허한 앎만을 고수하고 비춤을 저버린다면 이것은 그 작용을 어그러뜨리는 것이기"217) 때문이다. 오로지 정좌 공부만 행하면서 양지가 의식 활동 속에서만 체현될 수 있다

---

216) 같은 책 권1, 「撫州擬峴臺會語」, "先師首揭良知之教以覺天下, 學者靡然宗之, 此道似大明於世. 凡在同門得於見聞之所及者, 雖良知宗說不敢有違, 未免各以性之所近擬議攙和, 紛成異見. 有謂 '良知非覺照, 須本於歸寂而始得, 如鏡之照物, 明體寂然而妍媸自辨, 滯於照則明反眩矣.' 有謂 '良知無見成, 由於修證而始全, 如金之在鑛, 非火符鍊鍛, 則金不可得而成也.' 有謂良知是從已 發立教, 非未發無知之本旨.' 有謂'良知本來無欲, 直心以動無不是道, 不待復加銷欲之功.' 有謂 '學有主宰有流行, 主宰所以立性, 流行所以立命, 而以良知分體用.' 有謂'學歸循序, 求之有本末, 得之無內外, 而以致知別始終.'"

217) 같은 책 권1, 「撫州擬峴臺會語」, "寂者心之本體, 寂以照爲用, 守其空知而遺照, 是乖其用也."

는 사실을 소홀히 한다면, 이는 본체만을 고려하고 작용을 잊는 셈이니, 결국 작용을 방해할 뿐만 아니라 본체도 공허해지고 만다.

두 번째 견해는, 천부적으로 원만하며 자족적인 양지란 없으며, 이러한 양지는 장기간의 수양 노력을 통해서만 형성된다는 생각이다. 이러한 입장에 대해 왕기는 "우물에 들어가려는 갓난아이를 보면 측은히 여기고, 크게 소리지르거나 발로 차면서 주는 음식을 보면 수치스러워하고 미워한다. 따라서 인의仁義의 마음이란 본래 완전히 갖추어져 있고, 감촉되면 신묘하게 반응하는 것이며, 배우지 않고도 할 수 있는 것이다. 만일 수양하고 나서야 양지가 온전해진다고 말한다면 이는 본체를 어지럽히는 말이다"[218]라고 지적하였다. 왕기가 생각하기에, '양지'에서의 '양良'은 원래 선험성을 의미한다. 맹자가 말한 사단의 마음은 모든 사람이 배우지 않고도 할 수 있는 것이며, 그 당장에 갖추고 있는 것이다. 이 점을 부정하는 것은 양지 사상 전체를 부정하는 것과 마찬가지다.

세 번째 견해로는, 양지가 『중용』에서 말하는 미발이 아니라 이발일 뿐이라고 주장한다. 따라서 학문은 마땅히 미발을 추구해야 한다. 사려함이 없는 미발일 때의 본심이 옳고 그름을 아는 이발일 때의 양지보다 더 중요하다. 그러나 왕기가 생각할 때 전통적인 미발과 이발의 구분이란 필요가 없고, 어떠한 사려도 없는 '미발의 중中'이란 존재하지 않으며, 양지가 바로 '미발의 중'이다. 그런데 양지를 이발로 간주하고 양지보다 앞선 미발을 추구한다면, 틀림없이 공허하고 적막한 데로 흐르고 말 것이다.

네 번째 견해는, 양지 본체에 욕망이 없기 때문에 마음 가는 대로 행동해야 하며, 사욕을 없애기 위한 공부를 따로 할 필요가 없다는 주장이다. 이러한 입장은 수양하여 증득해야 한다는 두 번째 견해와 정반대되는 주장이다. 왕기가 생각할 때 양지는 모든 사람들에게 고유한 것이며, 사단은 모든 사람들에게 그

---

218) 같은 책 권1, 「撫州擬峴臺會語」, "見入井之孺子而惻隱, 見嘑蹴之食而羞惡, 仁義之心本來完具, 感觸神應, 不學而能也. 若謂良知由修而後完, 撓其體也."

당장에 이미 갖추고 있는(當下現成) 형태로 구비돼 있는 것이다. 그렇지만 이러한 생각이 양지를 이미 갖추고 있는 완전한 것이며 아무런 방해도 받지 않고 표현될 수 있는 것으로 규정하고 있는 것은 아니다. 만일 양지가 그러한 것이라면 '치양지致良知'는 필요 없을 것이다. '치양지'란 양지를 원만하게 표현하여 지극함에 이르도록 하는 공부이다. 따라서 '치양지'의 과정에서 양지의 표현을 방해하거나 그것을 가리는 사욕을 없앨 필요가 있다. '양지가 완전하다'고 함은 양지 본체가 모든 사람들에게 완전히 갖춰져 있음을 뜻한다. '치양지'를 말하면서 '사욕을 제거해야 한다'고 함은, 사욕의 가리움 때문에 양지가 불완전하게 표현됨을 가리킨다. 그렇지만 양지가 수양하고 증득해야만 완전해지는 것이 아니라는 점을 인식할 때, 비로소 양지 본체의 보편적 내재성을 긍정할 수 있다. 이와 동시에 욕심을 없애는 공부를 통해 양지를 가리는 습관을 제거해야만 비로소 양지가 충분하고 완전하게 체현될 수 있다.

다섯 번째 견해는, 마음의 주재를 성性이라 말하고, 마음의 유행을 명命이라 부른다. 그리고 성은 선천적으로 선한 것이지만, 명은 마음의 작용 과정(유행)으로서 기질의 영향을 끌어들인다. 따라서 이미 갖춰져 있는 양지만을 이야기할 수 없으며, 기질의 영향에도 주의하면서 "수시로 운동 변화시켜 그 작용을 지극히 해야 한다"는 입장이다. 여기에서 '운동 변화'는 기질을 운동 변화시킨다는 뜻이고, '그 작용을 지극히 한다'고 함은 양지의 작용을 확충시킨다는 뜻이다. 이러한 관점은 수양하여 증득하는 측면을 긍정할 뿐만 아니라 마음의 본체도 긍정하는 것이다. 이 입장에서 생각할 때 일반인의 양지와 사단은 아직 도덕 이성의 최종적인 형태가 아니다. 마치 광석이 단련을 거쳐야 금속으로 바뀔 수 있는 것처럼, 일반인의 양지와 양능은 단련 공부를 통해야만 진정으로 의식 활동의 믿음직한 주재가 될 수 있다.

왕기는 이같은 다섯 번째 견해에 찬성하지 않았다. 그가 생각할 때 일반인의 양지와 성인의 양지는 마치 문틈으로 스며들어오는 햇볕과 온 세상을 비추는 햇볕이 동일한 햇볕이 아니라고 말할 수 없듯이, 서로 같은 성질의 것이다. 다만 햇볕이 구름에 가려 드러나지 않을 수 있는 것처럼, 일반인이 지닌 양지의 빛은 그 사람의 기질과 습관 때문에 가려져 그 광채 전부를 드러낼 수 없을 따름이다. 왕기가 생각할 때 이 입장에서는 배움을 두 종류로 나누고 있다. 하나는 본체를 확립하는 방법이고, 다른 하나는 작용을 지극히 하는 방법이다. 본체를 세워 그 주재를 기르고 작용을 지극히 하여 모든 일마다 자세히 살핀다. 이것은 공부를 갈라 놓는 관점이며, 주자학의 이원적 공부론과 구별되지 않는다. 그래서 왕기는 "주재主宰란 유행의 본체이고 유행이란 주재의 작용이다. 체용은 하나에 근원하므로 나눌 수 없다. 나누면 떨어질 것이다"[219]라고 주장했다. 이처럼 왕기가 개괄한 양지 문제에 대한 '다른 견해들'은 그의 동문이자 친구였던 섭표 聶豹·나홍선羅洪先·왕간王艮·유방채劉邦采 등에게서 나온 견해들이었다.

왕기가 비판한 양지에 대한 다른 견해들은 대체로 두 사상으로 나뉜다. 한 방향은 이미 갖춰져 있는(現成) 양지에 대한 방임을 반대하는 사상으로, 이미 갖춰져 있는 양지를 그대로 방임할 경우 감성적인 욕망을 양지로 여기는 병폐에 이를 것이라는 입장이다. 섭표의 '귀적설歸寂說'이나 나홍선의 '수증설修證說', 유방채의 '운화설運化說' 등은 모두 방법상의 차이를 떠나 이러한 문제를 해결하려 하였다. 그들 모두는 의식 속에 이미 갖춰져 있는 양지는 도덕 실천의 최종적인 표준과 근거로 작용하기에 부족하므로, 반드시 다양한 방식으로 장기적인 수양을 해야 한다고 생각하였다. 반면에 다른 한 방향은 이미 갖춰져 있는 양지의 완전성을 과장하면서, 이미 갖춰져 있는 양지를 주장하는 것과 사욕을 제거하라는 주장이 서로 대립적이라고 생각하였다. 게다가 이미 갖춰져 있는 양지에 의지한 채 따른다면, 양지와 감성적인 욕망을 구분할 필요도 없을 것이라고 생각하였다.

---

219) 같은 책 권1, 「撫州擬峴臺會語」, "主宰卽流行之體, 流行卽主宰之用, 體用一原, 不可得而分, 分則離矣."

왕기 본인은 양지가 이미 갖춰져 있는 것이라는 데 찬성하였다. 이것이 그가 첫 번째 사상 방향과 다른 점이다. 또한 두 번째 사상 방향에서 이미 갖춰져 있는 양지를 지나치게 강조하는 의견과도 다르게, 그는 욕망을 없애는 공부를 취소하는 데 찬성하지 않았다. 그는 본체의 원만한 성취를 중시하고, '선천지학' 을 주장하면서 첫 번째 사상 방향에 반대하였다. 또 그는 보통 사람들에게 적용 되는 '후천지학'에 대해서도 긍정하면서 두 번째 사상 방향에도 반대하였다. 그는 "본래 참된 요체(眞頭面)이며, 본디 수양하고 증득한 뒤에야 완전해지는 것은 아니다. 하지만 멋대로 작용에 내맡겨 성을 이끌고 감성적인 인식에 의지 해서 은미함에 통한다면, 수시로 거둬들이고 모으는 일을 위주로 할 수 없어서 갑자기 변화하고 방탕해지며 돌이킬 수 없을 것이다. 치지 공부는 이처럼 소홀 히 할 수 없는 것이다"[220]라고 말했다.

두 사상 방향은 모두 '본체'와 '공부'를 정확하게 이해하지 못했다고 말할 수 있다. 그래서 왕기는 "하늘과 땅을 꽉 채우고 있는 것 가운데 욕망의 바다 아닌 것이 없고, 학자들이 마음을 움직여 생각함에 모두 욕망의 뿌리 아닌 것이 없다. 그런데 종종 이미 갖춰져 있는 양지에 가탁한 채 움직임도 고요함도 없다 는 주장을 전파하면서 그 방탕하고도 거리낌없는 사사로움을 채운다"[221]고 강 조하였다. 그리고 "본심 자체에 하늘의 준칙이 있음을 반드시 믿어야만 주재가 되고, 각종 기호와 욕구는 모두 본심이 변화한 흔적임을 믿으며 늘 적응하면서 그 준칙을 벗어나지 않아야만 단련된다. 만일 이러한 점들을 믿지 못한 채 단지 두 견해를 합하거나 지지한다면, 힘들여 공부할 때는 안배하게 되고 이미 갖춰 져 있는 양지를 찾을 때는 거리낌없게 된다"[222]고 말했다. 왕기는 비록 양지

---

220) 같은 책 권5, 「書同心冊卷」, "本來眞頭面, 固不待修證而後全, 若徒任作用爲率性, 倚情識爲通微, 不能隨時翕聚以爲之主, 倏忽變化將至於蕩無歸, 致知之功不如是之疎也."
221) 같은 책 권2, 「松原晤語」, "世間薰天塞地無非欲海, 學者擧心動念無非欲根, 而往往假托現成良知, 騰播無動無靜之說, 以成其放逸無忌憚之私."
222) 같은 책 권9, 「答趙尙莘」, "須信本心自有天則, 方爲主宰, 須信種種嗜欲皆是本心變化之迹, 時時敵應, 不過其則, 方爲鍛鍊. 若不信得這些子, 只在二見上湊泊支持, 下苦工時便是有安排, 討見成時便成無忌憚."

본체가 이미 갖춰져 있는 것임을 강조하면서 '일념진기'에서 증명된다고 주장했지만, 이미 갖춰져 있는 양지를 핑계로 방종하면서 사욕을 챙기고 거리낌없게 구는 태도에 대해서는 명확히 반대하였다. 그는 이러한 점이 일반 학자들이나 보통 사람들에게 매우 중요한 것이라고 생각하였다.

전체적으로 말해서 왕기는 왕수인의 양지 학설과 치양지의 가르침을 견지하였다. 그렇지만 그의 체계에 모순이 없는 것은 아니다. 그는 자신을 총명한 사람으로 생각하면서 선천적인 돈오의 학문 방법을 일관되게 주장하였다. 이러한 학문은 "언제나 자연적인 기틀에 따라 운전되고 변화·운위云爲되며 저절로 하늘의 준칙을 드러낸다. 따라서 방비할 필요도 없고 궁구할 필요도 없다. 어떻게 관리할 수 있으며, 어떻게 관리할 수 없겠는가?"223) 그러나 보통 사람들에 대해서는 후천적인 점수의 공부 방법을 강조하면서 "항상 적응하며 그 준칙을 벗어나지 않아야만 단련된다"고 하였다.

양명학의 갈래 중에서 특히 감성적인 인식을 양지로 여기는 자연파自然派의 발전은, 왕기로 하여금 '이미 갖춰져 있다'(現成)는 문제에 경각심을 갖게끔 하였고, 나중에는 본체와 공부 사이의 평형 관계에도 주의하게끔 만들었다. 그리하여 왕기는 "성인은 자연스러우면서 욕심이 없기 때문에, 본체인 동시에 공부이다. 학자는 욕심을 줄여 나가 '무'에 이른다. 이는 공부를 통해 본체를 회복하려는 것이다. 태어나면서 알고 편안하게 실행하는 사람일지라도 힘들여 애쓰는 수양 공부를 없앨 수 없다. 힘들여 노력해서 알고 애써 실행하는 사람일지라도 성으로 삼는 본체가 태어나면서부터 편안치 못한 사람은 없다. 공부를 버린 채 본체만 논하는 것을 헛된 깨달음이라고 한다. 헛되면 없다. 본체를 도외시한 채 공부만 논하는 것을 두 방법이라고 한다. 둘이면 갈린다"224)고 말했다.

---

223) 같은 책 권4, 「過豐城答問」, "時時從天機運轉, 變化云爲, 自見天則, 不須防檢, 不須窮索, 何嘗照管得, 又何嘗不照管得."
224) 같은 책 권9, 「答季彭山龍鏡書」, "聖人自然無欲, 是卽本體便是工夫. 學者眞欲以至於無, 是做工夫求復本體. 故雖生知安行, 兼修之功未嘗廢困勉. 雖困知勉行, 所性之體未嘗不生而安也. 舍工夫說本體謂之虛見, 虛則罔矣. 外本體而論工夫謂之二法, 二則支矣."

사람들은 모두 맑은 거울과 같은 양지의 본체를 지니고 있다. 그런데 맑은 거울이 먼지 때문에 가리워지듯이, 사람은 기질과 습관에 의해 가리워진다. 공부란 바로 먼지를 닦아냄으로써 거울의 맑음을 되찾는 것과 같이 본체를 회복시키는 일이다. 도덕 실천에서 공부는 생각에서부터 선을 행하고 악을 제거하는 부지런한 노력을 대표한다. 따라서 본체를 회복하는 수단으로서의 공부는 본체가 이미 가리워져 있는 상태를 전제한다. 그러므로 이러한 실천 방식은 기질과 습관에 의해 가리워진 일반인에게 적당하다. 오직 성인만은 본체가 가리워지지 않기 때문에, 성인이 본체를 체득하는 것 그 자체가 성인의 공부이기도 하다. 성인에게는 부도덕한 욕망이 없으므로, 성인은 생각을 교정하고 다스리는 일을 공부로 삼을 필요가 없다. 그렇지만 성인도 공부를 부정하는 것은 아니다. 왕기가 '지금 존재하고 있는'(見在) 양지를 말했지만, 그가 말한 양지는 본능적인 감성 욕망과 명확히 구분되는 것이다. 그는 양지가 '저절로 하늘의 준칙을 드러낸다'는 점을 긍정하였으며, 양지 자체가 규범적 의미를 갖는다는 점도 부정하지 않았다. 그는 방비할 필요도 없다고 주장하였지만 이것은 주로 총명한 사람에 대해 주장한 것이다. 따라서 그의 양지설은 결코 우리를 '자연인성론自然人性論'이나 '쾌락주의'로 인도하지 않는다.

4. 격물과 치지

왕기의 「대학수장해의大學首章解義」는 왕수인의 「대학문大學問」을 계승하였다. 그는 '격물格物'에 관한 자신의 해석을 다음과 같이 제시하였다.

사물(物)이란 사건(事)이다. 양지의 감응을 사물이라고 한다. 사물은 곧 "사물에는 본말이 있다"는 말에서의 '사물'이므로 성실하지 못하면 사물은 없다. 격格이란 자연 그대로의 격식으로서, 이른바 하늘의 준칙이다. "치지는 격물에 달려 있다"는 말은, 바르게 느끼고 바르게 응하여 하늘의 준칙이 지닌 자연스러움을 따르면서도

나에게 받아들이는 마음이 없는 것이다. 이것을 격물이라고 말한다.[225]

그는 이렇게 말하기도 하였다.

양지는 자연 그대로의 준칙이며, 사물은 인륜과 물리가 감응한 흔적이다. 예를 들어 아버지와 아들이라는 사물이 있으면 이에 자애와 효도의 준칙이 있고, 보고 듣는 사물이 있어야 비로소 총명의 준칙이 있다. 감응한 흔적에서 하늘의 준칙이 지닌 자연스러움을 따른 뒤에야 사물은 그 이치를 얻는다. 이것을 격물이라고 말한다. 사물 자체를 이치로 여기는 것이 아니다.[226]

양지는 도덕 법칙을 제공하는 주체다. 사물은 양지 활동의 대상이다. 아버지와 아들이라는 사물에 대응하여 양지는 자애와 효도의 준칙으로 드러나고, 임금과 신하라는 사물에 대응해서 충성과 공경의 준칙으로 드러난다. 따라서 '사물'이란 양지를 드러나게 하는 외부 사물로 이해될 수 있다. 여기에서 말하는 사물은 주로 인륜 관계를 뜻한다. 하지만 이러한 인륜 관계의 규범과 준칙은 오히려 주체가 제공하고 결정하는 것이다. 왕기가 생각할 때, '격'의 의미는 '규범'이고, 동사로서 '격'의 의미는 인륜과 물리를 규범 짓는다는 뜻이다. 규범의 실천이란 당연히 어떤 준칙에 의지하여 규범 지워 나가는 것이다. 양지 자체가 이러한 준칙을 제공하기 때문에 왕기에게 '치지'와 '격물'은 차별이 없으며, 모두 양지의 준칙에 순응하며 실천해 나가는 것을 뜻한다. 이처럼 임금과 신하, 아버지와 아들 등의 제반 윤리 관계가 각기 그 이치를 얻고 규범을 얻는 것이 바로 격물이다.

---

225) 같은 책 권8, 「大學首章解義」, "物者, 事也. 良知之感應謂之物. 物卽'物有本末'之物, 不誠則無物矣. 格者, 天然之格式, 所謂天則也. 致知在格物者, 正感正應, 順其天則之自然, 而我無容心焉, 是之謂格物."

226) 같은 책 권2, 「斗山會語」, "良知是天然之則, 物是倫物所感應之迹. 如有父子之物, 斯有慈孝之則; 有視聽之物, 始有聰明之則. 感應迹上循其天則之自然, 而後物得其理, 是之謂格物, 非卽以物爲理也."

이러한 과정에서 "바르게 느끼고 바르게 응한다"는 말은 양지에 따라 자연스럽게 외부 사물에 응해 나갈 뿐, 안배하거나 헤아리지 않는 것을 의미한다. "사물이 그 이치를 얻는다"는 말은 사람이 양지에 따라 외부 감각에 응하는 과정에서 인륜 관계와 사물(事)이 도덕적인 질서를 갖추게 된다는 뜻이다. 예컨대 양지는 아버지를 만나면 마땅히 효도해야 함을 알아서 부모에게 효도하는 양지를 실행한다. 이것이 아버지와 아들의 격물이다. 그러므로 이러한 '격'의 실천은 사물과 그 관계가 도덕적 의미와 조리를 갖추도록 만들어 준다. '격'의 과정은 바로 인륜 관계를 규범 짓는 과정이고, 사물이란 곧 인륜 관계이다. '격'에 관한 왕기의 이러한 사상은 '바로잡는다'(正)는 왕수인의 해석에서 진일보한 것이다. 의심할 바 없이 그들은 격물을 순수한 도덕 실천으로 해석하려고 노력하였으며, 주자학의 격물론이 지닌 지성의 색채를 벗겨 버렸다.227)

왕기는 '지知'와 '식識'의 구별을 매우 강조하였다. '지'는 곧 양지이며 '식'은 일반적인 의식 활동, 특히 사물의 분별에 집착하는 의식이다. 즉 불가의 '별식別識'을 의미한다. 왕기는 "양지와 지식이 다투는 것은 단지 한 글자일 뿐이며, 모두 '지'를 벗어날 수 없다. 양지는 앎이 없으면서도 알지 못하는 것이 없다. 따라서 학문의 큰 요체이다. 양지는 맑은 거울이 사물을 비춰 자연스럽게 미추와 흑백을 분별해 내면서도 터럭만큼의 그림자도 그 거울 속에 남기지 않는 것과 같다. '식'은 그림자에서 분별하는 마음을 일으킴으로써 굳어지고 막히며 선택하는 상태를 벗어나지 못함으로써 맑은 거울의 자연스런 비춤을 잃어버리고 만다"228)고 하였다. '지'는 분별해 낼 수 있으면서도 굳어짐이나 막힘이 없다. '식'은 분별하고 헤아리며 인식 대상에서 마음을 일으킨다.

이러한 지식에 관한 논변은 불교의 영향을 받은 점이 뚜렷하다. 왕기는 "나는

---

227) 「答吳悟齋論格物書」에서 왕기는 특별히 천지·인물·귀신의 이치를 格한다는 주희의 견해에 반대하였다.(『龍溪王先生全集』 권10 참조)

228) 『龍溪王先生全集』 권10, 「答吳悟齋論格物書」, "良知與知識所爭只一字, 皆不能外於知也. 良知無知而無不知, 是學問大頭腦. 良知如明鏡之照物, 妍媸黑白自能分別, 未嘗有纖毫影子留於鏡體之中. 識則未免在影子上起分別之心, 有所應滯揀擇, 失却明鏡自然之照."

예전에 공안公案에 대해 양명 선생께 질문한 적이 있었다. 그 때 선생께서는 '이것은 옛 사람들이 어쩔 수 없이 선택한 임기응변의 방편이었다. 석가가 세상에 가르침을 펼 당시에는 이러한 법문이 없었고, 단지 반야심般若心에 마음을 두도록 가르쳤을 뿐이다. 반야는 지혜이다. 그 뒤 가르침을 전하는 사람들은 이 일을 도리로 삼아 이해하고 깨달았으므로 점차 의로운 학문(義學)이 되었다'고 답변하셨다"229)고 회상하였다. '지'는 반야심과 같은 지혜이며, '식'은 도리와 알고 이해함(知解) 곧 일반적인 지식이다. 이러한 지식에 관한 논변은 송대 리학에서 '덕성지지德性之知'와 '견문지지見聞之知'를 구별하는 것과도 일맥상통한다.

왕기가 생각하기에, 지혜(知)와 지식(識)은 모두 지각의 형태에 속하지만, 이 둘은 서로 다르다.

사람의 마음에는 '지'가 있다. 이것은 옛날이나 오늘날, 성인이나 어리석은 이를 막론하고 함께 갖추고 있는 것이다. 곧은 마음으로 움직이면서 저절로 하늘의 준칙을 드러내는 것이 바로 '덕성지지'다. 의식에 막히면 어그러지고 벗어난다. 마음은 본래 적막하지만 뜻이 그 감응한 흔적이다. '지'는 본래 혼연하지만, '식'이 그 분별해 낸 그림자다. 모든 욕망은 뜻에서 일어나고, 모든 원인은 식에서 생겨난다. 뜻이 이기면 마음은 약해지고, '식'이 드러나면 '지'는 감춰진다. 그러므로 성학聖學의 요체는 무엇보다도 먼저 뜻을 끊고 식을 없애야 한다. '뜻을 끊는다'는 것은 '뜻이 없다'는 말이 아니다. '식을 없앤다'는 것은 '식이 없다'는 말이 아니다. 뜻이 마음에 통섭되고 마음이 그것을 주재하면 뜻은 성의誠意가 되어 의상意象의 뒤엉킴이 없을 것이다. '식'이 '지'에 근거하고 '지'가 그것을 주재하면, '식'은 묵식默識이 되어 신령한 인식의 황홀恍惚이 아닐 것이다.230)

---

229) 같은 책 권6, 「答吳臺陸子問」, "予舊會曾以持話頭公安質於先師, 謂 '此是古人不得已權法, 釋迦主持世敎無此法門, 只敎人在般若上留心.' 般若所謂智慧也. 嗣後傳敎者將此事作道理知解理會, 漸成義學."
230) 같은 책 권8, 「意識解」, "人心莫不有知, 古今聖愚所同具, 直心以動, 自見天則, 德性之知也. 泥於

따라서 '지'는 청정심이며 '식'은 분별심이다. '지'는 머무는 곳이 없으면서도 마음을 낳지만, '식'은 굳어지고 막히며 선택하면서 집착한다. '지'와 '식'의 관계는 마음과 뜻의 관계와 유사하다. 이들의 구별은 모두 윤리적인 의미와 존재론적인 의미를 겸한다. 덕성 양지인 동시에 청정 본심이기도 하다. 또 '지'와 '식'의 관계는 성性과 정情의 관계와도 유사하다. 왕기는 "뜻이란 마음의 작용이고, 정이란 성의 자식이며, '식'이란 '지'의 구별이다. 마음은 본래 순수하지만 뜻에는 선악이 있다. 성은 본래 적막하지만 정에는 진위眞僞가 있다. '지'는 본래 혼연하지만, '식'에는 구별이 있다"231)고 하였다. 마음과 성과 '지'(良)는 모두 본체이고, 뜻과 정과 '식'은 모두 작용이다. '식'의 특징은, 그것이 윤리적이며 생존적인 함의를 지닐 뿐만 아니라 인식적인 의미도 함께 갖는다는 데 있다. '식'은 많이 배우고 많이 들으면서 이해를 추구하는 경향을 띠기 때문에 반성적인 양지와 대립된다. 그러므로 지식에 관한 논변에는 분명히 학문 공부의 내용이 담겨 있다. 지식에 관한 논변은 전체적인 심학의 전통 속에서 중요한 부분을 구성한다.

5. 신神·기氣·식息에 대해 논하다

왕기는 비교적 자주 호흡 조절(調息)을 실천했으며, 여러 차례 호흡 조절과 양심養心의 관계에 대해 이야기했다. 양명학자들 중에서 왕수인과 육징陸澄 그리고 왕기는 호흡 조절 문제에 매우 주의를 기울였다. 그들은 모두 심학의 입장에서 호흡 조절 문제에 대응하였다.

왕기는 먼저 이 문제에 대한 유가와 도가의 견해 차이를 구분하였다. 모두

意識。始乖始離. 夫心本寂然, 然意則其應感之迹. 知本混然, 識則其分別之影. 萬欲起於意, 萬緣生於識. 意勝則心劣, 識顯則知隱. 故聖學之要, 莫先於絶意去識. 絶意非無意也, 去識非無識也. 意統於心、心爲之主, 則意爲誠意. 非意象之紛紜矣. 識根於知、知爲之主, 則識爲默識, 非識神之恍惚矣."

231) 같은 책 권11, 「答王敬所」, "夫意者心之用, 情者性之倪. 識者知之辨. 心本粹然, 意則有善有惡. 性本寂然, 情則有眞有僞. 知本渾然, 識則有區有別."

알다시피, 도가(도교)에서는 기氣 단련과 호흡 조절에 관한 공부를 매우 강조하였다. 왕기는 "우리 유가의 치지에서는 신神을 위주로 하는데, 양생가養生家에서는 기를 위주로 한다. '경계하고 조심하며 두려워함'은 신을 보존하기 위한 공부이다. 신 머물면 기도 저절로 머물며 그 당장에 허령해지므로, 무위의 작용이다. 기를 위주로 하면 기의 기틀이 움직이는 곳에서 깨닫는다. 이러한 공부는 기를 결집하여 신이 응축되고, 신과 기가 함육含育되므로 결국 유위의 방법이다"[232]라고 말했다. 왕기가 생각할 때, 유가에서 신만 중시하며 기를 중시하지 않는 까닭은, 신은 마음의 기능인데 반해서 신체 내부의 기는 의식의 인도를 받기 때문이다. 그는 이 점이 도가에서 양기養氣를 위주로 하는 것보다 훌륭하다고 생각하였다. 그는 또 이렇게 말했다.

건乾은 마음에 속하고 곤坤은 몸에 속한다. 마음은 신神이고 몸은 기氣이다. 몸과 마음, 이 두 가지는 불인 동시에 한약이기도 하다. 원신元神과 원기元氣를 약물藥物이라 부르고, 신과 기가 서로 왕래하는 것을 불지핌(火候)이라 부른다. 신이 전일하면 자연히 직접 이룰 수 있으므로, 성을 근본으로 삼는 것(性宗)이고, 기가 모이고 합쳐지면 자연히 발산할 수 있으므로, 명을 근본으로 삼는 것(命宗)이다. '진식眞息'은 동정의 기틀이고, 성性과 명命의 합일을 근본으로 삼는 것(性命合一之宗)이다. 약물의 신선도(老嫩)와 중량(浮沈) 그리고 불지핌의 방법과 시점은 모두 '진식'에서 구할 수 있다. '대생大生'이란 신이 기를 제어하는 것이고, '광생廣生'이란 기가 신을 통섭하는 것이다. 천지의 사계절은 일월日月이 어길 수 없다. 양생을 추구하지는 않지만 그 안에 배양되는 것이 있는데, 그것을 지덕至德이라 한다. 수많은 도교의 경전 중에서 이러한 내용을 벗어나는 것이 있는가?[233]

---

232) 같은 책 권1, 「三山麗澤錄」, "蓋吾儒致知以神爲主, 養生家以氣爲主. 戒愼恐懼是存神功夫, 神住則氣自住, 當下還虛, 便是無爲作用. 以氣爲主, 是從氣機動處理會, 氣結神凝, 神氣含育, 終是有爲之法."

233) 같은 책 권4, 「東遊會語」, "乾屬心, 坤屬身. 心是神, 身是氣. 身心兩事, 卽火卽藥. 元神元氣謂之藥物, 神氣往來謂之火候. 神專一則自能直遂, 性宗也; 氣翕聚則自能發散, 命宗也. 眞息者, 動靜之機. 性命合一之宗也. 一切藥物老嫩浮沈, 火候文武進退, 皆於眞息中求之. 大生云者, 神之馭氣

왕기가 생각할 때, 기는 신의 인도를 받기 때문에 유가에서는 양기養氣를 목적으로 삼지 않지만, 양심養心과 존신存神의 과정에서 신을 수렴해 나가다 보면 저절로 기의 통섭과 응취가 수반된다. 신을 위주로 하는 것은 성학性學이고, 기를 위주로 하는 것은 명학命學이다. 그는 '진식眞息'이 이러한 성性과 명命을 합일하는 학문이며, 약물과 불지핌은 모두 '진식' 속에 포함되는 것이라고 주장하였다. 그렇다면 '진식'이란 무엇인가?

왕기는 '진식'이 곧 양지라고 주장하였다. 그는 다음과 같이 말했다.

성인의 학문에서는 '진식'을 보존하는데, 양기가 바로 '진식'의 영명한 기틀이다. '치양지'를 알면 '진식'은 자연히 조절될 것이며, 성과 명은 저절로 회복될 것이다. 따라서 원래 두 가지 일이 아니다. 만일 호흡 조절만을 일삼는다면, 기에서 깨닫는 일에 집착하는 상태를 면치 못할 것이다. 그리하여 결국에는 보이지 않는 것에 대해 경계하고 조심하며, 들리지 않는 것에 대해 두려워하며, 중화中和에 이르도록 노력하는 성학聖學의 공부로부터 한 단계 동떨어진다.[234]

오직 양생의 방법으로만 들어간다면, 정신이 약간 수렴될 수 있을 것이고 기의 기틀이 우연히 안정될 수도 있겠지만, 곧바로 손에 넣을 수는 없을 것이다. 이렇게만 실천할 때, 이는 그저 안락한 방법일 뿐 가슴속의 찌꺼기까지 깨끗하게 씻어낼 수 없을 것이며 드넓게 수렴하는 공효를 바랄 수도 없을 것이다.[235]

양생을 목적으로 할 때, 호흡 조절은 단지 기를 안정시키고 정신을 수렴할

也; 廣生云者, 氣之攝神也. 天地四時, 日月有所不能違焉, 不求養生而所養在其中, 是之謂至德. 盡萬卷丹經, 有能出此者乎?"
234) 같은 책 권4, 「留都會記」, "聖學存乎眞息, 良知便是眞息靈機. 知得致良知, 則眞息自調, 性命自復, 原非兩事. 若只以調息爲事, 未免着在氣上理會, 與聖學戒愼不覩恐懼不聞致中和工夫終隔一層."
235) 같은 책 권4, 「留都會記」, "養生一路入, 精神稍斂, 氣機偶定, 未可以此便爲得手. 如此行持, 只是安樂法, 胸中渣滓澄汰未淨, 未見有宇泰收功之期."

수 있을 뿐, 결코 본체를 철저하게 깨달을 수도 없으며, 생각에서부터 선을 행하고 악을 없애는 공부를 대신할 수도 없다. 오직 존심存心을 목적으로 삼아 양지를 지극히 발휘할 때에만 '치양지'의 과정에서 자연스럽게 호흡이 조절되고 기가 따를 것이다. 그러므로 양생은 양덕養德을 겸할 수 없지만, 양덕은 양기를 겸할 수 있다.

그러나 왕기가 생각할 때, 호흡 조절과 기의 단련을 최종 목적으로 삼지 않는 경우라면, 호흡 조절 특히 정좌하여 마음을 수렴하는 방법도 성인의 학문에 입문하는 한 방식이 될 수 있다. 그는 "호흡 조절의 기술 역시 옛 사람들이 가르침을 확립하기 위한 임기응변의 방편이었다.…… 고요함 속에서 정신을 수습하고 통섭한다면, 마음과 호흡이 서로 의지하여 점차 도에 들어갈 수 있으므로 소학의 공부를 보충할 수 있다"[236]고 말했다. 이러한 설명은 정좌로 소학의 공부를 보충한다는 왕수인의 사상과도 일치한다. "마음과 호흡이 서로 의지한다"는 말은 의식이 호흡의 출입에 집중되면서 수렴되기 때문에, 호흡의 출입도 자연히 의식의 침착한 상태에 순응하는 것을 뜻한다. 그리고 그는 이렇게 말했다.

정좌를 배우고자 호흡 조절로 입문한다면, 마음에 기탁하는 것이 생기고 신과 기가 서로를 지키게 되므로, 이것 또한 임기응변의 방편이다. 호흡 조절과 호흡을 세는 방식(數息)은 다르다. 세는 방식은 의도적이다. 반면에 조절 방식은 의도적이지 않으며, 텅 비고 아무것도 없는 마음을 따라 가라앉지도 않고 혼란스럽지도 않다. 호흡이 조절되면 마음이 안정되고, 마음이 안정되면 호흡은 한층 더 조절된다. '진식'이 왕래하면, 호흡의 기틀이 자연스레 천지의 조화를 빼앗을 수 있다. 조성되고 화육되어 마음과 호흡이 서로 의지하므로, 이것을 시시각각 뿌리로 되돌아간다고 말한다. 이는 명命의 근본(蒂)이다. 일념一念이 희미하게나마 밝아지면 늘 깨어 있고 늘 적막하므로, 이것으로 삼교三敎의 근본을 개괄한다. 우리 유가에서는 이를 연식燕息이라

---

236) 같은 책 권4, 「答楚侗耿子問」, "調息之術亦是古人立敎權法…… 從靜中收攝精神, 心息相依, 以漸而入, 亦補小學一段工夫."

부르고, 불교에서는 반식反息이라 부르며, 도가에서는 종식踵息이라 부른다. 이것이 바로 조화가 열리고 닫히는 오묘한 중추이다. 이 중추로 학문을 이루고 삶을 보위한 다. 따라서 이 중추를 완전하게 만드는 공부가 위아래에 철저히 통하는 방법이 다.[237]

왕기는 '호흡을 세는 방식'(數息)과 '호흡 조절'(調息) 그리고 '진식眞息'을 구분하였다. '호흡을 세는 방식'은 마음을 집중시켜 주고, 기를 산란하지 않게 해 주지만, 의식적으로 호흡 횟수를 세는 공부이다. 따라서 안정된다 해도 마음을 허무의 경지에까지 도달하게끔 할 수 없다. '호흡 조절'은 의식적으로 호흡 횟수를 세는 방식이 아니라 무의식의 상태에서 기를 가라앉혀 혼란스럽지 않게 함으로써 호흡을 순조롭게 조절하려는 목적에 도달하는 공부이다. 따라서 호흡 조절의 과정은 마음과 호흡의 상호 작용을 통해 영향을 주고받는 과정이다. '진식'은 '일념진기'에서 착수하는 방법이며, '일념진기'는 늘 깨어 있고 늘 적막하다. '깨어 있다'는 말은 '일념진기'가 밝게 살피고 분별할 수 있는 상태를 가리키고, '적막하다'는 말은 그것이 안정되고 고요하며 편안한 상태를 뜻한다. 따라서 이는 바로 양지이다. '치양지'하면 자연스럽게 호흡을 조절할 수 있다. 이러한 상태에서의 호흡 조절은 호흡을 세는 방식이나 일반적인 호흡 조절에 비해서 한층 더 높은 단계이다. 이처럼 양지와 호흡을 합일하는 수양 과정은 덕성을 배양할 수 있을 뿐만 아니라 몸을 기르고 생명을 지킬 수 있으므로, '성과 명을 합일하는 근본'이다.

---

237) 같은 책 권15, 「調息法」, "欲習靜坐, 以調息爲入門, 使心有所寄, 神氣相守, 亦權法也. 調息與數息不同, 數爲有意, 調爲無意, 委心虛無, 不沈不亂. 調息則心定, 心定則息愈調. 眞息往來, 而呼吸之機自能奪天地之造化. 含煦停育, 心息相依, 是謂息息歸根, 命之蒂也. 一念微明, 常惺常寂, 範圍三敎之宗. 吾儒謂之燕息, 佛氏謂之反息, 老氏謂之踵息. 造化闔闢之玄樞也. 以此徵學, 亦以此衛生, 了此便是徹上徹下之道"

7. 왕간

왕간王艮(1483~1541)은 자字가 여지汝止이고 호는 심재心齋이며, 태주泰州 안풍장安豐場 사람이다. 그는 왕수인에게서 학문을 배웠고, 왕수인이 죽자 태주로 돌아가 제자를 받아들여 강학하였다. 역사적으로 왕간과 그의 제자 그리고 제자의 제자들까지를 '태주학파泰州學派'라고 부른다. 태주학파는 명대 중·후기에 영향력을 끼친 학파였다. 그의 주요한 저작으로는『심재왕선생전집心齋王先生全集』이 있다.

왕간은 제염업자 출신으로 집안이 가난하고 어려웠다. 그는 일곱 살 때 서당에 들어가 공부했으나, 열한 살 때부터는 집안이 더 어려워져 학업을 계속할 수 없었다. 그래서 그는 집안 사람들과 함께 제염업에 종사하였다. 나중에 그는 아버지와 함께 산동山東을 왕래하며 장사하였는데, 이 때부터 집안이 점차 부유해졌다. 왕간은 의술도 배웠다. 이처럼 제염노동자와 장사꾼을 거쳐 의술까지 배운 그의 경력은 가정 연간 이전의 리학자들 중에서는 유일한 경우이며 매우 특수한 경력이다.

소년 시절에 고전을 읽고, 청년 시절에 산동의 공자 묘소에 가 보았던 경험은 평민 출신의 왕간으로 하여금 도를 추구하며 성인이 되는 일을 평생의 이상으로 삼도록 이끌었다. 그는 장사를 다니면서도 항상『논어』·『대학』·『효경』을 몸에 지니고 다녔다. 그러면서 그는 의심스러운 대목이 생기면 다른 사람에게 가르침을 구했다. 이렇게 오랜 세월을 지내자, 그는 "자유자재로 해석할 수 있을" 만큼 경전을 숙지하였다. 또 그는 "문을 닫은 채 고요히 사색하며", "말 없이 앉아 도를 체득하려 하였다." 그러던 어느 날 저녁 마침내 그는 "하늘이 무너져 내려 몸을 짓누르고, 수많은 사람들이 살려 달라고 아우성치는데", 자신이 "팔을 들어 하늘을 치켜세우고, 일월성신이 질서를 잃은 상황을 보고는 다시 손으로 그것을 정리하는" 꿈을 꾸었다. 꿈에서 깨어나자, 그는 "땀이 비오듯 흘러내렸고 마음의 본체가 환하게 뚫렸다."238)

이 때가 정덕 6년, 그의 나이 27세 때였다. 그는 꿈 속에서 무너져 내린 하늘을 팔로 떠받치며 일으켜 세웠고, 손으로 별들의 질서를 회복시켰다. 이러한 꿈과 깨어난 뒤의 반응은 분명히 신비 체험에 속한다. 그러나 주의할 만한 점은, 이러한 체험이 그의 마음에 잠재되어 있던, 건곤乾坤을 정돈하고 만민을 구제하고자 했던 구세주 의식을 드러내고 있다는 점이다. 이 때부터 그는 도를 깨달았다고 여기면서 "예경禮經에 맞춰 오상관五常冠, 색깔 짙은 옷, 커다란 허리띠, 홀판笏板 등을 만들어 착용하였다."239) 그는 엄연히 자신을 고대의 성인이라고 생각했다. 그는 요·순과 공자를 자임하면서 진지하고도 황당한 과대 망상을 드러냈다.

정덕 말년에 왕수인은 강서를 순무巡撫하면서 치지와 격물 공부에 대해 강의하였다. 그 때 어떤 사람이 왕간에게 왕수인의 강의 내용이 왕간의 학설과 매우 흡사하다고 알려 주었다. 왕간은 그 말을 듣자마자 강서로 향했다. 그는 종이로 붙여 만든 오상관을 착용했는가 하면, 고대의 것을 모방한 색깔 짙은 옷을 입고 있었으며, 손에는 "예가 아닌 것은 보지도 말고, 예가 아닌 것은 듣지도 말며, 예가 아닌 것은 말하지도 말고, 예가 아닌 것은 행동하지도 말라"는 글귀가 씌여진 홀판을 들고 있었기 때문에 길가에 구경나온 사람들이 끊이지 않았다. 왕간은 왕수인과 만나 논변을 벌였다.

들어가자마자 선생(왕간)은 윗자리에 앉았다. 선생은 오랫동안 논변을 벌이고 나서야 마음이 약간 꺾였는지 자리를 양명 곁으로 옮겼다. 논변이 끝나자, 선생은 "간단하면서도 쉬운데다 직접적이어서 내가 미치지 못하겠다"고 탄식하며 절을 올리고는 양명의 제자를 자칭하였다. 선생은 물러나와 양명에게서 들었던 내용을 곱씹어

---

238) 『明儒學案』권32, 「泰州學案一」, 709쪽, "夢天墮壓身, 萬人奔號求救", "擧臂起之, 視其日月星辰失次, 復手整之", "汗溢如雨, 心體洞徹"
239) 같은 책 권32, 「泰州學案一」, 709쪽, "按禮經制五常冠深衣大帶笏板, 服之."

보더니, 그 중에 합치되지 않는 점이 있음을 찾아 내고는 "내가 경솔했구나"라며 후회하였다. 선생이 다음 날 양명을 다시 찾아가 후회한다고 말하자, 양명은 "그대가 다른 사람을 쉽게 따르지 않는 태도는 훌륭하도다"라고 말했다. 선생은 다시 윗자리에 앉았다. 선생은 논변이 오래도록 진행되고 나서야 크게 감복하면서 애초 자칭했던 것처럼 양명의 제자가 되었다. 그러자 양명은 제자들에게 "얼마 전 주신호 朱宸濠를 생포했을 때만 해도 마음이 조금도 움직이지 않았는데, 오늘은 그 사람 때문에 마음이 움직였다"고 말했다. 양명이 월越 지방으로 돌아가자 선생은 그를 따라 갔다.[240]

왕수인은 관리의 집안에서 태어났으며, 어려서는 호방한 성격이었다. 장성해서는 시문詩文에 능통하였고 경전에도 정통하였으며, 불교와 도가에도 심취했는가 하면 세상의 명사들과 교제하였다. 이처럼 왕수인은 식견이 풍부한 학자였다. 왕간이 강서에 들어갔을 때, 왕수인은 이미 반란의 우두머리 주신호를 생포하여 그 명성이 세상을 뒤덮고 있었으며, 성숙한 '치양지' 학설을 확립하고 있었다. 반면에 왕간은 비록 자부심이 광적일 정도로 강했지만, 결국은 시골에서 올라온 독학의 선비에 불과했다. 그가 왕수인에게 감복당한 것은 필연적인 일이었다. 왕간의 본명은 은銀이었는데, 왕수인이 『주역』 '간艮'괘의 의미를 취하여 그의 이름을 '왕간'으로 고쳐 주었으며, '여지汝止'라는 자字도 지어 주었다. 이는 모두 왕간으로 하여금 수렴하는 일에 마음을 쏟도록 만들고, 지나치게 의기를 높이거나 너무 괴상하게 행동하지 말도록 경계시키기 위한 것이었다.

---

240) 같은 책 권32, 「泰州學案一」, 710쪽, "始入, 先生據上坐. 辯難久之, 稍心折, 移其坐於側. 論畢, 乃嘆曰: '簡易直截, 艮不及也.' 下拜自稱弟子. 退而繹所聞, 間有不合, 悔曰: '吾輕易矣!' 明日入見, 且告之悔. 陽明曰: '善哉! 子之不輕信從也.' 先生復上坐, 辯難久之, 始大服, 遂爲弟子如初. 陽明謂門人曰: '向者吾擒宸濠, 一無所動, 今卻爲斯人動矣.' 陽明歸越, 先生從之."

1. 이미 갖춰져 있는 것이자 자재로운 것

왕간의 아들 왕벽王襞은 왕간이 왕수인에게 배울 당시를 회상하며 다음과 같이 지적하였다.

양명을 만난 뒤 학문이 순수해졌다. 그 전에는 지나치게 옛것에만 따르고 매달린다고 느꼈다. 그런데 양지의 가르침을 깨닫자 공부가 쉽고 간단해져 수고롭지 않았고, 자연스럽게 본성을 이끄는 오묘함을 즐길 수 있었으며, 그 당장에 효험을 얻었다.[241]

왕간의 「연보」에도 같은 문하생인 구양덕歐陽德에게 왕간이 말했던 내용이 실려 있는데, 그 내용은 왕수인 선생의 문하에서는 '치양지'를 논하지만, 왕간 자신은 '양지치良知致'를 논하고 있다는 이야기다. 또 왕간이 "일상 생활의 현재적인 것으로 양지를 가리켰다"[242]는 기록도 있다.

왕간이 생각할 때, 양지 학설의 장점은 '자연스럽게 본성을 이끄는 오묘함'에 있다. 즉 양지는 '현재적'인 것이자 이미 갖춰져 있는(現成) 것이다. 모든 사람마다 이미 갖춰져 있는 것으로서 양지를 지니고 있다. 사람은 오직 이러한 양지의 자연스러움에 따라 행동하면 된다. 이것이 바로 성현이 되는 공부이다. 그가 생각할 때, '치양지'는 대단히 애쓰고 노력해야 하는 색채를 띠고 있어서 맹자가 지적한 '조장'의 혐의가 있다. 그러나 왕간 자신이 제기한 '양지치'는 양지의 자연스러움에 맡기면 될 뿐 그다지 애쓸 필요가 없고, '수고롭지도 않은' 것이다.

왕간의 양지설에서는 자연스러움을 숭상한다. 따라서 그는 정주 리학의 '장엄하고 경건하며 지키고 키우라'는 주장에 반대하였다.

---

241) 『王東崖先生集』 권1, 「上昭陽太師李石翁書」, "見陽明翁而學猶純粹, 覺往持循之過力也, 契良知之傳, 工夫易簡, 不犯作手, 而樂夫天然率性之妙, 當處受用."
242) 『心齋王先生全集』, 「年譜」, 嘉靖 22년, "以日用現在指點良知."

'장엄하고 경건하며 지키고 키우는' 공부에 대해 묻자, "도는 하나일 뿐이다. 중中, 양지, 성性 이 모두가 하나이다. 이러한 이치를 깨달으면 양지는 이미 갖춰져 있는 것이자 자재로운 것이다. 따라서 양지를 잃지 않는 것이 바로 장엄하고 경건한 공부이며, 양지를 늘 보존하는 것이 곧 지키고 키우는 공부이다. 그렇다면 진정으로 방비하고 점검할 필요도 없을 것이다. 그러나 이러한 이치를 깨닫지 못하면 장엄하고 경건한 것은 집착일 수밖에 없고, 집착하면 곧 사사로운 마음이다"라고 답변하였다.243)

왕간은 '방비하고 점검할 필요가 없다'는 정호의 사상을 펼치며 경건함을 지키는 입장에 반대하였고, 양지가 이미 갖춰져 있는 것이자 자재로운 것이라는 점을 깨달아 늘 양지를 보존하고 잃지 않는다면, 그것이 바로 성학의 공부라고 주장하였다.

자연스러움을 숭상하는 이러한 공부를 사람들에게 이해시키기 위해, 그는 "백성들의 일상 생활이 바로 도이다"(百姓日用即道)라고 주장하였다. 그러면 '백성들의 일상 생활이 바로 도이다'라는 것은 무슨 뜻인가? 앞에서도 말했듯이 그는 "일상 생활의 현재적인 것으로 양지를 가리켰다." 여기서 '일상 생활'이란 바로 '백성들의 일상 생활'을 의미하며, '현재'란 이미 갖춰져 있는 양지를 의미한다. 왕간은 일상 생활에서 표현되는 이미 갖춰져 있는 양지로 사람들을 가르쳤던 것이다. 그리고 '일상 생활에서 표현되는 이미 갖춰져 있는 양지'란 옳고 그름을 아는 '지선至善'한 양지의 윤리적 성격을 의미하는 것이 아니다. 그것은 양지가 갖추고 있는 자연스러움에 맡길 뿐 쓸데없이 안배하지 않는 자유로움의 특질을 가리킨다. 이것이 바로 '자재롭다'는 뜻이다. 그래서 「연보」에서는 이렇게 말하고 있다.

---

243) 『明儒學案』 권32, 「泰州學案一」, 716쪽, "問: 莊敬持養工夫. 曰: 道一而已矣. 中也, 良知也, 性也, 一也. 識得此理, 則現現成成. 自自在在. 卽此不失, 便是莊敬. 卽此常存, 便是持養. 眞不須防檢. 不識此理, 莊敬未免着意. 纔着意, 便是私心."

선생이 백성들의 일상 생활이 도라고 말하자, 처음 듣는 사람들은 대체로 믿지 않았다. 선생은 시동의 오고 감, 보고 들음, 몸가짐, 반응 동작 등의 모습을 거론했는데, 이러한 것들은 어떠한 안배도 없이 전부 참된 준칙에 따르는 것들이다. 지극히 없는 듯하면서도 있고, 지극히 가까운 듯하면서도 신묘하다.244)

"지극히 없는 듯하면서도 있고, 지극히 가까운 듯하면서도 신묘하다"는 말은, "뜻이 사물에 의해 움직이면 자연스런 유행이 아니라, 있음에 집착하는 것"이요, "무물無物의 사물이라야 그 작용이 신묘할 것이다"는 왕기의 말과 일치한다. '무'는 자연스러움과 막힘이 없음을 뜻하고, '신묘함'은 스스로 그러함과 자재로움을 뜻한다. 사실 가정 연간 초기에 왕수인이 회계會稽에서 강학할 때, 왕간은 이미 "여러 차례 백성들의 일상 생활을 가리키면서 양지학을 계발하였다."245) 추덕함鄒德涵의 「취소선생어록聚所先生語錄」에 근거하면, 왕간의 이러한 사상도 왕수인에게서 내원하는 것이다.

예전에 한 친구가 심재 선생에게 "어떻게 해야 사려함이 없으면서도 통하지 않음이 없겠습니까" 하고 물었다. 그런데 선생은 시동을 불렀고 시동은 곧바로 응답하였다. 선생이 차를 가져오도록 명하자, 시동은 즉시 차를 내왔다. 친구가 다시 묻자, 선생은 "이 시동은 내가 자신을 언제 부를 것이라는 마음을 미리 지니고 있지 않았으면서도 내가 부르자마자 곧바로 응답하였다. 이것이 바로 사려함이 없으면서도 통하지 않음이 없는 것이다"라고 말했다. 그러자 친구는 "그렇다면, 온 세상 사람들 모두가 성인이겠습니다"라고 말했다. 이에 선생은 "매일 저렇게 하면서도 모른다. 어떤 때는 피곤해서 짐짓 모르는 체 응답하지 않기도 한다. 그렇다면 이미 본래의 마음이 아니다. 양명 선생은 어느 날 제자들에게 '크고 공정하게 순응하는 것'에 대해 설명했는데, 제자들이 깨닫지 못했다. 선생은 갑자기 제자들을 거느리고 밭 사이로 산책

---

244) 『心齋王先生全集』 권2, 「年譜」 46歲. "先生言百姓日用是道, 初聞多不信. 先生指僮僕之往來視聽持行泛應動作處, 不假安排, 俱是循帝之則, 至無而有, 至近而神"
245) 같은 책 권2, 「年譜」 41歲, "多指百姓日用, 以發明良知之學"

을 나가더니, 농부의 아내가 밥을 나르는 광경을 지켜 보았다. 농부는 그 밥을 받아 먹었고, 다 먹은 다음에 그릇을 돌려 주자, 그 아내는 그것을 가지고 되돌아갔다. 양명 선생은 '이것이 바로 크고 공정하게 순응하는 것이다'라고 설명했다. 제자들이 그 말을 의심하자, 양명 선생은 '그는 매일 저렇게 하면서도 모른다. 일삼아 번뇌한 다면 곧바로 마음의 본체를 잃어버릴 것이다'라고 말했다"고 답변하였다.246)

이 대목은 '백성들의 일상 생활이 바로 도이다'는 말이 무슨 뜻이며, '일상 생활의 현재적인 것으로 양지를 가리켰다'는 말이 무슨 뜻인지를 구체적으로 설명해 주고 있다. 마치 일상 생활에서 시동이 차를 내오고 농부가 밥을 먹듯이, 쓸데없이 사색하지 않고 자연스러우면서 이치에 어긋나지 않는다면, 그것이 바로 '도'이다. 그러므로 '도'는 어떤 신비하고 고원한 것이 아니라 우리가 생활하면서 그대로 드러내는 정신과 태도이다.

나중에 그의 아들 왕벽은 한걸음 더 나아가 "기묘하려고 하지 않는다"면서 "배고프면 먹고 목마르면 마시며, 여름에는 갈옷을 입고 겨울에는 가죽옷을 입는다. 지극한 도는 이것밖에 없다"고 강조하였다. 그는 자기 아버지의 사상을 발전시켰으며, 서월徐樾 등 왕간의 제자들도 모두 그러하였다.247) 왕간의 사상이 지닌 이러한 특징 때문에, 당시 호한胡瀚은 "왕간은 자연을 근본으로 삼는다"고 지적하면서 "자연스러움만을 주장하고 삼가는 것에 근본을 두지 않는다면 방임으로 흐를 것이다"248)라는 말로 왕간을 각성시켰다. 왕간의 이러한 자연 공부는 장엄하고 경건하며 방비하고 점검할 것을 주장하지도 않고, 경계하고

---

246) 『明儒學案』 권16, 「江右學案一・聚所先生語錄」, 354쪽, "往年有一友問心齋先生云: 如何是無思而無不通? 先生喚其僕, 卽應; 命之取茶, 卽捧茶至. 其友復問, 先生曰: 才此僕未嘗先有期我呼他的心, 我一呼之便應, 這便是無思無不通. 是友曰: 如此則滿天下都是聖人了. 先生曰: 卻是日用而不知, 有時懶困著了, 或作詐不應, 便不是此時的心. 陽明先生一日與門人講大公順應, 不悟. 忽同門人遊田間, 見耕者之妻送飯, 其大受之食, 食畢卽與之持去. 先生曰: 這便是大公順應. 門人疑之, 先生曰: 他卻是日用不知的, 若有事腦起來, 便失這心體."

247) 같은 책 권32, 「泰州學案一・布政徐波石先生樾」, 725~728쪽 참조.

248) 같은 책 권15, 「浙中王門學案五・敎諭胡今山先生瀚」, 330쪽, "汝止以自然爲宗", "自然而不本於龍楊, 則爲放曠."

조심하며 두려워할 것을 주장하지도 않기 때문에, 방임으로 흐르기 쉽다.

2. 즐거움을 배운다

'안배하지 않음'과 '이미 갖춰져 있는 자연스러움'을 중시하는 왕간의 사상은 '즐거움'(樂)에 대한 그의 견해와도 연관된다. 그는 '즐거움'을 학문의 목적이자 최종 경지로 삼았다. 왕수인도 "즐거움은 마음의 본체이다"249)라고 말한 적이 있지만, 왕간은 학문에서 '즐거움'이 지니는 의미를 한층 더 과장하였다. 그는 즐거워서 자연스럽고 자연스러워서 즐거운 것이 성인의 학문에 담긴 본질적 특징이라고 생각하였다. 그래서 그는 "세상의 학문 중에서 오직 성인의 학문만이 훌륭한 학문이며, 전혀 힘들이지 않아도 끝없는 쾌락이 있다. 만일 조금이라도 힘들여야 한다면 성인의 학문이 아니며, 또한 즐겁지 않을 것이다"250)라고 하였다. '훌륭한 학문'은 쉽고 힘들지 않다. '힘들지 않다'고 함은 자연스럽다는 뜻이다. 왕간은 일찍이 다음과 같이 「낙학가樂學歌」를 지은 적이 있다.

사람의 마음은 본래 절로 즐거운데, 사욕 때문에 속박된다. 사욕이 싹트는 순간 양지도 자각한다. 일단 자각하면 사욕이 곧장 소멸되므로, 사람의 마음은 본래대로 즐거워진다. 즐거움이란 이러한 학문을 즐거워하는 것이고, 학문이란 이러한 즐거움을 배우는 것이다. 즐겁지 않으면 학문이 아니고 배우지 않으면 즐거움이 아니다. 즐거워야 배우고 배워야 즐겁다. 즐거움은 학문이며, 배움은 즐거움이다. 오회! 세상의 즐거움이 어찌 이 학문만 할 것인가? 세상의 학문이 어찌 이 즐거움만 할 것인가?251)

---

249)『陽明全書』권5,「與黃勉之二」, 110쪽, "樂是心之本體."
250)『明儒學案』권32,「泰州學案一」, 714쪽, "天下之學, 惟有聖人之學好學, 不費些子氣力, 有無邊快樂. 若費些子氣力, 便不是聖人之學, 便不樂."
251) 같은 책 권32,「樂學歌」, 718쪽, "人心本自樂, 自將私欲縛. 私欲一萌時, 良知還自覺. 一覺便消除, 人心依舊樂. 樂是樂此學, 學是學此樂. 不樂不是學, 不學不是樂. 樂便然後學, 學便然後樂. 樂是學, 學是樂. 嗚呼! 天下之樂, 何如此學? 天下之學, 何如此樂?"

왕간이 생각하기에, 마음의 본체가 지닌 근본 특질은 '즐거움'이다. 그런데 사욕이 즐거움의 본체를 가렸기 때문에 걱정과 두려움과 분노가 생긴다. 사람에게는 양지가 있다. 따라서 사욕이 싹틀 때 양지가 자각하기만 한다면, 사욕은 곧바로 사그라들 것이며, 사람의 마음은 자연스럽게 본연의 즐거움을 회복할 것이다. 그러므로 '학문을 한다'는 말은 양지로 사욕을 없앰으로써 이 같은 즐거움을 추구한다는 뜻이다. 즐거움은 양지를 실천하면서 그 당장에 얻어지는 효험이며, 이러한 즐거움이 없는 학문은 진정한 학문이 아니다. 그리고 양지의 학문을 통해 얻은 즐거움이 아니라면 진정한 즐거움이 아니다. 즐거움은 학문의 출발점인 동시에 학문의 과정이자 결과이기도 하다. 또 그는 "사람의 마음에는 본래 아무 일도 없다. 일이 있으면 마음은 즐겁지 않다. 일이 있더라도 자연스럽게 실행한다면 일이 아무리 많을지라도 잘못되지 않을 것이다"252)라고 말했다. '사람의 마음에는 본래 아무 일도 없다'는 말은 바로 왕수인이 말했던 "무선무악한 것이 마음의 본체이다"는 의미다. '일이 있으면 마음은 즐겁지 않다'는 말에서 '일이 있다'는 말은, 마음에 번거로움이 있고, 집착이 있으며, 얽매임이 있다는 뜻이다. '일이 있더라도 자연스럽게 실행한다'는 말은 마땅히 자연스러운 마음으로 온갖 구체적인 일들을 처리해야 함을 뜻한다. 이렇게 한다면, 설령 수많은 일을 처리하더라도 그 일이 마음의 즐거움을 방해하거나 번거롭게 하지 않을 것이다. 그래서 '일이 아무리 많을지라도 잘못되지 않는다'고 말한 것이다. '자연스러운 마음으로 일을 처리할 수 있다'는 말은, 바로 선종에서 말하는 "물을 긷고 땔감을 나르는 일 역시 오묘한 도 아닌 것이 없다"는 뜻이며, 자연히 "백성들의 일상 생활은 도 아닌 것이 없다"는 뜻을 지닌다.

이미 갖춰져 있으며 자재로운 것이라는 왕간의 '자연설自然說'에서 알 수 있듯이, '백성들의 일상 생활이 바로 도이다'는 말이, 왕간 자신의 입장에서 볼 때 결코 평민 의식을 대표하는 이단적 사상은 아니었다. 왕간의 이러한 사상은

---

252) 같은 책 권32, 「示學者」, "人心本無事, 有事心不樂. 有事行無事, 多事易不錯."

왕수인 철학의 어떤 측면을 더욱 발전시켜 평민 신분의 청중들이 쉽게 이해할 수 있는 방식을 채택한 것일 따름이었다. '백성들의 일상 생활이 바로 도이다'는 말은 두 가지 주요한 함의를 지니고 있다. 한 가지는 백성들의 일상 생활에 나아가 도가 있음을 드러내고 있는 점이다. 이에 대해 황종희는 "선생은 지극히 가까운 것에서 사람들을 반성하고 깨닫게 하는 일이 아주 많았다. 선생은 '백성들의 일상 생활이 바로 도이다'라고 말하면서, 시동의 오고 가는 동작일지라도 쓸데없는 안배가 없다는 점을 가리켜 그 사실을 보여 주었다"253)고 말했다. 또 다른 한 가지는 도가 없는 곳이 없음을 설명하고 있는 점이다. 백성들의 일상 생활 속에도 도가 체현되고 있는데, 다만 일반인들은 매일 그렇게 지내면서도 알지 못한다는 것이다.

나중에 그의 아들 왕벽은 왕간의 이러한 사상을 한층 더 발전시켰다. 왕벽은 "순 임금의 부모 섬김이나 공자의 지극히 합당함은 한결같이 자기 마음의 묘용에서 나온 것일 뿐이다. 배고프면 밥을 먹고, 피곤하면 잠을 자는 일도 그 같은 묘용이다"254)고 말했다. 이것은 심경의 자연스러움을 강조한 말이다. 또한 그는 "배움이라는 글자는 제기하자마자 여러 의미를 일으킨다. 그리하여 원래 어떤 사물도 없으며 자연스럽게 이미 갖춰져 있는 것이기에, 명각明覺의 자연스러움에 순응하기만 하면 된다는 사실을 알지 못한다"255)고 말했다.

왕벽이 생각할 때, 송대 유학자들 이래로 일반적인 학문 방법은 기준이 너무 엄격하고 공부가 너무 힘들 뿐만 아니라 의념을 극복하고 욕망을 참아내야 하는 것이어서 심령이 지나치게 속박당했다. 마음의 본체에는 원래 어떤 사물도 없으며, 양지는 본래 이미 갖춰져 있는 것이므로, 단지 명각의 자연스러움에

---

253) 같은 책 권32, 「泰州學案一」, 710쪽, "先生於眉睫之間, 省覺人最多. 謂'百姓日用卽道', 雖僮僕往來動作處, 指其不假安排者以示之."

254) 같은 책 권32, 「泰州學案一」, 722쪽, "舜之事親, 孔之曲當, 一皆出於自心之妙用耳. 與飢來喫飯, 倦來眠, 同一妙用也."

255) 같은 책 권32, 「泰州學案一」, 721쪽, "纔提起一個學字, 却似便要起幾層意思, 不知原無一物, 原自現成, 順明覺自然之應而已."

따르기만 하면 된다. 마치 배고프면 밥을 먹고 피곤하면 잠을 자듯이, 쓸데없이 안배하거나 사색할 필요도 없고 예측하거나 의논할 필요도 없이 자연스러우며 자재롭다. 그는 심지어 "세상에 나아가 직접 훌륭한 일을 해야 한다고 마음먹는 일조차 마음의 장애다"[256]라고 말하기까지 하였다. 그가 생각할 때, 사람의 마음은 텅 비어 있어야지 장애가 있어서는 안 된다. 그래야만 '원만하고 신묘한 효험'을 이룰 수 있다. '원만하고 신묘하다'는 것은 스스로 그러하며 막힘이 없는 마음의 상태를 뜻한다.

자연스러운 명각의 원만하고 신묘한 묘용도 즐거움이다. 왕벽은 즐거움을 '의지함이 있는 즐거움'과 '의지함이 없는 즐거움'으로 나누었다. 그는 이렇게 말했다.

의지함이 있고서야 즐거운 것은, 다른 사람 때문에 즐거워하는 것이다. 일단 의지하는 대상을 잃어버리면 마음에 차지 않아 부족한 듯하다. 의지함이 없이 스스로 즐거운 것은 자연스러운 즐거움이다. 이러한 즐거움은 편안하거나 참담하거나, 기쁘거나 슬프거나, 윤택하거나 초라하거나, 얻게 되거나 잃게 되거나 언제 어디서나 즐거울 수 있다.[257]

의지함이 있는 즐거움이란 심미적 기쁨처럼, 대상에 의지하거나 대상에 대해 갖는 즐거움이다. 반면에 의지함이 없는 즐거움이란 일종의 정신 경지이며, 이때 사람은 대상의 유무나 변화에 상관 없이 화락하고 초연한 흉금의 상태를 일관되게 유지할 수 있다.

이렇게 하여 우리는 다시 '공자와 안연이 즐거워한 것'이라는 옛 문제로 되돌아왔다. 즐거움에는 대상이 있는가? 즐거움의 대상은 무엇인가? 이러한 문제에

---

256) 같은 책 권32, 「泰州學案一」, 722쪽, "立意要在天地間出頭, 做件好事, 亦是此心之障."
257) 같은 책 권32, 「泰州學案一」, 723쪽, "有所倚而後樂者, 樂以人者也. 一失其所倚, 則嗛然若不足也. 無所倚而自樂者, 樂以天者也. 舒慘欣戚, 榮悴得喪, 無適而不可也."

대하여 왕벽은 다음과 같이 대답하였다.

"이미 의지함이 없다면 즐거움이란 어떤 것인가? 도인가 마음인가?" 이 문제에 대해 말하자면, "어떤 사물도 없기 때문에 즐거운 것이다. 사물이 있다면 그렇지 않을 것이다. 즐거움이 바로 도이고 즐거움이 곧 마음이다. 그러나 도를 즐거워하고 마음을 즐거워한다고 말한다면, 그것은 침대 위에다 또 침대를 놓는 격이다."258)

송대 유학자들과 마찬가지로, 왕벽은 즐거움이란 오직 마음의 경지일 뿐이라는 생각을 견지하였다. 이러한 경지 자체가 도이다. 그러므로 도를 즐거움의 대상으로 말하거나 대상으로서의 도에서 즐거움이 생겨난다고 말하는 것은 모두 부정확하다. 왕벽은 아버지 왕간의 사상을 계승하여 즐거움을 학문의 최종 경지로 파악하였다.

3. 회남격물 ─ 몸을 편안히 하다

왕수인의 제자들 중에서 왕간만이 양명학에서 주장하는 것과 다른 격물설을 제기하였다. 사람들은 이를 '회남격물설淮南格物說'로 부른다. 왕간이 생각할 때, '격물'의 의미를 알자면 먼저 무엇을 '사물'이라고 하는지를 이해해야 한다. 그는 "몸과 천하 국가가 하나의 사물이라는 것은, 하나의 사물이면서도 본말이 있다는 뜻이다"259)라고 생각하였다. 만물은 모두 사물이다. '만물일체'의 입장에서 볼 때, 만물은 일체이며, 만물은 하나의 사물이다. 그런데 『대학』에서는 본래 "사물에는 본말이 있다"(物有本末)고 하였다. 그러므로 만물 가운데서 근본과 말단을 구별해 낼 때 비로소 '격물'의 의미를 파악할 수 있다. 왕간은 『대학』에서 "모두 수신을 근본으로 삼는다"(壹是以修身爲本)고 했으므로, '몸'이 근본

---

258) 같은 책 권32, 「泰州學案一」, 723쪽, "旣無所倚, 則所樂者果何物乎? 道乎, 心乎?" 曰: "無物故樂, 有物則否矣. 且樂卽道, 樂卽心也. 而曰所樂者道, 所樂者心, 是牀上之牀也."
259) 같은 책 권32, 「泰州學案一·心齋語錄」, 712쪽, "身與天下國家一物也, 惟一物而有本末之謂."

임을 알 수 있다고 생각하였다. 그리하여 그는 "이런 까닭에 몸은 천지만물의 근본이며, 천지만물은 말단이다"260)고 말했다.

'격'의 의미는 무엇인가? 그는 "격은 헤아린다는 말이다. 본말을 헤아려 '근본이 어지러운데도 말단이 다스려지는 경우는 없다'는 점을 아는 것이 격물이다"261)라고 말했다. 헤아린다는 말은 판단한다는 뜻이다. 왕간이 생각할 때, '격'은 '근본'을 기준으로 삼아 '말단'을 판단하는 것이다. 그는 "내 몸은 곱자(矩)이고, 천하 국가는 네모이다. 헤아려 보면, 네모가 바르지 않은 까닭은 곱자가 바르지 않기 때문이라는 사실을 알게 될 것이다. 그러므로 오직 곱자만을 바로잡아 나갈 뿐, 네모에서 추구하지는 않는다. 곱자가 바르면 네모도 바를 것이고, 네모가 바르면 격을 이룰 것이다. 이 때 '사물이 격되었다'고 말한다"262)고 하였다. 요컨대 몸은 근본이며 헤아려 판단하는 근거이다. 몸을 근본으로 삼는 관점은 사람들로 하여금 몸을 바로잡는 일에 주의력을 집중하도록 요구한다. 몸이 바르면 집안과 천하 국가도 쉽게 바로잡을 수 있기 때문이다. '격'에 대한 그의 이해 속에는 여전히 양명학에서 강조했던 '바로잡는다'는 의미를 담고 있다. 헤아리는 것 자체가 어떤 기준에 의해 바로잡는 의미를 지니고 있으므로, '바로잡는다'는 뜻과 '헤아린다'는 뜻을 겸하고 있는 것이다.

만일 몸을 중시하는 왕간의 견해가 단지 『대학』이나 전통 유가에서 말하는 '수신'을 근본으로 삼아 자신을 바로잡고 사물을 바로잡으며, 나아가 집안을 가지런히 하고 나라를 다스리며 천하를 평안하게 한다는 낡은 논조에 불과했다면, 그의 격물설은 전혀 새로운 의미가 없었을 것이다. 그러나 그의 격물설이 당시 학자들과 후대 학자들의 주목을 끌었던 까닭은 그가 '수신'을 근본으로

---

260) 같은 책 권32, 「泰州學案一·心齋語錄」, 711쪽, "是故身也者, 天地萬物之本也; 天地萬物, 末也."
261) 같은 책 권32, 「泰州學案一·心齋語錄」, 712쪽, "格, 絜度也. 絜道於本末之間, 而知'本亂而末治者否矣.' 此格物也."
262) 같은 책, 같은 쪽, "吾身是個矩, 天下國家是個方, 絜矩則知方之不正, 由矩之不正也. 是以只去正矩, 却不在方上求, 矩正則方正矣. 方正則成格矣. 故曰物格."

삼은 점 외에도, 애신愛身·안신安身·보신保身·존신尊身 등의 사상을 제시했기 때문이다. 이러한 사상은 주희나 왕수인의 격물설과도 다를 뿐만 아니라 전체 유가 전통의 발전 흐름과도 중요한 차이를 드러낸다.

왕간은 "지선에서 그친다"(止至善)는 『대학』의 말을 "훌륭한 덕을 밝힌다"(明明德)는 말에 귀결시키는 입장을 반대하였다. 그는 "지선에서 그친다는 말은 몸을 편안히 한다는 뜻이며, 몸을 편안히 한다는 말은 천하의 커다란 근본을 세운다는 뜻"이라며, "몸이 근본임을 알아서 훌륭한 덕을 밝히고, 백성들을 친하게 여긴다. 몸이 편안하지 않다면 근본이 확립되지 않은 것이다. 근본이 어지러운데도 말단이 다스려지는 경우는 없다"263)고 하였다.

왕간은 몸을 만물의 근본으로 파악하면서 '존신尊身'을 제창하였다. 그는 "몸과 도는 원래 한가지이다. 지극히 존귀한 것은 이 도이고, 지극히 존귀한 것은 이 몸이다. 몸을 받들면서도 도를 받들지 않는다면, '존신'이라고 말하지 않는다. 도를 받들면서도 몸을 받들지 않는다면, '존도尊道'라고 말하지 않는다"264)고 하였다. 전통 유학에서는 단지 '수신'을 중시했을 뿐 '존신'을 말하지 않았다. 왜냐하면 '수신'이라는 설명 속에 반드시 몸을 닦아야 한다는 의미가 포함돼 있기 때문이다. 그런데 왕간은 몸과 도를 함께 논하면서 공개적으로 '존신'을 주장하였다. 이 점도 송대 이래 리학의 발전 과정 속에서 일찍이 없었던 일이다.

왕간이 말하는 '안신安身'은 왕수인의 생각과 다르다. 왕수인은 보고 듣고 말하고 행동하는 것과 몸의 행위가 의리에 합치하는 상태를 '안신'이라고 생각했다. 그러나 왕간은 "몸을 편안히 할 줄도 모르면서 천하 국가의 일에 대해 논하는 것은 근본을 잃은 것이다. 여기에서 발을 잘못 내딛으면 몸이 죽고 살이 떼어질지도 모르며 굶어 죽을지도 모르는데, 갓끈을 동여맨 채 이것이 옳다고

---

263) 같은 책 권32, 「泰州學案一·心齋語錄」, 711쪽, "止至善者, 安身也. 安身者, 立天下之大本也." "知身之爲本, 是以明明德而親民也, 身未安, 本不立也. 本亂而末治者, 否矣."
264) 『心齋王先生全集』 권3, 「答問補遺」, "身與道原是一件, 至尊者此道, 至尊者此身. 尊身不尊道, 不謂之尊身; 尊道不尊身, 不謂之尊道."

만 고집한다. 몸을 보존할 줄도 모르면서 어떻게 천하 국가를 보존하겠는가"265)
라고 말했다. 이러한 사상에 따르자면, 고대의 충신이나 의사義士, '사생취의捨
生取義'의 정신 등은 모두 '보신保身'도 아니고, '안신'도 아니다. 왕간은 '안신'
과 '보신'에서 '몸'(身)이란 모두 개체의 육체적인 생명을 의미하는 것으로 명확
하게 지적하였다. 이렇게 감성 생명의 애호를 도덕 원칙에 대한 존중과 동일시
하는 생각은 새로운 사상 방향을 드러내는 것이다. 왕간의 어록에는 다음과 같
은 제자와의 문답이 기록돼 있다.

> 어떤 사람이 '안신설安身說'을 의심하면서 "백이伯夷와 숙제叔齊는 몸을 편안케 하
> 지는 못했지만, 마음만은 편안케 하였다"고 말했다. 그러자 "몸을 편안케 하고 마음
> 을 편안케 하는 것이 가장 좋다. 몸은 편안하지 못하면서 마음을 편안케 하는 것은
> 그 다음이다. 몸도 편안케 하지 못하고 마음도 편안케 하지 못하는 것이 가장 나쁘
> 다. 천지만물 때문에 몸이 위태로워지는 것을 근본을 잃은 것이라고 말한다. 천지만
> 물로부터 몸을 정결하게 하는 것을 말단을 버리는 것이라고 말한다"고 하였다.266)

백이와 숙제는 주나라의 곡식을 거부한 채 수양산首陽山에서 굶어 죽었다.
역대의 유학자들은 모두 그들의 절조를 표창하였다. 맹자의 관점에서 보자면,
생명이란 비록 모든 사람들이 원하는 것이나, 생명보다 더 귀중한 것이 있다.
그것이 바로 도덕 이상이다. 따라서 사람이 도덕 이상을 위해 생명을 희생하는
일은 고상한 행위다. 그러나 왕간이 생각할 때, 생명을 지닌 몸이 가장 근본적인
것이므로, 몸이 없다면 그 밖의 것들은 말할 수도 없다. 그러므로 왕간은 백이와
숙제를 받아들일 수 없는 것이다.

---

265) 같은 책 권3, 같은 곳, "不知安身, 便去幹天下國家事, 是之爲失本. 就此失脚, 將烹身割股, 餓死
結纓, 且執以爲是矣. 不知身之不能保, 又何以保天下國家哉?"
266) 『明儒學案』 권32, 「泰州學案一」, 713쪽, "有疑安身之說者曰: 夷齊雖不安其身, 然而安其心矣.
曰: 安其身而安其心者, 上也; 不安其身而安其心者, 次之; 不安其身又不安其心, 斯爲下矣. 危其
身於天地萬物者, 謂之失本. 潔其身於天地萬物者, 爲之遺末."

또 왕간은 "사람이 가난에 허덕이면서 몸을 얼리거나 굶긴다면 이 또한 근본을 잃은 것이며, 학문이 아니다"267)라고 말했다. 사람이 학문을 하려면 먼저 자신의 생명을 보장할 수 있는 물질적 생활 조건을 구비하고자 노력해야 한다. 이 점을 이해하지 못한다면 진정한 학문을 모르는 것이다. 이러한 입장에서 볼 때, 생명 활동을 보장하고 발전시키기 위해 필요한 행위는 삶을 도모하는 일(장사하고 농사지으며 노동하는 일을 포괄하여)에서부터 세상을 피해 은둔하는 일에 이르기까지 모두 중요한 의미를 지닌다. 왕간의 '안신설'은 감성 생명을 아끼고 사랑할 것을 주장하면서 전통적으로 '사생취의'의 인물로 받들어 오던 백이·숙제를 비판하였다. 이 때문에 도덕 이상주의의 입장에 선 황종희는 왕간의 이러한 사상이 구차하게 위난을 회피하려는 사람들에게 핑계거리를 만들어 주었다고 비판하였다.

왕간은 또한 사리에 밝아 몸을 보호한다는 '명철보신明哲保身' 사상을 제기하였다. 그는 다음과 같이 말했다.

사리에 밝은 것은 양지다. 사리에 밝아 몸을 보호하는 것은 양지와 양능이다. 몸을 보호할 줄 안다면 반드시 몸을 아낄 것이다. 몸을 아낄 줄 안다면 감히 다른 사람을 사랑하지 않을 수 없을 것이다. 다른 사람을 사랑하면 그 사람도 틀림없이 나를 사랑할 것이다. 다른 사람이 나를 사랑하면 내 몸은 보존될 것이다.268)

이처럼 감성 생명을 본위로 하는 왕간의 사상은 가치관의 입장에서 어떤 의미를 갖는가? 왕간의 이러한 사상에서 '보신'은 양지의 기본적인 의미이다. 그렇다면 양지는 사람의 생명 충동과 본질적으로 구별되지 않는다. 왕간은 양지의 '보신' 의식 속에서 '남을 사랑하는'(愛人) 윤리를 파생시킬 수 있다고 생각하

---

267) 같은 책 권32, 「泰州學案一」, 715쪽, "人有困於貧而凍餒其身者, 則亦失其本而非學也."
268) 같은 책, 같은 쪽, "明哲, 良知也. 明哲保身者, 良知良能也. 知保身者則必愛身, 能愛身則不敢不愛人, 能愛人則人必愛我. 人愛我則吾身保矣."

였다. 왕간은 묵자와 유사한 논증 방식을 운용하였다. 다시 말해서 남을 사랑하는 것은 결코 절대적인 가치가 아니다. 내가 남을 사랑하는 까닭은 남을 사랑하는 것이 남으로 하여금 나를 사랑하게 하는 수단이 될 수 있기 때문이다. 남을 사랑하는 것은 결코 절대적인 도덕 명령도 아니며, 사회적 화합을 이루려는 것도 아니다. 오직 '보신'을 이루기 위한 수단일 따름이다. 이러한 윤리관은 적어도 논리적으로는 전통적인 유가 윤리와 다르다.

이러한 이론은 '다른 사람과 내가 서로 감응한다'는 이론을 전제한다. 즉 내가 다른 사람을 사랑하면 그 사람도 나를 사랑할 것이고, 내가 나만을 이롭게 하고 남을 해롭게 하면 다른 사람도 나에게 그렇게 보복할 것이라는 점을 전제하고 있다. 따라서 '명철보신'의 윤리학은 비록 최종 목표가 '보신'에 있을지라도 결코 이로부터 이기적인 개인주의가 파생되지 않는다. 다른 한편으로 우리는 이러한 이론으로부터 '나와 다른 사람이 서로 감응하는 관계에 있으므로 상대방의 반응을 통해서 나를 이해할 수 있다'는 생각을 이끌어 낼 수도 있다. "남을 사랑하는 사람은 다른 사람들이 항상 그를 사랑하고, 남을 믿는 사람은 다른 사람들이 늘 그를 믿는다. 이것이 감응의 도리이다. 이로 미루어 볼 때, 다른 사람이 나를 사랑하지 않는다면, 그것은 특별히 그 사람이 인자하지 않아서가 아니라 내가 인자하지 못하기 때문임을 알 수 있다. 또한 다른 사람이 나를 믿지 않는다면, 그것은 특별히 그 사람이 믿지 않아서가 아니라 내가 믿을 수 없기 때문임을 알 수 있다."[269] 타인과 내가 서로 감응하는 관계 속에서 볼 때, 타인의 부도덕한 행위는 내가 도덕적으로 불완전하기 때문에 빚어진 것이라고 생각할 수 있다. 이러한 사상은 '헤아리는' 것에서 출발하여 '스스로를 반성하는' 데까지 이르는 것으로서, 여전히 우리를 자아의 수양에 힘쓰도록 이끌어 갈 수 있다. 이것은 '오직 곱자만을 바로잡아 나갈 뿐, 네모에서 추구하지

---

269) 『王心齋先生遺集』 권1, 「勉仁方」, "愛人者人恒愛之, 信人者人恒信之, 此感應之道也. 於此觀之, 人不愛我. 非特人之不仁, 己之不仁可知矣. 人不信我. 非特人之不信, 己之不信可知矣."

않는다'는 '회남 격물'의 해석에서 제공해 준 일종의 상호 감응성의 이론 기초였다.

일반적인 도덕 규범과 도덕 수양에 관해 말하자면, 왕간은 결코 유가의 윤리를 부정하지 않았다. 다만 그가 평민 노동자 출신이었으며 노동자들을 가르쳤기 때문에, 한편으로는 자신을 보호하고 생명을 아끼며 몸을 사랑하는 평민들의 윤리 관념이 그대로 녹아들었으며, 다른 한편으로는 전통적인 유가 윤리를 설명하고 해석하는 데 묵자와 비슷한 방법을 채용함으로써 자각적이었든 자각적이지 못했든 간에 공리적인 의미의 가치 목표가 보태졌을 따름이었다. 이러한 측면들이 그의 윤리관으로 하여금 인생과 가치 체계 속에서 개체적인 감성 생명이 지니는 의미를 돌출시키게 하였다. 의심할 여지 없이, 왕간의 이러한 사상은 '세속화된 유가 윤리'의 특질에 한층 더 다가가 있다. 그러므로 문화의 관점에서 볼 때, 왕간의 이러한 사상을 리학의 '이단'으로 바라보기보다는 정밀하고 빼어난 문화였던 리학의 가치 체계가 민간 문화 속으로 확산되는 과정에서 발전돼 나온 형태로 파악해야 할 것이다. 이 사상은 '세속화된 유가 윤리'라는 의미에서 긍정되어야 마땅하다.270)

4. 만물일체

가정 초년에 왕간은 왕수인에게 공자의 수레에 관해 물은 적이 있었다. 그는 공자의 수레를 모방해 만들어서 공자처럼 수레를 타고 천하를 주유할 생각이었다. 왕수인은 "웃으며 대답하지 않았다." 왕간은 집에 돌아간 뒤 직접 냇버들로 수레를 만들어 각지를 소요하였으며, 이르는 곳마다 강학하였다. 또 그 수레에는 "천하는 하나이며, 만물은 일체다"라는 글귀가 씌어져 있었다. 그는 또「추선부鰍鱔賦」를 지어 '만물일체' 사상을 피력하였다.

---

270) 왕간이 '明哲保身論'을 제기한 배경에는 정치 환경의 압력도 있었다. 侯外廬가 主編한『中國思想史』제4권 하편에서 이미 이러한 점을 지적하였다.

한 도인이 한가롭게 시장을 거닐다가 우연히 어느 가게 앞에서 항아리 속에 갇혀 있는 두렁허리를 보았는데, 막 숨이 끊겨 죽을 것만 같았다. 그런데 갑자기 미꾸라지 한 마리가 나타나더니, 이리저리로 끊임없이 날뛰면서 조금도 머물러 있지 않는 모습이 마치 신기한 용 같았다. 이 미꾸라지 덕분에 두렁허리는 몸을 꿈틀거리고 숨을 돌리는 등 다시 생기가 감돌았다. 이처럼 두렁허리가 다시 몸을 꿈틀거리고 숨을 돌리면서 생명을 보존할 수 있었던 까닭은 모두 미꾸라지 덕택이었다. 그렇지만 이 또한 미꾸라지의 즐거움이었다. 미꾸라지가 두렁허리를 가엾게 여겨서 그런 것도 아니고, 보답을 받기 위해서 그런 것도 아니다. 미꾸라지는 자연스럽게 자신의 본성에 따랐을 뿐이다. 이를 지켜 보던 도인도 깨달음이 생겨 "나는 같은 부류와 함께 천지간에서 성장했다. 그런데 미꾸라지와 두렁허리가 이 항아리 속에서 함께 지내는 것만 못해서야 되겠는가! 대장부는 천지만물을 일체로 여기고, 천지를 위해 마음을 세우며, 백성을 위해 명命을 세운다고 들었다. 그러한 것들이 모두 여기에 있지 않은가"라고 탄식하였다. 마침내 그는 수레를 정리하고 장비를 정돈하여 흔연히 곳곳을 주유하고자 하는 뜻을 품었다. 잠시 후 갑자기 바람이 불고 구름이 몰려들더니 천둥이 치면서 비가 내렸다. 그러자 미꾸라지는 기세등등하게 은하로 도약하여 대해로 빠져들 듯 여유롭게 미끄러져 갔다. 이리저리로 자재로우니 그 즐거움은 끝이 없었다. 그러다가 미꾸라지는 항아리 속의 두렁허리를 돌아다 보았다. 미꾸라지는 그 두렁허리를 구하려는 마음에 몸을 바꿔 용이 되고, 또다시 비바람을 일으켜 빗물로 두렁허리가 갇혀 있는 항아리를 잠깐 사이에 가득히 채웠다. 그러자 갇혀 있던 두렁허리가 즐겁게 생기를 되찾았다. 미꾸라지는 두렁허리가 정신 차리기를 기다려 함께 장강長江과 대해로 돌아갔다. 도인도 즐겁게 길을 떠났다.[271]

---

271) 『王心齋先生遺集』 권4, 「鰍鱔賦」, "道人閑行於市, 偶見肆前育鱔一硎, 復壓纏繞, 奄奄然若死之狀. 忽見一鰍, 從中而出, 或上或下, 或左或右, 或前或後, 周流不息, 變動不居, 若神龍然. 其鱔因鰍, 得以轉身通氣而有生意. 是轉鱔之身, 通鱔之氣, 存鱔之生者, 皆鰍之功也. 雖然, 亦鰍之樂也, 非專爲憫此鱔而然, 亦非望此鱔之報而然, 自率其性而已耳. 於是道人有感, 喟然嘆曰: 吾與同類幷育於天地之間, 得非若鰍鱔之同育於此硎乎! 吾聞大丈夫以天地萬物爲一體, 爲天地立心, 爲生民立命, 幾不在玆乎? 遂思整車束裝, 慨然有周流四方之志. 少頃, 忽見有風雲雷雨交作, 其鰍乘勢躍入天河, 投入大海, 悠然而逝, 自在縱橫, 快樂無邊. 回視樊籠之鱔, 思將有以救之, 奮身化龍, 復作雷雨, 傾滿鱔硎, 於是纏繞復壓者, 皆欣欣然而有生意. 俟其蘇醒精神, 同歸於長江大海矣. 道人欣然就道而行."

왕간의 '만물일체' 사상은 송대 유학자들과 다른 점이 있다. 정호는 "혼연히 만물과 한 몸을 이룬다"고 하였고, 이를 의술에서의 수족 마비 현상에다 비유하면서 긴밀한 상통 관계를 주장했다. 그렇지만 정호에게서 만물일체의 인仁이란 대체로 일종의 경지였을 뿐, 천지만물이 일체라는 관점에 기초하여 윤리 원칙이나 사회적 관심을 이끌어 낸 것은 아니었다. 왕간의 만물일체관은 왕수인의 만물일체설 가운데서 '구제' 의식을 계승하였다. 즉 만물일체에서 출발하여 고난에 빠진 민중을 구제해내는 책임을 담당하고자 하였다. 하지만 왕간은 왕수인과는 달랐다. 왕수인에게서 '구제'는 여전히 도덕적 수단에 호소하는 전통 유가의 방식이었으나, 왕간은 백성의 고통을 자신의 고통으로 여기며 널리 베풂으로써 민중을 구제한다는 고전 유가의 인도주의를 더 많이 흡수하였다. 그가 생각할 때, 민중은 마치 항아리 속의 두렁허리처럼, 이중 삼중의 압제 속에서 숨이 끊어져 죽을 듯한 상태에 놓여 있다. 따라서 그는 천지만물을 일체로 여기는 인자仁者의 입장에서 반드시 민중들의 고난을 해결하고 구제해내는 책임을 떠맡아야 한다고 생각했다. 마치 미꾸라지처럼 민중들이 몸을 꿈틀거리고 숨을 돌릴 수 있도록 해 주어야 할 뿐만 아니라 근본적으로는 항아리 밖으로 그들을 해방시켜 주어 자유롭게 살아가도록 해야 한다. 그래서 그는 이렇게 말했다.

인자仁者는 천지만물을 일체로 여긴다. 하나의 사물이라도 거처를 얻지 못했다면, 이는 인자 자신이 거처를 얻지 못한 것과 다름없으며, 그 사물이 거처를 얻게끔 힘쓴 뒤에야 그친다. 그러므로 사람마다 군자이고 집집마다 땅을 나눌 수 있으며, 천지가 제자리를 잡고 만물이 화육되는 것, 이것이 나의 희망이다.[272]

공자가 황급히 천하를 주유한 사실을 감안할 때, 그의 인애로움을 알 수 있다. 문왕은 매우 조심하고, 백성의 고통을 자신의 고통으로 여기며, 도를 희망하면서도 드러

---

272) 같은 책 권1, 「勉仁方」, "夫仁者以天地萬物爲一體, 一物不獲其所, 卽己之不獲其所也, 務使獲所而後已. 是故人人君子, 比屋可封, 天地位而萬物育, 此予之志也."

내지 않았으니, 그의 인애로움을 알 수 있다. 요와 순은 전전긍긍하고 그 중도를 붙들며, 온 세상의 곤궁을 자신의 책임으로 여겼으니, 그의 인애로움을 알 수 있다. 요와 순, 문왕 그리고 공자의 학문을 살펴보면, 그들 사이에 공통되는 점을 알 수 있다. 그들의 지위는 비록 높낮이의 차이가 있었으나, 천지를 위해 마음을 세우고 백성을 위해 명命을 세운 점에서는 똑같다.[273]

왕간의 만물일체설은 민중 구제의 책임을 담당하려는 것이었다. 백성의 고통을 자신의 고통으로 여기고, 온 세상의 곤궁을 자신의 책임으로 삼으며, 백성들을 위해 명을 세우고자 하였다. 왕간의 사회 정치적 이상은 여전히 매우 추상적이었다. 그러나 만물일체에 기초한 왕간의 강렬한 사회적 사명감과 책임감은 리학자들 중에서는 매우 특출한 경우였다.[274]

리학을 논한 다른 강학 선생들과 비교할 때, 왕간은 분명히 학자풍이 훨씬 적었으며, 곳곳에서 '광狂'적인 태도를 드러내기도 하였다. 그는 공자를 본받아 천하를 주유하고자 하였고, 신묘한 용으로 변하여 수많은 두렁허리들을 구해내고자 하였다. 그는 "대장부라면 '불인인지심不忍人之心'을 지녀 천지만물이 자신에게 의지하도록 해야 한다. 그리고 벼슬에 나아가서는 모름지기 황제의 스승이 되고, 집안에 머물러서는 모름지기 만세의 스승이 되어야 한다"[275]고 선언하며, 곳곳에서 강렬한 자신감을 드러내는가 하면 심지어는 과대망상을 드러내기도 하였다. 그렇지만 그는 도를 닦고 가르침을 세우며, 백성을 구제하고자 자임自任하면서도 여전히 '자신을 세워 천하의 모범이 되도록 한다'는 명제에

---

273) 같은 책 권1, 「勉仁方」, "觀其汲汲皇皇, 周流天下, 其仁可知矣. 文王小心翼翼, 視民如傷, 望道而未之見, 其仁可知矣. 堯舜兢兢業業, 允執厥中, 以四海困窮爲己責, 其仁可知矣. 觀夫堯舜文王孔子之學, 其同可知矣. 其位分雖有上下之殊, 然其爲天地立心, 爲生民立命, 則一也."

274) "지위는 비록 달랐지만 백성을 위해 명을 세운 점에서는 똑같았다"는 왕간의 말은 분명히 강서성에서 왕수인이 자신을 비판했던 것에 대한 반박이다. 이 점도 둘 사이의 다른 점을 드러내 주고 있다.

275) 『王心齋先生遺集』 권1, 「語錄」, "大丈夫存不忍人之心, 而以天地萬物依於己, 故出則必爲帝者師, 處則必爲萬世師."

기초하였기 때문에, 결코 유가의 원칙을 위배하거나 벗어나지 않았다.

왕간은 세상을 구제하고자 하였다. 그러나 그는 결코 정치 활동이나 사회 활동에 적극적으로 참여하지 않았다. 그의 신조는 '도道로 천하를 구제하는' 것이었다. 그는 이러한 학문과 도를 분명하게 설명해 낼 수만 있다면, 제왕과 공경公卿이 반드시 그것을 본받을 것이며, 나아가 천하에 이 학문이 크게 밝혀져 세상이 훌륭하게 다스려질 수 있을 것이라고 생각하였다. 그래서 그는 '존도尊道'를 특별히 중시하며 '도道로 사람을 좇는' 태도에 반대하였다. 그는 자기의 이상을 귀중히 여기지 않고 자기가 신봉하는 원칙을 버린 채 남을 따르거나 압력에 굴복하는 태도를 "도로 사람을 좇는 것으로서 부녀자의 도이다"라고 비판하였다. 그의 이러한 사상은 대부분의 사상가들이 공통적으로 인정하는 원칙이기도 하다. 그래서 후대의 사람들은 그의 이러한 사상에 대해 "성인이 다시 일어날지라도 이 말을 바꾸지는 않을 것이다"276)라고 논평하였다.

8. 나여방

나여방羅汝芳(1515~1588)은 자字가 유덕惟德이고, 호는 근계近溪이며, 강서성江西省 남성南城 사람이다. 그는 가정 32년(1553년)에 진사 급제하여 태호현太湖縣 지사知事를 지냈으며, 연이어 형부 주사主事, 영국부寧國府와 동창부東昌府 지사, 운남雲南 부사副使와 참정參政을 역임하였다. 만력萬歷 5년(1577년)에 장거정張居正이 그의 강학 활동을 공격하기 위해 다른 사람으로 하여금 그를 탄핵하게 하였고, 마침내 그는 파면당했다. 그렇지만 그는 여전히 곳곳을 돌아다니며 강학하였다. 만력 16년에 죽으니 그의 나이 74세였다.

나여방은 15세 때 도학에 뜻을 두었다. 그는 일찍이 설선의 『독서록讀書錄』을 읽고 깨달음이 생기자, 정좌하며 생각을 가라앉히는 공부를 하였다. 그는 임전

---

276) 『明儒學案』 권32, 「泰州學案・心齋學案按語」, 711쪽, "聖人復起, 不易斯言."

사臨田寺에 칩거하여 책상 위에 수경水鏡을 올려 놓고 그것을 바라보면서 조용히 정좌하는 방법을 통해 마음이 수경처럼 맑고 고요해지기를 바랐다. 그러나 그는 정좌를 통해 진리를 깨닫지 못했으며, "이윽고 마음의 병에 걸리고 말았다." 즉 생리적·심리적 조화를 잃어버린 것이다. 그는 나중에 왕수인의 『전습록』을 읽고서야 좋아졌다.

26세 때 그는 우연히 어느 사찰을 지나다가 마음의 병을 고칠 수 있다는 방榜을 보고 그곳을 찾아갔는데, 안산농顔山農이 사람들을 모아 강학하고 있었다. 안산농은 본래 왕수인의 문인이었으며, 나중에는 왕간에게서 배우기도 한 사람이었다. 나여방은 그의 강학을 한참 듣더니, 그 가르침이 좋아져서 "이는 참으로 내 마음의 병을 고칠 수 있겠다"고 말하였다. 다음 날 그는 안산농을 찾아가 절을 올리고는 제자되기를 청했으며, 나중에 인仁을 체득하는 학문을 깨닫게 되었다. 그는 또한 안산농에게서 학문을 이룬 호종정胡宗正이 역학易學에 밝다는 말을 듣고는 그를 찾아가 스승으로 섬겼으며, 그렇게 3개월이 지나자 그의 학문을 전수받을 수 있었다.

46세 때 중병을 앓던 어느 날, 그는 꿈 속에서 태산장인泰山丈人을 만났다. 그런데 태산장인은 그에게 "자네는 태어나면서부터 감촉되어도 기氣가 움직이지 않고, 피곤하여도 눈이 어두워지지 않으며, 소란스러워도 의식이 분산되지 않고, 잠을 자면서도 의식의 대상이 모두 사라지지 않으니, 이 모두가 마음의 고질병이다"277)라고 말했다. 이에 나여방은 놀라며 "그것은 내가 열심히 공부하여 마음으로 체득한 것이다. 어째서 병이란 말인가" 하고 말했다. 그러자 태산장인은 "사람이 지닌 마음의 본체는 하늘의 도리(天常)에서 나온 것으로, 원래 사물을 따라 감통하는 것이지 어떤 것에 집착하는 것이 아니다. 자네는 평소 다잡아 지키면서 억지로 지나치게 힘을 쏟는가 하면 이 같은 생각에만 밝아서

---

277) 같은 책 권34, 「泰州學案三」, 761쪽, "君自有生以來, 觸而氣每不動, 倦而目輒不暝, 擾攘而意自不分, 夢寐而境悉不去, 此皆心之痼疾也"

마침내 습관이 된 것이다. 이 점을 깨닫지 못한다면, 천체天體(心體)를 점차 잃고 말 터인데, 어찌 마음의 병뿐이겠는가? 몸마저 병들고 말 것이다"[278]라고 하였다. 나여방은 이 말에 깜짝 놀라며 깨어났다. "땀이 비오듯하였고, 그 때부터 집념이 점차 사라졌으며, 혈맥도 정상적인 궤도를 따랐다."[279] 학문을 증득해 나간 나여방의 역정에서 알 수 있듯이, 그의 몸과 마음은 장기간의 곡절을 거친 뒤에야 비로소 온전해지고 안정되었다.

나여방은 도사나 승려들과 자주 접촉하였다. 그는 언변이 매우 뛰어났으며 사람들을 깨우쳐 주는 방법도 매우 기민하였다. 당시 사람들은 "용계(王畿)는 문장이 언변을 능가하고, 근계는 언변이 문장을 능가한다"고들 하였다. 이계二溪는 왕수인의 후학들 중 뛰어난 사람들이었다. 나여방의 저작으로는 『근계자문집近溪子文集』이 있다.

1. 갓난아이의 마음

맹자는 모든 사람들이 사단四端의 마음을 지니고 있다고 주장했고, "대인大人은 갓난아이의 마음을 잃지 않는다"고 했으며, 사람이라면 마땅히 태어나면서부터 지닌 양심을 보유해 나가야 한다고 생각했다. 나여방은 '갓난아이의 마음'(赤子之心)을 특별히 중시하였고, 이것을 기초로 하여 자신의 학문 종지를 형성하였다.

나여방은 다음과 같이 말했다.

성인은 하늘을 희구한다. '하늘'은 그렇게 하려 하지 않으면서도 그렇게 하고, 부르지 않아도 이른다. '성인'은 사려하지 않아도 알고, 애쓰지 않아도 중용에 도달할

---

278) 같은 책 같은 쪽, "人之心體出自天常, 隨物感通, 原無定執. 君以夙生操持强力太甚, 一念耿光, 遂成結習. 不悟天體漸失, 豈惟心病, 而身亦隨之矣."
279) 같은 책, 같은 쪽, "流汗如雨, 從此執念漸消, 血脈循軌."

수 있다. 성인을 희구하고 하늘을 희구하면서도 그것과 같으면서 조금도 다르지 않은, 자신에게 갖춰져 있는 그 어떤 것을 찾으려 하지 않는다면 어떻게 그것을 희구할 수 있겠는가? 하늘이 처음 나를 낳을 때 나는 그저 갓난아이였을 뿐이다. 갓난아이의 마음은 혼연한 천리이다. 사려하지 않아도 알 수 있고 배우지 않아도 할 수 있는 것을 자세히 살핀다면, 그렇게 하려 하지 않으면서도 그렇게 하고 부르지 않아도 이르는 본체와 혼연히 같아질 수 있을 것이다. 그러므로 성인의 성인다움이란 사려하지 않고 배우지 않아도 이미 자기에게 갖춰져 있는 것을, 그렇게 하려 하지도 않으며 부르지도 않는 근원과 일치되게 하는 것일 따름이다. 이렇게 오래도록 수양한다면, 자연히 사려하지 않고 애쓰지 않아도 여유롭게 중용의 도에 이른 성인이 될 것이다.[280]

그가 생각할 때, 유가의 이상은 주돈이가 말했듯이, '성인이 되기를 바라는 것'(希聖)과 '하늘을 희구하는 것'(希天)이다. 또 성인이 되기를 바라고 하늘을 희구하려면, 먼저 성인이나 하늘과 같은 어떤 것이 자기에게 갖춰져 있다는 점을 이해해야 한다. 하늘의 특징은 그렇게 하려 하지도 않으면서 그렇게 하며, 부르지 않아도 이르는 것이다. 그리고 성인의 특징은 사려하지 않아도 얻고, 애쓰지 않아도 중용에 도달할 수 있는 것이다. 갓난아이가 태어나면서 지닌 마음(赤子之心)과 양지・양능(예를 들어, 눈과 귀로 知覺할 수 있고, 손과 발로 운동할 수 있으며, 입으로 빨아먹을 줄 아는 것 등)은 모든 사람이 자연적으로 갖추고 있는 것이며, 바로 그렇게 하려 하지도 않고 부르지도 않는 것이자 배우지도 않고 사려하지도 않으면서 그 당장에 유행하는 것이다. 나여방이 생각할 때 '성인을 배운다'고 함은 사려하지도 않고 즉각적이며, 이미 갖춰져 있는 자신의 양지와

---

280) 같은 책 권34, 「泰州學案三」, 764쪽, "聖希天. 夫天則莫之爲而爲, 莫之致而至者也. 聖則不思而得, 不勉而中者也. 欲求希聖希天, 不尋思自己有甚東西可與他他得對同・不差毫髮. 却如何希得他? 天初生我, 只是個赤子. 赤子之心, 渾然天理, 細看其知不必慮・能不必學, 果然與莫之爲而爲・莫之致而至的體段, 渾然打得對同過. 然則聖人之爲聖人, 只是把自己不慮不學的見在, 對同莫爲莫致的源頭, 久久便自然成個不思不勉而從容中道的聖人也"

양능을 천명과 연결시키고 대응시킨다는 뜻이다.

나여방이 생각할 때, 사람이 현재 갖추고 있는 의식은 비록 갓난아이의 마음과 완전히 일치하는 상태는 아닐지라도 어른의 마음 역시 갓난아이의 마음에서 발전된 것이기 때문에, 갓난아이의 마음이 갖추고 있는 양지와 양능을 상실하지 않았다. 그는 제자와 다음과 같이 문답한 적이 있다.

"처음 태어났을 때는 갓난아이였다. 지금의 이 몸도 갓난아이가 성장한 것 아닌가? 이제 내가 묻고 자네가 대답해 보자. 앎과 능력은 선천적인(良) 것인가?" "그렇습니다." "이 문답에서 배움과 사려를 사용하는가?" "사용하지 않습니다." "그렇다면 종지가 분명해졌구나." "만일 제가 묻고 선생께서 답변하시기를 묻는 대로만 대꾸하면서 언제나 모두 그렇다고만 한다면, 늙어서도 끝내 범부와 마찬가지일 터인데, 어떻게 도를 얻고자 바랄 수 있겠습니까?" "그 단서는 오직 스스로 믿고 따르는 데 있으며, 그 기틀은 스스로 잘 깨닫는 데서 시작한다."281)

나여방이 생각할 때, 갓난아이의 마음은 사려하지 않아도 알 수 있고 배우지 않아도 할 수 있을 뿐만 아니라 "모르는 것이 없으며, 할 수 없는 것이 없다." 요컨대 나여방은 '치지致知'의 방법에 찬성하지 않았다. 그가 생각할 때 만일 '치致'가 확충을 의미한다면, 이미 갖춰져 있는 양지가 충분치 못하다는 것이며, 알지 못하는 것이 있고 할 수 없는 것이 있다는 사실을 뜻한다. 이 같은 양지라면 이미 '양'지도 아니고 '양'능도 아니다. 그래서 그는 "제군들이 붉은 빛도 봄이요 보랏빛도 봄임을 안다면, 갓난아이 모두가 알 수 있고 할 수 있다는 점을 알 것이다. 자연의 봄은 초목에서 나타나고, 사람의 성性은 보고 듣는 것에서 드러난다. 갓난아이를 보듬어 안고 어르는 상황을 생각해 보자. 갓난아이는 원

---

281) 같은 책 권34, 「泰州學案三」, 763쪽, "初生旣是赤子, 難說今日此身不是赤子長成? 此時我問子答, 是知能之良否? 曰: 然. 曰: 卽此問答, 用學慮否? 曰: 不用. 曰: 如此則宗旨確有矣. 曰: 若只是我問你答, 隨口應聲, 個個皆然, 時時如是, 雖至白首, 終同凡夫, 安望有道可得耶? 曰: 其端只在能自信從, 其機則始於善自覺悟."

쪽에서 부르면 왼쪽을 쳐다보고, 오른쪽에서 부르면 오른쪽을 바라본다. 그의 귀는 언제 어디서나 듣지 못하는 경우가 없고, 그의 눈은 언제 어디서나 보지 못하는 경우가 없다. 갓난아이가 듣고 보는 것은 언제 어디서나 반복되지 않음이 없으니, 어찌 언제 어디서나 알지 못하고 하지 못하는 것이 없지 않겠는가?"282)라고 말하였다.

맹자가 말했던 '갓난아이의 마음'은 원래 부모를 사랑하는 마음을 가리키는 것이었고, 확정적인 윤리 의미를 지닌 것이었다. 그런데 나여방이 강조한 점은 갓난아이의 마음 가운데서 사려하지 않아도 알 수 있고 배우지 않아도 할 수 있는 즉각적인 직각과 본능일 따름이었다. 따라서 그가 '알지 못하는 것이 없고 할 수 없는 것이 없다'고 말한 갓난아이의 마음은, 윤리적인 양심도 아니고 인식된 지식도 아니었다. 그것은 단지 사람의 지각 작용을 의미할 뿐이다. 우리는 다음에 살펴볼 '그 당장에 바로 그렇다'(當下卽是)는 사상과 '자연스러움에 순응한다'(順適自然)는 사상 속에서 이러한 그의 입장을 더욱 분명하게 찾아볼 수 있다.

2. 그 당장에 바로 그렇다

나여방의 학문은 '백성들의 일상 생활에서 도를 밝힌다'는 왕간 이래의 전통을 계승하였으며 특히 '그 당장에'를 강조하였다. 그는 선인들이 말했던 다양한 공부에 찬성하지 않았으며, 본체와 공부 모두를 '그 당장에' 드러낼 수 있어야 하는 것으로 생각하였다. '그 당장에'란 모든 사람이 '그 당장에'(과거도 아니고 미래도 아닌) 지니고 있는 의식과 심리 상태를 의미한다. '그 당장'의 의식 상태는 바로 마음의 본체가 표현된 것이다. 그는 일찍이 제자들과 잡념이 어지러이

---

282) 같은 책 권34, 「泰州學案三」, 795쪽, "諸君知紅紫之皆春, 則知赤子之皆知能矣. 蓋天之春見於草木之間, 而人之性見於視聽之際. 今試抱赤子而弄之, 人從左呼則目卽盼左, 人從右呼則目卽盼右. 其耳皆無時無處而不聽, 其目皆無時無處而不盼, 其聽其盼皆無時無處而不轉展, 則豈非無時無處而無所不知能也哉?"

일어나는 문제에 대해 다음과 같이 토론한 적이 있었다.

"잡념이나 분노란 모두 어제와 내일의 일을 말하는 것이다. 공부에서 긴요한 점은
오직 '목전目前'을 논하는 것이다. '지금 이 순간' 상대하고 있는 것을 말해 보자.
과연 마음속의 생각은 어떠한가"라고 물으니, "지금 이 순간을 말하자면, 공손하고
경건하며 편안하고 온화하며, 오직 가르침을 듣는 일에만 집중하여 조금의 잡념도
생기지 않습니다"라고 대답했다. "나와 너희들은 이미 지금 이 순간에 마음의 본체
가 이같이 훌륭하다는 것을 알았다. 그렇다면 이러한 사실을 철저히 믿을 수 있겠는
가"라고 묻자, 모두들 기뻐하며 일어서더니 "지금 이 순간의 마음의 본체에 근거한
다면, 분명 성현이 되기에도 어려움이 없을 것입니다"라고 대답했다.283)

나여방이 말하는 '그 당장에'와 '목전目前'이란 의식 활동의 어떤 한 순간을
가리킬 뿐만 아니라, 특히 그와 제자들이 함께 강학하고 질문할 때의 특정한
시점 '그 당장'을 의미한다. 나여방은 그가 제자들과 강론할 당시 제자들이 공손
히 듣고 있는 시점의 특정한 '그 당장'과 나중에 설명할 시동이 차를 내오는
시점 등의 특정한 '그 당장'을 들어서 제자들에게 마음의 본체를 일깨웠다. 예컨
대 한 제자가 아무리 독서를 해도 잘 이해하지 못하겠다고 그에게 호소하자,
나여방은 "자네는 많은 책을 이해하지 못하면서도 어떻게 차를 마시고 밥을
먹는가? 게다가 어떻게 여기 이 자리에서 여러 시간 동안이나 담론하였는
가"284)라고 말했다. 그리고 다른 제자가 그에게 어떻게 해야 '미발의 중'을 구
할 수 있는가를 묻자, 그는 다음과 같이 말하였다.

---

283) 같은 책 권34, 「泰州學案三」, 767쪽, "所云雜念忿怒, 皆是說前日後日事也. 工夫緊要, 只論'目
前.' 今且說'此時'相對, 中心念頭是如何? 曰: 若論此時則恭敬安和, 只在專志聽教, 一毫雜念
也不生. 曰: 吾子旣已見得此時心體有如是好處, 却果信得透徹否? 大衆忻然起曰: 據此時心體,
的確可以爲聖賢而無難事也."
284) 같은 책 권34, 「泰州學案三」, 772쪽, "子許多書未明, 却纔如何喫了茶, 喫了飯. 今又如何在此立
談了許久時候耶?"

"자네는 어떻게 하여 희노애락이 생기는지도 모르면서 어떻게 '미발의 중'의 기상을 관찰할 수 있겠는가? 내가 자네에게 묻겠는데, 지금 이 순간 얼굴을 맞댄 채 말하면서 희노가 있는가 없는가? 애락이 있는가 없는가?" "전부 없습니다." "전부 없다고 했는데, 이것이 바로 희노애락이 아직 발현되지 않은 상태이다. 이러한 '미발의 중'은 우리 본성의 상체常體이다. 만일 이 상체를 인식한다면 적중하고 평탄하여, 일어남도 없고 작위함도 없을 것이다. 따라서 사물이 이르면 알고, 알면 희노애락의 발현이 자연스러워진다. 상체는 미리 어떤 것이 있으면서 그 안에서 제멋대로 횡포를 부리는 것과 천양지차가 난다. 어찌 모두 기율에 맞아 조화롭지 않겠는가?"285)

요컨대 의념의 전일함이나 '미발의 중'을 막론하고, 우리가 추구하는 경지란 멀어서 미치지 못할 것도 아니고 감춰져 흔적이 없는 것도 아니다. 그것은 바로 우리의 '그 당장'의 의식 상태 속에 놓여 있다. 우리의 '그 당장'의 의식 상태가 바로 우리의 성체性體이다. 또한 다른 제자가 어떻게 리理를 구하느냐고 묻자, 그는 다음과 같이 말했다.

"자네는 이러한 리가 절실하길 바라면서도, 오히려 지금 이 순간을 버린 채 평상시를 말하기 때문에 절실하지 못하게 된다. 지금 이 순간의 문답을 버린 채 사물을 말하기 때문에 또한 당연히 절실하지 못하다." "지금 이 순간의 문답이 어째서 리의 절실한 것입니까?" "자네는 문답과 리를 별개의 일로 보고, 문답 밖에서 리를 구하려 하기 때문에 절실하지 못한 것이다. 내가 말할 때 귀 기울여 듣고 마음으로 환하게 생각한다면, 자네의 귀와 마음은 얼마나 조리가 분명해지겠는가! 말이 분명치 못하면 묵묵한 채로 대답하지 않고, 말이 분명하면 여러 사람들과 함께 기뻐한다. 이렇게 한다면, 자네의 마음과 입 또한 얼마나 조리가 분명해질 것인가!" "과연

---

285) 같은 책 권34, 「泰州學案三」, 783쪽, "子不知如何爲喜怒哀樂, 又如何知得去觀其氣象也耶? 我且詰子, 此時對面相講, 有喜怒也無? 有哀樂也無? 曰: 俱無. 曰: 旣謂俱無, 便是喜怒哀樂未發也. 此未發之中, 是吾人本性常體. 若人識得此個常體, 中中平平, 無起無作, 則物至而知, 知而喜怒哀樂出焉自然, 與預先有物橫其中者, 天淵不侔矣, 豈不中節而和哉?"

절실하군요."286)

나여방과 제자들 사이의 이러한 대화는 다음과 같은 사실을 밝혀 준다. 그는 늘 대화할 때 상대방의 의식 상태를 들어서 본심을 가리켰고, 오직 전념할 뿐 미리 기대하지도 않으며 희노도 없는 의식 상태를 사람이 본래 지니고 있는 양지와 양능이라고 말하였으며, 언제 어디서나 이러한 상태를 유지할 수 있어야만 성인이라고 주장하였다.

어떤 사람은 일상 생활에서 언행을 '합당하게' 할 것, 즉 자신의 언행을 도덕 준칙에 알맞도록 하는 일에 전념하여 그 합당함을 추구할 것을 주장하였다. 그러나 나여방은 이러한 공부를 자연스럽지 못한 것으로 생각하였다. 그는 "자네는 아침에 일어나고 밤에 잠자며, 기쁘면 웃고 누우면 쉰다. 어디에서나 이 본체 아닌 것이 없다. 어떻게 언행이 있은 뒤에 합당함을 생각할 수 있겠는가? 또한 어떻게 언행이 합당한 뒤에야 비로소 옛 성현들과 다르지 않다고 말할 수 있겠는가"287)라고 말했다. 요컨대 사람은 일상 생활 속에서 항상 자연스러우며 합당하기 때문에, 의식적으로 의식 활동을 규범 지을 필요가 없다는 것이다. 그가 이해한 '합당함'은 분명 순수하게 윤리적인 것을 뜻하기보다는 오히려 일상 생활 속에서 도덕을 초월한 의식의 자연스런 반응을 의미한다. 그러므로 그가 강조했던 점은 의식 활동의 윤리적 성격이 아니라 의식 활동이 자연스러운가 그렇지 못한가의 상태 즉 의식 반응의 자연성이었다. 이른바 "그 당장에 바로 그렇다"(當下卽是)는 말은 의식 가운데서 중화되지 못하는 것은 모두 과거나 미래와 관련된 것이며, '그 당장'의 의식은 중화되지 않은 것이 없음을 뜻한다.

---

286) 같은 책 권34, 「泰州學案三」, 772쪽, "汝要求此理親切, 却舍了此時而言平日, 便不親切; 舍了此是問答而言事物, 當然又不親切. 曰: 此時問答, 如何是理之親切處? 曰: 汝把問答與理看作兩件, 却求理於問答之外, 故不親切. 不曉我在言說之時, 汝耳凝然聽着, 汝心炯然想着, 則汝之耳·汝之心, 何等條理明白也! 言未透徹, 則默然不答; 言纔透徹, 便隨衆欣然. 如是則汝之心·汝之口, 又何等條理明白也! 曰: 果是親切."

287) 같은 책 권34, 「泰州學案三」, 776쪽, "子早作而夜寐, 嬉笑而偃息, 無往莫非此體, 豈待言動事爲, 方思量得個停當? 又豈直待言動事爲停當, 方始說道與古先聖哲不殊?"

이 점에서 그는 '백성들의 일상 생활에서 도를 밝히는' 왕간의 방법을 한층 더 발전시켰다.

"저희들은 때로는 마음을 살필 것을 말하고, 때로는 실천할 것을 말하며, 때로는 널리 배울 것을 말하고, 때로는 고요함을 지킬 것을 말합니다. 그런데 선생께서는 모두 허락하지 않습니다. 그러면 어느 누가 도를 말할 수 있습니까"라고 묻자, "차를 나르는 이 시동이 도이다"라고 말했다. 한 친구가 경솔하게 "어떻게 그 시동이 경계하고 조심하며 두려워할 수 있습니까"라고 묻자, 선생은 "다실에서 여기까지가 몇 층인가"라고 되물었다. 모두가 "삼층입니다"라고 대답했다. 그러자 선생은 "이 시동은 많은 문지방과 계단을 지나오면서도 찻잔 하나 깨뜨리지 않았다"고 하였다. 이에 그 친구는 깨달음이 생겨 "그 시동은 그렇게 경계하고 두려워하기를 매일같이 행하면서도 알지 못한다"고 말하자, 선생은 "만일 이 시동이 알지 못한다면 어떻게 차를 나를 수 있으며, 또 어떻게 차를 나르면서 경계하고 두려워하겠는가"라고 질책하였다. 그 친구는 말문이 막혔다. 선생은 그 점에 대해서 천천히 설명하기를, "지知에는 두 가지가 있다. 이 시동이 매일 차를 나르는 것도 하나의 지인데, 이는 사려하지 않아도 아는 것이며, 선천적인 것에 속한다. 그리고 차 나르는 것을 알고 할 수 있다는 점을 깨닫는 것도 하나의 지인데, 이는 사려하여 아는 것이며, 사람의 노력에 속한다.…… 깨닫는 마음의 눈으로, 사려하지 않는 '양良'과 묘합하여 혼연히 하나가 될 수 있다면, 이것이 바로 예지로 은미함과 신명함을 관통하는 것이다"라고 하였다.288)

다음과 같은 문답 내용도 실려 있다.

---

288) 같은 책 권34, 「泰州學案三」, 773쪽, "問: 吾儕或言觀心, 或言行己, 或言博學, 或言守靜, 先生皆 非見許, 然則誰人方可以言道耶? 曰: 此捧茶童子却是道也. 一友率爾曰: 豈童子亦能戒愼恐懼耶? 羅子曰: 茶房到此, 幾層廳事? 衆曰: 三層. 曰: 童子過許多門限階級, 不曾打破一個茶甌. 其友省 悟曰: 如此童子果知戒懼, 只是日用不知. 羅子難之曰: 他若不是知, 如何會捧茶, 捧茶又會戒懼? 其友語塞. 徐爲解曰: 知有兩樣, 童子日用捧茶是一個知, 此則不慮而知, 其知屬之天也. 覺得是知 能捧茶, 又是一個知, 此則以慮而知, 其知屬之人也.…… 人能以覺悟之竅, 而妙合不慮之良, 使渾 然爲一方, 是睿以通微‧神明不測也."

"경계하고 조심하며 두려워하는 것이 내 마음의 안정에 누가 됩니다"라고 하자, 생은 "경계하고 조심하며 두려워하는 것은 잠시 제쳐두고, 자네 마음의 안정이 어떤 상태인지 말해 주겠나"라고 물었다. 이에 그 친구는 "천명이 본래 그러하듯 원래 태허처럼 아무런 사물도 없습니다"라고 아무렇게나 함부로 대답했다. 그러자 선생은 "그것은 자네의 본래적 상태를 말하는 것이며, 지금 이 순간의 마음의 본체에 적절하지 못한 것이다"라고 지적하였다.…… 선비들은 반 시간 가량 침묵하였는데, 때마침 고을 수령이 집사에게 차를 올리도록 명하였다. 차례로 한 잔씩 돌리는데 거의 어그러짐이 없었다. 선생은 그 광경을 지켜보더니 제자들에게 "아전들을 자세히 살펴보라. 지금 이 순간 차를 올리는 저들의 마음이 안정돼 있는가"라고 물었다. 이에 선비들은 기뻐하면서 "아전들의 나아가고 물러남이 공손하고 엄숙하여, 안에서는 나오지 않고 밖에서도 들어가지 않습니다. 그들의 마음이 안정돼 있다고 말하지 않으려 해도, 그럴 수가 없습니다"라고 대답했다. 그러자 선생은 "이처럼 마음의 안정은 경계하고 조심하는 것과 서로 합치하는 것이지 어찌 서로 방해하는 것이겠는가"라고 하였다. 한편 "경계하고 조심하며 두려워하는 것은 애쓰는 것과 비슷한 말이어서 혹시 이미 갖춰져 있는 것이라고 할 수 없는 것 아닙니까"라고 묻자, "제군들은 조금 전에 젊은이들이 시를 읊을 때와 아전들이 차를 올릴 때, 경계하고 조심하지 않은 것이라고 말할 수 있겠는가? 그 경계하고 조심하는 것도 모두 애쓰지 않은 것이라고 말할 수 있겠는가"라고 되물었다.[289]

이것을 "평상시가 바로 그렇다"(平常卽是)고 말하기도 하고, "그 당장이 바로 공부이다"(當下卽是工夫)라고 말하기도 한다. 어떤 사람이 초탈 공부에 관해 묻자, 나여방은 "강연회에서 자네는 여러 사람들과 함께 때에 따라 일어서기도

---

289) 같은 책 권34, 「泰州學案三」, 784쪽, "問: 因戒愼恐懼, 不免爲吾心寧靜之累. 羅子曰: 戒愼恐懼姑置之, 今且請言子心之寧靜作何狀? 其友漫應以天命本然, 原是太虛無物. 羅子謂: 此說汝原來事, 與今時心體不切.…… 諸士子沈默半晌, 適郡邑命執事供茶, 循序周旋, 略無差僭. 羅子目以告生曰: 諦觀群胥, 此際供事, 心則寧靜否? 諸士忻然起曰: 群胥進退恭肅, 內固不出而外亦不入, 雖欲不謂其心寧靜, 不可得也. 曰: 如是, 寧靜正與戒愼相合, 而又何相妨耶? 曰: 戒愼恐懼相似用功之意, 或不應如是現成也. 曰: 諸生可言適纔童冠歌詩之時與吏胥進茶之時全不戒愼耶? 其戒愼又全不用功耶?"

하고 눕기도 하는데, 그것이 바로 초탈 아니겠는가"라고 답변하였다. 어떤 사람이 마음을 밝게 하는 방법에 관해 묻자, 그는 '자네가 차를 마실 때는 잔을 들어 입으로 가져가지 코로 가져가지 않으며, 차를 다 마신 뒤에는 잔을 쟁반 위에다 놓지 그 바깥에다 놓지 않는다. 이러한 것들은 자연적으로 명백한 것이며, 안배할 필요도 없는 것이다. 무엇을 또 밝게 하겠는가'라고 답변하였다. 그는 규모가 큰 강연회에서 청중들에게 "그대들은 강연을 들으면서 앉고 일어설 줄 알고, 문답하고 사색할 줄 알며, 엄숙하게 몰두하는데, 이것이 바로 사려하지 않는 명각明覺이다'라고 말하였다.

나여방이 강학하면서 제시했던 위와 같은 사례들은 다음과 같은 사실을 밝혀준다. 나여방이 생각할 때, 선배 리학자들이 추구했던 '중화中和', '마음의 안정', '경계하고 조심하며 두려워하는 것' 등은 모두 마음에 본래적으로 갖춰져 있는 것이며, 일상 생활 속에서 자연스럽게 체현되는 것이다. 이것은 마치 시동이 주인에게 차를 올릴 때 희노도 없고, 편벽되거나 의지하지도 않으며, 함부로 움직이지도 않고, 있는 그대로 명백하며, 있는 그대로 두려워하고, 있는 그대로 자연스러우며, 있는 그대로 합당하고, 자연스럽게 방비 · 점검하며, 자연스럽게 중화하고, 자연스럽게 한정되며, 자연스럽게 전일한 것과 같다. 이러한 의식 상태를 생명 실천의 전체 과정에 관통시킬 수 있고, 동시에 자각할 수 있다면 그것이 바로 성인의 학문인 것이다.

본체와 공부의 측면에서 보자면, 나여방이 강조했던 특정한 '그 당장'의 의식 상태 자체가 바로 '중화'와 '경계하고 조심하며 두려워하는 것'의 본체이다. 사람은 그 밖의 특별한 수양 공부를 통해 경계하고 조심하거나 두려워할 필요가 없다. 중요한 점은 자신의 생활에서 자각하지 못하던 중화와 경계하고 조심하며 두려워하는 것의 본체를 발현하여 자각과 자각하지 못함을 합일시켜 나가는 일이다. 나여방이 생각할 때, 양지의 측면에서 백성들의 일상 생활 속의 이러한 도리란 '모르는 것'이 아니라 생각하지 않아도 알고 배우지 않아도 할 수 있는 것이다. 다시 말해서 그가 이해한 양지란 시동이 차를 나르고 청중들이 강연을 듣고 있는 그 당장의 지각 상태이다.

양지에 대한 이러한 이해는 양명학에서 왕간 이래 태주학파의 주요한 특징이 되었다. 나여방은 사람의 '그 당장'의 지각이 밝게 관통하는 성체性體의 체현이며, 시동이 차를 나르는 것과 같은 평상심을 의식의 전체 과정에서 유지해야 한다고 강조하였다. 따라서 그의 이러한 사상은 "작용이 본성이다"(作用是性)는 불교의 사상과 상통하며, "평상심이 도이다"(平常心是道)는 선종의 가르침과도 상통한다.

3. 자연스러움에 순응한다

나여방은 왕기와 왕간의 사상을 계승하였다. 왕기도 "갓난아이의 마음은 순일하여 인위적인 면이 없고, 교묘한 슬기나 기능도 없으며, 신령한 기운이 저절로 충족되고, 지혜가 저절로 생겨나며, 재능이 자연스레 커나가는 것이지, 어떤 것을 더한 것이 아니다. 대인大人은 수많은 변화에 통달한다. 그 이유는 오직 갓난아이의 마음을 잃지 않았기 때문이다"[290]라고 하였으며, 또한 "갓난아이는 즐거우면 좋아하고, 슬프면 울고, 가야 하면 가고, 앉아야 하면 앉는다. 상황이 바뀌면 조금도 그것에 연연해 하지 않는다. 여기에 기교를 부린 것이 있는가? 수완을 부린 것이 있는가? 그대가 이러한 도의 근원을 지니고 있으면서도 범속함을 뛰어넘어 성인이 되지 못하는 까닭은, 오직 이것에 대한 믿음이 충분치 못하기 때문이다"[291]라고 말하였다. '갓난아이의 마음'에 관한 나여방의 주장은 왕기의 주장과 일치하는 것이다. 그리고 '그 당장에' 깨우친다는 나여방의 주장은, 시동이 차를 나르는 것으로 '백성들의 일상 생활이 바로 도이다'라고

---

290) 『龍溪王先生全集』 권3, 「書累語簡端錄」, "赤子之心, 純一無僞, 無智巧無技能, 神氣自足, 智慧自生, 才能自長, 非有所加也. 大人通達萬變, 惟不失此而已."

291) 같은 책 권10, 「與沈鳳峰」, "赤子喜便喜, 啼便啼, 行便行, 坐便坐, 轉處未嘗留情, 曾有機巧否? 曾有伎倆否? 公具如此道根, 未能超凡入聖, 只是信此未及."

설명했던 왕간의 사상을 계승한 것이다. 태주학파에서는 먹고 마시는 것과 옷 입는 것, 그리고 내맡겨 순응하는 것과 같은 자연스러움을 숭상하면서 작위하지 말 것을 주장하였다. 이러한 점은 나여방의 사상에서도 분명하게 표현되었다.

나여방은 '그 당장에 바로 그러하다'는 사상을 강조하면서, 공부의 '자연스러움'에 대해서도 매우 주의를 기울였다. 그는 이렇게 말했다.

이미 지나간 마음을 좇지 않고 장차 다가올 마음을 거역하지 않으면서, 마음의 넓고 생동적인 면에 내맡긴다면, 진실로 물이 흘러 사물이 생겨나듯이 천기天機의 자연스러움이 충실해질 것이다.[292]

모든 것에서 깨어나 다시는 그러한 것(작위적인 공부)에서 따지거나 찾지 않으면, 본심은 혼연해질 것이다. 합하거나 나누지 않는다면 중간에 끊이지 않을 것이며, 진실로 평탄하며 드넓고 여유롭게 순응할 것이다.[293]

종일토록 말하다가 침묵하며, 움직이다가 고요하며, 출입하다가 머무름이 전부 제멋대로일지라도, 매우 자연스럽기에 천기天機가 생동하지 않음이 없는 것이다.[294]

나여방은 자연스러움을 따르는 것이 선이고, 자연스러움을 따르지 않는 것이 악이라고 생각하였다. 그래서 그는 공부란 평이할수록 신성한 것이므로, 과거의 일은 흘러간 대로 내버려 뒤야지 좇아 집착하지 말아야 하며, 미래의 일은 그 때 가서 생각해야지 미리 생각할 필요가 없는 것이라고 주장하였다. 양심은

---

292) 『明儒學案』 권34, 「泰州學案三」, 772쪽, "不追心之旣往, 不逆心之將來, 任他寬洪活潑, 眞是水流物生, 充天機之自然."
293) 같은 책 권34, 「泰州學案三」, 770쪽, "一切醒轉, 更不去此等處計較尋覓, 却得本心渾淪, 只不合分別, 便自無間斷, 眞是坦然蕩蕩, 而悠然順適也."
294) 같은 책 권34, 「泰州學案三」, 787쪽, "終日語默動靜, 出入起居, 雖是人意周旋, 却自自然然, 莫非天機活潑也."

혼연한 것이어서 따져야 할 것이 아니며, 또한 거침 없는 것이어서 굳어져 막히지도 않는 것이다. 사람의 의식은 일정한 장소에서 자연스럽게 일정한 반응을 보인다. 이것이 천기天機의 자연스러움이다. 그가 생각할 때, '공자와 안연의 즐거움'이란 바로 이처럼 아주 적당하고 안정적이며, 전혀 막힘이 없이 생동적이고 활발한 경지이다. 이러한 경지에 도달하려면 '그 당장'의 마음의 본체를 믿고서 평상시대로 행해야 한다.

진정으로 커다란 포부와 기력氣力 그리고 식견이 있다면, 편안한 마음과 즐거운 심정으로 천하의 넓은 집에 거처하며, 안목을 밝게 하고 담력을 키워서 천하의 달도達道를 실천한다. 공부가 진척되지 않으면 진척되는 것을 달가와하지 않음을 공부로 삼는다. 마음에 경계가 없으면 경계에 의지하지 않음을 마음으로 삼는다. 닻줄을 풀어 배를 띄우고 순풍에 노를 젓는다면, 드넓은 바다에서 내 맘대로 종횡할 수 있을 것이니, 어찌 커다란 즐거움이 아니겠는가!295)

요컨대 자기를 어떤 규범에 부합시키고자, 어떤 공부를 실행하게끔 하고자, 그리고 어떤 상태에 도달시키기 위해서 강제하지 말아야 한다. 경계하고 조심하는 공부를 실행하기 어렵다고 느껴지면, 경계하지 않고 조심하지 않는 것을 공부로 삼는다. 마음에 의탁할 것이 아무것도 없다고 느껴지면, 그 의탁할 것이 없는 마음에 순응한다. 전체를 모두 내려놓고 자연스러움에 순응하는 사람만이 비로소 진정한 자유와 자재로운 인생의 경지에 도달할 수 있는 것이다.

4. '천명天明'과 '광경光景'

나여방은 '평상심平常心'의 의미를 철저히 이해하였기 때문에, 신비 체험을

---

295) 같은 책 권34, 「泰州學案三」, 766쪽, "若果然有大襟期, 有大氣力, 有大識見, 就此安心樂意而居天下之廣居, 明目張膽而行天下之達道. 工夫難到湊泊, 卽以不屑湊泊爲工夫; 胸次茫無畔岸, 便以不依畔岸爲胸次. 解纜放船, 順風張棹, 則巨浸汪洋, 縱橫任我. 豈不一大快事也哉!"

비롯한 내심의 특수한 체험을 추구하는 방법에 대해서 특히 반대하였다. 그는 일상 생활 속에서 '그 당장'의 의미를 깨우칠 때에도 이러한 점을 지적하였다.

시동이 차를 가져오자, 선생은 그것을 가리키면서 한 친구에게 "자네는 그대와 동자가 어떻다고 보는가"라고 물었다. 그 친구는 "두 모습이 아니라고 믿습니다"라고 대답했다. 잠시 후 선생은 "자네는 지금 무엇에 노력하고 있는가"라고 다시 물었고, 그 친구는 "지금 이 순간 마음이 환히 밝아서 어떤 것에도 물들거나 막히지 않음을 느낍니다"라고 대답하였다.…… 선생은 "시동이 지금 여기에 있으니, 자네는 그에게 마음속에 그러한 '광경'이 있는지 물어보게. 만일 그러한 '광경'이 없다면, 분명 자네와는 다른 모습일걸세.…… 내 마음에는 안도 없고 밖도 없네. 노력한다는 말은 마음 안에서 하는 공부도 아니며, 마음 밖에서 하는 공부도 아니라네. 시동이 차를 올리면 여러 사람들과 함께 그것을 받아 조용히 마시고, 차를 마시고 난 뒤에는 시동이 잔을 가지러 왔을 때 여러 사람들과 함께 그것을 돌려 주면 되는 것일세. 자네가 반드시 마음으로 구한다면 마음 아닌 것이 없을 것이며, 공부로 구한다면 공부 아닌 것이 없을 것일세"라고 말했다.[296]

송대 리학자들이 희노애락의 미발 상태를 관찰한 이래로 적지 않은 리학자들이 모두 마음의 본체를 체험하고자 노력하였다. 일반적으로 이러한 체험은 고요한 침묵 가운데 드러나는 내심의 상태에 대한 감수感受로 표현되었다. 예컨대 맑다(湛然), 광명光明하다, 드넓다(廓然), 환하다(洞然) 등의 표현이 그러하다. 나여방은 이러한 체험에 찬성하지 않았다. 그가 생각할 때, 이러한 체험을 통해 드러나는 마음의 모습이란 그저 '광경光景'일 따름이며, 마음의 본체가 아니다.

---

296) 같은 책 권34, 「泰州學案三」, 775쪽, "童子捧茶至, 羅子指而謂一友曰: 君自視與童子何如? 曰: 信得更無兩樣. 頃此復問曰: 不知君此時何所用功? 曰: 此時覺心中光明, 無有沾滯…… 曰: 童子見在, 請君問他心中有此光景否? 若此光景, 則分明與君是兩樣…… 我的心也無個中, 也無個外. 所謂用功, 也不在心中, 也不在心外. 只說童子獻茶來時, 隨衆起而受之, 從容啜畢, 童子來接時, 隨衆付而與之. 君必以心相求, 則此無非是心. 以工夫相求, 此無非是工夫."

특별한 체험은 평상심이 아닌 것이다. 그는 다음과 같이 지적하였다.

천지가 사람을 낳음에 원래 하나의 영명한 사물이어서 수없이 감응하면서도 근원을
알지 못한다. 혼연하여 본래 일정한 이름이나 모습도 없으며, 마음이란 글자도 억지
로 세운 것이다. 그런데 후대 사람들이 반성함도 없이 이러한 것에 연유하여 막연한
생각을 일으킴으로써 식견이 생겨나고 '광경'이 드러났다. 그리하여 "내 마음에는
진실로 이 같은 본체가 있고, 본체에는 진실로 이처럼 밝게 비춤이 있고, 진실로
이처럼 맑은 투명함이 있으며, 진실로 이처럼 자재로우며 드넓은 편안함이 있다"고
들 말한다. 그러나 이러한 '광경'이란 원래 망령되게 생겨난 것이어서 반드시 허망
하게 소멸될 것이다. 적절하게 사물을 접하려면 선천적이고 영묘하며 혼연한 마음
을 사용해야 한다.297)

나여방이 생각할 때, '광명하다'거나 '맑다'는 등의 특정한 모습은 전부 진정
한 마음의 본체가 아니다. 시동이 차를 올릴 때 '그 당장'의 마음에는 어떤 특정
한 모습이 없다. 마음의 본체란 바로 우리가 태어나면서부터 갖는 영묘한 지각
작용이다. 그래서 이를 '천명天明'이라고도 부른다. 그는 다음과 같이 말했다.

한 친구가 늘 열심히 눈을 감은 채로 마음을 관찰하였다. 나 선생이 그에게 "자네는
지금 마음을 상대하고 있는데, 그 보이는 마음이 어떠한가"라고 물었다. 이에 그는
"밝게 빛납니다. 그런데 보존하고 지키지 못할까 염려스럽습니다. 어떻게 해야 합니
까"라고 하였다. 그러자 선생은 "보존하고 지키는 것은 차치하고, 옳지 않은 것일까
봐 걱정스러울 따름이다"라고 말했다. 이에 그 친구는 "여기에는 전혀 쓸데없이 꾸
미는 것이 없습니다. 어떻게 옳지 않을 수 있겠습니까? 더욱이 모두가 여기에 앉아

---

297) 같은 책 권34, 「泰州學案三」, 768쪽, "天地生人, 原是一團靈物, 萬感萬應而莫究根源, 渾渾淪淪
而初無名色, 只一心字, 亦是强立. 後人不省, 緣此起個念頭, 就會生個識見, 露個光景, 便謂吾心
實有如是本體, 本體實有如是朗照, 實有如是澄湛, 實有如是自在寬舒. 不知此段光景原從妄起,
必隨妄滅. 及來應事接物, 還是用着天生靈妙渾淪的心"

마음을 밝게 빛나도록 하면서 지금까지 고치지 않고 있습니다"라고 하였다. 나 선생은 "천성적인 앎은 원래 어두움을 용납하지 않는다. 오직 마음을 다하여 그것을 추구하면 밝게 깨달아 환히 꿰뚫을 것이며, 그 기틀은 저절로 드러나 가려지는 게 없을 것이다. 그러므로 성현의 학문은 갓난아이의 마음에 근거하는 것을 근원으로 삼고, 일반 사람들의 마음에서 증명하는 것을 일상적인 것으로 삼는다. 앉아서 마음을 밝게 하더라도 갓난아이의 마음을 지니지 못한다면, 많은 사람들과 같아지지 못할 것이다.…… 생전에 '천명'을 밝음으로 삼을 수 있다면, 언행은 모두 통달되고 무성해질 것이며, 의념과 형기는 모두 편안해지고 쾌적해질 것이다. 이렇게 죽을 때까지 계속하고서도 신神이 되지 못한 사람은 거의 없었다. 그러나 '천명'을 밝음으로 삼지 않는다면, 오직 가슴만 내려앉아 막힐 것이고, '광경'만을 그리워할 것이다. 이 같은 사람은 어두운 지가 오래되었기에, 죽어서 귀신이 되지 않은 경우가 거의 없었다.[298]

나여방이 생각할 때, 내심을 애써 붙잡고 체험함으로써 드러낸 특정한 상태와 모습(광명·고요함 등)은 헛된 가상假相을 추구한 것일 뿐, 진실한 마음의 본체가 드러난 것이 아니다. 이러한 공부란 단지 '광경만을 그리워하는 것'일 따름이다. 이러한 공부의 결과는 마치 나여방이 젊은 시절에 겪었던 것처럼, 가슴만 내려앉아 막히고 몸과 마음이 모두 병들고 만다. 진실한 마음의 본체는 오직 갓난아이의 마음과 민중들의 일상적인 평상심일 따름이다. 이러한 마음은 본래 분명하고 영묘하며 환히 뚫려 있는 것이기 때문에, '천명'이라고 부른다. 내심에서 체험한 밝음은 진정한 밝음이 아니다. 오직 일상 생활 속에서 발견하는 영각

---

298) 같은 책 권34, 「泰州學案三」, 771쪽, "一友每常用工, 閉目觀心. 羅子問之曰: 君今相對, 見得心中如何? 曰: 炯炯然也, 但常恐不能保守, 奈何? 曰: 且莫論保守, 只恐或未是耳. 曰: 此處更無虛假, 安得不是? 且大家俱在此坐, 而中炯炯, 至此未之有改也. 羅子謂: 天性之知, 原不容昧, 但能盡心求之, 明覺通透, 其機自顯而無蔽矣. 故聖賢之學, 本之赤子之心以爲根源, 又徵諸庶人之心以爲日用. 若坐下心中炯炯, 却赤子原未帶來, 而與大衆亦不一般也…… 今在生前能以天明爲明, 則言動條暢, 意氣舒展, 比至歿身, 不爲神者無幾, 若今不以天明爲明, 只沈滯襟膈, 留戀景光, 幽陰旣久, 歿不爲鬼者亦無幾矣."

靈覺만이 '천명'이다. 이 같은 '천명'은 '정신精神'이라고도 불린다.

어떤 제자가 항상 하나의 도리만을 돌보고 지켜야 하는 것에 대해 말하자, 그는 다음과 같이 말하였다.

내가 지금 자네에게 충고하겠다. 그러한 대상들을 한쪽에 내려놓고서 깊은 밤이 될 때까지 기다려라. 자연스레 깨달아지는 순간이 되면 어떻게 학문해야 할지를 생각하게 될것이고, 어떻게 나의 학문을 돌보고 지켜야 할지를 생각하게 될 것이다. 이 때에 이르러 경쾌하게 생각을 바꿔서 '지금 이 순간에 학문이 앞에 드러나지는 않았지만 학문하려는 마음만은 이미 앞에 드러나 있다. 돌보고 지키려는 공부는 힘을 얻지 못하지만 돌보고 지키려는 정신만은 매우 힘을 얻는구나'라고 스스로 묻고 답해 보라. 또다시 경쾌하게 생각을 바꿔서 '나는 어찌하여 현재 생각하고 있는 마음을 학문으로 여기지 않는가! 어찌하여 이처럼 긴박한 정신을 공부로 간주하지 않는가'라고 즐겁게 말해 보라. 그러면 필요할 때 얻지 못함이 없을 것이고, 어디서나 있지 않음이 없을 것이다.[299]

다시 말해서 지키는 방법이야 옳든 그르든 간에 지키려는 '마음'과 '정신'이 바로 '천명'이다. 따라서 지키려는 의식이 합당한지의 여부보다는 의식의 근거에 치중해야 한다. 사람이라면 마땅히 의식이 시작되는 의향意向에서부터 착수해야 한다. 그는 또 이렇게 말하였다.

성실히 공부하는 사람이라면 종종 마음이 분명해지고 생각이 활달해진다. 그러나 분명해지고 활달해지자마자 잠깐 사이에 갑자기 변화하여 심각한 괴로움을 이겨낼

---

[299] 같은 책 권34, 「泰州學案三」, 769쪽, "我今勸汝, 且把此等物事放下一邊, 待到半夜五更, 自在醒覺時節, 必然思想要去如何學問, 又必思想要去如何照管持守我的學問. 當此之際, 輕輕快快轉個念頭, 以自審問說道: 學問此時雖不現前, 而要求學問的心腸則卽現前也; 照管持守工夫雖未得力, 而要求照管持守一段精神却甚得力也. 當此之際, 又輕輕快快轉個念頭, 以自慶喜說道: 我何不把現前思想的心腸來做個學問! 把此段緊切的精神來當個工夫! 則但要時便無不得, 隨處去更無不有."

수 없는 처지에 빠지고 만다. 만일 변화할 때 재빨리 회상해 본다면, 조금 전에는 분명했던 것이 지금은 흐릿해지고, 조금 전에는 활달했던 것이 지금은 침울해진 것을 자세히 알 수 있을 것이다. 그러면 잠깐 사이에 분명했던 것을 흐릿하게 만들고, 활달했던 것을 침울하게 변화시킨, 대단히 신묘하면서도 매우 재빠른 그것은 도대체 무엇이란 말인가? 그것은 바로 언제나 나에게 있는 것이다. 어째서 흐릿한 것이 분명해지지 못하고 침울한 것이 활달해지지 못함을 걱정하겠는가!300)

나여방이 주장하는 학문에서는 생각하는 것도 중시하지 않고, 생각에서부터 선을 행하고 악을 없애 나가는 것도 중시하지 않으며, 시비지심으로서의 양지나 '치양지'도 중시하지 않는다. 그는 현실적으로 활동하고 있는 생각보다는 한층 더 근본적인 심리 범주로서의 '정신'에 훨씬 치중하였다. 이러한 '정신'은 생각이 생겨나는 근거인 동시에 그 활동의 주재자이기도 하다. 이 같은 '마음'은 추상적인 주체성이나 자유 의지가 아니다. 그것은 갓난아이가 지니고 있는 것이며, '그 당장에 바로 그러한' 일종의 천부적인 지각 능력이다.

5. 격물, 효孝와 자慈

나여방도 일찍이 격물설을 연구하였다. 그는 삼 년 동안이나 애써 고민하였는데, 어느 날 저녁에 문득 '격格'이라는 글자와 『대학』의 본지本旨에 대한 깨달음이 생겼다. 『대학』에 대한 그의 이해는 다른 리학자들과 차이점이 있다. 그는 다음과 같이 말했다.

격물에 대한 주장이 일치하지 않는 점에 대해 고민하였는데, 오랫동안 분명치 못하

---

300) 같은 책 권34, 「泰州學案三」, 770쪽, "今人懇切用工者, 往往要心地明白, 意思快活. 纔得明白快活時, 俄頃之間, 倏爾變幻, 極其苦惱, 不能自勝. 若能於變幻之時急急會頭, 細看前時明白者, 今固恍惚矣; 前時快活者, 今固冷落矣. 然其能俄頃變明白而爲恍惚, 變快活而爲冷落, 至神至速, 此却是個甚麼東西? 此個東西卽時時在我. 又何愁其不能變恍惚而爲明白, 變冷落而爲快活也."

더니, 어느 날 의문이 풀렸다. 말하자면 『대학』의 도는 모름지기 먼저 아는 것에 있다. 그것을 먼저 알 수 있으면, 『대학』의 전체 내용 가운데 이러한 내용을 말하지 않는 것이 없다. 『대학』의 전체 내용 가운데서 본말本末과 종시終始 아닌 것이 없다. 『대학』의 전체 내용에서 본말과 종시는 옛 성현과 육경六經의 훌륭한 말이나 선한 행위 아닌 것이 없다. '격'의 의미란 바로 본보기를 뜻하며, 우리가 대인이 되기 위해 배워야 할 오묘한 방법이다.301)

나여방이 생각할 때, 『대학』은 성현의 격언을 선집해서 사람들이 그 격언에 따라 대인大人이 되게끔 도와 주는 것에 불과하다. '격'은 표준을 뜻한다. '격물'에서의 '격'은 마땅히 '격언格言'에서의 '격'이라는 의미로 이해되어야 한다.

나여방이 생각할 때, 육경의 훌륭한 말이나 선한 행위는 바로 '효孝'·'제弟'·'자慈'로 귀결된다. 효·제·자는 인민을 교화하고 풍속을 이루는 요법이며, 또한 성인과 하늘을 희구하는 방법이기도 하다. 효·제·자는 나여방이 만년에 행한 강학의 종지이다. 그가 생각하기에, 『주역』의 '낳고 또 낳는'(生生) 원리는 '효제'의 우주론적 근거이며, '친친親親'의 정감은 천지가 낳고 또 낳는 도리의 체현이다. 공자가 말한 '친친'과 맹자가 말한 '효제'는 모두 우주에서부터 인류 사회에 이르기까지 '끊임없이 낳는' 현상에서 출발한 것이며, 이것은 또한 『대학』과 『중용』의 기본 정신이기도 하다.

나여방이 효·제·자를 근본 원칙으로 삼았던 까닭은, 이러한 것들이 자신의 학문 과정에서 장기간에 걸친 사색 끝에 얻게 된 결론이었기 때문이다. 그는 만년에 다음과 같이 회상하였다. 부모 형제와 나 사이의 친한 정감은 양지에

---

301) 같은 책 권34, 「泰州學案三」, 761쪽, "嘗苦格物之論不一, 錯綜者久之, 一日而釋然. 謂'大學之道 必在先知, 能先知之, 則盡大學一書無非是此物事. 盡大學一書物事無非此本末始終. 盡大學一書 之本末始終, 無非是古聖六經之嘉言善行. 格之爲義, 是卽所謂法程, 而吾儕學爲大人之妙術也.'" 또 나여방은 "『대학』은 본래 『예기』 중의 한 편이었다. 처음에는 개괄적으로 설명한 뒤 계속적 으로 상세하게 실증한다. 결국 至善한 격언을 조심스럽게 선집하여 지극한 대학의 방법을 분 명하게 확정한 것이다"라고 말하였다.

기초하는 것이므로, 배우지 않고 사려하지 않아도 서로 친히 여기고 사랑한다. 따라서 실행하기가 결코 어렵지 않은 것이다. 그런데 나중에 여러 사람들의 책을 읽고 여러 학문 방법을 이해해 보니, 실행하기는 대단히 수고로우면서도 얻는 것이 매우 적었다. 그리하여 그는 새로운 방법을 찾기로 결정하였다.

나여방은 오직 '효제'의 양지만이 진정으로 쓸모 있고 쉬우면서 간단한 학문 방법이라는 것을 깨달았다. "이로부터 모든 경서는 반드시 공자와 맹자에게로 귀결되며, 공자와 맹자의 말은 모두 반드시 '효제'로 귀결된다. 이러한 것으로 배운다면 배움은 싫증나지 않을 것이고, 이러한 것으로 가르친다면 가르침도 권태롭지 않을 것이며, 이러한 것으로 인애로우면 인仁은 과연 만물일체일 것이다."302) 효・제・자의 양지에 따라 배우고 실천하면 쉽고 간단하게 순응하겠지만, 이러한 양지에 따라 배우고 실천하지 않으면 억지로 하면서 힘들 것이다.

나여방은 자신의 경험을 통해 그의 일가족 모두가 효・제・자의 양지를 지니고 있음을 깨달았다. 그는 이것을 확충하여 "한 집안의 효・제・자로부터 한 나라를 살펴볼 때 한 나라에서도 효・제・자를 행하지 않는 사람은 한 명도 없고, 한 나라의 효・제・자로부터 천하를 살펴볼 때 천하가 비록 광대할지언정 효・제・자를 행하지 않는 사람은 한 명도 없다"303)고 하였다. 그러나 '천하에서 한 사람도 효・제・자를 행하지 않는 사람이 없다'는 나여방의 결론은, 정호가 '인자仁者는 천지만물을 일체로 여긴다'고 말했던 경지와는 같지 않다. 그 이유는 효・제・자에 대한 나여방의 이해와 관계가 있다. 그는 이렇게 말했다.

공경公卿과 사대부에서부터 일반 백성들에게까지 미루어 나가 보자. 공경과 사대부

---

302) 같은 책, 권34, 「泰州學案三」, 790쪽, "從此一切經書, 皆必會歸孔孟; 孔孟之言, 皆必會歸孝弟. 以之而學, 學果不厭; 以之而教, 教果不倦; 以之而仁, 人果萬物一體."
303) 같은 책 권34, 「泰州學案三」, 782쪽, "由一家之孝弟慈而觀之一國, 一國之中未嘗有一人而不孝弟慈者; 由一國之孝弟慈而觀之天下, 天下之大, 亦未嘗有一人而不孝弟慈者."

는 진실로 입신하고 도를 실행하여, 부모를 드러내고 이름을 드날리며 집안을 빛냄으로써 이러한 효·제·자를 다할 것이다. 일반 백성들 역시 비록 직업의 귀천은 다를지라도, 부모를 공양하고 자손을 양육함으로써 이러한 효·제·자를 다하고자 하는 점에서는 다름이 없다.…… 또 한가할 때를 틈타 거리를 멋대로 걸으면서 사람들과 수레가 지나가는 광경이나 짐꾸러미들의 번잡스러움을 쳐다보자면, 그 사이의 사람 수효가 많기로야 어찌 억조億兆뿐이겠는가? 그들의 품급도 백 가지 천 가지로 다를 것이다. 그러나 동쪽에서 서쪽까지, 아침부터 저녁까지 사람들마다 제각기 귀착할 곳이 있기 때문에 그들의 삶이 편안한 것이고, 걸음걸음마다 방비하고 점검하기 때문에 그 명命을 온전히 하는 것이다. 그 속내를 들여다 보면, 결국 부모와 처자에 대한 생각으로 매어 있기 때문에 한평생을 근면하고 근신하면서 스스로 몸을 보호하지 않을 수 없는 것이다.304)

나여방의 '효·제·자'에 대한 이해는, 유가의 경전 속에서 겨울에는 따뜻한지를 살피고 여름에는 시원한지를 살피는 방식이나 웃어른에게 복종해야 한다는 요구에만 국한되지 않고, 부모를 공양하고 자손을 양육하는 일에서부터 생명을 온전히 하는 일, 한평생 근면하고 근신하는 일, 몸을 보호하는 일, 집안을 빛내는 일, 그리고 부모를 드러내고 이름을 날리는 일 등 일련의 가치를 모두 받아들였다. 이러한 가치는 가족 윤리의 원칙과 규범을 체현한 것이라고 말할 수 있다. 그래서 '효·제·자'를 근본 원리로 삼는 나여방의 사상은, 학문의 전체 과정에서 윤리를 우선시하는 전통 윤리의 입장을 강조하였다. 게다가 그는 왕간과 마찬가지로, 효·제·자의 가족 윤리를 해석하면서 가정을 위해 재화와 복록 그리고 공명을 추구하는 등의 공리적 가치는 물론 자아를 보호하고 근면

---

304) 같은 책, 같은 쪽, "又由縉紳士大夫以推之群黎百姓, 縉紳士大夫固是要立身行道, 以顯親揚名, 廣大門戶, 而盡此孝弟慈矣; 而群黎百姓, 雖職業之高下不同, 而供養父母, 撫育子孫, 其求盡此孝弟慈, 未嘗有不同者也…… 又時乘閑暇, 縱步街衢, 肆覽大衆車馬之交馳, 負荷之雜沓, 其間人數何啻億兆之多, 品級亦將千百其異, 然自東徂西, 自朝及暮, 人人有個歸著, 以安其生; 步步有個防檢, 以全其命. 窺覿其中, 總是父母妻子之念固結維繫, 所以勤謹生涯, 保護軀體, 而自有不能已者."

하게 직업에 종사하는 등의 윤리 규범도 긍정하였다. 다시 말하자면 효·제·자의 방식을 통해 세속화된 유가 윤리가 충분히 긍정되었다는 것이다. 효·제·자에 대한 이해를 통해서 세속화된 유가의 가족주의 윤리를 충분히 받아들였기 때문에, "천하에서 한 사람도 효·제·자를 행하지 않는 사람이 없다"는 그의 입론은 비교적 높은 보편성을 획득할 수 있었다.

나여방의 사상을 살펴볼 때, 그는 불가의 사상과 체험에 대해 비교적 깊이 있게 이해하였으며, 선종 사상을 적지 않게 흡수하였다. 또 다른 방면으로 그는 태주학파의 일원으로서, 유가의 윤리를 정밀하고 빼어난 자율 윤리에서 세속적인 가족 윤리로 확장·전화시켰다. 이 두 측면 모두는 당연히 유가 윤리를 보충하는 의의를 지닌다. 그러나 역사적으로도 밝혀졌듯이, 이처럼 유가 윤리를 전화시키는 것, 즉 '자연스러움'에 대한 추구를 강화시키고 세속적인 가치를 확장시키는 것은 윤리학적인 의미에서 볼 때, 순수한 도덕성을 중시하는 유가 윤리를 침식하는 것이기도 하다. '유가의 고유한 도덕성을 유지시켜 나가는 동시에, 그 생존의 방향과 범위를 확장시켜 나가면서 세속적인 가치와도 합리적인 관계를 건립해 나갈 방법은 과연 무엇인가'라는 문제는 여전히 연구할 만한 가치가 있는 것이다.

9. 유종주

유종주劉宗周(1578~1645)는 자字가 기동起東이고 호는 염대念臺이며, 절강성 浙江省 산음山陰 사람이다. 그가 산음현 북쪽의 즙산蕺山에서 강학하였기 때문에, 학자들은 그를 즙산 선생이라 불렀다. 그는 만력 29년(1601년)에 진사 급제하였으며, 그 뒤 행인사행인行人司行人의 직책을 받았다. 만력 연간에 예부주사禮部主事·광록사승光祿寺丞·상보소경尙寶少卿·태복소경太僕少卿·우통정右通政 등을 역임하였지만, 만력 말년에 파면되었다. 숭정崇禎 때 그는 다시 순천부윤順天府尹에 기용되었고, 공부좌시랑工部左侍郞에 임명되었으나, 조정의 병폐를 지적하다가 재차 파면당했다. 나중에 그는 또다시 이부좌시랑吏部左侍郞·우도어사右都禦史에 임명되었으나, 꼿꼿한 지조로 간언하다가 또 파면당하고 말았다. 이자성李自成이 북경에 입성하고 명 왕실이 남도南渡하자, 유종주는 원래의 관직에 복직되었다. 그러나 절강성마저 이자성에게 함락당하자, 그는 명 왕조의 멸망이 이미 구원될 수 없는 지경에 이르렀음을 깨닫고는 이십여 일 동안이나 단식한 끝에 순국하였다.

유종주는 어려서는 외조부 장영章穎의 가르침을 받았으며, 진사 급제한 뒤에는 허부원許孚遠을 스승으로 모셨다. 명나라 말기에는 모두가 유종주를 천하의 대유大儒로 추앙하였고, 그의 학문과 절조를 존경하였다. 그의 제자 황종희는 양명학에 대한 그의 태도가 세 차례 변했다면서, "처음에는 의심했고, 점차로 믿었으며, 마지막에는 전력을 다해 논박했다"[305]고 주장하였다. 젊었을 때 그는 왕수인의 학문을 좋아하지 않았으며, 고헌성顧憲成·고반룡高攀龍 등의 영향을 받아 주자학을 숭상했다. 그는 중년이 된 뒤 왕수인의 학설을 믿고 따랐으나, 말년에 이르러서는 '신독愼獨'과 '성의誠意'를 종지로 삼는 자기 사상을 제시하였다. 그의 사상은 기본적으로 양명학 계통의 심학에 속한다. 그의 완숙한 학문 종지는 양명의 '치양지설'과 다른 점도 있었으나, '신독'과 '성의'에 대한 그의 이해는 여전히 양명학에서 '성의' 학설을 발전시킨 학파(王棟 등)의 사상을 계승한 것이었다. 그의 사상은 명 말기 양명학의 발전 방향과 일치한다. 그의 기본 사상은 결코 심학의 범위를 벗어나지 않았지만, 어느 정도 명 중기 이후의 심학을 비판하고 총결하는 의미를 지닌다.

유종주는 정직한 사대부 학자의 전형이었다. 그는 평생토록 충신忠信을 숭상하였고 엄격히 수양하였으며, 절개를 중시하였다. 그는 "45년 동안이나 벼슬하였지만, 직책을 맡은 기간은 단지 6년 반 동안에 불과했으며, 실제로 조정에

---

305) 『劉子全書』권39, 「行狀」, "始而疑, 中而信, 終而辯難不遺餘力."

나아간 기간은 겨우 4년이었다."306) 그가 실제로 관리 노릇을 한 기간이 겨우 4년에 불과했던 까닭은, 대담한 직언과 간언을 통해 시대의 병폐를 지적하면서 환관들과 타협하지 않고 투쟁을 벌였기 때문이다. 숭정 황제 역시 몇 차례나 유종주 때문에 격노하면서도, 유종주처럼 "청렴결백하고 대담하게 간언하는 데에는 조정의 어떤 신하도 미치지 못한다"며 인정하지 않을 수 없었다. 그의 저작은 『유자전서劉子全書』로 편집되었다.

1. 의意와 의념(念)의 구별

리학의 심성론 가운데서 주희는 일찍이 '의意'를 마음이 발현된 것, 즉 의식이 활동하고 있는 현실적인 의념으로 생각하였다. 왕수인도 "몸의 주재는 곧 마음이고, 마음이 발현된 것이 의意이다"라고 했으며, 또 "의意의 본체가 바로 지知이다"라고 하였다. 왕수인의 학설 속에서 '의'는 사람의 의념을 가리키며, '양지'는 의념의 본체 즉 본연적이면서 욕망의 방해를 받지 않는 도덕 이성으로 규정된다.

유종주는 의를 '마음이 발현된 것'으로 여기는 생각에 반대하면서, 의를 '마음에 존재하고 있는 것'으로 강조하였다. 그는 몸의 주재는 마음이며 마음의 주재는 의라고 생각하였다. 따라서 유종주의 학설 속에서 의는 마음보다 더 중요하며 마음보다 더 기본적인 범주이고, 그의 심성론에서 근본적인 범주이기도 하다. 유종주는 의를 '이발已發' 개념이나 작용 단계의 개념으로 여기는 데 반대하였다.

유종주가 생각할 때, 『대학』에서 성의誠意를 설명하고 있는 '호오好惡'는 어떤 구체적인 대상을 좋아하고 싫어하는 것이 아니라, 일종의 내재적인 의향意向이다. 이러한 의향은 결코 '이발' 상태의 의념이 아니며, 오히려 의념을 결정하

---

306) 같은 책 권40, 「年譜」, "通籍四十五年, 在仕儘六年有半, 實立朝者四年."

고 마음속 깊은 곳에 존재하고 있는 일종의 본질적인 경향이다. 그래서 그는 의意를 마음이 발현된 것이 아니라 마음에 존재하고 있는 것이라고 주장하였다. 유종주는 이렇게 내재적이고 본질적인 의향은 선을 좋아하고 악을 싫어한다고 생각하였다.

호오란 곧 마음에 존재하고 있는 것을 가리킨다. 이 마음에 존재하는 주재는 원래 선하기만 하고 악하지 않다. 그런데 어떻게 그것이 반드시 선하기만 하고 악하지 않음을 알 수 있는가? 마음은 반드시 선을 좋아하고, 악을 싫어하기 때문이다.…… 반드시 선을 좋아하고 악을 싫어하는 사실에서 마음에 존재하고 있는 주재가 진실한 것임을 알 수 있다. 그래서 호오는 상반되면서도 서로 완성시켜 주며, 별개의 두 작용이면서도 하나의 기미에서 말미암는다. "기미란 움직임이 미미할 때에 길한 조짐이 먼저 보이는 것이다." 이러한 호오는 원래 작용에서 보이지 않는다. 좋아할 수도 있고 싫어할 수도 있기에 사람들은 좋아하거나 싫어하지만, 전체적인 경향은 선을 좋아하고 악을 싫어한다. 따라서 의를 말하자면, 반드시 선을 좋아하고 악을 싫어하는 것이며, 칠정七情 가운데서 호오를 뜻하는 것이 아니다. 의의 의미를 분명하게 깨달아야 비로소 기미의 뜻도 분명히 알게 되고, 기미의 뜻을 분명하게 알아야 비로소 독獨의 의미도 분명히 알게 된다.[307]

그는 또 이렇게 말했다.

마음이 지향하는 것을 의라고 말한다. 이는 마치 나침반의 바늘이 반드시 남쪽을 향하면서도 그저 남쪽을 향하고 있을 뿐, 억지로 남쪽을 향하게 한 것이 아님과 같다. 향한다고 함은 모두 확정된 방향을 가리켜 말하는 것이며, 확정되지 않았다면

---

307) 『明儒學案』 권62, 「蕺山學案・答葉廷秀問」, 1550쪽, "然則好惡者, 正指心之所存言也, 此心之存主, 原有善而無惡, 何以見其必有善而無惡也? 以好必於善, 惡必於惡…… 必於此而不於彼, 正見其存主之誠處. 故好惡相反而相成, 雖兩用而止一幾. 所謂'幾者, 動之微, 吉之先見者也.' 蓋此之好惡, 原不到作用上看, 雖能好能惡, 民好民惡, 總向此中流出, 而但就意言, 則只指其必於此, 必不於彼者, 非七情之好惡也. 意字看得淸, 則幾字才分曉. 幾字看得淸, 則獨字才分曉"

향한다고 할 수 없다. 이러한 사실에서 우리는 의가 마음의 주재임을 알 수 있다.308)

마음의 본체는 오직 밝고 환한 것으로, 이름하여 명덕明德이라고 한다. 밝고 환한 것에서 향하는 것을 찾을 수 있으니, 밝고 환한 것이 원래 불안정하면서 돌아갈 곳 없는 것이 아니라는 점을 알 수 있다. 나는 오직 의만이 이처럼 밝고 환한 것이라고 생각한다.309)

그가 이해한 마음의 본체는 의식 주체의 근본적인 의향을 뜻한다. 이것은 마치 남쪽을 가리키는 나침반의 속성이 일종의 '방향성'인 것과 같다. 이러한 방향성은 결코 남쪽을 향해 방향을 돌리거나 남쪽으로 여행하는 것과 같지 않다. 따라서 그것은 '이발'이 아니다. 의는 나침반이 본래 남쪽을 가리키는 것과 같은 마음의 내재적 의향이다. 그러므로 의는 마음의 방향을 결정하는 주재이다. 의념이 생기든 생기지 않든 간에 이러한 의향은 줄곧 존재한다. 따라서 "의는 간직되거나 발현되지 않고", "의는 일어나거나 소멸하지 않는다."310)

그는 마음과 의에 관해 논변하면서 "의란 마음이 마음다워지는 근거이다. 마음만을 말하면 마음은 단지 작고 텅 빈 것일 뿐이다. 의에 주목해야만 비로소 나침반의 바늘처럼 일정한 것을 알 수 있다"311)고 강조했다. 그는 자신이 말하는 의가 마음의 덕행이 아니라 마음의 본체라는 입장을 견지하였다. 그의 입장에서 생각할 때, 주희와 왕수인이 말했던 이발의 마음이란 의의 작용일 따름이다. 의는 이발이 아니기 때문에 마음에 간직되거나 발현되지 않는다. '의념'(念)은 일어나기도 하고 없어지기도 하지만, '의'는 의념이 아니기 때문에 일어나거

---

308) 같은 책 권62, 「蕺山學案·商疑答史孝復」, 1555쪽, "心所向曰意, 正是盤針之必向南也, 只向南, 非起身向南也. 凡言向者, 皆指定向而言, 離定字, 便無向字可下, 可知意爲心之主宰矣."
309) 같은 책 권62, 「蕺山學案·商疑答史孝復」, 1554쪽, "心體只是一個光明藏, 謂之明德, 就光明藏中討出個子午, 見此一點光明原不是蕩而無歸者, 愚獨以意字當之"
310) 같은 책 권62, 「蕺山學案·答董標問心意十則」, 1552쪽, "意無存發", "意無起滅"
311) 같은 책, 같은 쪽, "意者心之所以爲心也, 只言心, 則心只是徑寸虛體耳. 著個意字, 方見下了定盤針."

나 소멸하지 않는다. 그는 "의는 마음 깊숙한 곳에 있는 것으로, 움직이면서도 움직인 적이 없고 고요하면서도 고요한 적이 없으며", 의는 "움직이는 의념에 속하는 것이 아니라", "마음의 주재이다"라고 생각하였다.312)

유종주의 이러한 설명은 모두 '의'와 '의념'의 구별을 강조한다. 과거의 사상가들은 의를 의념으로 간주했으나, 그는 의란 의념도 아니며 마음도 아니라고 생각하였다. 그는 "요즘 대부분의 사람들이 의념을 의로 여기기 때문에 도가 밝혀지지 않는다"313)고 말했다. 유종주는 의를 심리 구조 중에서 가장 근본적인 범주로 여겼기 때문에, 의를 자주 '의근意根'이라고 불렀다.

유종주는 '의'를 마음의 본체로 여겨서 '양지' 위에 놓고, '성의'를 '치양지' 위에 두었다. 한편으로 그는 왕수인의 후학들이 의념을 양지로 여기면서 마음대로 실행하는 병폐를 목격하였다. 그는 이러한 병폐가 이발의 마음(옳고 그름을 아는 마음)을 양지로 여기는 데서 빚어진 것이라고 생각했다. 왜냐하면 만일 양지와 의념이 모두 '이발'이라면, 이 둘은 서로 혼동될 수 있기 때문이다. 더욱이 왕수인의 설명에 따르면, 양지는 한 순간의 의념이 선하면 그것을 좋아할 줄 알고, 한 순간의 의념이 악하면 그것을 싫어할 줄 아는 것을 가리킨다. 그렇다면 의념이 양지보다 앞서 존재하며, 양지는 근본적인 것이 아니다. 그래서 그는 '양지'에서의 '양'은 선험적인 관념일 뿐만 아니라, 심리 구조에서 반드시 궁극적이고 원초적이며 근원적인 의의를 지녀야 한다고 생각했다.

다른 한편으로 의식과 심리 체험의 경험에서 살펴볼 때, 의념의 발생과 활동은 실제로 우리들이 지닌 심층적 심리 의향에 근원하고 있다. 예컨대 축구 경기를 관람할 때, 어느 한 팀이 우리와 관련돼 있기 때문에 우리들은 마음속으로 그 팀이 이기기를 바란다. 그렇지 않다면 경기를 관람할 때 긴장이나 격동, 분노

---

312) 같은 책 권62, 「蕺山學案 · 答董標問心意十則」, 1553쪽, "意淵然在中, 動而未嘗動, 所以靜而未嘗靜也", "不屬動念", "爲心之主宰."
313) 같은 책 권62, 「蕺山學案 · 答董標問心意十則」, 1552～1553쪽, "今人鮮不以念爲意者, 道之所以常不明也."

등의 의념과 정서는 생기지 않을 것이다. 미발과 이발의 관점에서 마치 왕수인이 제시했던 것처럼, 막연하게 사려의 미발을 중中이라고 말할 수 없다. 마치 질병에 걸린 사람에게는 병이 아직 발작하지 않았더라도 병근病根이 여전히 남아 있는 것처럼, 사람의 사유와 염려가 아직 드러나지 않았더라도 의향에는 방향성이 있다. 이것이 바로 '고요하면서도 고요하지 않다'는 뜻이다. 그런데 의향이 편벽되고 기울어지면, 사려가 아직 활동하지 않더라도 여전히 중中은 아니다. 따라서 수양 공부는 반드시 이 같은 의근意根에서 시작해야 하며, 이러한 의근이 편벽되거나 기울어지지 않고 지선에 머물도록 해야 한다. 이렇게 할 때에만 의념의 활동도 충분히 도덕적일 수 있을 것이다.

유종주는 『주역』에서 말하는 '기미'가 바로 자신이 말하는 '의'라고 생각하였다. 의로서 기미는, 마음이 드러날 때의 처음 상태를 가리키는 것이 아니라 그 전체를 제약하는 내재적이면서 깊고 은미한 의향을 뜻한다. 다시 말해서 이같은 기미는 '은미한 기미'이며, '발현된 기미'가 아니다. 그래서 그는 "은미하다고 함은 기미를 말하며, 기미는 바로 의이다"[314]라고 하였다. 그가 생각할 때, "기미란 움직임의 은미함이다"라는 주돈이의 말은 결코 마음이 막 움직이기 시작할 때의 상태를 가리키는 것이 아니라 움직임의 근거를 의미하는 것이다. 움직임은 드러나고 기미는 은미하다. 그가 생각할 때, 만일 기미가 움직임의 시작이라면 기미 앞에 고요함이 있고, 기미 다음에 움직임이 있음을 뜻한다. 이는 전체 과정을 관계 없는 세 부분으로 잘라 버리는 것이다. 오로지 기미를 깊고 은미한 의향으로 이해하고, 이러한 의향이 줄곧 존재하면서 심리 과정을 주재한다고 이해할 때에만 비로소 일관된 도이다.

---

314) 같은 책 권62, 「蕺山學案·商疑答史孝復」, 1554쪽, "微之爲言, 幾也, 幾卽爲也."

2. 독체獨體

유종주는 앞에서 마음의 주재로 설명했던 '의'가 바로 『대학』과 『중용』에서 말하는 '신독愼獨'의 '독獨'이기도 하다고 생각하였다. 주희는 '독'을 '독지獨知'로 해석하면서, 다른 사람은 알지 못하는 자기만의 내심 활동을 가리킨다고 하였다. 따라서 주자학에서 '독'은 이발의 범주이다. 그러나 유종주는 '독'이 마음의 본체인 동시에 성체性體라고 생각하였다. '독지'할 때에도 '독'이며, 사려가 아직 활동하지 않을 때에도 '독'이다. 그는 "주희는 독에다가 지知를 보충함으로써, 이전의 성현들이 미처 드러내지 못했던 점을 밝혔다고 할 수 있다. 그런데 어째서 독을 오직 발현된 의념에 속하는 개념으로만 여겼는가? 어째서 고요함 속에는 지가 없겠는가? 지에 동정의 차이가 있다면, 지라고 부를 수도 없을 것이다"315)고 말했다. 그는 독을 단지 이발의 '독지'로만 여기는 견해에 찬성하지 않았다.

『대학』에서는 '성의'를 논하면서, "이른바 그 뜻을 진실하게 한다고 함은 자신을 속이지 않는다는 것이다. 이것은 마치 악취를 싫어하고 아름다운 것을 좋아하는 것과 같다"(所謂誠其意者, 毋自欺也, 如惡惡臭, 如好好色)고 하였다. 유종주는 "'마치 악취를 싫어하고 아름다운 것을 좋아하는 것과 같다'는 말은 독체獨體의 호오를 말하는 것이다"316)라고 하였고, "『대학』에서는 의를 아름다운 것을 좋아하고 악취를 싫어하는 것이라고 하였다. 따라서 호오란 이 마음의 최초의 기미 즉 네 가지 것(忿懥·恐懼·好樂·憂患)의 유래이다. 그러므로 의는 마음에 간직돼 있는 것이지, 마음이 발현된 것이 아니다"317)라고 하였다. 여기에서 알 수 있듯이, 유종주가 말하는 '독체'란 독의 '본연지체本然之體'이며, 그것은 바로

---

315) 같은 책 권62, 「蕺山學案·語錄」, 1525쪽, "朱子於獨字下補一知字, 可爲擴前聖所未發, 然專以屬之動念邊事, 何耶? 豈靜中無知乎? 使知有間於動靜, 則不得謂之矣."

316) 같은 책 권62, 「蕺山學案·語錄」, 1530쪽, "'如惡惡臭, 如好好色', 蓋言獨體之好惡也"

317) 같은 책 권62, 「蕺山學案·語錄」, 1517쪽, "大學之言意也, 則曰好好色, 惡惡臭, 好惡者, 此心最初之機. 卽四者(忿懥恐懼好樂憂患)之所自來, 故意蘊於心, 非心所發也."

의를 가리킨다.

유종주에 따르면, 이러한 '독'은 지선지악知善知惡으로 말할 때는 왕수인 학설의 양지로 표현되며, 호선오악好善惡惡으로 말할 때는 바로 자신이 강조했던 마음의 주재로서 의에 해당한다. 또 그는 "의에서 최초의 기미를 지적하자면, 단지 지선지악의 지知만이 있을 뿐이다. 이것이 바로 의가 지닌 속일 수 없는 점이다. 그래서 지는 의에 감춰져 있지만, 의가 일으키는 것은 아니다. 또 지에서 최초의 기미를 지적하자면, 단지 사물을 남김 없이 체득하는 것만이 있을 뿐이다. 이것이 이른바 독이다"[318]라고 하였다. 유종주의 이 같은 견해는 양지와 의를 의로 통일시킴으로써 지를 해석하는 것이다.

그가 생각할 때, '지선지악'이라는 규정은 선악의 관념을 미리 설정한 다음에 양지가 그것을 아는 것으로 이해될 수 있다. 이 같은 양지는 선악의 관념보다 나중에 이루어진 것이므로, '양지'일 수 없다. 따라서 반드시 '호선오악'의 의향을 근본적인 것으로 설정해야 한다. 이러한 의향은 대상이나 의념이 있은 뒤에 생기는 것이 아니라 본래 지니고 있는 것이다. 마치 물이 아래쪽으로 향하는 '의향'을 본래 지니고 있고, 나침반이 남쪽으로 향하는 '의향'을 본래 지니고 있는 것과 같다. 게다가 유종주가 생각할 때, 호선오악의 '의'에는 이미 지선지악의 '지'(良知)가 포함되어 있다. 그러므로 양지는 바로 의이다. "지선지악의 지는 바로 호선오악의 의이다."[319] "지인 동시에 의이다."[320] 유종주의 사상에서는 의를 새롭게 이해하였다. 그리하여 그는 의가 바로 '독'이고, 명대 심학에서 흥미진진하게 이야기하는 '성체性體'이며, 진헌장이 말했던 '단서'(端兒)라고 생각하였다.

---

318) 같은 책, 같은 쪽, "又就意中指出最初之機, 則儘有知善知惡之知而已. 此即意之不可欺也. 故知藏於意, 非意之所起也. 又就知中指出最初之機, 則儘又有體物不遺之物而已. 此所謂獨也."
319) 같은 책 권62, 「蕺山學案 · 語錄」, 1521쪽, "知善知惡之知卽好善惡惡之意."
320) 같은 책 권62, 「蕺山學案 · 語錄」, 1532쪽, "卽知卽意."

3. 성의와 신독

'의意'와 '독獨'은 마음의 본체를 상징하고, '성誠'과 '신愼'은 공부를 의미한다. 유종주는 심리 구조 안에서 '의'의 작용을 돌출시킴으로써, '성의誠意'와 '신독愼獨'의 공부를 특별히 강조하였다.

유종주가 생각할 때, 주돈이가 주장했던 '주정主靜'이 바로 신독의 한 방법이고, 남송의 나종언羅從彦과 이동李侗이 "고요함 속에서 미발을 체험한다"고 했던 방법도 '홀로 있을 때의 참된 모습'을 알 수 있는 한 방법이다. 그의 입장에서 볼 때, 송대 유학자들이 '미발의 중'을 추구한다는 말은 사실 "중中에서 독체獨體를 구하지만 기율에 맞는 것(和)이 그 안에 있으므로, 이것이 신독이라는 참으로 간편한 수양 방법이다"[321)는 의미이다. 그러나 유종주는 "이것은 결코 신독이 고요할 때의 공부라거나 전적으로 사려가 아직 일어나지 않은 때에 추구하는 미발 공부만을 의미하는 것이 아니다"라고 지적하였다.

유종주는, 주희가 신독을 이발 공부로 해석한 것은 죽은 듯한 고요함의 편벽된 병폐를 보았기 때문이라고 지적하였다. 그렇지만 주희가 신독을 완전히 이발 공부로만 여긴 까닭은, 주희가 독을 이발의 지知로 이해했기 때문이었다. 이것은 유종주가 찬성하지 않는 견해이다. 유종주가 생각할 때, '의'에는 미발이라고 말할 것도 없고 이발이라고 말할 것도 없다. 고요할 때나 움직일 때나 '의'는 항상 마음을 결정하고 주재한다. 왜냐하면 의에는 동정의 차이가 없고, 독과 지 역시 동정의 차이가 없기 때문이다. 따라서 신독과 성의는 동정의 전체 과정을 관통하는 것이며, 동정의 변화에 따라 변화하는 것이 아니다.

유종주는 신독이 학문을 위한 근본 공부라고 생각하였다. 그는 "단서는 호오하는 것에 있다. 본성의 빛이 드러나면, 선한 것은 반드시 좋아하고 악한 것은 반드시 싫어한다. 이러한 두 관건이 지선을 드러낸다. 따라서 그것을 '마치 아름

---

321) 같은 책 권62, 「蕺山學案·語錄」, 1522쪽, "卽中以求獨體, 而和在其中, 此愼獨眞方便法門也."

다운 여인을 좋아하고 악취를 싫어하는 것과 같다'고 말한다. 이 때는 혼연한 천리만이 작용하기 때문에 전혀 사람의 노력을 필요로 하지 않는다. 여기에서 공부할 곳을 찾자면, 오직 삼가는 방법으로만 그것을 본래의 위치에 되돌려 놓을 수 있다. 그것을 독이라 한다"322)고 하였다.

그가 생각할 때, 진헌장이 말했던 '단서'(端倪)는 당연히 호선오악好善惡惡의 의를 가리키며, 이러한 의는 바로 독이다. 그리고 이 독은 공부해야 할 곳이다. 그렇지만 공부는 힘을 쏟아서는 안 되며, 오직 '신독'의 방법을 통해서만 그 원초적인 의향을 보장할 수 있다. 그는 "독 외에 또 다른 본체는 없고, 신독 외에 또 다른 공부는 없다"323)고 했으며, "대학의 도는 한 마디로 신독일 따름이다"324)라고 하였다.

신독의 방법도 성의다. 그래서 그는 "치지 공부란 다른 것이 아니라 성의 속에서 볼 수 있는 것이다. 만일 의근意根을 한 발짝이라도 벗어난다면 치지를 말할 수 없다"325)고 하였다. 의는 호선오악의 본래적 의향이며, 성의는 바로 이 같은 의향이 어떠한 영향도 받지 않도록 보호하는 것이다. 유종주의 사상 속에서 의는 양지보다 더 기본적인 범주이기 때문에, 그는 성의가 가장 근본적인 공부라고 생각하였다. 그래서 그는 "양지는 원래 의거하는 곳이 있는데, 그 곳이 바로 의이다. 그러므로 성의를 제기하여 치지 공부를 한다면, 아는 것이 동요되어 돌아갈 곳이 없게 되지는 않을 것이다"326)라고 말했다. 성의는 통솔하는 것이고, 치지는 성의를 보조하는 방법이다. 성의의 주재가 없다면, 치지하

---

322) 같은 책 권62, 「蕺山學案・語錄」, 1533쪽, "端倪在好惡之地, 性光呈露, 善必好, 惡必惡, 彼此兩關, 乃呈至善, 故爲之如好好色, 如惡惡臭. 此時渾然天體用事, 不着人力絲毫, 於此尋個下手工夫, 惟有愼之一法, 乃得還他本位, 曰獨."
323) 같은 책 권62, 「蕺山學案・天命章說」, 1580쪽, "獨之外別無本體, 愼獨之外別無工夫."
324) 같은 책 권62, 「蕺山學案・愼獨」, 1588쪽, "大學之道, 一言以蔽之, 曰愼獨而已矣."
325) 같은 책 권62, 「蕺山學案・語錄」, 1531쪽, "致知工夫不是別一項, 仍只就誠意中看出, 如離却意根下一步, 亦無致知可言."
326) 같은 책 권62, 「蕺山學案・商疑答史孝復」, 1556쪽, "良知原有依据處, 卽是意, 故提起誠意而用致知工夫, 庶幾所知不至蕩而無歸也."

는 것은 그저 일정한 방향이 없는 지각과 의념일 수밖에 없을 것이다. 성의가 주도할 때에만 치지는 비로소 확실하게 지선의 방향으로 작용할 수 있다.

　육구연의 '명심明心'에서 왕수인의 '치지致知'까지, 그리고 다시 유종주의 '성의誠意'에 이르는 과정은 심학의 발전 과정을 드러낸다. 육구연은 '본심'을 강조하면서 맹자의 사상을 진일보하게 '심즉리心即理' 원칙으로 집중시켰다. 그렇지만 의식 구조와 의식 현상은 매우 복잡하기 때문에, '본심을 밝히라'는 막연한 주장은 깊이 있는 공부 방법이 될 수 없었다. 그리하여 왕수인은 육구연의 공부가 지녔던 '조략한' 측면을 거울 삼아 오직 '양지'만을 종지로 제시함으로써, 심학의 입장을 한층 더 분명하고 순수하게 만들었을 뿐만 아니라 분명한 착수점을 갖고 공부를 실천할 수 있도록 하였다. 그러나 양명학 가운데서 양지와 의념은 발생학적 관계가 불분명했다. 더욱이 양지가 의념 활동의 감찰자이자 평가자에 불과하다면, 이러한 양지는 근본적으로 도덕적 자각의 문제를 해결할 수 없다. 그리하여 유종주는 '나침반의 일정한 방향성'에 빗대면서 '의'를 심리 구조의 근원적 의향으로 삼았다. 그는 '의'가 사유 활동을 결정하는 근원인 동시에 진정한 '미발의 중'이라고 생각하였다. 오직 사람의 의향을 줄곧 지선에 머물도록 할 수 있어야만, 의념 활동이 언제나 선할 수 있고, 의념 활동을 최종적으로 다스리고 결정하는 주재를 찾을 수 있는 것이다.

　심心→ 지知→ 의意로의 발전은 심학 공부를 의식의 깊은 곳에까지 이르도록 이끌었을 뿐만 아니라 『대학』 중 심학과 관련이 있는 세 조목, 즉 '정심正心'·'치지致知'·'성의誠意' 모두를 충분히 발전시켰으며, 구조적으로도 한층 더 완전하게 하였다. 또 육구연에서 유종주까지의 발전 과정은 심학의 도덕 체험이 점차 실천 속에서 깊어지고 완전해졌음을 잘 밝혀 주고 있다.

4. 사덕四德과 칠정七情

　'의意' 또는 '독체獨體'를 '중체中體'라고도 한다. 이것은 의가, 『중용』에서 말하는 희노애락이 아직 발현되지 않았을 때의 '중中'이라는 사실을 뜻한다. 유종주는 이동李侗에 대해 평하면서, "미발의 상태에서 어떤 기상을 살필 수 있겠는가? 오직 자기의 잘못을 지극히 은미하고 비밀스러운 데까지 검사할 뿐이다. 막 깨달은 순간은 미발임에도 불구하고 의지하려는 사사로움이 이미 은밀하게 숨어 있다. 따라서 의지하자마자 곧바로 상도를 벗어나기 쉽다. 만일 여기에서 분명하게 조사하고 고찰하기를, 마치 활을 잘 쏘는 사람 앞에서 피할 곳이 없는 것과 같을 정도로 한다면, '중체'는 홀연히 여기에 있을 것이다. 그런데 이미 발현된 뒤라면 더 말할 필요도 없다"327)고 말했다. 그가 생각할 때, 의가 미발의 중이라면 이러한 미발은 하나의 시간적 개념이 아니다. 따라서 '고요함 속에서 미발을 체험한다'는 것은, 근본적으로 말해서 결코 고요히 침묵하는 가운데 신비 체험을 얻으려는 것이 아니라 의념의 미발 상태에서 내재적 의향을 체험하려는 것이다. 그러므로 모든 학문과 공부는 고요함에서 그치는 것이 아니라, 더 나아가 의념의 이발 상태에서도 의향에 의지하려는 사사로움이 있는지를 체찰體察하는 것이다.

유종주는 『중용』의 '희노애락'과 『예기』 「악기樂記」의 '희노애구애오욕喜怒哀懼愛惡欲'을 구분하였다. 전통적으로 송대 유학자들은 『주역』의 '고요하면서 움직이지 않는다'(寂然不動)는 말과 '감응하여 마침내 통한다'(感而遂通)는 말이, 『중용』의 '미발'과 '이발'에 서로 대응한다고 생각하였다. 고요는 미발을, 감응은 이발을 의미한다. 그러나 유종주는 "마음에는 고요와 감응이 있다. 고요하면서 움직이지 않을 때에도 희노애락은 무無에 빠지지 않고, 감응하여 마침내 통할 때에도 희노애락은 유有에 막히지 않는다"328)고 생각하였다. 그는 마음이 '고요한' 상태에서도 희노애락은 결코 없어지지 않는다고 생각했다. 그는 어째

---

327) 같은 책 권62, 「蕺山學案·語錄」, 1515쪽, "未發時有何氣象可觀. 只是查檢自己病痛到極微密處. 方知時雖未發, 而倚著之私隱隱已伏. 才有倚著, 便易橫決. 若於此處查考分明, 如貫蝨車輪, 更無躲閃, 則中體恍然在此. 而已發之後, 不待言矣."

328) 같은 책 권62, 「蕺山學案·語錄」, 1518쪽, "心有寂感. 當其寂然不動之時, 喜怒哀樂未始淪於無; 及其感而遂通之際, 喜怒哀樂未始滯於有."

서 이렇게 주장했는가? 유종주는 다음과 같이 설명했다.

> 희노애락은 그 흔적이 복잡하게 얽혀 있지만, 실제로는 기氣의 질서를 말한다. 뒤섞여서 칠정으로 되는데, 희노애구애오욕喜怒哀懼愛惡欲이다. 이 성정의 변화는 선천적인 것이 아니라 인위적인 것이다. 그러므로 복잡하게 뒤섞여 고르지 않으니, "사물에 감응하여 움직이는 것은 성性의 욕망이다"라고 말한다. 칠정을 합하여 말하면, 모두 욕망이다. 리理를 보존하고 욕망을 막으려는 군자의 공부가 바로 여기에 쓰인다. 희노애락의 네 가지라면, 그것이 발현되든 발현되지 않든 사람이 힘쓸 게 없다.329)

그가 보기에, '희노애락'의 '네 가지'는 욕망이 아니지만 '희노애구애오'의 '일곱 가지'는 외물에 대해 반응하는 것으로 욕망에 속한다. 일곱 가지는 사람이 수양해야 할 것이다. 그러나 네 가지에 대해서는 노력할 방법이 없다. 이러한 생각은, 그가 일곱 가지는 현실적인 의식 활동에 속하는 것이지만 네 가지는 사람의 힘으로 변화시킬 수 없는 자연적이고 필연적이며 본체적인 의의를 갖는 것으로 이해했다는 사실을 밝혀 준다.

그는 한 걸음 더 나아가, 희노애락의 네 가지는 결코 감정 활동의 현상을 묘사하는 범주가 아니라 본원적으로 기화氣化 운동의 질서를 상징하는 범주라고 주장하였다. "하늘이 화평하니, 일기一氣가 유행하여 기쁨에서 즐거움으로, 즐거움에서 노여움으로, 노여움에서 슬픔으로, 슬픔에서 다시 기쁨으로 돌아간다."330) 그는 희노애락을 송대 유학자들이 자주 사용했던 '원형리정元亨利貞'과 동등하게 생각하면서, 그것은 마치 사계절의 운행과 같은 기화의 순환 과정을

---

329) 같은 책 권62, 「蕺山學案 · 語錄」, 1519쪽, "喜怒哀樂, 雖錯綜其文, 實而其序而言. 至敵而爲七情, 曰喜怒哀懼愛惡欲, 是性情之變, 離乎天而出於人者, 故紛然錯出而不齊, 所謂'感於物而動, 性之欲也'. 七者合而言之, 皆欲也, 君者存理謁欲之功, 正用於此. 若喜怒哀樂四者, 其發與未發, 更無人力可施也."

330) 같은 책 권62, 「蕺山學案 · 語錄」, 1522쪽, "惟天于穆, 一氣流行, 自喜而樂, 自樂而怒. 自怒而哀, 自哀復喜."

상징하는 범주라고 생각하였다. 그가 생각할 때, 기화의 순환 과정은 네 가지 상이한 단계로 나눌 수 있고, 각각의 단계에서는 모두 자기 나름의 특수한 운동이 표현된다. 이 네 가지의 교차 순환은 우주 질서의 변화 과정을 체현한다. 유종주는 사람의 마음도 기에 속하기 때문에, 마음의 전체적인 활동 과정 또한 희노애락의 네 가지가 영원히 교차 순환하는 과정이라고 생각했다. 그러므로 설령 의식이 그다지 활발하지 않은 상태, 즉 고요하면서 움직이지 않는 상태라 하더라도 마음을 결코 생명 활동이 중지하지 않는 것처럼 죽어 없어지지 않으며, 그 전체적인 과정도 결코 정지하지 않는다. 네 기氣는 여전히 교차 순환한다. 그래서 그는 "고요하면서 움직이지 않을 때에도 희노애락은 무無에 빠지지 않는다"고 말했다. 감응하여 마침내 통할 때, 즉 의식이 현저하게 활동할 때에도 네 기는 여전히 교대로 표현된다. 따라서 그는 "고요하면서 움직이지 않을 때에도 네 기는 실제로 순환하고, 감응하여 마침내 통하는 순간에도 네 기는 차례대로 출현한다"[331]고 하였다. 유종주의 이러한 사상은 사실상 주희의 '심체유행心體流行' 관념을 발전시켜, 심체유행을 기의 유행으로 해석함은 물론, 한 걸음 더 나아가 일기一氣의 유행을 네 단계의 순환 교체 과정으로 나눈 것이다. 이 같은 이해는 본질적으로 마음의 과정을 기의 유행 과정으로 간주한 것이다.

마음의 과정을 기의 유행 과정으로 이해했기 때문에, 그는 원래 기의 유행을 규정 짓는 것(元亨利貞)으로 마음의 과정을 규정 지웠다. 그리고 이 두 과정은 통일적인 것이기 때문에, 그는 마음의 과정에 대한 규정을 기 유행의 보편 규정으로 삼기도 하였다. 그는 이 같은 관점에서 네 감정은 네 기가 정상적으로 교체된 것의 표현이며, 일곱 감정은 네 기의 정상적인 교체에 변이가 발생하여 생긴 것으로 생각하였다. 네 감정은 심기心氣 유행의 정상적인 조리이자 규정이기에

---

331) 같은 책, 같은 쪽, "當其寂然不動之時, 喜怒哀樂未始滯於無", "寂然不動之中, 四氣實相爲循環而感而遂通之際, 四氣又迭以時出."

지나치거나 모자람이 없다. 따라서 이 네 가지는 바로 도덕 원칙이다. 그는 "『중용』에서 말하는 희노애락이란 전적으로 사덕四德을 가리키는 것이지 칠정을 말한 것이 아니다. 기쁨은 인의 덕이고 노여움는 의의 덕이며, 즐거움은 예의 덕이고 슬픔은 지의 덕이다. 그리고 중中은 바로 신의 덕이다"[332]라고 말했다.

천도天道의 측면에서 희노애락은 바로 '원형리정'이기 때문에 네 기(四氣)라고 부르고, 인도人道의 측면에서 희노애락은 곧 '인의예지'이기 때문에 사덕四德이라 부른다. 이러한 사상에 근거하면, 성정의 바름(正)과 덕행의 이치(理)는 본질적으로 우주의 실체인 기가 정상적으로 운행하는 질서이자 조리이다. 욕망으로서 칠정七情은 외적인 감응을 통해 생겨난 변화이다. 예컨대 외적인 감각의 작용으로 정상적인 노여움(怒)이 분노(忿懥)로 변하는 것과 같다. 유종주는 "예를 들어 기쁨이 넘쳐 좋아함이 되고, 즐거움이 지나쳐 쾌락이 되며, 노여움이 쌓여 분노가 되는 것 등은 사물과 감응하여 그렇게 드러나는 것이다. 따라서 한 슬픔인데도 나뉘어 두려움이 되기도 하고 우환이 되기도 한다"[333]고 말했다.

유종주는 이 같은 입장을 견지했기 때문에, '미발은 성이고, 이발은 정이다'는 송대 유학자들의 견해에 반대하였다.

마음의 본체에는 본래 동정이 없고, 성체에도 동정이 없다. '미발은 성이고, 이발은 정이다'는 말은 후대 사람들이 견강부회한 것이다. 희노애락은 마음의 전체이다. 희노애락이 간직되어 있는 것을 미발이라 말하고, 그것이 밖으로 드러나는 것을 이발이라고 말한다. 고요할 때도 미발과 이발이 있고, 감응하여 통할 때도 미발과 이발이 있다. 왜냐하면 안과 밖은 하나의 기틀이고, 중中과 화和는 한 이치이기 때문이다. 단지 칠정으로만 말하자면, 마치 웃고 울며 화내고 욕하듯이 틀림없이 기쁠 때도 있고 기쁘지 않을 때도 있으며, 노여울 때도 있고 노엽지 않을 때도 있다. 이것

332) 같은 책 권62, 「蕺山學案·語錄」, 1523쪽, "中庸言喜怒哀樂, 專指四德而言, 非以七情言也. 喜, 仁之德也; 怒, 義之德也; 樂, 禮之德也; 哀, 智之德也. 而其所謂中, 卽信之德也."
333) 같은 책 권62, 「蕺山學案·語錄」, 1522쪽, "又有逐感而見者, 如喜也而溢爲好, 樂也而滋爲樂, 怒也而積爲分懥. 一哀也. 而分爲恐爲懼, 爲憂爲患."

으로 성정을 나눈다면, 부득이 이러한 것들을 없애버리는 것을 성의 종자(性種)로 삼지 않을 수 없을 것이며, 어지럽게 뒤섞여 잡다하게 드러나는 것을 정의 연유(情緣)로 삼지 않을 수 없을 것이기에, 분명히 움직임도 있고 고요함도 있다.334)

유종주는 사람의 마음이란 줄곧 희노애락의 네 기가 교체 순환하는 과정이라고 생각하면서, 마음의 본체와 성체에는 모두 동정의 구분이 없다고 주장하였다. 이러한 관점에서 볼 때, 이발은 단지 사람의 표정과 동작·태도를 가리키고, 미발은 희노애락의 본연 그대로의 순환을 의미한다. 고요할 때에도 사람은 여전히 표정과 기상이 있으므로 적막할 때에도 이발이 있는 것이며, 움질일 때에도 본연 그대로의 순환이 결코 중단되지 않으므로 감응하여 통할 때에도 여전히 미발이 있는 것이다.

5. 의리지성이 바로 기질의 본성이다

리기에 대한 유종주의 주장은 나흠순과 왕정상 이래의 명대 기학氣學 사상에서 비교적 영향을 많이 받았다. 그는 기가 일차적이고 리가 부차적이라고 주장하면서, '리가 기보다 앞선다'는 사상과 '도가 기器 위에 존재한다'는 사상에 반대하였다. 그는 이렇게 말하였다.

천지를 가득 채우고 있는 것은 하나의 기일 따름이다. 기가 있기에 수數가 있고, 수가 있기에 상象이 있으며, 상이 있기에 이름이 있고, 이름이 있기에 사물이 있으며, 사물이 있기에 성이 있고, 성이 있기에 도가 있다. 그러므로 도는 나중에 생긴 것이다. 그런데도 도를 구하는 사람은 아직 기가 있기도 전의 도를 직접 구하면서 '도가

---

334) 같은 책 권62, 「蕺山學案·語錄」, 1533쪽, "心體本無動靜, 性體亦無動靜. 以'未發爲性, 已發爲情', 尤屬後人附會. 喜怒哀樂, 人心之全體. 自其所存者爲之未發, 自其形之於外者爲之已發. 寂然之時亦有未發已發, 感通之時, 亦有未發已發. 中外一機, 中和一理也. 若徒以七情言, 如笑啼怒罵之類, 畢竟有喜時有不喜時, 有怒時有不怒時, 以時分配性情, 勢不得不以斷減爲性種, 而以紛然雜出者爲情緣, 分明有動有靜矣."

기를 낳는다'고 생각하는데, 도가 어떤 것이기에 기를 낳을 수 있단 말인가?335)

아직 기가 있기 전을 살펴보더라도, 어디서나 기 아닌 것이 없다. 기가 오그라들
때는 무에서 유로 나아가지만, 그 유는 아직 유가 아니다. 또 기가 펼쳐질 때는 유에
서 무로 되돌아가지만, 그 무는 아직 무가 아니다.336)

또 그는 "리는 곧 기의 리이다. 결코 기보다 앞서 존재하지도 않고, 기 밖에
존재하지도 않는다"337)고 말했다. 이러한 주장은, 유종주가 "기가 있은 다음에
리(道)가 있고, 리는 기보다 앞서 존재하지 않으며, 리는 기를 낳을 수 없다"고
생각했음을 분명하게 밝혀 준다. 이른바 리는 단지 기의 리일 뿐이고, 기를 떠나
서 리를 말할 수 없는 것이다. "기를 떠난 리는 없다."338)

유종주의 리기론은 일종의 본체론이나 우주론일 뿐만 아니라, 그의 입장에서
더욱더 중요한 점은 이 같은 리기론으로 심성의 관계를 설명한다는 점이다. 그
래서 그는 "리는 곧 기의 리이며, 리가 기보다 앞서 존재하지 않는다"는 사실을
알아야만 비로소 "도심이 곧 인심의 본심이고, 의리지성이 바로 기질의 본성이
다"339)는 점을 알 수 있을 것이라고 강조하였다. 다시 말해서 그는 도심과 인심,
의리지성과 기질지성의 관계가 리와 기의 관계와 동일한 것이라고 생각하였다.

유종주는 "성은 모두 기질을 가리켜 말하는 것이다. 어떤 사람은 '기질지성도
있고 의리지성도 있'고 말하지만, 이것은 틀린 말이다. 오직 기질지성만이
있을 뿐 의리지성이란 없다. 예를 들어 기질의 리라고 말해야 옳은 것이지, 어떻

---

335) 같은 책 권62, 「蕺山學案・語錄」, 1520쪽, "盈天地間一氣而已矣, 有氣斯有數, 有數斯有象, 有象
斯有名, 有名斯有物, 有物斯有性, 有性斯有道, 故道其後起也. 而求道者, 輒求之未始有氣之先,
以爲道生氣. 則道亦何物也, 而遂能生氣乎?"
336) 같은 책 권62, 「蕺山學案・語錄」, 1520쪽, "吾溯之未始有氣之先, 亦無往而非氣也. 當其屈也, 自
無而之有, 有而未始有, 及其伸也, 自有而之無, 無而未始無也."
337) 같은 책 권62, 「蕺山學案・語錄」, 1521쪽, "理卽氣之理, 斷然不在氣先, 不在氣外."
338) 같은 책 권62, 「蕺山學案・語錄」, 1529쪽, "離氣無理."
339) 같은 책 권62, 『蕺山學案』, 「商疑答史孝復」, 1521쪽, "道心卽人心之本心, 義理之性卽氣質之本
性."

게 의리의 리라고 말할 수 있겠는가"340)라고 하였다. 리는 기의 리이기 때문에 성은 기질의 성을 가리킨다. 천지간에 유행하고 있는 기가 바로 '기'이며, '기질'은 기가 쌓여서 일정한 형체를 이룬 존재, 즉 모이고 쌓여서 형질形質을 이룬 기를 가리킨다. 그리고 기질의 리를 성이라고 한다. 그러므로 성은 일정한 기질의 성과 일정한 기질의 리를 의미한다.

유종주가 생각할 때, '기질지성'은 바로 '기질의 성'을 의미하기 때문에 '기질지성'이란 말이 통할 수 있는 것이다. 그리고 성은 본래 기질의 성으로서, 결코 기질로부터 독립해 있는 것도 아니며 기질 밖에 있는 것도 아니다. 이러한 의미에서 오직 '기질지성'이라고만 말할 수 있으며, 그 밖의 다른 설명으로서 '의리지성' 같은 말은 통할 수 없다. 마치 리는 기의 리이며 기에서 독립한 리가 없는 것처럼, 성도 기질의 성이며 기질에서 독립한 성은 없다. 유종주가 생각할 때, 사람이나 사물에게는 오직 하나의 성만이 있을 뿐이지 두 개의 성이 있는 것은 아니다. 그리고 이러한 성은 바로 기질의 성 즉 사람이나 사물이라는 특정한 형질의 성이다. 기질지성이란 바로 같은 종류의 속성이다. 모든 종류의 사물들은 각기 그들 나름의 특정한 기질이 있기 때문에 각 종류의 기질적 속성은 각기 다르다.

리는 기의 리이며 성은 기의 성이라는 관점에서, 유종주는 '사람에게는 기질지성도 있고 의리지성도 있다'는 송대 유학자들의 견해에 반대하였다. 그는 기의 차이가 성의 차별을 조성하므로 인성은 바로 인류의 특정한 기질에 의해 결정된 성이며, 제2의 성이란 없다고 생각하였다.

송대 유학자들은 사람의 마음을 물에 비유하면서, 의리지성은 물의 맑음과 같고 기질지성은 물의 탁함과 같다고 생각하였다. 그러나 유종주는 사람의 마음을 물에 비유하자면 기질지성은 물의 맑음과 같은데, 물의 탁함은 나쁜 습관

---

340) 같은 책 권62, 「蕺山學案 · 語錄」, 1525쪽, "凡言性者, 皆指氣質而言也, 或曰'有氣質之性, 有義理之性', 亦非也. 止有氣質之性, 更無義理之性, 如曰氣質之理, 卽是, 豈可曰義理之理乎?"

으로 조성된 것이라고 생각하였다. 그는 이렇게 말했다.

> 요약해서 말하자면, 기질지성이 곧 의리지성이고 의리지성이 바로 천명지성이며, 선하기로 치자면 모두 선하다. 자사子思는 "희노애락이 아직 발현되지 않은 상태를 중이라 한다"고 말했는데, 이는 기질의 순수함을 말한 것 아닌가? 선하지 않음이 있다는 것은 단지 즐거움이 지나쳐 그것에 빠지고, 슬픔이 지나쳐 상처를 받는 것에 불과하다. 그들 사이의 차이가 아주 작건 매우 크건 똑같이 지나치거나 모자란 것일 따름이며, 모두 선善에서 다른 데로 흐른 것이다. 이미 지나치거나 모자람의 차등이 있기 때문에 이를 누적해 나가면, 십·백·천·만까지도 있게 되며 곱절도 되고 다섯 곱절도 되어 끝내는 계산할 수 없다. 그러나 이것은 습관의 병폐이지 성의 잘못이 아니다.341)

유종주가 생각할 때, 희노애락의 네 기가 정상적으로 유행하는 것은 바로 기질이 순수하고 잡스럽지 않은 것의 표현이다. 미발의 중이란 바로 네 기의 질서 있는 운행을 가리키는 것이며, 결코 기 밖의 다른 것이 아니다. 네 기의 질서 있는 운행이 바로 사덕이다. 따라서 희노애락은 기질의 성이자 인의예지이며 또한 의리지성이다. 그리고 기질지성은 우주의 일기一氣가 유행하는 조리이므로, 기질지성은 곧 천명지성이다. 만일 천명지성과 의리지성이 선하다면, 기질지성도 선하다. 그는 또 다음과 같이 지적하였다.

> 기질지성도 있고 의리지성도 있다고 말하면, 학자들로 하여금 기질에만 맡기고 의리를 버리면서 '선할 수도 있고, 선하지 않을 수도 있다'는 주장을 믿게 만들 것이다. 혹은 기질을 버리고 의리를 구하면서 '선도 없고 선하지 않음도 없다'는 주장을 믿

---

341) 같은 책 권62, 「蕺山學案·答門人」, 1556쪽, "要而論之, 氣質之性卽義理之性, 義理之性卽天明之性, 善卽俱善. 子思曰喜怒哀樂未發謂之中, 非氣質之粹然者乎? 其有不善者, 不過只是樂而淫, 哀而傷, 其間差之毫厘與差之尋丈, 同是一個過不及, 則皆自善而流者也. 惟是旣有過不及之分數, 則積此以往, 容有十百千萬, 倍徒而無算者, 此卽習之爲害, 而非其性之罪也."

게 만들 것이다. 혹은 기질과 의리를 똑같이 중시하면서 '어떤 사람의 성은 선하고 어떤 사람의 성은 선하지 않다'는 주장을 믿게 만들 것이다.…… 성은 오직 기질지성 뿐이라는 사실을 알아야 한다. 의리란 기질의 본연이며, 성이 되는 근거이다.[342]

만일 기질지성을 곧바로 의리지성이라고 할 수 없다면 기질 자체가 반드시 선한 것은 아니다. 이 경우 이론적으로 기질에만 맡기면 선할 수도 있고 선하지 않을 수도 있다. 만일 기질과 의리라는 성 이원론으로 말한다면, 성에는 선함도 있고 선하지 않음도 있다는 것을 뜻한다. 유종주는 이러한 견해들을 전부 반대하였다. 그가 생각하기에, 성은 결코 하나의 독립적인 실체가 아니다. 성은 바로 일정한 기질의 특성이고, 의리는 단지 기가 운행하는 본연의 상태일 뿐이다. 그는 "하나의 성인데, 그것을 리로 말해서 인의예지라고 하며, 기로 말해서 희노애락이라고 한다"[343]고 말했다. 이 말 역시 성과 리는 단지 기의 조리 있는 운행일 뿐이라는 점을 강조한 것이다.

6. 도심이 바로 인심의 본심이다

기질지성의 문제와 서로 관련되는 것이 도심과 인심의 문제이다. 그래서 유종주는 "리는 곧 기의 리이다"라고 하였고, "이것을 알면 도심이 바로 인심의 본심이며, 의리지성이 곧 기질의 본성이라는 점을 알게 될 것이다"라고 말했다. 리와 기가 서로 의거한다는 관점에서, 그는 다음과 같이 주장하였다.

"인심은 위태롭고, 도심은 은미하다." 도심은 바로 인심 속에서 드러나니, 마침내

---

342) 같은 책 권62, 「蕺山學案·天命章說」, 1581쪽, "若說有氣質之性, 又有義理之性, 將使學者任氣質而遺義理, 則'可以爲善, 可以爲不善'之說信矣. 又或遺氣質而求義理, 則'無善無不善'之說信矣. 又或衡氣質義理而竝重, 則'有性善有性不善'之說信矣.…… 須知性只是氣質之性, 而義理者, 氣質之本然, 乃所以爲性也"
343) 같은 책 권62, 「蕺山學案·語錄」, 1517쪽, "一性也, 自理而言則曰仁義禮智, 自氣而言則曰喜怒哀樂"

심성이 하나이면서 둘이고, 둘이면서 하나임을 알 수 있다.344)

마음은 오직 인심뿐이다. 도심이란 사람의 마음이 되는 근거이다. 성은 오직 기질지성뿐이다. 의리지성이란 기질의 성이 되는 근거이다.345)

마음은 혼연한 전체이며, 그 단서를 가리켜 의意 즉 은미한 본체라고 말한다. "인심이 위태롭다"는 말은 마음을 뜻한다. 도심이란 마음의 마음되는 근거이다. 따라서 인욕을 인심으로 여기거나 천리를 도심으로 여기지 않는다. '마음을 바르게 한다'고 말할 때의 마음도 인심이다. 의는 마음의 마음되는 근거이다.346)

유종주는 '인심'을 인욕과 동일시하거나 도심을 천리와 동일시하는 관점에 반대하였다. 그가 생각할 때, 사람에게 오직 하나의 성 즉 기질지성만이 있는 것처럼 사람에게는 오직 하나의 마음만이 있는데, 그것이 바로 『서경書經』에서 말하는 '인심'이나 『대학』에서 '마음을 바르게 한다'(正心)고 말할 때의 마음이다. 그가 생각할 때, 마음은 기 개념에 속하지만 도심은 바로 성 개념이다. 그래서 그는 도심을 '마음의 마음되는 근거'라고 말하면서, 그 둘을 심성의 관계로 설정하였다.

유종주가 이해한 성은 결코 주희처럼 기 속의 어떤 실체가 아니다.(희노애락에 관한 유종주의 이론으로 볼 때, 그는 리 또는 성을 기가 정상적으로 유행하는 성질이나 상태로 말할 수 있다고 생각하였다.) 따라서 그는 마음이 되는 근거이자 본심으로서의 도심이 '의'에서 체득될 수 있다고 생각하였다. 주희는 성과 마음이 동일

---

344) 같은 책 권62, 「蕺山學案·語錄」, 1516쪽, "'人心惟危, 道心惟微', 道心卽在人心中看出, 始見得 心性一而二, 二而一."
345) 같은 책 권62, 「蕺山學案·語錄」, 1543쪽, "心只有人心, 而道心者, 人之所以爲心也. 性只有氣質 之性, 而義理之性者, 氣質之所以爲性也."
346) 같은 책 권62, 「蕺山學案·商疑答史孝復」, 1554쪽, "心則是個渾然之體, 就中指出端倪來曰意, 卽惟微之體也. 人心惟危, 心也; 而道心也者, 心之所以爲心也, 非以人欲爲人心, 天理爲道心也. 正心之心, 人心也; 而意者, 心之所以爲心也."

한 층차에 있지 않다는 점을 대단히 강조하였다. 그러나 유종주는 성이 마음에 내재하는 실체라는 주장(內在實體설)을 물리치고, 동일한 층차에서 마음과 성의 구별과 관련성을 인식하였다.

또 유종주는 "인심과 도심은 하나의 마음일 뿐이고, 기질과 의리도 하나의 성일 따름이다. 마음도 하나이고 성도 하나임을 안다면, 공부도 한 가지일 수 있다. 고요하게 보존하는 공부 외에 움직일 때의 찰식 공부가 따로 없으며, 주경 외에 궁리 공부가 따로 없다. 결국 공부와 본체도 하나이니, 이것이 신독의 주장이다"[347])라고 하였다. 이러한 생각은 유종주가 의식적으로 리기와 심성, 본체와 공부의 모든 측면에서 일원론적인 방법 원칙을 견지했던 점을 밝혀 준다. 그의 도심설을 살펴보면, '리는 곧 기의 리이다'는 입장에서 도심과 인심의 관계를 논증하였기 때문에 마음은 기에 속하고, 도심은 성에 속한다. 그가 의와 도심을 모두 '은미한 것'이자 마음의 마음되는 근거로 삼은 점에서 보면, 도심과 의 역시 동일한 것이다. 여기에서 우리는 다음과 같이 생각할 수 있다. 유종주가 이해한 성은 일종의 마음의 본연적인 조리나 상태이기 때문에, 그의 사상에서 마음과 성은 하나이면서 둘이고 둘이면서 하나이다. 그리고 의는 중체中體(未發의 中)이자 미체微體(은미한 도심)이며, 또한 심체心體(獨)이자 성체性體(보이지도 않고 드러나지도 않는)이다.

7. 마음과 성은 하나이며, 정인 동시에 성이다

유종주의 사상에서 매우 중요한 관점은 바로 심성 관계와 리기 관계가 서로 같다는 것이다. 그는 "마음이 있고서야 성이 있고, 기가 있고서야 도가 있으며, 일이 있고서야 리가 있다. 따라서 성은 마음의 성이고, 도는 기의 도이며, 리는

---

347) 같은 책 권62, 「蕺山學案 · 天命章說」, 1581쪽, "人心道心只是一心, 氣質義理只是一性, 識得心一性一則工夫可一. 靜存之外更無動察, 主敬之外更無窮理. 其究也, 工夫與本體亦一, 此愼獨之說也."

일의 리이다"348)라고 말했다. 그는 한층 더 명확하게 "사람의 마음은 하나의 기일 따름이다"349)라고 강조하였다. 명대 중기 이래로 리학과 심학에서는 모두 마음을 기의 범주에 속하는 것으로 간주했으며, 마음과 성의 관계는 바로 기와 리의 관계라고 생각하였다. 이러한 점은 유종주에게서 한결 분명해진다. 그는 다음과 같이 말했다.

성은 마음의 리이다. 마음을 기로 말하자면, 성은 그것의 조리이다. 마음을 떠난 성은 없고 기를 떠난 리는 없다. 기가 곧 성이고 성이 곧 기라고 말하면서도, 오히려 그것을 둘로 여긴다.350)

성은 마음에 근거한 명칭이다.…… 마음에 공통적인 것이 리이다. 태어나면서 이러한 리를 지닌 것을 성이라 말하지만, 성이 마음의 리가 되는 것은 아니다. 만일 "마음은 단지 하나의 사물일 뿐이다. 성의 리를 얻어 그것을 쌓고서야 영명해진다"고 말한다면, 마음은 성과 끊어져 하나의 사물일 수 없다.351)

유종주는 마음이 곧 기이고 성이 바로 리라면, 리기의 관계에서 심성의 관계를 직접 이끌어 낼 수 있다고 생각하였다. 본체론적으로 기를 떠난 리가 없으므로, 심성론적으로도 마음을 떠난 성이 없다. 그러나 '마음을 떠난 성이 없다'는 그의 관점은 송대 유학자들이 '성은 기를 떠나지도 않고 기와 섞이지도 않는 실체'라고 주장했던 관점과 다르다. 나흠순이 리와 기가 하나라고 말했던 것처

---

348) 같은 책 권62, 「蕺山學案・語錄」, 1541쪽, "有心而後有性, 有氣而後有道, 有事而後有理. 故性者心之性, 道者氣之道, 理者事之理."

349) 같은 책 권62, 「蕺山學案・語錄」, 1527쪽, "人心一氣其而已矣."

350) 같은 책 권62, 「蕺山學案・答沈中柱」, 1561쪽, "性者心之理也, 心以氣言; 而性, 其條理也. 離心無性, 離氣無理. 雖謂氣卽性, 性卽氣, 猶二之也."

351) 같은 책 권62, 「蕺山學案・原性」, 1563쪽, "夫性因心而名者也…… 心之所同然者, 理也. 生而有此理之謂性, 非性爲心之理也. 如謂「心但一物而已, 得性之理以貯之而後靈」, 則心之與性, 斷然不能爲一物矣."

럼, 유종주는 마음과 성이 하나라고 주장하였다. 유종주가 생각할 때, 리는 단지 아직 변이되지 않은 기의 본연한 유행이자 그것의 질서 있는 교체이며, 성은 마음의 본연한 유행이자 정상적인 조리일 따름이다.

그래서 유종주는 "측은지심이 인이다"(惻隱之心 仁也)는 맹자의 말이 정확한 주장이라고 생각하였다. 왜냐하면 맹자는 '마음으로 성을 설명하였'으며, 결코 마음과 성을 둘로 나누지 않았기 때문이다. 그는 『중용』에서 희노애락으로 천명지성을 말한 것 역시 정확한 주장이라고 생각하였다. 왜냐하면 이러한 주장도 '마음의 기로 성을 말했기'[352] 때문이다. 물론 유종주는 기가 곧 성이라고는 생각하지 않았다. 그는 단지 마음의 기가 유행하고 희노애락이 순환하는 것의 정상적인 표현이 바로 인의예지이자 성이기 때문에, 반드시 기에서 성을 인식해야 하며 기를 떠나서는 성을 말할 수 없다고 생각했을 뿐이다.

그는 이러한 입장에 근거하여, 성과 정情에 관한 견해를 제시하였다. 주희의 성정론에서 인仁은 성이자 마음속의 리이며 미발이다. 또 인이 발현하여 측은한 마음이 되는데, 측은지심은 정에 속한다. 그러나 유종주는 미발을 성으로, 이발을 정으로 여기는 견해에 반대하였다. 그리고 그는 "맹자는 측은지심이 바로 인이라고 하였다. 어찌 그처럼 훌륭할 수 있는가? 인의예지는 모두 태어나면서 지니는 것이고, 이른바 성이며, 선善이 되는 근거이다. 정을 가리켜 성을 말하는 것이지, 정에 근거하여 성을 아는 것이 아니다. 마음에서 성을 말하는 것이지, 마음을 떠나서 선을 말하는 것이 아니다. 후대의 해석자들은 '발현된 정에 근거하여 간직된 성을 알고, 정의 선함에 근거하여 성이 선한 것을 안다'고들 말한다. 터럭만큼의 차이가 결국에는 천리의 차이로 벌어진 것 아닌가"[353]라고 주장하였다. 유종주의 입장에서 말하자면, 성정의 차이는 결코 내재적인 본질과

352) 같은 책, 같은 쪽, "以心之氣言性"
353) 같은 책 권62,「蕺山學案·語錄」, 1536쪽, "孟子言這惻隱之心就是仁, 何善如之? 仁義禮智, 皆生而有之, 所謂性也, 乃所以爲善也. 指情言性, 非因情見性也. 卽心言性, 非離心言善也. 後之解者曰'因所發之情而見所存之性, 因所情之善而見所性之善', 豈不毫釐而千里乎."

외재적인 현상의 차이가 아니다. 측은지심은 정일 뿐만 아니라 성이기도 하다. 측은지심은 바로 인이지, '인의 이발' 상태가 아니다. '정을 가리켜 성을 말하고, 마음에서 성을 말한다'고 함은 성을 마음이나 정과는 다른 층차의 은미한 실체로 이해해서는 안 된다고 강조한 말이다. 물론 '정을 가리켜 성을 말한다'고 함은 결코 모든 정이 성이라는 뜻이 아니며, 측은지심 등의 사단이 그러하다는 뜻이다. 유종주는 다음과 같이 말하기도 하였다.

정인 동시에 성이다. 결코 이발을 정으로 삼아 성과 대립시키지 않는다. '그 정이라면' 측은 · 수오 · 사양 · 시비의 마음이 그것이다. 맹자가 이러한 측은지심을 바로 인이라고 말했던 것은, 측은한 마음이 드러난 것에 근거하여 마음에 간직돼 있는 인을 안다는 뜻이 아니었다.354)

마음을 기로 말하자면 성은 그것의 조리이다. 마음을 떠난 성은 없고, 기를 떠난 리는 없다.…… 측은 · 수오 · 사양 · 시비는 모두 하나의 기가 유행하는 기틀을 가리킨다. 지각되는 순간에 리가 그러함을 지니는 것이지, 지각되는 것 외에 사단이 따로 있는 것은 아니다.355)

천지를 가득 채우고 있는 것은 하나의 기일 따름이다. 기가 모여 형체가 생기고, 형체가 이뤄져 형질이 생기며, 형질이 갖춰져 몸체가 생기고, 몸체가 펼쳐져 감관이 생긴다. 감관이 나타나 성이 여기에 드러난다. 이렇게 해서 인의예지의 이름이 생겼다. 인은 다른 것이 아니라 바로 측은지심이 그것이다. 의는 다른 것이 아니라 바로 수오지심이 그것이다. 예는 다른 것이 아니라 바로 사양지심이 그것이다. 지는 다른

---

354) 같은 책 권62, 「蕺山學案 · 商疑答史孝復」, 1555쪽, "卽情卽性也, 并未嘗以已發爲情, 與性者對也. '乃若其情'者, 惻隱羞惡辭讓是非之心是也. 孟子言這惻隱之心就是仁, 非因惻隱之發而見所存之仁也."

355) 같은 책 권62, 「蕺山學案 · 答沈中柱」, 1560쪽, "心以氣言, 而性, 其條理也. 離心無性, 離氣無理. …… 惻隱羞惡辭讓是非, 皆指一氣流行之機. 呈於有知覺之頃, 其理有如此, 而非於所知覺之外, 別有四端名色也."

것이 아니라 바로 시비지심이 그것이다. 맹자는 분명히 마음으로 성을 말했다.······ 『중용』에서는 희노애락으로 중화라는 명칭을 직접 이끌어 내고, 천명지성이 여기에 있다고 하였다. 이것은 다른 의미가 아니다. 측은지심은 기쁨의 변화이고, 수오지심은 노여움의 변화이며, 사양지심은 즐거움의 변화이고, 시비지심은 슬픔의 변화이다. 자사子思도 분명히 마음의 기로 성을 말하였다.356)

'마음인 동시에 성이다'는 말과 '정인 동시에 성이다'는 말은, 단도직입적으로 성을 마음의 기의 유행에 합치하는 정당한 의식과 감정으로 이해한 것이다. 사람에게는 오직 하나의 성만이 있을 뿐이고, 이러한 성을 리의 측면에서 즉 인도人道의 합리성으로 말하자면 인의예지이며, 기의 측면에서 말하자면 바로 희노애락의 질서 있는 교체 운행이다. 리가 기의 조리인 것과 마찬가지로 성도 마음의 조리이다. 성은 바로 마음의 기가 유행하는 기틀이고, 지각으로 나타나는 것이며, 지각 자체의 질서이자 규범이며 조리이다.

8. 격물궁리

유종주는 신독과 성의를 종지로 삼는 사상 입장에서 격물궁리의 문제를 해석하였다. 그는 신독 외에 다른 공부가 없다면 격물과 신독은 서로 다른 공부일 수 없으며, 격물은 반드시 신독 속에서 이해되어야 한다고 생각하였다. 유종주는 본체도 하나이며 공부도 하나라고 주장했는데, 이 하나의 공부가 바로 신독이다. 그는 "신독의 공부는 본심이 드러나면 어디서나 체득해 나가는 것일 뿐이다"357)라고 하였다. 여기서 '본심이 드러난다'는 말은 의意와 독獨을 가리키며,

---

356) 같은 책 권62, 「蕺山學案·原性」, 1563쪽, "盈天地間一氣而已矣. 氣聚而有形, 形載而有質, 質具而有體, 體列而有官. 官呈而性著焉, 於是有仁義禮智之名. 仁非他也, 卽惻隱之心是; 義非他也, 卽羞惡之心是; 禮非他也, 卽辭讓之心是; 智非他也, 卽是非之心是. 是孟子明以心言性也······ 至中庸則直以喜怒哀樂逗出中和之名, 言天命之性卽此而在也. 此非有異指也, 惻隱之心, 喜之變也; 羞惡之心, 怒之變也; 辭讓之心, 樂之變也; 是子思子又明以心之氣言性也"
357) 같은 책 권62, 「蕺山學案·證學雜解」, 1566쪽, "愼獨之功, 只向本心呈露時隨處體認去."

'어디서나 체득한다'는 주장은 "어디서나 천리를 체득하라"는 담약수의 주장에서 어느 정도 영향 받았음을 알 수 있다.358) 이러한 점들은 격물궁리에 대한 그의 해석에 심학적 색채를 부여하였다. 그리하여 그의 제자가 그에게 "격물은 어떤 주장을 위주로 해야 마땅합니까"라고 물었을 때, 그는 "결국에는 오직 신독뿐이다"라고 대답하였다.359)

유종주는 "천하에는 마음 밖의 리도 없고, 마음 밖의 학문도 없다"360)는 왕수인의 사상에 대해서는 긍정하였고, 주자학의 격물궁리설에 대해서는 비판하였다.

후대의 학자들은 항상 도리를 셋으로 나눈다. 그리하여 하나는 하늘에 있다고 하면서 천명지성으로 여기고, 다른 하나는 만물에 있다고 하면서 사물에 있는 리로 여기며, 또 다른 하나는 고금의 전적典籍에 있다고 하면서 이목의 신령함을 사용해야 할 것으로 여긴다. 그러므로 내 마음에서 도리를 구해본들 가난한 집의 자식마냥 아무것도 없기에, 밤낮으로 그 셋에게 구걸한다.361)

유종주는, 리를 마음 밖에 존재하는 것으로 여기면서 마음으로 추구해 나가야 할 대상으로 삼는 입장에 대해 반대하였다. 그는 주희의 격물궁리설이 '지리支離하다'고 생각하였다. 그리고 그는 "후대 유학자들의 격물설 가운데서 마땅히 회남淮南(王艮)의 주장을 옳게 여겨야 한다. 회남은 '격물치지하는 데 자신이 근본이고, 집안·국가·천하는 말단이다'고 하였다. 나는 이 말에 덧붙여 '격물치지하는 데 성의가 근본이고, 정심·수신·제가·치국·평천하는 말단이다'

---

358) 유종주의 스승은 許孚遠이었는데, 허부원은 湛若水의 제자 唐樞에게서 배웠다. 따라서 유종주의 體認說은 그 來源이 있는 것이었다.
359) 『明儒學案』권62, 「蕺山學案·語錄」, 1539쪽, "格物當主何說", "畢竟只有愼獨二字."
360) 같은 책 권62, 「蕺山學案·語錄」, 1528쪽, "天下無心外之理, 無心外之學"
361) 같은 책, 같은 쪽, "後之學者每於道理三分之, 推一分於在天, 以爲天命之性; 推一分於萬物, 以爲在物之理; 又推一分於古今典籍, 以爲耳目之用神. 反而求之吾心, 如赤貧之子, 一無所有, 乃日夕乞哀於三者."

라고 하겠다"362)고 주장하였다. 요컨대 격물의 주요한 대상은 자신이자 의이다. 이것이 격물의 근본이다. 격물치지와 성의는 수신·제가·치국·평천하를 배척하지 않지만, 수신·제가·치국·평천하는 말단에 속한다.

유종주가 생각할 때, 주자학은 본말의 도리를 제대로 이해하지 못했기 때문에 "그 배움이 지리하다." 상산학은 근본을 세우는 학문에 대해 식견이 있었지만, "조략한 점이 잘못이다." 왕수인의 심학은 마음의 본체를 무선무악無善無惡한 것으로 주장했기에, "그윽한 것이 잘못이다." 그가 생각할 때, 훌륭한 자질을 가진 사람이라면 마음이 청명하여 구체적인 사물의 리를 궁구하더라도 근본을 잃지 않을 수 있으므로 주자학을 배울 수 있다. 그렇지만 자질이 훌륭하지 못한 사람이라면 반드시 먼저 "도는 내 마음에 있으니, 쓸데없이 밖에서 구할 필요가 없다"는 점을 깨달아 심학의 공부로 그 근본을 세워야 한다. 그렇지 않으면 근본을 잃고 말단을 좇게 될 것이다. 이러한 측면에서 볼 때, 격물에 대한 유종주의 견해는 분명히 심학의 입장에 서 있다.

유종주는 "리는 사물로 물화되는 것이 아니다. 리는 지선한 본체로서 내 마음에 통섭되는 것이다. 그러나 리는 비록 사물로 물화되는 것은 아니지만 사물에서 드러나지 않을 수 없다"363)고 주장하였다. 그가 생각할 때 리는 사물에 존재하는 것으로 제한되지 않는다. 사람의 마음은 천하의 리를 통섭할 수 있다. 이와 동시에 리는 비록 마음에 통섭되지만 사물에서 드러난다. 그러나 격물은 반드시 근본을 세우고 말단을 통섭해야 하기 때문에, 천하의 사물을 전부 궁구해야 하는 것은 아니다. "격물은 바로 자신을 탐구하는 것이다."

유종주는 우선 심신 수양이라는 격물의 관점에서 '회남격물설'을 긍정하였다. 그러나 격물의 구체적인 함의를 말하자면, 그는 신독을 격물의 내용으로

---

362) 같은 책 권62, 「蕺山學案·語錄」, 1532쪽, "後儒格物之說, 當以淮南爲正, 曰'格知身之爲本, 而家國天下之爲末' 予請申曰'格知誠意之爲本, 而正修齊治平之爲末.'"
363) 같은 책 권62, 「蕺山學案·大學雜繹」, 1587쪽, "理之不物於物, 爲至善之體, 而統於吾心者也, 雖不物於物, 而不能不顯於物."

삼았다. 그는 "은미한 곳을 독이라 이름한다.…… '치지는 격물에 있다'고 함은 독을 궁구하라는 뜻일 따름이다. 독은 사물의 근본이며, 신독은 격물을 시작하는 일이다"364)라고 말했다. 주희는 대학의 도를 '격물'에 귀결시켰고, 왕수인은 대학의 도를 '치지'에 귀결시켰지만, 유종주는 대학의 도를 '신독'(誠意)에 귀결시켰다. 그의 이러한 사상은, 주희와 비교해 볼 때는 분명히 심학의 범주에 속하고, 왕수인과 비교해 볼 때는 앞에서 성의와 신독을 논하면서 지적했듯이, 도덕과 심성 수양의 공부가 한층 더 세밀해지고 깊어진 형태이다.

　명대의 심학적 전통이라는 관점에서 볼 때, 유종주의 사상은 태주학파에서 제기했던 사상과 밀접한 관계가 있다. 유종주가 왕간의 '회남격물설'을 긍정한 점은 그가 왕간의 사상을 숙지하고 있었다는 사실을 밝혀 준다. 특히 그의 사상은 왕간의 문인이었던 왕동王棟의 사상과 매우 유사하다. 왕동은 일찍이 "몸의 주재를 마음이라고 하며, 마음의 주재를 의라고 한다. 마음은 허령하여 잘 감응하고, 의는 일정한 방향성이 있어서 그 안에 마음을 함유한다"고 주장하였고, "마음이 허령한 가운데 확연한 주재가 있는 것을 의라 말한다"고 주장하였다. 또 왕동은 "성의 공부는 신독에 있다. 독은 곧 의의 다른 이름일 뿐이고, 신은 곧 성誠의 노력일 뿐이다"라고 말하였다.365) 왕동의 이 같은 사상은 분명히 유종주의 '심의지변心意之辨'과 '성의신독설誠意愼獨說'의 선구이다. 그리고 왕동은 "미발과 이발은 시간으로 말하는 것이 아니다. 마음의 허령함은 원래 발현되지 않을 때가 없다. 그것이 발현될 때도 반드시 고요하면서 움직이지 않는 것이 그것을 주재하는데, 그것이 바로 의이다. 이것이 내가 의를 마음의 주재로 여기고, 마음을 몸의 주재로 여기는 까닭이다"366)고 주장하였다. 왕동과 유종주 사

---

364) 같은 책 권62, 「蕺山學案·大學雜繹」, 1588쪽, "隱微之地是名曰獨…… '致知在格物', 格此而已
　　獨字物之本, 而愼獨者, 格物之始事也."

365) 같은 책 권32, 「泰州學案·敎諭王一菴先生棟」, 734쪽, "自身之主宰而言謂之心, 自心之主宰而
　　言謂之意, 心則虛靈而善應, 意有定向而中涵", "自心虛靈之中確然有主者而名之曰意", "誠意工
　　夫在愼獨, 獨卽意之別名, 愼卽善之用力者耳."

366) 같은 책 권62, 「泰州學案·敎諭王一菴先生棟」, 744쪽, "未發已發, 不以時言, 且人心之靈原無不
　　發之時, 當其發也, 必有寂然不動者以爲之主, 乃意也. 此吾所以以意爲心之主宰, 心爲身之主宰

이에는 분명한 계승 관계가 있다. 심지어 유종주가 강조했던 '의'조차도 나여방이 의념의 근거로서 말했던 '정신'과 일정한 관계가 있다.

유종주는 정직하였으며 아첨하지 않았다. 그는 어떠한 상황에서도 용감하게 시대의 병폐를 지적하였다. 그리하여 그는 세 차례나 파면당했으며, 최후에는 자신의 이상과 절조를 견지하기 위해서 순절하였다. 또 그는 매우 엄숙하게 자아를 수양한 리학자였다. 그의 인격은 송명리학을 비롯해서 모든 유학에 담겨 있던 도의道義 담당의 전통을 체현하였으며, 모든 가짜 도학을 말살하고자 했던 도덕 이상주의로서 송명리학의 참된 정신을 체현하였다. 그의 사상은 기학氣學적 세계관을 흡수하였고, 심학의 수양 공부 이론을 심화시켰으며, 주자학에 대해서도 상당히 긍정하였다. 전체 리학사의 측면에서 살펴볼 때, 그의 사상은 여전히 심학의 계통에 속하면서도 상당한 정도로 종합적인 특질을 갖춘 사상이라는 의의를 지닌다.

也" 黃宗羲도 왕동과 유종주가 논한 내용이 마치 부절을 맞추듯 똑같다고 말했다.

끝맺는 말

송명 시대의 대표적인 리학 사상가 20여 명에 대한 소개를 통해서 송명리학의 탄생과 발전 그리고 변천 과정을 서술하였으며, 송명리학의 기본적인 인물과 학파, 개념과 명제 그리고 사상 특색을 펼쳐 보였다. 또한 송명리학이 발전해 나갔던 고유한 맥락과 송명리학 내부의 토론 내용을 드러내 보임으로써, 중국 문화 속에서 송명리학이 차지하는 진면목을 독자들에게 알리고자 노력하였다.

그러나 이러한 내용들은 중국학 지식을 소개하는 데 필요한 기본적인 요구 사항에 불과하다. 송명리학을 깊이 있게 이해하기 위해서는 원전에 대한 연구가 필수적이다. 원전을 연구할 때에만 차츰차츰 깊은 이해에 다가갈 수 있다. 다른 한편으로, 송명리학과 현대 사이의 관련성을 이해하기 위해서는 더 많은 과제를 연구해야 한다. 예를 들어, 리학의 가치우선적 입장이 지닌 합리성과 비합리성을 어떻게 분석할 것인가? 리학에서 나타나는 지식에 대한 상이한 태도들과 그 역사적 작용에 대해서는 어떻게 분석할 것인가? 정치 활동과 학술 활동에서 드러나는 리학자들의 독립적인 인격을 어떻게 평가할 것이며, 근대 지식인에게 끼친 그들의 영향은 어떻게 평가해야 하는가? 리학자들이 세운 서원과 그들의 강학 활동이 아근대亞近代 시민 사회에서 지녔던 의의를 어떻게 이해해야 하는가? 송명리학과 당시 제국帝國 정치문화 사이의 관련성을 어떻게 분석할 것이며, 그것과 현대 사이의 영향 관계는 어떻게 분석할 것인가? 리학의 각 학파들과 근·현대화 사이의 관련성은 어떻게 분석할 것인가? 그리고 송명리학의 사유 모식과 정신 경지의 계통 분석은 어떻게 할 것인가 등의 과제가 산적해 있다.

이 책의 성질과 분량의 제한 때문에, 이러한 과제들을 이 책에서 깊이 있게 논하고 분석할 수 없었다. 대학에서 문학과 사학, 철학을 전공하는 고학년 학생들이나 대학원생들에게 이 책이 적당한 교재로 제공되기를 희망하며, 고등학교 이상의 교육 수준을 지닌 독자들이 송명리학을 학습하고 이해하는 데 이 책이 사용되기를 바란다.

문화적 시야를 한 걸음 더 확대해 나가자면, 리학은 실제로 11세기 이후 중국의 사상 체계를 주도했을 뿐만 아니라 전근대 동아시아 각국(조선·월남·일본)에서 주도적인 지위를 차지하거나 중요한 영향을 끼친 사상 체계였다. 송명리학이 근세 동아시아 문명권에서 공동으로 체현된 사상이었다고 말하더라도 그다지 과장된 주장은 아닐 것이다. 따라서 리학 체계가 지닌 모든 논리적 연결고리와 실현 가능성을 펼쳐 보이려면, 동아시아 지역 전체의 리학을 종합적으로 고찰해야 한다. 그런데 유감스러운 점은 지면과 학식의 한계 때문에, 이 책에서는 그러한 임무를 아직 완성할 수 없다는 점이다. 겨우 명대 리학 속에 퇴계 이황에 대한 내용을 서술하는 데 그쳤다. 독자들이 조선 시대 주자학의 발전 내용을 이해하는 데 약간의 도움은 될 수 있을 것이다. 진정으로 동아시아 문명의 관점에서 리학을 이해하기 위해서는 진일보한 연구를 기다려야 한다.

송명리학은 중화민족의 위대한 문화 유산의 일부분이다. 따라서 송명리학은 엄숙하고도 진지하게 연구돼야 한다. 그리고 송명리학은 여전히 현대의 중국인에게 영향을 끼치고 있는 문화 전통이며, 모종의 방식으로 어느 정도 우리의 생존에 참여하고 있다. 그러므로 우리는 마땅히 그것을 분석적으로 계승해야 함은 물론이고 시대적 변화에 적응할 수 있도록 적극 발전시켜야 할 것이다. 불가항력적인 현대화의 조류와 과정 속에서도, "주나라는 비록 오래된 나라이지만 그 명은 오히려 새롭다"[1]는 옛 경전의 말처럼, 중국 문화가 여전히 인정받고 끊임없이 풍부하게 발전해 나갈 수 있도록 노력해야 할 것이다.

---

1) 『詩經』, 「大雅」, "周雖舊邦, 其命維新."

찾아보기

한국철학총서

조선 유학의 학파들 한국사상사연구회 편저, 688쪽, 24,000원
실학의 철학 한국사상사연구회 편저, 576쪽, 17,000원
퇴계의 생애와 학문 이상은 지음, 248쪽, 7,800원
율곡학의 선구와 후예 황의동 지음, 480쪽, 16,000원
조선유학의 개념들 한국사상사연구회 지음, 648쪽, 26,000원
성리학자 기대승, 프로이트를 만나다 김용신 지음, 188쪽, 7,000원
유교개혁사상과 이병헌 금장태 지음, 336쪽, 17,000원
남명학파와 영남우도의 사림 박병련 외 지음, 464쪽, 23,000원
쉽게 읽는 퇴계의 성학십도 최재목 지음, 152쪽, 7,000원
홍대용의 실학과 18세기 북학사상 김문용 지음, 288쪽, 12,000원
남명 조식의 학문과 선비정신 김충열 지음, 512쪽, 26,000원
명재 윤증의 학문연원과 가학 충남대학교 유학연구소 편, 320쪽, 17,000원
조선유학의 주역사상 금장태 지음, 320쪽, 16,000원
율곡학과 한국유학 충남대학교 유학연구소 편, 464쪽, 23,000원
한국유학의 악론 금장태 지음, 240쪽, 13,000원
심경부주와 조선유학 홍원식 외 지음, 328쪽, 20,000원
퇴계가 우리에게 이윤희 지음, 368쪽, 18,000원

연구총서

논쟁으로 보는 중국철학 중국철학연구회 지음, 352쪽, 8,000원
논쟁으로 보는 한국철학 한국철학사상연구회 지음, 326쪽, 10,000원
반논어(論語新探) 趙紀彬 지음, 조남호·신정근 옮김, 768쪽, 25,000원
중국철학과 인식의 문제(中國古代哲學問題發展史) 方立天 지음, 이기훈 옮김, 208쪽, 6,000원
중국철학과 인성의 문제(中國古代哲學問題發展史) 方立天 지음, 박경환 옮김, 191쪽, 6,800원
현대의 위기 동양 철학의 모색 중국철학회 지음, 340쪽, 10,000원
역사 속의 중국철학 중국철학회 지음, 448쪽, 15,000원
중국철학의 이단자들 중국철학회 지음, 240쪽, 8,200원
공자의 철학(孔孟荀哲學) 蔡仁厚 지음, 천병돈 옮김, 240쪽, 8,500원
맹자의 철학(孔孟荀哲學) 蔡仁厚 지음, 천병돈 옮김, 224쪽, 8,000원
순자의 철학(孔孟荀哲學) 蔡仁厚 지음, 천병돈 옮김, 272쪽, 10,000원
유학은 어떻게 현실과 만났는가 — 선진 유학과 한대 경학 박원재 지음, 218쪽, 7,500원
유교와 현대의 대화 황의동 지음, 236쪽, 7,500원
동아시아의 사상 오이환 지음, 200쪽, 7,000원
역사 속에 살아있는 중국 사상(中國歷史に生きる思想) 시게자와 도시로 지음, 이혜경 옮김, 272쪽, 10,000원
덕치, 인치, 법치 — 노자, 공자, 한비자의 정치 사상 신동준 지음, 488쪽, 20,000원
육경과 공자 인학 남상호 지음, 312쪽, 15,000원
리의 철학(中國哲學範疇精髓叢書 一 理) 張立文 주편, 안유경 옮김, 524쪽, 25,000원
기의 철학(中國哲學範疇精髓叢書 一 氣) 張立文 주편, 김교빈 외 옮김, 572쪽, 27,000원
동양 천문사상, 하늘의 역사 김일권 지음, 480쪽, 24,000원
동양 천문사상, 인간의 역사 김일권 지음, 544쪽, 27,000원
공부론 임수무 외 지음, 544쪽, 27,000원
유학사상과 생태학(Confucianism and Ecology) Mary Evelyn Tucker·John Berthrong 엮음, 오정선 옮김, 448쪽, 27,000원
공자曰, 공자는 이렇게 말했다 안재호 지음, 232쪽, 12,000원

강의총서

김충열교수의 노자강의 김충열 지음, 434쪽, 20,000원
김충열교수의 중용대학강의 김충열 지음, 448쪽, 23,000원

퇴계원전총서

고경중마방古鏡重磨方 — 퇴계 선생의 마음공부 이황 편저, 박상주 역해, 204쪽, 12,000원
활인심방活人心方 — 퇴계 선생의 마음으로 하는 몸공부 이황 편저, 이윤희 역해, 308쪽, 16,000원
이자수어李子粹語 퇴계 이황 지음, 성호 이익·순암 안정복 엮음, 이광호 옮김, 512쪽, 30,000원

한의학총서

한의학, 보약을 말하다 — 이론과 활용의 비밀 김광중·하근호 지음, 280쪽, 15,000원

인물사상총서

한주 이진상의 생애와 사상   홍원식 지음, 288쪽, 15,000원

일본사상총서

도쿠가와 시대의 철학사상 (德川思想小史)   미나모토 료엔 지음, 박규태·이용수 옮김, 260쪽, 8,500원
일본인은 왜 종교가 없다고 말하는가 (日本人はなぜ 無宗教のか)   아마 도시마로 지음, 정형 옮김, 208쪽, 6,500원
일본사상이야기 40 (日本がわかる思想事典)   나가오 다케시 지음, 박규태 옮김, 312쪽, 9,500원
사상으로 보는 일본문화사 (日本文化の歴史)   비토 마사히데 지음, 엄석인 옮김, 252쪽, 10,000원
일본도덕사상사 (日本道德思想史)   이에나가 사부로 지음, 세키네 히데유키·윤종갑 옮김, 328쪽, 13,000원
천황의 나라 일본 — 일본의 역사와 천황제 (天皇制と民衆)   고토 야스시 지음, 이남희 옮김, 312쪽, 13,000원
주자학과 근세일본사회 (近世日本社會と宋學)   와타나베 히로시 지음, 박홍규 옮김, 304쪽, 16,000원

예술철학총서

중국철학과 예술정신   조민환 지음, 464쪽, 17,000원
풍류정신으로 보는 중국문학사   최병규 지음, 400쪽, 15,000원

동양문화산책

공자와 노자, 그들은 물에서 무엇을 보았는가   사라 알란 지음, 오만종 옮김, 248쪽, 8,000원
주역산책 (易學漫步)   朱伯崑 외 지음, 김학권 옮김, 260쪽, 7,800원
동양을 위하여, 동양을 넘어서   홍원식 외 지음, 264쪽, 8,000원
서원, 한국사상의 숨결을 찾아서   안동대학교 안동문화연구소 지음, 344쪽, 10,000원
녹차문화 홍차문화   츠노야마 사가에 지음, 서은미 옮김, 232쪽, 7,000원
류짜이푸의 얼굴 찌푸리게 하는 25가지 인간유형   류짜이푸(劉再復) 지음, 이기면·문성자 옮김, 320쪽, 10,000원
안동 금계마을 — 천년불패의 땅   안동대학교 안동문화연구소 지음, 272쪽, 8,500원
안동 풍수 기행, 와혈의 땅과 인물   이완규 지음, 256쪽, 7,500원
안동 풍수 기행, 돌혈의 땅과 인물   이완규 지음, 328쪽, 9,500원
영양 주실마을   안동대학교 안동문화연구소 지음, 332쪽, 9,800원
예천 금당실·맛질 마을 — 정감록이 꼽은 길지   안동대학교 안동문화연구소 지음, 284쪽, 10,000원
터를 안고 〔을 펴다 — 퇴계가 굽어보는 하계마을   안동대학교 안동문화연구소 지음, 360쪽, 13,000원
안동 가일 마을 — 풍산들가에 의연히 서다   안동대학교 안동문화연구소 지음, 344쪽, 13,000원
중국 속에 일떠서는 한민족 — 한겨레신문 차한필 기자의 중국 동포사회 리포트   차한필 지음, 336쪽, 15,000원
신간도견문록   박진관 글·사진, 504쪽, 20,000원
안동 무실 마을 — 문헌의 향기로 남다   안동대학교 안동문화연구소 지음, 464쪽, 18,000원
선양과 세습   사라 알란 지음, 오만종 옮김, 318쪽, 17,000원
문경 산북의 마을들 — 서중리, 대상리, 대하리, 김룡리   안동대학교 안동문화연구소 지음, 376쪽, 18,000원
안동 원촌마을 — 선비들의 이상향   안동대학교 안동문화연구소 지음, 288쪽, 16,000원

민연총서 — 한국사상

자료와 해설, 한국의 철학사상   고려대 민족문화연구원 한국사상연구소 편, 880쪽, 34,000원
여헌 장현광의 학문 세계, 우주와 인간   고려대 민족문화연구원 한국사상연구소 편, 424쪽, 20,000원
퇴옹 성철의 깨달음과 수행 — 성철의 선사상과 불교사적 위치   조성택 편, 432쪽, 23,000원
여헌 장현광의 학문 세계 2, 자연과 인간   고려대 민족문화연구원 한국사상연구소 편, 432쪽, 25,000원
여헌 장현광의 학문 세계 3, 태극론의 전개   고려대 민족문화연구원 한국사상연구소 편, 400쪽, 24,000원
역주와 해설 성학십도   고려대 민족문화연구원 한국사상연구소 편, 328쪽, 20,000원

예문동양사상연구원총서

한국의 사상가 10人 — 원효   예문동양사상연구원/고영섭 편저, 572쪽, 23,000원
한국의 사상가 10人 — 의천   예문동양사상연구원/이병욱 편저, 464쪽, 20,000원
한국의 사상가 10人 — 지눌   예문동양사상연구원/이덕진 편저, 644쪽, 26,000원
한국의 사상가 10人 — 퇴계 이황   예문동양사상연구원/윤사순 편저, 464쪽, 20,000원
한국의 사상가 10人 — 남명 조식   예문동양사상연구원/오이환 편저, 576쪽, 23,000원
한국의 사상가 10人 — 율곡 이이   예문동양사상연구원/황의동 편저, 600쪽, 25,000원
한국의 사상가 10人 — 하곡 정제두   예문동양사상연구원/김교빈 편저, 432쪽, 22,000원
한국의 사상가 10人 — 다산 정약용   예문동양사상연구원/박홍식 편저, 572쪽, 29,000원
한국의 사상가 10人 — 혜강 최한기   예문동양사상연구원/김용헌 편저, 520쪽, 26,000원
한국의 사상가 10人 — 수운 최제우   예문동양사상연구원/오문환 편저, 464쪽, 23,000원